한국지방자치행정론

한국지방자치행정론

발행일 2017년 03월 02일 **발행인** 오덕성 **지은이** 육동일
펴낸곳 충남대학교출판문화원 **주소** 대전광역시 유성구 대학로 99
전화 042-821-6045 **홈페이지** www.cnupress.co.kr **E-mail** cnupress@cnu.ac.kr

ISBN 978-89-7599-623-8 93350
정가 35,000원

한국지방자치 행정론

육동일

충남대학교출판문화원

1991년 지방의회의 부활로 지방자치가 우리 사회에 다시 실시된지 벌써 26년째를 맞고 있다. 성년기를 맞이한 한국 지방자치는 지난 기간 적지않은 시행착오를 겪어 왔지만, 우리 사회 전반에 엄청난 변화를 가져왔다. 무엇보다 다행스런 일은 지방자치의 실시로 나타난 성과가 크다는 점이다. 그 중에서도 가장 큰 성과로 꼽을 수 있는 것이 바로 지역사회에 안정을 가져다 준 사실이다.

지난 4반세기 동안, 한국 사회는 국내 · 외적 변화의 소용돌이 중심에 놓여 있었다. 경제적으로 IMF와 금융위기는 국민들 모두에게 큰 고통과 시련을 안겨준 바 있다. 북핵실험과 천안함 침몰 그리고 연평도 무력도발 및 휴전선 목함지뢰 사건들은 한반도에 안보위기를 초래해서 국민들을 불안하게 했다. 그런가 하면, 여 · 야간 정권교체 과정에서 나타난 대통령의 탄핵과 자살사건 등은 정치적으로 우리 사회의 갈등과 대립을 심화시키기도 했다.

또한, 세월호 사건과 메르스 사태의 엄청난 희생을 통해 우리 국민들은 정부라는 집단 자체가 무능하다는 사실을 비로소 알게 되었다. 게다가 국가와 사회의 모든 문제들을 관료들끼리만 해결하도록 맡겨서는 안된다는 사실도 뒤늦게 깨달았다. 선진국에서는 벌써 문제가 생길 때마다 정부가 나서서 해결할 수 있다는 정설이 안통한지 오래되었다. 왜냐하면, 현대사회에서 모든 문제들 마다 정부가 주도해서 혼자 해결하려 할수록 오히려 사태를 악화시켜서 더 깊은 늪에 빠지게 됨을 알았기 때문이다.

정부의 관리시스템 그리고 이를 운영하는 관료들의 전문성과 능력은 이미 오래전부터 민간부문에 뒤지기 시작했다. 즉 집단지성으로 무장한 시민사회가 정부를 앞선 것이다. 그럼에도 관료들은 낡은 법과 제도 그리고 중앙통제적 운영방식을 통해 억지로 국민을 규제하고 통제해 왔기 때문에 급기야 최순실 국정농단 문제까지 터지고 말았다.

이러한 일련의 충격적인 사건속에서 국민들이 민주주의 정립과 진정한 개혁을 위해 분출한 에너지는 많은 비용을 수반하고 있는 가운데 우리에게 주는 교훈은 값지다. 그 중의 하나가 바로 지방자치의 필요성과 성과를 확인한 점이다. 즉, 이 중앙정국의 혼란과 위기속에서도 우리 사회가 그나마 안정을 유지하면서 진정한 민주주의를 지향하며 구태와 적폐 척결의 의지와 분위기가 형성될 수 있는 것은 지방자치라는 토대가 있기 때문이다.

지방자치제는 평상시 많은 낭비의 주범이자 비효율적인 제도로 보인다. 하지만, 이를 외면하거나 연기할 때 나중에 치러야 할 위기관리 비용과 민주주의 회복을 위한 에너지는 감당이 안될 정도로 커질 수 밖에 없다는 사실을 경험하고 있다. 동시에, 대한민국의 주인은 국민이라는 인식도 지방자치를 통해 더욱 견고해지고 있는 것도 사실이다.

이제 국가가 정상을 찾고 국민들의 변화에 대한 간절한 소망이 실현되기 위해서는 더 늦기 전에 대한민국의 국정을 개조해야 한다. 무엇보다 중요한 일은 현 국정운영의 틀과 방식을 과감하게 바꾸는 일이다. 그것은 청와대 중심의 중앙권력을 입법부, 행정부, 사법부와 함께 수평적으로 나누고, 통제중심의 중앙집권적 국정체제에서 경쟁중심의 지방분권적 국정체제로 과감히 전환하는 것이다. 그리고 그 운영방식은 투명과 공개, 소통과 협력중심이 되어야 한다. 그러려면 지방자치와 분권이 지역사회에 뿌리내리고 그 실행을 위한 지방자치행정이 제대로 정착해야 한다.

지방자치가 부활해서 성년이 된 현 시점에서, 관치행정 및 발전행정에서 지방자치행정으로의 이행은 필연적이다. 특히 수동적 · 획일적 · 중앙통제적인 지방행정으로부터 능동적 · 자율적인 지방자치행정으로의 전환은 행정의 성격과 위상 및 역할에 있어서 근본적 변혁을 의미하는 것이다. 진정한 지방자치시대에 펼쳐질 행정은 여태까지의 행정과는 전혀 다른 것이 되어야 하며 또 그렇게 되도록 만들어야 한다.

한국행정의 현 단계에서 지방행정은 분명히 중대한 전환기를 맞고 있다. 지방자치행정은 "민주성과 사회적 형평성을 기본이념으로 주민의 입장에서, 주민의 관점을 통하여, 주민을 위하여 이루어지는 행정" 을 본질로 한다. 따라서, 본 책에서 정리한 지방자치행정의 이념과 본질 및 실제 운영원리와 관리전략들은 지방자치의 실시에 따른 한국행정의 새로운 좌표와 방향을 제시해줄 것이다.

이 책은 총 3편으로 구성되어 있는데 제1편은 지방자치행정의 기초이론, 제2편은 지방자치행정의 제도, 제3편은 지방자치행정의 실제 운영을 담았다. 이 책의 내용들이 현실과 접목하여 지방자치와 분권이 더욱 촉진되기를 기대한다. 그리고 지방분권적 협력체제에 입각한 새 국정운영의 틀 속에서 지역발전과 주민들의 행복을 실현시킬 지방자치행정이 정립되기를 희망한다.

이 책이 출간되기 까지 많은 분들의 지원과 도움이 있었다. 1986년 충남대 교수로 임용되어 지난 30년동안 강의와 토론을 통해 좋은 인연이 되어준 학부와 일반대학원 제자들, 행정대학원 등 특수대학원 제자들, 그리고 외부 특강에서 만난 모든 분들에게 이 책의 출간을 통해 심심한 감사의 말씀을 드리고 싶다. 또한, 원고를 정리 · 교정하는데 큰 도움을 준 충남대 유지연 선생과 정윤화양에게도 고마움을 전한다.

끝으로, 교수 생활 30주년을 보내기까지 바쁜 학내 · 외 활동에 전념할 수 있도록 배려해 준 가족들에게 그동안의 고마움을 전하고자 한다. 특히, 하늘나라로 가신지 벌써 7년째가 되지만, 여전히 너무나 보고싶은 어머님께도 이 책을 바친다.

2017년 눈내리는 2월에,

충남대 연구실에서 저자 씀

01 지방자치행정의 기초

chapter 01 지방자치행정이란 무엇인가? …17

제1절 지방자치행정의 개념 …17
제2절 지방자치행정의 이념 …19
제3절 지방자치행정의 본질 …22
제4절 발전행정과 자치행정의 비교 …31
제5절 지방자치행정의 과제 …32
제6절 소결론 …35

chapter 02 지방자치와 분권의 원리와 평가 …36

제1절 지방자치와 분권의 의의 …36
제2절 지방자치의 본질 …37
제3절 지방분권의 추진실적과 평가 …40
제4절 지방자치와 분권의 발전과제 …56
제6절 소결론 …82

chapter 03 한국과 외국의 지방자치와 분권 비교 …85

제1절 지방정부의 혁신 필요성 …85
제2절 우리나라의 지방분권 추진정책 …89
제3절 외국의 지방분권 추진정책 …95
제4절 외국과 우리나라와의 지방분권 추진정책 비교 …102
제5절 소결론 …115

chapter 04 지방정부의 개혁 …122

제1절 정부개혁의 배경 …122
제2절 정부개혁의 비전과 방향 …125
제3절 정부개혁의 실천전략 …128
제4절 소결론 …135

02 지방자치행정의 제도

chapter 01 지방정부 구성형태 …139

제1절 지방자치와 자율성 …139
제2절 한국 자치단체 기관구성 …140
제3절 외국 자치단체의 기관구성 …142
제4절 자치단체 기관구성의 다양화 과제 …144

chapter 02 중앙정부와 지방정부간의 관계 …148

제1절 정부간 관계의 의미와 변화 …148
제2절 중앙과 지방정부간 바람직한 관계 …151
제3절 소결론 …155

chapter 03 지방자치단체 상호간의 관계 …157

제1절 지방자치단체 상호간 관계의 의의 …157
제2절 자치단체간 협력의 배경과 필요성 …159

제3절 자치단체간 협력방식의 유형 …162
제4절 자치단체간 협력사업의 실태와 문제점 …166
제5절 자치단체간 협력사업의 방향과 과제 …170
제6절 소결론 …179

chapter 04 자치행정과 지방의회 …181

제1절 지방의회의 활성화 …181
제2절 지방의회 발전을 위한 시민단체의 역할 …185
제3절 시민사회의 역량과 지방의회의 활성화 …194
제4절 주민직접참정제와 지방의회의 활성화 …202

chapter 05 지방의회와 단체장의 관계 …206

제1절 지방의회의 평가 …206
제2절 단체장과 지방의회간의 갈등 …207
제3절 경쟁과 협력의 관계 재정립 …208

chapter 06 지방의회 의장단의 구성과 역할 …213

제1절 지방의회의 위기와 의장단 선출 …213
제2절 의장단 선출에서의 갈등사례와 원인 …215
제3절 의장단 권한과 구성 …216
제4절 의장단 선출방식의 개선 …220
제5절 소결론 …226

chapter 07 자치행정과 주민과의 관계 …229

제1절 주민참여의 의의와 본질 …229
제2절 주민참여의 실질화 …240
제3절 주민참여와 주민자치회 …259
제4절 시민참여와 지방거버넌스 …267

chapter 08 자치행정과 지방선거 …285

제1절 지방선거 정당공천제의 의의 …285
제2절 지방선거와 정당공천제의 이론 …287
제3절 지방선거와 정당참여의 실태 …291
제4절 정당공천제의 개선과제 …303
제5절 정당공천제 개선 전략 …307
제6절 소결론 …310

chapter 09 지방자치와 교육자치 …312

제1절 지방자치와 교육자치의 관계 …312
제2절 교육자치의 개념과 논의 …315
제3절 교육감의 주민직선제 …326
제4절 교육감 선거의 실태와 문제점 …341
제5절 교육감 선거제도의 개선방안 …346
제6절 소결론 …351

03 지방자치행정의 운영

chapter 01 지방자치단체의 자치역량 강화 …357

제1절 자치역량 강화의 의의 …357
제2절 외국의 사례 …358
제3절 행정환경변화와 자치행정의 과제 …363
제4절 소결론 …380

chapter 02 지역 · 집단 간 갈등관리 …383

제1절 지방자치와 갈등관리 …383
제2절 지역 · 집단이기주의 개념과 시각 …386
제3절 지역 · 집단이기주의의 해결방안 …391
제4절 소결론 …396

chapter 03 지방자치계층구조 및 구역개편 …398

제1절 개편의 의의 …398
제2절 계층구조의 연혁과 현황 …400
제3절 자치계층의 개편론 …406
제4절 자치계층과 구역개편의 방향 …416
제5절 소결론 …424

chapter 04 대도시 광역행정의 관리전략 …426

제1절 광역도시권의 의의와 중요성 …426
제2절 광역도시권의 유형과 방식 …428
제3절 광역도시권의 정립과제 …442
제4절 광역권 형성을 위한 제도 …449
제5절 소결론 …450

chapter 05 자치행정의 성과관리 전략 …453

제1절 성과평가의 의의와 배경 …453
제2절 성과평가 이론과 실태 …455
제3절 성과평가의 방법과 절차 …463
제4절 성과평가의 유형과 외국 사례 …473
제5절 성과평가의 활용 …483

chapter 06 지방자치와 지역언론 …490

제1절 지방자치와 지역언론 …490
제2절 지방선거와 지역언론 …492
제3절 지방자치와 종편방송 …494
제4절 지방정부와 지역언론 …496
제5절 지역언론의 역할과 과제 …499
제6절 소결론 …501

chapter 07 지방자치와 남북교류 …502

제1절 지방자치단체 남북교류의 중요성 …502
제2절 남북교류의 실태와 특징 …504

제3절 남북교류의 활성화 전략 …506

chapter 08 지방자치와 내향적 국제화 …509

제1절 지방자치와 내향적 국제화 …509
제2절 내향적 국제화의 실태 …510
제3절 내향적 국제화 대책과 역할 …514
제4절 외국의 정책사례 …517
제5절 내향적 국제화의 방향과 과제 …521
제6절 소결론 …528

chapter 09 지방자치와 자치행정의 평가 …530

제1절 조사연구의 배경 …530
제2절 조사연구의 범위와 방법 및 결과 …532
제3절 조사연구의 시사점과 향후 과제 …558
제4절 소결론 …563

참고문헌 …567
찾아보기 …589

한국지방자치행정론

01

지방자치행정의 기초

chapter01 지방자치행정이란 무엇인가

chapter02 지방자치와 분권의 원리와 평가

chapter03 한국과 외국의 지방자치와 분권 비교

chapter04 지방정부의 개혁

chapter 01

지방자치행정이란 무엇인가?

제1절 지방자치행정의 개념

한국행정의 성격과 내용을 역사적으로 구분하면 관치행정, 발전행정, 그리고 앞으로 지향해야 할 자치행정으로 나누어 볼 수 있다. 관치행정은 조선왕조의 행정에서 배태되었고, 일본의 식민행정을 통하여 부정적으로 강화되었으며 해방 후의 역대정권에 의하여 정치적으로 이용되면서 한국국민의 의식과 생활속에 그 뿌리를 내려왔다. 한국의 공공행정이 지닌 특성들, 예를 들면 권의주의, 형식적 법규행정, 기계적 능률주의, 관존민비의 행정문화, 관직만능과 행정부패 등은 모두가 관치행정의 부정적 논리에 기인하는 것들이다. 관치행정하의 지방행정의 존재는 의미가 없으나, 지방에서 처리되는 모든 지방적 행정사무를 중앙정부의 하급기관(지방관서)을 통하여 집행하는 소위 관치적 지방행정의 성격을 띄게 된다. 이 제도하에서의 지방관서는 오로지 중앙정부의 방침과 지시 · 명령에 의하여 움직일 뿐 지역주민의 행정참여나 주민통제를 인정하지 않으며, 그 행정책임도 중앙정부에 대해서만 지는 비민주적 지방행정체도라 할 것이다.

5 · 16 군사혁명으로 군인들이 집권한 1961년 이후의 국가발전은 그들의 정치적 정당성을 확보하기 위하여 만들어낸 통치이념이며 정치적 이데올로기

였다. 또한 정치적 능력을 갖추지 못한 군인정권들이 전제통치의 전면에 공공행정을 등장시키기 위하여 이용한 행정적 이데올로기이기도 하였다. 더욱이 1962년부터 시작된 장기적 및 종합적 경제개발계획을 전개하면서 발전행정을 적극적으로 도입하였다. 그 후 상당기간 동안 발전행정이 확립시킨 정부주도 사회변동의 논리는 결국 지방의 주체성을 부정하고 중앙행정의 일선기관으로 취급하는 경향을 낳게 된 것이며 지방행정의 독자성, 특수성, 적실성의 상실을 가져오게 하였고 관치행정의 성향을 구체적으로 강화시키는데 불과하였다. 이에 따라 지방에서 행정사무 중 일부는 지방자치단체에서 처리하게 하고, 어떤 것은 중앙정부 각 부처의 하급기관에 의하여 처리함으로써 지방행정에 있어서 이원적 행정체계를 취하기도 하지만 지방자치에 대한 통치의 부정적 시각 때문에 지방행정의 연구는 주로 중앙정부에서 결정한 발전목표를 효율적으로 집행하는 지방정부의 능률향상에만 초점을 두어왔다. 그리고 지방자치는 30년 동안 동면기에 접어든다.

1991년, 지방자치가 부활해서 26주년이 된 현 시점에서, 관치행정 및 발전행정에서 지방행정에로의 이행은 필연적이며, 특히 수동적 · 획일적 · 중앙통제적인 부정적 지방행정으로부터 자치적 지방행정에로의 전환은 행정의 성격 및 위상과 역할에 이어서 부분적 개편이나 수정이 아니라 근본적 변혁을 의미하는 것이다. 자유롭고 주체적인 시민이 존재하여 그 시민 자신들의 의사로 권력을 승인하고 권력측과 시민과의 사이에 항상 의사소통이 되어 실질적 의미의 지방정부가 생긴다면 그 속에서 펼쳐질 행정은 여태까지의 행정과는 전혀 다른 것이 되어야 하며 또 그렇게 될 것이다. 그러므로 지방자치의 부활과 함께 새롭게 태어난 자치행정의 개념을 규정하고 이념 및 본질을 고찰하는 것은 상당히 중요한 과제가 된다.

지방자치행정은 '일정한 지역주민이 그들의 공통관심사를 스스로 결정하고 처리하는 과정 또는 관치행정과 대립되는 개념으로서 지방주민 또는 주민의 대표자와 지방공무원이 그들의 일상생활에 관련된 업무를 중앙정부에 의존하지 않고 자기들의 의사와 책임하에 자주적이고 자율적으로 처리하는 행정'이라고 볼 수 있다. 이에 따라 지방에 있어서의 행정사무가 거의 대부분 일반 지방자치단체에 의하여 일원적으로 집행되고, 위임사무라 할지라도 지방주민 또는 그 대표자의 참여하에 처리된다는 점에서 관치 및 발전행정과 근본적인 차이가 있다.

이와같이 자치행정을 독자적인 자치권을 보장받고 있는 지방자치단체에 의한 행정으로 볼 때 관치 · 발전행정의 개념과는 구별되는 ①자주성 · 자율성 · 주체성 ②책임성 ③지역성 ④참여성 · 대표성 ⑤다원성 · 독자성 등의 기본요소가 자치행정속에 함축되어 있다.

제2절 지방자치행정의 이념

1. 사회적 형평성

지방자치의 일차적 목적은 주민의 복리증진에 있다고 보아야 할 것이다. 자치행정은 이러한 복지사회를 건설하는 기본장치여야 한다. 따라서 지방자치행정은 전체이익과 발전의 그늘에 묻히기 쉬운 최저계층의 주민들에게도 개발의 혜택이 똑같이 배분될 수 있도록 사회적 형평성을 구현하는 제도적장치가 되어야 한다.

사회적 형평의 본질적 내용은 소외된 하층시민에게 가능한 한 많은 정치권력을 부여하여 자기들의 생활이익을 수호할 수 있도록 하는 것과 이들에게 충분한 경제적 생활을 보장해주는 것이다. 이는 공리주의하의 '최대다수의 최대행복' 이라는 정치 · 행정의 목표가 정의와 정성의 입장에서 '최소사람에게 최소불행' 이라는 목표로의 전환을 의미한다. 사회적 형평성은 새로운 행정의 과제이며 종래의 능률 · 효과와 더불어 새로 추가된 자치행정의 본질적 이념이 되어야 한다.

2. 인본성

인간의 존엄성을 지고한 가치로 여기고 이를 민 스스로가 존중해 이끌고 나가기 위한 제도적 보장을 마련하려는 노력이 지방자치의 역사적 조류이다. 따라서 자치행정은 인간중심의 행정으로서 인간의 권위와 존엄성을 보다 충실히 구현시키고 인간해방의 실천적 보장을 이상으로 한다. 따라서 지방행정은 객관화해버린 인간을 주체로 환원시키고 사회와 문화에의 예속된 위치에서 능동적이고 창조적인 인간성을 확립하는 인본주의적 노력이 요구된다. 이를 위해 자치행정은 실증적 · 결정주의적 · 필연적 · 객관적 사고와 방법론을 지양하고 해석적 · 비판적 · 인간실존적 · 주관적 · 현상학적 사고를 존중해야 한다.

3. 책임성

자치행정의 이념으로서의 책임성은 행정이 공익확보에 대하여 주민에게 책임을 져야 하는 것을 의미한다. 자치행정은 주민에게 책임을 다하는 것이 기본원칙이다. 이것은 정부의 활동을 제한하고 통제하여 주민에 대한 행정의 책임성을 확보하면서 발전하여 온 주민정치제도의 기틀이다. 행정기능이 양적으로 확대되고 질적으로 강화되어 온 발전행정 하에서의 책임은 주민에 대한 책임이 아닌 상관에 대한 책임이었으며 행정책임성 확보를 위한 행정통제가 실질적으로 불가능하였다. 그러나 자치행정하에서는 행정의 공개와 분권화를 통하여 행정통제를 강화하여 주민에 대한 행정의 책임성을 확보해야 한다.

4. 공개성

공개성은 민주주의의 초석이라 할 수 있으며 성공적인 자치행정의 필수적인 부분이다. Madison이 '지식은 힘' 이라고 주장한 것처럼 주민들이 정책결정과정에 참여하기를 권장한다면 정부업무에 관한 지식이 공개되어야 함은 필수요건이다. 책임성 있는 행정체제를 위하여 의사전달은 정부로부터 주민에게로 흘러나오기도 하지만 무엇보다 주민으로부터 정부로 흘러들어가야 한다. 정부의 업적을 개선하려는 노력을 지원하기 위해, 그리고 정부의 비효율성에 대해 비평을 하기위한 주민의 자발적인 대응성은 주민에게 정보가 제공되었을 때만 가능하다.

발전행정은 기본적으로 비밀행정이었다. 비밀은 엄청난 손실을 부과하고 행정수행을 하는 데 위험을 수반하게 된다. 비밀은 실수를 감추는 기회를 제공해 주고 또 비행을 은폐하며 불합리하고 불일치된 정책들의 수행을 연기하려는 기회를 제공해 줄 뿐만 아니라, 비밀은 외부세력과의 상담 없이 관료들의 자의적으로 선택하는 정책을 형성하도록 작용한다. 따라서 비밀은 정책결정의 합리성과 정당성을 위협해 왔다.

따라서, 이제 '모든 국민은 알 권리를 가지고 있다' 라는 원칙적인 측면 뿐 아니라 지방자치의 실시 및 행정참여를 보장하여 행정에 대한 국민의 신뢰를 회복하기 위하여 유리창 행정을 표방하는 행정측과 환경, 소비자 문제를 중심으로 알 권리의 확립에 대한 요구를 적극 충족 시켜준다는 면에서 정보공개는 자세하게 입법화 · 제도화 시켜야 한다. 즉, 알 권리의 구체적 내용, 권리행사의 수속, 권리가 침해된 경우의 구제방법 등을 구체적으로 정함으로써 헌법상의 추상적인 권리인 알 권리를 사법적 구제의 대상이 되는 실정적 권리로 만드는 것이 자치행정의 원활한 수행을 위해 절실히 요청된다.

5. 경영성

2000년대의 지방주민들은 삶의 질을 강조하여 정신적 · 물질적 풍요함을 추구하는 반면, 정치적 참여와 주인의식이 높아짐에 따라 그들이 낸 세금의 대가로 보다 많고 다양한 행정서비스를 요구하게 됨으로써 지방행정의 양과 질에 많은 변화를 초래하게 될 것이다. 이는 지방행정의 자체재원에 의해 최대의 공공서비스를 공급하는 재정적 자립을 의미하여 독립채산방식의 기업적 운영의 도입이 불가피함을 말한다. 따라서, 지방자치행정 경영성이란 이러한 의미에서 지방의 개발과 관리기능이 합목적적 · 합리적 · 능률적 · 생산적 · 효과적일 수 있도록 기업경영의 성격을 띠어야 함을 의미한다.

6. 문화성

미래의 바람직한 행정상은 인간성이 넘치고 지역실정에 알맞으며 창의적이고 심미적인 것이 되도록 행정을 문화화(文化化)하는 것, 즉 행정에 문화성을 투영시키는 것이다. 산업화로 인한 획일성에서 탈피하여 다양성을 추구하며 관료주의의 통일성에서 벗어나 개별성을 추구하려는 행정의 문화화는 주민자치, 기초자치단체에 의한 주도, 행정혁신 등을 통해서 이루어진다는 점에서 또 하나의 중요한 자치행정이념이다.

제3절 지방자치행정의 본질

자치행정의 개념과 이념을 토대로 자치행정의 본질을 도출해서 용약하면 〈그림-1〉과 같다.

〈그림-1〉 지방자치의 본질

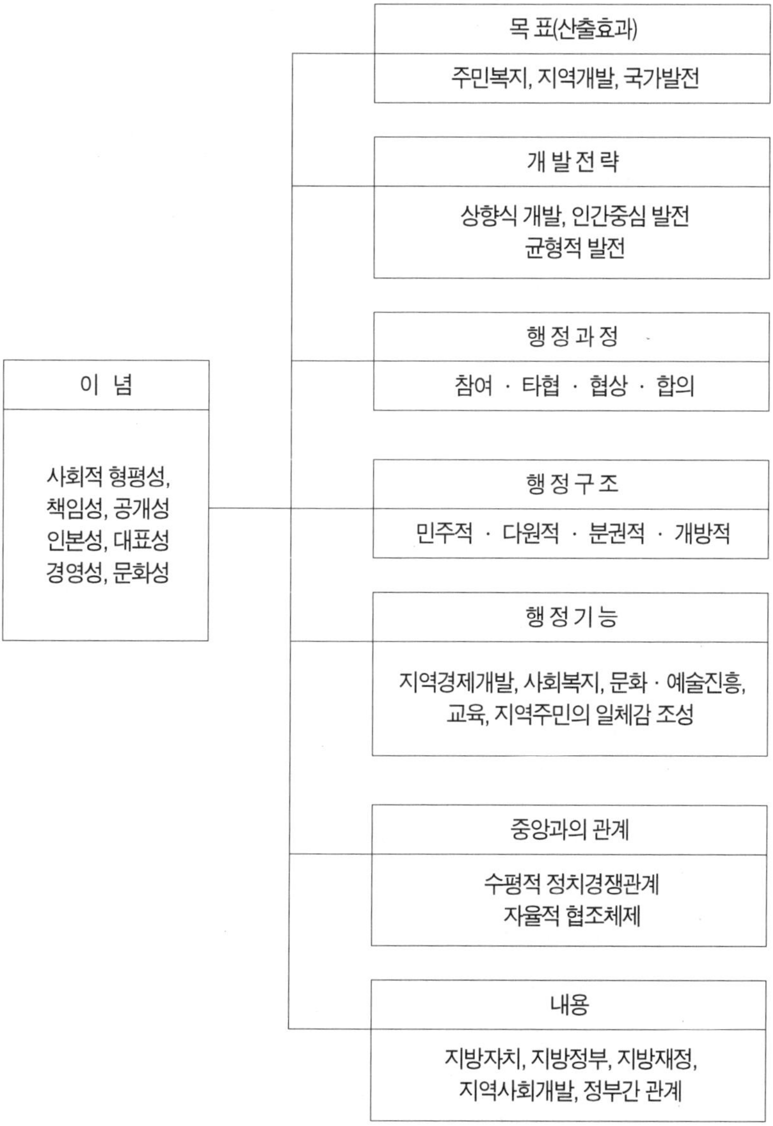
이 념
사회적 형평성,
책임성, 공개성
인본성, 대표성
경영성, 문화성
목 표(산출효과)
주민복지, 지역개발, 국가발전
개 발 전 략
상향식 개발, 인간중심 발전
균형적 발전
행 정 과 정
참여 · 타협 · 협상 · 합의
행 정 구 조
민주적 · 다원적 · 분권적 · 개방적
행 정 기 능
지역경제개발, 사회복지, 문화 · 예술진흥,
교육, 지역주민의 일체감 조성
중앙과의 관계
수평적 정치경쟁관계
자율적 협조체제
내용
지방자치, 지방정부, 지방재정,
지역사회개발, 정부간 관계

1. 'Large is better' 보다 'Small is beautiful'

생산과 소비사이에 균열이 생김으로써 제 2물결의 사회에는 대체로 '큰 것은 좋은 것이다' 라는 '극대화 편집광' 이라 할 수 있는 증상이 나타났다. 따라서 크다는 말이 효율적이라는 말과 동의어가 되어 극대화는 제 2의 물결의 사회를 푸는 제 5의 열쇠가 되었다. 더욱이 조직의 대규모화(공공조직이든, 사조직이든)는 규모의 경제를 가져오는 바람직한 것으로 간주되고 조직의 생존력을 높이는 필수불가결의 요소로 보아 성장은 곧 힘이요, 효과성으로 동일시되었다. 이러한 상항속에서의 정부도 세계 어디서나 어떻게든지 GNP의 양적 확대에 혈안이 되었었다. 따라서 이러한 고도성장 최우선의 원칙을 고수하는 발전행정은 중앙집권화 · 관료제화되어 오히려 비능률의 결과를 가져오게 되고 모든 것이 희생되게 되었다. 특히 Wilson, Weber의 관료제이론은 'Large is better'의 사고를 기본적으로 반영하고 있으며, 규격화, 분업화, 동시화 등의 몇 가지 원칙과 연계되어 진행되어 왔다.

그러나 자치행정의 관점에서 볼 때, 정부는 모든 공공기능을 독점할 수도 없고 해서도 안된다. 자치행정에서 중요한 것은 공공부문과 민간부문 사이의 기능분담과 협조이다. 그러므로 자치행정은 '작은 정부'를 지향한다. 작은 정부의 실현을 위해서는 정부의 국가기능을 과감하게 민간부문에 재분배하는 근본적인 개혁이 필요하다. 행정은 불필요하게 남의 일에 관섭하지 않고 자기가 해야 할 일에만 전념함으로써 질이 높은 행정서비스를 제공하고 생산성도 제고시킬 것이다. 따라서 행정과 사기업, 행정과 국민 간에는 우호적인 관계가 성립하게 될 것이다.

공공선택이론의 입장에서도 '시민들의 다양한 욕구에 대한 다양한 대응'을 위하여 관료제 조직의 대안으로서 다원적 조직배열(multi-organization arrangement)을 주장하고 있다. 다원적 조직배열은 중첩된 관할권(overlapping jurisdictions)과 권한의 분산을 요구한다. 이러한 조건을 갖춘 자치행정체제는 시민의 욕구에 적절히 대응하면서 높은 수준의 성과를 올림으로서 공공후생을 증진시킬 수 있을 것이다.

그러나 자치행정에서의 작은 정부를 약한 정부가 아니라 오히려 강한 정부를 의미한다. 다시 말해서 자치행정은 '작지만 강하고 아름다운 정부' 를 지향하는 것이다.

2. 주민참여 기본요건으로 하는 행정

발전행정은 개인이나 집단 간의 갈등이나 이해상충의 해소과정을 중시하지 않는다. 발전행정에서는 목표달성을 위한 수단과 방법의 선택결정에 있어서 소수 핵심적 엘리트가 책정해놓은 객관적 합리성이 판단의 유일한 기준이 된다. 특히 주민의 참여능력을 평가절하하여 — 시민 현대행정이 요구하는 전문적인 기술과 경험이 없고, 참여할 만한 여유와 시간이 없으며, 참여자체는 비용과 시간을 낭비하는 비효율적인 것 — 참여 자체를 도외시한다. 일찍이 참여에 대하여 부정적 시각을 가졌던 학자들의 주장을 살펴보면, 우선 Mosca와 Michels는 모든 시민의 참여를 극대화시킴으로써 통합하려는 민주주의에 대하여 회의를 제기하고 엘리트의 관점을 견지하였다. J.Schumpeter에 의하면 대중은 그저 와글와글 떠드는 것 외에는 비행동적이며, 따라서 능동적이고 제안적이며 결정적인 인물은 엘리트이고 민주주의의 특징은 투표에 의해 리더들 사이의 경쟁이라는 것이다. B.R. Berelson 역시 단지 소수 시민의 높은 관심과 높은 참여도가 필요할 뿐이며, 전체 체제의 안정성을 유지하기 위해서는 다수의 무관심과 무흥미가 중요한 역할을 한다고 주장한다. 그러므로 이들의 주장은 참여를 원하지 않는 사람들에 의한 정치적 참여와 증가는 민주제도의 안정성을 파괴할지도 모른다는 점에서 일치가 된다.

그러나 시민(주민)참여는 공공정책의 결정과 집행에 정당성과 합리성 제고, 지방정부의 주도권 부여, 행정책임, 대응성, 그리고 사회 모든 부분의 대표성 증진이라는 여러 긍정적 결과를 수반한다. 주민참여는 Rousseau, Tocqueville 등에 의해서 그 가치가 옹호되어 왔으며 특히 '참여의 분출시대' 라고 볼 수 있는 1960년대 후반부터 미국의 소수 자치제에서 비롯되었는데 이는 그동안 고도의 관리사회, 산업사회에서 무시되어 왔던 인간가치를 형해화한 민주주의나 권위주의적이고 집권적인 관료조직에만 의존하지 않고 시민이 분권화된 단위에 아마추어로서 직접 참여하여 이루고자 하는 방법으로 제시되어 왔다. 더욱이 오늘날 주민참여의 필요성과 실용적 가치에 대하여는 대체로 긍정적 합의에 도달하고 이를 위한 제도화 · 입법화를 추진하고 있다.

따라서, 자치행정의 의의와 목적도 주민 스스로 상호조절과정을 통하여 합의에 도달함을 기본으로 하며, 그 실천방법과 수단을 선택함에 있어서도 타협과 협상을 통한 합의의 과정을 존중하는데에 있다. 이러한 측면에서 자치행정은 대화행정이어야 한다. 즉, 자치행정은 주민들과 일상적으로 접촉하면서 대화를 통하여 그들의 의견을 청취하고 이를 반영하면서 시책을 결정 · 집행해 나가는데 그 정당성의 근거를 두고 있다.

3. 집권화보다 분권화를 바탕으로 하는 행정

한국처럼 독점자본주의 국가의 식민지를 경험하고 국가의 독점도 자본주의 국가의 전략의 일환으로 이루어진 경우에는 과대성장된 국가기구를 바탕으로 예속독점자본의 이익이 제국주의의 이익과 상충되지 않도록 하기 위해서는 국가권력이 항상 우위에 설 수밖에 없으며 이를 위한 수단으로서 강력한 중앙집권적 행정체제를 갖게 된다. 이러한 행정체제에서는 지역개발이 독점자본의 이윤에 유리하도록 되어 있고 중앙집권화로 인해 지역의 욕구, 관심은 중앙에 전달될 통로를 갖지 못하고 지역적 관심을 정책에 반영할 여건을 갖추지 못하고 말았다.

따라서, 국가경제규모의 확대 및 경제성장에 따른 부의 형평적인 배분이

균형있게 접근되지 못한 관계로 국민 계층 간에 심한 갈등을 제기하게 되었고, 중앙집권체제에 의한 통제 위주의 국가발전전략의 한계를 노출시키게 되었다. 이렇게 형평적인 배분 메카니즘이 조성되지 못한 이유는 권력을 중앙에 집중시켜 추진해온 발전행정에 기인하는 것이다.

이제 행정의 이념이 변하여 능률과 효과 이외에 사회적 형평 · 인본성 · 책임 · 민주성 · 대표성 등이 중요한 가치로 인식되는 자치시대에서는 종래의 능률 · 효과 위주로 짜여진 행정구조를 개편하여, 사회적 형평이 실현될 수 있도록 해야하고, 그것은 행정기관의 구조를 통해 일반시민이 공공정책의 결정과 집행에 영향력을 행사할 수 있도록 함으로써 가능하며, 행정기관의 집권성을 완화하는 분권화는 이러한 목적에 기여할 수 있게 된다. 즉, 분권의 기본 목적은 개개 시민의 참여의 범위를 넓히고 보다 민주적이고 평등한 사회를 실현하는데 있다. 이러한 요구는 행정엘리트의 의존에서 고객중심의 참여를 고취하는데 있으며 그것은 시민과 약자를 옹호하는 체계의 변화를 촉구하는 장치를 마련하는데 있다. 보다 효과적으로 수혜자에게 접근할 수 있는 정책결정은 지역수준에서는 그 지역규모가 보다 지역공동체, 즉 근린 공동체나 읍 · 면 규모의 행정 및 자치 단위의 활용이 필요하다.

이러한 제도적 장치의 산물로서는 Federated Model, Bargaining Model, Neighbourhood Control Model, Overlapping Work Group, Linking Pin Model, Matrix Model 등이 있다. 이렇게 결정권의 소재와 시민들과의 거리가 좁혀지도록 납작하고(flat) 개방적 구조를 갖추는 것은 모든 시민이 공공정책결정에 대한 평등한 접근(equal access)과 시민의 선택(citizen choice)이 용이해지도록 함으로써 사회적 형평의 실현에 공헌하는데 있다.

4. 하향적 개발보다는 상향적 개발을 추구하는 행정

하향적 개발은 신고전 경제이론에 기초를 두고 있으며 이 이론의 공간적인 표현은 성장거점의 개념이다. 하향적 개발의 기본가정은 개발이 외적 요구와 혁신이라는 충동에 의해 추진되며, 그것이 자발적인 방법이든 인위적인 방법이든 간에 역동적인 부문 또는 지리적 군집으로부터 체계의 나머지 부문으로 누적될 것이라는 점이다. 이러한 외향적 개발전략은 그 성격상 도시-공업 중심적이고 자본집약적이며, 고도의 기술과 대규모 프로젝트를 지향하고 있다.

이러한 하향적 패러다임은 다른 전략들을 추진하는 것보다 이중 경제 및 성장거점전략을 추진하는 것이 전략 자체의 결함에도 불구하고 더욱 신속하게 국민 총생산을 성장시켜 줄 것이라고 제시하고 있다. 더욱이 지역간, 집단간 1인당 소득 격차가 처음에는 커지다가 나중에는 해소될 것이라는 발산-수렴 병후가 작용할 것이라고 기대한다. 위로부터의 개발전략이 가지고 있는 가정은 다음과 같은 것들이다.

① 경제 · 사회 · 문화 · 정치적 영역에 있어서 개발은 Schumpeter가 주장한 바와 같이 소수의 선택된 엘리트에 의하여서만 발생될 수 있다.

② 일반대중은 개발을 이룩하기에는 진취력이 부족한 것으로 간주된다. 본질적으로 하향적 개발은 개발, 가치체계, 그리고 인간의 행복에 대해 일원적이고 획일적인 개념을 기초로 하고 있으며, 이것이 자동적으로 또는 정책의 개입에 의하여 파급될 것으로 전제한다. 발전행정은 두말할 것 없이 하향적 개발전략을 굳게 믿고 실행해 왔다. 물론 괄목할만한 양적 경제성장을 달성하고 산업화를 앞당겼지만 발전행정이 채택한 하향적 개발전략은 다음과 같은 문제들을 노정시키게 되었다.

① 선진국이나 이들 국가에 기반을 둔 다국적기업들에 대한 종속

② 실업이나 불완전고용 등의 부정적인 문제점을 야기시키는 소수의 대도시들에 의한 지속적인 지배

③ 소득 불균형의 증대

④ 지속적으로 증가하는 식량부족현상

⑤ 약화되는 지방의 물질적 조건, 지역공동체의 파괴와 지역주민의 심리적

좌절 등.

반면에 상향적 개발은 최근의 전략으로서 자치행정에서 채택해야 할 전략으로 고려해 볼 필요가 있다. 이 개발은 자기 지역주민의 기초수요의 충족을 가장 중요한 목표로 하여 각 지역의 자연, 인간, 그리고 제도적 자원을 최대한 활용하는 것을 기본으로 하는 개발방식이다.

대체로 빈곤이라고 구분되는 인구집단과 이익을 받지 못하는 지역들의 욕구를 충족하기 위해 개발정책은 직접 빈곤의 문제를 다루어야 하며 그것도 아래로부터 동기화되고 일차적으로 조정되어야 한다. 이러한 측면에서 상향적 개발방식은 그 성격상 하향식 개발전략에서 가정했던 누적효과나 확산효과를 기대하지 않는다. 요약하면, 상향적 개발전략은 기초수요 지향적이며, 노동집약적이고, 대규모보다는 소규모를 추구하며, 지역자원에 기초하고, 그리고 농촌 중심적이며 고급기술보다는 적정기술의 사용을 촉구한다.

이와 비슷한 주장은 Toffler의 「제 3의 물결(The Third Wave)」중 '위성을 가진 간디' 에서도 나타난다. 그는 제2의 물결과는 대조적으로 제3의 물결문명은 제1의 물질사회와 많은 점에 유사한 특색을 갖게 되는데 그 예가 집중화를 피한 생산, 적절한 규모, 재생가능한 에너지, 비도시화, 가내노동, 고도의 생산=소비생활 등이라고 미래의 변혁을 예측하고 있다. 즉 과거와 현재, 제 1의 물결과 제 2의 물결을 융합시킨 새로운 사회의 모습은 인류가 이용할 수 있는 가장 진보된 과학기술과 Gandi가 염원하고 있던 목가적인 녹색전원의 촌락공동체 사이에 균형을 이룬 상태라는 것이다.

이와 같이 밑으로부터의 개발은 개개의 공동체들이 광범위하게 참여하면서 여러 지역사회의 자연적 · 사회적 환경에 따라 개발의 목표와 그 실현방법이 갖는 다양성을 제도화하는 것을 의미한다. 따라서, 상향적 개발은 해당 국가와 지역들이 갖는 특별한 사회문화적, 역사적, 제도적 조건들과 밀접하게 연결되어야 하며 기본적인 추진력은 개개 공동체 자체의 내부로부터 나와야 한다. 이는 바로 자치행정의 과제가 된다.

5. 생산중심의 개발보다 인간중심의 개발을 강조하는 행정

개발전략을 생산중심이냐 또는 인간중심이냐에 따라 이분화시킬 수 있는데 발전행정에서의 발전전략은 생산중심적이다. 생산중심의 발전은 다음과 같은 것에 우순순위를 둔다.

① 농업보다는 산업, ② 농촌보다는 도시, ③ 인적 자원보다는 자본의 적정한 사용, ④ 물질적 부의 증대를 위한 자연환경 · 자원의 개발, ⑤ 적은 규모의 단위를 통한 다양성과 대응성의 강조보다는 국제적 비교우위를 바탕으로 대규모 산업단위의 효율성 제고 중심

따라서, 생산중심 발전의 기술은 조직의 명령체계, 의사결정에 있어서의 가치중립성, 고전적 물리학 원리에 기초한 연구방법, 기능적 생산체계, 사람과 환경을 객관화시키는 분석방법, 비인간화를 통한 능률의 향상 등을 포함한다. 그리고 규모의 경제원리를 강조하는 생산중심의 발전을 추구하는 행정조직은 계층적으로 구조화되고, 권력은 상부층에 집중되며, 상품과 서비스는 지역적 다양성보다는 기능적으로 표준화된다.

그러나, 인간중심의 발전은 ① 개인적 · 가족적 · 지역적 문제를 스스로 해결하는 인간적 노력을 고양하는 제도와 정책의 창설과 산출을 강조하고, ② 자치조직체계의 원리에 기초한 생산소비체계를 지역적으로 조직화시키려고 노력하며, ③ 지역적 소유와 통제의 원리에 기초한 생산소비체계를 지역적으로 조직화시키려고 노력하며, ④ 생산의 가치보다는 인간적 가치를 강조하고, ⑤ 발전담당조직이 그들의 구성원과 그들이 봉사하는 주민의 인간성을 구현하는데 초점을 두도록 한다. 이와 같이 인간중심의 발전은 의사결정과정에서 개인의 역할을 강조하는 자치조직을 중시하며, 생산소비체계의 계획과 관리에 있어서 기능적 관점보다는 지역적 관점을 강조한다. 지역적 관점에서의 발전은 경제적 유용성보다는 지역구성원의 기초수요충족과 주민복지를 중시한다.

따라서, 생산중심 발전의 조직적 기술은 명령체계, 공식적 조직도, 법적 권위, 통제구조, 예산과정 등을 원칙으로 하지만 인간중심 발전은 공식적 구조보다는 신속한 적응적 구조와 비공식적 의사소통망을 중시하며 적은 생산단위를 가지고 문화적 이질성, 다양성, 지방성을 존중하여 지역수준에 적응하려고 시도한다.

제4절 발전행정과 자치행정의 비교

앞서의 논의를 바탕으로 관치행정 · 발전행정 · 자치행정의 여러 특징을 비교하여 요약하면 다음과 같다.

〈표-1〉 관치행정 · 발전행정 · 자치행정의 비교

관치행정 · 발전행정 · 자치행정의 비교			
	관치행정	발전행정	자치행정
1. 행정이념	합법성	능률성 · 효과성	사회적 형평성, 책임성 문화성, 공개성, 인간성, 민주성
행정의 성격	일반행정	사업행정	복지행정
행정의 역할	통제 · 억압, 체제 유지	사회변동의 유도 · 촉진	주민의 복지와 정의로운 배분
2. 개발의 목표		개인당 GNP의 최대화	인간핵심적 가치의 구현
개발의 전략		하향적 개발	상향적 개발

3.	정책결정체제	집권적 · 과두적	집권적 · 과두적	민주적, 다원적, 분권적, 근본적
	의사결정에의 주민참여	불필요	불필요	근본적
4.	지방자치의 실시여부	불필요	선택적	필수적
	중앙과 지방의 관계	중앙의 일선기관	수직적 통제관계	수평적 경쟁관계 (자율적 협조관계)
	지방행정의 유형	관치행정 일원제의 형태	자치 · 관치 이원제 형태	자치행정
5.	대국민과의 관계	지배자(어른과 아이)	선도자(어른과 아이)	봉사자(인격적 관계)
	국민의 역할 대 전문가의 역할		국민은 문제이며 전문가는 해결책이다.	전문가는 조언자이다.
	행정에 의해 혜택 받는 계층	기득층	기득층	소외된 계층
6.	이론적 모형		N 이론	P 이론
	연구방법론		실증적, 객관적, 필연적	해석적, 비판적, 현상학적

제5절 지방자치행정의 과제

자치행정은 지방자치의 요체이다. 진정한 자치시대의 전개를 위해서는 자치행정의 이념과 본질에 입각한 지방행정의 전환이 요구된다. 관치적 지방행정의 타파 그리고 발전적 지방행정과의 조화는 주민의 복리증진을 통한 국가발전의 목표를 달성하기 위한 자치행정의 과제가 된다. 이를 검토하면 다음과 같다.

첫째, 자치행정은 민주성과 사회적 형평성을 구현하는 행정이어야 한다.

제한된 엘리트에 의해서 발전목표가 선정 · 관리되고, 이를 능률 · 효과적으로 집행 · 평가되는데 혈안이 되었던 발전행정은 인간적 발전과 자유의 억압 그리고 부의 집중에 의한 부익부 · 빈익빈을 조장하여 발전의 핵심적 제 가치의 실현에 실패하고 국민적 정당성이나 공감대를 형성하는데 실패하였다. 이제 자치행정은 능률을 민주이념의 바탕 위에서 진작시키고 소외된 계층의 의사를 행정체제에 흡수하여 그들을 어루만져 주고 사회생활에 즐겁고 보람되게 참여할 수 있는 복지사회를 건설하는 기본 장치가 되어야 한다.

둘째, 자치행정은 주민의, 주민에 의한, 주민을 위한 행정이어야 한다. 이러한 주민중심의 행정은 주민의 의사와 욕구가 행정 최고의 목표로 설정이 되고, 모든 행정과정을 지배하는 기준이 되며, 이것이 효율적으로 실현될 수 있는 행정체제를 의미한다. 그러나 주민의 관점을 통해 공공행정을 수행하려면 주민은 반드시 정부와 더불어 공공행정을 운영할 수밖에 없다.

즉, 주민과 정부의 상호접촉이 필수적이다. 관치행정은 정부와 주민의 상호접촉이 익숙하지 못하고 정부가 주민에 대하여 일방적으로 작용하는 지배관계에 의존한다. 관치행정은 관의 주체성과 강제성을 전제로 주민의 규제, 통제하게 되나 자치행정은 주민과 관의 공동주체성에 입각하여 주민에 대하여 권고, 설득, 유인을 주요 기능으로 하면서 관은 어디까지나 조언자 또는 협상으로 합의에 이르는 행정이어야 한다. 즉 자치행정은 주민들과 일상적으로 접촉하면서 대화를 통하여 그들의 의견을 청취하고 주민들 스스로의 상호조절과정을 거쳐서 목표의 우선순위가 결정되며 그 실천방법과 수단을 선택함에 있어서도 반드시 타협과 협상을 통한 합의의 과정을 밟아서 시책을 집행하는데 그 특징이 있다.

그러므로 중앙정부와 지방정부, 지방정부와 주민 그리고 주민과 주민들 사이에서의 의사소통은 밖으로부터 영향이나 강요를 통해서 방해받지 않고, 왜곡되지 않은 의사소통의 본래적 구조 자체 안에서 이상적인 대화, 즉 담론의 상황이 전개되는 실천적 합리성(의사소통의 합리성)이 확보되어야 한다. 이는 곧 억압 없는 의사소통의 조건 아래서 사람들이 자유로운 삶을 영위할 수 있는 비판사회과학의 인식 관심이며, 자치행정이 지향하는 인간해방에로의 실천적 관심이다. 이의 달성을 위하여 주민참여의 통로는 확대되어야 하고, 행정정보는 공개되어야 하며, 주민의식과 공무원의 행태는 개발되어야 할 것이다.

넷째, 자치행정은 분업화와 집권화의 요청을 동시에 충족시킬 수 있도록 조화와 균형을 유지해야 한다. 지난 기간 지방자치가 정착하지 못한 관계로 지방에서는 중앙에서 결정한 행정을 집행하는 중앙집권적 행정체제가 형성되었으나, 도시 및 산업화에 따라 발생하는 지역의 문제를 해결하는 과정에서 중앙집권체제의 한계를 경험하면서 실질적인 지방분권체제가 요구되고 있다. 그러나 강력한 중앙집권체제에서 지방분권체제로의 전환과정에서 갈등 및 위기가 표출될 가능성이 적지 않다. 따라서 중앙과 지방과의 관계, 집권과 분권의 관계를 이분법적 또는 상호대립적 개념으로 파악할 것이 아니라 상호의존적이며 수평적 정치경쟁관계, 그리고 자율적 협조체제의 측면에서 파악하여 중앙의 광역적인 정부활동과 지방의 협력적 정부활동과의 이해 · 조정을 도모하면서 한국의 정치 · 행정발전에 도움이 되는 방향으로 전개하는 것이 바람직하다. 이에 행정은 옛 탈을 벗고 중앙과 지방의 고른 발전을 위해 위임과 자치를 선도하여야 하고 자치와 통제의 조화를 이루어야 한다. 나아가서 정책결정이나 계획이행과정에서 분권화된 조직과 그 구성원들이 정책결정과정에 참여하는 대내적 분권화와 관리참여도 확보되어야 함은 재론을 요하지 않는다.

다섯째, 자치행정은 지역이나 지방을 단위로 그 지역주민의 복리증진을 우선시한다. 발전행정은 국익이나 전 국토의 종합적 발전에 목표를 두나, 자치행정은 그 지역주민의 이익도모와 그 지역의 개발에 목표를 둔다. 그러나, 지방정부는 중앙정부와 주민을 연결시키는 교량기능을 수행하여야 하기 때문에 주민복지의 실현을 통한 지역개발과 국가발전을 도모해야하는 이중적 과제를 안게 된다. 따라서, 지방정부는 중앙정부와 반드시 합의에 의해 결정된 이념과 가치를 주민에게 배분 · 실천하고 주민의 요구와 지지를 수용 · 처리하여 이를 중앙정부에 전달하는 매개역할을 수행하여 중앙과 지방의 진정한 조화가 이루어지도록 해야 한다.

여섯째, 자치행정은 발전의 핵심적 가치가 구현될 수 있는 발전전략을 채택하여야 한다. 기존의 발전논리는 다분히 불균형적, 단기적, 수단적, 관주도적 그리고 물량 위주의 가치생산적 성격을 강하게 띄고 있었다. 그러나 이제 자치행정에서 새롭게 추구해야 할 발전논리는 보다 균형적, 장기적, 본질추구적, 분권적이며 무엇보다 질 위주의 가치생산적 성격을 바탕으로 하여야 할 것이다. 이에 따라 하향적 개발전략에서 상향적 개발전력으로, 또 생산중심의 전략에서 인간중심의 전략으로의 전환이 요청된다.

제6절 소결론

한국행정의 현 단계에서 공공행정은 분명히 중대한 전화기를 맞고 있다. 그 전환의 방향은 지방자치의 실시에 따른 행정의 자치화이다. 자치행정은 민주성과 사회적 형평성을 기본이념으로 주민의 입장에서, 주민의 관점을 통하여, 주민을 위하여 이루어지는 행정을 본질로 한다. 따라서 자치행정은 지방자치의 실시에 따른 한국행정의 신 좌표와 방향을 제시하고 새로운 공공행정의 개념화를 위하여 하나의 전제와 기초를 제공할 수 있다. 이 장에서 제시된 자치행정의 이념과 본질을 바탕으로 하여 더 많은 이념적 연구와 실증적 개혁이 달성될 수 있을 것이다. 그러나 이와 같은 공공행정의 전환은 근복적인 것이고, 결코 쉽게 달성될 수 있는 것이 아니다. 무엇보다 자치행정의 성숙과 토착화는 지방자치의 정착을 그 기본전제로 한다.

chapter 02

지방자치와 분권의 원리와 평가

제1절 지방자치와 분권의 의의

인간은 누구나 미래에 대해 고민한다. 오래전부터 "미래에 대한 가장 정확한 예측은 과거로부터 나온다" 라는 말이 있다. 미래란 곧 추세들이 모아진 결정체라는 것이다. 그리고 추세란 과거로부터 현재를 지나 미래로 이어지는 역정이라고 정의한다. 우리는 과거를 뒤돌아 보아야만 하며 과거에 대한 연구를 통해 우리가 과거에 어디에 있었으며 미래에는 무엇을 지향해야 하는지 알 수 있다. 따라서, 1주년, 10주년, 50주년 등 일정한 주기로 특정시점의 과거를 회고해 보는 이유는 과거의 역사속에서 교훈을 얻고 현재의 상황을 성찰적으로 반성해서 보다 발전적인 미래의 지평을 열기 위함이다.

1952년 초대 지방의회가 개원, 지방자치제를 대한민국에서 시작한지 반세기하고도 14년이 지났다. 지난 60여년 동안 우리민족은 6 · 25전쟁, 4 · 19혁명, 5 · 18 민주화운동 등 수많은 굴곡과 파란으로 점철된 격랑들을 우리의 굳건한 의지와 지혜로 극복해왔다. 역사적 소용돌이 속에서 무엇보다도 의미있는 발전은 우리의 각오와 집념끝에 1991년부터 지방자치제를 다시 부활시킨 사실이다. 자치와 자율을 바탕으로 중앙집권과 관료주의를 지양하고 민주주의의 원리를 달성하려는 제도적 장치로서의 지방자치제가 다시 우리의 역사적 현실로 나타난 것이다. 그 후 1995년 6 · 27 지방선거를 통해 주민이 직접 선출한 민선단체장이 등장함에 따라 비로소 외형상 완성된 민선지자체의 모습을 갖추게 된 것이다.

제2절 지방자치의 본질

지방자치는 다음의 다섯가지 ABCDE가 본질이요, 성공의 조건이다. 즉, 자율성(Autonomy), 선거(Ballot), 경쟁과 협력(Competition & Cooperation), 권한이양(Devolution), 경험과 교육(Experience & Education)이다. 지방자치 부활 25년을 지낸 시점에서, 이상의 다섯 가지 성공조건을 놓고 볼 때 작금의 지방자치는 심각한 위기국면에 놓인 가운데 그 성공적 정착여부가 중대한 기로에 서있다.

먼저 다섯 가지의 조건과 그 간의 성과와 문제점을 요약해 보기로 한다. 첫째, 지방자치는 자율성이 확보되어야 한다. 지방자치단체는 더 이상 중앙정부의 결정을 단순히 집행하는 하부 행정기관이 아니다. 지역주민들의 의사를 수렴해서 지역문제를 스스로의 역량과 책임 하에 풀어나가기 위해서는 먼저 독립적인 제도가 마련되어야 한다. 그래서 주민직선의 단체장이 필요하고 또 그 견제를 위한 지방의회가 존재하는 것이다. 하지만, 지역의 자율적인 역량과 창조성을 기반으로 한 다양한 지방자치제도의 도입은 국회에 입법권이 독점된 현 상황 하에서는 불가능하며, 정치적 이해관계에 따라 지방자치의 자율성은 크게 훼손되어 가고 있다. 설령 독립적인 제도가 확보되었다고 해서 자율성이 보장되는 것은 아니다. 제도가 자율적으로 작동하려면 제도를 움직이는 권한이 있어야 한다. 즉 지방이 스스로 법규와 조직을 만들 수 있어야 하고, 스스로 처리할 수 있는 행정사무도 있어야 한다. 그리고 필요한 돈을 스스로 조달하고 관리할 수 있어야 한다. 그러나 중앙정부는 권한, 돈, 인재, 정보들을 여전히 독점하면서 지방에게 지방자치권을 획기적으로 부여하지 않고 있다.

둘째, 지방선거의 조건이다. 지방자치는 선거로 시작하고 선거로 끝난다. 그만큼 선거는 지방자치의 전부로서 지방자치의 미래와 성패를 좌우한다. 그러나 선거법과 제도의 미비, 공명선거의 의지부족, 왜곡된 정당공천, 성숙되지 못한 유권자의식 등은 아직도 지방선거를 본궤도에 올려놓는데 성공적이지 못하였고 그것은 지방자치 위기의 근본적인 요인이 되고 있다.

역대 지방선거는 한마디로 지방선거 본래의 의미와 기능이 실종내지 퇴색된 채 철저하게 대선의 전초전 그리고 정당의 대리전으로 치루어진 선거였다. 그 결과 지방자치는 여전히 중앙정치에 예속되고 있을 뿐만 아니라 지방자치가 주민들로부터 외면받고 그 뿌리를 내리지 못하고 있는 것이다.

셋째, 경쟁과 협력이다. 지방자치는 중앙과 지방간, 지방자치단체간, 그리고 집행기관과 지방의회간의 경쟁을 바탕으로 한다. 그러나 경쟁은 반드시 갈등을 초래한다. 갈등은 사회를 변화시키는 계기를 마련하지만 갈등을 제대로 풀지 못하면 이기주의적으로 표출되어 전체사회에 상당한 진통과 혼란을 초래한다. 특히 현재의 지방자치는 행정구역에 철저히 갇혀 협력행정을 하지 못하고 있기 때문에 상당한 낭비와 비효율을 양산해 내고 있는 실정이다. 이와 같이 지방자치를 하면서 갈등을 관리하지 못하고 협력을 하지 못하고 있는 상황이 바로 지방행정체제 개편을 시도하는 명분을 주고 있는 것이다.

넷째, 권력의 이양이다. 주민과 관련된 사안의 결정권을 중앙에서 지방으로 이양하는 지방분권화가 지방자치의 핵심이지만 그것만이 전부는 아니다. 한 자치단체내에서도 '위에서 아래로' 의 권한이양이 있어야 하며 더 궁극적으로는 '관에서 민으로' 의 권한이양이 진행되어야 한다. 그럼에도 불구하고 현재의 분권은 중앙과 지방자치단체간에 그것도 사무이양에 머물고 있기 때문에 주민들의 적극적인 지지를 끌어내지 못하고 있는 것이다.

마지막으로 지방자치에 대한 경험과 교육이다. 지방자치는 단체장과 공무원, 지방의원, 그리고 지역주민들의 경험을 필요로 한다. 여기에는 시행착오가 수반되어 시간이 필요하지만 그렇다고 주민들의 민주적인 자치의식이 저절로 고양되는 것은 결코 아니다. 지방자치의 경험을 통해 그간 권리의식은 팽배해 왔지만 그에 상응하는 책임의식과 공동체의식은 아직도 미미하다. 여기에 필요한 것이 민주시민교육이다. 독일이 지방자치의 정착을 통해 통일을 완수하고 민주주의체제를 굳건히 정착시킨 것은 꾸준한 시민교육의 결실에서 비롯된 것이다. 우리도 늦었지만 지금부터라도 비정파적, 비당략적 차원에서 지방자치 정착과 생활화를 위한 지방자치 교육프로그램의 개발과 교육전문가 양성에 투자를 시작해야 할 것이다.

우리나라는 그동안 다양한 지방분권정책을 추진해 온 결과, 지역사회에서 지방자치 정착을 위한 제도적 장치는 상당히 마련된 것으로 보인다. 하지만, 분권의 효과가 뿌리내리기 위해서 필요한 중앙권한의 대폭적인 지방이양, 그리고 자치재정권을 비롯한 지방자치권의 강화에 필수적인 지방분권정책은 여전히 미흡하다고 할 수 있다. 이외에도 오래 전부터 여러 정부를 거치면서 시행하고자 했던 자치경찰제와 교육자치제의 개선 및 주민중심의 근린자치을 위한 정책 등은 기대에 미치지 못했다.

이와 같이 지방분권에 대한 강한 의지와 계획을 갖고 추진했던 역대 정부들이 기대한 결과를 내지못한 주요 요인은 크게 세 가지로 볼 수 있다. 우선 정부마다 의욕을 가지고 추진했던 자치와 분권, 균형발전, 정부혁신들을 그 본질적 개념과 목표의 정립, 상충하는 상호관계 그리고 단계별 추진전략에 대한 진지한 검토와 고민없이 무리하게 한꺼번에 추진하고자 했기 때문이다.

또한, 자치와 분권은 국민들이 그 성과를 체감하는 가운데 계속해서 공감대를 형성해 가야 한다. 그럼에도 불구하고 오히려 누구를 위한 자치이고, 분권이며, 혁신인지가 제대로 국민들에게 전달되지 못했다. 그 결과, 국민들의 동참을 끌어내는데 성공하지 못하고 말았다. 그리고, 자치와 분권에는 상당한 저항과 부작용이 반드시 병행하기 때문에 이에 대한 극복방안이 전략적으로 마련된 다음 구체화했어야 했는데 이에 소홀했기 때문이다(육동일, 2015).

제3절 지방분권의 추진실적과 평가

1. 지방자치와 분권 20년의 의미

2015년 지방자치가 부활해서 20년째가 된다. 이제 지방자치가 성장해 온 지난 과정과 성과를 진지하게 짚어 볼 때가 되었다. 우리가 과거를 주기적으로 뒤돌아 보는 것은 과거의 역사속에서 교훈을 얻고, 현재의 상황을 성찰적으로 반성해서 보다 발전적인 미래의 지평을 열기 위함이다.

지난 기간, 지방자치는 짧은 역사에도 불구하고 우리사회 전반에 엄청난 변화를 초래한 바 있다. 무엇보다 지방자치 실시로 나타난 큰 성과는 지역주민들이 지역의 진정한 주인이 되기 시작했다는 사실이다. 이는 대한민국 5천년의 역사를 송두리째 바꾼 혁명이었다. 오랫동안 대한민국을 다스리는 주인은 관(官)이었다. 민(民)은 늘 다스림의 대상(subject)에 불과했다. 이 일방적이고 주종적인 관·민관계를 짧은 기간에 혁명적으로 바꿀 수 있었던 원동력은 지방자치제다. 아직은 갈 길이 멀지만, 이제 주민은 관의 고객(customer)으로서, 유권자(voter)로서, 협력자(partner)로서 그리고 주인(owner)으로서 지방자치시대에 그 위상과 역할을 자리매김 해나가고 있다.

그에 못지않은 중대한 성과도 나타났다. 지난 기간, IMF와 외환위기 등의 경제문제, 북핵문제와 천안함 피격, 연평도 포격사건 등의 남북간 긴장상태, 그리고 대통령 탄핵, 자살 등의 전대미문의 정치적 혼란기에도 불구하고 지역사회가 안정을 유지할 수 있었다는 점이다. 즉 지방자치를 통해 중앙정국의 혼란과 불안이 지방으로까지 파급되는 현상을 최소화시키고 여·야간, 여·여간 정권교체를 가능케함으로서 정치발전을 이루었다. 그 결과, 중앙정부와 자치단체들은 경제위기 극복과 함께 주민복지 향상에 매진할 수 있었던 것이다. 이 성과야 말로 지방자치 실시에 소요되는 비용을 보전하고도 남을만 한 대단한 지방자치의 성과가 아닐 수 없다. 이 결과가 바로 지방자치를 반드시 해야만 하는 이유를 말해주고 있다. 그 밖에도, 지난 20년간 실시된 지방자치제는 지역실정에 맞는 지역특성화 사업의 추진, 행정서비스의 수준 향상, 지역적 특성을 고려한 지방자율과 창의행정의 실현, 그리고 개성있는 지역문화의 정체성 정립과 활성화의 가능성을 열었다고 볼 수 있다.

이상과 같은 긍정적 변화와 함께 지방자치제는 아직 실망스럽고 우려할 만한 문제들을 제기하고 있다는 점도 외면할 수 없는 사실이다. 즉 비정상적인 지방선거의 제도와 관행, 일부 단체장과 지방의원들의 고질적인 비리와 부패[1] 문제, 여전히 주민들의 신뢰를 못받고 있는 지방의회[2], 강력한 중앙집권적 제도와 관행, 형식적인 주민참여, 지방공무원 자치역량의 미흡 등은 지방자치가 여전히 풀지못한 숙제로 남아 있다.

그러나 무엇보다도 현 지방자치 운영에 있어서 가장 큰 문제점은 지방자치에 대한 이해부족과 무관심이다. 여기에 그동안의 언론 특히 지역언론의 역할과 그 영향력이 깊숙이 관련되어 있다고 본다. 지방자치가 지역사회에 미친 긍정적 변화와 한계 그리고 개선점들을 주민들을 비롯한 중앙정치인과 공무원, 재벌과 대기업 관계자 그리고 중앙과 지역의 언론인들이 정확하게 인식하고 지지할 때 비로소 지방자치가 지역사회에 정착할 수 있다. 그럼에도 불구하고 지방자치 실시에 따른 제반의 변화가 언론을 통해 아직도 주민들에 의해 제대로 전달 · 체감되지 못하고 있는 것이 사실이다. 여기에 언론 특히 지역언론 스스로의 지방자치에 대한 인식과 그 활성화를 위한 역할과 관련해서 많은 문제점들이 깊숙이 연결되어 있다.

결국, 지난기간 지방자치와 지방분권이 어떻게 평가되고, 그 평가가 어떻

---

1 행안부에 따르면, 민선4기 기초단체장 가운데 비리뇌물수수 등 혐의로 기소된 단체장은 94명으로 전체의 41%에 이른다. 이 가운데 29명이 대법원에서 유죄판결을 받았다. 기소된 단체장 숫자도 민선1기 23명, 2기 59명, 3기 78명 등으로 갈수록 늘어나는 추세다.

2 경실련이 민선4기 동안 16개 광역의회의 의안발의와 처리 등을 분석한 결과에 따르면, 의원 1인당 발의한 조례건수가 2.07건에 그치고 있다. 1년에 1건조차 발의하지 않은 셈이고, 아예 1건도 발의하지 않은 의원이 수두룩한 것으로 집계됐다. 전체 지자체에 발의한 조례안중 의원발의는 26.4%에 불과했다.

게 주민들에게 전달되어 체감되느냐에 따라 주민들이 지방자치와 분권을 보는 시각이 달라질 것이고, 나아가 향후의 한국 지방자치와 분권의 방향과 수준 및 내용을 좌우하게 될 것이다.

2. 역대 정부 지방자치와 분권의 실적

1) 문민정부(1993년~1998년)

o 그동안 연기되어 왔던 광역 및 기초자치단체장의 선거를 통해 지방자치의 전면적 실시를 주도

- 이와 같이 문민정부 지방분권 정책의 대표적인 특성은 지방분권을 최초로 실시하는 동기부여를 했으며, 지방분권 추진 이념의 측면에서 지방자치를 정착시키고자 하는 목적을 지니고 있었음

o 중앙권한이양 부분에서는 단위사무 위주의 이양을 추진하였으며, 내용적으로 단위사무에 대한 망라적 검토가 이루어졌으나,

- 지방분권정책에 대한 정치적 지지가 그리 높지 않은 것으로 나타났고, 지방참여 측면에서도 적극적 참여의 통로가 미흡했던 것이 특징
- 지방이양합동심의회(민 · 관 합동이 비상설협의체)에서 지방분권 추진

2) 국민의 정부(1998년~2003년)

o 100대 국정개혁과제의 하나로 중앙권한의 지방이양과 자치경찰제도의 실현을 채택하는 등 분권화 요구를 충분히 인식하고 출범하였다는 평가

- 지방분권 정책을 복리증진과 지역발전이라는 추진 이념 하에 실시하였으며, 문민정부와 마찬가지로 단위별 사무이양을 추진

o 지방분권 차원에서의 의의로 새로운 체제가 출범했다는 의미를 갖지만, 정책의 실시에 대한 정치적 지지가 그다지 높지 않았고 지방이양 성과도 높지 않은 것으로 평가

- 다만, 참여연대 경실련 등 시민단체를 중심으로 한 주민참여 기회가 확대되었고, 지방정부의 참여확대가 양적으로 이루어졌다는 점은 긍정적으로 평가

- 지방이양추진위원회 설치 운영

3) 참여정부(2003년~2008년)

o 지역균형 발전과 지방 자치역량 강화라는 추진이념 하에서 대통령의 의지가 매우 강하게 표방되면서 지방분권의 제도화를 시도하여

- 지방분권 로드맵 작성을 통하여 7개 분야 47개 과제를 제시하고, 지방분권특별법 제정, 제주특별자치도 출범, 주민투표 · 주민소환 · 주민소송제 등을 도입

o 이전 정부와는 달리 사무의 포괄이양을 제도하였으나, 실질적으로 단위별 사무를 연계하여 이양이 이루어졌고, 아쉽게도 행정 · 재정적 지원이 수반되지 않아 지방정부의 적극적 이양 요구가 약화되는 결과를 초래

- 즉, 재정분권, 특별지방행정기관정비 등에 소극적이었던 면이 참여정부의 지방분권 브랜드 공식화를 희석시키는 결과를 초래

- 지방이양추진위원회 지속 운영, 정부혁신지방분권위원회 신설

4) 이명박 정부(2008년~2013년)

o 지방분권을 추진해 오면서 제기되어 온 이러한 문제점을 해결하기 위해 100대 국정과제에 “지방분권의 확대”를 중심과제로 선정

- 「지방분권특별법」을 「지방분권촉진에 관한 특별법」으로 전면 개정하여 지방분권과 지방이양 추진체계를 일원화시키는 등의 추진체계를 재편

o 특히, 지난 지방분권촉진위원회에서는 참여정부 미완의 과제인 특별지방행정기관 정비, 지방소득 · 소비세 도입, 국가와 지방자치단체의 사무구분체계의 개편 등을 추진

3. 역대 정부의 평가

1) 지방분권의 철학과 방향

민주화운동에 의한 6 · 29선언 이후, 정부여당은 지방자치법을 전면적으로 개정하여 지방자치제도를 수동적으로 실시하였다. 따라서 지방분권의 철학과 방향이 명확하지 않았음을 말한다. 또 문민정부에서는 지방자치제도의 실시를 원래 4년간으로 했어야 함에도 불구하고 3년간으로 제한한 것을 보면 지방분권에 철학이 부족하고, 그 방향이 명확하지 않았음을 말해 준다.

한편, 국민의 정부는 지방분권과 국가균형발전에 대한 확고한 신념을 갖고 국정을 운영하였다. 그러나 지방분권정책은 분산개념인 지역균형발전에 의해서 우선순위가 뒤로 처지게 되었다. 따라서 지방분산정책에 집중하고, 경제적 지원을 강조함으로써 진정한지방분권의 신장에는 기여하지 못했다. 참여정부는 국정운영의 기본방침으로 '원칙과 신뢰', '공정과 투명', '대화와 타협', '분권과 자율' 을 들고 있고, 지방분권을 기초로 지역사회, 지방정부, 그리고 중앙정부를 혁신하여 국가를 재구조화하는 '분권형 선진국가' 를 이룩하는 정책기조를 취하였다, 마지막으로, 이명박 정부는 100대 국정과제를 발표하면서 '섬기는 정부분야' 에 지방행정체제의 개편, 광역경제권 구축, 자치경찰제 도입 등을 포함하였으며, 「지방분권촉진위원회」를 통하여 중앙행정권한을 지방으로 이양하고 있다. 위원회는 지방분권 4개 분야로 '권한 및 기능 재배분', '지방재정확충', '자치역량 강화', 그리고 '협력 및 공감대 확산' 을 통하여 각 분야마다 세부과제를 추진했다(소순창, 2011: 28-34).

<표-1> 정부간 지방분권의 철학과 방향

	노태우정부	문민정부	국민의 정부	참여정부	이명박정부
내 용	불명확	불명확	분산, 분권	균형 발전, 분권	섬기는정부. 지방행정체개편
효과성	중	하	중	중	중
민주성	하	하	중	상	하
대응성	하	하	중	중	하

2) 지방분권추진 비교평가

이명박 정부가 지방분권의지 측면에서 미흡하다고 평가되나, 교육의원 폐지, 지방소득소비세의 도입, 특별지방행정기관의 정비 등의 성과가 있었다는 것이다. 이 결과는 참여정부의 계획이 실현된 것으로 볼 수 있는 한편, 지방자치단체와 학계 및 시민사회의 지방분권에 대한 열망과 노력의 결과로도 볼 수 있다는 것이다. 따라서, 지방분권 추진에 대한 지속적인 관심과 촉구가 지방분권에서 지속적 성과로 나타날 수 있음을 확인해 준다고 주장한다 (김흥환, 2014: 393).

<표-2> 정부간 지방분권 추진 상대적 평가

평가 내용	국민의 정부	참여정부	이명박정부
목표의 구체성 적합성	미흡	우수	보통
목표의 달성정도	보통	미흡	우수
추진 체계	보통	보통	보통
추진 의지	보통	우수	미흡
지방자치 철학	미흡	우수	미흡

3) 지방분권정책의 추진기구

〈표-3〉 정부간 지방분권의 추진기구

	노태우정부, 문민정부	국민의 정부	참여정부	이명박정부
추진 기구	지방이양합동 심의회	지방이양추진 위원회	지방이양추진위원회, 정부혁신 · 지방분권위원회	지방분권촉진위원회, 지방행정체제 개편추진위원회
체계	단독기구	단독기구	이원화기구	이원화기구
법정 여부	비법정기구	법정기구	법정기구	법정기구
효과성	하	중	중	중
민주성	하	중	상	하
대응성	하	하	중	하

4) 지방이양, 자치경찰제, 교육자지제, 특별지방행정기관

〈표-4〉 정부간 중앙행정권한의 지방이양성과

	노태우정부	문민정부	국민의 정부	참여정부	이명박정부
효과성	중	중	상	상	하
민주성	중	중	중	중	중
대응성	하	하	하	중	하

〈표-5〉 정부간 자치경찰

	노태우정부, 문민정부	국민의 정부	참여정부	이명박정부
내용	1980년대 말부터 경찰의 중립성과 민주성 확보 방안을 추진	중장기적으로 자치경찰 도입 국가경찰의 능률성과 조화를 꾀하는 개편방향 제시	자치경찰에 관한 법안 작성. 제주특별자치도의 자치경찰 실시	기초자치단체에 교통이나 생활 안전 분야의 기초적인 치안 유지 권한을 인정
효과성	구체적 논의 없음	하	중	하
민주성	구체적 논의 없음	하	중	하
대응성	구체적 논의 없음	하	중	하

〈표-6〉 정부간 교육자치

	노태우정부, 문민정부	국민의 정부	참여정부	이명박정부
내용	이중간선방식에 따라 광역단위에 교육위원회가 구성. 교육위원회의 합의제 기구에서 심의 의결기구로 변경. 교육감은 해당 교육위원회에서 무기명 투표로 선출.	학교운영위원회 대표들만 참여하던 교육위원 및 교육감 선출제도가 위원 전원이 참여하는 방식으로 개정. 피선자격중 과거 2년 동안 비정당원 규제사항이 추가. 교육자치와 일반자치의 갈등	교육위원회가 일반 의회와 일원화. 교육감을 직선제로 선출. 교육의원 주민직선. 교육자치와 일반자치의 통합 논의.	교육자치에 관련된 제도 개선. 교육자치와 일반자치의 일원화 개선안 정리
효과성	중	중	중	하
민주성	중	중	중	중
대응성	중	중	중	중

〈표-7〉 정부간 특별지방행정기관

	노태우정부, 문민정부	국민의 정부	참여정부	이명박정부
내용	구체적 논의 없음	전면적 지방이관이 아니라 행정 효율성을 위한 조직 개편의 측면 강조.	특별지방행정기관의 정비를 지방분권의추진과제로 명시. 로드맵대로 실천하지 못함.	특별지방행정기관 정비를 핵심국정과제로 채택. 이해당사자들의 의견수렴과정
효과성	구체적 논의 없음	중	하	하
민주성	구체적 논의 없음	상	중	상
대응성	구체적 논의 없음	하	하	하

4. 지방자치와 분권 20년의 성과와 한계 및 문제점

1) 지방분권의 성과

(1) 지방정치의 민주화

- 단체장을 포함 지방공직자 선출과정에서 주민의 정치적 효능감 증대
- 주민위상의 강화, 지방행정의 반응성 · 책임성 증대

(2) 지방의 자율성 확대

- 국가주도 · 국가지원 시스템 전환 기반 구축
- 국가주도적 혹은 중앙의존적 행정이 아닌 정책중심 운영기조로 전환
- 지역현안 해결지원을 위한 행정자치부의 컨설팅감사 실시 : 감사위원회 전환 가능, 감사기관 장 개방형 의무화, 중복감사 제외 등
- 다양성과 창의성을 통한 지역발전 지원체계 구축(지역발전위원회, 지방자치발전위원회 등) : 일자리 창출, 서민생활 안정기반 조성, 특수지역개발 촉진, 지역녹

색성장 활성화 등

- 안전한 생활 구현을 위한 지원 극대화 : 국민생활안전 확보(어린이, 여성, 서민 등), 안심마을 중심의 주민자치회 시범사업 추진 등

(3) 특별자치의 실시로 지방분권 강화 기반 조성

- 제주특별자치도의 지방분권 실험으로 행정 효율성 제고 및 국제자유도시의 압축적 성장 현상 발견

- 행정수도 이전 및 특례 부여에 의한 세종특별자치시 설치로 지역균형발전 강화

(4) 광역행정시스템 강화로 협력체제 구축

- 통합 창원시(창원시, 마산시, 진해시) 설치로 국토 남부권 협력체제 마련

- 통합 청주시(청주시, 청원군) 설치로 동일생활권 갈등 해소 및 국토중심부 핵심권역으로 공간 조정

2) 지방분권의 한계

(1) 지방자치단체의 자치권능 취약

① 중앙행정권한의 지방이양 저조

- 2000년 이후 지속적으로 중앙권한을 지방에 이양

- 13년간(00~12) 이양확정 사무 3,101건 중 1,982건(64%) 이양 완료, 1,119건(36%)은 미이양

- 국가 → 시도(1,941개, 62.6%), 국가 → 시 군 구(369개, 11.9%), 시도 시 군 구(785개, 25.3%)

- 국민의 정부(612개 확정 / 610개 이양) → 참여정부(902개 확정 / 856개 이양) → 이명박 정부(1,587개 확정 / 516개 이양)

〈표-8〉 역대정부 이양완료 현황 (단위 : 개/사무)

구분	이양확정	이양완료				미완료
		소계	국민의 정부	참여정부	이명박 정부	
계	3,101	1,982	232	987	763	1,119
국민의 정부	612	610 (99.7%)	232 (38%)	374 (61%)	4 (0.7%)	2 (0.3%)
참여정부	902	856 (94.9%)	-	613 (68%)	243 (26.9%)	46 (5.1%)
이명박 정부	1,587	516 (32.5%)	-	-	516 (32.5%)	1,071 (67.5%)

- 미완료된 1,119개 사무 중 우선적으로 법개정이 필요한 651개 사무를 대상으로 지방일괄이양법 제정 추진 중

- 이양사무의 특성상 법령개정 등을 통하여 이양이 완료되므로 단기간(1~2년)에 사무가 완료되는 경우도 있지만, 대부분 장기간(3년 이상)에 걸쳐 이양이 되고 있음

② 자치조직권 취약

- 지방공무원의 총정원제 → 표준정원제 → 총액인건비제 → 기준인건비제로 전환되면서 포괄적 자율성을 부여하였음에도 불구하고 지방공무원 수를 통제하는 것을 기본으로 하고, 대통령령(지방자치단체 행정기구 및 정원등에 관한 규정)에 따라 인구 유형별로 행정기구 수를 통제

(2) 지방정치의 중앙정치 예속화

- 정당공천제의 역기능으로 국회의원과 지방의원 간 부정적 관계 설정 인식 팽배

- 중앙정치의 이슈가 지방선거 정책 공약화로 변질

(3) 국정통합성에 대한 지방의 인식 부족

- 분권지상주의로 인해 중앙의 조정 및 평가기능 소홀
- 중앙부처 공무원의 중앙집권적 사고로 지방을 하부기관으로 인식 상존
- 지방자치단체의 자치역량 불신으로 건전한 역할관계 조성 취약
- 일부 지방공무원의 자치제도 변경에 대해 중앙의존적 태도 고수

(4) 획일화된 지방자치

- 지방자치단체의 자율권에 기초한 창의적 시책 추진 미흡
- 자치입법권의 제약, 자치과세권의 제약 등으로 획일적 자치제도 시행
- 동일한 지방자치단체 기관구성형태(기관대립형 구조, 구자치제 등) 존속

3) 지방자치의 성과

(1) 지방의정 경험 축적으로 의정활동 역량제고

- 1991년 지방의회 설치 이후 실효적 행정사무감사, 적극적 예산심의 활동, 의정연수 참석, 권위주의 배격 등 일부 양 · 질적 성과

(2) 지방자치단체 간 협력관행 토대 마련

- 일부 매립지 관련 갈등이 존재하지만, 전반적인 자치단체 간 갈등이 다소 감소
- 혐오시설 설치 협력(서울 관악구와 부천시 등), 세수 불균형 완화 합의(서울 강남북간) 등 성공사례 도출

(3) 지방공무원 및 지방자치단체의 대 주민 대응 자세 변화

- 주민중심의 행정서비스 개선 : 주민의사에 부응하는 주민만족행정 정착 및 찾아가는 행정서비스 실현

- 주민을 서비스 수혜자가 아닌 소비자이며 고객으로 인지 : 주민수요에 맞춘 지역별 특색사업 추진(Wonderful 25시청(안산시), 생활민원기동처리반(고창군) 등)

(4) 지역경제발전을 선도하는 계기

- 지역축제의 관광 산업화 등 발전전략 추진 : 나비축제(함평군), 산천어축제(화천군), 홍길동 축제(장성군) 등

- 국내외 기업유치, 기업애로 해소시책 도입, 특산품 개발, 농촌지원에 의한 농가소득 증대 등 발전정책 다양화

- 세방화에 부응하는 국제적 글로벌 경쟁의 주체로 성장 : 평창(동계올림픽 유치), 부산, 인천광역시(아시안게임), 대구광역시(세계육상선수권대회 개최) 등

(5) 지방행정의 혁신 시도

- 관료제의 경직성을 타파하고 민의 추구라는 공직문화 혁신을 선도

- 인력의 창의적 활용, 인적네트워크의 확산 및 활용, 부처간 · 지방정부간 협력 증대

- 지역의 가용자원 동원 등의 혁신을 주도

(6) 특별지방행정기관의 정비 착수

- 참여정부 : 제주특별자치도에 6개부처, 7개 기관 일괄 이관

- 이명박정부 : 1단계로 국토 · 하천, 해양 · 항만, 식의약품 시설관리, 인 · 허가 지도단속 등 집행적 기능 이양

- 2단계로 환경 · 고용 · 중소기업 분야 지방으로 이관

(7) 장과 의회간의 관계 개선 계기

- 의회의 장과 집행기관의 견제로 행정의 민주화, 투명성 향상

4) 자방자치의 한계

(1) 과도한 중앙의존적 행태

- 중앙의 한정된 자원을 놓고 비정상적이고 과도한 경쟁 촉발

(2) 자원배분의 왜곡

- 불요불급한 전시행정, 선심성 행정으로 자원낭비 (호화청사, 낭비성 축제 등)
- 과도한 개발경향 (지방정부와 기업들이 결탁해서 개발위주 정책의 추진)

(3) 파행적 행정관행

- 정치적 중립성이 훼손되어 선거관련 줄세우기, 불공정한 인사, 인사비리 등 전횡적 형태
- 법규의 경직된 해석 또는 자의적 해석으로 법치행정을 위반

(4) 자치단체의 공직사회 소명의식과 책임성 부족

- 자치단체장의 비리 및 내부통제 시스템 미흡
- 지방자치단체 운영이나 주민생활 관련 인허가 관련 뇌물수수 등 토착비리 발생 빈번 : 민선4기 시 군 구의 장 18.3%가 뇌물수수 등으로 직위상실
- 자체적 비리예방 및 제도적 장치 마련을 위한 내부통제장치 기반 미흡 : 최근 IT모니터링시스템 도입이 있지만 아직 광범위한 정착 미흡
- 공직사회 책임성 부족
  · 부서할거주의. 폐쇄주의, 법규만능주의로 책임회피 현상 상존
  · 행사위주 시책 추진 및 장기계획수립 능력 부족 등으로 낭비성 지출 과다
  · 무리한 지역개발 및 경제사업 추진에 따른 예산낭비 제어장치 부족, 선거와 연계된 행정 등 선심성 및 전시성 사업 남발, 지방재정 확충을 위한 환경파괴와 난개발 기승, 단속업무의 묵인 및 방조 등
  · 계획성 및 개혁성 부진에 의한 지방공기업 비효율적 운영 : 인천은하철도

등 경전철사업 부실, 지방의료원 등 부실경영

(5) 지방자치단체의 자치역량 기반 미흡

- 지방자치단체의 인적자원(지방공무원, 지방의원, 기업인, 시민단체, 직능단체 등) 관리역량 미흡

- 자치경찰제, 교육자치제 등 미실시로 의한 지방자치의 제도적 기반 취약

- 사회복지비 급증 및 재산과세 기반 악화로 인한 재정건전성 취약

(6) 특별지방행정기관의 정비 소홀

- 중앙부처의 소극적 태도, 정치권의 무관심에 따른 입법지연

- 지방이양에 따른 행 · 재정 부족

- 단위사무 중심의 이양에 따른 실질적 이양 효과 미흡

(7) 장과 의회간의 관계 미정립

- 양자 권한의 불균형적 대립으로 행정의 불안정성 초래

- 행태적, 제도적, 정치적 요인에 의한 불필요한 갈등 유발 (재의요구 및 대법원 제소, 집행기관에 대한 무리한 감사와 소송, 지방의회에 대한 지원과 협조 태만)

5) 지방자치와 분권의 문제점과 원인

(1) 문제점 : 민선 지방자치 부활 25년 동안 다양한 지방자치와 분권정책을 추진해 오면서,

- 지역주민이 지역의 주인으로 등장(주인이라는 사실을 인식했을 뿐 진정한 주인이 된 것은 아직 아님)

- 중앙정국의 혼란과 불안을 최소화 하면서 지역사회의 안정을 유지

- 행정서비스의 양적, 질적 확대와 강화

- 주민참여의 활성화 계기 마련

- 지역의 자율성과 창의성을 전제로 한 지역발전기반을 마련하는 성과가 있는 한편, 지역사회의 자치권 보장 장치는 일부 부분적으로 마련된 것으로 보이나,

- 이의 효과가 반감되지 않도록 중앙권한의 대폭적인 지방이양, 지방재정 지원 등 후속조치가 미흡

- 보다 거시적 시각에서 보면, 자치입법권, 자치행정권, 자치재정권 등을 보장하는 지방분권정책은 그 실현 성과가 여전히 미흡하다고 할 수 있으며, 이외에도 오래 전부터 여러 정부를 거치면서 시행하고자 하였던 특별지방행정기관의 정비, 교육자치제의 개선, 자치경찰제의 실시 등은 기대에 크게 미치지 못함.

- 또한, 지방의회의 유명무실화, 자치단체간의 협력 부재, 지방자치단체의 자치역량 미확보, 자치의식의 미흡 등은 여전히 해결해야 할 과제로 남아있음.

⑵ 원인 : 이와 같이 지방자치와 분권에 대한 강한 의지와 계획을 갖고 추진했던 역대 정부들이 기대한 결과를 내지 못한 주 요인은 크게 다섯 가지

- 첫째, 정부가 의욕을 가지고 동시에 추진했던 자치와 지방분권, 균형발전, 정부혁신들을 그 본질적 개념과 목표의 정립, 상충하는 상호관계 그리고 단계별 추진전략에 대한 진지한 검토와 고민없이 무리하게 한꺼번에 추진하고자 했기 때문

- 둘째, 자치와 분권은 국민들이 그 성과를 체감하는 가운데 계속해서 그 활성화를 위한 공감대를 형성해 가야 함에도 불구하고 오히려 누구를 위한 자치고 분권이며, 균형인지 명확하지 않은 채 국민과 함께하지 못함.

- 셋째, 중앙정부 부처의 기득권 유지와 부처이기주의, 중앙공무원의 막연한 위기의식과 자치의식 몰이해, 지방분권담당주체의 위상과 권한 미흡, 지방분권 관련 법률처리에 소극적인 국회의 입법행태

- 넷째, 자치와 분권에는 상당한 저항과 부작용이 반드시 뒤따르기 때문에 이에 대한 극복방안이 구체적으로 마련해서 병행하는 가운데 구체화했어야 했는데 이에 역대 정부가 하나같이 소홀

- 다섯째, 중앙언론의 지방자치에 대한 이해와 관심의 부족, 특히, 지방자치단체의 일부 부패와 비리를 지나치게 확대 보도하여 일방적인 정보들을 국민들에게 과장 전달. 지역언론은 중앙언론의 논조와 시각을 그대로 전달하는데 그침. 지역언론은 지방자치를 지키고 가꾸려는 인식과 노력보다는 중앙언론의 지방자치에 대한 편견과 부정적 평가 내용을 그대로 전달 · 보도하는 태도에서 크게 벗어나지 못하고 있음. 특히, 종편방송들의 지방자치와 분권 이슈와 과제들에 대한 철저한 외면은 국민들의 무관심을 초래하는 주요 요인으로 작용하고 있음.

제4절 지방자치와 분권의 발전과제

1. 민주와 분권으로 국정의 개혁

지난 참여정부와 MB정부 그리고 박근혜 정부의 지방분권을 위한 노력들은 우리에게 많은 교훈을 남겨주었다. 짧은 기간내 적지않은 성과도 있었지만, 미진한 점도 많았고 풀어야 할 과제도 던져 놓았다. 앞으로 새 정부하에서도 분권을 추진하는 환경과 여건은 급변할 것으로 전망된다. 인구감소와 고령화, 다민족 · 다문화시대의 급속한 전환, 글로벌화와 정보화 및 광역화의 진전, 수도권과 비수도권 및 도시와 농촌간의 불균형의 심화 그리고 지방행정체제의 개편도 본격화될 것이다. 게다가 지역개발, 경기활성화를 위한 재정수요가 계속 증가하고 있으나 경기침체로 세수는 감소할 것으로 예상되어 사무이양에 따른 재정보전과 지방재정 확충 노력은 자치단체의 큰 부담으로 작

용할 것이다.

이제 지방자치와 분권은 이제 피할 수 없는 시대적 소명이자 어렵지만 가야할 길이다. 분권화를 향한 선진국의 추세, 한국의 국가발전 단계, 그리고 우리 국민들의 민주시민의식의 수준을 놓고 볼 때, 아직도 극복하지 못하고 있는 '중앙집권형 국가관리체제' 를 과감히 타파해야 한다. 그래야만이 지역의 경쟁력을 강화시켜서 소외와 격차없이 국민 모두의 꿈이 실현가능해 질 것이다. 지금까지 지방분권의 촉진으로 인해서 제기된 문제들은 어디까지나 지방자치가 활성화 되어가는 방향에서 그 제도적 개선이 이루어져야지 과거의 통제적 중앙집권시대로 돌아가려해서는 절대로 안된다. 따라서, 새 정부의 자치와 분권 및 균형을 위한 지역정책이 성공하기 위해서는 지방정부와 지역사회가 상당한 독립성과 자율성을 보장받는 이른바 '지방분권형 국가경영체제'의 구축이 반드시 선행되어야 한다.

박근혜 정부의 국정운영의 기본틀은 중앙집권 그것도 청와대 중심에서 크게 변하지 않고 있다. 그동안 청와대가 중심이 되어 추진하고 있는 국민안전, 경제혁신, 공공개혁들은 모두 중앙집권을 더욱 공고히 하고 말았다. 모든 권력이 청와대로 집중될수록 그로 인해 나타날 국정실패와 실수는 모두 대통령 개인이 떠안을 수 밖에 없다. 그럴때마다 정권은 혼돈과 위기로 치닫는다. 아무리 뛰어난 리더라고 하더라도 1인이 국가나 조직을 통제하고 관리하는 시대는 지났다. 정부내 옥상옥의 조직을 아무리 만들어 봐도 소용없다.

관료주의의 반대는 민주주의다. 대통령은 관료가 주인이 아니라 국민이 진정한 대한민국의 주인이 되는 민주주의를 회복해야만 국민들의 실망과 분노가 다시 신뢰와 지지로 돌아설 것이다. 따라서, 새 정부가 성공하기 위해서는 더 늦기 전에 국정을 개조해야 한다.그러려면, 국정운영의 틀과 방식을 과감하게 바꿔야 한다. 국정운영의 틀은 청와대 중심의 중앙집권적 통제체제에서 지방분권형 협력체제로 바꿔야 한다. 그리고 그 운영방식은 투명과 공개, 소통과 협력중심이 되어야 할 것이다.

2. 지방자치의 헌법적 보장

작금의 지방자치는 중대한 전환국면에 놓인 가운데 중앙정부는 권한, 돈, 인재, 정보들을 여전히 독점하면서 지방에게 지방자치권을 획기적으로 부여하지 않고 있다. 오히려 중앙통제로 회귀하려는 움직임을 지속적으로 반복해왔다. 따라서 지방자치의 근간을 흔드는 뿌리깊은 중앙집권의 유혹을 뿌리치고 지방분권적 국가운영의 틀을 정립하기 위해서는 현행 헌법을 대폭 보완해서 지방의 자율성을 보호하는 과제가 대단히 중요한 국가 아젠다로 부상하고 있다. 헌법은 국가의 모든 구성원이 따라야 하는 국가공동체의 강제적인 최고 가치규범이기 때문이다.

특히 한국의 경우 헌법개정을 위해서는 엄격한 절차를 요구하고 있다. 즉 국회에서 의결은 재적 2/3이상의 찬성을 요하고 국민투표를 요한다. 그렇기 때문에 일시적인 다수를 차지한 정치세력이 지방자치제도를 시대에 역행해서 자의적으로 변화시키려하는 경우에 안전장치로서 기능을 수행해줄 것이다.

지방자치 정신을 실천하는 선진국의 시민사회와 정치권의 실제 모습을 보면, 대의민주주의로부터 나온 대표권을 중앙정치의 입법권자만이 독점하고 있지는 않다는 공통점이 있다. 독일, 프랑스의 상원제도, 영국의 지역국회, 스페인과 이탈리아의 지역정부 등 지방정부 대표를 통한 입법권의 분점, 그리고 지방정부와 관련된 사안에 대한 직접적인 국정참여장치 활성화 등 다양한 통치유형과 계층구조를 가진 지방자치를 통해서 민주주의를 확실하게 실천하고 있다.

2011년, 영국은 지역주권법(Localism Act 2010)을 제정하여 중앙의 권한을 지방자치단체에 이양하는데 그치지 않고 지역사회와 지역주민에 까지 그 이양선을 획기적으로 확대해가고 있다. 2003년 프랑스는 헌법 제1조를 수정하여 프랑스가 분권에 기초한 국가임을 천명하고 있다. 이와같이 민주주의 선진국일수록 분권은 이제 지역의 주권 내지 국민의 기본권으로 인정하는 경향을 보이고 있다.

우리 사회도 자유민주주의를 확고히 하기 위해서는 획일적 지방자치제도를 지양하고, 지역특색에 맞는 다양한 지방자치제도를 추진하는 것이 이제는 절실하다. 이를 보장하기 위해서는 헌법을 개정할 때 지방분권과 자치를 국민의 기본권으로 선언하는 한편, 자치입법권을 비롯 지방자치단체의 종류, 기관구성, 기능, 지방재정 그리고 중앙정부와 지방정부간 권한의 명확화 및 지방정부의 국정참여 나아가 주민의 위상과 직접참여 등이 헌법에 명시되어야 한다. 그래야만 시민에게 가장 가까운 곳에서 자신들에게 관련된 사안에 대한 정책결정권, 자율선택권이 보장되고, 종국에 가서 시민의 자주관리가 존중되는 풀뿌리 지방민주주의가 확실하게 정착할 수 있을 것이다. 즉 새 좌표가 필요한 한국지방자치가 바른길을 가기 위해서 헌법적 길잡이를 요구하고 있다.

3. 지방자치발전종합계획의 현실화 · 입법화

2015년, 대통령소속 지방자치발전위원가 「지방자치발전종합계획」을 발표했다. 계획안에는 지방자치의 중요과제들을 포괄적으로 담고 있다. 물론, 지방자치단체와 관련 시민단체 및 학계가 제시한 지방자치의 성공조건을 충족시키기에는 여전히 미흡하다. 그러나, 지방자치발전위원회의 최종 의사결정은 지금까지 대통령에게 단순 보고에만 그쳤던 다른 위원회들과는 달리 관련 중앙부처들과의 협의와 조정을 거쳐서 이루어졌다. 그 과정에서 위원회 자체안들이 상당부분 축소되거나 연기되었다. 그만큼 지방자치와 분권에 대한 중앙정부의 반발과 저항이 여전히 크다는 사실을 말해주고 있다.

다만, 이번에 지방자치발전위원회가 어렵게 마련한 종합계획은 나름대로 큰 의미가 있다. 먼저 민선 지방자치가 부활된지 20년만에 지방분권과 행정체제 개편을 아우르는 과제들을 선정하여 이에 대한 종합적인 개선방안들을 담아 정부 최초의 마스터플랜을 마련했다는 점이다. 또한 개선안 마련 시작 단계에서부터 종합계획의 확정단계에 이르기까지 지역주민, 분권단체, 지방자치단체들의 의견수렴과 중앙부처의 협의, 조정과정을 거치는 한편, 국회에 설치된 지방자치발전특별위원회에도 여러 차례 진행상황을 보고하는 등 종합계획 수립과정이 상향적으로 진행되었다는 점이다. 뿐만 아니라, 단순하게 대통령 자문위원회가 제안하는 지방자치발전에 대한 추진계획이 아니라 특별법에 근거를 두고 국무회의에 의결을 거쳐서 최종적으로 확정한 범정부적 실천의지가 담긴 계획이라는 점에서 이전과는 다른 의미를 찾을 수 있다고 하겠다.

4. 정당공천제와 지방선거의 개혁

2014년 6 · 4 지방선거가 끝나고 민선 6기가 출범했다. 언론들은 이미 지난 선거의 결과를 두고 여 · 야가 승자도 패자도 없는 무승부로 평가하는 분위기였다. 즉 유권자들은 여 · 야 어느 편도 기울지 않은 채, 대통령과 여당에게는 자성의 기회를, 야당에게는 견제의 기회를 준 것이라는 것이다.

이런 해석은 지난 선거가 애초부터 정당개입을 전면 허용하는 가운데 정당의 대리전 같이 치러진 결과에서 비롯된 것이다. 그러나 지방선거 본래의 의미와 기능을 놓고 볼 때, 지난 선거의 결과는 한마디로 '중앙정치의 완승' 이자 '지방자치의 완패' 로 보는 것이 더 정확한 진단이다. 이로써 한국의 지방자치는 부활되어 성년이 되었음에도 불구하고, 지방선거는 여전히 유아기에 머물고 있음을 여실히 보여주고 있다. 그 결과로 인해 향후 민선 6기하에 지방자치가 성공적으로 정착하기 위해서는 여전히 큰 숙제를 떠안게 되었다.

6 · 4 지방선거는 앞으로 지방선거가 어떻게 달라져야 하는지, 또 법과 제도를 어떻게 바꿔야 하는지에 대해서 다시 한번 교훈을 던져주고 있다. 먼저 정당공천제의 폐해를 극복하고 지역별 일당독점 현상을 개선하기 위해서는

현 지방선거 정당공천제도를 다시 짚어봐야 한다. 그리고 교육감 선거제도와 함께 광역선거와 기초선거의 분리 실시도 검토해봐야 한다. 동시선거의 부작용이 너무 크기 때문이다.

다음, 일당지배 구조하에 나타나는 지방자치의 폐해를 완화하기 위해서는 지방자치에 주민들의 직접 참여를 활성화시키는 노력이 병행되어야 한다. 특히, 지방자치가 중앙정치에 종속된 채, 다음의 총선이나 대선을 위한 정략적 수단으로 전락한다면 지방자치의 미래에 희망을 갖기는 더욱 어려워 질 것이다.

지방선거가 끝나고 가장 먼저 할 일은 지방선거의 변질로 인한 지방자치의 왜곡 가능성을 심각하게 인식하는 것이다. 그리고 나서 한국의 지방자치가 바른길을 향해 나가도록 잘못된 지방선거와 자치제도를 지금부터 바로잡는 일이다. 왜냐하면, 대한민국이 당면한 국가혁신을 위해, 그리고 지방의 발전을 위해 지방자치와 지방분권은 어렵지만 반드시 가야할 길이기 때문이다.

지방자치의 본질과 원칙에 위배된 지방선거의 과정과 결과는 2015년부터 여 · 야가 기초선거 정당공천제 문제를 놓고 대립할 때부터 이미 예견됐던 일이다. 여 · 야는 우여곡절 끝에 이런 저런 궁색한 이유를 달아서 지방선거에서 지방공천을 전면 유지토록 했다. 특히 대통령과 대부분의 국회의원들이 태도를 바꿔 정당공천제를 유지시킨 것은 그 이유가 어디에 있든 국민과의 분명한 약속위반이다. 또, 지방선거를 왜곡시킨 주 요인으로 작용했다.

6 · 4 지방선거에서 정당공천과 관련해서 나타난 심각한 문제점을 정리해보면 다음과 같다. 첫째, 지난 선거는 기본적으로 지방선거임에도 불구하고, 지역의 이슈는 실종되고 중앙정치의 쟁점만 부각된 가운데, 주로 정권의 중간평가적 의미로 치러졌다. 게다가 전국 동시선거, 지역주의에 기인한 정당간 당리당략과 네거티브 방식의 선거운동, 정당공천제 유지로 인한 파행적인 정당공천 방식까지 겹쳐서 정책 중심의 선거를 불가능하게 할 수 밖에 없었다. 오로지 중앙정치의 과도한 개입으로 지방의제와 정책이 사라진 동시에 생활정치 영역에서의 정당공천 폐해를 다시금 확인하는 선거였다. 따라서,

많은 유권자들의 쌓여왔던 불만들이 선거를 통해 다소 해소되었는지 몰라도, 고비용 · 저효율의 고질적인 선거관행은 되풀이 되고 만 것이다.

둘째, 지난 지방선거에서 정당이 과도하게 개입해서 들어난 부작용은 자못 심각하다. 정당공천제의 유지를 위한 명분으로 도입한 것이 상향식 공천이다. 그러나 공천을 둘러싼 비리와 부작용은 정도를 넘었다. 공천부탁을 하기 위해 동봉투를 건낸 예비후보들이 곳곳에서 적발되었다. 국회의원들의 경선개입 논란도 끊이질 않았다. 그 결과, 참신하고 유능한 정치신인들의 진출은 기대 밖이었다. 공무원의 줄서기 관행도 근절되지 않았다. 인물과 공약 중심의 정책선거는 또 다시 자리잡지 못했다. 비례대표제는 정당과 국회의원들에 대한 후보자들의 충성심만 더욱 공고히 했을 뿐이다.

셋째, 지방정치에서 일당 지배구조가 더욱 심화되었다. 즉 일부 지역을 제외하고 특정당이 광역단체장, 기초단체장, 그리고 각 지방의회의 과반수를 점유하여 일당 독점적인 양상을 계속 보인 점이다. 따라서, 중앙 정당정치의 지역분할구도는 지방자치를 중앙정치에 종속시킬 가능성을 보다 지속적으로 열어놓고 있다. 더욱이 단체장과 의회간의 기관대립형 제도을 취하고 있는 현 상황에서 일당 독점구조는 견제와 균형이라는 자치제도의 취지를 상실케 하고 있다.

다섯째, 새롭게 도입한 상향식 경선방식의 공천은 여성이나 정치신인에게는 대단히 불리하게 작용했다. 여성의 경선 승률은 40%에 지나지 않는다. 반면, 국회의원과 단체장 출신 후보들은 상향식 경선에서 남녀를 불문하고 매우 유리했다. 6 · 4 지방선거에서 당선된 광역단체장 17명중 국회의원 출신이 현직 5명을 포함 무려 9명이다. 본선과 경선과정에 참여한 전 · 현직 국회의원과 단체장까지 포함하면 훨씬 많아서 중앙정치인들이 지방선거를 지배했다고 볼 수 있다. 여기에 여성과 정치신인의 등장과 도전은 불가능할 수 밖에 없었다.

특히, 경선과정에서 선거인 명부에 접근하는데 있어서나 인지도 측면에서 특정후보들은 유리하다. 이들은 후보경선과정에서 충성도가 높은 당원이나 지지자들을 편파적으로 많이 동원하는 심각한 문제점을 드러내기도 했다. 여론조사의 문제도 매우 심각해서 조사결과에 대한 낮은 신뢰도, 오차범위의 무시, 여론조사의 조작 가능성, 표본추출의 오류 등의 문제를 제기했다. 여론조사 실시와 관련한 높은 비용은 모두 후보자가 부담하게 함으로서 돈많이 드는 선거를 다시 재현하고 말았다. 따라서, 상향식 공천에 따른 진입장벽의 문제, 전·현직 국회의원과 단체장 중심의 재공천, 여론조사의 한계, 진성당원의 부재에 따른 편법 동원선거, 높은 경선비용 문제 등은 비정상적인 정당공천이 그 원인이 된 바, 그 존폐 여부를 다시 짚어봐야 할 숙제로 남게 되었다.

결론적으로, 지방자치가 성년기에 접어든 현 시점에서 볼 때, 지방선거 정당공천제 문제는 정상적인 지방선거를 통한 올바른 지방자치의 정착을 위해서 반드시 해결하고 넘어가야 할 정부 최우선의 국정 과제가 되어야 할 것이다. 그러나, 아무리 좋은 제도 개선방안도 입법권을 쥐고 있는 국회에서 적극 나서서 마무리하지 않으면 이 문제를 한 치도 해결할 수 없다는 것이 지금까지 얻은 교훈이다. 국회는 지방선거 정당공천제 문제 만큼은 반드시 끝내야 한다. 지난 지방선거들의 경험, 외국의 사례, 그리고 국민들의 의식을 분석해 보면 답은 나와 있다. 기초지방선거에서 정당공천을 배제하든지, 아니면 정당공천 절차와 제도를 혁명적으로 바꾸는 것이다.

5. 구의회의 필요성 제시

2015년 대통령소속 지방자치발전위원회가 마련한 「지방자치발전종합계획」이 국무회의를 통과했다. 이 계획에는 특별·광역시 자치구·군의 의회를 폐지하는 개편방안이 포함되어 있다. 결정의 배경은 다음과 같다. 우선 교통통신의 발달로 생활권역은 팽창되었다. 그런데도 생활권과 행정권의 괴리는 주민불편, 자치구간 서비스 및 복지의 불균형, 그리고 유사시설의 중복설치를 초래했다. 그 결과 대도시의 종합행정은 저해되어 대도시 경쟁력 약화로 나타났다. 자치구제 운영에 행정비용이 과다하게 소요되고, 그 비용은 고스란히 주민들에게 돌아갔다는 평가를 근거로 하고 있다.

구자치제는 도입될 당시부터 찬 · 반론이 팽팽하게 대립되어 논란이 많았다. 이제 구 자치제 시행 20여년 만에 다시한번 그 운영의 성과를 놓고 존폐를 다시 결정해야 하는 중대 기로에 서게 된 것이다. 그간 구자치제의 운영성과는 적지않게 나타난 바 있다. 도시민의 행정접근 및 참여기회를 확대했다. 다양해진 지역수요에 부응해서 행정서비스의 제공을 다양하게 시도했다는 점은 큰 성과다. 그러나, 구자치제 시행에 따른 부작용과 폐해는 그 성과보다 훨씬 심각하다. 특히, 의장단 구성, 의정비 책정, 의원 해외연수 때마다 시민들이 구의회에 대해 갖는 불만과 불신은 인내의 한계를 넘었다. 아무리 좋은 제도라고 하더라도 국민의 신뢰를 얻지 못하면 절대로 정착할 수 없다.

특별시와 광역시의 자치구는 구민들의 정체성, 역사성에 바탕을 두고 분리된 것이 아니라 인위적으로 갈라놓은 것에 불과하다. 따라서, 대도시 전체는 하나의 생활권으로 도시계획 · 경제 · 교통 · 환경 등의 문제를 종합적으로 수행해야 한다. 그래야만 전체 시민들의 삶의 질이 향상되고 대도시내 지역격차 문제가 완화될 수 있다. 그렇지만 그동안 독립된 법인격을 가진 자치구들은 도시전체의 발전보다는 자기 자치구의 이익만을 고수하는 소지역이기주의에 빠져있다. 특히, 구청장과 구의회의원을 뽑는 선거에 까지 전면 정당공천제가 실시되면서 정당배경이 다른 특 · 광역시와 자치구간 또는 구청장과 구의회간의 협력 관계는 실종되고 말았다.

여기에다, 자치구들마다 공공건물의 공동이용을 외면하고 구 청사 및 문화 · 복지 · 체육시설의 과다 설치가 재정적 지출의 낭비를 가져왔다. 일부 구청장들의 정치적 목적에서 비롯된 선심성, 전시성 사업과 행사들은 구 살림을 더욱 어렵게 만들었다. 일부 구의원들의 빗나간 권위주의와 수준낮은 의정활동은 구자치제에 대한 무용론을 자초하는데 한몫을 했다.

물론, 구의회 폐지가 정당화되려면 전제조건이 충족되어야 한다. 즉 비대해질 수있는 특 · 광역시장의 권한을 견제하는 장치는 충분히 마련해 놓아야 한다. 광역시의회의 의원정수와 기능을 확대하고 독립적인 지방행정감사기구를 두는 방안도 필요하다. 서울특별시와 광역시 자치구들의 평균 인구규모는 각가 40만명과 20만명이 넘는다. 이렇게 규모가 큰 자치구로는 실질적인 자치가 불가능하기 때문에 읍면동의 자치기능이 보다 활성화되어야 한다.

결론적으로, 지금의 구의회는 환골탈태해야 한다. 앞으로 종합계획이 입법화될 때까지 구의회는 그 존재가치와 필요성을 국민들에게 보여줘야 한다. 그렇지 못하면 폐지되어 마땅하다는 것이 대다수 국민들의 생각이다.

6. 협력의 지방자치 시대 전개

지방행정체제는 아무리 그 필요성이 시급하다 해도 결코 일거에 변경할 수 있는 단순한 제도가 아니다. 새로운 행정체제를 설계하는 데에는 작금의 통치를 효율화시키고 국가 경제적인 차원에서 성과를 내는 것을 중요한 변수로 다루어야만 한다. 하지만, 시 · 도통합같은 행정계층구조의 개편은 국가경영의 기본단위와 일선행정체계의 혁명적 변화를 초래하는 국가적 문제이며, 향후 지방자치의 발전은 물론 지역사회의 재구조화에 결정적인 영향을 미치기 때문에 국가와 지방차원에서 현명하고 신중하게 접근해야 한다. 그래서, 지방행정체제를 전면 개편할 경우에는 국민들의 합의와 지역 전체의 동의가 반드시 전제되어야 한다.

특별법의 내용에는 도의 지위와 기능 재정립, 광역시 자치구 개편, 시 · 군 · 구의 통합과 그에 따른 지원특례 마련, 그리고 읍 · 면 · 동의 자치화 등이 포함되어 있어서 광역권의 미래발전은 물론 권력구조 및 지역주민의 삶의 변화와 직결되어 있다. 예를들어, 동남권의 제반 갈등과 위기상황을 발전의 새로운 기회로 승화시키기 위해 같은 뿌리였던 부산과 울산, 경남의 행정과 경제 그리고 생활권의 통합 문제를 해결해야 하는 동남권의 입장에서 보면, 행정체제개편의 결과에 따라 지역의 명운이 바뀔 수 있다. 따라서, 동남권 지역은 행정체제개편 추진의 주체자로서 보다 적극적인 관심과 참여를 통해 주민의, 주민에 의한, 주민을 위한 방향으로 개편이 이루어지도록 다음 사항들을 주시하고 철저한 준비를 할 필요가 있다.

먼저, 지방행정체제의 개편은 미래지향적이어야 한다. 지방자치가 부활된 지난 기간 동안 지방환경은 급변하고 있다. 인구감소와 저출산, 급격한 고령화와 도시화, 여성의 사회진출 확대와 기존 세대와 다른 특성을 갖는 신세대의 등장은 새로운 소통방식을 요구하고 있다. 과거 우리의 역사성을 중시하고 선진국의 전통적인 자치모델을 참조하는 것도 물론 중요하지만, 급격히 맞이하는 미래의 새로운 환경도 내다보는 창조적 안목이 필요하다.

선진 외국의 지자체들은 국경을 초월해서 까지 대단위 권역을 설정하고 경제의 활력과 주민들의 삶의 질을 높이기 위해 교통, 환경, 취업, 치안, 지역개발 등의 문제를 상생적으로 해결해 나가고 있음을 참고해야 한다. 그렇다면, 권역별 각 자치단체들은 행정구역을 초월한 대단위 생활권 내지 경제권역을 설정하고 그 단위내 지역의 역량을 총결집할 때가 되었다.

다음, 다양성이다. 그 간의 지방자치는 지나치게 획일적인 제도하에 갇혀 있었다. 획일화 된 틀 속에서의 자치는 지역의 창의성과 자율성을 보장할 수 없다. 전국이 동일한 제도하에서는 선의의 경쟁을 통한 지역의 경쟁력 제고와 주민의 삶의 질 향상이 제한적일 수 밖에 없다. 행정체제의 개편은 지역실정에 적합한 표준모델의 개발과 시범적 실시를 통한 미비책 보완 등을 통해 실용적이고 전략적으로 접근해야 성공할 수 있을 것이다.

이런 차원에서 정치적으로 지방분권을 강화하고, 사회경제적으로 균형발전을 이루자는 취지로 경남발전연구원과 지방분권운동 경남본부가 「동남권 특별자치도」를 구상해서 학계와 시민단체의 다양한 아이디어와 의견을 교환해서 공감대를 형성해 나가는 일은 시대적 요구에 부응하고 실질적인 지역발전에 크게 기여할 것으로 보인다. 그리고, 행정구역의 물리적 통합에 앞서 부울·경의 기존 자치단체들이 광역적으로 협력해 나갈 수 있는 다양한 제도의 도입과 연습이 더욱 요구되고 있다. 현행 지방자치의 큰 문제점은 자치단체간 협력이 거의 활성화되지 않고 있다는 사실이다. 협력이 전제되지 않은 지방자치는 낭비와 비효율을 초래할 뿐이다. 그렇다고 통합이 되면 저절로 협력이 이루어질 것으로 기대하는 것도 금물이다.

도로와 철도, 에너지, 식수, 전략산업 등의 문제를 공동 대처해 나가야 하는 동남권은 이번 계기를 통해 꼭 닫혀있는 행정구역을 넘어 공무원간, 대학간, 기업간, NGO간의 상호교류와 협력을 더욱 활성화시켜 나갈 필요가 있다. 동남권은 함께 발전해야 한다. 따로 따로의 발전은 한계가 있다. 지금부터 같이 머리를 맞대고 미래를 설계해야 할 것이다.

지방분권형 국가경영체제의 전환을 위해서는 지역사회에 지방자치를 확고히 정착시키는 것이 지름길이다. 이를 위해 지금 시점에서 중요한 일 중 하나가, 각 지자체들이 행정구역을 초월해서 인근 자치단체들과 협력을 통해 지역의 공동 현안문제를 함께 풀어가야 한다는 것이다. 현재 자치단체들은 여전히 관할 행정구역 위주의 폐쇄적인 행정관행에 빠져있고, 자치단체간 협력을 위한 제도적 기반의 미비 그리고 단체장과 공무원들의 의식과 능력의 결여로 광역과 광역간, 광역과 기초간 그리고 기초와 기초자치단체간 협력이 거의 이루어지지 못하고 있다. 오히려 국경보다 더 높은 담을 쌓고 있는 것이 작금의 실정이다.

선진 외국의 지자체들은 국경을 초월해서까지 대단위 권역을 설정하고 경제의 활력과 주민들의 삶의 질을 높이기 위해 교통, 교육, 환경, 취업, 치안, 지역개발 등의 문제를 상생적으로 해결해 나가고 있음을 직시해야 한다. 따라서, 각 자치단체들은 행정구역을 초월한 대단위 생활권 내지 경제권역을 설정하고 그 단위내 자치단체는 자율성을 유지하면서 당해지역의 역량을 총결집해서 지역의 문제를 광역적으로 해결해 나갈 때가 되었다. 요컨대, 자치단체간 협력을 할줄 모르면 지방자치는 큰 낭비와 부작용을 초래할 것이다. 이제부터 협력의 지방자치 시대를 열어가야 한다.

7. 단체장과 의회간의 관계 재정립

1991년 부활한 지방의회에 대한 지역주민들의 지방의회 의정활동에 대한 평가는 크게 엇갈리는 가운데 만족도는 크게 향상되지 않고 있다. 긍정적인 측면에서 보면, 지방의회는 민주주의와 지방자치 발전에 크게 기여했다. 지난 기간, 전국 대부분의 지방의회는 지역의 민의를 반영해서 조례를 만들었다. 예산을 심의 · 의결하는 한편 집행기관의 행정사무를 감시해 왔다. 그 결과, 자치단체의 투명성을 높이고, 행정편의주의를 타파하는 성과를 냈다. 이제 주민은 관(官)에 의한 통치와 관리의 대상에서 존중받는 진정한 지역의 주인으로 다시 태어났다. 이 변화만큼은 가히 혁명적이다.

그러나, 지방의회 운영에 있어서 많은 문제점도 나타났다. 크게 두가지다. 하나는 집행기관을 제대로 감시 · 견제해야 할 지방의회가 오히려 집행기관의 거수기 역할에 그쳤다는 사실이다. 지방의회가 독주하는 단체장에 대해 견제역할을 제대로 하지 못한 결과, 상당수 단체장들이 부패와 비리로 임기중 중도 하차했다. 그로 인한 행정공백, 재 · 보궐선거로 인한 예산낭비의 피해는 그대로 주민들에게 돌아갔다. 다른 하나는 지방의회가 지역 현안문제를 대처하는데 있어서 소극적 내지 방관자적 역할에 그쳤다는 점이다. 특히, 지역간 이해가 충돌하는 문제에 대해서는 그 갈등의 조정과 통합의 의무를 집행부에 떠넘김으로서 지방의회의 권위를 스스로 실추시키고 말았다. 동시에 지역주민들로부터 신뢰감을 인정받지 못하는 결과를 초래했다.

여기에는 일부 단체장과 집행부 공무원들의 지방의회에 대한 잘못된 인식과 편견도 한 몫을 했다. 이들은 지방의회가 무력화 될수록 양기관간의 갈등이 사라지고, 또 행정의 낭비와 비효율이 줄어서 오히려 안정되고 편안한 행정을 할 수 있으리라고 생각한다. 이는 큰 착각이다. 만일, 지방의회의 중요한 역할이 생략되거나 축소된 채, 주민들을 직접 상대하는 지방행정이 된다면 장기적으로 더 큰 혼란과 비용을 초래할 수 밖에 없을 것이다. 그렇다면, 단체장과 집행기관은 지방의회가 본연의 역할을 발휘할 수 있도록 꾸준히 지원하고 양질의 정보를 제 때 제공하는 것이 순리다.

다행히, 2014년 6 · 4지방선거를 통해 출범한 민선6기는 과거와 달리 단체장과 의회간 견제와 균형의 경쟁구도가 조성되었다. 이제 비로서 지방의회의 단체장에 대한 감시와 견제가 실질적으로 가능해졌다. 지방의회의가 권위와 신뢰를 획득해서 양 기관의 관계가 제대로 정립할 절호의 기회가 왔음을 의미한다. 아직은 당적이 서로 다른 단체장과 지방의회간 단상점거, 재의요구와 재의결, 본회의 출석거부, 협의중단, 대법원 제소로 이어지는 비정상적 행태가 빈번하게 나타나고 있다. 그러나, 이를 극복하지 않고는 지방자치 정착도 지역발전도 기대하기 어렵다.

이 문제를 풀려면 먼저 단체장의 리더십 변화가 선행되어야 한다. 선진국의 경우, 지방정부의 수장의 권력은 설득하는 권력에서 나온다. 곧 단체장의 지방의회에 대한 소통과 설득능력이 그 리더십의 성공여부를 좌우한다는 것이다. 따라서, 의회와의 협의를 일방적으로 중단하거나 의회출석을 거부하는 행위는 상상하기 어려운 자충수가 된다. 집행부의 최고 책임자는 의회의 협조를 끌어내기 위해 시(도)정연설이나 예산안 설명시에 늘 빠짐없이 출석해 성실히 보고하고, 다양한 채널을 통해 대화를 일상화하고 있다. 국가 지도자도 마찬가지다. 의회설득기술은 노무현 전 대통령도, 이명박 대통령도, 그리고 박근혜 대통령도 끝내 풀지못한 미완의 숙제로 남아있다. 이런 점에서, 다양한 정당구도속에 놓여있는 단체장들이 당면한 과제는 지방정부의 수장으로서 지방의회에 대해 설득능력을 어떻게 보여주느냐는 것이다.

그런가 하면, 같은 당적이 주류를 이룬 단체장과 지방의회의 경우, 양 기관은 실질적인 경쟁과 견제의 관계로 재정립되어 의회가 더 이상 거수기라는 불명예를 떨쳐버려야 한다. 여기에 지방의원들이 쉽게 빠질 수 있는 권위주의와 도덕적 해이를 반드시 경계해야 한다. 특히, 지방의회는 지하철 문제, 원도심 활성화 등 자치구마다 엇갈린 이해와 갈등의 현안 문제들을 조정해서 합의를 끌어내는 지역통합의 역할에 주력해야 할 것이다. 특히, 지금 모든 자치단체들은 단체장과 지방의회의 관계에서 일대 혁신이 필요하다.

8. 지방자치제도의 자율성 보장

지방자치가 부활된 이후, 다시 고려해야 할 근본적인 문제 중 하나는 효율적이고 민주적인 지방자치조직을 어떻게 마련해야 할 것인가에 있다고 할 수 있다. 즉, 새로운 지방정치행정 환경에 적응하면서 지방분권의 실현을 위해 우리나라의 바람직한 지방자치단체 기관구성 형태는 무엇에 중점을 두어 어떻게 설정되어야 하는지에 대한 진지한 논의를 필요로 한다. 우리나라 현재의 지방자치단체의 기관구조는 직선제를 기반으로 '강시장-약의회형'의 전국 공통의 단일모델을 취하고 있다. 그러나 이는 지역별 경제 · 사회적 차이를 제대로 반영하지 못하는 단점을 지닌다. 즉 지방의 특수한 여건, 행정수요, 자치역량 등을 고려하지 않고 중앙집권체제에서의 행정편의주의 발상을 그대로 적용해 오고 있는 실정이다.

결국 지역자원을 동원하여 지역발전을 도모해야 하는 지방자치가 본래의 의미를 구현하며서 올바른 지방자치의 운영으로 국가사회가 발전하려면 무엇보다도 각 자치단체의 정치 · 경제 · 사회 · 문화적 배경을 고려하면서 자치단체의 다양한 기관구성 형태를 대안으로 검토하고 그 도입을 적극적으로 시도하는 것이 절실한 시점에 이르고 있다.

전면적인 지방자치가 재개된 1995년 이후 지난 기간 동안 지방의회와 집행기관의 장이 각각 주민에 의해 선출되어 독립적인 기관운영을 수행하고 있는 현행 제도는 나름대로 긍정적 성과를 냈다고 볼 수 있다. 즉 단체장에 대한 주민직선의 분리형 기관구성은 무엇보다 주민통제의 실효성을 제고할 수 있었고, 그에 따라서 주민중심의 행정구현이 가능해졌다는 긍정적 평가를 받는다. 각종 시민단체를 비롯하여 적극적인 주민의 등장으로 지방정책결정과정에 주민참여의 요구가 증대되는 배경에서 지방자치단체는 지방행정을 보다 투명하게 하기 위한 노력을 경주하게 되었다.

반면에, 기초와 광역지방자치단체 모두 획일적인 권력분립형 기관구성은 적지 않은 문제점과 부정적 결과를 가져왔음을 부인할 수 없다. 이는 삼권분립의 원칙에 따라 의결기능과 집행기능을 각각 다른 기관에 분담시켜 기관간에 견제와 균형(checks & balances)의 논리를 추구하고자 하였으나 다음과 같은 문제점들이 노출되고 있는 것이다. 즉, 지방의회와 집행기관과의 관계에 있어서 전국적으로 단체장의 강한 권한으로 집행부 우위의 강시장-약의회 형태를 가짐으로서 지역의 요구와 특성, 지방여건을 전혀 고려하지 못하고 있다는 사실이다.

그런가 하면, 전국의 지방자치가 획일적으로 구성된 기관에 의해 거의 동일하게 운영되고 있기 때문에 지역특성에 따른 주민의 요구에 제대로 대응하지 못하는 행정의 비대응성과 비효율성을 상시적으로 발생시킬 수 있으며, 제도의 운영상 실패가 발생할 때에는 그 폐해가 고스란히 전국으로 파급되는 과다한 손실의 위험성이 상존하고 있다. 결국 지방자치단체의 기관구성에 대한 선택권이 결여되고, 지방자치단체의 자율성이 확보되지 못한 현 상황에서 각 자치단체는 정책과정에서 중앙정부로부터 일방적인 영향을 받게되는 동시에 지방수준에서는 정책적 유연성의 결여로 행정의 효율성과 효과성이 지속적으로 반감될 수 밖에 없는 것이다.

특히, 지난 기간 분리형 기관구성의 운용상 한계는 법 · 제도적인 측면에서 살펴 볼 수 있다. 현행의 법과 제도하에서는 지방의회와 단체장이 지닌 권한과 역량의 불균형으로 단체장에 대한 지방의회의 견제기능은 잘 발휘될 수 없었다. 이는 지방자치단체를 이끄는 단체장의 강력한 리더십을 확보하게 하는 효과를 지니게 하지만, 분리형 기관구성에서의 불균형한 단체장 우위의 권한배분은 지방의회와 비생산적인 갈등을 양산하는 부작용을 낳게 함으로써 지방자치단체의 효과적이고 원활한 기관운영에 장애가 되고 있는 것이다. 이는 지난 지방선거들의 특징적인 현상이라 할 수 있는 지역주의 투표행태에 의해 더욱 심화된 결과로서 단체장과 지방의회가 하나의 정당에 의해 독점되기 때문에 정당을 통한 견제가 이루어질 수 없는 한계를 보여준다. 특히 6·4 지방선거에서도 나타난 바와 같이 거의 모든 광역자치단체의 경우가 일당 독점적인 정당지배 양상을 보인다는 것은 단체장이나 대다수의 지방의회의원이 모두 같은 정당 출신이기 때문에 서로에 대한 견제와 균형의 논리가 접근하기 어렵다는 것을 의미한다.

따라서, 지방자치단체의 기관구성은 각 자치단체의 규모, 행·재정적 수요, 정치문화, 행정역량 지역경제적 특성을 고려하고 주민들의 다양한 요구를 반영하면서 그 대안과 전략이 마련되어야 한다. 이를 위해서는 다음과 같은 과제가 검토되어야 한다. 첫째, 생산성 제고와 성과관리 측면에서 자치단체 기관구성이 지역주민이 원하는 값싸고 양질의 정치·행정서비스를 효율적으로 제공할 수 있어야 한다. 둘째, 분권과 자율성 제고 측면에서 자치단체 기관구성이 주민들의 자발적인 참여를 촉진하고 지방정치 발전을 도모하여 지방분권을 통해 지역발전에 기여할 수 있어야 한다. 셋째, 향후 지방자치단체 기관구성은 그간 실시해 오던 기관분리형의 문제점을 검토하고 이를 해결하기 위한 방향에서 접근되어야 한다.

이 경우 기관대립형의 단점이 반드시 기관통합형의 장점이 아니며, 우리가 경험한 기관대립형의 폐단이 기관통합형의 기관구성으로 저절로 해결되지 않는다는 점을 인식해야 한다. 기관구성은 기관분립형과 기관통합형을 양극으로 다양한 형태의 조합이 가능한 동시에 제도의 운영결과는 지방의 자치역량과 주민들의 의식에 따라 크게 달라질 수 있음을 인정해야 한다.

9. 교육자치 틀의 재정비

대한민국의 지난 100년은 참으로 다사다난했다. 100년전인 1910년에는 망국으로 우리 민족은 처절하게 유린당했고, 1950년 동족상쟁은 처참한 비극을 낳았으며, 1960년 민주혁명은 젊은 학생들의 고귀한 희생을 남겼다. 참으로 애달픈 역사가 아닐 수 없다. 그럼에도 불구하고 우리 민족은 망국과 전쟁과 혁명의 소용돌이를 슬기롭게 극복하고 산업화와 민주화를 동시에 성공시킨 세계 유일 국가로 각국의 찬사와 부러움을 받고 있다. 우리 민족의 저력이 자랑스럽기만 하다.

그 성공의 신화는 역시 교육을 통한 인재양성에서 비롯되었음을 세계가 인정하고 있다. 이제 대한민국이 선진 민주국가로 발돋음하고, 민족통일의 대과업을 이루기 위해서는 획기적인 교육개혁을 통해 우리 국민의 지적(知的) 역량을 다시한번 업그레이드시키는 일 이외에는 달리 방법이 없다. 100년 전이나 지금이나 '작은 국토, 적은 인구 '의 여건은 크게 달라진 것이 없는 상황이기 때문이다.

무엇보다, 국민 대다수가 자녀의 교육을 위해 짊어진 고통을 과감히 덜어주고, 날로 추락하고 있는 교육경쟁력의 하락과 지역간 격차 문제를 해결해야 만, 대한민국이 미래를 향해 새로운 도전을 시작할 수 있다. 지금 우리의 교육은 개개인의 꿈과 가정의 행복을 막고 있는 동시에 국가와 지역의 발전에 희망을 주지 못하고 있다. 학교교실의 붕괴, 공교육 실패와 사교육 확대, 입시지옥, 인성피폐, 지방교육 탈출, 기러기 아빠 등으로 인한 고통이 더 이상 인내할 수 없는 한계상황에 이르게 되었다.

세계화, 지방화, 정보화, 인구감소와 고령화 등으로 표현되는 미래 교육환경의 변화는 지방교육 전반에도 예외없이 새로운 개혁을 요구하고 있다. 지역이 필요로 하는 다양한 인재를 차별없이 양성하고 활용해서 지역발전의 주역이 되도록 하는 일은 지역민의 삶의 질을 증진시키고 삶의 기회를 확대하기 위한 전제 조건이다. 그러나 지금까지의 지방교육은 국내 · 외적 환경변화에 부합하지 못한 채, 집권화 된 교육의 틀, 그리고 획일적인 교육의 내용과 방법에서 크게 벗어나지 못하고 있는 것이 사실이다.

새로운 변화에 따라 지역이 필요로 하는 인재를 양성하고, 적재적소에 배치하는 일은 지역의 경쟁력 강화를 위한 필수조건이 된다. 그러나 지금까지의 지역교육의 전반적인 체계는 국내 · 외적 환경변화에 둔감한 것이 사실이다. 전국 각 지역의 교육비전과 목표는 대체로 학력신장, 대입진학이라는 단기적 목표에 치중되었을 뿐이다. 그 목표의 실현마저도 전 보다는 나아졌는지 몰라도 학생들이 가지고 있는 역량에 비해서는 기대에 크게 미치지 못했다는 것이 일반적인 평가다. 지역간의 교육격차는 갈수록 심각해지고 있고 일류대학 진학을 위해 영재들은 오늘도 비수도권 지역을 떠나고 있다. 그런데도 대비책은 전무하다. 폐쇄적인 법과 규정위주의 형식적인 교육행정은 수요자, 심의 선택권을 철저히 박탈하였으며, 뿌리깊은 관료제의 보신주의적 성향은 일선교사들의 불만만 키운 채 여전히 개혁되지 못하고 있다. 그 결과 학부모와 시민들에게 감동과 만족을 줄 수 있는 지역교육을 창출해 내지 못하고 있는 것이 오늘의 우리 현실이다.

교육자치는 지방교육의 다양한 발전을 도모하고, 나아가 시민들에게 자신들의 교육문제를 스스로 결정할 수 있는 권리를 보장하는 제도다. 따라서, '교육청자치' 내지 '교육관료자치' 로 잘못 이해 · 운영되고 있는 현 교육자치제를 과감히 청산해야 한다. 이제는 지역교육이 광역단위에서 기초단위 그리고 궁극적으로는 '학교자치' 를 기본으로 완전히 변화해야 할 때다. 싱가포르와 핀란드의 교육개혁과 미국 워싱턴의 미셸리 전 교육감의 성공적인 지역교육의 변화를 교훈으로 삼아, 지방교육의 틀을 새로 디자인해야 한다. 문제해결의 출발은 지방교육의 토대가 되는 현 지방교육자치의 제도를 근본적으로 개선하는 것이다. 교육행정의 의사결정기구는 지방의회로 통합되었지만, 집행기구는 시 · 도지사와 별도로 주민직선으로 선출된 교육감이 담당하는 현

제도로는 지방교육에 대한 주민의 책임성 확보도, 지방교육재정의 자주성 달성도, 그리고 일반행정과 교육행정간의 협력을 통한 교육서비스의 향상도 기대하기가 어렵다.

이와 같이 해결해야 할 현안들이 쌓였는데도 불구하고, 지역교육계는 중앙정부의 결정에 늘 소극적으로 순응하는데 익숙해 있다. 창의적인 인재를 육성해서 지역발전과 연계시키는 중요한 역할이 부재했기 때문에 학생들에게 꿈과 희망을 심어주는데 성공하지 못하였다. 공교육 정상화의 핵심은 교사들의 경쟁력에 달려있는데도 교사들을 개혁의 대상으로만 몰고갈 뿐, 교사들의 명예와 자존심을 지키는 방안을 내놓지 못하고 있다. 각 지역의 미래발전과 연계하는 그 지역만의 독창적인 교육프로그램을 개발하는 것도 소홀했다.

지방교육재정도 교육자치를 한다고 하기가 민망할 정도로 열악한 실정이다. 전국 지방교육청의 재정을 보면, 이전수입이 시도교육비 특별회계에서 차지하는 비중이 지속적으로 높아지고 있다는 것이 큰 특징이다. 지난 10년 동안 14%나 증가하여 2010년 현재 89.6%에 이른다. 그야말로 1할의 교육재정자립도의 현실을 말해주고 있다. 이와같이 교육재정의존도가 높고, 지방자치와 교육자치가 제대로 연계되어 있지 못한 제도적 현실이 바로 현 지방교육의 한계다. 지방교육재정의 확충을 위해서는 현행 내국세 비율의 20%를 상향 조정하여 재역교육이 충실해 실시될 수 있는 재정기반을 마련함과 동시에 지방자치단체간 재정자립도에 따른 교육에서의 지역간 격차를 지방교육조정교부금을 통해 보정해 나가야 한다. 광역지방자치단체도 조정교부세를 통해 기초단체간 재정격차로 인한 교육에서의 격차를 보정할 수 있는 적극적인 대안을 도입할 필요성도 커지고 있다.

지방선거때 마다 유권자의 철저한 외면 속에 비정상적으로 진행된 교육감선거는 반드시 개선되어야 할 것이다. 교육감 선거의 경우 정책과 공약 중심의 경쟁은 커녕 색깔론과 상호비방전이 두드러지면서 유권자의 불신만 증폭시켰다. 결국 교육감 및 교육의원 선거는 누가 누군지 모른 채 마구잡이로

찍는 이른바 '묻지마 투표' 혹은 후보 이름 게재 순서를 정당순서로 착각해 찍는 '일자 투표' 내지 '로토 투표' 가 되었다는 평가가 지배적이다. 교육감 선거가 중앙정치의 중간평가로 전락하여 정치적 중립성이 훼손되고, 광역단체장과 교육이념이 다를 경우 심한 갈등으로 이어져 결국 교육수요자에게 피해를 주게 되는 비효율적 교육행정과 과다한 선거비용으로 결국, 선거결과는 투표율에 상관없이 교육민의를 왜곡시키고, 교육감 직선을 통한 교육자치는 주민의 불신과 비대표성을 안고 출발하는 근본적인 문제에 직면하게 하였다.

지금까지의 지방선거는 앞으로 교육감 선거가 어떻게 달라져야 하는지 또 법과 제도를 어떻게 바꿔야 하는지에 대해서 다시한번 정치권에 경종을 울려주고 있다. 이제는 교육감선거를 비롯한지방선거가 달라져야 한다. 돈이 덜 들면서 일반행정과 교육행정간 정책과 재정의 실질적인 연계가 될 수 있도록 교육감 선거가 바뀌어야 한다. 그러기 위해서는 단체장과 러닝메이트로 선거에 임하는 방법, 시 · 도지사가 지방의회의 동의를 받아 임명하는 방법, 그리고 학부모, 교직원, 교육관련 유권자들이 참여하여 교육감을 선출하는 제한적 직선제 방법들을 적극 검토해서 교육감 선거제도를 개선해 놓을 필요성이 점점 커지고 있다.

지방자치와 교육자치의 제도적 연계와 조화를 모색하는 것을 비롯해서 교육자치의 틀을 재정비하는 일은 지방자치에 대한 지역민들의 관심과 신뢰를 회복하는 한편, 실질적인 교육분권을 통해 다양하고 창의적인 지방교육의 목표를 달성하는 차원에서도 중요하고 시급한 과제가 되었다. 앞으로 또 다른 100년을 향해, 미래 세대들 모두가 꿈과 희망을 갖고 마음껏 달려나갈 수 있도록 적정한 '지방교육자치의 모델' 을 개발해서 제시하는 것이 우리 모두가 해야 할 중요하고 시급한 과제가 되었다.

그러면 우리에게 이제 희망은 없는가. 그렇지 않다. 우리는 이제 경제의 양적 성장만으로 국민 개개인이 결코 행복해 지지 않는다는 사실을 깨닫기 시작했다. 그것만도 다행이다. 지금부터 우리는 사회화합과 통합을 통해 열심히 일한 만큼 대접받는 공정사회, 경쟁하다 실패해도 기회를 다시 주는 복지사회, 격차와 소외가 없는 선진사회 그리고 윤리와 도덕이 살아 숨쉬는 정의사회를 만드는데 눈길을 돌려야 한다.

지방자치와 교육자치의 제도적 연계와 조화를 모색하는 것을 비롯해서 교육자치의 틀을 재정비하는 일은 지방자치에 대한 지역민들의 관심과 신뢰를 회복하는 한편, 실질적인 교육분권을 통해 다양하고 창의적인 지방교육의 목표를 달성하는 차원에서도 중요하고 시급한 과제가 되었다. 「지방자치발전위원회」에서는 '교육자치와 지방자치의 통합'을 주요 분권과제로 설정하고, 이에 대한 종합계획을 마련한 바 있다. 앞으로 적정한 '지방교육자치의 모델'을 개발해서 실시하는 것이 폭력에 노출된 대한민국을 위기에서 구하는 첫걸음이자 지름길이다.

10. 주민 자치의식의 제고

민주주의는 정치제도가 민주적인 형태를 갖추었다고 해서 이루어지는 것이 아니라 구성원들의 능력과 태도가 제도를 뒷받침해야 하며 사회 · 문화적으로도 정착되어야 한다. 따라서 민주적인 제도를 마련하고 운영하는데 있어서 그 구성원들에게 요구되는 능력과 태도 곧 민주시민성이 필수적이며, 지방자치의 성공을 위해 무엇보다 중요하고 결정적인 요소는 지방자치에 대해 주민들이 갖는 태도와 자세 즉 자치의식[3]이 된다.

한국의 경우, 지방자치가 지역사회에 미친 변화를 주민들이 정확히 인식하고 지지할 때 비로소 지방자치가 지역사회에 정착될 수 있음에도 불구하고

3 자치의식은 "지역사회에 대한 애향심과 정서적 일체감에 기초한 지역주민으로서 갖는 주민의식과 사회의 공동문제를 주위사람들과의 타협과 협력을 통해서 해결하려는 시민의식과의 균형적 태도" 를 일컫는 것으로 보고자 한다.

아직도 그 변화가 주민들에 의해 체감되지 못하고 있는 것으로 조사되고 있으며, 여전히 남성보다는 여성, 젊은층 그리고 학력수준이 낮은 계층에서 지방자치에 대한 무관심의 문제는 좀처럼 개선되지 않고 있다. 갈등을 보는 시각도 무조건 부정적이어서 갈등을 관리할 수 있는 토대가 마련되어 있지 못하다.

이와같이 공동체의식의 결여, 정치에 대한 불신과 냉소주의, 낮은 정치참여의식, 비합리적인 의사결정과정 등을 특징으로 하는 우리의 현실에 있어서 민주시민성을 함양시키기 위해서는 우선 민주시민교육에 비중을 두어야 한다. 지방자치의 수준은 바로 지역주민의 의식 수준을 반영하는 것이고, 좋은 시민만이 좋은 정부와 좋은 사회를 만들어 낸다. 그러므로, 주민들의 권리의식과 책임의식, 참여의식과 비판의식, 시민의식과 공동체 의식이 조화를 이루도록 끊임없이 노력해야 하며, 동시에 주민들이 민주시민성을 함양할 수 있도록 교육과 정치참여의 기회가 더욱 확대되어야 한다.

시민교육은 지방정부가 주도하기보다는 민간단체나 지역내의 학교 또는 기업 등과 연계하여 이루어질 필요가 있다. 또한 실질적으로 시민참여에서 소외되었던 청소년, 장애인, 노인 등의 관심을 제고시키기 위한 인터넷 교육도 강화될 필요가 있다. 학교에서의 시민교육도 달라져야 한다. 학교의 시민교육은 교실 수업보다는 환경, 소비자, 자원봉사 등과 같은 지역사회의 문제에 직접 개입, 참여함으로써 보다 효과적이 될 수 있다. 뿐만 아니라, 공익시민단체, 종교단체 등의 시민교육활동도 시민의식을 제고하는데 기여할 것이다. 주민자치센터도 지역주민을 성숙한 시민으로 성장시키는 정치적 교육의 장으로서의 기능을 수행해야 한다.

지방자치가 주민자치로서의 의미를 크게 제고시키기 위해서는 무엇보다도 정당한 요구를 할 수 있는 주민의 의식과 역량, 그리고 그들의 요구를 정부에 효과적으로 전달해 줄 수 있는 제도적 장치의 확립이 필수불가결한 과제가 된다. 특히, 지역주민들의 자치의식 내지 납세자의식을 강화시켜주는 차원에서 직접참정제도를 적극적으로 추진하는 것이 가장 확실한 전략이 된다. 특히 정부와 시민단체가 협력하여 서비스를 제공하는 공동생산의 경우 정책이나 서비스의 비용에 대한 시민의 이해와 지식을 증대시키고, 시민의 공동체의식을 증대시키는 효과가 있다. 21세기의 지방자치는 지방자치단체와 기업, 지역사회, 시민단체들과의 파트너쉽을 통하여 실시되어야 하며 자치행정은 공동결정 - 공동생산 - 공동책임(Co-determination - Co-production - Co-responsibility)하에서 수행되는 소위 '3각 공동행정(3-Co-administration)' 체제가 구축되어야 한다.

11. 투명과 소통, 나눔과 협력의 자치행정 구현

"미래는 예측하는 것이 아니라 창조하는 것" 이라는 말이 있다. 미래를 단순히 예측하는데서 나아가 우리가 원하는 대로 만들어 가는 노력과 지혜가 필요하다는 의미다. 세종시가 출범하고 국무총리실이 이전하면서 세종시를 중심으로 이제 새로운 국가행정이 시작된다. 각 자치단체들도 '국가행정의 세종시대' 에 걸맞는 새로운 '자치행정의 새시대' 를 펼쳐야 할 시점이다. 국가행정이나 자치행정이 공히 지향해야 할 미래행정은 투명과 소통 그리고 나눔과 협력이 행정의 핵심이 되어야 한다.

국민이 행복한 나라 스웨덴에서 우리가 꿈꾸는 미래 대한민국을 만날 수 있다. 스웨덴은 정부부처 뿐만 아니라 대학, 기업사무실까지 투명한 유리가 설치되어 있다. 밖에서도 훤히 들여다 보이는 구조는 개인의 사적인 삶과 공적인 삶이 명확히 구분되어야 한다는 사회적 합의에 바탕을 두고 있다. 그 중에서도 정책실명제, 모든 회의록 공개 등은 스웨덴 열린 행정의 주된 특징이다.

모든 결정과정과 회의록은 일반 국민에게 공개되어야 한다. 거부하거나 비협조적일 경우 해당 공무원은 공무상 과실로 처벌받게 되어 있다. 이렇다 보니 정치와 행정이 깨끗할 수 밖에 없다. 정책결정과정에 참여하는 정치인과 관료들의 생각, 언행, 소신 등은 모두 공개되기 때문에 국민들은 다음 선거에서 판단을 내리기 쉽다. 정치인의 능력과 무능력을 식별할 수 있기 때문이다. 공무원이 민원인과 골프치며 나눈 개인적인 거래조차 공개된다. 공무원의 사사로운 행위가 공적인 결정에 영향을 미칠 가능성을 미연에 차단하기 위한 것이다.

또 한가지 장점은 국민들의 생활양식도 공개주의에 따라 투명하게 생활하도록 영향을 준다는 것이다. 탈세, 뇌물공세, 이권이나 인사청탁 등이 발을 못 붙이게 함으로서 합법적이고 합리적인 생활습관과 관행이 몸에 베게 된다. 투명한 행정을 통해서 총체적인 사회변화가 나타나는 것이다. 이 정신은 스웨덴의 중요한 민주주의의 가치로 2백년 이상 간직되면서 열린 행정과 책임행정의 밑거름이 되었다. 모든 것이 투명한 사회, 모든 것이 공개되는 행정 이것이 바로 희망의 새시대 국가와 자치단체들이 지향해야 하는 미래행정의 목표다. 행정과정상의 모든 사업, 정책, 인사 등과 관련된 자료와 정보 및 회의록은 국민과 시민들의 알 권리가 충족되도록 공개의 의무를 다해야 한다.

다음, 미래행정은 소통의 리더십을 필요로 한다. 최근 「공자의 경영학」이 재해석되고 있는데 그 핵심은 소통이다. 즉 공자의 경영학은 인(仁)의 실현을 목표로 하며 그것은 소통을 통해 성취될 수 있다는 것이다. 그가 보여준 경청과 상대방에 대한 깊은 이해, 그리고 그들과 함께하는 공동체 건설이야 말로 공자가 제시하는 경영학의 요체다. "말하는 것은 3년이면 배우지만, 듣는 것은 60년이 걸려야 배운다" 는 말이 있다. 말하는 것보다 듣는 것이 그만큼 힘들다는 뜻이다. 지금 국가와 자치단체에서는 말하는 리더보다 듣는 리더를 필요로 하고 있다. 행정을 통해 사회를 변화시키는 것은 입이 아니라 귀다.

2014년까지 9부2처2청을 비롯한 36개의 중앙행정기관 및 소속기관만 세종시로 이전하기 때문에 국정의 비효율성이 당분간 나타날 수 있다. 이를 극복하는 길은 협력행정과 나눔의 리더십을 정립하는 것이다. 중앙이든 지방이든 현재 행정의 가장 큰 문제점은 부처할거주의에 의해 중앙과 지방정부간 그리고 정부부처간 상호협력하지 않고 있는 것이다. 자기 부처나 부서의 기득권을 지키는데만 몰두한다. 고령화와 저출산, 에너지와 환경, 경기침체와 부채, 빈곤과 격차 문제 등 앞으로 정부가 풀어나가야 할 문제들은 중앙과 지방간 그리고 부처간 긴밀한 협력없이는 그 해결이 불가능하다. 또한 뛰어난 1인의 리더보다는 정부조직내 역량있는 여러 리더들이 권한을 나누는 나눔의 리더십을 발휘할 때 성공한다.

최근 우리 사회에서도 집단지성이 위력을 발휘하고 있다. 주식투자 경쟁에서도 입증이 된 바 있다. 주식전문가 한사람의 판단이 옳은 경우보다 비전문가 집단이 하나로 지혜를 모을 때 더 많은 투자수익을 거둘 확률이 높다는 것이다. 즉 전문가 개인이 비전문가 개개인에 비해서 우수하더라도 비전문가 전체능력에는 미치지 못한다는 것이다. 캐나다 오타와대학 피에르 레비 교수 역시, 개인으로 할 수 없는 일을 집단은 가능케 한다고 말하면서 집단지성의 위대성을 강조한다. 이것이 바로 개인은 답을 몰라도 집단은 답을 안다는 '집단지성의 힘' 이다. 그래서 미래학자들은 앞으로 똑똑한 사람은 없어지고 부지런한 사람만 남게 된다고 말한다.

현대사회에서 집단지성의 대표적인 사례로서 「위키피디아」라는 인터넷 백과사전을 들고 있다. 위키피디아는 누구든지 참여할 수 있는 웹사이트에서 전 세계 네티즌들이 모여 함께 만들어가는 개방형 인터넷 백과사전이다. 지금까지 세계 최고의 백과사전은 각 분야 전문가에게 원고 집필을 의뢰하고, 장시간에 걸쳐 원고를 받아 최종 완성본을 종이 사전으로 출간하고 있는 「브리태니커」였다. 그러나 첨단기술의 발달로 지식과 정보의 양이 폭증하는 정보화 시대에는 과거와 같은 제작방식으로는 백과사전으로의 기능을 수행하기 어렵게 됨에 따라 위키피디아에게 최고의 자리를 넘겨주게 되었다.

위와 같은 사례가 우리 사회에 던지는 의미가 크다. 우선 기업을 보자. 과거에는 신제품을 결정하거나 새로운 디자인을 채택할 때, 기업내부 담당자들끼리 의견을 모아 상부에 보고하는 일련의 의사결정과정을 거쳤다. 그러나 지금은 기업내부의 의견에만 의존하지 않고 해당 제품 내지 타사의 유사 제품을 이용하는 다수 소비자들의 의견을 수렴해 최종결정을 내린다. 다수 소비자들의 집단지성을 이용하는 것이 조직 내부의 한정된 의견을 수렴한 것보다 더 나은 결과를 가져오기 때문이다.

기업 밖에 있는 여러 사람들에게 의견을 들어서 결정하는 새로운 경영방식은 지방자치시대 지방행정에 주는 의미가 더욱 크다. 지방자치 실시 이전의 지방행정은 행정조직 내부의 공무원들끼리 결정하는 것이 당연한 것이었다. 주민들은 그저 공무원들이 결정한 정책이 잘 집행되도록 따라가는 행정관리와 통제의 대상에 불과했다. 지방자치가 실시되고 그에 따라 주민참여가 강조되면서 지방행정에 변화가 나타났다. 그러나 주민들의 참여는 어디까지나 전문가들의 참여에 한정했다. 일반주민들의 참여는 여전히 정책결정과정에서 배제된 채 집행과정에 협력하는 정도에 불과했다. 집단은 그 집단의 가장 우수한 개인보다 더 똑똑해진 새로운 사실을 외면하고 그저 일반주민의 참여는 시간낭비적이고 비효과적으로 보았기 때문이다.

따라서, 각 자치단체들이 지역 현안들은 이제 관련 학자나 전문가의 의견을 모으는데만 치중할 것이 아니라 일반주민들의 의견과 판단에 귀기울이는 것이 훨씬 지혜로운 결과를 가져올 수 있다. 더군다나 일반주민의 의견이 존중된 결정에 대해서 주민들은 집행과정에서 아낌없는 지원과 협력을 보내주기 때문에 정책과 제도의 성공 가능성은 더 높아진다.

이제부터 새정부와 자치단체들은 새로운 미래 환경에 대비해서 투명과 소통, 나눔과 협력의 미래행정을 펼쳐 나가야 할 것이다.

제6절 소결론

지방자치는 당면한 국가 사회적 위기를 극복하고 21세기 새로운 환경에 도전하기 위하여 반드시 필요한 제도이다. 지금까지 지방자치 실시로 인해서 제기된 문제들은 어디까지나 지방자치가 활성화 되어가는 방향에서 그 제도적 개선이 이루어져야지 과거의 통제적 중앙집권시대로 돌아가려해서는 절대로 안된다. 중앙정부나 정치권이 앞으로도 지방자치에 대한 직접통제를 계속해서 시도하려 한다면 종국에는 사회적 위기와 저항으로 나타날 수 밖에 없을 것이다. 따라서 현 시점에서 중요한 것은 대통령과 중앙정부 공무원 및 중앙정치인들의 강력한 자치의지를 재인식하는 일이다. 그리고 지역주민 모두는 지방자치의 의미와 필요성을 되새기면서 지방자치를 우리 사회에 뿌리내린다는 확고한 신념을 확립하는 동시에 대내외적으로 지방자치의 성실한 이행을 촉구해야 하는 중요한 시점에 놓여 있다.

지난 기간 지방자치를 뒤돌아 볼 때 그 성과는 문제점과 부작용을 메우고 남을 정도로종합적 이해득실에서 플러스의 결산을 가져왔다고 해도 무리가 없을 것이다. 또한 지방분권과 자치의 당위성과 그 내용에 대해서도 이제 어느 정도 국민적 합의를 이루고 있다. 문제는 그것을 실천해 내는 우리의 의지와 전략이다. 분권과 자치를 거부하는 세력을 극복하고 또 분권과 자치를 두려워하는 집단을 설득해서 국민의 공감대와 동참속에 분권화 · 지방화 사회를 성공적으로 창출해내기 위해서는 반드시 선결되어야 할 조건들이 있다.

첫째, 분권과 자치에 따른 부작용을 최소화할 수 있는 의식과 능력을 갖추어야한다. 분권과 자치는 당분간 제반 갈등을 증폭시킬 것이고, 낭비와 비효율을 초래할 것이며, 부패와 비리를 증대시킬 것이 자명하다. 따라서 분권과 자치에 따른 긍정적 효과만을 기대하고 서두른다면 분권과 자치는 주민들의 지지를 받지 못한 채 후퇴할 수도 있다.

둘째, "지방분권과 자치의 확대를 거부하고 곳은 결국 지방이다" 라는 속설이 있듯이 분권과 자치를 수용하는 것 역시 쉽지 않다. 중앙정부가 지방정부에 권한을 이양할 때 지방정부는 이를 행사할 수 있는 자치역량을 구비하고 있어야 한다. 그렇지 못하면 분권화와 자치화는 훨씬 더 무능하고 부패한 지방정부를 출현시킬 수도 있다.

셋째, 분권의 점진적 실현은 지방자치의 활성화로 이루어진다. 지방자치가 다양한 실험과 학습을 통해 그 장점을 살리려면 제도 선택의 결정권을 지방에 넘겨줄 필요가 있다. 만일 획일화된 제도로 분권과 자치를 밀어부치면 전국이 같은 후유증을 앓게 되어 실패하고 만다. 결국, 지방자치에 대한 주민들의 관심과 신뢰를 제고시키시는 요원해 질 것이다.

그동안 지방자치발전 종합계획에 대해 TV 뉴스, 신문에서 뿐만 아니라 지방자치단체, 분권단체들도 각각 다양한 의견을 내놓고 있다. 하지만, 공통적인 의견은 성년이 된 지방자치제도를 전반적으로 개편할 필요성에 많은 공감을 보이고 있다는 것이다.

어떻게 보면 제도를 바꾸어야 한다는 필요성에 많은 국민들이 공감하고 있다는 사실 자체만으로도 지방자치발전 종합계획은 상당히 긍정적인 성과를 내고 있는지도 모른다. 그렇지만 가장 중요한 것은 앞으로 이러한 계획을 어떻게 실천하느냐 또 얼마만큼 실현시키느냐 하는 문제이다.

'지방자치발전 종합계획'은 정부의 최고의사결정기구라 할 수 있는 국무회의에서 확정된 계획이라는 점, 종합계획 수립 이후 후속 이행절차를 법으로 규정하고 있다는 점에서는 어느 정도 절차적인 기반은 보장이 되어있는 셈이다. 앞으로 남은 것은 국회의 입법노력에 중앙정부의 의지가 더해져 개편방안을 법제화하고 이를 실천해 나가는 것이다. 이러한 가운데 지방자치발전위원회가 국민의 공감대를 이끌어내고 각 이해당사자들의 의견이 서로 공유될 수 있도록 종합계획의 구체적인 시행계획을 마련하는 과정에서 중심이 되어 주워진 역할을 다해나가야 할 것이다. 특히, 공을 넘겨받은 국회에서 특 · 광역시의 자치구 · 군의회 폐지, 교육감 직선제도 개선, 기초단체장 및 의원의 정당공천제 폐지 등 선거와 관련된 민감한 과제들을 어떻데 처리하느냐에 따라 지방자치의 성패가 갈릴 것이다.

chapter 03

한국과 외국의 지방자치와 분권 비교

제1절 지방정부의 혁신 필요성

지방정부의 혁신정책이 꾸준히 성공해 온 나라 중의 하나가 바로 영국이라고 할 수 있다. New Public Management의 기조에 따라 시장경제원리를 정책기조로 정부혁신을 유도하였던 보수당의 대처수상과 존메이저 수상에 이어, 96년 총선을 거쳐 노동당을 대표하는 Tony Blair가 수상이 되면서 중앙정부와 지방정부에 관련한 다양한 정부혁신을 추진한 바 있다.

특히 지방정부 혁신과 관련해서는 중앙정부의 백서인 「Modern Local Government : In Touch with the People」에서 지방정부의 현대화(개혁)를 위한 다양한 정책방안을 제시하여 추진해 오고 있다. 모범 자치단체를 선정하여 모든 지방정부가 배움과 혁신의 기회를 공유할 수 있도록 하는 Beacon Councils Scheme, Best Value를 통한 행정서비스 개선, 그리고 가장 중요한 내용의 하나로 2000년 지방정부법을 개정하여 지방정부의 새로운 기관구성 형태 도입[4], 지방에 있어서의 민주주의 개선, 새로운 윤리체계 확립 등을 법제화

4 ① 직선시장과 내각(A Directly Elected Mayor With a Cabinet), ② 내각과 내각의 지도자(A Cabinet With a Cabinet Leader), ③ 직선시장과 관리자(A Directly Elected Mayor and Council Manager) 등이 중심이다.

를 거치면서 실천하고 있다[5].

영국에서 지방정부와 관련한 개혁을 추진하고 있는 배경을 보면 다음과 같다. 지방정부 수준에서 나타나는 문제점들을 보면, 여전히 공급자 중심의 행정서비스가 이루어지고 있고, 지방정부의 선출직과 지방공무원 등과 지역사회와의 관계가 약화되어 지역주민의 지방정치 참여율이 저조하고, 지역공동체의 대표성이 약화되어 사회적으로 성, 인종 등의 차별화 현상이 더 만연해지고, 그에 따른 사회적 부정부패도 갈수록 악화되어 왔다 또한 지방자치제도의 부정적 원인으로 나타난 문제점들을 보면, 기존 내각형 중심의 단일형태인 위원회제도가 지방정부의 정책결정 및 시행과정에서의 비효율과 투명성 결여를 지속시켰으며, 이에 지방선거제도의 부적합성도 부각되었고, 그 밖에도 지방세에 대한 낮은 책임성, 윤리강령에 대한 주민의 신뢰성 저하, 지방정부를 책임지는 선출직의 권한 제약에 따른 지역사회의 지도역량에 대한 한계 및 책임성의 저하 등 지방정부와 지역사회 전반으로 문제점들이 표출되는 바, 이에 대한 해결책을 찾기 위해서라도 중앙정부와 지방정부 수준에서의 '혁신'이 절실히 필요한 상황이었다.

여기서 세계 각국이 정부혁신을 추진하는 이유는 바로 사회와 정부의 개혁 또는 현대화(modernization)를 추구하여 과거로부터 발생되던 위기상황을 단절시키고, 야기되던 문제를 해결하고자 하기 때문이고, 이러한 정부혁신은 결과적으로 국가 전체의 재구조화를 유도할 수 있기 때문에 모든 나라들이 정부혁신의 필요성을 인정하고 이를 추진하는 것이다.

이러한 내용들을 고려하여, 이 장에서는 선진국 각국이 발표한 사례를 토대로 정부혁신의 의미를 찾아보았고, 결과적으로 정부혁신이란 "중앙-지방정부를 변화하게 하는 모든 정책(프로그램)" 을 의미하는 것으로 이해하였으

5 지방재정과 관련한 정책으로는 자본회계(Capital Finance)의 간소화, Business Rate에 있어서 지방의 재량권 부여 등 다양한 개혁 프로그램을 추진하고 있다.

며[6], 지방정부 혁신의 의미도 역시 지방정부의 현대화를 의미하고 있고, 이는 지방자치(제도)의 변화(개혁)를 통해서 이루어질 수 있다고 이해하였다. 즉, 지방자치의 개혁은 지방분권 정책을[7] 구체적으로 추진하면서 지역사회와 지방정부를 변화(modernization)시켜, 국가의 재구조화를 발생시킬 수 있다[8]. 즉, 세계 각국의 지방정부 혁신노력으로부터 정리할 수 있는 내용은 바로, 지방정부의 혁신(현대화)은 중앙정부의 권한을 지방으로 이양하는 의미를 포함한 지방분권 정책을 구체적으로 실천하면서 이루어질 수 있다는 점이다.

이러한 의미에서 지방정부 뿐만 아니라 중앙정부의 변화를 야기시킨 구체적인 지방분권 정책(전략)들이 무엇인지 주요 선진국의 지방분권 추진정책을 참여정부가 추진했던 지방분권 주요정책과 비교하여 그 시사점을 도출해 볼 필요가 있다.

연구대상에 있어서는 참여정부 중심의 우리나라 10년간 지방분권 틀 내에서 추진된 정책과 외국의 경우에는 인구규모, 자치계층구조, 법체계 등의 유사성을 고려하여 우리나라와 가장 유사한 프랑스, 이탈리아, 스페인과 같이 대륙계 법체계를 가진 국가와 영미법의 대표가 되는 영국 등을 대상으로 하고 있다. 지방분권 추진정책의 내용을 구성하고 법제도적 요인들을 비교요인으로 하여 지방자치와 관련한 헌법체계 비교, 헌법과 지방자치법에서 보장하는 지방정부의 자치조직권 범위, 지방정부의 기관구성형태와 사무수행 권한, 국가와 지방정부간 권한(기능)배분 관계, 지방정부간 협력체제, 지방정부의 자치재정권에 관한 법적 보장 등을 분석내용으로 하고 이를 표로 정리하면 다음과 같다.

---

6 행정자치부 발간, 지구촌의 정부혁신, 2005년. 세계 각국의 정부혁신 또는 정부개혁 사례에 근거해 볼 때, 개혁의 의미도 역시 정부변화를 유도하는 정책(프로그램) 또는 전략을 포함하고 있는 것으로 이해된다.

7 지방분권의 개념은 다양하게 이해될 수 있으며, 정치적, 행정적, 재정적 분권화(political, administrative, fiscal, and market decentralization) 등 형태도 다양할 수 있다.

8 참여정부의 지방분권로드맵 상 지방분권 정책기조에서도 궁극적으로 지방분권을 통한 국가의 재구조화(지역사회의 혁신, 지방정부의 혁신, 중앙정부의 혁신)를 유도해야 한다고 강조하고 있다.

〈표-1〉 지방분권 정책을 구성하는 (지방자치제도) 비교요소

<table>
<tr><th colspan="2">지방분권 추진정책 요소</th><th>지방분권화 수준 정도</th></tr>
<tr><td rowspan="2">지방
자치
입법권</td><td>지방자치제도의 보장</td><td>헌법, 지방자치법 상 지방정부의 존재유무</td></tr>
<tr><td>지방정부의
입법권 보장</td><td>국회와 지방정부간 입법권 배분, 국회가 독점
지방정부의 입법권 보장, 지방정부의 법규명령권 보장</td></tr>
<tr><td rowspan="2">자치조직
·
운영권</td><td>지방정부의 자치조직권 자율권</td><td>헌법, 법률로 자율권 인정, 다양한 지방정부 기관구성,
획일적인 지방정부 기관구성</td></tr>
<tr><td>특례지위를 가진
지방정부</td><td>인정 유무</td></tr>
<tr><td rowspan="3">지방
정부간
관계 및
지역
(광역)
정부의
역할</td><td>지역(광역)정부의
자치권 보장</td><td>관련사무에 관한 법률제정권,</td></tr>
<tr><td>기초정부의
자치권 보장</td><td>기관구성(집행부-지방의회) 다양화 제도의 자치권 인정,
집행부 구성 상의 자치권만 인정, 획일적인 지방정부
기관구성</td></tr>
<tr><td>지역(광역)정부와
기초정부간 관계</td><td>법률적 수직(귀속)관계 유무, 재정지원 관계의 유무,
보충성 원칙의 충실한 적용 유무</td></tr>
<tr><td rowspan="2">국정
참여권</td><td>지방정부의 국정참여
제도화</td><td>지방정부 대표의 국회(상, 하원)참여 유무, 지방정부 대표
(협의체)의 입법권 직접참여, 간접참여에 의한 의견제시,
중앙-지방 대표간 정기적인 공식협의기구 존재 유무</td></tr>
<tr><td>지방정부간 협력체제</td><td>지방정부 대표협의체의 국정참여 활성화, 다양한
지방정부간 협력조직 운영 유무</td></tr>
<tr><td rowspan="4">사무
배분
관계</td><td>중앙-지방정부간
사무배분체계</td><td>위임사무의 수행, 사무수행에 대한 감독권,</td></tr>
<tr><td>사무배분법의
근거 수준</td><td>헌법, 지방자치법, 사무배분 원칙 등의 제정</td></tr>
<tr><td>지역(광역)정부와
기초정부의 사무배분
수행체계</td><td>광역기능, 기초기능, 지역정부의 역할 변화 유무</td></tr>
<tr><td>사무수행에 따른
지방재정</td><td>지원여부, 근거법률의 존재 유무</td></tr>
</table>

중앙 지방 정부간 관계	중앙-지방정부간 관계	사전 지도감독(통제)의 유무, 부분적 통제(대집행권, 예산통제) 유무, 정부간 계약방식의 활용 여부
	중앙정부의 지방정부 통제방식	중앙부처의 통제 - 합법성 통제, 적시성(정책관여) 통제, 행정법원에 의한 통제, 헌법재판소에 의한 통제
	국가의 (특별)지방행정기관 조직체계	지방정부와 별도의 특별지방행정기관 존재, 통합지방행정청 존재, 특별지방행정기관 통합으로 감소
자치 재정권	지방정부의 자치 재정권 수준	지방정부의 조세권 인정 유무, 국가교부금 부여, 자치정부의 세율결정권 수준
자치 행정 계층 구조	자치행정계층구조	3층제, 2층제, 단층제,
	자치행정계층 개편 정책의 추진주체	중앙정부 주도, 제3의 기관 주도, 지방정부 주도(주민투표), 지방정부의 참여권 보장

연구방법으로는 참여정부 중심의 지방분권 추진정책 내용에 대한 평가를 기초로 하고, 외국의 지방분권 정책에 대해서도 관련 국가들의 정책내용을 경험적, 사례중심, 관련문헌, 제도운영 등을 기초로 비교연구를 하였다.

제2절 우리나라의 지방분권 추진정책

1. 민선 지방자치 10여년간의 지방분권 추진내용

우리나라가 민선 제1기(1995. 7. 1~1998. 6. 30)를 거치면서 본격적으로 지방자치제도를 시행하기 시작하였으나, 1997년 11월 IMF 외환위기로 중앙정부와 지방정부 수준에서는 New public management 기조에 따른 인력감축 등 강력한 정부개혁 조치를 추진하게 되었다[9]. 또한 민선 제2기(1998. 7. 1~2002. 6. 30)에는 1998년 6월 4일 제2회 전국 동시 지방선거를 통해 단체장과 지방의회 의

9 손희준, 민선지방자치 10년평가, 경실련 주최 민선지방자치 10년의 평가, 2005. 6. 1. 세미나 내용 참조.

원을 선출하면서, 지방자치법을 개정하여 자치단체의 기구와 인사행정의 자율권 확대, "중앙행정권한의 지방이양 촉진 등에 관한 법률" 제정 등으로 중앙사무의 지방이양 촉진 등 본격적인 지방분권 정책을 추진하기 시작하였다. 지방자치제도적으로는 주민의 조례제정권과 개폐청구권을 신설하여 주민발의제도를 운영하기 시작하였다. 이러한 가운데에도 지방자치 원칙에 역행하는 정책대안으로 국회로부터 2000년 말 시장 · 군수 · 구청장을 임명제로 전환하려는 자치권의 제한 움직임도 보인바 있었다[10]. 2002년 6월 13일 제3회 전국동시 지방선거를 거쳐 민선 제3기(2002. 7. 1~현재)를 이끌어 갈 단체장과 지방의회 의원이 선출된 이후, 2003년 2월 참여정부가 출범하여 7월 4일 지방분권 추진 로드맵의 발표와 2004년부터 "지방분권특별법", "국가균형발전특별법", "신행정수도건설을 위한 특별조치법" 등 3대 특별법이 발효되었다. 그러한 가운데에도 신행정수도건설은 헌법재판소의 위헌판정으로 행정복합도시로 전환되었고, 2004년 8월부터 주민투표법이 발효된 바 있다.

2. 참여정부의 지방분권 추진내용

세계화, 지방화에 따른 국가와 지방간 관계 재정립 및 역할변화에 따라 가까운 정부구현, 지역주민의 주체성과 책임성 확립, 지역의 개성과 다양성 발현에 기초한 지방분권형 국가운영체계의 재구축 필요성을 요구하게 되면서, 2003년 2월 출범한 참여정부는 지방분권 실천을 통한 국가재구조화를 대명제로 제시하고 지난 기간 동안 지방분권정책을 계획하고 실천하 바 있다. 참여정부는 정부혁신지방분권위원회, 국가균형발전위원회 등 국정과제의 실천을 주도하는 위원회들을 출범시켜, 지방분권 실천의지를 강조하고자 '선분권

10 2000년 11월 28일 임인배 의원 등 국회의원 42명이 시장 · 군수 · 구청장을 임명제로 전환하는 내용을 담은 「지방자치법 중 개정법률안」을 발의했으며, 2001년 4월에는 임시국회에서 자민련의 조부영 부총재가 대표연설을 통해 기초자치단체장의 임명제 전환을 촉구했다.

후보완' 의 원칙을 제시하면서, "중앙기능 중 명확히 중앙사무인 것을 제외하고는 모두 일괄하여 지방에 넘기도록 해야 한다" 고 강조한 바 있었다[11]. 특히 지방재정 지원과 관련해서는 "재정분권 논의와 사고의 틀을 근본적으로 바꿔야 한다" 고 역설한 노 대통령의 지방분권 의지를 실현하고자 정부혁신지방분권위원회[12]와 행정자치부가 주도적으로 참여정부 임기 동안 지방분권 혁신을 추진하여 왔다.

참여정부의 지방분권 추진과제는 기본적으로 지방분권 추진로드맵('03. 7), 지방분권특별법(2003. 12) 등에 근거를 둔 과제들로, 체적으로 총 47개 과제를 대상으로 하였으며, 이들 과제책임기관을 살펴보면 위원회 주관과제 7, 위원회 역점과제 9, 부처 주관과제 31 등으로 분류하기도 하였다[13]. 주요 선도과제로 지칭되는 지방분권의 11개 과제를 보면, 중앙권한의 지방이양 및 사무구분체계 개선, 교육자치제도 개선 및 자치경찰제 도입, 특별지방행정기관의 정비, 지방자치권 강화 및 지방정부 책임성 확보, 지방의정 활동기반 정비 및 강화, 중앙-지방, 지방정부간 협력체제 강화, 지방재정운영의 자율성 확대 및 교부세제도 개선 등이다[14].

3. 참여정부에서 추진된 지방분권 정책내용

참여정부는 지방분권 과제 추진을 위한 지방분권로드맵('03.7)을 발표하고 지방분권특별법('04.1, 제14조)을 제정하여 실행을 법적 의무화 하였다. 이후 주

---

11 「재정분권 추진방안」에 관한 국정과제회의('03. 6. 26).

12 지방분권특별법 제18조 : "위원회가 지방분권의 기본방향 설정 및 추진계획을 수립."

13 정부혁신지방분권위원회, 행정자치부, 지방분권 5개년 종합실행계획(2004년 11월 9일 국무회의 보고 후 결정됨).

14 2005년까지 이미 완료된 과제는 지방분권특별법 제정, 지방양여금제도의 개선이며, 2004~2005년에 새로운 과제로 채택되었거나 또는 세부적으로 달성목표를 구체화 시킨 과제들은 대도시특례제도 강화, 자치단체 관할구역 합리적 조정, 제주특별자치도 추진, 분권형 도시계획체계 구축, 자치단체 예산지출 합리성 확보, 재정운영 투명성 · 건전성 강화 등 이었다.

민투표법이 공포(04. 1. 29), 효력 발생된(04. 7. 30) 이후, 최초로 제주도에서 행정구조개편에 관한 주민투표가 7월 27일 실시된 바 있고, 이와 함께 2006년부터 시행되는 지역주민의 자율적 감시권을 보장하는 주민소송제도 도입을 완료하였다. 후자의 정책은 특히 지방자치단체의 위법한 재무회계행위에 대하여 지역주민이 소송을 청구할 수 있는 제도로 각종 검토회의를 거쳐 지방자치법 개정안('05.1.27, 법률 제7362호)으로 주민소송제도로써 마련한 것이다.

지방행정 인력과 관련된 자치조직권의 강화를 위해 자치단체 총액인건비제의 도입을 추진하여 1년간 시범실시 한 후 전면실시를 하고 있다. 자치경찰제 역시 자치경찰제 입법안을 예고하고 시범지역까지 선정한 바 있으나, 전면 실시는 미뤄지고 있다. 민선 제4기 지방선거와 관련해서 기초의원까지 정당공천제를 도입하여 지방의원 비례대표제 및 중선거구제 등이 2006년 지방선거에서 시행되었다. 다만, 광역 중심의 지방자치단체로의 통합 등을 기조로 하는 특별지방행정기관 기능조정 방안을 대통령에게 1차 보고('04.10.18), 정부혁신지방분권위원회에 각계의 의견수렴을 거쳐 52개 기관 현지조사('04.11~'05.2) 후, 기능조정안을 준비한 바 있으나 정책적 시행을 포기하고 있다.

자치역량 제고와 관련된 지방분권 추진정책으로는 제주특별자치도 관련 특별법을 통과시켜 2006년 7월 1일부터 시행했으며, 지방의원의 유급화를 추진하여 지방의정 활동의 기반을 마련하여 제도적으로 지역사회를 위해 일할 수 있는 유능한 인재를 지방의회로 끌어들일 수 있는 제도적 여건을 조성하였다. 이와 함께 지방공무원의 전문성을 높이는 방안으로는 개방형 직위제 계약직 공무원제 확대 등의 인사정책들도 시행하였다.

지방재정분권 촉진을 위한 정책으로는 지방교부세의 법정율 인상(15% → 19.13%)과 분권교부세(이중에서 0.83%)를 신설하여 운영했고, 국고보조금의 정비(총 533개 사업 중에서 163개 사업 지방이양, 126개 사업 균특회계로 이관)와 『〈균형발전특별회계〉(5조 4,743억원)의 설치, 운영이 두드러진 정책들이다. 또한 종합토지세를 재산세와 국세인 종합부동산세로 개편('04)하였고, 지방자치단체의 재정운영 자율성 투명성을 높이기 위하여 주민참여예산제도의 도입, 예산편성지침 폐지, 지방채발행 총액 한도제 도입, 복식 부기회계제도 도입('05.6월) 등을 추진한 바 있다.

4. 지방분권 추진정책에 대한 잠정적 평가

민선 지방자치를 시행하면서 다양한 지방분권 정책을 추진한 것으로 보인다. 그러나 지역사회의 자치권 보장 장치는 일부 부분적으로 마련된 것으로 보이나, 이의 효과가 반감되지 않도록 지방재정 지원, 중앙권한의 대폭적인 지방이양 등 후속조치 시행이 절대 필요했다.

보다 거시적 시각에서 보면, 즉 지방자치입법권을 보장하는 지방분권 정책은 실현된 것이 거의 전무하다고 볼 것이며, 이외에도 오래 전부터 여러 정부를 거치면서 시행하고자 하였던 특별지방행정기관의 정비 정책 등은 완전히 후퇴하였고, 또한 참여정부 초기부터 자치경찰제실무추진단 중심으로 시군구 주민생활서비스 중심의 자치경찰제 등은 법안 마련 등 실무 준비를 완료하였으나, 2004년부터 국회에서 법안심의 지연으로 시범실시와 전면실시가 이루어지지 못하고 있다.

〈표-2〉 민선 지방자치 10년간 지방자치제도 및 지도감독제도의 변화

<table>
<tr><th>연 도</th><th>1991.4</th><th>1992.12</th><th>1995.7</th><th>1997.12</th><th>1998.7</th><th>1999.5</th><th>2001.1</th><th>2002.7</th><th>2003.12</th></tr>
<tr><td>지방자치제 도입</td><td colspan="3">부분적 도입기</td><td>민선 제1기</td><td colspan="3">민선 제2기</td><td colspan="2">민선 제3기</td></tr>
<tr><td>정권 변화</td><td>노태우 정부</td><td colspan="3">김영삼 정부</td><td colspan="3">김대중 정부</td><td colspan="2">노무현 정부</td></tr>
<tr><td>지방자치제도 변화</td><td colspan="3">지방의회 구성, 운영</td><td colspan="2">민선 지방자치 실시
(단체장, 지방의원 선거)</td><td colspan="3">지방이양촉진법 시행
주민조례제정권,
개폐청구권</td><td>3대 특별법, 주민 투표법</td></tr>
<tr><td>지도 감독 제도 운영</td><td colspan="3">지방자치법 개정 시 '국가의 지도감독' 조항 유지
파산선고제도 도입 검토('95),
국책사업특별법안 발의 시도('96)
직무이행명령제와 대집행제 규정('94 자치법 개정시)</td><td colspan="5">기초단체장 임명제 시도('98-'00)
지방재정진단제도 도입('98)
지방공기업 경영진단제도 도입('99)
지방자치단체 합동평가제도 시범실시('99-'01)
서면경고제도(2000)
부단체장 국가직 전환(2000)
주민감사청구제도(2001)</td><td>지도 감독제도 변화 없음</td></tr>
</table>

다음에 살펴볼 외국의 지방분권 정책과 비교해 볼 때, 가장 쟁점이 될 수 있는 부분은 바로 지방자치단체의 자치입법권 확대와 중앙정부의 지방자치단체에 대한 과도한 지도감독 폐지에 관련된 지방분권화의 수준 평가라고 할 수 있다. 하지만 우리나라의 경우는 불행하게도 참여정부의 지방분권 정책을 포함하여 지난 10여년간 지방자치단체에 대한 권력적 통제방식이 그대로 유지되고 있을 뿐만 아니라[15], 주민을 대표하는 지방의 선출직 대표들이 자기 지역에 관련된 지방분권 정책이나 입법안에 대하여 직접적인 국정참여제도로

15 민선 지방자치 10여년간 사실상 지방자치법 제정부터 규정해 온 제9장의 "지방자치단체에 대한 국가의 지도·감독" 조항에 대한 법적 근거가 그대로 유지되고 있어서, 권력적 통제수단인 대집행, 직무이행명령권, 사전승인제, 위임사무에 대한 포괄적 지도감독 등은 지속되고 있다. 다른 통제수단의 도입·운영을 시도하고자, 행정자치부는 재정이 부실한 지방자치단체에 대한 파산선고제도의 도입을 검토하였으나(1995년 3월) 시행되지 못하였고, 1996년에는 각종 국책사업 추진을 지방자치단체에게 강제할 수 있는 국책사업특별법안 제정을 시도한 바도 있었다.

써 보장받지 못하고 있는 원인은 바로 절대적으로 지방자치권, 자치입법권이 상당히 제약받고 있다는 사실이다.

지방재정의 자율권 신장에 있어서도 보통교부세 법정율은 인상되었으나, 지방에 대한 재원이전의 순증효과는 미미한 상황이고, 가장 중요한 지방의 자주재원인 지방세 확충을 위한 지방소비세와 소득세 등의 도입방안은 검토만 되었다. 이는 재원배분보다는 제도개선 중심의 재정통제 수단 개선에 초점이 맞추어져 있었기 때문이었다.

제3절 외국의 지방분권 추진정책

1. 지방분권화를 가속화 하는 공통적인 이유

OECD 회원국 및 EU회원국가들을 중심으로 중앙정부와 지방정부가 공동으로 지방분권 추진정책을 가속화 하게된 근본적으로 공통된 원인을 살펴보면 다음과 같이 정리가 가능하다.

즉, 현대사회가 발전하면서 경제적 효과성과 민주주의체제에 의한 시민권(참여) 확대 요구가 증가하였고, 이는 경제, 무역, 통신기술 등 외부환경의 변화로 세계화, 개방된 경쟁체제를 형성하면서 더욱 필연적으로 각 계층의 정부역량을 필요로 하기 때문이었다. 또한 각국의 지역별 ASEAN, EU, NAFTA 등 세계의 블록경제체제 구성에 따른 대도시권 등의 경쟁체제가 확대되고, 민간기법 활용을 통한 공공행정의 효과성 증대를 요구하는 시민의 목소리가 높아졌고, 역설적으로 대의민주주의에 대한 의구심 증대로 인한 노동자, 시민들의 직접참정제도 요구가 확대되는 반면, 시민들의 정치적 무관심 증대, 주민투표, 국민투표 등 투표율 하락 등을 줄이기 위한 직접민주주의제 도입 활성화도 필요하게 되었기 때문이다. 특히, 유럽국가의 경우 유럽 수준에서 경쟁력 있는 지방행정체제를 구축하여 공공정책의 효과성 등을 제고하고자 지방분권 추진정책에 의한 정부의 혁신 노력을 가속화 하는 경향도 함께 나타나 지방자치권 확대만을 위한 제한적인 지방분권 정책이 아닌 총체적인 정부혁신을 유도하는 전략적인 활용이 두드러지게 나타나고 있다.

2. 주요 국가의 지방분권 추진정책의 개요

ㅇ 프랑스

- 1982년 지방자치법 제정 이후 권한(사무)법 제 · 개정으로 중앙권한의 지방이양 촉진

- 지방이양재정평가위원회를 중심으로 권한이양에 따른 지방이양교부금 설치 · 지원

- 지방분권화를 지원하기 위하여 국가의 지방행정기관에 대한 통합행정청(prefecture) 설치 · 운영

- 1999년 지방정부간 협력체제 간소화 법 제정으로 지방정부간 협력조합제도, 광역연합제도 등 협력시스템 강화

- 2003년 3월 헌법수정으로 "지방분권 조직에 기초한 프랑스 공화국" 선언 : 신 지방분권 혁신의 기조를 proximity와 coherence로 결정하고 헌법 제1조에 "프랑스 공화국은 자치분권 조직에 기초한다"고 새롭게 규정한 바 있다.

- 헌법 수정조항은 총 10개 조이고 여기에는 지방정부의 주요 정책에 대한 주민주민투표제 의무화, 지방분권 발전을 위한 제도 실험법 도입, 운영 등의 다양한 지방분권 정책을 헌법으로 제도화 하였다.

ㅇ 독일

- 기초자치정부간 구역개편(Gebietsreformen) · 행정통합에 의한 지방정부 행정계층 구조의 간소화 및 지방자치정부 관리기법의 개혁(Lean Management) 전략

- 지방정부간 협력조합제도 또는 핵심거점도시화(Zentral-orte-Netz) 등을 추진하여 광역행정체제의 역량강화 노력

- 기초자치정부의 사무수행 권한강화를 위해 재정조정제도 활성화에 의한 재정지원

o 일본

- 지방분권추진위원회를 중심으로 지방분권일괄법을 제정하여 도시계획법 · 토지개량법 · 식품위생법 등 자치계층간 기능분담으로 일괄개정 추진

- 자치사무의 근거법률제정, 기관위임사무의 폐지 또는 법정수탁사무화

- 시 · 정 · 촌 기초자단체의 합병정책 추진, 대도시 특례제(정령지정도시, 중핵시) 시행, 1995년 이후 광역연합제도 활성화에 의한 광역자치화 확대 운영

- 도주제 시행 노력

o 스페인

- 스페인은 단일국가이나 이태리와 마찬가지로 지역중심의 자치제를 갖는 지역형 국가(regional state)를 지향하여 강력한 지역정부의 자치분권을 중심으로 연방제적 통치형태로 운영되고 있다.

- 중앙정부와 각 자치지역정부간 기능재배분 및 그에 따른 인력재배분이 시행되고 있다 : 1978년과 2001년 사이에 1,749건의 「기능 · 인력이양 왕령(Royal transfer decrees)이 승인, 시행됨으로써 약 80만 명 이상의 공직자간 인력 이동이 발생하였다.

o 이탈리아

- 지방분권화 촉진 정책으로 2001년 10월 7일 지방정부에 관한 헌법 조항 제5장의 개정안을 국민투표(64.2%)로 승인받아 지방분권 관련 헌법5장(헌법 제114조 제133조)의 상당 부분을 수정한 뒤 더욱 분권화 된 자치제도를 운영하고

있다.

- 헌법상 지방분권의 원칙으로 제118조1항에 보충성의 원칙, 차등과 적합성의 원칙(differentiation and adequacy)을, 제118조2항은 지방자치정부의 자치행정권, 제119조는 자치재정권 인정을 규정하고 있다.

- 첫째, 수정 헌법 제117조(4)는 헌법에 명시된 중앙정부의 권한 이외는 지역정부에서 담당하도록 함으로써 지역정부의 권한을 대폭 확대(국가의 권한범위 규정은 positive 방식에서 negative 방식으로 전환) 하였다.

- 둘째, Province(도)와 Comuni(기초)에서도 자체 조례를 제정할 수 있도록 헌법 제114조 제2항에서 명문으로 조례제정권을 보장하였다.

- 셋째, 수정 헌법 제165조에 중앙정부와 지방정부 공무원의 동등한 지위를 보장하였다.

- 넷째, 수정 헌법 제114조에 중앙정부와 지방정부의 동등성을 규정하고, 중앙정부의 지역정부에 대한 통제와 지역정부의 하급 지방정부 및 행정기관 통제기능을 폐지하고, 내부의 자체 통제기능으로 강화하였다.

- 다섯째, 수정 헌법 제118조에 의해 국가적 효율성과 국민 전체 차원에서 진행되어야 할 사항의 경우, 중앙정부, 지역정부 또는 도정부에서 담당하도록 규정한 법적 권한을 제외하고, 모든 행정권한은 보충성의 원리에 따라 기초자치정부에 이양되도록 규정하였다.

- 여섯째, 과거에는 중앙정부가 지방정부의 행정기관 기능을 결정하였으나 헌법 제118조의 개정으로 중앙정부는 헌법에 규정된 중앙정부기관의 기능만 관여하도록 제한하였다.

- 2003년에는 총 131개 조에 달하는 지방분권 관련 시행법령을 제정하여 지방행정기관 기능의 기본적인 성격을 결정하였고, 또 헌법을 개정할 때 하원의회 내의 헌법개정위원회에서 결정하되, 헌법개정위원회에는 지방정부 대표들이 참가하여 의견을 제시할 수 있도록 하였다.

ㅇ 영국

- 지역의회(Regional Assembly) 구성으로 정치적 분권을 가속화 및 새로운 런던 광역시(Great London Authority) 구성 이후 교통 · 환경, 경찰기능 등 7대 광역사무 중심의 대도시권 광역행정체제 개편을 추진하였다.

- 지방분권화 지원을 위한 지방행정기관의 통합행정청(Government Office) 설치 · 운영하고 국가의 특별지방행정기관을 재정비 하고 있다.

- 지방정부, 공공행정기관에 대한 공공서비스협약(Public Service Agreements, PSA) 제도 운영으로 Best Value 등 지속 추진

- 지방정부의 효율화 추진을 위하여 Strategic Planning, Community Planning 등 전략적 기획기법을 도입, 운영하고 있다.

- 지방정부의 기관구성 선택제 채택 운영 : 시장직선제(11개 자치정부), leader 중심의 기관통합형, Cabinet 시스템 기관통합형 등 지방자치의 다양화를 강력히 실천하고 있다.

o 기타

- 핀란드와 영국은 최근 중앙정부로부터 지역정부로의 대폭적인 권한이양으로 행정적 분권(devolved administrative functions)을 추진하였으며, 그리스는 도정부 수준으로 행정분권을 이행, 특히 핀란드의 경우 지역은 지방정부의 한 계층으로 인식되기 때문에 다른 기초자치정부와 사무권한과 재정지원에 대한 경쟁관계에 있다.

- 네덜란드의 지역정부는 대부분 자율적 권한이 강화되었는 바, 프랑스, 네덜란드로 대표되는 유럽의 단일국가(Devolving unitary states)들은 대개 헌법으로부터 지역정부의 구성을 보장받고, 지역권 내에서 선거를 통해서 자율적인 지역정부를 구성하여 그 하위계층으로 지방정부들이 구성되며 이를 지원 · 감독하는 광역정부의 역할을 수행하고 있다.

- 룩셈부르크의 경우는 국가의 규모 때문에 자치분권이 바람직하지 않을 것이고, 아일랜드는 아직 강력한 자치분권의 의지가 실현되지 않고 있다.

3. 선진국의 지방분권 추진전략

① 헌법개정 전략에 의한 지방분권화를 추진

- 지방분권 정책을 추진하는 국가들은 지방분권을 가속화하기 위하여 궁극적으로 헌법개정을 추진하였다.
- 벨기에는 1994년 헌법개정을 통해서 단일국가에서 지방분권의 자율성을 확대한 연방국가로 통치체제를 전환하였다.
- 그리스, 아일랜드, 이탈리아, 영국, 그리고 2003년 가장 최근에는 프랑스 등이 헌법을 개정한 바 있다.

② 헌법개정과 함께 통치권의 배분을 통한 지방정부 자치입법권 및 사무권한의 확대 전략을 추진

- 스페인, 이탈리아 등은 헌법 개정을 통해서 지역정부 중심으로 국회의 입법권을 분권화 하였으며,
- 프랑스는 지방정부에 대한 사무배분 관련법률을 후속적으로 제정하여 중앙권한의 지방이양 및 이에 따른 재정지원을 지속적으로 추진하고 있다.
- 영국의 경우도 스코틀랜드 지역의회를 구성하여 입법권, 자율조세결정권 등을 부여하여 국가의 입법권을 배분하는 과감한 지방분권 정책을 추진하고 있다.

③ 지방정부의 혁신 유도는 내부경영혁신에 의한 미시적 수준보다는 거시적 수준에서 혁신을 추진

- 모든 국가는 기본적으로 국가의 지방행정기관 대표와 지방정부 (집행부) 대표가 분리된 조직형태를 유지하고 있다.
- 네덜란드, 프랑스의 임명도지사제도와 같이 여왕, 중앙정부가 임명하는

지방위원, 임명도지사 등이 존재하고 있으나, 사전 지도감독을 폐지하고 주요 분야에서의 사후적 통제권만 유지하고 있고, 이들 지방의 임명관료는 중앙정부와 지방정부간 관계에서 중재자, 조정자, 조원자의 역할전환을 하고 있다.

- 이탈리아, 스페인, 그리스와 같이 특별지방행정기관의 조직, 인력, 규모, 권한을 줄여서 지방정부의 권한을 확대하고 있다.

- 영국의 잉글랜드에서는 특별지방행정기관이 증가하였으나, 스코틀랜드에서는 정치분권(devolution) 정책을 통해서 지역정부 중심으로 행정체제를 개편하여, 국가의 지방행정기관이 지역정부에 통합되는 방향으로 정책을 추진하고 있다.

4. 선진국 지방분권 추진정책에 관한 시사점

지방분권을 추진하는 외국 사례로부터 분석가능한 시사점들은 다음과 같다.

- 자치분권의 발전 형태를 다양화 시켜 각 자치정부의 지역적, 기능적 특성에 따라서 차별적인 제도 도입을 통하여 지역주민의 적극적 참여를 유도하는 지방분권 정책을 추진하고 있다.

- 또 다른 특징의 하나는 지방정부의 자치입법권 등 지방자치권을 확대하기 위한 정치적 노력으로, 예를 들면, 정치적 분권(devolution)에 의하여 지역형 국가형태를 갖는 나라들의 경우는 중앙정부로부터 대폭적인 권한이양을 통하여, 보충성원칙을 충실히 이행하면서 기초지방정부가 수행하지 못하는 광역적인 기능은 지역에 기반을 둔 지역정부(regional government) 수준에서 수행하도록 처리하고 있다.

- 특히 스페인, 이탈리아, 영국, 독일, 벨기에 등 국가 통치유형에 따라서 지역정부 형태는 사실상 고정되어 있지 않고 역동적인 모습을 갖는 것을 알 수

있으며, 상호간 구분에도 분명한 논리적 기초는 없지만, 각 지역의 역사적, 언어적, 사회적, 법제도적 배경에 따른 특성을 충분히 고려하여 풀뿌리 지방민주주의 실천을 추진해 가고 있다.

- 또한 국가의 입법권을 분점하는 정치적 권한배분이 이루어지고 있으며, 지역적 분권화 수준을 넘어서게 될 경우에는 독일, 벨기에, 스위스 등과 같이 연방국가로 전환하려는 노력이 스페인, 이탈리아 등의 국가에서 고도의 분권화된 모습으로 발전하고 있다.

- 이러한 사실에서 우리나라의 지방분권이 발전해 가는 방향도 동일한 궤적으로 추진할 수 있을 것으로 판단되며, 지난 번 국회자치행정계층개편 특별위원회가 시도하고자 하였던 바와 같은 전면적인 자치행정계층 개편정책을 무모하게 추진하려고 하기 보다는, 가장 먼저 지방자치 발전을 위한 헌법 수준에서의 지방자치권 확보, 지방자치제도의 다양화 등을 우선적으로 추진해야 할 것이며, 이러한 노력은 정책적으로 지역적 특성에 맞는 다양한 여러 지방분권 정책으로 자율적이고 민주적으로 실현될 수 있도록 해야 할 것이다.

제4절 외국과 우리나라와의 지방분권 추진정책 비교

1. 지방분권 정책의 분석대상과 지방분권화 수준별 국가유형 분류

1) 지방분권 정책 주요 분석내용

우리나라와 지방분권 정책을 비교하는 사례 국가 상호간 중앙-지방정부간 권한배분 수준이 다양하기 때문에 비교연구의 어려움이 있다. 이는 국가마다 다른 통치유형을 갖고 있어서, 광역자치정부의 개념이 다양한 형태를 나타내고 있고, 지방정부 또는 중앙정부간 권한배분 유형에서 '권한'의 개념이 다양하게 인식되기 때문이다. 따라서 계량적인 지표에 의해서도 지방분권의 수준

측정이 어려운 상황이이라고 할 수 있다[16].

2) 지방분권화 수준별 국가의 통치유형(구조) 분류

지방분권 수준 정도와 국가의 통치유형을 함께 고려하면 다음과 같은 국가유형 분류가 가능하다. 즉, 연방국가(federal state), 지역정부 중심의 정치분권형 단일국가(autonomous state, regionalised state), 지방분권형 단일국가(decentralised state, devolving unitary state), 중앙집권적 단일국가(centralised state, classic unitary state)로 분류가 가능하다.

〈표-3〉 국가 통치유형과 지역정부 형태

국가유형	지역정부의 권한 형태	사례
연방국가 (Federal states)	광범위한 권한 보유 : 선거에 의한 지역의회, 예산권 보유, 입법권 및 과세권 보유	독일 주정부(Länder), 벨기에 주정부(provinces), 오스트리아 주정부(Länder), 스위스 캉통(canton)
지역중심 정치분권형 단일국가(Regionalised states)	정치적 지역화로 광범위한 권한 보유(political regionalisation) : 선거에 의한 지역의회, 제한된 예산권 보유, 제한된 과세권 보유	스페인 자치지역정부(Autonomous Communities) 이태리 지역정부(regionis) 영국의 스코틀랜드 등
지방분권형 단일국가(Devolving unitary states)	지역적 자치분권에 의한 제한된 권한 보유 (regional decentralization) : 선거에 의한 지역의회, 제한된 예산권 보유 및 중앙정부로부터의 실질적인 재정 이전, 제한된 과세권 보유	프랑스 지역자치단체(regions), 네덜란드 지역자치정부(provinces), 덴마크 지역자치정부(amtskommuner)
중앙집권형 단일국가 (Classic unitary states)	단순 지역화로 권한 무 : 선거에 의한 지역의회가 없고 기타 예산권, 과세권 등이 없음	그리스 nomoi, 포르투갈 planning regions, 핀란드 regions, 아일랜드 counties, 룩셈부르크, 스웨덴 Län(counties)

출처 : Wiehler & Stumm (1995); Stoker et al. (1996); Council of Europe (1998).

16 월드뱅크 역시 각국의 지방분권화 수준 측정이 어려워 재정분야 관련 5~6개 지표로만 계량화를 시도한 바 있다(참조, 홍준현 외, 지방분권화 수준측정에 관한 연구, 2004. 행정자치부 연구용역).

위 국가의 분류유형은 지금까지 단일국가와 연방국가 형태로 2분된 단순 유형분류를 넘어서 지방분권에 근거한 국가의 통치체제에 따라서 세분하였으며, 특히 광역적 성격의 지방정부인 지역(region)을 중심으로 형성된 광역권 행정체제를 고려하여 자치분권화 수준을 판단 할 수 있는 유형분류라고 할 수 있다.

위의 표에서 본 지역정부 유형은 지역정부[17] 조직의 정도와 수준에 따른 지방정부 유형별 스펙트럼을 나타낸다. 기본적으로 연방국가를 제외하고는 나머지 3가지 국가유형의 경우에는 모든 나라들이 하나의 헌법을 갖고 있는 단일국가체제를 구성하고 있다. 그러나 권한과 사무를 이양한 정도의 자치분권화 수준은 4개 국가유형마다 다르게 나타난다.

〈그림-1〉 지역정부 형태에 따른 중앙집권화와 자치분권화 수준

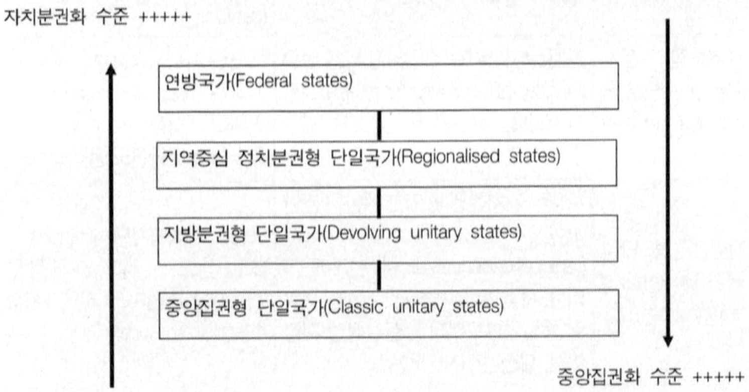

17 지역의 정의 : 1978년 2월 1일 보르도 선언에서 유럽이사회가 지역에 대한 개념정의를 시도한 이후, 1988년 11월 18일 유럽의회가 지역공동헌장을 인준하면서 동 헌장 제1조에 지역의 기준을 제시한 바 있고, 지역의 특징으로, 국가의 하위 차원에서 문화, 역사 등의 구분이 가능하고 중앙정부에 대하여 자치권을 갖고 있는 지정학적 공간으로서 개념화가 가능하다고 제시하고 있다(Hourquebie, 2003: 114). 지역의 특성 : 지역은 국가의 하위 차원에서 한정될 수 있는 영토이고, 지역은 역사적, 문화적, 언어적, 인종적, 경제적 특성이 공통으로 소유하고 있으면서, 다른 영토와 구별될 수 있으며, 또한 어우러질수도 있는 특성을 가진 공간이다. 지역은 자율적인 조직으로 지역적 동질성을 구성할 수 있으며, 지역은 주민들의 소속의지와 주민의식이 영토 내에 존재할 수 있다(W. Berg, Bayern im Europa des Regionen, Bayerische Verwaltungsbl tter, n 9, 2001, p.257;R. Petrella, La Renaissance des cultures r gionales en Europe, Paris, Editions Entente, Col. Minorit's, 1978). 지역정부에 자치권을 부여하는 것은 〈자유경제원리〉를 추구하는 효과성이 존재한다.

2. 지방자치권과 자치입법권의 보장 수준 비교

1) 지방자치권(Local autonomy)의 법적 보장 수준

선진국의 지방자치 분권화 수준을 짐작하기 위하여 헌법상 명문규정, 법률에서 자치입법권의 제한범위 등을 살펴보면 다음과 같다. 지방분권의 선진국가인 독일, 프랑스, 이탈리아, 스페인, 미국 등의 헌법 체계에서 지방자치를 헌법적으로 보장한 것은 지방자치제도가 시민의 기본권적 성격으로 훼손되지 않도록 일정한 내용을 헌법으로 규정하였다. 즉, 헌법으로 자치분권의 범위를 자세히 규정해 둠으로써 의회 우월주의에 의한 법률로 주민의 기본권인 자치권을 침해하지 않도록 사전에 제한을 한 조건인 것이다.

그러나 〈표 4〉에서 보는 바와 같이 우리나라는 헌법 수준에서 지방자치의 개념을 구체화 하거나 지방자치권을 보장하거나 하는 내용이 없이 모두 지방자치법 등으로 위임하였고, 지방자치법 수준에서는 제9조, 제15조 단서조항 등 자치입법권의 제약규정 두고 있는 상황에서 지방분권화 수준을 상대적으로 짐작할 수 있다.

〈표-4〉 지방분권 보장에 관한 헌법 수준의 국제비교

외국 헌법	헌법에서 보장하는 지방분권화 명문규정
독일 연방기본(헌)법	28-2조 법률에 근거한 조례제정권 인정, 권한의 범위 내에서 자치행정권 인정 70조 주정부의 법률제정권
이탈리아 헌법	5조 지방자치권 인정 114조 지방정부 종류를 명문화 하고 인정 : region, province, comunity 117조 region의 자치입법권 보장, 국가로부터 법률제정권의 위임 인정
스페인 헌법	137조 지방정부 종류 제시, 자치행정권 인정 150조 〈자치지역정부〉(Autonomous Community)에 법률제정권 위임

영국	1998년 정치분권법(Devolution Act)(스코틀랜드법, 웨일즈법)로 지역의회(Regional Assembly)에 2차 법률제정권 위임
프랑스 헌법	1조 지방분권조직에 기초한 국가임을 선언 37조 지방자치정부의 종류를 명문화 : commune, departement, region 각 자치정부 상호간 평등한 법인격체 인정, 자치정부의 '자치행정권' 인정
우리나라 헌법	제117조 1항 '법령의 범위 안에서' 자치에 관한 규정을 제정할 수 있다 2항 '자치단체의 종류는 법률' 로 규정 제118조 2항 자치단체의 조직, 운영은 법률로 정한다고 규정하여, 자치입법권에 대한 제약은 물론 자치조직권, 자치행정권 등을 법률로 유보하고 있음

〈표-5〉 지방자치권의 (주)헌법상, 지방자치법상 보장수준의 구분

지방자치권한 제정권이 배분되어 있는 유형(연방국가, 지역정부 중심의 정치분권 단일국가)	독일	지방자치권의 제정권한이 주정부 헌법에 근거
	벨기에	지방자치권의 제정권한이 중앙정부의 헌법과 주정부의 헌법에 근거
	스페인, 이탈리아	헌법적 권한이 중앙정부와 지역정부간 배분되어 있으면서, 지역정부에게도 지방자치권의 제정권한을 부여하고 있는 나라
	미국, 스위스	주정부 헌법에 근거
지방자치권한 제정권이 중앙정부에 귀속되어 있는 유형(지방분권형 단일국가, 연방국가)	오스트리아	3계층제의 연방국가로써 주로 지방자치권의 제정권한이 연방정부 헌법에 근거
	우리나라	법률에 근거
	프랑스	2003년 헌법 수정 이전에는 헌법에 명문화, 주로 법률에 근거

2) 자치입법권(자치행정권, 자치재정권)의 보장 수준

위에서 보았듯이, 연방국가에서는 헌법상 지방자치권(자치입법권, 자치재정권, 사무권한)을 보장하고 있고, 지방분권형 단일국가에서는 여전히 연방국가, 정치분권형 단일국가와 달리 헌법상 지방자치권을 명문으로 규정하고 있지 않으나, 지방자치법상의 자치권을 인정하고 있다. 정치분권형 단일국가에서도 헌법상 지방자치권을 보장하고 있으나, 연방국가의 지방정부가 갖는 자율적인 지방정부 조직권(홈룰, 지방선거)과 중앙의 통제에 부분적인 제약이 있다. 이를 요약하면, 지방분권형 단일국가와 지역정부 중심의 정치분권형 단일국가의 지방자치 입법권을 보장한 수준에 대한 비교는 다음 〈표-6〉과 같다[18].

〈표-6〉 지방분권화 추진모델 국가별 입법권 보장 수준

정부간 권한배분 성격	지방분권체제 (decentralisation)	정치분권체제 (autonomous / devolution)
법적 근거	헌법	헌법
법적 규정	법률 또는 지역정부 법률 (national law or regional law)	정부조직법 (organic legislative law)
권한 규정	법령 또는 행정입법 (statutory regulation)	법령, 행정명령 또는 헌법 (legislative law or statute, decree)

지방분권형 단일국가와 지역정부 중심의 정치분권형 단일국가 사이에는 권한배분 측면에서 자치입법권 수준의 상당한 차이가 존재하고 있다. 우리나라와 같은 지방분권형 단일국가의 경우, 지방분권원칙에 근거하기 때문에 행정권한의 기능적 배분에 더 목표를 두고 지방분권을 추진하고 있으나, 스페인, 이탈리아 그리고 공통법상의 법률제정권을 가진 지역정부 중심의 정치분권형 단일국가인 영국(스코틀랜드)에서는 지역정부가 사실상 보충성원칙에 근거한 〈지방자치권〉이 보다 완성된 통치체제로 귀속되어 있다.

3) 다양한 지역정부 형태 보장과 그에 따른 지방분권화 수준

프랑스와 같은 지방분권형 단일국가의 경우 지방자치정부의 법적 권한이

18 F. Delp r e et S. Depre, Le syst me institutionnel de la Belgique, Bruxelles, Larcier, 1996.

법률에 근거(2003년 헌법수정 이전의 프랑스)하고 있으며, 지역정부와 기초정부는 동일한 권한을 부여받고 있다. 그러나 우리나라에서는 지방자치정부의 법적 권한은 행정입법(법규명령) 수준인데, 이는 무엇보다도 중앙권한의 지방이양 틀 속에서 권한배분이 기능적인 상황(행정의 효율성 측면)에 더 목표를 두고 있기 때문이다.

반면, 지역정부 중심의 단일국가의 경우 스페인, 이탈리아와 같이 헌법 또는 지역정부법에 근거하고 있다. 연방국가의 경우 독일, 오스트리아와 같이 주정부 차원에서의 주헌법에 근거하고 있다.

법률적 권한을 가진 수준의 지역정부에서는 지역정부의 입법권이 헌법에 명문화 되어 있고, 국가통치체제의 근간이 되는 〈정부조직법〉에 근거하며, 법률제정권이 공통법에 근거한 지역정부로써 존재한다. 법률제정권이 공통법에 근거한 지역정부 유형에서는 중앙정치권의 법률제정권자(central legislator)와 주정부의 법률제정권자(sub-national legislator or state governmental legislator) 사이에 경쟁의 논리가 존재하게 된다. 독일과 같은 연방국가체제에서는 연방의회와 동일하게 주정부에게 법률적 수준의 권한을 부여하고 있다. 이러한 국가통치체제는 〈보충성원칙〉에 충실하고 있다.

〈표-7〉 지방자치입법권과 감독의 범위 관계

지방자치권의 성격	본래적 권한	위임받은 권한
권한소지자	중앙정부 헌법 주정부 헌법, 지역정부 법률	중앙정부 헌법 주정부 헌법, 지역정부 법률
감독의 범위(내용)	법원에 의한 감독권 행사 합법성 감독	합법성 감독 적시성 감독

3. 지방정부의 기관구성 다양화 수준 비교

지방자치제도의 다양화가 민주주의를 향상시키는 (필수불가결한) 조건이다. 다원주의적 자유민주주의를 확고히 하기 위하여, 무조건적인 획일주의적 지방자치제도를 지양하고, 지역특색에 맞는 다양한 지방자치제도를 추구해야 한다. 이러한 이유로 우리나라의 획일적인 지방자치제도 및 대립형 기관구성 형태와는 달리, 선진국의 지방자치는 다양한 계층구조 하에 지방자치제도를 운영하고 있다.

이미 미국은 오래 전부터 기관대립형, 기관통합형, 시 매니저형, 무보수 명예직제도, 소수 위원회형 유급직제도 등 다양한 지방자치제도를 활용하고 있다. 포르투갈, 그리스 등 중앙집권 국가에서 지방분권을 추진하고자 하는 나라들도 예외적으로 군도와 주요 섬에 대해서만 특별한 권한(지위)를 부여하고 있다. 스페인 자치지역형 국가, 영국의 지역정부형 국가 등은 자율적인 거버넌스체제를 운영하는 기본적인 정치적 분권제도로 활용되고 있다. 또한 이탈리아의 특별지역, 프랑스의 해외영토, 코르시카섬 등에 대한 특례의 지위를 부여함으로써 특별한 법적 지위를 가진 지방자치정부 제도를 적극 도입하여 활용하고 있다.

우리나라의 경우도 제주도의 특례 인정 등 계룡시, 옹진군(인천) 등에 맞는 지방정부제도의 도입이 가능하도록 추진할 필요가 있으며, 이러한 의미에서 제주특별자치도의 실시를 긍정적인 측면에서 해석할 부분도 있다. 이는 곧 민주주의의 기능을 가장 효과적으로 활용할 수 있는 방법이 국가와 지방정부를 포함한 다양한 지방행정기관 간 권한을 배분하는 것이기도 하기 때문이다 (Lavroff, 2003: 15).

지방분권의 목적은 시민에게 가장 가까운 곳에서 정책결정권, 선택권을 보장해 주고, 직·간접적인 시민의 참여를 보장하는 풀뿌리 지방민주주의의 확립을 위한 지방분권 정책을 지향하는데 있다. 지방자치정부의 (계층별) 특성을 고려한 다양한 지방자치제도의 실시와 이의 실현을 위한 중앙-광역-기초 간 기능과 역할의 합리적 재배분 절대적으로 필요하게 되었다. 그러한 대표적인 사례가 영국의 정치분권(devolution)에 의한 지역의회(Regional Assembly)를 통한 2차 법률제정권, 조세권 부여(스코틀랜드 지역의회)이며, 스페인과 이탈리아 등은 헌법 개정으로 '지방자치정부'의 존재성, 지방자치권, 지방재정권을 헌법상 기본권으로 인정하여 규정하고 있다. 이는 또한 정치적 의미로 볼 때, 지방분권을 통하여 지방자치정부는 제4의 권력으로 국회 입법권의 분점을 요구하므로써 대의민주주의 제도보다 더 적극적으로 의회우월주의의 독단을 방지하기 위한 입법권의 배분을 적극 시행하고 있다는 것을 의미한다.

4. 자치행정계층의 다양화 수준 비교

〈그림 2〉에서 나타나고 있는 우리나라의 2계층제 중심의 자치(지방)행정계층과 달리 선진국은 다양한 자치행정계층 구조를 갖고 있다.

- 스페인, 프랑스, 아일랜드, 이탈리아는 3계층제의 지방행정체제를 유지하고 있다.
- 덴마크, 네덜란드, 스웨덴, 그리스, 포르쿠갈, 영국은 2계층제의 지방행정체제를 유지하고 있다.
- 핀란드, 룩셈부르크는 단층의 지방행정체제를 유지하고 있다.
- 영국의 웨일즈, 북아일랜드, 스코틀랜드는 단층제에서 다시 2계층제의 지방행정체제로 환원되었다.
- 앵글로 색슨계 모델을 대표하는 영국, 스웨덴 등은 연방국가체제와 유사한 지방자치권을 보장해 주고 있다.
- 특히 스웨덴의 경우 중간 자치정부가 없는 단일국가로써 기초지방정부가 막강한 자치권을 행사하고 있는 나라이다.
- 스웨덴의 경우에는 특별지방행정기관의 존재성 보다는 기능적으로 행정

분권이 이루어진 나라이다.

〈그림-2〉 2015년 현재 우리나라의 전국 지방(자치)행정계층 현황

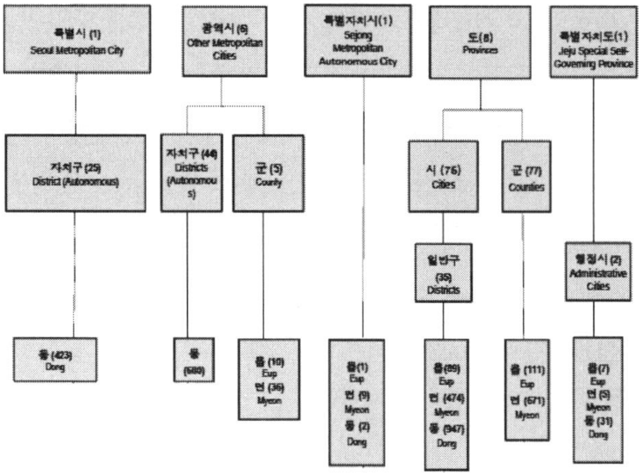

자료 : 2015년 1월 1일 기준 (행정자치부 자료에서 재정리)

일본의 경우, 시정촌 합병사례 분석 내용을 보면, 일본의[19] 시청촌 일부는 합병에 대하여 부정적인 견해를 제시하고 있다. 1975~1995년의 20년 동안 23개 시정촌이 합병되었다. 1995년부터는 중앙정부의 적극적인 노력의 결과로 약간 증가 추세에 있으나 2003년까지 44개 시정촌이 합병된 상태이다. 합병을 반대하는 근거를 보면, 지역주민들의 주민투표를 실시하여 다수주민이 반대하고 있다[20]. 여기에는 자치단체장의 확고한 반대의사가 있으면 주민들이

19 기초자치단체 평균 인구규모는 일본이 5만6000 명인데, 우리나라는 20만8000 명임. 인구로 우리나라의 2.7배인 일본은 정 촌 합병 이후에도 기초자치단체 수로는 우리나라의 10배에 달하고, 기초자치단체 평균 인구규모로는 우리나라의 약 4분의 1에 불과.

20 이처럼 합병을 반대하는 이유는, 행정구역의 확대로 오히려 주민서비스의 질 저하를 가져올 수 있다거나, 지역주민의 상부상조 정신, 공동체의식이 희미해지거나 사라지게 된다고 하며, 재정적인 효과가 기대만큼 크지 않은 상황을 인식하고 있기도 하다. 이것은 법률적인 제한규정들이 적용을 받기 때문인데, 무엇보다도 법률적 혁신이 요구된다. 또, 지역의 역사와 문화적인 전통 등을 존속시키고자하는 마음이 높고, 오랜 지방자치제도의 시행으로 현재까지 지방자치단체들의 인프라가 충분히 구축되어 있을 뿐만 아니라 행재정적 역량이 점차 높아져서 재정상태도 그리 불리한 조건은 아니었다. 특히 인구가 과소한 지역끼리 합병하는 것은 더욱 효과가 없다고 하며, 중앙정부와 도도부현의 지나친 간섭은 시정촌의 합병 자율성 등을 크게 저해시킨다. 따라서 현재는 자치계층 개편보

동조하는 경향을 나타낸다. 왜냐하면 자치단체장이 신념을 갖고 주민을 설득시켜 반대의사를 관철한다.

이와 같이 선진국의 자치행정체제가 다양한 계층 및 다양한 구조를 갖는 주 이유는 다음과 같다. 프랑스와 유럽 대륙계 국가 대부분 및 우리나라가 이러한 도 또는 지역 중심의 지역적 행정구역 운영체계는 행정기능상 행정기관의 분명한 권한의 범위가 설정되어 지역주민에게도 상당히 편리한 행정절차를 거치도록 하는 장점이 있다. 왜냐하면, 프랑스나 우리나라의 경우, 도청 또는 그 하위행정기관인 군청(아롱디스망)에서 거의 모든 행정서비스를 제공받고, 관련 행정기관들을 모두 찾을 수 있기 때문이다. 그러나 이 방식의 단점으로는, 이와 같이 지역적으로 통합된 하부행정구조를 구축, 운영하기 위해서는 상당한 비용적 손실이 따른다는 것이다.

즉, 우리나라에서 보는 바와 같이, 경제적 활성화가 미약하거나, 인구밀도가 낮은 지역 등에 설치한 행정기관들의 경우에는 이로부터 발생되는 예산, 인력의 낭비요소가 항상 존재한다는 것이다. 또한 인구 증가가 빈번한 지역에 설치한 행정기관들의 경우에는 행정업무가 증가하여도 그에 따른 인력적 탄력성이 적어 업무량이 과중하거나 하는 비탄력적 행정구조를 이루고 있기 때문이다. 또한 전문성 등 역량을 갖춘 공무원들의 경우에는 모두가 항상 도청에서만 근무하려는 성향이 짙게 나타난다는 것이다. 기능적인 차원에서 도행정체제의 단점으로는 기능중심으로 행정기관을 배치하게 되면, 현재 우리나라에 많은 특별지방행정기관이 존재하는 바와 같이, 여러 행정기관들이 증가하면서 동시에 이들이 관장하는 관할행정구역도 증가하게 되어 행정구역체계가 상당히 복잡해진다는 점이 있다.

우리나라의 경우 지금까지 자치단체간 협력시스템 활용되는 조합제도는

다는 지방분권과제 추진에 더 노력을 하고, 도를 폐지하면서 3, 4개의 시군을 하나로 통합하겠다는 방안 등에 대해서는 가능하면 주민투표에 근거하여 민주적이고 투명한 절차에 따라서 오랜 기간을 두고 장단점 및 유발효과를 고려하여 추진해야 할 것이다(김필두 외, 2004 : 100~101).

행정협의회 등의 활성화가 부족한 상황에서 2003년부터 현재까지 6개의 조합만이 존재하고 있다는 점에서, 막대한 비용충당 및 고유 지역특성의 소멸 방지 등 해결해야 할 문제들이 산적해 있는 자치행정계층의 개편을 논의하는 것 보다는 먼저 지방분권 발전을 위한 자치단체간 협력체계를 활성화 하는 노력이 선행되어야 할 것이다.

5. 지방정부의 국정참여 수준 비교

우리나라의 경우, 지방정부를 대표하는 4대협의체가 주로 국정참여 기회를 요구하고 있는 상황이지만, 대통령과 시 · 도지사 및 시장 · 군수 · 구청장 등과의 부정기적 회의 등 제도적으로 공식화 하여 정착된 국정참여 제도가 없다. 더구나 국회에서의 지방자치단체에 관련된 입법과정에 공식적으로 참여하는 제도 역시 존재하지 않는 실정이다. 그러나 외국의 경우, 지방정부대표의 국정참여 사례를 보면 다양하게 보장되어 있는 것을 알 수 있다.

1) 독일

지방정부의 대표자인 연방의회(Bundestag) 내 69명의 연방상원(Bundesrat)이 지방정부의 효과적인 대표자이다. 이들은 주정부의 선거결과에 따라 새로 임명된다. 연방의회가 주정부의 이해관계가 걸린 법률안을 심의하는 경우 각 주정부 대표들이 반드시 참여한다. 이것이 각 주정부의 대표가 모여 구성한 연방상원(Bundesrat)으로써 연방의회가 의결한 법안이라도 연방상원의 과반수 이상 부결에 찬성하게 되면 법안이 효력을 잃게 된다(Hourquebie, 2003: 104).

연방상원은 주정부의 행정부 소속 위원으로 구성이 되는 것이므로 이는 지역정부의 집행부 대표이다. 주정부의 입법권과 집행권을 모두 대표하는 기능을 갖는다. 다만 주정부 차원에서 주정부의회(Landtag)가 주정부 수준에서 입법권을 갖고 행정부를 통제하는 역할을 수행한다는 점에서 연방상원은 정확한 의미에서 주의회 입법권을 대표하지는 않는다. 연방정부 내에 주정부의 대표성의 등가성은, 기본적으로 각 주정부가 3개의 투표권을 갖지만, 주로 주정부의 인구수에 비례한 무게를 갖는다(인구비례에 의한 등가성)[21].

2) 프랑스

독일과 마찬가지로 지역정부의 국가정치 참여제도는 최우선적으로 321명의 상원의원 선출권으로 대표된다. 기초지방정부의 지방의원이 중심이 된(95.75% 구성) 선거인단에 의하여 상원의원이 간접 선출된다(헌법 제24조 3항). 도의원 2.66%, 지역의회의원 1.19%, 하원의원대표 0.24%의 비례대표로 구성. 지역성을 대표하지 않으나, 농촌지역의 기초의원들의 대표성이 과다하게 나타나는 경향이 있다

3) 스페인

국가 통치체제에 연대원칙을 적용하여 협력적 통치시스템을 활용해 간다. 예를 들면, 자치지역정부의 대표들이 중앙정치기구 구성에 동수로 참여한다. 사법최고위원회(consejo general del Poder judicial, General council of the Judiciary), 헌법재판소, 감사원, 경제사회이사회(Consejo Economico y social, National social and economic policy forum), 국사원(Council of State), 중앙선거위원회 (Junta electoral central), 중앙부처 조세행정기관(Agencia tributaria), 스페인 중앙은행(Bank of Spain), 금융위원회, 정보보호위원회, 스페인 국영 라디오-테레비 방송국 등이다.

중앙행정기관이 수립한 주요 국가정책에 대한 사전참여제도를 충실히 활용하고 있다. 이미 헌법상 지역정부에 자치입법권을 부여하고 있기 때문에 중앙정부가 지역정부 및 지방자치정부에 관련된 법률안에 대해서는 독점적인 입법권이 없다.

---

21 200만 이상 4개 투표권, 600만 이상 5개, 700만 이상 6개.

4) 이탈리아

지방정부의 대표성, 정책참여제도로는 각 지역정부가 평균 7명 이하의 상원 의원 수를 보장 받고 있는 상황이다. 그리고, 스페인과 마찬가지로 이미 지역 정부의회가 지역에 관련된 사안에 대하여 국회에 법률제안권이 있고, 헌법수정안, 법률제안권, 국가법률 취소를 위한 지역주민투표 신청권 등을 소지하고 있다. 대통령선거에 대하여 각 지역정부는 3명의 투표인단이 있고, 이는 지역 정부의회에서 선출한다. 국가-지역정부간 정기협의회를 운영한다 : 1983년 10월 12일 수상령에 의하여 국가-지역정부간 정기협의회(State-Region conference) 제도를 운영하기로 결정하였고, 1988년 400/1988호 법률 제12조에서 정식으로 규정한 바 있다. 그리고 1997년 281/1997호 시행령으로 이 협의회의 권한을 규정하였다 : 국가의 공공기관으로써 국가-지역정부간협의회는 지역정부의 권한에 관한 집행권을보장하는데 그 목적이 있다. 1996년 7월 2일 수상령으로 국가-대도시-지방정부간 협의회를 구성하여 운영하고 있다.

제5절 소결론

이상의 사례 비교분석으로부터 얻은 결론은 다음과 같다. 우리나라와 같이 자치입법권을 헌법 수준에서 보장하고 있지 못하고, 개별법 중에서도 지방자치법의 경우 상당한 단서조항을 규정해 둠으로써 지방자치 실시 이후 10년 이상 그대로 지방자치권의 제약상황을 방치해 두고 있는 실정이며, 국가의 지방자치단체에 대한 지도감독제도와 그 통제 수단도 여전히 답보상태에 있다는 점이다. 그러나 외국의 경우를 보면, 지방정부 내부혁신을 유도하는 전략적 정책추진 사례도 결과적으로 미시적 지방분권 추진정책 보다는 거시적인 지방분권 정책에 의한 지방정부 혁신과 국가의 재구조화를 유도하고 있다는 사실을 분명히 알 수 있었고, 그와 관련한 실효성을 지방분권의 수준 비교를 통해서 어느 정도 짐작할 수도 있었다.

다시 한번 강조하자면, 지방자치(제도)의 정치적 의미는 바로 국회와 지방의회간 입법권의 분점이며 중앙-지방정부간 사무(권한)배분을 의미한다. 또한 지방자치권 원칙에 근거하면, 지방자치제도란 주민의 직접참정에 의한 직접적인 자유의 보장체제로써 국민의 자유를 보장하는 기관이 주민에게 더 가까울수록, 주민의 직접 참여를 더 보장하는 정치제도일수록 더욱 자유를 보장하는 가치가 크다는 원리를 실천할 수 있도록 한 제도로써 결과적으로 민주주의의 가치를 실현하는 제도이다[22]. 국민이 직접적으로 정책결정에 참여해야만 한다는 정치철학이 의미하는 제도의 틀은, 통치할 영토에 대하여 국민들이 이러한 직접참정이 가능할 수 있도록 가능하면 충분히 작은 규모의 여러 단위 통치영토로 분할해서 국민의 직접 참여를 보장할 필요가 있다.

지방자치제도는 대의민주주의라는 정치원리에 기초하여 국가 통치권력의 재배분을 필요로 하는 장치이다. 중앙정부의 통치기구와 지방정부의 통치기구가 대표성을 갖고 국민들에게 공익을 실현하고자 하기 때문에 권력, 권한의 재배분이 필요하고(Auby, 2003: 205), 이러한 권한재배분은 지역적 수준의 통치기구를 매개로 하여 재배분되어 중앙-지방정부간 관계 등 정부간 권한배분 관계가[23] 성립되어야 한다.

선진국의 시민사회와 정치권의 실제 모습을 보면, 대의민주주의로부터 나온 대표권이 국회의원에게만 독점되어 있지는 않다. 미국의 상, 하원제도, 프랑스의 상,하원제도를 통한 지방정부 대표의 직접적인 국회입법권 참여, 이

22 토크빌: 기초단위(기초자치정부)가 없으며, 위임된 자유는 존재할 수 있을지 모르나, 자유의 정신은 존재하지 못한다

23 '권한' (comp tence)의 의미 : 형식적인 의미의 권력(legal competence)은 지방자치정부의 법적 역량으로 일단 지방자치권이 부여되면, 지방자치권의 자율적인 집행력을 갖는다(유럽자치정부헌장 제4조4항: 다른 자치정부, 다른 행정기관이 이에 대해 문제를 제기하거나, 제한을 할 수 없다). 그리고, 권력의 실체와 관련해서는 공공행위의 결정권(power)을 의미한다. 유럽 지방자치정부 헌장 : 41개국이 승인하고, 38개국의 국회가 비준하여 지방자치에 관한 〈공통법〉의 지위를 갖는다. 헌장 제3조에서, "지방자치권이란 지방의원의 책임 하에 지역주민을 위하여 법률의 범위 안에서 공공사무의 일부를 집행, 경영할 수 있는 실질적인 권한이자 역량"이라고 정의하였다.

탈리아, 스페인의 지역정부 대표의 국회참정권, 영국의 지역의회 설치, 운영 등 다양한 사례가 있다. 노동조합, 상공회의소, 경제사회이사회 등 제3의 민주적 기구를 통한 대의민주주의를 넘어 국민 개개인의 직, 간접적인 정치참여를 확대하는 제도적 장치를 다양하게 마련하여 운영하고 있다.

직접민주주의의 실현은 통치하는 구역의 규모가 작을수록 그 실현 가능성이 더 크며, 이것이 바로 기초단위가 풀뿌리 민주주의의 기초라고 하는 원리를 제도화 한 것이 지방자치이다. 지방자치제도 속에서 국민 한 사람의 정치적 목소리가 가장 잘 표현되는 수준, 직접적인 국민의 참여가 가능한 단위가 바로 기초단위가 될 것이며, 한 국민의 목소리가 가장 잘 표현될 수 있는 수준도 바로 기초단위라고 할 수 있다. 사례로는, 스위스 주정부와 주정부 국회를 보면 안다. 역사적으로는 고대의 아테네 도시국가, 현대의 스위스 깡통(주정부) 지역을 중심으로 한 지방국회가 이를 입증하고 있다.

즉, 지방자치제도가 갖는 정치적 의미는 바로 권력재배분, 권력분립에 근거한 정부간관계의 구축이며, 지방자치정부는 제4의 (통치)권력 주체이다. 현대 사회에서 주민투표에 의한 대표권을 가진 지방정부는 민주공화국의 한 구성요소로서 중앙정부(3권) 뿐만 아니라 기초지방정부와 지역지방정부를 포함하는 제4의 권력이 될 수 있기 때문에, 지방자치정부 대표의 국정참여 뿐만 아니라, 지역주민과 직간접으로 관련되는 입법권에 대해서는 국회와의 입법권 분점을 정당하게 요구할 수 있다.

<table>
<tr><td>3권 분립체제 →</td><td>← 4권 분립요소</td></tr>
<tr><td>입법부, 사법부, 행정부</td><td>지방자치정부
(단체장, 지방의원, 지역주민)</td></tr>
<tr><td colspan="2">입법권의 '분권화' 당위성 :
국가(국회) → 지역정부(의회) → 기초정부(의회)</td></tr>
</table>

결론적으로, 지방분권 정책의 추진은 정부간 관계를 재정립 하는 것이고, 외국의 지방분권 추진내용을 세부적으로 분석해 보면, 앞으로 우리나라가 지향해야 할 지방분권 정책 내용이 무엇이고, 어떠한 국가재구조화의 모델을 기본으로 가질 것인가 하는 점들을 충분히 짐작하게 한다.

즉, 본 장에서는 지금까지 살펴본 외국의 지방분권화 추진정책의 내용, 지방자치원칙의 의미와 그에 따른 지방자치(제도)의 필수적인 기본틀 등을 종합적으로 고려하고, 국가의 통치유형(자치입법권의 보장체계 : 헌법과 자치법 수준)과 지방자치 수준(지방분권 수준, 지방재정의 자율권 수준)을 중심 축으로 하여 다음 그림과 같이 국가별 지방분권화 추진단계를 모델로 단순화 하여 제시하고자 한다.

〈표-8〉 국가유형별 자치분권화 수준

중앙집권 단일국가 (Classic unitary states)	자치분권형 단일국가 (Devolving unitary states)	지역중심의 정치분권형 단일국가 (Regionalised states)	연방국가 (Federal states)
포르투갈→룩셈부르크	대한민국→일본→덴마크 · 네덜란드→프랑스, 스웨덴	· 영국 → 이탈리아 → 스코틀랜드(영국) → 스페인	벨기에→독일→미국→스위스

〈그림-3〉 국가통치 유형별 지방분권화 발전단계(지방분권화 모델 I, II, II)

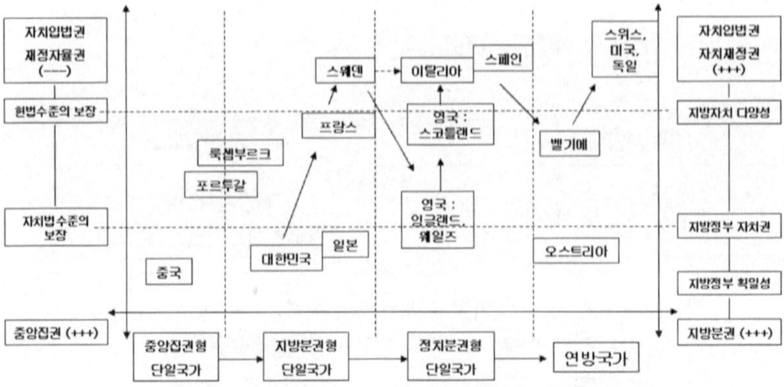

○ 지방분권형 단일국가

- 프랑스, 덴마크, 핀란드, 그리스, 아일랜드, 룩셈부르크, 네덜란드, 포르투갈, 스웨덴
- 전국토에 걸쳐 동일한(획일적인) 지방행정체계를 유지하는 국가
- 지방의회에 고유의 입법권이 부여되어 있지 않은 국가
- 지방의회에 총괄적인 법규명령권이 부여되어 있지 않은 국가
- 프랑스의 경우 파리시와 해외영토의 특례적 지위를 제외할 수 있다.

○ 지역중심의 정치분권형 단일국가

- 스페인, 이탈리아, 영국의 스코틀랜드 지역정부 등 Territorial polycentrism을 추구
- 지방정부의 자치입법권이 헌법에 보장되어 있으며,
- 헌법에서 중앙정부와 지방정부의 사무권한이 규정되어 있다.
- 지방정부의 자치입법권은 특히 지역정부(이탈리아의 Regioni, 스페인의 comunidades aut nomas)를 중심으로 지역정부와 관련된 법률제정권(legislative power), 및 법규명령권(statutory power)도 부여받고 있다.
- 이러한 법률제정권은 헌법재판소가 합헌성에 대한 판결권을 갖고 있다.
- 지역정부와 지방정부간 관계성은 연방국가에서의 주정부와 지방정부와 같은 관계성을 갖고 있다. 즉, 지역정부가 지방정부 수준에서 조정권을 갖고 있다.
- 우리나라의 시도광역자치단체가 기초자치단체에 대한 조정권을 갖고 있는 바와 같다.
- 지역정부의 중요한 조세권을 인정하고 있다. 기타 지방정부의 경우에는 국가의 교부금이 중요한 재원으로 활용되고 있다.

- 스페인과 비교하여 이탈리아의 지역정부는 아직도 완전한 자치권을 부여받고 있지 못하다. 그 이유는 주로 중앙정부가 여전히 상당한 권한을 소지하고 있으며 중앙집권체제 유지를 위한 행정수단이 여전히 국가에 집중되어 있기 때문이다.

- 그러나 이탈리아의 지역정부 자치권은 프랑스 지역정부와 상대적으로 비교하면 상당한 자치권을 유지하고 있다.

○ 연방국가

- 미국, 스위스, 독일, 벨기에, 오스트리아

- 주정부의 입법권에 따라서 지방정부의 조직형태가 다양하게 나타나고 있다.

- 독일 : 주정부를 중심으로 2계층제의 지방행정체제를 구성하고 있고, 3개 주정부는 주정부의 지위와 동시에 시정부의 지위를 중복적으로 갖고 있다.

- 벨기에 : 2가지 형태의 연방정부, 즉 언어중심의 주정부(r gions)와 문화권 중심의 주정부(Communaut s)를 구성하고 있으며, 이들은 2계층제의 지방정부 체제를 구성하고 있다.

- 오스트리아 : 주정부 이외에는 단일계층의 지방행정체제로 구성하고 있으며, 비엔나는 수도로써 주정부이자 시정부를 구성하고 있다.

- 독일, 오스트리아, 벨기에, 미국, 스위스 등 연방국가의 경우 각 주정부가 실질적으로 주정부 통치형태를 결정할 수 있는 권한을 부여하고 있으며, 지방정부에 대한 행정통제, 예산통제 및 재정지원에 관여하고 있다.

- 독일, 오스트리아는 주정부가 연방정부와 함께 세원배분을 하고 있으며, 벨기에의 경우에는 기초지방정부와 도지방정부는 주(지역)정부로부터 교부금을 지원받고 있다.

- 스위스, 미국과 달리 독일, 벨기에는 사법적 통일성이 강하게 나타나 주정부 상호간 사법체계의 유사성을 유지하고 있다.

단기적으로 우선, 우리나라도 지방정부 대표의 국회 입법참여제도, 국정참여제도, 정기협의회를 적극 도입해야 한다. 헌법에서 기본적으로 지방자치를 규정하고 있는 것은 이에 대한 제도적 보장을 인정하고 있으나, 국회는 입법권 우월주의를 통해서 지방자치단체를 폐치, 분합하려는 지방행정계층 개편의도는 독단적인 입법권의 남용이 될 것이다. 따라서, 합법적으로 지역주민을 대표하고 있는 또 다른 대의민주주의의 요소인 지방자치단체장, 지방의회의원들의 대표권을 인정해주어야 한다. 이러한 인정은 반드시 현행 국회의 입법절차에 직·간접적으로 참여할 수 있게 하는 제도를 의무적으로 설치해야 한다.

chapter 04

지방정부의 개혁

제1절 정부개혁의 배경

세계의 모든 나라들은 지금 개혁경쟁(reform race)에 몰두해 잇다. 세계 각국의 정부들은 20세기 산업사회의 복지국가 형태에서 벗어나 탈산업사회(post-madernism)에 적합한 새로운 모습의 국가 형태로의 전환을 위해 개혁을 꾸준히 추진하고 있는 것이다. 정부 개혁은 1978년 시작된 미국의 세금에 대한 저항(Propdsition13)과 1979년 영국의 대처총리가 당선된 30년 전부터 본격화되기 시작했다. 그리고 1983년 호주 노동당 정부의 집권과, 1984년 뉴질랜드 노동당정부의 집권 또 1988년 대처총리의 The NEXT STEP, CCT제도 발전을 통해 1980년대부터 줄곧 확산되었다.

이에 따라 미국의 상식에 의한 센스있는 정부와 결과지향적 행정, 영국의 시장지향적 기업형 정부, 행정개혁이 주입 및 시민헌장제도 실천, 뉴질랜드의 지방정부수 축소와 함께 지방행정조직의 간소화와 공무원 수의 감축 및 지방정부의 경쟁력 강화, 일본의 공적 규제 완화, 지방분권화 및 정부구조개편 등이 최근에도 선진국 정부개혁의 주요 내용이 되고 있다(김번웅, 1997:547~548). 이는 바로 분권과 자율, 참여와 자치를 중시하는 21세기 포스트모던시대에 적응하기 위한 노력의 일환이다.

현재 추진되고 있는 다양한 정부개혁은 국가의 통제로부터 시민의 자율로, 중앙에서 지방으로, 공공부문에서 민간부문으로, 상급기관에서 하급기관으로, 규제와 통제 중심에서 탈규제와 규제완화로의 전환을 목표로 한다. 이는 주민들이 종래의 국가 또는 지방자치단체의 기능과 역할에 모든 것을 의존하던 수동적 자세에서 탈피해서 자치역량의 회복을 통해 국가와 지역사회의 발전은 물론 개인적 삶의 의미를 부여코자 하는 이른바 풀뿌리 혁명의 과정이라고 볼 수 있다. 이렇게 각국들이 공공부문의 능률성과 효과성을 증진시키기 위한 노력을 기울이게 된 가장 집적적인 배경은 공공지출을 억제해서 국민부담을 줄이라는 국민들의 압력이다. 특히 유권자들의 "우리는 더 이상 세금을 낼 수 없다.(No, We won't pay it anymore.)" 는 정부에 대한 분노의 표출이 정부개혁을 하지 않을 수 없는 근원이 되었으며 앞으로 더 많은 정부들이 같은 문제에 직면하게 될 것이다(육동일, 1996:91).다시 말해 정치와 행정을 근본적으로 개혁하지 않는 한 단순히 정부의 신뢰성 상실만이 아니라 시민생활 그 자체가 어렵게 되는 상황에 이르게 된 것이다.

더욱이 최근 각국의 경제구조변화와 시장개방의 가속화에 따라서 국가경쟁력이 최우선과제로 대두대고 공공부문과 민간부문의 상호의존성이 강조되면서 보다 근본적인 정부개혁의 필요성이 크게 부각된 것이다.

이렇게 해서 1980년대이래 정부개혁에 앞장서는 미국, 독일, 뉴질랜드 등은 최근 국가경쟁력이 크게 향상되었고, 국민들의 정부만족도도 크게 높아졌다. 반면에 정부개혁을 등한시한 이탈리아와 그리스 등은 여전히 높은 실업률, 큰 폭의 재정적자와 성장의 둔황에 시달리고 잉T으며 캐나다와 이웃 일본도 거품경제의 붕괴 이후 불황의 늪에서 좀처럼 헤어나지 못하고 있다.

우리나라는 지금까지 중앙주의, 개인주의, 국수주의와 같은 낡은 신화에 매몰되어 중앙의 권력을 지방으로 분권화하고 시장과 시민사회의 자율성을 신장하며, 세계경제에 대해 보다 개방적이고 진취적으로 접근하는데 실패했다고 볼 수 있다(성경륭, 1998:14). 그 결과 지난 30여 년간의 민주화 과정에서 민주주의의 외형적 제도를 갖추는 데는 성공했지만 민주주의 체제속에서 자본주의 시장경제를 견고히 뿌리내리는데는 확실히 실패하고 말았다. 이러한 실패가 경제위기로 나타나고 급기야 IMF와 외환위기를 초래하게 된 것이다.

그 동안 정부개혁은 정부수립이후 60년동안 거의 모든 정권이 예외 없이 시도해왔다. 그러나 개혁의 분명한 목표와 비전이 결여된 채, 즉흥적이고 단기적으로 그것도 위에서 아래로 획일적으로 강요되어 왔기 때문에 그 개혁이 실패한 것은 너무나 당연한 결과이다. 요컨대 급변하는 행정환경과 수요에 비추어 정부의 역할과 기능, 인력체계와 예산운영, 그리고 정부가 일하는 방식이 크게 달라지지 않았기 때문이다. 문패를 바꾸어 다는 식의 정부조직 통폐합 같은 외형적인 변화만 추구하였을 뿐 하드웨어를 채우는 지방정부 DNA 구조를 질적으로 전환하지 못한 것이다.

김영삼 정부는 1980년대 이후 세계경제가 어떤 방향으로 변동하고 있고 이에 대응하여 세계각국이 어떤 내용의 국가혁신을 어떻게 추진하고 있는지에 대한 깊은 이해없이 과거청산적 개혁(사정개혁), 구호적 개혁(세계화 개혁), 그리고 목표와 성과가 불분명한 형식적 개혁(정부조직개편)에 매몰되어 국력과 귀중한 시간을 낭비하고 말았다.

뒤이어 출범한 정부들은 모두 국가가 직면한 어려운 여건 속에서 개혁의 필요성을 인식하고 출범 전부터 중앙정부개편을 단행하는 등 금융, 재벌, 노동, 의식 등 사회 전 부문에 개혁을 시도한 바 있다. 정부부문에 대한 개혁도 예외가 아니어서 '효율적이고 작은 정부' 라는 정부개혁의 기본 목표를 설정하고 공무원 감축, 조직 축소를 위한 개혁을 추진해 왔다.

그러나 역대 정부의 정부개혁이 제대로 추진되고 있는지에 대해서 많은 회의와 문제점이 지적되고 있다. 따라서 정부개혁의 비전과 방향 및 그 실천전략을 이 시점에서 재점검해보는 것은 의미있는 일일 것이다.

제2절 정부개혁의 비전과 방향

정부가 지향하는 작고 효율적인 정부는 몇몇 부서를 통폐합하여 부처 수를 줄이거나 공무원 수를 몇 퍼센트 감축한다고 달성되는 것은 아니다.

최근 영국의 신관리주의와 고객주의 행정, 미국의 정부재창조((REGO 또는 NPR), 뉴질랜드와 호주에서의 정부개혁, 일본의 행정개혁 등은 이제 정부가 정치적 기능을 수행하는 통치단위이기 보다는 주민과 지역사회의 요구를 최소한의 경비로 최고의 질로 최대한 충족시키는 경영단위로의 역할로 전환되는 소위 기업가적 정부를 목표로 하고 있다.

1995년의 NPR 보고서에는 이를 상식적 정부(Common Sense Government)라 일컫고 있다. 그 외에도 신공공관리(New Public Managment), 시장원리에 근거한 정부(Market Based Government) 등으로도 지칭되는데 여기서는 좋은 정부(Good Government)라 이름한다. 따라서, 정부개혁은 종전의 관료체제적 공공조직을 기업가적 체제로 재구조하여 좋은 정부를 지향하는 것이다.

여기서 좋은 정부는 4가지 모델의 정부로 구조화될 수 있는데(시장적 정부, 참여적 정부, 신축적 정부, 탈규제적 정부) 네 모델 정부의 개념과 구성요소를 비교한다면 다음과 같다(Peters, 1996:19).

〈표-1〉 4가지 정부 모델

	시장적 정부	참여적 정부	신축적 정부	탈규제적 정부
문제진단	독점	계층제	영구성	내부규제
구조	분권화	수평적 조직	실질적 조직	
관리	성과제 등 기업관리전략	TQM, 팀제	가변적 인사관리	관리적 자유
정책결정	내부시장 시장유인적	자문 · 협상	실험	기업가적 정부
공익	저비용	개입 · 자문	저비용 · 조정	창조성 · 행동주의

좋은 정부의 실현을 위한 주요선진국의 정부개혁의 내용을 각국의 체제 특성과 상황변화에 따라 차이가 있으나 대체로 공통적인 개혁의 방안을 설정하고 있다. 1995년 미국이 클린턴 정부는 상식에 의한 정부를 개혁의 비젼으로 삼고 센스있는 정부, 규칙보다는 결과중심, 고객제일주의, NPR보고세에서는 ①상식이 통하는 연방정부 ②고객만족행정 ③정부와 기업과의 파트너쉽 ④지역사회와의 협력 관계유지 등의 4가지 개혁방향을 제시한 바 있다(Gone, 1996: XVII~ XXII).

또한 OECD 주요국가의 정부개혁의 공통방향은 ①인력감축 및 조직구조개편 ②결과와 비용가치 중시 ③권한위임과 탄력성제고 ④책임성과 통제강화 ⑤고객 및 서비스 지향 ⑥경쟁 및 기타 시장요소 도입 ⑦중앙의 전략 및 정책능력 강화 ⑧정부규제의 개혁 ⑨지방정부 및 국제기구 등 다른 수준의 정부와의 관계변화 등으로 요약될 수 있다(총무처 직무분석기획다, 1997:44~49).

선진국 지방정부가 실시중인 정부개혁의 목표는 보다 효과적이며 보다 효율적인 행정서비스의 공급을 위한 책임행정의 정착에 있다. 따라서, 지방정부개혁의 방향은 첫째, 책임성의 제고를 위한 책임의 명확화와 결과중심체제의 구축이며, 둘째는 효율성을 향상시키기 위한 경쟁체제의 도입이다. 이 두 과제를 달성하기 위한 전략으로서 시민헌장의 제정, 실적평가제도의 확립, 인사제도와 예산제도의 개편, 민간참여의 확대 등이 공통적으로 도입되고 있다.(이계석 · 고영선,1997:38).

외국의 정부개혁의 선례와 함께 우리나라에서의 정부개혁이 반드시 성공적인 결과를 내기 위해서는 정부개혁의 방향이 다음과 같이 재정립되는 것이 바람직하다.

첫째, 정부개혁은 뿌리로부터 상향적으로 나와야 하고 개혁의 궁극적인 목적은 정부의 효율성 향상이나 작은 정부에 있는 것이 아니라 보다 살기 좋은 사회의 건설에 있다. 효율적인 정부는 좋은 정부를 위한 수단이며 좋은 정부는 좋은 사회를 위한 수단일 뿐이다. 좋은 사회란 시민들의 참여와 협동에 의해 자주적 관리가 이루어지는 시민관리의 사회를 일컫는다.

둘째, 정부개혁의 본질은 정부가 무엇을(what)해야만 하는가의 문제와 어떤 정부의 수준에서 해야만 하느냐를 재정립하는데 있으므로 적절한 정부의 역할과 기능에 대한 논의가 우선이고, 그 다음에 어떻게(how) 해야 할 것인가를 논의하는 것이 바람직한 순서가 될 것이다. 따라서 정부개혁의 성공을 위해서는 국가의 장기발전계획과 정부경영에 대한 재검토가 필요하다. 그리고 시민들은 단순한 고객이 아니라 행정주체가 되기 때문에 그들에게 힘을 주고 자율능력을 배양시켜 나가야 한다.

셋째, 정부개혁이 성공하려면 지방정부가 자주적이고 독창적인 행정개혁 추진이 보장될 수 있도록 자치권의 강화 즉 분권화가 먼저 이루어져야 한다. 그러려면 지방정부와 지역사회가 중앙정부로부터 당당한 독립성과 자율성을 보장받을 수 있는 새로운 지방분권형 국가경영의 패러다임을 채택하는 대대적인 국가혁신이 필요하다.

넷째, 정부개혁이 궁극적인 목적은 효율적인 동시에 주민에 책임을 지는 민주적인 정부를 구현하는 것이다. 따라서, 조직개편 또는 인력감축을 통한 작고 효율적인 정부는 고객중심, 성과중심, 경쟁중심 그리고 자율책임 중심의 시스템을 정립하는데 그 목표를 두어야 한다.

다섯째, 정부개혁이란 공공조직의 효과성, 능률성, 적응성, 개혁성을 극적으로 증대시키기 위해 공공체나 조직을 근본적으로 변형하는 것을 의미한다. 이러한 변화는 공공조직의 목적, 유인체계, 책임성, 권력구조 및 조직문화를 총체적으로 변화시켜야만 달성될 수 있다(Osborne & Plastrik, 1997:10).

여섯째, 행정관리방식의 기본 틀이 바뀌어야 한다. 결과보다는 과정, 임무보다는 규칙, 경쟁보다는 독점, 분권보다는 집권을 중시한 전통적 정부관료제를 타파하고 임무, 결과, 경쟁, 고객을 중시하고 대폭적인 분권화를 통해 인사, 예산, 조달 등의 여러 측면에서 하위단위의 자율성이 보장되는 정부관료제를 창출해 내야 한다.

일곱째, 정부능력이 신장되고 동시에 지방정부의 자립능력이 배양되어야 한다. 이를 위해 민간참여기회 확대, 주민헌장의 제정, 감사기능의 강화, 경쟁의 도입을 통한 선택권 부여, 불평신고체제의 확립, 측정과 평가수단의 개발, 정부의 사업부서화 추진 등이 요구된다. 뿐만 아니라, 지방 정부조직 내에서의 분권화와 규제완화 및 지역사회로의 권한이양도 필수적인 개혁과제가 된다.

마지막으로, 정부개혁은 결국 공무원의 형태와 가치관을 근본적으로 바꾸어 기업방식의 관리문화를 정착시키는 것이다. 정부개혁의 성공은 공무원이 행동지향성, 위험부담의지를 갖고 융통성, 적응성, 기획포착력 등의 창의적이고 쇄신적인 태도를 갖출 수 있느냐에 달려있다.

제3절 정부개혁의 실천전략

정부개혁의 비전과 방향에 공감대가 형성되었다면 그 다음은 개혁실천 전략이 마련되었느냐가 개혁의 성과를 좌우하게 된다. 개혁의 실천전략은 국가가 처해있는 시대적 상황과 지도자의 판단, 공무원의 능력과 태도 및 국민들이 의식수준과 개혁의지에 따라 달라진다. 정부개혁이 절실히 요구되고 있는 현 상황속에서 정부개혁의 전략적 실천방안을 모색해보면 다음과 같다.

전략 1. 모든 개혁은 속도보다 방향이 더 중요하다.

개혁은 집권초기 1년에 과감하게 추진하지 못하면 반개혁세력에게 단결할 수 있는 시간과 효과적으로 반격할 수 있는 기회를 주기 때문에 결국 실패할 수 있다. 그래서 개혁을 원하는 대통령들은 "졸속이라도 개혁을 서두르겠다"고 선언한다. 로저 더글래스도 "개혁 프로그램을 일단 추진하기 시작하면 완전히 종결될 때까지는 멈추지 말라. 반대자들의 방해사격은 목표물이 신속히 움직일수록 그 명중률이 현저히 떨어지게 될 것이다." 라고 개혁이 어려움을 표현하고 있듯이 개혁의 성공여부는 그 속도와 직결되어 있음이 분명하다.

그러나 그것은 어디까지나 개혁의 올바른 비젼과 방향이 성립된 다음의 얘기다. 속전속결로 시급한 분야의 개혁을 서두르는 것 보다 올바른 개혁의 방향을 설정하고 핵심적인 분야의 개혁을 착실히 추진하는 것이 오히려 성공을 위한 지름길이다.

지금까지의 정부개혁이 당초에 천명했던 소기의 성과를 거두지 못하고 구호만 요란했던 것은 개혁에 대한 비젼과 방향이 바르게 설정되어 있지 못했기 때문이다.

전략 2. 정부개혁은 장기적 · 지속적으로 추진되어야 한다.

정부개혁은 전체사회에 엄청난 이익을 가져다주지만 결코 쉽게 달성되는 것이 아니다. 최소한 10년에서 20년이 소요되는 과정이다. 미국이 피닉스 시, 서니베일 시, 그리고 햄프턴 시는 각각 20년, 16년 그리고 12년 동안 개혁을 지속적으로 추진해 왔다. 영국과 뉴질랜드의 중앙정부들도 각각 18년과 12년 동안 개혁작업을 해왔다. 이와 같이 각 정부의 개혁노력은 변화에 따르는 댓가를 혹독히 치르면서 10년 이상 20년 가까이 지속적으로 추진한 결과 그 효과가 지금에 와서 서서히 나타나고 있는 것이다. 우리의 정부개혁도 일관성을 갖고 장기적 · 지속적으로 이루어질 때만이 그 성공을 기약할 수 있다.

인력감축이 가져다주는 실질적인 예산절감의 효과는 단기적으로 볼 때 극히 미미하다. 오히려 인력감축에 드는 비용이 일정기간 인건비 절감액을 초과하게 될 수도 있다. 미국의 정부도 인력 감축에 드는 비용이 10년이 지나서야 만회되었다는 분석이 있다. 따라서, 인력감축도 졸속으로 감원숫자 또는 인건비 절감의 목표치를 채우는데 급급하다면 훨씬 비싼 개혁이 비용을 지불하게 될 지도 모른다. 감축작업의 과정과 의사결정이 보다 과학적인 분석에 의해서 이루어져야 하고 동시에 구조개편작업과 반드시 병행되어야 하는 것도 그 이유다. 명심해야 할 것은 모든 국가의 정부개혁이 아직도 진행 중인 과업이라는 것이다.

전략 3. 개혁 전에 인도적인 조치가 먼저 마련되어야 한다.

칼만 휘두르는 비정함이 개혁의 전부는 아니다. 칼자루를 쥐기 전에 개혁의 희생자들에 대한 인도적인 조치가 준비되어 있어야 한다. 필라델피아 시는 해고같은 방법 이전에 신규 고용서를 억제하고 퇴직장려금의 지급으로 자발적인 퇴직을 유도하였으며 해고된 공무원은 민간기업에서 일할 수 있도록 취업알선을 해주었다. 이와 같은 조치로 렌덜시장은 개혁에 따른 시련을 승리로 바꿀 수 있었다고 회고한다. 영국도 비슷한 조치로 18년 동안 공무원을 별로 감축하지 않고도 국가 공무원 수를 1/3가량 감축하는데 성공했다.

아무튼 대부분의 나라에서 강제퇴직의 방법은 자발적 퇴직이나 인원재배치 등 다른 수단으로는 감축목표를 달성할 수 없는 경우에 최후의 수단으로 사용되고 있다. 그리고 퇴직자들이 사회로 나가게 될 충격을 완화시켜주기 위하여 일정기간 의료보험혜택 연장, 취업알선, 생계보조, 직업재훈련, 저리이자 융자알성 등의 지원프로그램을 마련하고 있다. 이는 인력감축과 같은 변화의 소용돌이 속에서 발생하는 사기저하, 불신 및 저항을 완화시키기 위한 조치이다. 개혁은 혁명보다 어려운 것이다. 혁명은 한꺼번에 적을 타도할 수 있지만 개혁은 합법적 절차의 테두리 안에서 진지를 구축하고 지구전을 해야하기 때문이다.

전략 4. 정부개혁은 새로운 아이디어를 가진 새로운 사람에 의해서 고안되고 추진되어야 한다.

기존의 사고와 기득권을 가진 사람들이 개혁의 주체가 되어서는 성공하기 어렵다. 영국의 대처수상, 뉴질랜드의 더글라스 장관, 미국 인디애나폴리스 시의 골드스미스시장은 강력한 리더십을 가지고 개혁적인 인사들로 추진세력을 구성하여 성공한 반면, 일본과 캐나다가 오랜기간 개혁에 성공하지 못한 이유는 멀루니 수상과 하시모토 총리가 구태와 구인물에서 벗어나는 용기가 부족했기 때문이다. 개혁하고자 하는 지도자는 기업가적 정신을 가진 공문원을 보호하려는 용기를 가져야 한다. 아이디어를 가진 혁신적 공무원의 동참 없이 개혁이 성공하기는 엉렵다. 고어 부통령이 고안해서 혁신의 방법을 보여준 개인이나 팀에게 해머가 새겨진 '해머상' 의 시상, 번문욕례를 없앤 공무원에게 시상하는 '가위상' 그리고 매년 가장 큰 실수를 한 공무원에 대해 시상하는 비세일리어 시의 '너그메이어상' 등은 바로 공무원들에게 혁신을 장려하고 그들로부터 아이디어를 얻기 위한 노력이 일환이다. 또, 개혁적인 업무를 추진하는 공무원들은 그들을 음해하려는 세력들로부터 철저하게 보호해주어야 한다.

개혁이 혁명보다 어려운 전쟁인 만큼 개혁주체세력이 먼저 튼튼히 형성되어 있어야 한다. 개혁은 늘 'new idea는 new blood(새로운 사람)에서 나온다' 는 원칙에 입각해야 한다.

전략 5. 정부개혁은 용기를 지닌 지도자를 필요로 한다.

개혁은 근본적인 변화를 필요로 한다. 지도자가 이러한 변화를 기꺼이 받아들이지 않는다면 성공할 수 없다. 영국의 대처총리는 공공노조에 의한 두 번의 기나긴 파업에도 굴하지 않고 이에 단호히 대처했으며, 공사를 민영화하면서 숱한 저항을 극복했다. 또 자신이 원하는 법안을 강력히 추진하여 의회에서 통과되도록 하는 등 집권 11년 동안 일관적인 태도를 고수하였다. 반면에 캐나다의 멀로니 총리는 새로운 정책을 여러 번 시도했음에도 불구하고 캐나다 관료제를 변화시키지 못했다. 용기가 결여된 개혁노력은 공무원들을 더 냉소적으로 만들고 말았다. 지도자가 변화를 원했지만 변화에 따르는 댓가를 치르려 하지 않았기 때문이다. 정부개혁에는 지도자의 피와 땀과 눈물의 투자없이 지속적인 추진력을 발휘할 수 없음이 입증된 것이다. 개혁이 성공하기 위해서 지도자들은 변화를 반대하는 기득권세력이나 이익집단에도 맞서서 용감히 싸워야 한다. 공무원들 또한 성과에 대한 책임성을 받아들이는 용단을 내렸을 때 이에 상응하는 포상이 주어져야 공무원들이 용기있는 선택을 하게된다.

지도자들의 용기는 정직성에서 나온다. 정직성은 국민과의 관계에서 신뢰를 구축하게 된다. 개혁과정에서 실수가 있을 때도 실수를 기꺼이 인정하고, 사과하고, 비난을 감수하고자 한다면 지도자의 리더십은 더욱 강화될 수 있다.

전략 6. 공무원이 주도하는 정부개혁이 되어야 한다.

성공적인 정부개혁을 위해서는 공무원들의 적극적인 자세가 전제되어야 한다. 정부개혁을 성공적으로 진행시키고 있는 선진국의 지방정부에서는 공무원들이 더 적극적인 변신을 시도하고 있다. 정치인들이 아무리 개혁을 외치더라도 공무원들의 의식이 바뀌지 않는 한 개혁은 실패하고 만다. 공무원들의 혁신적 기풍을 내면화시켜서 역량을 계속 키워나가기 위해서는 공무원 스스로가 경험을 통해 지속적인 개선과 적응을 배워나가는 학습조직으로 발전시켜나가야 한다.

미국의 고어부통령도 '공무원은 문제제기자(problem-maker)가 아니고 문제해결자(proble-solver)다' 라는 판단아래 행정의 문제점과 해결책을 가장 잘 알고있는 직업공무원을 중심으로 NPR을 구성하였으며 개혁방안이 마련되는 즉시 이행에 들어가는 박진감 있는 개혁을 추진해오고 있다. 영국 완즈와스 구에서도 성공적인 개혁의 핵심이 공무원의 의식과 태도에 있다는 사실에 입각하여 의식개혁과 교육을 통한 자질향상을 도모하고 있다. 우리의 정부개혁도 공무원 스스로 주도하도록 하여야 한다. 미래의 국가경영능력은 공무원들의 혁신능력과 헌신여하에 달려있기 때문이다.

1994년 '10월 학살' 로 불렸던 영국의 정부감축계획에 따르면 조직과 인력감축의 초점을 핵심부서와 고위직에 두고 있다. 늘 힘없는 공무원만 쫓겨난다는 오해와 불만을 잠재우기 위해서다. 우리는 조직과 인원감축의 주 타켓이 중앙직 보다는 지방직에, 본청보다는 외곽부서에, 고위직보다는 하위직에, 일반직보다는 기능직 · 별정직 공무원에 편중된다면 공무원의 지지와 동참을 끌어내기 어려울 것이다.

전략 7. 정부개혁은 국민과 함께 하는 것이다.

개혁추진과정에는 수많은 저항에 직면하기 때문에 국민의 지지를 받지 못하는 정부개혁은 대개 실패한다. 기득권을 갖고있는 이익집단의 반발에 맞설 확고한 의지가 있다하더라도 개혁을 지지하는 지지기반이 없다면 개혁의 추진력이 급격히 떨어진다. 지자체 선진국에서 추구하는 정부개혁이 전략과 교훈에 따르면 개혁은 뿌리로부터 상향적으로 나와야 하고 개혁의 종착역은 시민들의 참여와 협동에 의해 자주적 관리가 이루어지는 시민관리의 사회를 지향하고 있다.

즉, 개인, 가족, 이웃 또는 지역이 자발적 시민단체들이 지역문제를 스스로 해결하도록 하고 정부는 거기에 필요한 권한과 책임을 지역사회에 이양함으로써 보다 견고한 징역사회를 구축하기 위한 여건을 조성하는 차원에서 개혁이 추진되고 있다. 지역주민들의 삶에 대한 스스로의 선택권과 책임감은 정부간섭을 배제시켜서 자발적으로 해결하도록 하는 사회를 건설하는데 개혁의 목적을 두고 있는 것이다. 이런 점에서 정부개혁은 일부영역에서 정부가 퇴출하고 그 영역에 민간 또는 시민사회가 대치 내지 협력파트너가 될 수 있도록 우선적으로 초점을 두어야 한다.

성공적인 정부개혁을 위해서는 국민들을 신뢰하고 존경하고 이들에게 어떤 일이 벌어지고 있는 지를 판단할 수 있도록 정보를 꾸준히 제공해 주어야 한다. 개혁하고자 한다면 국민을 속이는 누를 범하지 말라고 로저 더글래스는 충고하고 있다(최창현, 1998:451). 아울러서 정부혁신의 최대 수혜자는 국민임을 꾸준히 보여주는 효과적인 홍보전략을 수립해야 한다. 여론조사, 토론회, 선진국 사례분석 등 제 홍보수단을 적극 활용하고 개혁성과를 수시로 매스컴에 제공함으로써 국민들의 관심을 지속적으로 유도해야 한다.

전략 8. 아래로부터 상향적으로 정부개혁이 추진되어야 한다.

지방정부는 민주정치의 기본단위로서 중앙정부에 비해 행정규모가 작고 주민들과의 거리도 가깝기 때문에 정부개혁이 상대적으로 용이할 수 있다. 지자체 선진국에서도 1970년대부터 전반적으로 경제여건이 악화되면서 행정효율화와 주민만족서비스 개선을 위한 개혁노력을 기울여왔다. 보다 적은 비용으로 보다 높은 수준의 서비스를 제공하기 위한 노력은 주민들의 높은 호응과 지지를 끌어내리는 등 성공적인 결과를 가져온 바 있다. 이들 지방정부들은 자신들이 추구하는 목표를 자율적으로 결정하고 그 달성여부를 스스로 검증하고 주민들에게 제시하며 개혁을 효과적 · 효율적으로 수행하기 위한 수단과 전략을 끊임없이 개발해 나가고 있다. 그리고 개혁의 결과는 고객이자 주인인 지역주민들에 의해서 평가받고 책임지는 것이 정부개혁의 요체로서 이들의 태도는 우리에게 시사하는 바가 크다.

개혁도 결국은 대부분이 지방에서 실현되는 것이고 지방으로부터 형성되는 주민의 요구와 평가는 그 개혁의 성패를 좌우하는 것이기 때문에 지방정부개혁의 진전 없이 중앙정부차원의 개혁들은 그 실효성을 보장받을 수 없다 (최종만, 1998:20). 따라서, 개혁을 지속적으로 추진하기 위해서는 중앙의 권력 그리고 개혁에 대한 결정권을 지방에 이양시키는 지방분권이 전제되어야 한다. 개혁이 성공한 곳에서는 항상 중앙에서 지방으로, 관에서 민으로, 그리고 위에서 아래로 권력이양이 먼저 이루어졌다는 공통점이 있다. 다시말해, 현재의 지방분권은 먼저 행정과 주민과의 관계를 재정립하고 주체적으로 주민자치를 확립하는 데서 출발해야 할 것이다.

제4절 소결론

종합적으로 판단컨대, 오늘날 온 국민이 고통을 받고 있는 한국의 경제위기는 세계의 모든 나라들이 벌이는 개혁경쟁에서 뒤진 데서 비롯되었다고 결론지을 수 있다. 한국이 근본적인 자기혁신을 통해 새롭게 태어나지 않는다면 오늘의 위기를 극복하기는 어려울 것이다. 이제는 중앙집권적 통제위주의 낡은 국가관리시스템은 청산하고 지방분권, 자율주의 그리고 개혁주의에 입각한 새로운 국가경영시스템을 채택하여 대대적인 국가혁신을 도모해야 할 시점에 와 있다. 그 동안 집권세력들마다 도전해 온 개혁이 수포로 돌아간 이유는 국가 권력이 중앙에 그것도 대통령과 그 주변에 독점되어 있는 권력구조에서 개혁이 일방적으로 구상되고 하향적으로 집행되어 왔기 때문이다. 이제는 각 기관별로 개혁을 제도화하고 확산해서 위아래 모두로부터의 계혁의지 창출에 힘쓰는 자율적 형태의 개혁노력이 필요하다. 특히 피아(彼我)의 구분이 명확하지 않고 전선도 없는 개혁과정에서 개혁을 적극적으로 지지하는 시민세력의 결집은 성공의 필수조건이 된다. 좋은 시민만이 좋은 정부를 창출해 내고 나아가서 좋은 사회를 만들어 낼 수 있기 때문에 시민들이 민주의식을 갖고 개혁에 대한 올바른 인식과 태도, 건전한 비판의식을 갖도록 도와주어야 한다. 정치는 인간을 변화시킬수 없지만 올바른 정치는 인간이 보다 잘 변화할 수 있도록 돕는 것을 그 의무로 삼는데 있다(박기찬, 1998:299). 정치권이 하루속히 정부개혁을 반드시 성공으로 이끌어야만 나라가 산다.

한국지방자치행정론

02 지방자치행정의 제도

chapter01 지방정부 구성형태
chapter02 중앙정부와 지방정부간의 관계
chapter03 지방자치단체 상호간의 관계
chapter04 자치행정과 지방의회
chapter05 지방의회와 단체장의 관계
chapter06 지방의회 의장단의 구성과 역할
chapter07 자치행정과 주민과의 관계
chapter08 자치행정과 지방선거
chapter09 지방자치와 교육자치

chapter 01

지방정부 구성형태

제1절 지방자치와 자율성

민선지방자치 실시 이후 20년이 지난 현 시점에서 다시 고려해야 할 근본적인 문제 중 하나는 효율적이고 민주적인 지방자치조직을 어떻게 마련해야 할 것인가에 있다고 할 수 있다. 즉, 새로운 지방정치행정 환경에 적응하면서 지방분권의 실현을 위해 우리나라의 바람직한 지방자치단체 기관구성 형태는 무엇에 중점을 두어 어떻게 설정되어야 하는지에 대한 진지한 논의를 필요로 한다. 우리나라 현재의 지방자치단체의 기관구조는 직선제를 기반으로 '강시장-약의회형'의 전국공통의 단일모델을 취하고 있다. 그러나 이는 지역별 경제, 사회적 차이를 제대로 반영하지 못하는 단점을 지닌다. 즉 지방의 특수한 여건, 행정수요, 자치역량 등을 고려하지 않고 중앙집권체제에서의 행정편의주의 발상을 그대로 적용해 오고 있는 실정이다.

결국 지역자원을 동원하여 지역발전을 도모해야 하는 지방자치가 본래의 의미를 구현하며서 올바른 지방자치의 운영으로 국가사회가 발전하려면 무엇보다도 각 자치단체의 정치 · 경제 · 사회 · 문화적 배경을 고려하면서 자치단체의 다양한 기관구성 형태를 대안으로 검토하고 그 도입을 적극적으로 시도하는 것이 절실한 시점에 이르고 있다.

제2절 한국 자치단체 기관구성

우리나라의 지방자치가 1948년 제헌헌법 제8장의 지방자치 규정으로 명문화된 이후 지금까지, 의결기관과 집행기관을 대립시켜 놓은 기관분리형 정부조직이 기본 골격을 이루어 왔다. 그러나 그것은 집행부 우위의 기관운영이 중심이었다. 즉, 역사적으로 단 한 차례 의회간선에 의한 기초자치단체의 통합형 기관구성이 지방자치 도입 초기에 시도된 적이 있으나 그 이후 모든 기초 자치단체와 광역 자치단체는 중앙임명 또는 주민직선에 의해 집행기관이 구성되는 분리형 기관구성이 채택되어 왔다.

전면적인 지방자치가 재개된 1995년 이후 지난 기간 동안 지방의회와 집행기관의 장이 각각 주민에 의해 선출되어 독립적인 기관운영을 수행하고 있는 현행 제도는 나름대로 긍정적 성과를 냈다고 볼 수 있다. 즉 단체장에 대한 주민직선의 분리형 기관구성은 무엇보다 주민통제의 실효성을 제고할 수 있었고, 그에 따라서 주민중심의 행정구현이 가능해졌다는 긍정적 평가를 받는다. 각종 시민단체를 비롯하여 적극적인 주민의 등장으로 지방정책결정과정에 주민참여의 요구가 증대되는 배경에서 지방자치단체는 지방행정을 보다 투명하게 하기 위한 노력을 경주하게 되었다.

그 밖에 분리형 기관구성의 제도적 효과로써 자치단체장은 주민대표로서의 정치적 리더십을 발휘함으로써 주민의 의사를 자치행정에 반영하기가 용이하였고, 지방정치의 민주화를 가능하게 하였다는 점에서 민주주의의 교육장으로 자율과 책임을 갖춘 시민사회를 형성해 나가는데 기여하였다. 또한 행정서비스가 주민의 요구에 부응하여 제공되는 까닭에 서비스의 질이 향상되고 있다고 평가할 수 있다.

반면에, 기초와 광역지방자치단체 모두 획일적인 권력분립형 기관구성은 적지 않은 문제점과 부정적 결과를 가져왔음을 부인할 수 없다. 이는 삼권분립의 원칙에 따라 의결기능과 집행기능을 각각 다른 기관에 분담시켜 기관간에 견제와 균형(checks & balances)의 논리를 추구하고자 하였으나 다음과 같은 문제점들이 노출되고 있는 것이다. 즉, 지방의회와 집행기관과의 관계에 있어서 전국적으로 단체장의 강한 권한으로 집행부 우위의 강시장-약의회 형태를 가짐으로서 지역의 요구와 특성, 지방여건을 전혀 고려하지 못하고 있다는 사실이다.

그런가 하면, 전국의 지방자치가 획일적으로 구성된 기관에 의해 거의 동일하게 운영되고 있기 때문에 지역특성에 따른 주민의 요구에 제대로 대응하지 못하는 행정의 비대응성과 비효율성을 상시적으로 발생시킬 수 있으며, 제도의 운영상 실패가 발생할 때에는 그 폐해가 고스란히 전국으로 파급되는 과다한 손실의 위험성이 상존하고 있다. 결국 지방자치단체의 기관구성에 대한 선택권이 결여되고, 지방자치단체의 자율성이 확보되지 못한 현 상황에서 각 자치단체는 정책과정에서 중앙정부로부터 일방적인 영향을 받게되는 동시에 지방수준에서는 정책적 유연성의 결여로 행정의 효율성과 효과성이 지속적으로 반감될 수 밖에 없는 것이다.

특히, 지난 20여 년간 분리형 기관구성의 운용상 한계는 법 · 제도적인 측면에서 살펴 볼 수 있다. 현행의 법과 제도하에서는 지방의회와 단체장이 지닌 권한과 역량의 불균형으로 단체장에 대한 지방의회의 견제기능은 잘 발휘될 수 없었다. 이는 지방자치단체를 이끄는 단체장의 강력한 리더십을 확보하게 하는 효과를 지니게 하지만, 분리형 기관구성에서의 불균형한 단체장 우위의 권한배분은 지방의회와 비생산적인 갈등을 양산하는 부작용을 낳게 함으로써 지방자치단체의 효과적이고 원활한 기관운영에 장애가 되고 있는 것이다. 이는 지난 지방선거들의 특징적인 현상이라 할 수 있는 지역주의 투표행태에 의해 더욱 심화된 결과로서 단체장과 지방의회가 하나의 정당에 의해 독점되기 때문에 정당을 통한 견제가 이루어질 수 없는 한계를 보여준다. 특히 지방선거에서도 나타난 바와 같이 거의 모든 광역자치단체의 경우가 일당 독점적인 정당지배 양상을 보인다는 것은 단체장이나 대다수의 지방의회 의원이 모두 같은 정당 출신이기 때문에 서로에 대한 견제와 균형의 논리가 접근하기 어렵다는 것을 의미한다.

제3절 외국 자치단체의 기관구성

지방정부의 구성형태는 너무도 다양하여 일반화할 수는 없지만 각국 지방자치의 발전을 역사적으로 살펴보면 지방정부의 기관구성이 특정국가의 시대적 상황에 따라 발전되어 왔음을 알 수 있다. 동시에 지방정부의 기관구성은 일정한 방향성을 띠면서 전개해오고 있는 것도 의미있는 사실이다. 19세기 선출직 지방정부가 등장한 이후 최근까지의 개혁방향은 '지방정부의 대표성 강화' 와 '지방정부의 집행권 강화' 라 할 수 있다. 이런 관점에서 참고할 만한 대표적인 사례가 영국이다.

2000년 지방정부법에 의하여 완성된 영국 지방정부 개혁은 「현대 지방정부, 지역의 리더십, 지역의 선택」이라는 백서에서 밝혔듯이 21세기 새로운 시대를 맞아 지방정부를 현대화시키는 것이 주 목적이었다. 이런 맥락에서 노동당 지방정부가 추진한 개혁은 기관분리형 지방정부를 구성하는 것이었다. 기관분리형 지방정부는 기존의 기관통합형의 지방정부가 역할의 혼란을 야기시키고, 비효율적이라는 비판을 토대로 효과적이면서 지역의 리더십을 강화라 수 있는 제도로서 제시되었다. 이에 따라 이미 2000년에 런던광역시가 기관분리형 지방정부로 탄생하였으며 여타의 지역은 개혁이 계속 진행 중에 있다.

개혁과정에서 영국의 중앙정부가 취한 태도는 우리에게 시사하는 바가 크다. 영국의 중앙정부는 기관분리형 지방정부의 유형에 대한 세밀한 조사와 검토 후에 시장 · 캐비넷형(Mayor · Cabinet), 지도자 · 캐비넷형(Leader · Cabinet), 그리고 시장 · 지배인형(Mayor · Council Manager)의 세가지 모형을 제시하고 각 지방정부는 자기지역 실정에 맞는 모형을 지역주민의 투표를 통한 자율적 선택에 의해 결정하도록 하였다. 다시 말해서 중앙정부는 지방정부의 개혁을 위해 기관구성의 모범적 대안을 제시하고, 건전한 시민의식을 갖춘 지역주민들이 합리적인 대안 가운데 최종적인 개혁안을 선택하는 자율성을 부여함으로서 국가와 지역의 발전과 함께 민주성과 효율성이 조화를 이루도록 한 점이 우리에게 교훈이 되고 있는 것이다.

그 외에도 프랑스, 독일, 스페인, 이탈리아, 독일, 벨기에 등의 국가에서는 국가통치 유형에 따라서 지방정부 기관구성 형태는 사실상 고정되어 있지 않고 역동적인 모습으로 각 지역의 역사적, 정치적, 사회적, 법제도적 배경을 고려하면서 풀뿌리 지방민주주의 실천을 착실하게 추진해 가고 있다. 또한 국가의 입법권을 분점하는 정치적 권한배분이 적극 이루어지고 있으며, 지역적 분권화 수준을 넘어설 경우에는 연방국가로 전환하려는 과감한 노력들이 지속되고 있음을 알 수 있다. 이러한 사실에서 우리나라의 지방분권의 방향이 앞으로 어떤 궤적으로 추진되어야 하는지에 대해 귀중한 단서를 포착할 수 있을 것으로 판단된다.

외국의 사례들을 종합적으로 살펴보건데, 자치단체의 기관구성은 우선 민주주의의 기본원리를 존중하는 틀 속에서 추진되어야 할 것이다. 그래서 자치단체의 기본구조를 결정하는 최종 결정권은 지역주민이 갖아야 한다. 또한 세계화의 흐름속에 지방정부의 경쟁력이 매우 중요해 지고 있는 만큼 자치단체 기관구성은 행정의 효율성과도 밀접하게 관련되어 있다는 점을 시사받을 수 있다. 따라서, 향후 자치단체 기관구성의 방향은 민주주의와 행정의 효율성을 조화시켜야 하는 과제를 던져주고 있다.

제4절 자치단체 기관구성의 다양화 과제

1. 지방자치의 자율성을 헌법수준에서 보장

지방자치의 근간을 흔드는 뿌리깊은 중앙집권의 유혹을 뿌리치고 지방분권적 국가운영의 틀을 정립하기 위해서는 현행 헌법을 대폭 보완해서 지방의 자율성을 보호하는 과제가 대단히 중요한 국가 아젠다로 부상하고 있다. 헌법은 국가의 모든 구성원이 따라야 하는 국가공동체의 강제적인 최고 가치규범이기 때문이다. 특히 한국의 경우 헌법개정을 위해서는 엄격한 절차를 요구하고 있다. 즉 국회에서 의결은 재적 2/3이상의 찬성을 요하고 국민투표를 요한다. 그렇기 때문에 일시적인 다수를 차지한 정치세력이 지방자치제도를 시대에 역행해서 자의적으로 변화시키려 하는 경우에 안전장치로서 기능을 수행해 줄 것이다.

지방자치 정신을 실천하는 선진국의 시민사회와 정치권의 실제 모습을 보면, 대의민주주의로부터 나온 대표권을 중앙정치의 입법권자만이 독점하고 있지는 않다는 공통점이 있다. 독일, 프랑스의 상원제도, 영국의 지역국회, 스페인과 이탈리아의 지역정부 등 지방정부 대표를 통한 입법권의 분점, 그리고 지방정부와 관련된 사안에 대한 직접적인 국정 참여장치 의 활성화 등 다양한 통치유형과 계층구조를 가진 지방자치를 통해서 민주주의를 확실하게 실천해 가고 있다.

우리 사회도 자유민주주의를 확고히 하기 위해서는 획일적 지방자치제도를 지양하고, 지역특색에 맞는 다양한 지방자치제도를 추진하는 것이 필요하다. 이를 보장하기 위해서는 헌법을 개정해서라도 자치입법권을 비롯해서 지방자치단체의 종류, 기관구성, 기능, 지방재정 그리고 주민의 위상과 참여 등이 헌법에 명시되어야 한다. 그래야만 시민에게 가장 가까운 곳에서 자신들에게 관련된 사안에 대한 정책결정권, 자율선택권이 보장되고, 종국에 가서 시민의 자주관리가 존중되는 풀뿌리 지방민주주의가 확실하게 정착할 수 있을 것이다.

2. 국가와 광역단체간 관계의 재정립

주요국의 지방분권 추진 사례와 그에 따른 통치유형의 변화 및 관련 제도들의 발전단계를 검토해 본 바에 따르면 지방자치의 발전방향은 유사한 방향으로 진행된다는 것을 알 수 있다. 즉, 향후 5년 이내에 우리나라에서 지방분권 촉진을 가속화 할 수 있는 정부간 관계 재정립을 위해서는 경험적 모델로써 프랑스, 영국, 스페인, 이탈리아, 독일, 미국 국가들이 추진하고 있는 지방분권 정책 기조를 교훈으로 삼을 필요가 있다.

왜냐하면, 우리나라 역시 이들 선진국과 마찬가지로 지역경제발전, 지역개발, 국가균형발전을 위한 종합계획의 수립 실천, 광역적 대중교통의 발전 등과 같은 주요 국가적, 지역적 기능을 광역정부의 구역과 경계, 지역적 기반 등에 근거하여 추진해 오고 있기 때문이다. 다만, 전략적으로 광역자치단체 중심의 총체적인 지방분권 정책을 추진하면서 지방자치의 기본원리가 되는 주민 가까이서 직접민주주의를 보장하고 주민의 직접적이고 적극적인 참여제도를 활성화하기 위해서라도, 보충성의 원칙과 기초자치단체 우선의 원칙 등 기초자치단체가 종합행정을 수행하는 기본적인 자치단위로 활동할 수 있도록 우선적인 자치권 보장이 선행되어야 할 것이다.

그리하여 이러한 기조가 헌법에 올바르게 보장되고, 자치재정권 또한 법률적으로 온전하게 인정될 수 있는 상황에서 광역정부 중심의 중앙-지방 정부간 관계를 지향할 필요가 있다.

3. 기관구성의 다양화를 위한 방안과 전략

지방자치단체의 기관구성은 각 자치단체의 규모, 행 · 재정적 수요, 정치문화, 행정역량 지역경제적 특성을 고려하고 주민들의 다양한 요구를 반영하면서 그 대안과 전략이 마련되어야 한다. 이를 위해서는 다음과 같은 과제가 검토되어야 한다. 첫째, 생산성 제고와 성과관리 측면에서 자치단체 기관구성이 지역주민이 원하는 값싸고 양질의 정치행정서비스를 효율적으로 제공할 수 있어야 한다. 둘째, 분권과 자율성 제고 측면에서 자치단체 기관구성이 주민들의 자발적인 참여를 촉진하고 지방정치 발전을 도모하여 지방분권을 통해 지역발전에 기여할 수 있어야 한다. 셋째, 향후 지방자치단체 기관구성은 그간 실시해 오던 기관분리형의 문제점을 검토하고 이를 해결하기 위한 방향에서 접근되어야 한다.

이 경우 기관대립형의 단점이 반드시 기관통합형의 장점이 아니며, 우리가 경험한 기관대립형의 폐단이 기관통합형의 기관구성으로 저절로 해결되지 않는다는 점을 인식해야 한다. 기관구성은 기관분립형과 기관통합형을 양극으로 다양한 형태의 조합이 가능한 동시에 제도의 운영결과는 지방의 자치역량과 주민들의 의식에 따라 크게 달라질 수 있음을 인정해야 한다.

4. 세종시에 새로운 기관구성 모델 도입

행정중심복합도시의 건설은 지방분권과 국가균형발전을 선도하는 동시에 첨단기술과 문화 · 환경 · 복지 등 모든 분야에서 세계 최고의 미래도시를 만드는데 그 기본 목적이 있다. 2006년에는 행정도시 건설의 기본방향을 제시한 행정도시건설 기본계획이 최종 확정된 바 있다. 그러나 여태까지의 행정도시 추진은 건설과 건축 중심의 하드웨어적 측면에 치중하고 있다. 지금부터 중요한 일은 행정도시가 추구하는 당초의 목표를 최대한 살릴 수 있는 실질적 내용 즉 소프트웨어를 담아내는 것이다. 그래야만 행정도시 건설의 타당성이 확보되고 나아가 국민적 공감대를 형성해서 그 효과를 극대화시킬 수 있다.

따라서 행정도시의 명칭과 성격, 자치구역, 자치단체의 기관구성, 자치계층구조, 자치권의 수준 등은 도시건설과 함께 그 구체적이고 합리적인 방안들이 심도있게 논의되고 최적대안이 마련되어야 한다. 특히, 행정도시 지방정부의 새로운 기관구성은 미래행정의 좌표와 방향을 제시함으로서 지방행정의 효율성을 제고시키는 동시에 주민참여의 활성화를 통한 지방행정의 민주성이 향상되는 차원에서 그 시범적 모델을 정립하여 도입해 볼 필요가 있다. 그 결과는 향후 전국의 자치단체들이 자율적으로 기관구성을 새롭게 검토하는데 있어서 대단히 귀중한 경험과 참고자료가 될 것이다. 그것이 바로 지방자치 실시의 의미이자 효과이다.

chapter 02

중앙정부와 지방정부간의 관계

제1절 정부간 관계의 의미와 변화

지난 20년간 정부간 관계에 많은 변화가 진행되고 있음을 우리는 경험하고 있다. 중앙정부가 지방자치단체를 통제하지 못하여 국가사업의 시행에 적지 않은 차질을 빚었는가 하면 지방자치단체는 권력적 통제의 완화와 대폭적인 사무이양을 주장하는 분권운동을 지속적으로 전개해 왔다고 볼 수 있다. 아무리 지방자치가 좋은 제도라 하더라도 중앙과 지방간 그리고 지역간의 갈등과 발전격차가 해소되지 않는다면 국력의 낭비를 초래하여 전체적으로 국가경쟁력의 저하를 가져옴으로써 지방자치의 존재 이유는 반감되고 말 것이다.

한 국가의 지방자치제도는 국가와 지방자치단체간의 관계, 지방자치단체 상호간의 관계 그리고 지방자치단체와 주민과의 관계에서 그 성격이 규정된다고 볼 수 있다. 결국 중앙과 지방, 광역자치단체와 기초자치단체 및 자치단체와 주민간에 나타나는 갈등을 어떻게 합리적으로 조정 · 해결해야 하느냐가 민선자치의 성패를 좌우할 것이며, 이것은 궁극적으로 국가이익과 지방이익을 어떻게 조화시켜 나가느냐는 문제로 귀착되고 있다.

1. 21세기 행정환경의 변화

세계 역사의 전반적인 흐름을 보면, 18세기까지는 국가의 권력적 지배가 지나치게 강하였고, 19세기에는 그 폐해에 대한 반동으로 국가권력이 지나치게 억제되었으며, 20세기에는 그 폐해에 대한 반동으로 또 다시 국가권력이 강화되는 일종의 변증법적인 변천의 과정이었다고 할 수 있다. 이에 따라 지방으로의 분권화도 신장과 쇠퇴를 교차적으로 반복하여 왔다.

그런데 국가권력이 극도로 강화되기 시작한 20세기말 각국의 사회가 경험하고 있는 환경변화는 세계화, 지방화 뿐만 아니라 정보화, 경영화, 고령화, 광역화, 친환경화 등이다. 21세기에는 결국 시대적 변화에 성공적으로 대응하기 위하여 국가권력의 극소화 · 제한화의 현상이 두드러지게 나타날 것으로 예상되고 있다. 작은 정부, 자율화, 민영화를 추구하는 이 시대에 있어서는 중앙정부의 부담을 줄이고, 지방에서 할 수 있는 일은 지방에서 처리하도록 하는 이른바 지방분권화가 추진되지 않을 수 없게 되었다. 이제 지방분권화는 동서문명사적 입장에서 볼 때도 당위성을 갖는 세계적 조류이자 흐름이라고 할 수 있다.

따라서, 지방의 위기를 극복하기 위한 지방주민의 의식과 행태가 지방화 시대의 철학과 논리에 맞도록 과감히 전환되어야 하며 우리 사회의 모든 분야에서 구조전환을 위한 과감한 개혁이 이루어져야 한다. 지방과 지역의 중요성을 무시한 중앙집권적 국가경영은 시대적 조류에도 부합되지 않을 뿐만 아니라 지방자치의 정착도 공허한 것이 되고 만다. 지방의 다양성, 창의성, 그리고 자율성이 존중될 때 각 지방마다 지역활성화를 통해 새로운 환경변화에 올바르게 대처할 수 있게 될 것이다.

2. 지방행정환경의 변화

현재 지방행정을 둘러싸고 있는 불확실한 환경을 극복하고 자율적인 분권화의 확대, 지역주민의 요구에 적절하게 대응하는 고효율 · 저비용의 자치행정체제, 즉 주민의 참여의식 증대와 지방자치단체의 역량제고 및 책임성 증대 등으로 인한 끊임없는 지방자치 행정체제의 개혁 필요성이 대두되고 있다.

〈표-1〉 지방행정변화에 따른 지방행정수요

환경변화	지방행정수요
민주화 분권화	· 참여수용요구의 확대 · 반응성 제고요청 증대 · 지방자치행정의 민주적 집행요구 증폭 · 공익보호를 위한 갈등 및 집단이기주의의 조정기능 강화 요청
지방화	· 분권과 통합의 조화 필요성 · 지방의 창의적 · 자주적 행정능력 고양요구 확대 · 지방행정의 책임성 확보장치의 요청 · 지역할거주의 극복노력 요구 증폭 · 기업과 지역단위 지배집단에 대한 지방행정 중립성 확보요구 강화
세계화	· 도시중심의 국제교류능력의 확충 필요성 제고 · 전략적 국제교류추진의 요청 · 세계적 수준의 시민역량 강화의 필요성
정보화	· 정보관리능력의 고양 요청 · 정보관리의 민주화 필요성
도시광역화	· 도시행정수요에 대한 대응능력 강화 필요성 제고 · 광역적 행정수요의 효과적 처리요청 · 환경친화적 개발정책에 대한 요구 증대 · 문화 · 관광수요의 증폭
위기 · 불확실성 가속화	· 돈, 시간, 정보의 결핍 확대 · 대형사건, 사고, 재난의 위기요인 증폭 · 안전한 생활과 사회에 대한 요구 증대

제2절 중앙과 지방정부간 바람직한 관계

1. 중앙과 지방간의 합리적 협력관계 정립

지방자치제하에서의 중앙정부와 자치단체간의 관계는 기본적으로 상호 의견을 조정해나가는 합의형성과정 내지 협상과정을 그 내용으로 한다는 점에서 상호 수평적인 상호 역할분담관계 내지 수평적 경쟁관계로 정립되어야 한다.

정부가 추진하는 정부혁신이 궁극적으로 성공하기 위해서 그리고 지방분권을 보다 활성화시키기 위해서는 지방정부가 중앙정부로부터 상당한 독립성과 자율성을 보장받는 분권형 국가관리시스템의 구축이 선행되어야 한다. 현재와 같은 수도권 중심의 중앙집권적 국가관리체제를 통해서는 수도권으로의 인구 및 자원집중, 도시와 농촌간의 현격한 불평등, 지역경제의 황폐화 현상, 공직사회에 만연된 부정부패 등의 문제를 극복하기가 불가능하다. 여태까지 정부의 개혁이 아직 성공하지 못한 주된 요인은 국가권력이 중앙에 독점되어 있는 권력구조를 그대로 유지한 채 그곳에서 개혁이 구상되고, 그 구상이 일방적, 하향적, 단기적으로 추진되었기 때문이다. 오히려 그러한 권력구조 자체가 개혁의 우선적인 대상이 되어야 했던 것이다.

지방자치단체도 지역의 행정주체로서 그 역할을 제대로 수행하기 위해서는 중앙으로부터의 권한이양 추진, 자치단체의 재정기반강화 등에 관하여 노력함으로써 스스로의 역량과 책임을 강화해 나가야 한다. 구체적으로는 자치단체의 정책형성능력을 향상시키고 주민에 대한 정보제공, 참여기회 확대, 자체감사기능의 강화, 의무경쟁의 도입을 통한 주민 선택권의 확대, 고객만족기준의 설정과 그 측정과 평가수단의 개발 등이 이루어져야 한다. 뿐만 아니라, 지방자치단체 조직내에서의 분권화(인사정책, 재정 및 예산과정, 조달 · 구매행정 등)와 규제완화 및 지역사회로의 권한 이양도 적극적으로 검토되어야 할 과제가 된다.

2. 지역사회로의 권력과 기능의 이양

최근 세계각국의 주민들은 더 가까운 근린정부(neighborhood government), 그들의 삶에 대한 자율적 책임감, 개인적 삶과 활동에 대한 정부간섭의 배제, 세금부담에 상응하는 대접등 종전과는 획기적으로 다른 혁명적 변화를 요구하고 있다.

그래서 지방자치 선진국 정부들은 공공서비스에 대한 소유권이나 통제권을 관료나 전문가의 손에서 지역사회로의 이양을 확대해 가고 있다. 중앙정부에 의해 제공되던 서비스도 그 정당성과 효율성이 상실되면, 지방자치단체에 이양하려 하지 않고 곧바로 민간부문에 이양시키는 사례도 계속해서 증가하고 있는 추세이다. 정부는 이제 지역사회가 자조적이 되도록 지원하는 가운데 능력과 책임성이 있는 주민이 견고한 지역사회를 만들어 가도록 권력이양(devolution)을 확대해 가는 것이 바람직하다. 실제로 치안, 교육, 주택공급, 의료보호, 지역개발 부문에서 정부가 지닌 소유권과 통제권을 지역사회에 이전함으로써 오히려 성공적인 결과를 나타내고 있는 것으로 평가되고 있다.

특히 최근에 지방정부가 행정서비스 공급의 주체로서의 역할을 초월하여 주민이 필요로 하는 서비스를 구체적으로 파악하고 그것을 적절히 공급할 수 있도록 공공·민간부문과 비영리·자원봉사 부문을 종합적이고 적극적으로 활용하는 시도가 각국에서 전개되고 있다. 그러므로 우리도 이제 지역사회의 영역, 곧 자조적 매카니즘이 작용하는 영역을 존중하고 그 영역을 구성할 개인과 단체를 건전하게 육성함과 동시에 그 능력을 개발시켜 나가야 하는 중요한 과제를 안고 있다.

3. 중앙-지방정부간 보충성원칙에 근거한 적정한 사무 재배분

우리나라의 경우 헌법에서 지방자치와 관련된 보충성원칙을 제시하고 있지 않기 때문에 가능하면 헌법 차원에서 일차적인 관할권, 결정권은 기초자치단체 우선으로 사무배분이 이루어져야 한다. 그리고 국가 및 상급지방자치단체는 기초자치단체에 대하여 기술적인 지원, 재정적인 지원을 충분히 보장하고, 동시에 권한의 자율적 행사권도 보장하는 차원에서 배분되고, 기초자치단체에 대한 감독권도 최소한으로 관여될 수 있도록 제도 개선을 해야 한다. 중앙정부, 광역자치정부, 기초자치정부간 보충성원칙에 근거하여 적합한 사무배분을 지속적으로 추진해야 한다. 다음은 외국 지방정부의 사무배분 실태를 근거로 국가와 지방정부간 적절한 역할에 맞는 사무배분 유형을 정리하면 다음과 같다.

〈표-2〉 중앙정부-광역정부-기초정부 사무배분 모델

정부계층	수행기능
중앙정부	· 거시적 차원의 기능수행, 주민복지와 밀접한 행정은 지방이양 · 지도, 감독을 받으나 지방의 자율성 인정 · 재정적 통제와 책임성 강화됨
지역(광역) 자치정부	· 광역단위의 경제사회개발계획 수립 · 직업훈련 · 기업지원활동 · 관광촉진 · 도시 · 농촌지역관리 · 구역내 도로유지관리 · 대중교통체계 · 상업항구 통합관리(건설교통부문) · 지역개발계획안, 국토개발, 도시개발계획 기준안(국토계획부문) · 사회부조, 모자복지, 장애인복지, 의료부조 보건(사회복지부분) · 도서관, 문화유산보호, 축제 및 관광산업(교육문화부문) · 직 · 간접 원조의 경제활동부문

기초자치정부	· 소규모이면서 주민복지와 직결되는 기능: 지역특성과 주민복지와 밀접한 사업 수행(지방지출의 20% 미만) · 교육, 주택, 쓰레기수거, 사회서비스, 지역계획 등 · 경찰, 소방, 민방위, 대중교통 등 광역적 사업은 합동위원회(여러개의 지방정부가 공동으로 운영)를 설치하여 공급 · 청소, 도로관리, 공원관리, 매장묘지관리, 방재사업의 업무 수행 · 제증명 발급, 주민생활 법적 기반여건 사무, 공원, 상하수도, 쓰레기수집, 처분, 학교 등 주민생활에 필요한 공동시설 건설 유지, 생활보호 등 사회복지, 중소기업 · 농업등 주민생활 보호 사무, 농촌의 개발계획 등 공공사업실시

4. 자치재정권의 제도적 보장

중앙과 지방정부간의 관계 재설정에는 재정권이 핵심이다. 특히, 우리나라의 현행 지방재정제도의 개선이 절실하다. 이를 위해서는 반드시 지방세원의 탄력세율과 지방재정의 책임성을 확보하도록 해야 하고, 이를 위해서 지역사회 스스로 자체재원을 마련할 수 있는 기회를 제공할 수 있는 자립형 지방세제로의 제도적 전환이 필요하다. 제도개선의 장애가 되는 지방정부에 대하여 조세법률주의의 제한을 풀고, 자율적인 자치재정권의 보장과 운영 자율성 등 헌법상 또는 법률적 수준에서 분명하게 자치재정권, 지방세 설치권 등을 폭넓게 인정하고, 지방재정의 방만한 경영을 사전에 방지하기 위한 지방재정 관련 사전경고제 등의 안전시스템도 병행하여 구축해야 할 것이다. 이러한 제도적 개선을 위하여 기본적으로 국세와 지방세의 조정, 지방소비세의 신설 등 신세원 개발, 지역개발세의 확충과 환경보호세 도입, 지방세 세목의 정비 즉, 농업소득세의 폐지, 도시계획세의 폐지 후 재산세와 종합토지세로 흡수 등과 같은 개선방안이 실행되어야 한다. 덧붙여서, 각 자치단체마다 특히 광역자치단체의 경우에 세수기반이 상대적으로 차이가 심한 재정적 환경에 있으므로 전국적인 통합성을 유지하기 위해서는 중앙정부로부터의 교부금, 보조금 등에만 의존할 것이 아니라, 지역별로 징수되는 소득세와 부가가치세를 재원으로 하여 중앙정부와 공동으로 지역적 형평성을 고려하여 배분할 수 있도록 재정조정기금의 운영이 필요하다.

5. 지방자치단체의 국정참여 확대

지방정부와 국정참여는 국책사업과 관련하여 중앙정부와 지방자치단체간의 분쟁을 예방 내지 완화하기 위해서 확충되어야 한다. 근래 중앙정부는 국가공단 · 핵발전소 · 핵폐기물처리장의 입지선정, 개발제한구역의 용도규제 완화, 상수원보호구역 지정 등 국책사업을 추진하는 과정에서 지방자치단체와 잦은 갈등을 야기해 차질을 빚어왔다. 국책사업의 추진과정에서 지방자치단체의 참여기회가 적절히 마련되지 못한 탓이 큰 것으로 평가된다.

중앙정부에 대한 지방자치단체 전국연합단체의 협상력을 높이기 위해서는 현재 따로 운영되는 시 · 도지사협의회, 시 · 도의회의장협의회, 시장 · 군수 · 구청장협의회, 시 · 군 · 자치구의회의장협의회가 연대하거나 통합하여 국정에 한목소리로 참여하는 방안을 강구할 필요가 있다. 이를 위해서는 기존의 4개 지방자치단체 협의체만 설립을 허용하는 지방자치법 제154조의2 조항을 개정하고 지방자치단체연합을 지방자치단체을 대표하는 공식기관이자 국정의 동반자로서 인정하는 중앙정부의 조치가 선행되어야 한다. 한걸음 더 나아가 국가의 입법부에 국회와 「지방원」을 두고 지역정부 주민의 대표로 지방원을 구성하는 방법도 검토할 필요가 있다.

제3절 소결론

지금 우리가 당면한 피할 수 없는 시대적 요청은 지방분권을 통한 지방자치 기반을 더욱 공고히 하는 것이다. 앞으로 정부혁신을 지속적으로 추진하고, 세계화 속에 국가경쟁력을 강화하여 국가 재도약의 기반을 마련하기 위해서는 중앙의 권력을 과감하게 그리고 획기적으로 지방에 이전시켜서 중앙과 지방정부간의 관계를 새롭게 정립하는 것이다.

분권화를 통한 효율적이고 강력한 작은 정부, 그리고 견고한 지역사회의 형성은 무엇보다도 중앙정부와 지방자치단체 및 정부와 주민사이의 신뢰에 달려있다. 지방정부 및 지역주민들의 의식과 능력, 지식과 정보에 대한 불신으로 그동안 행사되어 온 중앙집권적 통제전략은 최대목표로 삼았던 지방공무원, 하위적 조직구성원, 그리고 지역주민들의 실수와 부패를 제거하지도 못하였다. 이제는 새로운 통제전략과 제도로 변화를 시도해야 한다.

변화에 적극 대응하다 빚어진 실수는 죄가 아니며 다만 아무 변화도 시도하지 않는 것이 죄가 될 뿐이다. 실수는 교육의 기회를 제공하는 동시에 개혁의 밑거름이 된다. 중앙과 지방정부간 바람직한 관계정립을 위해서는 결정권과 함께 결과에 대한 책임성을 中央에서 地方으로, 官에서 民으로, 위에서 밑으로 과감하게 이양하는데서 출발해야 한다.

chapter 03

지방자치단체 상호간의 관계

제1절 지방자치단체 상호간 관계의 의의

국토의 중심에 위치한 지리적 장점과 행정중심복합도시 건설 등으로 충청권이 정치, 행정, 지리적으로 명실상부한 국가의 중추지역으로 발돋움하고 있다.

특히 2012년 공공기관 이전이 완료된 이후, 행정중심복합도시는 각 지역에 흩어져 있는 국가 공공기관의 '머리' 역할을 맡게 될 것이다. 이에 따라 행정도시를 둘러싸고 있는 대전, 충남 북의 긴밀한 협력관계 유지는 물론 이를 바탕으로 타 시 · 도와의 광역단체간 협력유지와 타 시 · 군과의 기초단체간 교류 등 파트너십 구축이 새롭게 주목받고 있다.

우선 대전, 충남 · 북 3개 지자체의 긴밀한 협력관계 유지가 요구되며 이는 행정중심 복합도시 건설과 관련해 그 발판이 마련된 것으로 보여지며 호남고속철 분기역 문제로 빚어졌던 갈등을 봉합하는 것도 시급한 문제로 지적된다. 특히 행정중심 복합도시를 중심으로 대전, 천안, 청주를 잇는 초광역도시 육성이 우선적으로 선행되어야 한다.

이와 함께 3개 지자체의 협력을 바탕으로 영 · 호남지방과는 기업도시 개발을 비롯해 관광문화자원 개발, 수자원 및 환경자원을 이용한 공동협력방안을 검토할 필요가 있다. 또 호남권과는 호남고속철 개통과 함께 편리한 교통 체계를 바탕으로 다양한 교류가 가능할 것으로 보인다.

신행정수도의 지속추진을 위해 대전·충남·북이 견고한 공조체계로 지금까지 공동대응해온 자세는 대단히 바람직한 일이다(육동일, 2005;62-73). 그러나 거기에 그쳐서는 의미와 효과가 없다. 신행정수도 그리고 그 후속대책으로 마련한 행정중심복합도시의 건설이 당초취지대로 국토의 균형발전을 통한 지방살리기라면 그 효과가 극대화되기 위해서 3개 시도는 물론 경기, 정부까지 포함하여 지금까지의 유대와 협력을 더욱 다각화하면서 실질적 상생방안을 구체적으로 모색하고 또 실현해 나가야 할 것이다. 그 이유는 이렇다.

먼저 세계화 추세다. 지구촌 곳곳에서는 지금 경제의 세계화, 금융의 세계화 그리고 도시의 세계화가 치열하게 전개되고 있다. 특히 21세기 세계경제는 자본, 금융, 노동, 토지 등의 생산요소가 국가적 경계를 넘어서 전 지구를 무대로 작동한다. 이 세계경제를 견인하고 대응하는 장소가 바로 세계도시인 것이다. 세계도시의 특징은 인구측면에서 100만 이상의 거대도시이며, 공간적 측면에서는 중심도시로부터 50~100km권에 이르는 거대도시화 지역이다. 이 대도시권은 국제적 기능을 수행하는 권역으로 발전하고 국토공간의 균형발전 차원에서 기능해야 한다(김인, 2001:156-162). 세계화의 본질이 국가간 경쟁에서 도시와 도시간 경쟁 그리고 도시권간 경쟁으로 전환해가는 추세속에 대전은 이제 인구 150 만명을 넘어섰으며 그 지리적 영향권이 충남·북을 포괄하는 대도시권의 세계도시화를 지향해야 한다.

뉴욕, 런던, 동경, 터론토 대도시권 등은 세계 최상급의 국제화된 도시이며 모두 대단위 도시권역임을 간과해서는 안된다. 대전 충남·북은 대도시권역권 차원에서 주요 항공교통의 결절지로서 청주공항을 키우고 국제기구 또는 다국적 기업의 본사를 유치시키는데 주력해야 한다. 이처럼 충청권이 세계도시지역으로 발전하는 대신 인위적인 행정구역 속에 3개 시도가 안주해 버린다면 미래를 향한 비전과 희망을 가질 수 없다. 충청권은 대단위 권역속에서 경제의 활력과 주민들 삶의 질을 제고하는데 목표를 두고 교통, 취업, 환경, 교육, 치안, 지역개발 등의 문제를 지금부터 공동으로 해결해 나가야 한다.

다음, 디지털과 관련된 새로운 기술이 하루가 다르게 다가오고 있다. 핀란드의 수도 헬싱키에는 두 개의 도시가 있다. 하나는 현실세계에 존재하는 도시고, 다른 하나는 인터넷상에 구축된 가상도시이다. '사이버 헬싱키' 는 오프라인상의 주택, 거리, 공원, 백화점, 관공서, 미술관 같은 도시 전체를 사이버상에 그대로 옮겨 놓았을 뿐만아니라 시시각각 변하는 도시 전체의 모습을 실시간으로 제공한다. 우리도 '리얼 사이버 대도시권' 을 인터넷상에 구축한다면 충청권지역의 상생발전은 물론 지역주민들의 삶이 훨씬 편리해질 것이다.

제2절 자치단체간 협력의 배경과 필요성

1. 지방자치단체간 협력의 개념

지방자치단체간 교류협력은 자율적인 지방자치단체들간의 개별적 목표의 공동적 성취를 위한 긴밀한 관계를 말한다. 다시 말해서 각각의 단위간 상호작용을 통하여 교환 및 협의과정이 이루어지며, 이는 상호신뢰와 의존관계를 통하여 각 구성부분들이 그들의 업무와 활동을 달성하기 위해 자원, 권한 및 역할을 교환하여 상호이익을 증진시키는 것을 의미한다(사득환, 2002:123-144).

본 장에서는 지방자치단체간 협력은 본래부터 지방자치단체 업무에 속하는 것을 공동으로 처리함으로써 지역주민에게 서비스 제공이나 시설공급 등의 혜택을 주기 위하여 두 개 이상의 지방자치단체가 협조, 정보교환, 순응하여 그들의 업무를 공동으로 처리하려는 활동이라고 정의한다.

2. 자치단체간 협력의 배경

지방자치제도가 도입되기 시작하던 1990년대 초반만 하더라도 지자체간에는 협력보다는 경쟁의식이 우선이었으며, 이에 따라 지자체간 경계지역에서는 크고 작은 갈등과 분쟁이 자주 발생하였었다. 그러나, 민선 지방자치제가 실시된지 20여년이 지난 지금 상황은 많이 바뀌고 있다. 지자체간에 소모적인 경쟁보다는 생산적인 협력이 중요하다는 분위기가 고조되고 있으며 행정구역 경계를 넘어선 지역개발협력 모델이 구체적으로 논의되고 있다.

한편, 2000년부터 시행되고 있는 「제4차 국토종합개발계획」에서는 지역간 공동발전을 통한 통합국토의 실현을 중요한 정책목표로 설정하고 있다. 이를 위하여 국토계획에서는 지방자치단체간의 협력으로 지자체간 공동개발사업을 적극 발굴하고, 중앙정부가 이를 우선 지원하는 체계를 구축하도록 하고 있다. 2004년 1월에 발표된 「신국토 구상」에서는 지역간 공동번영을 위해서 지역간 상호협력 및 역할분담체계를 강화하는 한편, 지역간 협력사업에 대해서는 국가가 인프라, 예산 등을 우선적으로 지원하도록 하고 있다.

국토기본법과 국가균형발전특별법에서도 지역간 협력을 통한 공동발전을 촉진하는 규정을 명문화하고 있다. 국토기본법(제3조 3항)에서는 "국가 및 지방자치단체는 지역간의 교류협력을 촉진시키고 이를 체계적으로 지원함으로써 지역간의 화합과 공동번영을 도모하여야 한다" 고 명시하고 있다. 국가균형발전특별법(제39조 2항)은 "정부는 둘 이상의 지방자치단체 관할구역에 효과가 미치는 사업을 당해 지자체가 공동으로 추진하는 경우에는 해당사업에 소요되는 경비를 예산 편성시 우선적으로 반영할 수 있다" 는 내용을 담고 있다.

주요 선진국에서도 지자체간 공동발전 및 협력프로그램은 지역정책의 중요한 수단으로서 이에 대한 재정적, 제도적 지원기반을 갖추고 있다. EU에서는 지역간 협력프로그램으로 INTERREG III을 운용하고 있으며, 미국의 경우 지자체간 협력을 위하여 지역간 협력법(Interregional Cooperation Act)을 제정하여 운용하고 있다(진영환, 2005:3-4).

3. 자치단체간 협력의 필요성

지방자치단체간 협력은 본래부터 지방자치단체 업무에 속하는 것을 공동으로 처리함으로써 지역주민에게 서비스 제공이나 시설공급 등의 혜택을 주기 위하여 두 개 이상의 지방자치단체가 협조, 정보교환, 순응하여 그들의 업무를 공동으로 처리하려는 활동이라고 할 수 있다. 자치단체간 협력의 필요성을 요약하면 다음과 같다(김생수, 1996:252-253).

첫째, 동일한 생활권내에서 경제적 여건의 차이는 지방자치단체간 재정력의 격차와 직결됨으로써 지방자치단체간 지나친 이기주의 내지 특수 이익의 강조로 불균형을 심화시켜 생활권 전체 차원의 이익을 감소시키는 부작용을 초래할 가능성을 높이게 된다.

따라서, 행정서비스의 불공평한 공급 및 예산낭비와 같은 문제를 해결하기 위하여 지역간의 정책지향성을 가시화 시키는 지역개발 정책, 나아가 지방자치단체간의 공조 및 협력체제가 필요하다.

둘째, 지역은 교통 및 통신 등의 발달로 인하여 지역이 폐쇄체제가 아닌 개방체제로 변화하게 됨으로써 지역간 유대성이 증대되고 있다. 즉, 지역에서 이루어지는 지역개발은 지역의 특성을 살리는 방향으로 계획이 입안되고 추진되어야 하는 것이 바람직하지만, 자치행정 수요의 광역화 경향으로 인하여 중앙정부와 지방자치단체간의 수직적 통합을 유지하면서 지역간 수평적 통합이 가능하도록 협력과 유대, 기능분담을 통하여 상호지원하고 조정할 수 있어야 한다.

셋째, 지방자치가 지역의 자기완결성을 근간으로 하기 때문에 지역발전을 위한 각종 투자사업을 시행함에 있어서 개별 지방자치단체가 지출범위를 벗어나는 서비스의 공급요구에 직면하게 될 때 단위 정부간의 정치적, 행정적 책임의 분절성이 대두된다. 때문에 행정서비스의 소비주체인 지역주민에 대한 정치적, 행정적 책임의 전가 현상이 나타남과 동시에 행정주체간의 갈등을 야기하게 된다.

넷째, 규모의 경제와 관련한 기본적인 논리는 운영규모가 증가할 때 단위비용이 감소하고 총비용을 극소화하는 최적규모가 존재한다는 것이다. 이러한 측면에서 중앙주도적인 행정으로 인한 지방의 공공영역 축소를 막기 위하여 새로운 사회환경변화전략으로써 근린차원에서의 집합적 협력과 공동체적 유대의식의 강조는 생활환경에의 동등한 참여와 그 구성원간의 상호의존성을 희구하게 된다. 따라서, 규모의 경제이익 확보를 위해 기존 영역을 넘어선 상향적 규모의 경제논리에 기초한 협력이 요구된다.

다섯째, 지방자치단체에 의하여 혐오시설을 입지시키는 경우 토지이용에 대한 주민의 저항에 나타나게 된다. 따라서, 관련 지방자치단체의 협상과 조정이 요구되는데 지방자치단체간의 협력이 이와 같은 요구를 충족시킬 수 있는 수단의 하나가 된다(박우서, 2001:54-55).

제3절 자치단체간 협력방식의 유형

지방화, 고속 · 정보화 등 급격한 대내외적 여건변화에 따라 행정구역의 의미가 퇴색되어 가고 있는 반면, 점차 광역행정(metropolitan administration)이나 전략적 제휴, 네트워크의 중요성이 증대되고 있다. 이러한 맥락에서 지방자치의 본질을 훼손하지 않은 채 자원의 효율적인 이용을 도모하기 위하여 지역간 협력에 대한 다양한 방안들이 논의될 필요가 있다. 그러나 아직도 지역협력계획 등 지방의 자발적인 필요성과 기능충족을 위한 계획제도가 구비되지 않아 이를 촉진하기 위한 제도화 방안이 우선적으로 검토될 필요가 있다.

지역협력은 다양한 방식을 통하여 이루어진다(육동일, 2001:176-178). 첫째, 지역간 공동투자 및 사업추진, 둘째, 개발신탁 설치, 셋째, 공동협약의 체결, 넷째, 공동추진방식의 채택, 다섯째, 공동기구의 설립, 그리고 전략적인 협력체제의 구축이다. 지역협력의 기대효과로는 지역개발 투자의 시너지 효과 극대화, 막대한 투자재원의 공동조달, 지역자원의 효율적 이용과 주민서비스 개선, 그리고 지역간 갈등해소와 사전분쟁예방 효과 등을 들 수 있다.

1. 지역협력방식

1) 지역간 공동투자 및 개발신탁 방식

지역간 공동투자(development partnership or joint venture)는 막대한 재원이 요구되는 광역시설 및 지역개발사업 등의 추진을 위하여 자치단체가 공동으로 사업을 추진하는 협력방식이다. 대규모 항만과 공항, 광역공급처리 시설사업 등이 이에 해당한다. 개발신탁(development trust)은 2개 이상의 지방자치단체가 구체적인 시책과 사업을 원활히 추진하기 위하여 설치하는 협력방식이다.

2) 공동협약 및 제휴 추진

공동협약(joint agreements), 제휴(coalitions)는 지방자치단체의 시책과 사업추진을 독자적으로 수행하면서도 공동발전 차원에서 상호협력, 조정을 하는 협력방식이다. 공동의 정책목표를 지니고 있을 때 상호부담이 없이 협력할 수 있는 방안이다.

3) 공동추진협력

공동추진협력(promotional partnership)은 관광 및 산업진흥을 공동으로 추진함으로써 시너지 효과를 높이는 협력방식이다. 여기에는 문화 및 체육행사 등의 공동 또는 협력개최 등이 포함된다.

4) 공동기구의 설치

공동기구(agency partnership)의 설치는 지역간에 공동의 조직이나 기구를 설치하고, 공동의 사업을 추진하게 하는 방식이다. 여러 시 · 군, 시 · 도를 포함하는 지역개발기구, 지역관광진흥기구 등이 이에 해당한다.

5) 전략적 제휴 · 협력

전략적 동반자 관계(strategic partnership)는 특정목적을 위한 선택적인 협력관계의 형성을 의미한다. 전반적인 발전목표와 시책추진에 있어서 특정한 분야의 필요성이 공동으로 대두되는 경우에 한하여 협력관계를 유지한다.

2. 외국의 지역협력 계획 적용사례

지역협력 촉진이나 지역공동전략 수립을 위한 외국의 적용사례는 종합적인 지역협력계획 형태와 산업, 교통, 관광 등 부문별 지역협력계획 내지 지역공동개발사업의 추진에 의한 협력형태로 크게 나눌 수 있다.

종합적인 지역협력계획은 인접지역간의 지역협의체 및 연구기관의 설치를 통하여 광역적인 장기발전전략과 공동발전을 위한 방안을 강구하기 위하여 수립된다. 미국 뉴욕-뉴저지-코넷티컷 등 3개의 인접 주가 뉴욕-뉴저지 항만청(Port Authority of New York-New Jersey), 3개 지역의 인프라 공급은행(Tri-State Infrastructure Bank), 지역 교통기구(Regional Transportation Authority)의 운영 · 관리 등 지역공동의 현안문제 해결을 위해 수립하는 장기적인 지역공동계획(Tri-State Regional Plan)사례와 미국의 2개 광역협의체와 인접 캐나다 광역협의체간 대규모 협력형태인 Cascadia Forum에 의한 장기적 공동계획수립사례 등을 들 수 있다.

광역행정방식의 활용에 있어서도 선진외국의 경우는 다음과 같은 경향을 나타내고 있다. 첫째, 대체로 정치 · 사회적 여건과 자치발달 수준에 따라 다양한 광역행정방식이 채택되고 있다. 일반적으로 협의의 전통이 강한 미국은 계약, 협정, 정부간 협의, 광역행정구(단일목적, 다목적), 광역계획기관, 특별구, 구역변경 · 분리 · 합병, 연합 등이 다양하게 활용되나 주로 자치단체간 협의에 기초한 협의방식이, 일본에서는 공공시설의 구역외 설치 및 지방공공단체의 공동시설 이용, 지방공공단체의 협의권, 지방공공단체의 기관 등 공동설치, 상호구제사업의 경영위탁, 사무위탁, 일부사무조합, 광역연합, 재산구, 지방개발사업단, 시정촌 합병 · 통합 등이 있으나 자치단체가 규약에 의거한 조합방식이 주로 활용되고 있다. 둘째, 기능적 구역의 중첩으로 행정구역의 유연성 증대뿐만 아니라 정보화 · 고속화에 따른 이동성 증대로 지역간 협력의 지리적 범위가 확대되고 있다. 이에 따라 지역간 협력의 지리적 범역에 있어서 국내 지역간의 협력단계를 너머 국경을 초월하여 광역행정체제간의 협력까지 나타나고 있다. 셋째, 자치단체간의 협력을 통하여 공동이용시설의 설치 등을 촉구하기 위하여 중앙정부의 재정지원 조치가 확보되어 있거나 증대되는 경향이다. 미국의 정부간 협의회는 연방정부의 대도시권계획에 대한 보조금 인센티브가 있기 전까지는 활동이 미미한 편이었으나, 공동개발사업에 대하여 연방정부의 보조금이 제공되면서 활성화되었다. 일본의 광역연합도 재정적으로 취약한 자치단체들이 중앙정부의 재정적 인센티브에 근거하여 통합이 활성화되는 추세를 보이고 있다.

이와 같이 지역간 협력 및 네트워크 구축은 시대적인 필요성과 각 국가가 지닌 제도적인 기반의 특성에 따라서 상이하게 전개되는 경향을 지니고 있으므로 제도도입에 앞서 우리의 여건에 대한 면밀한 진단이 요구된다.

제4절 자치단체간 협력사업의 실태와 문제점

1. 협력사업의 개요

협력사업의 사례로 지금까지 진행되고 있는 충청권 지방자치단체의 협력사업 개요는 다음과 같다(송두범, 2005:79-83).

첫째, 광역자치단체간 협력사업은 대전 · 충북 · 충남이 참여하는「충청권협의회」와 충남 · 전북이 참여하는「충남-전북교류협력회의」, 인천광역시 · 경기도 · 충청남도 · 전라북도 · 전라남도가 참여하는「황해권시도지사협의회」를 통해 이루어지고 있다.

「충청권협의회」는 1995년부터 설치 운영되고 있으며,「충남-전북교류협력회의」는 2002년에 구성되었다. 한편,「황해권시도지사협의회」는 2003년에 창립하였으며, 5개 분야 세부사업을 협력사업으로 선정하였다.

광역자치단체간 협력사업은 지방자치, 지역경제, 도로교통, 물관리, 환경보전, 문화관광, 농어업 소득보전 등을 중심으로 이루어지고 있으며, 혐오시설 및 공공시설 설치 운영, 교육 및 연구개발 등에 대한 협력은 이루어지지 않고 있다.

둘째, 기초자치단체간 협력사업도 행정협의회, 발전협의회, 행정협력회 등의 이름으로 지역협의체를 구성하여 이루어지고 있다.

충청남도 천안시 · 아산시 · 경기도 평택시 · 안성시가 참여하는「중부권공동발전협의회」, 충청남도 천안시, 경기도 안성시, 충청북도 진천군이 참여하는「3도 3시 군행정협력회」, 대전시 유성구 · 충청남도 공주시 · 금산군 · 부여군 · 전라북도 무주군이 참여하는「백제권 5개지방자치단체 관광벨트」, 대전 유성구 · 충남 예산군 · 아산시 등 전국 8개 기초자치단체가 참여하는「전국온천지역 자치단체장협의회」, 강원도 동해시, 경상남도 고성군, 충청남도 태안군이 참여하는「3개 해안행정교류회」등이 대표적이다.

기초자치단체간 협력사업은 주민간 친목도모, 민간단체 교류, 공동방역, 문화예술 및 관광, 스포츠, 지방자치 등을 중심으로 이루어지고 있다.

1) 광역지방자치단체간 협력사업

가. 대전-충북-충남간 협력현황 분석

대전-충북-충남간의 협력은 3개 시·도 지방자치단체장으로 구성된 「충청권행정협의회」에 상정된 안건을 중심으로 이루어지고 있다. 「충청권행정협의회」는 충청권 광역지방자치단체에 관련된 사무의 일부를 공동으로 처리함으로써, 권역 안의 균형있는 발전과 광역행정의 효율적인 사무추진을 도모하기 위한 목적으로 1995년 3월 3일 설치 운영하고 있다.

나. 충남, 전북간 협력현황 분석

충남, 전북 지역간 긴밀한 유대와 협조체제를 유지하는 가운데 양 지역간 협력 제휴를 통하여 공동발전을 도모하고 화합분위기를 조성하기 위해 충청남도와 전라북도 등 2개 광역지방자치단체와 9개 기초지방자치단체가 참여하여 2002년 10월 「충남-전북교류협력회의」를 구성하여 운영하고 있다.

다. 황해권 시도지사협의회

황해권 5개 시도는 황해를 중심으로 지리적, 문화적 동질성이 강하고 서해안고속도로 개통으로 그 관계가 한층 긴밀해짐에 따라 지역현안사업의 공동추진 등 발전방안 모색과 교류협력의 필요성이 꾸준히 제기되어왔다. 2002년 11월 7일 5개 시도지사가 (가칭)황해권도지사협의회 구성 운영에 합의하고, 실무위원회에서 협의안건 등에 대해 협의하였다.

「황해권시도지사협의회」는 황해권의 주요현안사항 추진, 상호 정책공조 및 공동관심사 협의 등을 통한 권역의 공동발전에 기여하기 위해 황해권 5개 광역지방자치단체인 인천광역시, 경기도, 충청남도, 전라북도, 전라남도 등이 참여하여 2003년 2월 21일 창립하였다.

라. 서해안권행정협의회

서해안권행정협의회는 광역시설 및 자원의 공동개발 등 광역행정수요가 날로 증가됨에 따라 시군간 현안협의와 대응방안을 모색함으로써 공동의 이익을 도모하고 지방자치단체간 협력과 우의를 돈독히 함으로써 각 지방자치단체의 행정효율을 높이기 위해 보령시, 서산시, 서천군, 청양군, 홍성군, 예산군, 태안군, 당진군 등 서해안 8개 기초지방자치단체가 참여하여 2003년 4월 17일 결성하였다.

마. 3도 3지방자치단체간 행정협력회

충남 천안시, 경기도 안성시, 충북 진천군 등 접경지역 3개 시 · 군의 복리증진과 협력 · 교류에 공동 노력하기로 하고, 문화 · 관광 · 산업 및 도로 · 교통망의 확충 등 지역공동관심사업을 개발 추진하기 위해 행정협력회의를 구성하였다.

바. 백제권 관광벨트화 추진 지방자치단체장협의회

참여 지방자치단체는 대전 유성구, 충남 공주시, 금산군, 부여군, 전북 무주군 등이며 구성목적은 다양한 관광수요에 능동적으로 대처, 관광상품의 공동개발을 통한 관광산업 생산성 제고 등이다.

사. 전국온천지역 지방자치단체장협의회

참여 지방자치단체는 대전 유성구, 부산 동래구, 경기 이천시, 충남 예산군, 충남 아산시, 충북 충주시, 경남 창녕군, 경북 울진군 등 8개 기초자치단체이다.

2) 협력사업의 문제점

지방자치단체간 협력사업을 위한 제도와 조직이 구축되었음에도 불구하고 지금까지 시행된 협력사업에서 나타난 한계와 문제점을 정리하면 다음과 같다.

첫째, 기초지방자치단체간 협력사업의 경우 창립된 이후 협력사업이 이루어지고 있지 않는 경우가 대부분이어서 선언적이고 상징적인 의미에 머무를 가능성이 크다. 협력사업의 특성상 일회성 행사를 통한 목적 달성은 거의 불가능한 실정이다.

둘째, 충청권 지방자치단체간 협력사업 내용을 살펴보면 지방자치, 산업경제, 관광, 사회간접자본, 교통, 하천, 환경 등 일반행정의 모든 사업을 대상으로 하고 있다. 따라서 이상적이긴 하지만 그 실현가능성에 한계점이 클 수 밖에 없다.

셋째, 대부분이 개별사업위주로 제시되어 있어서 사업을 통해 추구하고자 하는 공동발전목표가 불명확한 점은 개별사업에 대한 목표달성 이후의 새로운 협력 제휴사업도 개별사업의 형태로 선정될 수밖에 없어 협력 제휴사업 자체가 파편화되고 분절화 될 가능성이 내재되어 있다.

넷째, 지방자치단체간 협력 제휴는 단순협력이나 공동분담의 범위를 벗어나지 못하고 있으며, 시설의 공동설치와 이용, 공동투자 단계 등 보다 고강도의 협력 제휴사업으로 이행되지 못하고 있다.

다섯째, 지역간 협력 제휴는 행정기관, 민간단체, 기업, 대학 등 다양한 주체들의 참여에 의해 이루어지는 것이 바람직하지만, 충청권 및 충남-전북간 협력 제휴는 광역 및 기초지방자치단체 등 관 주도 협력사업으로 추진되고 있다. 민간차원의 협력 제휴는 재정적인 어려움 등으로 인해 행정의존적이고, 체계적으로 추진되지 못하고 있으며, 친선교류차원에 한정되고 있다.

여섯째, 충청권 및 충남-전북의 협력 제휴사업도 지방자치단체에서 재정분담이 필요한 사업보다는, 중앙정부로부터 재정적인 지원이 필요한 사업중심으로 추진하고 있다. 이와 같이 재정이 수반되는 협력 제휴사업이 활발하게 이루어지지 않는 것은 광역 및 지방자치단체의 투자재원확보의 어려움도 있지만, 재정투자 결정을 합의했다 하더라도 집행을 위해서는 지방의회의 동의를 얻어야 하는 절차를 번거롭게 생각하고 있기 때문으로 판단된다.

제5절 자치단체간 협력사업의 방향과 과제

1. 광역행정기반의 제도적 구축과 지방재정의 확충을 위한 제도개선

우리나라의 지방자치단체간 협력을 위한 제도는 현행법상 행정협의회, 자치단체조합, 사무위탁, 광역계획, 지방자치단체장 등의 협의체가 중심을 이루고 있다. 이러한 제도는 다른 선진국에 비하여 다양성과 신축성이 결여된 점이 있으며 특히 제도(행정, 재정, 계획 등) 상호간의 연계가 부족할 뿐만 아니라 법적 지위가 결여되어 강력한 집행력과 책임성을 담보할 수 없게 되어 있다. 그 결과 지방자치단체간 협력제도는 행정협의회에 주로 의존해왔고, 선진국에서 많이 활용되고 있는 지방자치단체조합도 단지 2개가 설립되었을 뿐이고 그것도 제대로 운영되지 못하여 해체된 상태에 있다.

광역권 형성에는 여러 지방자치단체가 관련되므로 개별지역차원의 행정으로는 한계가 있다. 이를 극복하기 위해서 지역간 광역행정협의체 구성이 효과적일 것이다. 지역별 광역권 형성을 위한 광역행정협의체는 광역지자체와 시 · 군 기초자치단체가 함께 참여하여 구성할 수 있을 것이다. 이 경우 광역별 공간적 범역에 해당되는 지자체가 모두 참여하는 것이 바람직할 것이다.

특히 광역권의 취약지대를 집중 육성하기 위해서는 지자체의 재정능력이 확충되어야 한다. 이를 위해 법인세 등 국세의 일부를 공동자금화(공동세 형태)하여 광역권 형성과 관련된 재정취약 지자체에 차등적으로 지원할 수 있을 것이다. 즉, 국고보조금, 지방양여금, 특별교부세의 일부를 광역권 형성을 위한 지자체 지원재원으로 활용해 나가야 한다. 이 경우 광역권 전체의 발전 정도를 고려하여 차등적으로 지원함이 바람직하다.

프랑스의 지방자치단체간 협력체는 재정적인 부분에 마찰이 적고 협력이 잘 이루어진다. 이것은 국가가 보조금제도 등을 통해 자치단체간의 교류 활성화를 유도를 한 결과이다. 국가는 보조금을 배분함에 있어서 지방자치간체간 협력체에 우선적으로 배분하여 지방자치단체간의 협력을 유도하고 있다. 기초자치단체도 재정적 이점을 누리기 위하여 협력에 적극적으로 응하고 있다.

2. 도와 시 · 군간 갈등관리의 제도화

도와 시 · 군간의 갈등문제에 대한 최선의 처방은 각 지방정부간 갈등 자체의 발생을 최소화하는 것이다. 그러나 현실적으로 지방자치단체의 자치권이 강화될수록 갈등은 필연적이기 때문에 그 조정을 위한 다양한 제도적 장치가 필요하게 되고 궁극적인 해결은 갈등 자체에 대한 당사자간의 인식의 전환에 바탕을 두어야 한다. 이를 위하여 다음과 같은 제도적 개선방안들이 요구되고 있다.

1) 의사소통체제의 정비

현재 설치되어 있는 행정협의회는 사실상 형식적이고 의례적인 성격에서 크게 벗어나지 못하고 있다는 지적이 많다. 따라서 그 실효성을 확보하기 위해서는 이를 상설기구화 하고 합의사항에 대한 구속력을 부여하는 등 제도의 보완이 있어야 할 것이다. 기타 현재의 협의체로 구성되어 있는 지방의회의장 협의회나 지방자치단체장협의회 등 비공식적 협의체를 통하여 다양한 대화 및 타협의 채널을 활용하는 방안도 강구할 필요가 있다.

영국의 경우 자치단체간 상호협력을 위해 가장 효율적으로 사용하고 있는 방안은 법률적, 공식적인 방안보다도 비법률적, 비공식적 수준에서 다양한 교류를 추진하거나 협조관계를 유지하는 것이다. 즉 자치단체간 공동의 문제나 상호 관심사에 대해 특정한 실무협의회를 구성하여 해결하기보다는 자치단체간 인사교류, 직원파견 등의 방법을 통해 상호 정보를 교환하는 것은 물론 공동으로 새로운 관리 · 경영기법을 연구 · 개발하기도 한다.

일본의 경우 역시 연수 목적을 가진 직원파견과는 별도로 지방자치단체간 인적 지원을 위한 지원파견제도가 있다. 이 제도를 통해 일본의 지방자치단체는 사무처리의 효율화 · 합리화를 꾀하고 있는 것은 물론 상호 신뢰구축 나아가 사무공동처리를 목적으로 하고 있다.

영국과 일본의 이러한 사례는 한국 행정협의회 활성화를 위해 좋은 시사점을 제공하고 있다. 행정협의회는 비록 법률적인 기초아래 운영되고 있지만 그 전제는 빈번한 교류, 정보교환 등을 통한 자치단체 상호간의 협력과 신뢰구축이다. 즉 행정협의회가 활성화되기 위해서는 먼저 자치단체간의 상호 활발한 교류가 있어야 하며 이를 바탕으로 신뢰가 구축되어야 한다. 그러나 현재 한국의 행정협의회는 자치단체의 상호협력과 신뢰구축은 커녕 오히려 지역이기주의가 팽배한 상태에서 운영되고 있는 상황이다.

2) 조정제도의 보완과 조정자의 확보

지방자치단체간의 분쟁이 발생하였을 경우 현행 지방자치법 제 140조는 시 · 도에 대하여는 행정자치부장관이, 시 · 군 및 자치구에 대하여는 시 · 도지사가 당사자의 신청에 의하여 이를 조정할 수 있도록 하고, 이를 위하여 분쟁조정위원회를 두도록 하고 있다. 이 제도는 주로 사후적 의미를 지니고 있는 바, 사전에 예상되는 분쟁을 체계적으로 관리함으로써 그 해소에 드는 비용을 최소화 할 수 있도록 제도적 보완이 필요하다. 또한 갈등을 반드시 이러한 조정제도 이외의 통로를 통해서도 해결할 수 있도록 시민단체 등을 활용하는 방법도 검토해 볼 필요성이 있다.

3) 지방자치단체의 자율적인 조정능력 배양

지방자치단체간의 갈등은 지방자치단체간의 경쟁을 유발하고 역동적인 발전의 계기를 마련하는 순기능의 측면이 없는 것은 아니지만 갈등의 악순환은 갈등하는 지방자치단체 모두의 합리적인 의사결정에 장애를 가져오고 결과적으로 그 피해는 주민에게 귀착되어진다.

따라서, 지방자치단체간의 갈등의 원인 자체를 제거함으로써 갈등이 발생하지 않도록 사전적인 예방책이 최선의 대안이 되겠으나 자치단체가 이익을 추구하는 과정에서 다른 자치단체와의 갈등은 필연적인 경우가 허다하기 때문에 갈등의 제도적인 관리방안에 관한 논의가 필요하게 된다.

그러나 갈등의 조정을 위한 다양한 방법들을 강구하는 것도 중요하지만 무엇보다도 각 자치단체가 스스로 갈등을 해소할 수 있는 조정능력과 범국가적인 차원의 거시적 안목으로 자연스럽게 형성되는 협상과 타협의 관행이 근본적인 해결책으로 대두된다.

3. 지역협력계획 제도의 도입

자치단체들간 이해가 첨예한 부분에 대해서는 협의는 말할 것도 없고, 행정협의회 안건으로 상정되지도 못하는 경우가 많았다. 이에 대하여 행정협의회 관계자들은 광역시 · 도가 나서주기를 희망하는 반면, 광역시 · 도에서는 개입을 꺼리거나 방관적 입장을 보이고 있었다.

따라서, 행정협의회에서 협의가 곤란한 사항은 중앙정부나 광역지방자치단체인 도에서 적극적으로 조정 · 중재하여 행정협의회 자체적으로 해결하지 못하는 부분을 보완할 수 있어야 한다.

현재 시도별로 분쟁조정위원회가 구성되어 있어 분쟁조정의 절차가 마련되어 있지만, 그 이전에 광역시 · 도 또는 중앙정부에서 협의회 운영에 참여하는 적극성이 요구된다. 다만, 광역시 · 도나 중앙정부가 개입하여 조정을 할 경우에도 강제적인 방식보다는 서로간의 이해를 절충하고 타협안을 도출하는 조정능력을 통한 방식이어야 한다.

지역간 협력촉진을 위한 지역협력계획의 제도화를 위한 기본방향은 다음과 같다(육동일, 2001:195-196). 첫째, 지역협력계획은 관련 지방자치단체의 자발적 욕구와 선도에 의하여 수립여부가 결정되고, 추진되는 자율적인 계획이 되도록 한다.

둘째, 지역협력계획은 다양한 공간범위와 목적을 지닌 계획으로 운영될 수 있는 유연적 체계와 제도를 갖추도록 한다. 여기는 시 · 도를 포함한 광역적 지역협력계획에서부터 시 · 군 협력계획까지, 그리고 종합발전계획에서부터 개별부문별 지역협력계획까지, 그리고 단순 전략계획에서부터 구체적인 사업추진을 위한 계획까지 필요에 따라 공간적 범위와 형태를 달리할 수 있어야 한다.

셋째, 지역협력계획제도는 기존의 공간계획제도를 연계시켜 중복계획의 수립을 방지하도록 한다. 종합발전계획 차원에서 지역협력계획이 수립되는 경우, 유사한 성격의 공간계획은 지역렵력계획으로 대체할 수 있도록 하여야 한다. 따라서 지역협력계획이 수립된 경우, 유사한 법정계획의 수립여부는 지방자치단체의 자율적인 판단에 따르도록 한다.

넷째, 지역협력계획제도의 정착과 활성화를 위하여 지역협력계획에 의한 사업에 대한 중앙정부의 재정지원 우선제를 채택하도록 한다. 여기에는 투자의 우선순위 뿐만 아니라 재정지원의 종류와 규모에 있어 지원폭 확대 등을 위한 제도적 수단의 확보가 필요하다.

마지막으로 지역협력계획이 이해당사자간 협력과 제휴관계 속에서 효율적으로 집행될 수 있는 제도적 수단을 확보하도록 한다. 이를 위해서 중앙정부, 지방정부 및 민간부문간 투자협약제도 등이 검토될 수 있다.

4. 광역권 형성을 위한 제도적 기반 구축

광역권 형성을 위한 제도적 기반구축을 위해서는 다음과 같은 방안이 도입될 필요가 있다.

1) 지역간 협력 및 제휴방식에 의한 추진제도의 도입

행정구역을 초월하여 다수의 지역이 대도시 광역권에 포함되므로 지역간 협력 · 제휴방식에 의한 광역권 발전의 공동노력이 계획측면, 투자측면 등에서 필수적이다. 기존의 행정구역을 넘어서 다양한 지역간 협력 · 제휴에 의한 프로젝트 유형은 여러 가지가 있을 수 있다. 예를 들면, 지역간 생태환경축의 공동형성사업, 지역간 관광문화벨트사업, 지역간 산업지대망 구축사업, 그리고 여러 지역이 공동으로 사용하는 광역시설사업(기간교통망, 물류시설 등)을 들 수 있다.

2) 국가와 지자체간의 투자협약제도의 도입

광역권 구축사업을 효율적이고도 안정적으로 추진하기 위해서는 중앙정부와 지자체간에 주요 프로젝트의 공동추진방식이 요구된다. 광역권 형성은 중앙정부 단독으로 하는 것이 아니라 중앙정부, 지자체, 민간이 공동으로 해나가는 것이다. 이 경우, 지자체의 메커니즘을 반영하여 국가와 지자체간의 공동추진방식으로서 프랑스에서 성공적으로 추진되고 있는 「계획계약(Plan Contract)」 방식을 도입할 수 있을 것이다. 즉 광역권 구축에 효율적인 프로젝트에 대하여 지자체와 중앙정부가 협의하여 계획기간, 사업계획, 투자분담, 연차별 투자규모 등에 대하여 중앙정부와 관련 지자체가 협약을 맺어 추진하는 방식이 실효를 거둘 수 있을 것이다. 중앙정부와 지자체는 협약에 의거하여 예산을 우선적으로 배정할 수 있도록 협약사업에 대한 예산의 안정적, 우선적 배정제도가 필요할 것이다.

3) 지역간 협력법(Interregional Cooperation Act) 제정

서로 인접한 지자체간 협력네트워크 구축을 촉진하기 위해서는 별도의 법률인「지역간 협력법」의 제정이 효과적인 수단이 될 수 있다. 즉, 지자체들이 지역개발사업을 위한 중복투자와 과도한 경쟁에서 탈피하여 비교우위를 지니는 분야에 역량을 집중할 수 있을 뿐 아니라, 지자체간의 공동사업을 유도함으로써 자원이용의 효율성을 제고시킬 수 있을 것이다.

「지역간 협력법」은 광역 또는 기초지자체들이 지역개발사업을 공동으로 추진할 수 있도록 하기 위한 법적 기반을 제공하여, 국토기본법, 국가균형발전특별법 등에 규정된 지역간 협력을 구체화 시킬 수 있을 것이다. 또한, 기존의 지방자치법이 규정하는 지자체간 행정협력을 위한 제도적 장치에 대한 보완적인 성격을 갖게 될 것이다.

4) 지방의회의 개혁

지방자치단체간 협력을 위해서는 현재의 지방의회가 개혁되어야 하며 무엇보다 갈등관리능력을 제고시키는 것이 중요하다. 그 실마리는 지방의회의 권한강화에서 찾아야 한다. 중앙정부는 지방자치를 통제하겠다는 반자치적 · 집권적 발상을 버리고 지방자치와 지방의회의 활성화를 통해 지방자치의 긍정적 측면을 최대로 활용할 수 있는 시스템을 구축하는 것이 바람직하다. 지방의원 스스로도 지방의회의 위상과 독자적 역할을 제도적으로 보장하고 그 권한을 강화하여 지방의원의 갈등관리에 관한 전문성을 향상시키는데 주력함으로써 주민과 지역으로부터의 권위와 신뢰를 회복해야 할 것이다.

특히 중앙정부의 입법범위의 축소와 함께 그 대부분이 조례에 위임되는 지방분권하에 있어서는 의회에 의한 그 심의능력의 향상은 물론, 의회, 의원스스로의 정책형성능력의 제고가 당연하게 요구된다. 나아가 주민의 다양한 요구와 그에 따는 대립과 갈등에 대응하기 위한 의회의 공개와 정보의 제공이 보다 적극적으로 요청된다. 이러한 관점에서 지금까지의 분권 논의에 있어 다소 소극적인 경향이 있는 지방의회가 적극적으로 분권화를 담당할 역할설정과 적극적 참여방안 그리고 타협과 협상능력의 제고를 위한 방안들이 구체적으로 강구될 필요가 있다.

5. 세종시건설 과제에 구축된 협력적 틀의 계승적 발전

충청권 3개 광역자치단체에서는 「충청권협의회」를 중심으로 세종시의 충청권 건설 타당성 논리를 공동으로 연구하고, 국민의 공감대 형성을 위한 공동노력, 수도권과의 상생발전을 위한 공동노력, 민단단체차원의 협력을 위한 행정적 지원, 토지이용규제와 부동산 투기 등에 대한 공동대처 등 공조관계를 유지해왔다.

현재, 정부에서는 세종시의 성공적 건설에 필요한 시책개발을 위해 다양한 논의를 계속하고 있는 만큼 이에 대해서도 충청권 3개 시도는 공동으로 대응하고, 공동번영을 위한 논리를 지속적으로 개발하여 제공하기 위해서는 3개 시도간의 공동협력은 더욱더 강화될 필요가 있다.

특히, 자치구역, 지방정부의 구성형태, 자치계층구조, 자치권의 수준, 광역행정처리방식, 현 서울특별시와 행정도시간의 관계, 행정상의 특례, 향후 도시관리체제의 구축 및 역할분담 등과 연계되어 해결해야 할 주요 과제들이 된다(육동일, 2005:197-198).

6. 자치계층구조 및 구역개편에 따른 과제

2008년 정치권은 지방자치제도에 일대 지각변동을 초래할 자치계층 단층화 및 자치구역 광역화 구상을 발표했다.

자치계층구조와 구역의 개편은 일선행정체계의 혁명적 변화를 가져오는 중대한 국가문제이며, 향후 지방자치의 발전은 물론 지역사회의 재구조화에 결정적인 영향을 미치기 때문에 보다 신중하고 현명하게 접근해야 한다. 특히 자치계층과 구역의 변화는 지방자치단체의 구성과 규모, 기능과 역할, 지역의 균형발전, 주민참여의 기회와 수준 등 해당지역과 관련된 모든 문제를 포괄하는 종합적인 이슈이기 때문에 졸속적으로 다루면 지역은 물론 전체 국가 사회에 상당한 진통과 혼돈 그리고 막대한 낭비를 초래하게 된다.

자치계층과 구역개편은 행정환경이 계속해서 변화하는 한 항상 필요한 것이며 반드시 성공적인 결과를 내야 한다. 그러려면 최소한 다음과 같은 과제들이 먼저 검토되고 논의되어야 한다(육동일, 2005:24-26).

첫째, 자치구역개편이 지방분권을 저해해서는 곤란하다. 지방분권을 통한 국가경쟁력 강화와 지방자치의 활성화를 통한 지역의 균형발전은 불가피한 시대적 요청이며 최우선 국정과제다. 특별지방행정기관의 통 · 폐합, 자치경찰제 및 교육자치제 및 중앙권한의 지방이양 등의 주요한 분권과제들이 자치구역개편 때문에 유보 내지 지연된다면 득 보다 실이 훨씬 클 것이다. 지방분권은 자치구역개편에 앞서서 예정대로 추진되어야 두 과제가 모두 성공할 수 있다.

둘째, 자치계층과 구역에 대한 논의는 비정치적 · 종합적 · 장기적으로 다룰 수 있는 제도적 장치가 마련되어야 한다. 자치구역의 개편을 선거에 즈음해서 정치쟁점화하고 이를 득표와 관련해서 정치인 개개인의 이해관계나 특정정당의 당리당략 혹은 지역이기주의로 활용하려는 정치인들의 의도를 철저히 차단시켜야 한다. 이를 위해 영국의 '지방자치위원회' 나 일본의 '지방제도조사회' 같은 독립상설기관이 설치될 필요가 있다. 이러한 기구를 통해 행정수요자인 주민들의 의견을 상시적으로 수렴 · 반영하고 정치권의 이해관계에 따라 즉흥적이고 당략적으로 자치구역이 개편되는 것을 방지해야 한다.

셋째, 자치구역개편 문제는 통일과 관련해서 다루어져야 한다. 독일의 통일에서도 그랬듯이 앞으로 남 · 북한 양측의 지방행정기관 간의 공조나 협력이 점진적인 통일과정에서 매우 중요한 역할을 수행해야 할 것이다. 그래서 남 · 북한 지역에서 원칙적으로 통일된 형태의 지방행정체제가 구축되는 것이 바람직하다. 계층과 구역의 개편 역시 북한의 지방행정단위를 고려하면서 통일 후 통합지방행정체제가 구축될 수 있도록 표준시안이 마련되고 이에 의거해서 추진되어야 한다.

넷째, 개편에 앞서 지방행정계층을 구성하는 도와 시 · 군 그리고 읍 · 면 · 동간의 명확한 기능분담과 상호간의 교류 및 협력관계가 정립된 상태에서 시도되어야 한다. 광역행정을 활성화 한다는 차원에서 단순히 종래의 시 · 군통합과 같은 절차와 방법으로 추진해서는 실패한다.

특히, 자치 내지 행정구역 확정은 선거구역과 밀접한 관련이 있다고 하더라도 선거구제를 위해서 자치구역이 바뀌는 우를 범해서는 절대 안된다. 가장 중요한 점은 구역개편이 과연 누구를 위한 것인가를 명확히 인식하는 것이다.

제6절 소결론

21세기에는 세계화, 고속정보화, 지방화 등 대내외적 여건변화에 따라 행정구역의 의미가 퇴색되어가고 있는 반면, 점차 지역간 협력행정이나 전략적 제휴, 네트워크의 중요성은 증대하고 있는 것이다. 지역간 공동투자, 공동협약, 개발신탁 등 지역협력의 방안도 다양해지고 있다.

대전시의 경우, 최근 대전 연구개발 특구의 육성을 통해 대한민국 과학기술의 메카로서의 위치를 확고히 할 절호의 기회를 맞고 있다. 그런데 대덕특구가 성공하려면 충남·북과 협력해서 자금, 인력, 기술 등이 교류되어야 하며 특구개발의 파급효과가 대전은 물론 충남·북에 까지 극대화되도록 준비단계부터 같이 검토해야 한다. 또 충남이 백제권·내포문화권개발을 비롯한 4대전략산업 육성계획들도 대전시와 같이 협조해 나갈 때 성공가능성이 더욱 높아진다.

요컨대 세종시 문제를 공동대처해 나가는 대전·충남은 물론 경기, 전북과 함께 이번 계기를 통해 꼭 닫혀있는 행정구역을 넘어 공무원간, 대학간, 기업간, NGO간의 상호교류와 협력을 더욱 활성화시켜 나갈 필요가 있다. 지역권역권은 함께 발전해야 한다. 따로 따로의 발전은 한계가 있다. 지금부터 같이 머리를 맞대고 미래를 설계해야 할 것이다. 그것이 세계화, 정보화, 민주화 및 지방화시대 국가균형발전을 달성하는 가장 실효성있는 전략이 될 것이다.

chapter 04

자치행정과 지방의회

제1절 지방의회의 활성화

1. 지방의회 활성화의 필요성

지방자치와 분권은 이제 피할 수 없는 시대적 소명이자 어렵지만 가야할 길이다. 이를 위해 여전히 극복하지 못하고 있는 중앙집권형 국가관리체제를 과감히 타파해야 만이 정부와 국가의 경쟁력을 강화시켜서 우리가 그토록 염원하는 1인당 국민소득 3만불을 넘어 세계 일류국가 도약의 꿈이 실현가능해 질 것이다. 미국의 경제대공황을 극복하게 했던 주역, 프랭크린 루스벨트 전 미국 대통령은 "희망을 잃은 국민은 반드시 멸망한다" 고 했다. 꿈과 희망을 점점 상실해 가고 있는 요즈음의 대다수 국민들에게 용기와 힘을 북돋아 정부와 함께 미래를 향해 다시 뛸 수 있도록 모든 지혜와 역량을 모아야 할 것이다.

다음 정부는 지방분권형 국가경영체제의 전환을 위해 반드시 우리 사회에 지방자치를 확고히 정착시켜야 한다. 이를 위해서는 먼저 지방의회를 바로 세우고 그 위상과 역할을 재정립 시키는 일이 가장 중요하다. 왜냐하면 자유민주주의의 확립은 국민들이 어느 정도의 민주의식을 갖추었느냐 그리고 공식적인 대의제도를 어느정도 정립시켜서 존중받고 있느냐의 여부에 달려있기 때문이다.

이 대의제도의 핵심이 바로 지방의회다. 지방의회는 주민을 대표해서 주민의 일상생활과 관련된 지역사안을 결정하는 최고 의사결정기관이다. 지방자치제를 실시하고 있는 각국의 지방정부 구성형태를 보면, 집행기관의 장은 주민직선 이외에도 중앙에서 임명하기도 하고 지방의회에서 간선으로 선출하기도 하는 등 다양한 방법을 취하고 있다. 그러나 지방의회만큼은 주민의 대표기관이기 때문에 반드시 주민직선으로 선출된 지방의원으로만 구성한다. 즉 지방의회는 선거에 의해서 구성되는 정통성을 갖는 지역의 유일한 합의체다.

이렇게 중요한 지방의회가 벌써 25년이 지났다. 지난 25년간 전국 대부분의 지방의회는 조례의 제·개정, 예산의 심의·의결, 행정사무 및 조사 그리고 민의의 반영 등의 기능수행을 통해 자치단체의 투명성과 효율성을 높이고 지역주민의 의사를 최대한 존중함으로써 지역민주주의 발전에 크게 기여했다는 데에서 이론의 여지가 없다. 그러나 지방의회에 대한 주민들의 관심과 신뢰는 여전히 개선되지 않고 있기 때문에 지방자치 정착의 최대 걸림돌이 되고 있다. 심지어 최근의 한 여론조사에 의하면 "지금처럼 하려면 차라리 지방의회의 문을 닫으라" 는 의견이 3분의 2를 차지했다고 하니 보통 심각한 문제가 아니다.

그동안 주민소환제를 비롯 주민투표제, 주민소송제 같은 주민직접참정제도가 도입되면서 가뜩이나 실망스러운 지방의회의 역할을 대신해 줄 것으로 기대하는 사람이 많다. 그러나 주민소환제는 막대한 비용이 소요된다. 자치단체에서 수행해야 할 많은 계획들을 전부 주민투표로 결정할 수도 없다. 특히 단체장과 공무원들이 지방의회가 무력화될수록 양기관의 갈등이 줄고 또 행정의 낭비와 비효율도 줄여서 보다 안정되고 편안한 행정을 할 수 있으리라 생각한다면 큰 오산이다. 지방의회의 역할과 의정활동이 생략된 지방행정은 더 큰 갈등과 낭비를 초래하고 말 것이다. 지방의 정책을 결정하는 데에는 집행기관만의 단독결정이나 주민투표에 의한 결정보다 그 결과를 산출하는 주민토론의 과정이 반드시 필요하기 때문이다.

2. 지방의회 활성화의 과제

지방의회가 활성화되기 위해서는 다음과 같은 노력이 필요하다. 먼저 지방민주주의의 실현과 주민복지향상에 사실상의 주체가 되는 지방의회가 그간 실망스럽다고 해서 주민이 외면해서는 안된다. 지방의회를 바로 세우려면 지방의회의 위상을 높이고 권한을 강화시키는 제도의 보완이 필수적이다. 자치권의 본질적인 요소인 자치입법권, 자치행정권, 자치조직권 및 자치재정권을 헌법적으로 보장하는 것이 현재로선 급선무다.

다음, 유급제의 정착과 함께 지방의회의 책임성을 확보할 수 있는 방안이 마련되어야 한다. 이를 위하여 지방의회에도 성과감사제도와 같은 의정평가제도가 도입되어야 한다. 의정평가제도는 집행부서에 대한 성과감사와 더불어 의정평가결과를 지역 주민에게 공개하는 공시제도의 도입과 동시에 이루어져야 한다.

지방의원 유급제 정착을 위해 의원겸업을 금지 혹은 제한하는 문제도 신중한 검토가 필요하다. 겸업의 범위 설정에 따른 애로점은 이미 국회의원에의 경우에도 그 문제점이 드러난바 있다. 따라서, 법률적 차원에서 지방의원의 겸업을 금지하도록 일률적으로 적용하는 것은 현실적으로 어렵다고 판단된다. 그보다 겸업의 범위 및 규정은 해당 자치단체의 지역사정을 고려하여 조례로 정하는 것이 합리적일 것이므로 이에 대한 정비해 두어야 만 주민들의 신뢰를 받을 수 있을 것이다.

그리고 지방의회에 시민참여가 활성화되어야 한다. 물론 주민의 대표로 선출된 지방의회가 집행부 행정감시의 기능을 수행하고 있기는 하다. 그러나 지방의회의 자치권의 범위가 좁고, 단체장의 의회에 대한 견제권이 지방의회의 단체장에 대한 견제에 비해 지나치게 크기 때문에 의정활동의 실효성은 그만큼 적다. 또한 지방의회의원의 정책개발 및 집행부의 통제능력에도 한계가 있다. 이러한 한계점을 극복하려면 지방자치단체의 행정집행과정에서 적극적이고 공정하게 시민과 시민단체의 참여를 보장해야 할 것이다.

끝으로, 역대 지방선거들을 볼 때 지방선거에서의 정당공천제의 전면허용이 지방의원 줄세우기, 공천장사, 바람선거 등으로 이어져서 성과보다는 그 폐해가 훨씬 크다는 것이 분명히 입증되었다. 더군다나 대선을 앞두게 되면 일찍부터 상당수 지방의원들이 유력 대선 주자 줄서기에 나서고 있어서 중앙정치의 하수인 노릇을 자처함으로써 지방의회의 위상과 권위를 실추시키고 있는 실정이다. 따라서, 개정선거법에 규정된 기초의원의 정당공천제 철회 및 기초단체장의 정당공천제 폐지를 중심으로 다음과 같은 개선방안을 도입해야 한다.

즉 지역별 일당 독점현상과 지역갈등을 심화시키는 지역주의의 선거행태를 개선하기 위해서는 무엇보다도 지방선거에서의 정당참여를 차등적으로 허용 내지 제한시키는 것이다. 여러 방안 중에서 기초의회 의원선거뿐 아니라 기초단체장 선거에서의 정당참여를 전면 금지하고 광역자치단체는 정당참여를 완전히 허용하는 것이 바람직하다. 이는 동일한 수준의 자치단체 선거에서 동일한 법적용으로 일관성을 유지해서 엄격한 법적용이 가능해 지기 때문에 공명선거는 물론 그간 실추된 선거법과 제도의 권위와 신뢰성을 회복할 수 있는 목적도 달성할 수 있을 것이다.

요컨대, "지방의회가 바로서야 지방자치가 바로서고, 지방자치가 바로서야 결국 국가도 바로선다" 는 신념을 확고히 하면서 정부는 지방의회를 바로 세우는데 주력해야 할 것이다. 그것이 지방자치와 국가를 발전시키는 지름길이기 때문이다.

제2절 지방의회 발전을 위한 시민단체의 역할

1. 정부-시민단체 간 협력의 필요성 : 이론적 고찰

최근 시민단체의 역할과 기능이 보다 증대된 것은 시민단체의 성장 그 자체에도 이유가 있지만, 보다 근본적으로는 공공부문과 민간부문, 영리부문과 비영리부문간의 상호의존성(interdependency) 증대에서 비롯된 것이라 볼 수 있다. 복잡성과 다양성을 특징으로 하고 있는 현대 사회에서는 어떤 부문도 주어진 조직 경계 안에서 당면한 문제를 혼자 해결할 수 있는 충분한 자원이나 정보, 그리고 능력을 보유하고 있지 못하다. 그렇기 때문에 각 부문 간의 경계를 뛰어넘는 상호협력(mutual cooperation)의 중요성이 강조된다. 이 같은 배경이 시민단체와 (중앙정부는 물론 지방정부를 포함한) 정부간의 협력관계가 새로운 사회적 協治機制 (governance mechanism)로 중요시되는 계기가 되고 있다.

시민단체와 정부 간 협력관계를 올바로 이해하기 위해서는 새롭게 대두되는 두가지 현상을 이론적으로 이해할 필요가 있는 바, 하나는 시민권(市民權) 개념의 등장이고 다른 하나는 비정부기구(非政府機構)의 대두이다.

1) 시민권(citizenship) 개념의 새로운 등장

시민권 개념과 관련해서는 상반되는 두가지 시각이 있는데, 하나는 자유주의적 접근방법이고 다른 하나는 공동체주의적 접근방법이다.

자유주의자들(liberals)은 시민권을 기본적으로 '개인적 권리' (individual rights)로 보는 반면, 공동체주의자들(communitarians)은 이를 '공동체 성원권' (community membership)으로 이해한다. 즉 전자는 시민권을 개개인이 갖는 자연적 권리로 바라보지만, 후자는 이를 특정 지역사회에 속한 구성원으로 갖게 되는 권한으로 파악하고 있다. 다시 말해 자유주의자들은 시민권을 각 개인에 내재된 절대적 권리로 보지만, 공동체주의자들은 시민권이란 기본적으로 지역사회

멤버쉽에 달려있는 것으로서 권리뿐만 아니라 의무 또한 포함된다고 주장한다. 즉 시민권에는 (개인이 속한) 지역사회의 운영과 발전에 참여할 의무가 수반되며, 이같은 의무는 개개인이 자유로이 선택한 것이 아니라 지역사회 내에서의 자신의 사회적 지위와 역할 속에 이미 내재되어 있다는 것이다.

지방자치와 시민권 간의 관계에 있어 자유주의자들은 양자 간에는 근본적인 연관이 없다고 보는 반면, 공동체주의자들은 시민권 행사의 기본 토대를 지역(locality)에서 구하고 있다. 이와 관련 양쪽 시각은 市民像(citizen image)에 대해 매우 상반된 정의를 내리고 있는 바, 자유자의자들이 시민을 기본적으로 '소비자' (consumer)로 보는 데 반해 공동체주의자들은 '지역공동체 구성원' (community member) 으로 이해하고 있다.

2) 비정부기구(NGO)의 대두

시민단체와 정부 간 협력의 필요성은 정부의 실패와 시장의 실패를 동시에 극복하려는 '제3의 정부론', '자원의존론' 혹은 '시민-정부 매개론' 등 여러 이론적 토대 위에서 이해될 수 있다.

먼저 현대사회는 한편으로는 정부의 조직과 예산, 기능 등을 지속적으로 확대시켜 오고 있으며 그 결과 비민주성과 비효율성의 문제, 즉 '정부실패' (goverment failure)란 문제에 직면하게 되었고, 다른 한편에서는 민간부문도 방임적 경쟁과 맹목적 이윤추구 논리 가운데 사회적 외부불경제 및 갈등과 분열의 문제, 즉 '시장의 실패'(market failure)란 문제에 동시에 직면하게 되었다. 따라서, 이러한 양대 문제를 극복하기 위한 새로운 사회적 조절주체가 필요하게 되었는 바, 정부와 시장을 넘어서는 또 다른 조절주체가 바로 '제3의 정부' (Third Party Government)라 불리어지는 비정부기구(NGO)이다.

제3의 정부로서 NGO의 주된 역할은 정부와 시장의 한계를 뛰어넘으면서도 각각의 적극적인 기능을 선별적으로 매개하고 통합하는데 있다. 따라서 민간부문의 효율성을 추구하면서도 NGO는 정부와의 협력적 관계를 통해 공동체적 가치를 우선시하는 사회적 '공동선' (common good)을 구현하는 역할을 수행하게 된다.

아울러 제3의 정부로서 NGO의 장점은 공공부문과 민간부문의 자원과 역량을 보완하고 결합시키는 것이다. 즉, '자원의존론' 에 의하면, 공공부문과 민간부문이 상호 배타적 경쟁 관계에만 있다면 각자의 제한된 역량과 자원으로 인해 다원화되는 복잡한 문제들에 효율적으로 대처할 수 없지만, 부문 간의 상호협력을 통해 각자의 자원과 역량을 공유하게 될 경우 사회적 관리의 불확실성이 최소화되는 동시에 효율성도 증대하게 된다. 곧 사회적 자원과 역량의 상호 의존과 공유가 정부와 NGO간 협력관계를 불가피하게 만드는 배경이 되는 것이다.

가령 통상적인 정부기능의 범위를 벗어나 있지만 사회적으로 중요한 공공서비스의 경우 (예컨대, 청소년 성상담, 노숙자 재활교육 등), 정부가 직접 담당하기 보다는 관련 NGO에 맡기는 대신 정부가 행 · 재정 지원을 제공해준다면 해당 NGO는 자원봉사자들의 참여를 통해 해당 서비스를 보다 효율적 · 민주적으로 제공할 수 있을 것이다. 이럴 경우 정부는 NGO의 도움으로 행정의 한계를 보완하는 한편 NGO는 정부지원을 통해 그들의 활동목표를 쉽게 달성할 수 있게 된다.

때문에 정부는 시민 쪽으로 다가가 시민들의 요구와 주장을 받아들이는 동시에 그들의 참여와 지지를 통해 전체 사회를 관리해야 하는 반면, 시민들은 사적인 개인(個人)으로서가 아니라 시민의식(citizenship)을 지닌 공민으로서 참여하면서 국가의 보호 속에서 사적인 삶의 목표를 완성시켜 가게 된다. 민주주의 제도가 궁극적으로 국가와 시민 간의 호혜적 결합에 의해 구현되는 것이라면, NGO와 정부 간 협력은 바로 정부와 시민을 매개하고 통합하는 이른바 結社民主主義(associational democracy)를 실현하는 한 방식이 될 수 있다.

2. 지역시민단체 참여의 주요 특징

1) 지방정부와 시민단체 참여

한국지방행정연구원의 연구에 의하면, 지방정부와 시민단체간 관계는 크게 참여의 대상, 과정, 목적 및 방법의 네 가지 측면에서 살펴볼 수 있다.

첫째, 참여대상별로 볼 때 지방행정에의 시민단체 참여가 가장 많은 분야는 지역개발 부문이며 그 다음으로 행 · 재정, 도시주택, 환경관리, 보건복지의 순으로 나타났으며, 소방 · 방재 및 민방위 분야에 대한 참여는 거의 이뤄지지 않았다. 이를 일반화하기에는 문제가 있으나, 대체로 현재까지는 시민단체들의 해당 지방정부의 지역개발에 대한 관심이 다른 분야에 비해 높은 비중을 차지하고 있는 것으로 보인다.

둘째, 참여과정별로는 정책결정 단계에서의 참여가 가장 많은 것으로 나타났으며 그 다음으로 정책의제설정 단계, 정책집행 단계의 순이며, 정책평가 단계에서의 참여는 전혀 없는 것으로 조사되었다. 정책과정별 시민단체 참여는 정책결정과 의제설정 단계에의 참여가 대다수를 차지하고 있다. 이를 볼 때, 지방정부에 대한 시민단체의 참여는 주로 정책이슈가 제기된 후 이들 이슈들이 정책화되는 단계에 집중될 뿐 정책결정이 이뤄진 후에는 시민단체들의 역할이 현저히 줄어드는 것으로 보인다.

셋째, 참여목적별로 볼 때 지방정부에 대한 협력목적의 참여가 16건으로 전체의 70% 가량을 차지하고 있으며, 나머지 30%는 견제목적의 참여로 나타났다. 과거엔 정부에 대한 견제가 시민단체의 전통적 역할이었던 반면, 최근에 와서는 정부의 한계나 실패를 보완하기 위한 협력의 역할이 보다 증가되고 있는 실정이다. 특히 중앙정부와는 달리 지방정부의 경우, 시민단체와의 협력이 최근 증가하고 있는 바 이는 지방행정 환경이 다양해짐에 따라 시민단체와의 협력여지가 확대되는 것에 기인하고 있다.

넷째, 참여방법에 있어 제도적 참여가 16건으로 전체의 약 70%를 차지하고 있으며, 나머지는 비제도적 참여로 나타나고 있다. 이처럼 시민단체의 참여 방식에 있어 제도적 참여비중이 높게 나타나고 있는 것은 우리나라의 참여제도가 어느 정도는 확립되어 있음을 보여준다. 아울러 사회적 수용정도나 영향력 등에 있어 제도적 참여가 상대적으로 높다는 점 역시 제도적 참여의 비중을 높이는 데 기여한 것으로 보인다.

2) 지방의회와 시민단체 관계

형행법상 지방의회가 지닌 권한은 크게 5가지로서 이에는 의결권, 행정감시권, 선거권, 청원수리권, 자율권 등이 포함된다. 이 가운데 지역주민의 대의기능과 관련하여 지방의회와 시민단체 간에 상호 중복될 수 있는 권한은 의결권 및 행정감시권이라고 할 수 있다. 상기 조사에서 나타난 지방정부에의 시민단체 참여 총 23건 중 특히 지방의회 기능과 관련된 것은 모두 7건으로서, 이를 지방정부별로 보면 용인시 3건, 안동시 3건, 그리고 예천군 1건이 지방의회에의 시민단체 참여사례로 나타나고 있다.

총 7건의 시민단체에 의한 지방의회 참여사례 중 참여과정 측면에서는 5건이 정책결정과 관련되어 있었고, 나머지 2건은 정책의제설정과 관련된 참여로 나타났다. 아울러 참여목적 측면에서는 5건이 견제, 2건이 협력으로 나타났으며, 참여방법 면에서는 5건이 제도적 참여, 2건이 비제도적 참여로 나타났다.

이 같은 조사결과는 시민단체의 참여 가운데 지방의회와 역할중복을 초래할 수 있는 참여는 정책결정 단계에서, 지방의회에 대한 견제목적을 갖고, 제도적 참여를 하는 경우에 발생할 가능성이 크다는 것을 의미하고 있다. 즉 시민단체와 지방의회 간에 있어 집행기관을 매개로 발생하는 역할중첩 현상은 각 참여측면 별로 발생할 수 있으나, 그 중 가능성이 높은 것은 참여과정 측면에서는 견제, 그리고 참여방법 측면에서는 제도적 참여로 나타날 수 있다.

이렇듯 지방의회와 시민단체간의 상당한 역할중복 현상은 시민단체가 지방의회를 보완하기 보다는 오히려 침해할 가능성이 높으며, 동일 사안에 대해 상호경쟁을 함으로써 협력적이고 발전적인 관계보다는 대립적이고 갈등적인 관계를 형성할 우려가 크다.

3. 지방의회와 시민단체간 바람직한 관계정립 방안

1) 기본방향

가. 시민단체의 의견수렴을 위한 공식적 의사소통 통로의 확립

시민단체의 참여 활성화를 위해서는 우선 의견수렴을 위한 공식적 의사소통 통로의 확립이 필요하다. 이제까지 필요할 때마다 산발적으로 수렴하던 시민단체로부터의 의견이 지속적이며 안정적으로 이뤄질 수 있는 장치가 요구된다. 공식적 의견수렴 장치로는 각종 위원회 활동이나 포럼, 워크샵, 간담회, 공청회 등 다양한 방법들이 있으며, 이 같은 방법들은 정책의 형성과 집행과정 전반에 활용하되, 다양한 시민단체의 대표자들을 포함해야 할 것이다.

나. 형식적 요건으로서가 아닌 실질적 요건으로서의 시민참여 보장

현재 시민단체가 주로 활용하고 있는 제도적 참여의 경우, 형식적인 요건에 의해 참여는 하되 단순히 자문에 그치는 경우가 많아 지방정부의 정책에 실질적인 반영을 어렵게 만들고 있다. 따라서 권한이 부여된 실질적 참여가 보장되어야 한다. 권한 없는 위원회나 공청회, 워크샵 등은 제도상으로 보장되어 있다 하더라도 실제 정책에 반영되는 것에는 한계에 있으므로 권한을 강화하고 의견수렴은 반드시 정책에 반영하도록 만드는 실질적인 요건이 갖추어져야 한다. 권한없는 위원회나 공청회, 워크샵 등은 제도상으로 보장되어 있다 하더라도 실제 정책에 반영되는 것에는 한계가 있으므로 권한을 강화하고 의견수렴은 반드시 정책에 반영하도록 만드는 실질적인 요건이 갖추

어져야 한다.

다. 지방정부-시민단체 간 수평적 관계 정립을 위한 조직과 제도의 정비

지방정부에의 시민단체의 참여 방안은 현 단계의 지방자치 수준에서 실제 운영될 수 있는 것이어야 하는 바, 이를 위해 양자 간 수평적 관계를 지향하도록 조직과 제도를 정비하는 것이 필요하다. 이를 위해선 새로운 조직을 설치하거나, 재정적 예속을 방지할 수 있는 기금 조성을 생각해 볼 수 있다.

2) 시민단체 참여구조의 개선

가. 제도적 측면

시민단체의 대의기능 및 견제기능을 제도권으로 끌여들여 지방의회-시민단체간 대립구조를 상호 발전구조로 변화시킬 필요가 있다. 다시 말해 시민단체 구성원 일부를 지방의회로 진입시켜 시민단체의 시각이 내부에서 직접 반영될 수 있도록 하는 것이다.

나. 운영적 측면

지방의회와 시민단체는 지방정부의 집행기관에 대한 견제기능을 수행하는 점에 있어 유사성이 있다. 하지만 집행기관, 지방의회, 그리고 시민단체 간에는 정보의 비대칭성이 있어 효과적인 견제가 실제로 어렵다. 따라서, 집행기관 견제라는 동일한 목적을 보다 효과적으로 달성하기 위해 지방의회와 시민단체 간 상호 정보를 공유한다면 양자의 역할이 보다 강화될 수 있다.

양자 간 정보공유를 확대하기 위해선 상시적인 정보교환 채널을 구축할 필요가 있다. 이를 위해선 지방의회와 시민단체간 정기 간담회 등을 활용하는 것이 바람직한 바, 간담회를 활용하여 지방의회는 행정사무 감 · 조사 등을 통해 수집한 정보를 시민단체에 제공하고, 시민단체는 풀뿌리활동을 통해 입

수한 정보를 지방의회에 제공함으로써 상호 정보공유를 확대할 수 있다.

보다 구조적인 방안으로서는 지방의회의 사무기구에 대 시민단체 정보제공 창구를 상설화하는 것이다. 지방의회가 수집한 집행기관 관련 정보를 정기적으로 시민단체에 제공함으로써 시민단체가 지닌 정보분석 능력을 지방의회가 활용할 수 있다.

다. 의식적 측면

지방의원의 대 시민단체에 대한 인식을 보다 긍정적인 방향으로 전환시킬 필요가 있다. 지방의원에 대한 다양한 연수프로그램을 통해 지방의회와 시민단체는 상호 적대관계가 아니라 보완관계가 될 수 있음을 인식시켜야 한다. 간접적 대의제 지방자치제에서 지방의회가 주민의 의사를 반영하는 일차적이고 주체적인 역할을 담당하는 것은 당연하다. 하지만 지방의회가 할 수 없거나 시민단체가 더 잘하는 영역과 분야가 따로 있기 때문에 지방의회로서는 시민단체를 적으로 돌리기보다는 아군으로 끌어들이는 다양한 전략과 방안이 모색하는 것이 보다 현명한 길이며, 이를 위해선 우선 지방의원들의 대 시민단체에 대한 시각의 전환이 매우 중요하다.

3) 시민단체 참여방식의 개선

가. 정책과정에의 참여

먼저 정책의제 설정과정에서 시민단체가 참여할 수 있는 사안으로서는 법령상의 지방행정 업무 가운데 특히 주민생활과 관련하여 쟁점이 될 수 있는 것을 우선으로 하되, 법령에 정해지지 않는 분야라도 시민들의 주요 관심 사항이면서 사회적으로 논란이 될 수 있는 정책과제의 경우, 시민단체와 공동으로 발의하고 입안하는 이른바 '정책공동입안제'를 도입할 필요가 있다.

다음으로 정책결정 과정에 있어서도 시민단체의 참여를 보다 적극화 할 필요가 있는데 통상 지방정부 내의 분야별 심의기구나 자문위원회가 그러한 기능을 수행하도록 되어 있다. 하지만 이러한 조직들은 지방정부가 이미 정한 방침을 정당화하는 방식으로 운영되고 있어 파트너쉽 정신이 제대로 발현되지 못하고 있다. 따라서, 이들 조직을 파트너쉽 기구로 활용하기 위해서는 비록 자문과 심의에 불구하더라도 지방정부-지역주민 간 합의를 존중하는 의미에서 자치단체장들이 이를 따르도록 해야 한다.

나. 협력 사업에의 참여

시민단체와 지방정부 간 협력이 가장 요구되는 때는 주민들에게 필요하지만 지방정부나 민간부문이 혼자서는 쉽게 해결할 수 없는 사업들을 상호 연대해서 해결해야 하는 경우에 있다. 이러한 협력사업의 대상으로는 지방정부가 주도하는 정책사업, 지방정부와 시민단체가 함께 하는 민 · 관 협력사업, 순수한 시민캠페인이나 주민자치사업 등을 생각해 볼 수 있다.

먼저 정책사업의 경우 지방정부가 추진하는 사업(예컨대 대기오염감소시책 등)에 관련 시민단체들이 참여하면서 파트너쉽을 구축하는 것이다. 이 경우 파트너쉽은 정책집행 과정에서 양자 간 공조를 도모하는 방식으로 이루어질 수 있다. 정책사업에 대한 시민단체의 참여를 활성화하기 위해서는 참여범위와 조건, 그리고 책임과 혜택 등이 명확하게 제시되어야 하며, 참여자의 선정 또한 공개적이며 경쟁적으로 이루어져야 한다.

정책사업 중에서 지방정부가 직접 담당하기보다는 민간부문에서 담당하는 것이 비용이나 목표달성, 그리고 해당 수혜 집단에 대한 서비스 공급의 효율성 측면에서 유리할 경우엔 시민단체에게 위임 또는 위탁하는 방식을 활용할 수도 있다. 예를 들어 노숙자에 대한 상담 및 급식제공 서비스 같은 경우, 지방정부는 서비스 제공에 필요한 행 · 재정 지원만 담당하고 시민단체가 직접 서비스를 제공하는 것이다. 이 경우 지방정부-시민단체 간 파트너쉽 정신이 최대한 발휘되도록 하기 위해서는 위임 및 위탁 범주와 책임의 명확화, 충분한 행 · 재정 지원, 참여 시민단체의 공개 선정 등의 조건이 충족되어야 한다.

제3절 시민사회의 역량과 지방의회의 활성화

1. 지역시민사회의 역량

1) 지역시민사회와 역량의 의의

역량(capacity)은 개인 또는 조직이 변화에 대응하여 현재 또는 장래활동을 가능하게 하며, 조직의 성과를 효율적이고 효과적으로 산출해 내는 제반 보유능력을 의미한다. 지방의회의 혁신에 있어서 역량은 혁신의 원인변수로서 주민의 각종 요구와 지지 및 환경변화에 효과적이고 효율적으로 대응하는 행동의 잠재력과 관련된다. 지방의회의 활성화를 논의함에 있어 요인이나 변수가 아닌 역량의 관점이 필요한 이유는 활성화가 지니는 주요한 특징인 지속성 때문이다. 전자의 개념에서는 지속성이 아닌 단발적인 활성화 발생 그 자체를 의미하지만, 후자인 역량은 지속성의 요소를 포함하는 것이다. 활성화를 통해 보다 높은 가치를 추구하기 위해서는 지속가능한 방식으로 활성화가 이루어져야 하므로 지방의회의 활성화는 지방의회를 둘러싼 모든 부문의 역량 강화를 전제조건으로 하는 것이다.

지방의회가 보유하고 있는 역량의 양과 질은 주민의 복리증진과 지역의 발전에 상당히 중요하다. 그러나 지방의회가 지닌 자체적인 역량이 결여될 때 이를 보완해주거나, 혹은 지방의회에 혁신을 야기하도록 하는 역량은 정부부문에 한정된 것이 아니라 Hawkins(1980)가 지적한 것처럼 지방의회 외부에 존재하는 시민사회의 역량이 중요한 근원이 될 수 있다. 이는 지방의회의 태생적 근원을 고려해 볼 때 유추 가능하다.

2) 지역시민사회 역량의 구성

시민사회는 국가와 시장의 영역에서 분리되는 제3섹터로 개인으로 행위하는 시민과 자발적으로 기관을 구성하여 활동하는 시민사회 결사체를 포함하는 의미로 볼 수 있다. 시민사회 결사체에는 노조, 이익집단, 직능집단, 시민단체 등의 결사체들이 있지만 지방의회와 가장 밀접한 부분은 시민단체라는 점에서 시민단체, NGO, NPO들의 개념을 세분화한 구분 없이 지칭하는 의미로 시민사회 조직이라는 용어로 사용하고자 한다. 그리고 시민과 시민사회 조직이 아닌 역량을 종합하여 시민사회 역량으로 보고자 한다.

가. 시민의 역량

시민사회에서 중심적 역할을 수행하고, 시민사회가 확대발전하게 되는데 중요한 기여를 한 것이 바로 시민이다. 특히 이러한 시민(citizen)의 관점은 사익이나 집단이기주의를 초월하여 환경, 인권, 소비자 보호 등의 보편적인 가치와 공익을 추구하는 시민성을 갖춘 시민들을 의미한다.

오늘날 정부와 시민과의 관계는 점차 변화하고 있는데, 시민을 고객으로 보거나 소유자로 보는 관점을 제시하는 이론들이 이를 설명한다. 또한 양자간의 역할 관계는 점차 진화적으로 변화하고 있는데 진화하는 시민의 역할을 피지배자에서 유권자, 고객, 파트너, 소유자로서의 시민으로 제시하고 있다. 이처럼 시민은 지역에 대해 공동체 의식과 책임감을 가진 시민으로 거듭나고 있으며, 지역사회 문제에 대해 자신의 정책적 견해를 보유하고 이를 표출할 정책적 통로에 대해 잘 숙지하고 있다. 이러한 시민의 역량은 지방의회에 보다 높은 접근성을 가지고 참여하며, 발전적 압력을 가함으로써 지방의회의 활성화를 야기하는 역량으로 기능할 수 있는 것이다.

시민의 지방의회 참여 방식에는 제도적 참여와 비제도적 참여가 있다. 제도적 참여의 영역에는 선거, 청원, 공청회, 주민감사청구, 각종 위원회 참여, 조례제정 및 개폐청구, 토론회 등이 포함된다. 비제도적 참여방식에는 시정감시단 구성, 시위, 집단 서명, 불복종 운동 등의 활동방식을 사용하기도 한다. 이러한 참여들은 시민의 역량이 지방의회에 투입되는 경로로 작용한다.

나. 시민사회 조직의 역량

지역시민사회의 참여조직에는 다양한 형태가 있지만 지역 내 활동에서 가장 가시적인 집단은 시민단체이다. 시민단체는 지방정부 및 지역의 활동 범주에서 정보제공자, 정책적 참여자, 이슈 생산자, 감시자 등의 역할을 수행한다. 시민사회의 권익을 옹호하는 시민단체가 지방의회에 영향을 미치는 활성화 역량은 물리적 근간을 의미하는 기반 역량과 실질적인 활동을 의미하는 활동 역량으로 재구분해 볼 수 있다.

① 시민단체의 기반 역량

시민단체의 기반역량이란 시민단체의 적극성이 활동으로 전환되기 위해 필요한 각종 인적 · 물적 자원을 의미한다. 시민단체의 기반은 시민단체에 자양분을 주고 자율적인 운영을 지탱할 수 있게 하며, 다양한 분야에 대한 적극적 참여와 활동을 가능하게 함으로써 지방의회 부문의 활성화를 유발하는 기능을 실현하는데 기본적인 토대가 된다는 점에서 중요한 역량 요소이다.

구체적으로 기반역량은 시민단체의 재정력, 상근직원, 시민 회원수 등으로 대표될 수 있다. 시민단체의 재정력은 시민단체의 중요한 활동 근간이 되는데, 만약 재정력이 빈약하면 조직의 사명에 부합하는 사업을 지속하는 것이 어려워지고, 결과적으로 다른 재정적 출처에 의존하게 함으로써 시민단체의 신뢰상실, 낮은 보수로 인한 상근자의 높은 이직률 등 여러 가지 문제를 야기하기 때문이다. 상근직원은 그 수와 전문성 측면이 필요한데, 이는 시민단체를 지속적으로 유지하게 하고, 회원을 관리하며 활동의 주요 추진체가 된다는 점에서 중요한 인적 자원으로 기능한다. 게다가 이들의 자질과 전문성은 시민단체 활동 내역의 질을 결정하게 된다. 마지막으로 시민단체에 가입한 시민 회원수는 시민단체의 인적 자원으로서의 유효성 뿐만 아니라 시미단체의 정당성을 결정하는 기반이다. 시민을 근간으로 해야 하는 시민단체에 회원수가 적다면 '시민없는 시민단체'를 양산하게 되어 시민단체의 대표성, 활동의 정당성을 잃게 될 우려가 생기기 때문이다.

따라서, 시민단체의 재정규모, 상근직원 수와 자질, 시민의 회원가입 규모 등은 시민단체의 주요한 자원기반으로서 시민단체 활동의 전제조건이 되어 지역사회, 특히 지방의회의 운영과 활동에 영향을 미치게 된다. 그러나 이러한 기반이 시민단체의 활동으로 전환하지 않으면 의미가 없다는 점에서 시민단체의 기반역량은 시민단체의 활동을 전제하는 시민단체 역량의 한부분에 해당한다.

② 시민단체의 활동역량

21세기에 접어들면서 시민단체는 제반 영역에서 사회적 영향력을 증대시키고 있다. 민주화에 따른 지방분권화와 규제완화의 결과로 시민사회는 양적인 팽창과 더불어 이슈, 활동범위, 이념적 정체성 등에서 다양성을 띠면서 정치적 영향력을 확대하고 있다. 시민단체의 영향력은 시민단체가 지닌 정보수집 능력, 전문성, 정치적 압력 활동, 대표성, 적극성 등을 통해 반영되는데, 구체적으로는 시민단체의 적극적 활동을 통해 체현된다.

시민단체의 정책적 활동은 다양한 형태로 이루어지는데, 단순한 자문이나 정보를 제공하는 일에서부터 각종 정부위원회에의 참여, 입법청원, 감시, 언론을 통한 여론 압박, 관련 주제에 대한 토론회, 간담회, 포럼, 세미나 개최, 기자회견, 성명서 제출에서부터 시위에 이르기까지 여러 형태의 활동들을 전개한다. 이러한 활동을 통해 시민단체는 시민사회의 문제를 정책의제화하기 위해 노력하고, 정부정책에 대한 비판이나 협조를 통해 정책방향을 자신들이 원하는 방향으로 이끌기 위해 힘을 쏟는다.

지방의회의 혁신역량으로 기능하는 시민단체 활동역량의 역할은 다음과 같다.

첫째, 정부부문에서 고려되지 못했던 특정 사회 · 정치 · 경제적 이슈에 대한 문제를 제기함으로써 공공정책에 다양한 가치를 반영하고, 정책과정에 시민의 참여를 매개하여 확대하는 역할을 수행한다. 이에 대하여 Berry(1990)는 미국 의회 청문회에서 NGO들이 노조와 기업단체보다 의제설정에 더 큰 영향력을 미치고 있다고 평가한 바처럼, 시민단체는 공익문제에 대한 이의제기, 여론형성 및 주도, 공공의제 제시 등의 기능을 수행한다.

둘째, 문제 해결을 위한 대안을 형성함에 있어서 시민단체는 시민의 이해표출과 집약, 문제해결을 위한 합리적인 대안의 제시, 이해집단간의 이해와 갈등의 조정 등의 활동을 수행한다. 지방의회에 정책대안을 제시해주고, 의결과정의 갈등 상황을 조정하는데 조력을 기울임으로써 새로운 혁신안을 도입하도록 한다.

셋째, 지역시민단체는 지방의회 활동에 대한 비판자 · 감시자의 역할을 한다. 시정감시단, 각종 평가위원회 등에서 평가활동을 하며, 비공식적으로는 기자회견, 세미나, 포럼 등을 통해 평가, 비판을 제시한다. 이러한 활동들은 지방의회 의원들의 타성에 젖은 행태나 부패 등을 견제하고, 새로운 운영방식을 모색하게 하며, 정보공유를 통해 전문성을 보완할 수 있는 통로로 작용할 수 있다.

이와 같이 지역의 시민사회를 이끌어 나가는 시민단체의 활동은 사회가치의 변화를 도모하고, 정책을 주창하거나 변화를 추동하며, 새로운 제도의 설립이나 기존 제도의 변혁을 추구한다. 이들의 혁신적 활동은 정책의제 설정단계부터 정책평가단계에 이르기까지 정책과정에 영향력을 행사하기 위한 제반활동을 통해 이루어진다. 그리고 지역사회 정책을 산출하는 지방의회에 다양한 압력을 행사하여 지방의회의 활성화 정책 성과와 함께 산출물에 작용하는 지방의회의 운영방식에까지 영향을 미치게 된다. 지방자치단체를 무대로 활동하는 지역시민단체의 경우는 그 활동 범위와 역량에 있어 더욱 두각을 나타낼 수 있다는 특징을 지닌다.

2. 시민사회의 역량과 지방의회

지방의회는 시민사회와 태생적인 근접성을 지닌다. 즉 지방의회는 시민의 대표기관인데, 시민사회 조직 역시 시민의 의사를 집합하고 대변하는 역할을 한다는 점에서 시민사회 조직 중 하나인 시민단체와 지방의회는 밀접한 관계를 가지는 것이다.

지방의회와 시민사회와의 관계 및 지위를 구분하면 다음과 같다.

먼저 법적 구분에 있어서 지방의회가 제도적인 시민대표 기관이라 한다면, 시민단체는 비제도적 시민대표에 해당하고, 시민은 지역의 주체에 해당한다. 지방의회는 대의제 민주주의 정책의 실현을 구현하기 위해 제도적으로, 즉 선거를 통해 시민대표를 선출하여 자치행정에 공식적으로 참여하도록 한 것인 반면, 시민단체는 법적으로 규정되지 않은 비제도권의 시민대표로서 자발적으로 형성되었다는 점에서 차이를 지닌다. 그리고 시민은 직접적 참여를 통해 정책적 개선을 추구한다.

행위 영역 면에서 지방의회는 지방 국가 영역이라 한다면 시민사회는 국가와 시장 외의 영역에서 활동한다는 차이점을 지닌다. 다만 이 양자의 본질적인 역할은 시민대표의 역할을 한다는 점에서 여전히 공통적인 임무를 지닌다. 즉 지방의회는 대의제 민주주의 하에서 주어진 역할을 수행하는 기관이고, 시민사회는 대의제의 한계와 미비점을 보완하기 위한 자생적 영역이라는 점에서 활동 영역과 법적 지위 등에서의 차별성에도 불구하고 둘의 관계는 태생적으로 근접성과 보완성을 지니는 것이다.

물론 이 두 부문의 본질적 목적이 유사하다고 해서 둘의 관계가 협력적으로만 이루어지는 것은 아니다. 양자 간의 관계에 관한 많은 연구들이 제시한 바처럼 관계유형은 다양하다. 가령 Coston(1998)은 억압형, 대항형, 경쟁형, 용역형, 제3자 정부형, 협력형, 보충형, 공조형으로 분류하였고, 박상필(2001)은 종속형, 협력형, 자율형, 권위주의 억압형, 민주적 포섭형으로, Young(2000)은 보충적 관계, 보완적 관계, 적대적 관계로 구분하였다. 그러나 어떠한 관계유형을 취하건 간에 시민사회가 지방의회에 파급효과를 미치게 됨은 당연하고, 이 때 시미사회가 지닌 역량의 수준과 질이 지방의회의 활성화에 주요한 영향을 지니게 되는 것이다.

지역시민사회가 지닌 역량이 지방의회의 혁신과 활성화에 대한 영향은 다음의 두 부문으로 구분해 볼 수 있다. 첫째, 혁신의 유형 중 산출물 혁신 또는 서비스 혁신에 해당하는 것으로 지방의회가 산출하는 정책상의 혁신을 유발하는 것이다. 시민사회가 지닌 참신한 착상, 지역사회 문제에 대한 정보, 정책대안 등을 통해 지방의회의 정책혁신에 기여할 수 있게 된다. 지방의회는 조례안을 비롯한 각종 의결사항과 주요 정책 마련, 예산안 의결, 청원수리 및 해결 등의 부문에 시민 의향의 새로움을 도입할 수 있는 것이다. 이러한 새로움의 요소는 시민사회의 역량에서 구성된 아이디어의 수용, 타 분야의 벤치마킹과 학습, 협력을 통한 공동 집행 등의 형식으로 이루어진다. 아울러 시민사회 조직은 기반역량과 활동역량을 활용하여 이해관계자들 간에 갈등과 대립이 심하여 정책결정이 어려운 사안을 직접 중재와 협상을 통해 해결함으로써 보다 원활하고 신속하게 정책결정에 이르도록 하는 데에도 기여한다. 가령 김순은(1999)은 부산시의 시민단체가 제안한 건의나 청원을 새로운 정책혁신으로 도입한 사례들로 담배자판기 설치금지 조례, 시민감사청구조례안, 부산 건축 조례 개정안을 비롯하여 여성정책 개발, 전문 인력 발굴 육성 등에 기여한 사례들을 제시하고 있다.

둘째, 지방의회의 관리혁신과 기술혁신에 해당하는 것으로 지방의회의 발전적 활동을 위해 의회 내부 조직의 운영방식과 활용 기술들을 새롭게 도입하거나 정비하는 데에도 시민사회의 역량이 주요한 역할을 할 수 있다. 시민사회로부터의 지속적인 감시, 통제를 통해 지방의회 의원의 비도덕적 행위의 발생을 억제하고, 의원의 전문성 강화를 위한 체제 구성과 형태적 변화를 강화하도록 하며, 정책에 대한 지방의회 의원들의 학습을 강화하도록 한다. 지방의회 의원의 바람직한 방향으로의 형태적 변화를 꾀하기 위한 조직 내부 구조와 운영방식을 혁신하도록 하는 자극제로서 기능하는 것이다.

아울러 그러한 변화에 대한 혁신적 아이디어와 대안들의 근원이 시민사회에서 도출될 수 있다. 최근 시민 모니터링 제도나 지방의회의원의 정책 조례안 제의 건수에 대한 통제, 지방의원의 전문성 강화를 위해 멘토 제도의 활용안 등이 논의되는 것도 그러한 맥락의 하나로 이해할 수 있을 것이다.

오늘날 시민사회가 지방정부 부문에 많은 영향력을 미칠 수 있게 된 것은 역량의 강화(capacity building)와 이를 통한 정부부문과의 관계변화에 따른 것이다. 〈그림 1〉에서 Vigoda(2002)가 제시한 바처럼 정부와 시민사회 간 관계는 정부 우위의 관계에서 점차 대응성과 협력의 관계로 나아가고 있고, 향후 시민우위의 관계까지 점쳐 볼 수 있는 단계에 있다. 지방의회와의 관계에 있어서도 의회독점형의 관계 수준에서 시민사회와 지방의회는 지방정부의 집행부의 정책견제라는 측면에서 양자 간 경쟁적 관계를 나타내기도 하다가 점차 상호 협력형의 형태로 변화되어 간다고 볼 수 있다.

〈그림-1〉 정부와 시민사회간 관계 변화

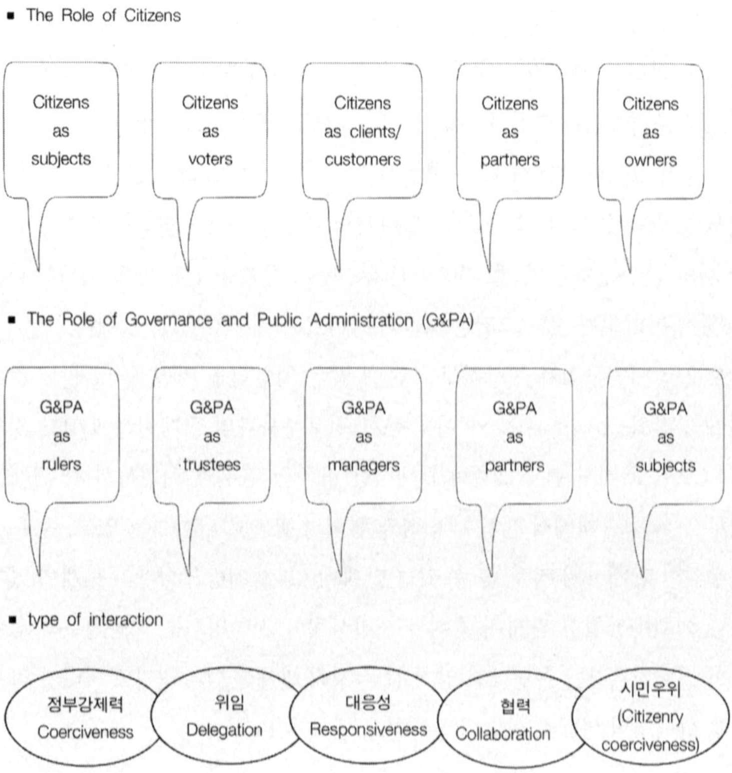

제4절 주민직접참정제와 지방의회의 활성화

지방자치는 그 지역 안의 자치사무를 주민의 의사와 책임 아래 처리하는 것이므로 주민의 직접참정을 그 이상으로 한다. 그러나 오늘날과 같이 지방자치단체의 규모가 크고 공공사무가 전문 · 기술화한 사회에서는 그 자치사무에 일일이 주민의 의사를 들어 처리한다는 것은 사실상 불가능하기 때문에, 원칙적인 참정의 방식으로 간접참정 방식이 채택되고 있다. 지방의회의 구성이 바로 그것이다.

그러나 간접참정에 있어서는 주민은 선거의 시점에서만 자기의 의사를 표시하는데 그치고, 대표자(의회의원)를 선출한 후에는 주민의 의사가 그 대표자의 의사에 종속하는 결과를 낳게 되므로, 현대의 지방자치에 있어서는 간접참정을 원칙적인 방식으로 하되 이러한 간접참정의 결함을 시정하기 위한 보충적 수단으로서 직접참정 방식을 채택하고 있다. 주민발안제, 주민투표제, 주민소환제 등이 바로 그것이다.

현대의 주민 직접참정 방식에는 다음과 같은 제도들이 있다.

첫째는 주민발안제(initiative)이다. 이는 유권자 일정 수 이상의 연서에 의하여 지방자치단체의 자치업무에 관하여 직접 의안을 발의하는 제도로서, 외국의 경우 주민발안이 있는 경우에 그 의안을 반드시 주민투표에 붙이는 경우도 있고 지방의회에 회부하여 의회가 그 내용을 수용하지 아니할 때에 주민투표에 붙이는 경우도 있다. 우리나라에서는 1999년에 주민의 조례제정ㆍ개폐청구제가 채택되어, 유권자 일정 수 이상의 연서에 의한 청구로써 지방의회에 조례안을 회부하게 하고 있다.

둘째는 주민투표제(referendum)이다. 이는 지방자치단체의 중요사안에 대하여 주민의 투표를 거쳐 결정하는 제도로서, 중요사항을 반드시 주민투표에 붙여 결정하는 경우와 청구에 따라 주민투표에 붙이는 경우, 주민투표의 효력을 지방의회의 의결에 대체하는 경우와 그 법적 효력을 부여하지 않는 경우 등 다양하다. 우리나라에서는 1994년에 이 제도를 도입하고 2004년에 주민투표법을 제정하였는데, 국책사업에 대한 주민투표도 실시하되 그에는 권고적 효력만을 인정하고 있다.

셋째는 주민소환제(recall)이다. 이는 유권자 일정 수 이상의 연에서 의하여 자치단체장, 지방의원 등 중요 공직자의 해직을 요청하는 제도로서, 그것이 행사되면 지방자치에 큰 혼란을 가져오게 되므로 외국에서 심리적 효과를 거두는데 그치고 실제로 행사되는 경우는 드물다. 우리나라에서는 이 제도를 채택하는 문제를 놓고 찬반 양론이 분분했으나, 2006년에 주민소환법을 제정하여 채택하였다.

그밖에, 넓은 의미의 주민 직접참정제에 주민감사청구제와 주민소송제 및 주민청원제와 주민소청제가 포함될 수 있다. 이 제도들은 위법 · 부당한 입법 · 행정행위의 감시 · 억제를 제1차적 목표로 하는 '쟁송적' 제도라는 점에서, 치자와 피치자의 동일성 확보를 위한 '참정제' 제도인 전술한 주민발안, 주민투표, 주민소환제와는 다르다. 우리나라에서 주민감사청구제는 1999년에, 주민소송제는 2005년에 채택되었다. 그리고 주민청원과 주민소청(현재는 선거소청)제는 우리나라 지방자치제의 초기부터 실시되어 오고 있다.

이상에서 본 바와 같이 우리나라에서는 일찍부터 주민청원, 주민소청제가 채택되어 있는 데다가, 1994년에 주민투표제가 채택되고, 1999년에 주민조례제정 · 개폐청구제와 주민감사청구제, 2005년에 주민소송제, 2006년에 주민소환제가 채택됨으로써, 제도면에서 볼 때에는 다른 어느 나라에 못지않게 주민 직접참정 제도를 완벽히 구비하고 있다고 할 수 있다. 우리는 이러한 완벽한 직접참정제를 잘 활용하기만 한다면 그야말로 주민에 의한 지방자치의 천국을 만들 수 있게 된 것이다.

그러나 문제는 우리의 정치문화이다. 모든 제도가 다 그러하지만, 특히 주민직접참정제는 정치문화 여하에 따라 그 운영의 결과가 하늘과 땅만큼 달라질 수 있는 것이다. 정당이나 이익집단이 이 제도를 그들의 이익보호에 악용하거나, 자치단체장이나 다른 세력들이 지방의회를 무력화하는 데 이용하는 경우에는 지방자치가 끝내 파국에 이를 수 있는 것이다. 특히 주민소환과 주민투표는 자칫 오용되거나 남용되는 경우에 그 파장이 너무 큰 제도이다. 우리는 이러한 좋은 주민 직접참정제도의 성공적 운영을 위해 신중에 신중을 더하며 적극 지혜를 모아야 하겠다.

따라서, 주민직접참정제가 성공하려면 다음과 같은 정치문화적 조건이 구비되어야 한다.

첫째로 주민의 자치의식이 확고해야 한다. 주민이 지방자치의 주체는 자신이며, 중요한 사안을 자식이 정확히 판단하여 공정히 처리하여야 하겠다는 적극적인 주체의식을 가져야 하는 것이다.

둘째로 정책 · 행정과 문제상황에 대한 정보의 공개가 정확하고 충분해야 한다. 정책방향이나 행정시책의 내용, 사안의 문제배경 등이 주민에게 정확 · 충분히 주지되지 아니할 때에는 주민이 합리적이고 공정한 판단을 할 수 없는 것이다.

셋째로 시민단체의 행동이 공정하고 책임성 있어야 한다. 시민으로부터 선출되지도 않고 대표성도 없는 시민단체가 범람하여 부분이익에 치중해 투쟁에 전념할 때에는 지방자치가 파탄에 빠질 수 있는 것이다.

넷째로 지방의회가 활성화되어야 한다. 오늘날 주민 직접참정의 본질은 대의제를 보완하는 것이지 결코 이를 대체하려는 것이 아니다. 지방의회야말로 다양한 주민이익을 통합 · 조정하는 곳이다.

다섯째로 정당이 민주화되어야 한다. 전국적 조직을 가지고 과두화한 중앙정당이 후보자공천 및 후원 등과 연계하여 지방정치에 깊숙이 개입해서 지방자치를 중앙정치의 연장으로서 그 대리전장이 되게 하여서는 안 되는 것이다.

chapter 05

지방의회와 단체장의 관계

제1절 지방의회의 평가

지방의회가 부활한 이후 현재까지 그동안 지역주민들의 지방의회 의정활동에 대한 평가는 크게 엇갈리는 가운데 만족도는 여전히 크게 향상되지 않고 있다. 긍정적인 측면에서 보면, 지방의회는 민주주의와 지방자치 발전에 크게 기여했다. 지난 기간, 전국 대부분의 지방의회는 지역의 민의를 반영해서 조례를 만들었다. 예산을 심의 · 의결하는 한편 집행기관의 행정사무를 감시해 왔다. 그 결과, 자치단체의 투명성을 높이고, 행정편의주의를 타파하는 성과를 냈다. 이제 주민은 관(官)에 의한 통치와 관리의 대상에서 존중받는 진정한 지역의 주인으로 다시 태어났다. 이 변화만큼은 가히 혁명적이다.

그러나, 지방의회 운영에 있어서 많은 문제점도 나타났다. 크게 두가지다. 하나는 집행기관을 제대로 감시 · 견제해야 할 지방의회가 오히려 집행기관의 거수기 역할에 그쳤다는 사실이다. 지방의회가 독주하는 단체장에 대해 견제역할을 제대로 하지 못한 결과, 상당수 단체장들이 부패와 비리로 임기중 중도 하차했다. 그로 인한 행정공백, 재 · 보궐선거로 인한 예산낭비의 피해는 그대로 주민들에게 돌아갔다. 다른 하나는 지방의회가 지역 현안문제를 대처하는데 있어서 소극적 내지 방관자적 역할에 그쳤다는 점이다. 특히, 지역간 이해가 충돌하는 문제에 대해서는 그 갈등의 조정과 통합의 의무를 집행부에 떠넘김으로서 지방의회의 권위를 스스로 실추시키고 말았다. 동시에 지역주민들로부터 신뢰감을 인정받지 못하는 결과를 초래했다.

지난 기간 일부지역에서 당적이 서로 다른 단체장과 지방의회간에는 단상점거, 재의요구와 재의결, 본회의 출석거부, 협의중단, 대법원 제소로 이어지는 비정상적 행태가 빈번하게 나타난 바 있다. 이를 극복하지 않고는 지방자치 정착도 지역발전도 기대하기 어렵다는 사실을 알 수 있다. 따라서, 지금부터 단체장과 지방의회와의 관계를 경쟁과 협력의 바람직한 관계로 재정립하는 일이 향후 지방자치의 성공적인 정착과 관련해서 반드시 풀어야 할 중요한 숙제가 되고 있다.

제2절 단체장과 지방의회간의 갈등

지방의회와 단체장과의 바람직한 관계를 어떻게 볼 것인가는 지방정부의 제도적 권력구조, 즉 지방정부의 기관구성형태가 어떻게 되어있는가에 따라서 크게 차이가 있다. 즉 기관독립형인가, 기관대립형, 또는 절충형인가에 따라 크게 다르다. 본질적으로 기관대립형에서는 지방의회와 단체장은 대등한 관계로서 양자 간에 기능과 권력을 분립시켜 상호간에 견제와 균형을 이루게 함으로써 어느 일방의 독주를 방지하여 지방정부 운영의 민주성을 보장하고 지방자치의 효율성을 제고할 수 있다는 데 장점을 두고 있는 제도이다. 그래서 양자를 수레의 양쪽 바퀴로 비유하기도 한다. 단체장은 대외적으로 지방정부를 대표하며, 정책을 개발하고 의회가 의결한 모든 정책과 예산 그리고 지방법인 조례를 집행한다. 한편 의회는 지방정부의 중요한 모든 정책과 예산을 의결하고 조례를 제정한다. 또한 이들이 잘 집행되고 있는지 단체장을 비롯한 집행부를 감시 감독하는 권한을 갖고 있다.

이와 같이 단체장과 의회의 관계는 구조적으로 권력과 기능이 분립되어 있고 상호 대립되어 있기 때문에 양자 간에는 항상 순기능적인 견제 균형만 유지되는 것이 아니라 때로는 의사와 정책의 견해차이로 극단적 대립 갈등으로 발전하는 경우도 있다. 견제와 균형의 과정에서 발생할 수 있는 갈등과 대립은 정책의 결정과 집행을 지연시킴으로써 외견상 주민에게 혼란스럽게 보일 수도 있으나 다원화된 현대사회에 있어서는 흔히 있을 수 있는 자연적인 현상으로 보는 것이 바람직하다. 지난 기간, 집행기관과 의회간에도 의회의 위상과 권한문제를 놓고 견제와 균형의 관계보다는 갈등과 대립의 관계가 형성되곤 하였다. 즉, 집행부와 의회 사이의 권한 불균형적인 제도와 비합리적인 권한행사로 인해 양 기관의 대립과 갈등을 초래함으로써 적지 않은 부작용과 지역발전에 지장을 가져오기도 하였다.

제3절 경쟁과 협력의 관계 재정립

지방의회와 단체장의 경쟁과 협력을 바탕으로 한 바람직한 관계 재정립 방안을 정리해 보면 다음과 같다.

1. 인식의 전환

먼저 지방의회와 지방자치단체장간의 관계에 대해서 동반자관계를 형성하는 것이 필요하다. 양자는 대립관계로 가야하는 것이 아니라 기본적으로 동일한 목적을 추구하는 두 기관이라는 점에 인식을 공유할 필요가 있다. 주민의 복리를 최대한 달성하기 위한 방안을 두고 대립할 수 있지만, 주민의 복리를 소홀히 할 정도로 대립되어서는 안 된다. 지방의회는 주민을 대표해서 주민의 일상생활과 관련된 지역사안을 결정하는 최고의사결정기관이다. 지방자치제를 실시하고 있는 각국의 지방정부 구성형태를 보면, 집행기관의 장은 주민직선 이외에도 중앙에서 임명하기도 하고 지방의회에서 간선으로 선출하기도 하는 등 다양한 방법을 취하고 있다. 그러나 지방의회만큼은 주민의 대표기관이기 때문에 반드시 주민직선으로 선출된 지방의원으로만 구성한다. 즉 지방의회는 선거에 의해서 구성되는 정통성을 갖는 지역의 유일한 합의체다.

주민소환제를 비롯 주민투표제, 주민소송제 같은 주민직접참정제도가 도입되면서 가뜩이나 실망스러운 지방의회의 역할을 대신해 줄 것으로 기대하는 사람이 많다. 그러나 주민직접참정제는 막대한 비용이 소요된다. 자치단체에서 수행해야 할 많은 계획들을 전부 주민투표로 결정할 수도 없다. 특히 단체장과 공무원들이 지방의회가 무력화될수록 양기관의 갈등이 줄고 또 행정의 낭비와 비효율도 줄여서 보다 안정되고 편안한 행정을 할 수 있으리라 생각한다면 큰 오산이다. 지방의회의 역할과 의정활동이 생략된 지방행정은 더 큰 갈등과 낭비를 초래하고 말 것이다. 지방의 정책을 결정하는 데에는 집행기관만의 단독결정이나 주민투표에 의한 결정보다 그 결과를 산출하는 주민토론의 과정이 반드시 필요하기 때문이다.

2. 단체장과 지방의원의 리더십 변화

선진국의 경우, 지방정부의 수장의 권력은 설득하는 권력에서 나온다. 곧 단체장의 지방의회에 대한 소통과 설득능력이 그 리더십의 성공여부를 좌우한다는 것이다. 따라서, 의회와의 협의를 일방적으로 중단하거나 의회출석을 거부하는 행위는 상상하기 어려운 자충수가 된다. 집행부의 최고 책임자는 의회의 협조를 끌어내기 위해 시(도 · 군 · 구)정연설이나 예산안 설명시에 늘 빠짐없이 출석해 성실히 보고하고, 다양한 채널을 통해 대화를 일상화하고 있다. 이런 점에서, 다양한 정당구도속에 놓여있는 단체장들의 당면한 과제는 지방정부의 수장으로서 지방의회에 대해 설득능력을 어떻게 보여주느냐는 것이다.

그런가 하면, 같은 당적이 주류를 이룬 지역의 단체장과 지방의회의 경우, 양 기관은 실질적인 경쟁과 견제의 관계로 재정립되어 의회가 더 이상 거수기라는 불명예를 떨쳐버려야 한다. 여기에 지방의원들이 쉽게 빠질 수 있는 권위주의와 도덕적 해이를 반드시 경계해야 한다. 특히, 지방의회는 지역마다 엇갈린 이해와 갈등의 현안 문제들을 조정해서 합의를 끌어내는 지역통합의 역할에 주력해야 할 것이다.

1) 정보의 공유와 요구방식의 전환

지방의회가 원만하게 활동을 하기 위해서는 지방자치단체장과 그 보조기관이 수행하는 사무에 대한 정보가 필요하다. 조례를 제정하건, 일반 의안을 발의하고 심의 의결함에 있어서 충분한 정보는 필수불가결하다. 그런데 대부분의 정보는 지방자치단체장에 소속된 방대한 집행기관에 집중된다. 지방의회로서는 필요한 정보를 스스로 조달하는 데는 한계가 있으며 지방자치단체장에게 의존하지 않을 수 없다. 지방의회는 집행기관의 정보를 요구하기 위한 조사권, 감사권, 서류제출요구권 등의 권한을 가지고 있지만 집행기관의 의도여하에 따라서는 유명무실한 권한의 행사로 그쳐버릴 우려가 있다.

지방의회가 의정활동에 필요한 충분한 정보를 얻기 위해서는 지방자치단체장이나 그 보조기관과 사전에 자료를 대한 합의를 하는 것이 필요하다. 집행기관으로서는 미리 자료를 준비할 수 있어서 좋고, 지방의회도 충분히 준비된 자료를 얻을 수 있기 때문에 마찬가지로 유익하다. 그렇다면, 단체장과 집행기관은 지방의회가 본연의 역할을 발휘할 수 있도록 꾸준히 지원하고 양질의 정보를 제 때 제공하는 것이 순리다.

2) 사전적인 정책협의

아무리 좋은 정책이라도 사전지식 없이 불쑥 제안되는 경우에 심의 과정이 원만하기는 어렵다. 또한 지방의회에 의하여 일방적으로 결정된 조례안이 집행기관에 의하여 잘 집행되지 못하는 경우도 적지 않다. 지방자치단체장이 의안을 발의하는 경우에 직접 혹은 담당공무원으로 하여금 소관 상임위원회나 지방의회의 의단장과 사전적인 협의절차를 거치는 것이 불필요한 대립이나 갈등을 방지하는데 기여할 수 있다. 사전에 의견을 수렴하여 의안을 다듬어 제출하게 된다면 그만큼 논의가 쉬워질 수 있다.

집행기관의 참여없이 지방의회에 의해 일방적으로 제정된 조례는 집행과정에서 소홀히 취급되기 쉽다. 이러한 관점에서 지방의회가 안건을 심의하기에 앞서 미리 관계 공무원에게 의견을 진술할 수 있는 기회를 주고 의견을 수렴하여 의안을 다듬어 심의하는 것이 바람직하다.

3) 정당공천제의 개선

지난 지방선거에서 정당이 과도하게 개입해서 들어난 부작용은 심각했다. 정당공천을 둘러싼 비리와 부패는 여전했고, 참신하고 유능한 정치신인과 여성들의 진출은 기대에 미치지 못했다. 공무원의 줄서기 관행도 근절되지 않았으며, 인물과 공약 중심의 정책선거는 자리잡지 못했다. 지방선거는 지방자치의 본질로서 그 성패를 결정적으로 좌우한다. 2014년 지방선거를 비롯한 역대 지방선거들은 앞으로 지방선거가 어떻게 달라져야 하는지 또 법과 제도를 어떻게 바꿔야 하는지에 대해서 다시한번 정치권에 경종을 울려주고 있다.

이제는 지방선거가 달라져야 한다. 먼저 정당공천제의 폐해를 극복하고 지역별 일당독점 현상을 개선하기 위해서는 기초의원은 물론 기초단체장까지 정당공천을 재검토해야 한다. 그리고 광역선거와 기초선거는 분리 실시되어야 한다. 동시선거로 선거관리 비용을 다소 줄일지 모르지만 그 부작용으로 주민들이 지불해야 할 정치적 비용은 너무 크기 때문이다. 결국, 정당공천제의 부작용으로 인한 지방선거의 왜곡 현상은 지방의회와 단체장간의 바람직한 관계를 정립하는데도 큰 걸림돌로 작용하고 있어서 이에 대한 개선이 중요하고 시급하다.

chapter 06

지방의회 의장단의 구성과 역할

제1절 지방의회의 위기와 의장단 선출

성년기를 맞이한 전국 243개의 지방의회가 그동안 이룩한 성과도 대단하다. 가장 큰 성과는 민주주의 발전과 지방자치발전에 기여하였다는 점이다. 지난 기간 전국 대부분의 지방의회는 조례의 제·개정, 예산의 심의·의결, 행정사무 감사 및 조사, 민의 반영 등의 기능수행을 통해 자치단체의 투명성을 높이고 지역주민을 존중하는 지역 민주주의의 발전에 기여하여 왔다는 데에 이론의 여지가 없다.

지방의회가 존재하지 않았을 때에는 예산의 편성과 심의·결정, 행정사무 감사, 정책결정이 공무원에 의해 이루어졌기 때문에 지역주민들은 지방행정 정보를 얻는 것이 불가능하였다. 동시에 지방행정 정보의 부재 속에서 지역주민들이 지방행정을 감시·감독하는 것도 원천적으로 불가능하였다. 그러나 의회가 활동하면서부터 예산을 심의·결정하고, 행정사무감사를 통하여 지방행정을 감시·감독하고, 의회가 지역의 중요 정책결정을 담당함으로써 지방행정의 목표와 내용이 근본적 달라진 것은 큰 성과라고 할 수 있다.

이러한 지방의회의 긍정적 성과는 주로 비가시적인 것들이었기 때문에 주민들의 피부에 직접 와 닿지 못한 결과 호의적인 평가로 연계되지 못한 아쉬

움이 있다. 구체적으로 지방의회 활동에 대한 주민들의 무관심, 중앙과 지방 간의 불합리한 권한배분, 지방의원의 전문성 문제, 의회내부에서의 불필요한 갈등, 지방선거에서의 중앙정당의 당리당략적 개입, 각급 의회간의 유기적 연계활동의 결여 등 많은 문제점들은 가시적으로 나타나서 지방의회에 대한 불신과 부정적인 태도를 초래했다고 볼 수 있다.

특히, 지방의회 운영 4반세기 동안, 지역주민들의 의정활동에 대한 만족도는 좀처럼 개선되지 않고 있다는 사실이 이를 확인시켜 주고 있다. 임기내내 되풀이 되었던 의원들의 무분별한 해외연수, 지방의원 보수의 무리한 인상 그리고 의장단 선거때마다 등장하는 파벌과 감투싸움, 등은 국민들이 지방의회를 냉소적으로 보는 주 요인이었다. 지방의회에 대한 주민들의 관심과 인지도는 지방의회가 구성된 이래 지금까지 바닥권에 머물고 있기 때문에 의정활동을 활성화시키는 데 있어서 심각한 저해요인으로 작용하였다(육동일, 2015:217-223).

이 중에서 전국 지방의회 하반기 원구성을 할때마다 당장 해결해야 할 문제가 마로 지방의회 의장단 선출문제다. 지난 기간 수많은 지방의회들이 의장단 선출을 둘러싸고 상당한 진통과 내분을 겪은 결과, 의회의 권위를 스스로 실추신킨 것은 물론 지방자치에 대한 주민들의 거센 비판과 불신을 초래한 바 있다. 그 갈등의 원인으로는 일찍이 의원들의 저급한 자질과 도덕성, 지방선거에 정당의 지나친 개입, 그리고 불합리한 의장단 선출제도와 관행이 지적되 오고 있다(안성호, 1998:117-118). 이에 따라, 원구성 때마다 불거지고 있는 의장단 선출의 갈등사례와 그 원인을 살펴본 후, 현행 제도의 문제점과 한계를 검토해서 향후의 개선과제를 강구하는 일은 지방의회의 위상을 제고하고 지방자치에 대한 주민들의 신뢰를 회복하는데 중요한 과제가 되고 있다.

제2절 의장단 선출에서의 갈등사례와 원인

2014년 7월, 민선6기 지방의회가 개원하면서부터 의장단과 상임위원장 배분을 놓고 파행을 겪은 바 있다. 충남 · 강원도의회는 다수 의석을 차지한 새누리당이 의장단 · 상임위원장 자리를 싹쓸이했다. 강원도의회는 의장권한으로 야당의원들의 상임위원들을 무작위 배치해 반발을 초래했다. 다수당이 된 충남도의회 새누리당은 의장단과 상임위원장, 예산결산특별위원장 전원을 모두 차지해 버렸다. 전체 15석 가운데 새정치연합 9석, 새누리당 5석을 짜인 세종특별자치시의회는 양당간 합의가 이루어지지 않아 개원조차 못한 채 한동안 파행을 빚었다. 지방의회 의장단과 상임위 구성이 전문성보다는 정당의 의석수에 따른 배분에 치중하면서 나타난 현상이다. 다수당이 의장단을 독점하는 이른바 승자독식의 방식(winner-take-all-system)은 의회가 파벌간 극한 대립으로 인해 볼썽사나운 이전투구장으로 주민들 앞에 자주 나타난다.

게다가 지방의회 의장단 선출을 두고 정당의 입김과 국회의원들의 의향이 작동하면서 나타난 갈등도 만만치 않았다. 경산시의회는 의장, 부의장, 3석의 상임위원장 선거에서 무려 5차례나 표대결을 벌이면서 특정당 의원을 철저히 배제해서 보이지 않는 손이 작용했다는 비난을 받았다. 울릉군의회는 의장, 부의장 선거에서 7명 의원중 3,4명의 의원이 계속 불참한 가운데 결정됨으로서 당리당략이라는 주민들의 평가를 받은 바 있다. 이와 같이 의장단 선거에서 조차 정당의 지나친 개입은 자치단체의 집행기관을 견제하고 지역주민들의 이익을 보호해야 할 지방의회 의원들이 출범부터 당내 역학관계에만 몰두한 채 소속 정당의 이익을 앞세우고 나아가 대통령과 국회의원선거 그리고 지방선거 때마다 당 지지율을 높이고 같은 당 후보들의 당선을 위해 동원되는 패해를 낳고 있는 것이다.

지방의회 의장단은 의정활동을 수행하는 길목마다 행 · 재정은 물론 인사문제에 막강한 영향력을 미친다는 것이 정설이다. 의회 후반기에 의장단에 선출되면 다음 지방선거에서 당선에 절대적으로 유리하다는 사실도 의장단 선거를 과열시키는 요인이 되고 있다. 뿐만아니라, 의장단에게는 일반 의원들에게 지급되는 의정비와는 별도로 업무추진비라는 만만치 않은 보수도 주어진다[1]. 의장에게는 운전기사와 전용차도 배정되는 것은 물론 비서실장, 비서, 여직원이 배속된다. 부의장과 상임위원장도 추가적인 보수에다 전용사무실과 여직원이 배치된다. 행사때마다 의전적 예우가 주어지고 사회적 명성도 뒤따른다. 이와 같이 권한과 부와 명예를 한꺼번에 누릴 수 있는 매력적인 의장단 자리를 놓고 선거때마다 감투싸움에 휘말리는 걱은 어찌보면 지극히 당연한 일일 것이다.

제3절 의장단 권한과 구성

1. 의장단 권한과 구성

의장은 그 지방의회의 사무처리에 있어 최고책임자로서 의회 내의 사무를 감독하는 권한을 가진다. 따라서 의장은 의회의 사무 처리를 위하여 두는 사무기구의 업무와 소속공무원을 지휘 감독한다. 의장은 지방의회를 대표하는 중요한 직위로서 여러 가지 권한을 가지고 있는데 가장 중요한 권한은 의사정리권이라 할 수 있다. 의사 정리권은 회의를 원활하게 진행시키고, 회의의 계획부터 마무리단계까지 모두 정리하기 위해 필요한 권한을 말한다. 이를 다른 말로 회의진행권이라고도 한다.

의장의 의사 정리권은 원활한 회의진행을 위해 필요한 권한으로서 구체적

1 지방의회 의장단은 연간 최고 5천만원에서 768만원까지 업무추진비를 사용할 수 있다. 실례로 충북도의회 의장은 연간 5천만원을 사용할 수 있고, 부의장 2명은 연간 2천5백만원, 상임위원장은 연간 1천5백만원을 사용할 수 있다. 기초의회의 경우 인구규모와 재정수준에 따라 가, 나, 다로 등급이 구분된다. 가급인 청주 · 충주시의회 의장, 부의장, 상임위원장의 경우 연간 3천144만원, 1천512만원, 1천32만원을 쓴다.

으로는 의사일정 작성권, 의원의 발언허가권, 표결 및 심의순서 결정권, 본회의의 개의(시작) 및 산회(끝) · 정회(중단)할 수 있는 권한, 회의에서 결정된 안건에 대한 자구 정리 등 정리권, 회의록 서명권 등을 포함하고 있다. 또한 의장은 그 지방의회를 대표하는「의회대표권」을 가진다(최민수, 2010:144). 그 지방의회가 외부기관이나 개인에게 공문을 보내거나 어떤 의견을 표시할 때에는 의장의 이름으로 보내야 하며, 외부에서 지방의회에 공문이나 진정 등을 보낼 경우에도 의장 앞으로 보내게 된다. 부의장은 의장을 도와서 지방의회의 사무를 처리한다. 특히 의장이 사직 · 퇴직 등으로 없게 되거나, 특별한 사고로 유고시 부의장이 의장 직무를 대리하여 의장의 권한을 행사한다.

의장과 부의장은 지방의원 총선거 후에 당선된 의원들의 최초 회의에서 의원들에 의해 선출된다. 지방의회를 대표하고 의회를 진행하기 위해서는 의장이 있어야 하기 때문이다. 광역의회는 부의장 2명을 선출 운영하는 반면, 시군 · 구의회에는 의장과 부의장을 각각 1인씩 둔다. 의장과 부의장의 임기는 2년이다. 일반적으로 의장과 부의장은 같은 날 선출한다. 그러나 지방의회 사정에 따라 의장 선출과 부의장 선출을 달리하는 경우도 발생한다. 부의장이 의장보다 늦게 선출된 경우라도 부의장의 임기는 의장의 임기와 같은 날에 끝나도록 하여 의장과 부의장의 임기가 동시에 끝나고 동시에 다시 시작되도록 되어있다.

의장과 부의장은 해당 의회에 소속된 의원 중에서 의원들의 선거로 선출하는데 선출 방법은 후보자없이 소속 의원 중에서 의장이나 부의장으로 선출하고자 하는 의원 성명을 투표용지에 기록하는 무기명투표 방식에 의해 선출해왔다. 그러나 최근에는 의장과 부의장을 선출하는 방식이 여러가지 형태로 변하고 있다. 종전의 교황식 선출방식에서 나타난 문제점들을 보완하기 위하여 지방의회별로 회의 규칙을 개정하여 시행하고 있는 의회가 늘어나고 있다. 즉 의회의 의장 또는 부의장이 되고자 하는 의원은 당해 선거 1일 전 서면으로 후보자 등록을 하도록 명문화 하였으며, 또는 임의 규정으로 선거일 본회의장에서 10분 이내의 소견을 발표할 수 있도록 하고 있다(대전광역시 서구의회 회의규칙 제8조의2).

2. 지방의회 의장단선거 운영 실태

그동안 시민사회단체와 언론의 부단한 건의와 지적에 따라 상당수 지방의회에서는 의장단선거에서 교황선출방식의 투표제도를 폐지하고, 후보등록과 정견발표제(이하 "경선제")를 도입하여 시행하고 있다. 광역의회의 경우는 전국 17개 시 · 도의회 가운데 2014년 6월 30일 현재 7개 시 · 도의회가 이 제도를 시행하고 있는데, 이 중 광주광역시의회의 경우는 의회기본조례에, 여타 의회는 회의규칙에 규정하여 시행하고 있다. 다만, 충청북도의회는 후보등록제 없이 정견발표제만 운영하고 있다.

기초의회의 경우도 2014년 6월 현재 전국 226개 기초의회 중 서울의 강동구의회를 비롯하여 48개 의회에서 의장단선거 시 경선제를, 3개 의회가 후보등록제만을, 그리고 24개 의회는 정견발표제만을 도입하여 시행하고 있으며, 나머지 151개 의회는 아직도 '교황선출방식'을 그대로 운영하고 있다.

그러나 상당수 지방의회가 후보등록 또는 정견발표 신청시기를 너무 촉박하게 정하여 현실적으로 경선제의 취지를 제대로 살리지 못하고 있는 점은 앞으로 개선해 나가야할 과제로 남아 있다.

3. 의장단 선출 방식의 문제점

1) 현행 교황선출방식의 문제점

지방의회의 조직으로서 의장단과 관련해서 그간의 운영과정에서 가장 논쟁점으로 부각된 것은 이들의 선출방법에 관한 것이다. 또한 이들의 선출과정에서의 중앙정당의 영향력에 관한 논란도 지속되어 왔다. 먼저 현행 의장단 선출방법의 문제점이 크다. 의장과 부의장은 그 당선요건으로 재적의원 과반수의 출석과 출석의원 과반수의 득표를 얻어야 한다. 선거의 방식은 무기명투표로 재적의원 과반수의 출석과 출석의원 과반수의 득표로 당선된다. 이 조건을 충족시키기 위해 선거는 1차, 2차, 그리고 결선투표까지 할 수 있게 되어 있다. 소위 교황선출식 방식을 택하고 있는 것이다.

그러나 이 과정에서 출마희망자가 공식적으로 출마의사를 밝히지도 않고, 후보 등록과 정견발표 등 공식적인 선거운동 또한 금지하고 있다. 교황선출식 방식은 사회적으로 존경받고 도덕적으로 검증된 추기경들의 회의에서 교황을 선출하는 제도이다. 이 제도를 도덕성 면에서나 사회적 배경측면에서 성직자들과 달리하는 우리나라 지방의회 의장단 선출방법에 적용하고 있는데 일차적인 문제가 있다고 할 수 있다. 즉 현재의 선출방식에서는 투표권자인 의원들간에 비공식적인 접촉을 통해서 출마를 알리고 개별적으로 비밀리에 선거운동을 하고 있는데, 이 과정에서 여러 가지 비리가 발생하고 있는 것이다. 이러한 과정을 통해 의장단을 선출하다 보니 이들이 자치단체의 의결기관의 장으로서의 능력에 대한 충분한 검증절차를 밟지 않고 당선될 뿐만 아니라, 당선후 의회의 운영을 전문적 정책성에 초점을 두고 운영하기가 쉽지 않다는 것이다.

의장단의 선출과정과 관련하여 쟁점이 되었던 또 다른 부분은 정당공천을 허용하고 있는 광역의회의 경우 중앙정당의 시 · 도지부에서 지방의회의 의장단과 상임위원장단 구성에 대해 영향력을 행사해 온 점이다. 즉, 시 · 도의회의 다수를 차지하는 정당의 시 · 도지부가 의장을 비롯한 의회 간부들의 선출에 영향을 미쳐 이들이 후보를 내정하거나, 다수를 차지한 정당이 의장단과 상임위원장단을 석권하는 데 따른 문제가 제기되어 온 것이다(송광태, 2003:37-38).

2) 현행 경선제의 문제점

현행 '교황선출방식' 에도 문제점이 있지만, 일부 지방의회에서 기이 도입 · 운영하고 있는 현행 '경선제' 에도 문제가 없는 것은 아니다. 경선제를 도입하기는 했으나, 대다수 지방의회가 설정한 후보 등록일과 정견발표 신청시기가 의장단 선거일과 너무 임박해 있기 때문이다. 지방의회에 따라서는 선거일 6~7일 전까지 후보등록을 하도록 하여 소속 의원들이 충분한 시간을 갖고 후보자에 대한 자질과 자격을 검증할 수 있는 기간을 확보해 주고 있는 지방의회도 있지만, 상당수 지방의회는 당일 또는 회의시작 전까지 후보등록이나 정견발표를 신청하도록 하는 규정을 두어 형식에 그치고 있다.

또한, 현재 상당수 지방의회가 정견발표제를 도입하면서 의장단 선거의 경우 정견발표 시간을 5분 이내로 제한하고 있다. 여기에서 특이한 것은 기초의회의 경우 절반 이상이 10분 이내의 정견발표를 하도록 정하고 있는데 반하여 광역의회는 절반 이상이 5분 이내로 기초의회의 절반 시간만을 허용하고 있다는 점이다. 어쨌든 5분 이내의 정견발표 시간은 다소 부족한 감이 없지 않다. 후보자가 자신의 소신과 의지를 보다 소상하게 설명하고, 유권자인 의원들에게 충분한 검증자료를 제공하기 위해서도 그 발표시간은 연장할 필요성이 있다(이용우, 2015 :127-133).

제4절 의장단 선출방식의 개선

현재의 의장단 선출방식인 소위 교황선출식 방식을 바꿀 필요가 있다. 즉, 지금까지와는 달리 후보등록을 받고 출마를 공론화 하여 공개적으로 선거운동을 하게 하는 것이다. 이 과정에서 후보자로 하여금 출마취지를 밝히게 하고, 이를 통해 지방의회를 대표하는 의장과 부의장으로서의 자질과 능력에 대해 투표권을 가진 동료의원들 뿐만 아니라, 언론과 유권자들의 공개된 검증과정을 충분히 거치게 하는 것이 오히려 현재의 문제를 상당부분 줄일 것으로 보인다.

그러나 더 근본적으로 보면, 현행의 지방의회 조직구성의 여러 가지 한계가 누적되어 이러한 문제점을 고착화시키는 측면이 있음을 간과하지 말아야 할 것이다. 즉 현재의 수당제와 막강한 권한, 그리고 공식적 비공식적으로 정당공천과 정당관여를 허용하는 구조하에서는 지방의원의 절대 다수가 자영업을 하는 지역유지로 채워지고, 반면에 각 분야의 전문직과 고학력자는 공천과 당선의 가능성이 희박하여 아예 입후보 자체를 기피하고 있는 근원적 문제점이 해결되어야 하는 것이다. 따라서, 현재의 의장단 선출에서 나타나는 문제를 보다 근본적으로 개선하기 위해서는 지방의원의 보수, 지방의원 선거에서의 정당 공천문제와 의장단 권한 조정 등의 제도가 개선되어야 할 것이다.

1. 과거 의장단 선출방식의 개선 방안

지방의회의 의장단 선출방식과 관련한 현행제도란 앞에서 기술한 대로 지난 20여 년간 정부의 회의규칙 표준안에 의한 교황선출방식과 현재 일부 지방의회에서 도입·시행하고 있는 경선제 또는 정견발표제를 모두 망라한 제도를 말한다. 종래의 교황선출방식이나, 일부 지방의회에서 기이 도입·운영하고 있는 경선제에도 여전히 문제점이 내재되어 있기 때문에 그 개선방안을 모색해야 한다.

과거 의장단 선출방식을 개선하기 위한 다양한 대한이 있는데, 대표적인 것으로는 ⅰ) 의장선출 방식의 폐단을 극복, ⅱ) 지방의회 의장 선거와 관련한 규정 개선 등이 있다.

1) 의장선출 방식의 폐단을 극복

의장선출에 의해 발생되는 각종 폐단으로 인해 일부에서는 의장단 선출방법을 개선하고 있다. 예를 들어, 대전광역시 서구의회, 부산광역시의회 강원도의회에선 후보등록제와 정견발표제를 도입하고 있으며, 충북도의회 등에선 정견발표제를 실시하고 있다.

2) 지방의회 의장 선거와 관련한 규정

의장단 선출방식을 사전에 후보등록을 하고 공개적인 선거운동을 하도록 회의 규칙을 변경하는 방법이 있다. 예를 들어, 민주적 절차의 의해 선거를 치른다면 후보등록과 정견발표 등의 공개적인 과정을 통해 언론과 유권자의 공개검증 과정을 거치게 되면서 주민들의 눈치를 보게 될 것이고, 그것으로도 주민들의 의사가 반영되는 효과를 얻을 수 있을 것이다. 의장은 일반의원에 비해 월등히 높은 대우를 받고, 그 대우의 비용은 주민들의 세금으로 치른다. 그렇다면 주민들의 의사가 조금이라도 개입될 수 있는 방향으로 가능성을 열어놓는 것이 필요하다는 관점에서 진행되고 있다.

3) 지방의회 회의규칙 개정

의장 · 부의장 선거에서 소견발표를 할 수 있도록 하기 위해 의장 또는 부의장이 되고자 하는 의원은 당해선거 전일 업무종료 시간 내에 의회사무국에 서면으로 소견발표의사를 신청할 수 있도록 하고 소견발표 의사를 신청한 의원은 선거당일 본회의장에서 10분 이내의 소견을 발표할 수 있으며, 발표는 신청순서로 하였다 소견발표 중 다른 의원을 지지하거나 비방하는 발언을 할 수 없고 회의록의 공개는 의회 홈페이지에 게시하는 것으로 하고 회의록의 배부는 생략할 수 있도록 한다.

전술한 현행 경선제에서 제기된 문제점에 대한 개선방안은 먼저 의장단 선거든 상임위원장 선거든 후보 등록시기를 조정할 필요성이 있다. 우선 의장단 선거의 경우 후보등록 마감일을 전라남도의회와 경기도 시흥시의회의 경우와 같이 의장단 선거일 7일 또는 6일 전으로 설정하거나, 최소 4~5일 전에 마감하도록 하여 소속의원은 물론 그 후보자들을 선출한 주민들과 시민사회단체, 나아가 언론기관에까지 객관적인 사전검증의 기회를 제공하여야 한다.

광역의회든 기초의회든 별다른 문제점이 없다면, 광주광역시 북구의회의 경우와 같이 전체 의원과 외부 인사를 초청하여 의장단 후보자를 상대로 하는 토론회 도입도 적극 검토해 볼 필요가 있다고 생각한다. 광주광역시 북구의회는 의장 · 부의장 선거규정에 토론회 조항을 신설하여 전체 의원과 3명에서 5명의 외부 인사를 초청하여 의장단 후보자를 상대로 한 토론회를 개최할 수 있도록 정하고 있다.

의장단 또는 상임위원장 선거에 경선제를 도입했거나, 도입을 추진중인 지방의회는 후보등록에서 후보자 추천제도를 도입하여 예비적 검증을 거치게 하는 방안을 강구할 필요성이 있다. 이 제도를 도입하면 후보자의 난립을 예방하는 효과는 물론 소속 의원 또는 당해 상임위원들에게 일정 부분 간접 검증기회를 제공할 수 있으리라고 본다.

의장, 부의장 선거에 출마한자는 상임위원회 위원장으로 출마할 수 없도록 하고 있으며, 원구성 과정에서도 의장단 선출방식을 준용하여 선출토록 한다.

2. 지방의회 성과감사제도와 의정평가제도가 도입

지방의회의 의장단은 일반의원에 비해 월등히 높은 대우를 받고, 그 대우의 비용은 주민들의 세금으로 부담한다는 점을 간과해서는 안된다. 지방의회의 의장단은 광역의회 의장의 경우 개인적으로 수령하는 의정비 외에 최고 1급 공무원 17호봉의 기본급에 상당하는 판공비(기관운영업무추진비)를 매월 지급

받고 있기 때문이다[2].

사정이 이렇다면 지방의회 스스로가 의장단 선거에서 주민들의 의사가 조금이라도 개입될 수 있는 방향으로 그 가능성을 열어놓는 것이 주민에 대한 최소한의 의무라 할 수 있으며, 또 이렇게 해야만 의장단 선거에서 유능한 유자격자를 선출할 수 있을 뿐 아니라 후보자들 간의 합종연횡이나, 밀실거래 등의 고질적 폐해를 그런대로 척결할 수 있을 것이다.

지방의회의 책임성을 확보할 수 있는 방안이 마련되어야 한다. 이를 위하여 지방의회에도 성과감사제도와 같은 의정평가제도가 도입되어야 한다. 의정평가제도는 집행부서에 대한 성과감사와 더불어 의장단을 포함한 의정평가결과를 지역 주민에게 공개하는 공시제도의 도입과 동시에 이루어져야 한다.

3. 지방의회의 주민참여 활성화

지방의회가 활성화되기 위해서는 다음과 같은 노력이 필요하다. 먼저 지방민주주의의 실현과 주민복지향상에 사실상의 주체가 되는 지방의회가 그간 실망스럽다고 해서 주민이 외면해서는 안된다. 지방의회를 바로 세우려면 지방의회의 위상을 높이고 권한을 강화시키는 제도의 보완이 필수적이다. 자치권의 본질적인 요소인 자치입법권, 자치행정권, 자치조직권 및 자치재정권을 헌법적으로 보장하는 것이 현재로선 급선무다.

지방의원 유급제 도입에 따라 의원겸업을 금지 혹은 제한하는 문제도 신중

2 광역의회 의장단의 판공비(기관운영업무추진비) 지급기준

(단위 : 천원/월)

구 분	의 장	부의장(1인당)	상임위원장(1인당)
서울 · 경기	5,300	2,600	1,600
기타 시 · 도	4,200	2,100	1,300

한 검토가 필요하다. 겸업의 범위 설정에 따른 애로점은 이미 국회의원에의 경우에도 그 문제점이 드러난바 있다. 따라서, 법률적 차원에서 지방의원의 겸업을 금지하도록 일률적으로 적용하는 것은 현실적으로 어렵다고 판단된다. 그보다 겸업의 범위 및 규정은 해당 자치단체의 지역사정을 고려하여 조례로 정하는 것이 합리적일 것이므로 이에 대한 정비해 두어야 만 주민들의 신뢰를 받을 수 있을 것이다.

그리고 지방의회에 시민참여가 활성화되어야 한다. 물론 주민의 대표로 선출된 지방의회가 집행부 행정감시의 기능을 수행하고 있기는 하다. 그러나 지방의회의 자치권의 범위가 좁고, 단체장의 의회에 대한 견제권이 지방의회의 단체장에 대한 견제에 비해 지나치게 크기 때문에 의정활동의 실효성은 그만큼 적다. 또한 지방의회의원의 정책개발 및 집행부의 통제능력에도 한계가 있다. 이러한 한계점을 극복하려면 지방자치단체의 행정집행과정에서 적극적이고 공정하게 시민과 시민단체의 참여를 보장해야 할 것이다.

4. 정당공천제의 개선

지난 지방선거에서 정당이 과도하게 개입해서 들어난 부작용은 심각했다. 정당공천을 둘러싼 비리와 부패는 여전했고, 참신하고 유능한 정치신인과 여성들의 진출은 기대에 미치지 못했다. 지방의원들의 줄서기 관행도 근절되지 않았으며, 인물과 공약 중심의 정책선거는 자리잡지 못했다. 지방선거는 지방자치의 본질로서 그 성패를 결정적으로 좌우한다. 6 · 4지방선거를 비롯 한 역대 지방선거들은 앞으로 지방선거가 어떻게 달라져야 하는지 또 법과 제도를 어떻게 바꿔야 하는지에 대해서 다시한번 정치권에 경종을 울려주고 있다.

이제는 지방선거가 달라져야 한다. 먼저 정당공천제의 폐해를 극복하고 지역별 일당독점 현상을 개선하기 위해서는 기초의원은 물론 기초단체장까지 정당공천을 재검토해야 한다. 그리고 광역선거와 기초선거는 분리 실시되어야 한다. 동시선거로 선거관리 비용을 다소 줄일지 모르지만 그 부작용으로 주민들이 지불해야 할 정치적 비용은 너무 크기 때문이다. 결국, 정당공천제를 통한 중앙정치의 지방자치에 대한 인한 지난친 간섭은 지방의회 의장단 선거를 바람직하게 정립하는데도 큰 걸림돌로 작용하고 있어서 이에 대한 개선이 중요하고 시급하다.

제5절 소결론

지방의회가 활성화되기 위해서는 다음과 같은 노력이 필요하다. 먼저 지방민주주의의 실현과 주민복지향상에 사실상의 주체가 되는 지방의회가 그간 실망스럽다고 해서 주민이 외면해서는 안된다. 지방의회를 바로 세우려면 지방의회의 위상을 높이고 권한을 강화시키는 제도의 보완이 필수적이다. 자치권의 본질적인 요소인 자치입법권, 자치행정권, 자치조직권 및 자치재정권을 헌법적으로 보장하는 것이 현재로선 급선무다.

다음, 유급제의 장착과 함께 지방의회의 책임성을 확보할 수 있는 방안이 마련되어야 한다. 이를 위하여 지방의회에도 성과감사제도와 같은 의정평가제도가 도입되어야 한다. 의정평가제도는 집행부서에 대한 성과감사와 더불어 의정평가결과를 지역 주민에게 공개하는 공시제도의 도입과 동시에 이루어져야 한다.

지방의원 유급제 실시에 따라 의원겸업을 금지 혹은 제한하는 문제도 신중한 검토가 필요하다. 겸업의 범위 설정에 따른 애로점은 이미 국회의원에의 경우에도 그 문제점이 드러난바 있다. 따라서, 법률적 차원에서 지방의원의 겸업을 금지하도록 일률적으로 적용하는 것은 현실적으로 어렵다고 판단된다. 그보다 겸업의 범위 및 규정은 해당 자치단체의 지역사정을 고려하여 조례로 정하는 것이 합리적일 것이므로 이에 대한 정비해 두어야 만 주민들의 신뢰를 받을 수 있을 것이다.

그리고 지방의회에 시민참여가 활성화되어야 한다. 물론 주민의 대표로 선출된 지방의회가 집행부 행정감시의 기능을 수행하고 있기는 하다. 그러나 지방의회의 자치권의 범위가 좁고, 단체장의 의회에 대한 견제권이 지방의회의 단체장에 대한 견제에 비해 지나치게 크기 때문에 의정활동의 실효성은 그만큼 적다. 또한 지방의회의원의 정책개발 및 집행부의 통제능력에도 한계가 있다. 이러한 한계점을 극복하려면 지방자치단체의 행정집행과정에서 적극적이고 공정하게 시민과 시민단체의 참여를 보장해야 할 것이다.

끝으로, 역대 지방선거들을 볼 때 지방선거에서의 정당공천제의 전면허용이 지방의원 줄세우기, 공천장사, 바람선거 등으로 이어져서 성과보다는 그 폐해가 훨씬 크다는 것이 분명히 입증되었다. 더군다나 대선을 앞두고 일찍부터 상당수 지방의원들이 유력 대선 주자 줄서기에 나서고 있어서 중앙정치의 하수인 노릇을 자처함으로써 지방의회의 위상과 권위를 실추시키고 있는 실정이다. 따라서, 개정선거법에 규정된 기초의원의 정당공천제 철회 및 기초단체장의 정당공천제 폐지를 중심으로 다음과 같은 개선방안을 도입해야 한다.

즉 지역별 일당 독점현상과 지역갈등을 심화시키는 지역주의의 선거행태를 개선하기 위해서는 무엇보다도 지방선거에서의 정당참여를 차등적으로 허용 내지 제한시키는 것이다. 여러 방안 중에서 기초의회 의원선거뿐 아니라 기초단체장 선거에서의 정당참여를 전면 금지하고 광역자치단체는 정당참여를 완전히 허용하는 것이 바람직하다. 이는 동일한 수준의 자치단체 선거에서 동일한 법적용으로 일관성을 유지해서 엄격한 법적용이 가능해 지기 때문에 공명선거는 물론 그간 실추된 선거법과 제도의 권위와 신뢰성을 회복할 수 있는 목적도 달성할 수 있을 것이다.

요컨대, "지방의회가 바로서야 지방자치가 바로서고, 지방자치가 바로서야 결국 국가도 바로선다" 는 신념을 확고히 하면서 지방의회를 바로 세우는

데 주력해야 할 것이다. 그것이 지방자치와 국가를 발전시키는 길이다.

그리고, 국민들의 지방의회에 대한 관심과 성원이 절실히 필요하다. 지방의회는 민주주의의 핵심적 제도이자 지역의 최고의사결정기관이다. 이토록 중요한 지방의회를 지금까지 실망스럽다고 해서 포기할 수는 없다. 이제부터 지방의회를 바로 세우는데 주력해야 한다. 그것이 지방자치와 국정을 바로 세우는 지름길이기 때문이다.

chapter 07

자치행정과 주민과의 관계

제1절 주민참여의 의의와 본질

주민참여는 건전한 시민사회를 형성하고, 지역사회의 개인과 집단 및 조직간의 협동적이며 집단적인 관계에 있어서 문제해결을 위한 집단행동을 장려하는 효과가 있다. 따라서, 주민참여는 시민사회를 건설하고, 지역사회 거버넌스를 용이하게 하며, 지역사회 문제해결을 위한 주민의 능력을 제고 시키는 것과 직접적인 관계가 있다고 알려지고 있다.

현실적으로 민주주의는 공공정책에서 주민참여가 확대되는 것을 가정한다. 높은 주민참여 수준이 항상 민주주의가 활성화되는 것을 보장하지는 않는다는 연구결과도 있다. 하지만, 일반주민들이 국가정책에 활발히 참여할 때 정부는 보다 효율적으로 운영될 수 있고, 헌법에서 보장하는 권리가 강화될 수 있으며, 개인 및 지역사회 요구가 정책결정과정에서 보다 대변될 수 있는 가능성을 높일 수 있다.

1. 住民參與의 槪念

住民參與의 개념은 매우 다양하여 학자들마다 상이한 개념 정의를 하고있다. 따라서 住民參與에 대한 학자들의 견해를 살펴본 후 공통된 개념을 도출하고자 한다.

Verva(verva, 1967:53-78)는 住民參與를 "공권력이 부여되지 않는 일반시민들이 공적 권한이 부여된 사람들을 행위에 영향력을 미칠 정도로 정책결정과정에 참여하는 것" 이라고 정의하고 있으며 Cunningham(1972:595)은 住民參與를 "지역사회의 일반소인(common amateurs)이 그 지역사회의 일반적 사항과 관련된 결정에 대하여 권력을 행사하는 과정" 이라고 정의하고 있다. 그 밖에 Huntington과 Nellson은 "정부의 정책결정에 영향을 미치려고 의도하는 일반주민의 행위" (Huntington and Nellson, 1976:5), Alford는 "정책결정과정에의 영향력 행사" (Alford, 1969:21), Irland는 "갈등관리를 위한 도구" (Irland, 1972:290)로서 住民參與를 파악하고 있다.

이러한 개념정의보다 더 구체적으로 住民參與를 정의하고 있는 학자도 있는데 Stenberg(Stenberg, 1972:190)는 住民參與를 단순히 정보를 얻는 것에서부터 정보를 제공하고 정책결정에 관여하며 나아가서 통제를 가하는 데까지 포함하는 것으로 주장하고 있으며, UN(UN, 1961:11)에서도 참여의 개념에 대해 "정부활동에 영향을 미치거나 혹은 직접 사회적 수요를 준비할 경우에 임명공무원과는 구별되는 일반대중의 역할에 관한 것으로서 선거권 행사 이외의 사회구성원에 의한 활동" 이라고 주민참여의 개념을 광범위하게 규정하고 있다. 또 Arnstein(Arnstein, 1969:216)은 住民參與를 "영향이라기보다는 완전한 관리적 통제측면에서 강조하여 住民參與를 정보의 배분, 목표와 정책의 형성, 자원의 배분과 사업의 집행 등을 어떻게 할 것인가를 결정하는 과정에 참여하지 못한 사람들을 위한 전략" 이라고 규정하고 있다.

이러한 여러 학자들의 견해를 종합해 볼 때 住民參與는 다음과 같이 정의할 수 있다. 즉, 住民參與는 "관료조직들의 정책결정과 집행에 그 정책으로 인해 영향을 받게 될, 공권력이 부여되지 않은 일반 시민들이 공적으로 결정권이 부여된 자들에게 정책이나 계획의 결정에 관하여 영향을 미칠 정도로 권력을 행사하는 일련의 행사"를 의미한다고 하겠다.

이러한 住民參與의 개념을 정립함에 있어서 그 본질적 요소를 추출하면 다음과 같다.

① 住民參與는 전통적 의미에 있어서의 정치과정에서의 참여, 즉 정치참여는 아니다. 住民參與는 이른바 행정과정에 직접 참여하여 행정관료들과 대결, 협동하여 공공정책을 결정하는 주체로서의 참여이다.

② 종전의 住民參與가 주로 특수이익 대표(유력자)의 참여이고 그것은 그들 특수이익 대표를 무마하여 행정이 결정하는 정책에 협력을 구하는 포섭적 의미를 가지는 참여인데 반하여, 지금의 住民參與는 사회형평의 원칙에 입각하여 보다 적은 양의 정치적 자원만을 가지고 있는 하류의 서민층들 및 행정행위에 의하여 직접 영향을 받는 모든 시민들을 포함하여 광범한 대표적 바탕을 추구한다.

③ 住民參與는 다른 사람으로 하여금 생각하고 행동하게 하는 능력, 즉 권력이다. 이러한 권력 내지 통제가 일반 주민의 수중에 주어지고 그것이 그 사회의 여러 구성원들에게 영향을 미치는 결정을 하는데 참여는 이루어진다.

④ 영향을 미칠 의도로 하는 행위이다. 따라서 영향력을 행사하려는 의도에서가 아닌 명목상의 참여나 치유(therapy)는 진정한 의미의 참여가 될 수 없다.

⑤ 결정을 할 수 있는 권한이 부여된 자들에게 하는 행위이다. 여기에는 자치단체의 공무원을 비롯하여 지방공공단체의 임직원, 예외적으로 국가나 지방단체로부터 공권력을 부여받는 私人이 포함된다.

⑥ 住民參與는 지방자치제를 당연한 전제로 한 지역사회 정치형태의 한 유형으로 간주되고 있다. 즉 선진민주주의 사회에서 시민참여는 지방자치의 중심기관인 자치단체의 長이나 지방의회의 기능을 보완하는 장치의 하나로서 운영되고 있다. 따라서 住民參與는 대의제 기관의 기능 자체를 부인하는 것이 아니라 지역사회의 중대 관심사를 대의제 기관과 더불어 시민 각자의 직

접적인 노력을 통해 해결해보려는 정치적 노력의 한 유형이라 할 수 있다.

2. 住民參與의 擡頭와 展開

Almond와 Verva(Almond and Verva, 1965:2)가 "세계에서 진행되고 있는 정치혁명이라고 부를 수 있는 것이 있다면 그것은 참가의 분출(Participa-tion explosion)이어야 한다" 라고 한 것이 1963년의 일이다. 그리고 Pran-ger(Pranger, 1968:5-12)가 오늘날의 議會民主主義 내지는 代表民主主義에 대해서 參加民主主義(participatory democracy)란 용어를 사용한 것이나, Dahl(Dahl, 1971:9)이 현실의 민주주의 체계를 분석하는 도구로서 Polyar-chy라는 개념을 사용한 것도 50여 년이 채 안되는 일이다. 이렇듯 시민참가는 1960년대 후반부터 광범한 민중용어의 하나로 사용되었으며 시민참여는 세계정치사에 있어 새로운 변화를 촉구한 상당히 충격적인 운동이었다고 볼 수 있다.

현대 행정국가에서 住民參與가 강조되게 된 것은 현대 행정의 양적, 질적 변화와 그에 따른 의회제도의 위기 등에서 민주주의를 수호하기 위한 절대적인 요청에 부응한 것이라 하겠다.

산업의 고도화, 과학기술의 발달, 대도시화, 자본주의 발달로 인한 사회, 경제적 문제의 속출, 노사간의 대립 등으로 인하여 입법국가로부터 행정국가로 전환됨에 따라 정부기능은 적극화되고 행정이 중요한 정책결정을 실질적으로 좌우하게 되었다. 이러한 시대적 상황의 변천은 행정의 전문화, 기술화를 촉진시켰고 신중앙집권화 현상을 가져왔으며 반면에 입법부나 사법부에 의한 전통적인 행정통제는 무력화되고 대의정치가 퇴색되었다.

특히 공공정책의 결정이 정당, 특수이익집단, 관료조직의 3자간의 공생관계의 역할에 의하여 이루어지는 상황하에서 하층시민들의 불만은 누적되고 폭발되었고 그래서 이들의 생활이익에 직결되는 사항의 결정만이라도 이들을 참여시켜서 자기들의 이익을 최대한으로 수호하도록 하자는 것이 바로 住

民參與제도이고 빈곤극복(war on poverty)정책이라고 볼 수 있다.

이러한 하층시민의 반발적 움직임이나 이에 대한 유사한 대응은 미국이외에 다른 선진국에서도 볼 수 있다. 일부 행정학자들이 행정의 새로운 가치로서 사회적 형평을 주장하게 된 것은 이러한 사회적 사정을 반영한 것이다.

이상과 같은 住民參與는 그동안 고도의 관리사회, 산업사회에서 무시되어 왔던 인간가치를 형태화한 민주주의나, 권위주의적이고 집권적인 관료조직에만 의존하지 않고 시민이 분권화된 단위에 아마츄어로서 참가하여 이루고자 하는 방법으로 제시되었던 것이다. 다시 말하면, 이 운동은 무엇보다도 역사의 회생과 인간의 소생을 기원하는 인간의 바램과 활동이며 인간의, 인간을 위한, 인간에 의한 정치로의 모색이라고 해도 좋을 것이다(최호준, 1987:115-116). 그런 의미에서 참가민주주의란 기본적으로 민주주의의 인간화를 목표로 하는 것으로 볼 수 있다.

우리나라의 경우 민주주의의 성립과정에 있어서 직접민주주의나 절대민주주의 붕괴과정을 통한 시민민주주의로 발전하는 과정이 짧았고 외부세력에 의한 민주주의가 성립하였으므로 住民參與의 역사는 길지 않을 뿐만 아니라 그 제도나 방법이 확립되어 있지 못한 실정이다. 특히 자치단체에서의 개발계획이나 관리의 운용은 집권과 기술로써만 가능했고 분권과 참여는 오히려 행정의 낭비와 비능률을 가져오는 것으로 인식해왔다. 그러나 지나친 집권행정이 가져다 준 파행은 지역의 소외, 지방의 종속화, 지나친 격차, 비창조적 관료주의, 참여의 한계 등을 노정하였다. 관료기술 우위의 행정은 단순한 중앙에서만의 집권이 아니라 오히려 지방에서의 住民參與를 차단하는 도구로 이용되고 있다. 따라서 우리 나라에 있어서의 住民參與는 참여적 운동이라기보다는 저항적 운동이 대부분이고 그 저항적 운동도 豫防鬪爭的 抵抗運動보다는 事後治癒的인 抵抗運動이 대부분이다. 그리고 참여의 제도화도 자치화의 수준에 이르지 못하고 협찬의 수준을 넘지 못하고 있고 그 협찬도 실질적 협찬보다는 명목적 협찬에 불과한 경우가 많다.

1990년대 지방자치시대가 접어들면서부터 우리 나라에서도 住民參與의 용어가 많이 쓰여지고 있으며 住民參與에 대한 행정기관의 관심도 적지 않게 높아가고 있다. 그러나 개발도상국의 행정이 지닌 부정적인 행정문화로 인하여 아직도 官主導에 의한 행정지도 과정을 통하여 소수의 엘리트만이 정책결정에 영향을 주고 있을 뿐 많은 주민들이 행정참여의 기회를 부여받지 못하고 있는 것이 현실이다.

3. 住民參與의 必要性

일찍이 참여에 대하여 부정적 시각을 가졌던 학자들의 사상을 살펴보면 우선 Mosca와 Michels(육동일, 1990:119)는 모든 시민의 참여를 극대화시킴으로써 통합하려는 민주주의에 대하여 회의를 제기하고 엘리트주의의 관점을 견지한 바 있고, Schumpeter(1962:242-283)에 의하면 대중은 그저 와글와글 떠드는 것 이외에는 비행동적이며 따라서 능동적이고 제안적이며 결정적인 인물은 엘리트이고 민주주의의 특징은 투표에 대한 리더들의 경쟁이라는 것이다. Berelson(Berelson, 1952:313-330) 역시 단지 소수 시민의 높은 관심과 높은 참여도가 필요할 뿐이며 전체 체제의 안정성을 유지하기 위해서는 다수의 무관심과 무흥미가 중요한 역할을 한다고 주장한다. 그러므로 이들의 주장은 참여를 원하지 않는 사람들에 의한 정치적 참여와 증가는 민주제도의 안정성을 파괴할지도 모른다는 점에서 일치가 된다.

그러나 住民參與는 일찍이 Rousseau, Toqueville에 의하여 그 가치가 옹호되어 왔으며(Roussau, 1968:49; Toqueville, 1956:68-70), 최근에는 행정에의 住民參與가 최소한 정부에 전달될 수 있는 참신하고도 중요한 시각과 관점을 제공해 주고 정부로 하여금 불이익을 갖고 있는 집단의 정치적 발전과 민주성향을 개발하는 데 필수적인 경험을 쌓게 해주며 정부가 봉사하여야 할 사람들에게 더 대응적이도록 하는 등의 긍정적 결과를 수반하는 데 대체로 긍정적 합의에 도달하고 이를 위한 제도화, 입법화를 추진하고 있다. 특히 시민참여의 문제점으로서 현대 행정의 전문성에 비추어 시민에게 이러한 전문기술과 경험이 없다는 점과 과학적 합리성의 결여를 지적하는 경우가 있는데 이것은 현대 행정의 환경과 목적을 잘못 선정한 데서 연유한다.

전문지식 결여의 문제는 住民參與가 문제의 제기와 목표 및 그 기본방향의 결정에 참여해서 그 정책의 결정과 집행에 정당성을 부여하는 것이지 전문기술적 설계나 공사 등을 시행하는데 참여하는 것은 아니다.

이러한 전문기술은 행정관료나 전문가의 조력을 얻어서 보충할 수가 있는 것이다. 그리고 경험의 문제는 급격하게 변화하는 현대사회에 있어서는 항상 새로운 문제에 직면하는데 과거의 경험이 크게 문제가 되는 것이 아니라 오히려 현재의 정확한 상태의 파악이 문제가 된다. 또한, 종래의 행정이 추구하던 합리성이 양적 분석을 기초로 한 과학적 · 법칙적 합리성이라고 한다면 주민의 참여에서 구하는 합리성은 실제에 있어서 주민들의 필요가 무엇인가를 현실적으로 판단하는 실질적 합리성이다. 그러므로 장기계획의 한계성을 인식하고 변동의 현장에서 변동의 역군인 수요자들에게 사정을 듣고 단기적인 예측을 정확하게 하여 기민하게 이에 대처하여야 한다(김병찬, 1986:6-9). 이러한 시각은 그렇게도 자신했던 과학적 예측과 계획이 생각하지 못했던 도시 폭동과 같은 불행한 사태를 초래했다는 서구인들의 반성에서 생겨난 것이라 할 수 있다.

4. 順機能과 逆機能

1) 順機能

주민참여의 기능을 주민과 자치단체의 측면에서 보면 다음과 같다.

① 住民의 側面에서의 機能

첫째로, 주민참여는 거대화 된 현대사회에 매몰되어 소외되고 무력해진 주민의 심리적 욕구를 충족시키고 주체성을 어느 정도 회복시켜 준다.

둘째로, 자치단체의 계획이나 정책을 집행하는 과정에서 주민의 권리나 재산상의 침해를 방지하거나 극소화할 수 있다.

셋째로, 자치단체의 행정실태를 파악할 수 있다. 따라서 자치단체와의 상호협동의 분위기가 조성되며 공익우선의 정신과 공공심을 함양하게 된다.

넷째로, 주민의식의 성숙과 사회적 · 정치적 능력의 향상을 들 수 있다 왜냐하면 실제로 참여를 안하더라도 참여할 수 있다는 분위기가 자부심을 갖게 하며 주민들의 사기를 진작시킬 것이기 때문이다.

②地方自治團體의 側面에서의 機能

첫째로, 자치행정의 실태를 주민들이 파악함으로써 지방정책이나 지방계획을 집행함에 있어 주민들의 지지와 협조를 받을 수 있다.

둘째로, 자치단체와 주민간의 거리가 단축되고 협조관계가 강화되며, 결정에 대한 책임의 분담이 가능해진다.

셋째로, 주민들이 원하는 바가 무엇인가를 알게 되어 행정수요를 파악하고 사업의 우선순위를 결정하는데 유익하다.

2) 逆機能

그러나 주민참여에는 다음과 같은 역기능이 있다.

첫째로, 주민참여는 많은 시간과 노력을 요하며, 그로 인하여 공공사업이나 정책집행의 지체를 초래할 우려가 있다.

둘째로, 미국에서의 경험에 의하면 가난한 자의 참여는 행정과 사업집행의 비능률을 초래한다는 주장이 있었다.

셋째로, 가난한 주민의 참여는 항상 그들에게 엄청난 기대를 갖게 하며, 조속한 투자와 시공 등의 기대가 일반적으로 그들에게 실망을 안겨다 준다는 것이다. 공약과 실천간에는 다소간의 갭(promise-delivery gap)이 생기게 마련이다.

넷째로, 주민참여는 이론상 권력과의 협동 또는 권력에 대한 저항이라는 양면성을 가지고 있으며, 참여가 권력에 흡수 · 포섭됨으로써 참여의 의의를 상실하고 허구화되거나 자치단체에 의한 민중조작의 위험성이 있다.

다섯째로, 지방자치단체가 소수의 적극참여자나 일부의 특수이익을 과잉 대표함으로써 행정의 공정성을 저해할 위험이 있다. 또한 공무원들의 직무에 대한 소극적 태도를 조장하고 창의성 · 책임성을 둔화시키며, 책임의 공유나 협동이 아닌 행정책임의 회피 · 전가를 초래할 우려가 있다.

이상 주민참여의 순기능과 역기능을 검토했거니와 지방자치단체는 주민의 참여를 실시함에 있어 그 순기능을 최대한으로 살리는 동시에 역기능을 가급적으로 줄이도록 해야 할 것이다.

5. 住民參與의 類型과 手段

1) 住民參與의 類型

住民參與는 실제에 있어서 다종다양하게 이루어지기 때문에 이를 분류하는데 어려움이 따른다. 그러나 그 참여의 대상, 정도 및 기타 중요사항을 기준으로 하여 분류하면 다음과 같다(정세욱, 1984:259-267; 최창호, 1989:597-617; 김홍기, 1987:478-497).

가. 비제도적 참여와 제도적 참여

住民參與는 그 제도화의 정도에 따라 운동, 교섭, 협찬, 자치 등으로 나눌 수 있다. 운동과 교섭은 비제도적 시민참여인데 반해 협찬과 지지는 제도화된 住民參與이다.

나. 개별적 참여와 집단적 참여

주민은 자치단체의 정책결정이나 집행에 개별적으로 참여할 수도 있고 집단적으로 참여할 수도 있다. 개별적 참여의 예로는 개인적인 의견제출, 진정, 건의, 청원, 제소, 공직담당 등을 들 수 있고 집단적 참여의 예로는 조직, 진단, 또는 다중적으로 시위, 진정, 청구, 건의, 발의하는 것 등을 들 수 있다.

다. 행정주도형 참여 · 수평적 참여 · 주민주도형 참여

행정주도형 참여는 전통적인 유형으로서 자치단체가 住民參與의 주도권을 가지고 있어서 주민과는 수직적 관계에 있는 형이고, 수평적 참여는 자치단체와 주민이 수평적 관계에 있으면서 이상적인 住民參與를 실시하는 형이며 주민주도형 참여는 주민이 그 주도권을 가지고 자치단체가 이를 받아들이는 형이다.

라. 행정과정별 참여

住民參與는 방향설정에서부터 계획수립, 사업진행을 거쳐 사업평가에 이르기까지 모든 과정에서 행해진다. 일반적으로 선진제국에서는 주민들이 주로 정책결정 및 집행과정에 참여하는 데 비하여 개도국에서는 주로 집행과정에 참여하고 있는 점이 극히 대조적이다.

마. 비참여 · 명목적참여 · 주민권력적 참여

Arnstein(Arnstein, 1969:217)은 미국의 住民參與의 구체적 사례를 토대로 주민의 영향력을 기준으로 참여를 8단계로 구분하고 있다(그림-1 참조).

〈그림-1〉 Amstein의 참여 8단계 구분

⑧주민통제(자주관리) Citizen control	주민 권력적 참여 (Degree of citizen power)
⑦권한이양 Delegated power	
⑥쌍방협동 Partnership	
⑤유화 Placation	형식적 참여 (Degree of tokenism)
④상담 Consultation	
③정보제공 Informing	
②치료 Therapy	비참여 (Non-participation)
①조작 Manipulation	

2) 住民參與의 手段(채널)

오늘날 각국에서 주민의 행정참여 수단으로 이용되고 있는 채널을 보면,

① 주민자문위원회, 심의회, 행정위원회

② 주민조직, 주민회의, 근린정부

③ 공표, 의견제출, 청문, 공청회

④ 청원, 진정, 건의, 불복신청, 제소, 민원신고, 창안

⑤ 상담회, 토론회, 좌담회, 여론조사, 여론모니터

⑥ 시정보고회, 설명회, 전시회

⑦ 행정상담위원제도, 기관장과의 정례대화, 이동관서, 명예기관장

⑧ 반상회 등 실로 그 종류가 다양하다.

⑨ 그 외의 주민직접참정제도 (주민감사청구제, 주민투표제, 주민소송제, 주민소환제 등)

제2절 주민참여의 실질화

1. 주민참여 실질화의 의미

세계 각국은 현재 20세기 산업사회의 복지국가형태에서 탈피하여 21세기 탈산업사회의 새로운 모습의 국가형태로의 전환을 위한 개혁을 꾸준히 추진하고 있다. 즉, 지금은 20세기 산업사회의 모던 형태에서 벗어나서 탈산업사회의 포스트 모던 형태로의 전환기에 놓여있다.

21세기 우리사회도 포스트 모던시대에 진입해서 사회의 모든 면이 달라질 것이고 20세기말부터 들이닥친 세계화, 지식정보화, 지방화 및 민주화라는 급격한 환경변화에도 지속적으로 영향을 받을 것이다. 이와 같이 일찍이 경험하지 못한 새로운 변화와 함께 더욱 달라질 국민들의 요구와 기대 그리고 사회제반 문제들을 풀어가기 위해서는 새로운 국가관리 시스템, 새로운 정보와 전달체계의 정비, 신자원의 개발과 동원화 방식의 전환, 그리고 이것들을 올바르게 이끌어갈 확고한 이념과 가치관의 정립이 무엇보다 요구되고 있다. 21세기에 부합하는 새로운 틀, 새로운 사고, 새로운 패러다임을 어떻게 설정하느냐가 우리시대의 화두이자 국가생존의 전제가 되고 있는 것이다. 특히 새 천년은 지방의 경쟁력이 곧 국가의 경쟁력으로 되는 지방자치시대가 본격화되고 주민의 복지실현이 지방에서 본격적으로 시작되는 시기가 될 것이다. 미국의 新 聯邦主義, 프랑스의 新 地方分權主義, 영국에서의 대처리즘의 몰락, 스웨덴의 프리코뮌 실험, 호주와 뉴질랜드에서의 政府革新, 대만에서의

省의 長과 타이페이 시장의 첫 선거등은[3] 바로 分權과 自律, 參與와 自治를 중시하는 시대적 조류에 적응하기 위한 정부 개혁의 일환이다.

일본은 1999년 7월 8일 「지방분권일괄법」을 통과시켜서 2000년 4월부터 새로운 분권형 시스템으로 국가체계가 변모하게 되었다. 앞으로 실시되는 일본 분권개혁의 핵심은 자기결정이다. 기관위임사무로 대표되던 인식 곧 '어딘가 다른 곳에서 우리 지역의 일이 결정되고 있다'는 구태로부터 벗어나서 '자치체에서 처리하는 사무는 모두 자치체의 사무이다'라는 지방분권의 원칙이 확립(기관위임사무의 폐지)됨으로써 '우리 지역의 일은 우리가 결정한다'는 주민자치의 전기를 마련한 것이다.

이러한 외국에서의 일련의 변화들은 주민들이 종래의 국가 또는 지방자치단체의 기능과 역할에 모든 것을 의존하던 수동적 자세에서 벗어나서 自治力量(self-governance capacity)의 회복을 통해 국가와 지역사회의 발전은 물론 개인적 삶의 의미를 부여코자 하는 풀뿌리 혁명의 일환이라고 볼 수 있다. 특히, 유권자들의 "우리는 더 이상 세금을 내지 않겠다.(No, we won't pay it anymore.)"는 분노의 목소리가 정부 개혁을 하지 않을 수 없는 根源이 되고 있으며 앞으로 더 많은 정부들이 같은 상황에 직면하게 될 것이다.

지방자치 선진국에서 추구하는 개혁의 방향과 전략에 의하면, 개혁은 뿌리로부터 상향적(bottom-up)으로 나와야 한다고 전제하면서 개혁의 궁극적인 목적을 정부의 효율성 향상이나 능력 증진에 두는 것이 아니라 보다 좋은 사회의 건설에 두고 있다. 즉, 효율적 정부는 좋은 사회를 위한 필요조건이지 충분조건은 아니다는 인식하에 전체적으로 좋은 사회에 접근하기 위하여 개인, 가족, 이웃 및 지역의 自發的 주민조직들이 지역문제를 스스로 해결하도록 정부는(중앙정부든 지방정부든) 그에 따른 권한과 책임을 지역사회에 이양하고 보

3 이계식, 문형표 편, 「정부혁신(선진국의 전략과 교훈)」, 서울 : 한국개발연구원, 1995. ; 김영훈, "지방분권의 논리," 「지방자치」, 1996.7. 126-127면.

다 堅固한 지역사회(community)의 재건을 위하여 주위 여건을 조성해 가는 노력을 경주하고 있다. 결국 시민들의 참여와 협동에 의해 자주적 관리가 이루어지는 市民管理의 사회를 지향하고 있는 것이다[4]. 주민자치센터가 추구해야 할 궁극적인 목표도 읍 · 면 · 동을 자율관리의 커뮤니티 구심체로 정립해 나가는 것이다.

견고한 지역사회를 건설해서 개개인이 자율적이고 책임감 있는 삶을 추구하는 좋은 사회를 이룩하기 위한 대내외적 변화의 물결속에서 한국의 지방자치가 그 실현의 구체적 매카니즘으로 작용하기 위해서는 무엇보다도 住民自治의 실질화가 그 원동력이 되어야 한다. 특히, '99년 7월부터 전국 278개의 동이 기능전환에 따라 동사무소가 본격적으로 주민자치센터로 기능 전환되었다. 동기능 전환을 통한 주민자치센터화는 일선행정체계의 혁명적 변화를 초래하는 중대한 정책사항이며 향후 지방자치 발전과 지역사회의 재구조화에 결정적 영향을 미치게 됨에도 불구하고 너무 단기간에 충분한 준비가 없이 졸속으로 추진되어 일선 실무부서의 혼선을 초래하였다. 주민센터로의 전환으로 행정의 효율성을 구현할 것인지, 주민자치의 활성화와 정착에 그 목표를 둘 것인지를 우선 순위를 명확히 하여 정책목표를 설정하여야 함에도 불구하고, 지금까지 추진된 상황을 보면, 후자를 목표로 하면서도 전자를 중심으로 기능전환을 모색하여 주민자치의 본질을 희색시키고 있을 뿐만 아니라 주민자치센터의 주역이 되어야 할 지역주민과 공무원들의 공감을 얻지 못하고 있는 실정이다.

따라서, 住民自治의 槪念, 그 構造와 要因을 재음미하고 주민자치의 실질화를 실현하는데 필요한 과제와 전략을 고찰함으로써 주민자치센터의 바람직한 발전 방향과 운영 방안을 모색하는데 필요한 토대를 마련하는 것은 매우 중요하다.

---

4 노융희, "국가발전과 지방자치발전전략," 「자치공론」, 제2권 5호, 1996.5. 54-60면.

2. 住民自治의 構造와 要因

전통적으로 지방자치의 구조에는 2가지 측면이 있는바, 중앙정부와 지방자치단체와의 관계라는 측면에서, 지방자치단체의 자율권을 중심으로 이해할 때 이를 團體自治라 하고, 지방자치를 지방자치단체안의 정부와 주민과의 관계라는 측면에서, 즉 주민의 자치운영에의 참여에 중점을 두고 이해할 때 이를 住民自治라 한다[5]. 전자는 중앙정부와 지방자치단체와의 관계라는 차원에서 지방분권적 요소를 강조하고 있고 후자는 지방자치단체와 주민과의 관계 차원에서 주민참여 등 민주주의적 요소를 중시하는데 그 의의가 있다.

〈그림-2〉 지방자치의 구조

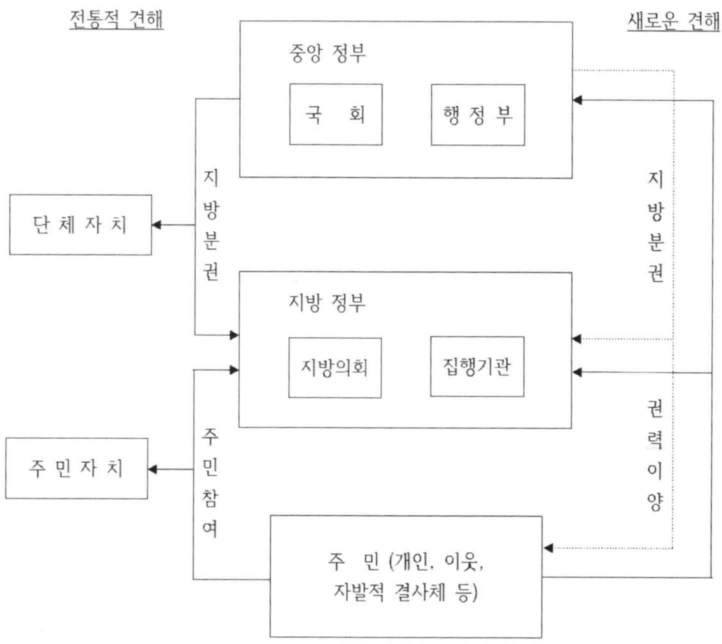

5 최창호, 「지방자치학」, 서울 : 삼영사, 1995. 47-49면.

그러나 이분화된 지방자치의 구조는 최근의 환경변화에 비추어 볼 때 많은 한계를 지니고 있다. 오늘날 중앙정부도 주민참여를 허용하지 않고는 주민만족을 실현할 수 없을 뿐만 아니라 電子政府(electronic government), 텔레데모크레시(tele-democracy) 등으로 중앙정부에로의 주민참여가 현실적으로 가능하게 되었고, 주민들도 지방자치단체와 중앙정부를 구분하지 않고 주민참여의 제도화를 요구하고 있다. 권력의 분권화 문제도 중앙정부와 지방자치단체 사이에서뿐만 아니라 중앙정부와 주민, 지방자치단체와 주민들 사이로까지 확대되어 심각한 현안으로 부상하고 있다.

특히, 지역의 현안문제들은 지역사회가 自助的(self-help)으로 해결하도록 정부가 지원할 때 가장 효과적이 될 수 있다는 사실도 경험적으로 입증되어 가고 있다. 그래서 지방자치 선진국 정부들은 공공서비스에 대한 통제권이나 소유권을 관료나 전문가의 손에서 지역사회로 그 이양을 확대해 나가고 있다. 중앙정부에 의해 제공되는 서비스도 그 정당성과 효율성이 상실되면, 지방정부에 넘길 필요없이 바로 민간부문에 이양시키는 사례도 계속해서 늘어나고 있는 실정이다. 권력이양은 빠를수록 주민과 더 가까운 민주적 정부, 그리고 더 효율적인 정부를 창조해 내고 있다는 증거가 된다. 그러므로 住民自治의 실질화를 위해서는 지방자치단체와 지역주민사이에서 중시되는 주민참여 문제에 국한할 것이 아니라 중앙정부, 지방자치단체, 주민이라는 세 주체들의 다각적 관계와 그 내부적 상호 관계속에서 유기적으로 이루어지는 제반요인들, 이를테면 주민의 의식과 태도, 정부구성원의 태도와 역량, 중앙정부와 지방정부 및 집행기관과 의회와의 관계, 주민과 지방 및 중앙정부와의 관계 등이[6] 종합적으로 검토되어야 한다.

지방자치는 지방자치단체가 주체가 되어 대외적으로 국가(중앙정부)로 부타 독립하여 그 자신의 문제를 독자적으로 처리하되, 그것을 대내적으로 주민들

---

6 Hill, Dilys M. Democratic Theory and Local Government, London : George & Unwin, p.76의 내용을 참고로 재구성.

의 의사에 따라 처리할 때에 완전한 자치가 될 수 있다는 전통적 견해에 대한 고정관념에서 탈피하여 세 주체들의 기능과 역할을 재정립하고 또 주체들간의 역할 분담과 협력관계를 재설정해야 한다. 그리고 지방자치의 발전을 위해서 團體自治 측면에서의 지방분권과 권력이양 수준의 適正化와 住民自治 측면의 주민참여 활성화를 위한 전략을 각 수준에서 통합적으로 모색해 보아야 한다.

행정계층은 줄이고 작은 정부를 지향하는 것은 세계적인 추세이지만 행정계층을 축소하는 것은 읍 · 면 · 동만을 대상으로 해서는 안되고 도차원이나 기타 시 · 군 · 구의 구역 및 사무영역 조정 등이 함께 고려되어야 한다. 그리고 행정서비스의 효율적인 조직화라는 차원에서 읍 · 면 · 동의 폐지와 기능 전환은 바람직하지만 주민자치라는 측면에서는 그 기능이 강화되어야 한다. 읍 · 면 · 동을 폐지하고 주민자치센터를 설립하는 경우, 주민자치의 이념에 입각하여 순수한 주민자치활동을 강조할 것인지 아니면 행정 효율성을 구현하는 목적으로 행정적인 기능을 부분적으로 존치시켜 복합적인 기능을 수행하게 할 것인지에 따라 주민자치센터의 성격과 그 성공여부가 달라진다. 확실한 목표의식과 대안없는 읍 · 면 · 동 폐지는 오히려 행정공백과 지방공무원의 사기를 저하시켜 결국은 행정을 효율성도 떨어뜨리는 결과를 초래하고 만다.

3. 住民自治 實質化의 課題와 戰略

1) 住民과 政府間 관계의 재설정

G. Smith, C. Huntsman 그리고 H. Schachter 등에 의하면 최근까지 주민과 정부간의 관계에 관한 논의가 다음의 모형들을 중심으로 이루어지고 있다.

〈표-1〉 주민 - 정부 관계 모형

	고객(소비자)모형	소유자모형	가치모형
개념적 기원	전사적 품질관리 정부혁신 리엔지니어링	전통적 행정관리 효율적 시민의식	경제이론 한계적 가치이론
철학적 기반	o 정부의 목적은 고객인 시민에게 서비스를 생산 전달하는 것이다. o 효과성은 ①고객을 만족시키는 조직의 능력 ②질 높은 서비스의 전달에 의해서 결정된다.	o 정부의 목적은 소유자인 시민에게 효율적인 서비스를 제공하는 것이다. o 효과성과 서비스의 전달은 시민이 감독, 통제 그리고 관리하는 것에 의해서 결정된다.	o 정부의 목적은 시민들의 가치가 증진되도록 투자를 촉진하고 서비스를 제공하는데 있다. o 효과성은 시민들의 가치와 부를 창조하는 정부의 능력에 의해서 결정된다.
정부의 의미와 역할	o 정부는 질적 서비스의 생산자, 전달자 o 정부의 역할은 고객들의 요구와 기대에 부응하는 서비스의 생산과 전달을 증진시키도록 효율성을 평가하고 운영을 관리하는 것	o 정부는 행정가와 업무지향의 고용인에 의해서 운영되는 계층제적 조직 o 정부의 역할은 소유자인 시민이 규정한 직무를 수행하고 책임을 짓는 것	o 정부는 주주인 시민에게 가치를 증식시키는 피신탁인 내지 재산관리인 o 정부의 역할은 지역사회에 재산을 투자하여 가치를 증식시키는 것이며, 시민과의 공동투자로 부를 창출하는 것
주민의 의미와 역할	o 주민은 정부서비스의 고객 o 주민의 역할은 공공서비스에 대한 수요의사를 밝히고 서비스의 질과 만족도에 관한 정보를 정부에 지속적으로 제공하는 것	o 주민은 정부기업의 소유자 o 주민의 역할은 정부 고용인들이 주워진 책임을 완수하고 자본과 수익을 창출하고 있는지를 측정, 평가, 보고 및 감독을 하는 것	o 주민은 공공신탁의 주주이자 공동투자자 o 주민의 역할은 주민의 요구에 부합되는 부를 창출하기 위해서 정부와 공동투자를 하고 지역사회의 공동이익을 추구하는 것

가정과 전제	ㅇ 정부가 주민과 정부의 관계를 주도한다 ㅇ 주민은 자기이익을 실현하는 고객으로서 수동적으로 반응 ㅇ 고객지향적인 입장에서 내부적, 생산적, 운용적 효율성을 강조	ㅇ 주민이 주민과 정부의 관계를 주도한다 ㅇ 집권적, 비민주적, 계층적으로 구조화된 과정에 의해 추진 ㅇ 내부적 과정, 기업, 전통, 현상유지, 변화에 대한 저항 중시 ㅇ 상의하달적 관리로 감독과 통제	ㅇ 주민은 최대한의 가치 창출을 위해 자산과 서비스를 정부와 공동투자 ㅇ 정부와 주민은 부의 창출을 위한 책임 공유 ㅇ 민주적, 분권적, 수평적 조직과정의 추진 ㅇ 외부적 과정, 기업, 시장변화와 쇄신 강조

출처; G. Smith and C. Huntsman, "Reframing the Metaphor of the Citizen-Government Relationship; A Value-Centered Perspective" PAR, Vol.57 No.4, 1997, p.312에서 인용하여 재작성

최근까지 주민과 정부간의 관계를 새롭게 설정하는 정부개혁에서도 고객모형이 주류를 이루었으나, 이에 대한 반성과 비판이 일고 있다. 예를들어, 아리조나주 Phoenix시의 물 전문가는 도시가 50년에서 100년 동안은 비교적 저렴한 가격으로 공급이 충분하다고 예상하지만, 장기적인 차원에서 물 보호에 대한 필요성을 인식하였다. 따라서 Phoenix시 물 보호 사무국에서는 1990년대 초까지 시민을 소비자(고객)로 간주하고 물의 절약을 강조하여 왔다. 그러나 이 전략은 두 가지 측면에서 물 보호의 목적을 성공적으로 실현해내지 못하였다. 첫째, 시의 물 사용자 1/4 이상이 직접적인 물의 소비자가 아니었다. 즉, 물 사용에 대한 직접 비용을 지불하지 않았기 때문에 소비자가 갖는 비용의 절약이라는 경제적 인센티브가 작용하지 않았다는 것이다. 둘째는 요금용지를 직접받는 시민들에게도 물 절약 운동의 참여에는 소극적이었다. 왜냐하면 물 절약을 통한 돈의 절약은 미비하고 다른 기관에서 물을 공급받을 수 있는 선택권이 부여되어 있지 않았기 때문에 소비자들의 경제적 이기심을 자극시키지 못하였다는 것이다.

결국 물 전문가들은 1998년에 소비자(고객) 모형 대신에 소유자 내지 가치모

형에 관심을 갖기 시작하였다. 그래서 도시 공동체로서 시민들에게 물의 중요성을 교육시키기 시작하였고 시민들이 장기적 상황에 대비해 보다 적극적인 책임의식을 갖도록 하였다. 즉 정부와의 상호작용(파트너쉽)을 통하여 시민들의 미래에 이익을 주는 지역사회를 창조하여 삶의 질을 향상시키도록 공동체 의식을 강조할 것을 제안하고 있다. 따라서 주민자치센터의 성공적 운영을 통해 주민자치의 실질화가 되기 위해서는 주민과 정부간의 관계가 고객모형에만 머무를 것이 아니라 새로운 모형하에 관계가 재설정되고, 그에 따른 구체적 프로그램이 마련될 필요가 있다. 주민자치센터 운영 과정에서 주민들이 수동적 수혜자로 전락하지 않도록 참여에 대한 일정한 책임과 부담을 적정화해야 한다. 즉, 자기가 사는 지역사회를 위해서 주민이 해야하는 기본적인 의무에 관한 활동계획이 프로그램에 포함되어야 한다. 그리고 저소득층, 노약자, 장애인을 위한 특정 프로그램의 강화로 공공기관으로서의 책임을 다해야 한다.

2) 堅固한 地域社會의 形成과 權力移讓

시장의 구조적, 기능적 결함으로 발생하는 市場失敗 현상은 政府介入의 근거를 마련했고, 그 결과 정부개입의 증대로 인한 정부부문의 지나친 팽창은 사회전체적으로 비능률을 초래하여 사회전체 후생을 극대화시키지 못하는 政府失敗 현상을 초래한 바 있다[7]. 그리고 1970년대 이후의 세계경제의 침체로 인한 재정압박, 시민들의 조세저항 및 정부부문의 비능률에 대한 비판과 정부서비스 공급에 대한 생산성 향상 요구는 급기야 작은 정부를 추구하게 하였고[8], 민영화를 통한 민간부문의 역할이 다시금 강조되게 되었다.

불완전한 시장은 정부의 개입을 쉽게 초래하였고, 이어서 불완전한 정부

7 최병선, 「정부규제론」, 서울 : 법문사, 1992. 186-187면.

8 박경원, "도시 공공서비스 공급의 민간화에 관한 연구," 연세대학교 박사학위논문, 1989. 21-24면

때문에 발생한 비효율성, 개인의 자유손상, 생활의 질적 저하 등의 문제들은 시장영역의 확대를 기대하게 하였지만 그 해결은 간단하지가 않다. 왜냐하면 시장기능의 회복도, 정부영역의 축소도 현실적으로 쉽지 않을 뿐만 아니라 시장으로의 단순한 복귀도 문제해결의 실마리가 되지 못하기 때문이다.

주민들은 이제 더 가까운 近隣政府, 그들의 삶에 대한 자율적 책임감, 개인적 삶과 활동에 대한 정부간섭의 배제, 세금부담에 상응하는 대접 등 종전보다는 다른 혁명적인 변화를 요구하고 있다. 미국 인디아나폴리스市의 Goldsmith 시장은[9] 21세기 도시에서는 성난 유권자들이 그들의 문제를 직접 스스로 해결하려고 할 것이기 때문에 정부는 더 이상 서비스 공급자로서의 역할을 포기 내지 축소해야 하고 작은 정부와 함께 이웃을 기초로 한 지역사회가 직접 서비스 공급을 하는 상황을 맞이하지 않을 수 없을 것이라고 전망하고 있다.

Tocqueville이 일찍이 정부에의 지나친 의존에 따른 위험성을 경고했듯이[10] 민주주의 체제에서 유권자와 시민이 정부를 통제하여 권력을 제한시키지 못하면 자유에 대한 개인의 生得權은 영원히 소멸되고 결국 종속적이고 타율적인 인간으로 전락하고 만다. 정부권력의 집중은 개인과 지역사회를 그들의 삶에 영향을 미치는 결정과정에서 배제시킴으로서 相扶相助의 전통과 협동적 노력을 통해 공동체의식을 습득하고 개인의 능력을 고양시킬 수 있는 기회마저 박탈시키게 된다.

지역사회의 自發的 주민조직(self-reliant groups or voluntary community groups)들은 비록 非專門家로 구성되지만 지역의 인적, 물적자원을 토대로 해서 정부와 시장이 결코 제공할 수 없는 사랑과 애정이 배어있는, 자조적이고, 자비로운 그리고 개개인에 대한 세심한 배려에 입각한 서비스의 제공을 가능케 해준다.

---

9 Eggers, William D., and John O'Leary, Revolution at the Roots, New York : The Free Press, 1995. p.14.

10 Ibid., p.63.

그러므로 정부와 시장의 잘못된 二分法은 자발적인 역할이 이루어지는 중요한 제3의 영역(혹은 제3의 柱石)을 간과하게 된다. 주민은 이제 단순한 居住者도 그리고 수동적으로 만족을 충족시키는 顧客(clienthood)으로 머무는 것이 아니라 주체적이고 자조적인 인간(human being)으로 성숙해 나가야 한다. 인간의 삶을 의미있게 해주는 것은 정부나 시장만으로는 불가능하고 바로 제3의 영역에서 그것이 가능해 지는 것이다. 그래서 정부는 오직 지역사회가 자조적이 되도록 지원하는 가운데 능력있는 시민이 堅固한 지역사회를 스스로 만들어 가는 것이 가장 바람직하다. 주민자치센터에 대한 주민조직의 적극적인 참여를 유도하기 위해서는 지역의 자생적 조직대표들을 운영위원으로 위촉하고 이들 조직들이 관련있는 주민자치센터의 시설 또는 프로그램을 위탁하여 자율적으로 기획하고 추진하도록 할 필요가 있다.

지방자치의 궁극적인 목표는 주민자치에 있고 행정이 추구하는 행정목표도 주민들을 규제하고 가르치는 것이 아니라 보다 편안하고 안전한 삶을 영위할 수 있도록 지원하는 방향으로 전환되고 있다. 따라서 주민들이 문화와 복지서비스를 효과적으로 향유할 수 있도록 여건을 마련하는 것이 행정의 주된 역할이 된다. 주민자치센터는 자발적 주민조직들의 참여와 자원봉사를 통해 이러한 변화에 적절하게 대응하기 위한 제도라고 할 수 있다.

정부의 권력을 지역사회 및 개개인에게 넘겨주는 權力移讓(devolution)과 권력집중에 대한 경계를 게을리하지 않는 시민정신 및 능력있는 자치정신의 확립이 지역사회를 견고하게 하는 전제조건이 된다. 권력이양은 2가지를 의미한다. 첫째가 정부의 분권화, 즉 중앙에서 지방정부로의 권한위임이며, 둘째는 정부에서 개인, 가족, 지역사회로 그 책임을 이전함을 의미한다. 실제로 외국의 상당한 정부들이 정부의 통제권과 소유권을 지역사회에 이전함으로써 치안, 교육, 주택공급, 의료보호, 지역개발 부문 등에서 성공적인 결과를 나타내고 있다[11]. 개혁이 성공한 부문에서는 권력이양이 가장 먼저 이루어졌다는 공통점이 발견된다. 주민자치센터도 커뮤니티 활동을 통하여 범죄예방, 재해방지, 재해시 상호부조, 폐기물 처리, 청소 등을 효율적으로 처리할 수 있다.

3) 市民의 自治意識 涵養

민주주의는 정치제도가 민주적인 형태를 갖추었다고 해서 이루어지는 것이 아니라 구성원들의 능력과 태도가 제도를 뒷받침해야 하며 사회 · 문화적으로도 정착되어야 한다. 따라서, 민주적인 제도를 마련하고 운영하는데 있어서 그 구성원들에게 요구되는 능력과 태도 곧 民主市民性이 필수적이며, 지방자치의 성공을 위해 무엇보다 중요하고 결정적인 요소는 지방자치에 대해 주민들이 갖는 태도와 자세 즉 자치의식[12]이 된다.

한국의 경우, 지방자치가 지역사회에 미친 변화를 주민들이 정확히 인식하고 지지할 때 비로소 지방자치가 지역사회에 정착될 수 있음에도 불구하고 아직도 그 변화가 주민들에 의해 체감되지 못하고 있는 것으로 조사되고 있으며, 여전히 남성보다는 여성, 젊은층 그리고 학력수준이 낮은 계층에서 지방자치에 대한 무관심의 문제는 좀처럼 개선되지 않고 있다[13]. 갈등을 보는 시각도 무조건 부정적이어서 갈등을 관리할 수 있는 토대가 마련되어 있지 못하며, 지역 · 집단이기주의를 보는 시각도 단편적, 정태적, 편견적이어서 아직도 심각한 사회문제로 남아있다[14].

11 Osborne, David and Ted Gaebler, Reinventing Government, New York : The Penguin Group, 1993. pp.59~65.

12 자치의식은 "지역사회에 대한 애향심과 정서적 일체감에 기초한 지역주민으로서 갖는 주민의식과 사회의 공동문제를 주위사람들과의 타협과 협력을 통해서 해결하려는 시민의식과의 균형적 태도"를 일컫는 것으로 보고자 한다.

13 육동일, "지방의회운영 3년의 평가와 과제,"「사회과학논총」, 충남대학교 사회과학연구소, 제5권, 1994.12. 233-259면. ; _____, "기초 및 광역의회 의정활동에 대한 평가분석,"「지방자치시대의 정치와 행정」, 김동훈교수 화갑논문집, 한림원, 1993. 177-212면, , "민선자치 2기 1년의 평가와 과제에 관한 연구",「사회과학논총」, 충남대 사회과학연구소, 제10권, 1999.12, 149-170면 참조.

14 육동일, "지방자치제하의 지역 · 집단이기주의에 관한 연구,"「지방자치연구」, 제7권 2호, 한국지방자치학회,

이와같이 공동체의식의 결여, 정치에 대한 不信과 冷笑主義, 낮은 정치참여의식, 비합리적인 의사결정과정 등을 특징으로 하는 우리의 현실에 있어서 민주시민성을 함양시키기 위해서는 우선 民主市民教育에 비중을 두어야 한다. 지방자치의 수준은 바로 지역주민의 의식 수준을 반영하는 것이고, 좋은 시민만이 좋은 정부와 좋은 사회를 만들어 낸다. "좋은 시인과 좋은 물리학자는 가까이 찾아볼 수 있지만, 좋은 시민을 찾아보기는 정말 어렵다" 는 루소의 탄식이 더 이상의 의미를 갖지 않기 위해서는 시민들의 권리의식과 책임의식, 참여의식과 비판의식, 시민의식과 공동체 의식이 조화를 이루도록 끊임없이 노력해야 하며, 동시에 주민들이 민주시민성을 함양할 수 있도록 교육과 정치참여의 기회가 더욱 확대되어야 한다.

시민교육은 지방정부가 주도하기보다는 민간단체나 지역내의 학교 또는 기업 등과 연계하여 이루어질 필요가 있다. 또한, 실질적으로 시민참여에서 소외되었던 청소년, 장애인, 노인 등의 관심을 제고시키기 위한 인터넷 교육도 강화될 필요가 있다. 학교에서의 시민교육도 달라져야 한다. 학교의 시민교육은 교실 수업보다는 환경, 소비자, 자원봉사 등과 같은 지역사회의 문제에 직접 개입, 참여함으로써 보다 효과적이 될 수 있다. 뿐만 아니라 공익시민단체, 종교단체 등의 시민교육활동도 시민의식을 제고하는데 기여할 것이다. 주민자치센터도 지역주민을 성숙한 시민으로 성장시키는 정치적 교육의 장으로서의 기능을 수행해야 한다.

4) 住民參與의 制度化와 活性化

민주주의의 교육은 참여의 실천을 통해서 가장 잘 이루어진다고 Rousseau, Mill, Tocqueville 등이 이미 지적한 바 있다. Barber도 현대 민주주의를 代議

1995. 12, 5-31면. ; 육동일 · 박대식, "지방정부에 대한 주민들의 태도와 참여에 관한 연구," 「한국행정학보」, 제28권 4호, 1994. 겨울, 1325-1335면 참조.

的 民主主義, 劃一的 民主主義, 堅固한 民主主義로 분류하고[15], 견고한 민주주의의 공동체에서 개인들은 공동의 비전형성과 공동의 일에 참여함으로써 마침내 결속되고 자율적 시민의 능력을 부여받게 된다고 주장하여 시민성의 기준을 적극적인 참여로 보고 있다. 이러한 점에서 시민의식과 시민참여는 불가분의 관계를 맺고 있다. 좋은 시민의식이 광범위한 참여를 유도함과 동시에 확대된 시민참여를 통하여 시민의식과 참여의식을 높일 수 있다. 시민들은 자치공동체의 결정과정에 참여함으로써 정보와 지식을 습득하게 되고, 자치주체의 일원으로 성장하게 된다.

현대 참여이론에서는 과도한 참여의 위험성을 지적하고 고전이론에 입각한 理性的인 市民像에 대해서도 비관적인 견해에 서서 비참여의 효용성을 인정한바 있지만, 최근의 참여이론에서는 소극적이고 수동적인 시민의 가치관을 보다 적극적이고 능동적으로 변화시키기 위해 개인의 참여와 능력개발의 중요성을 재차 강조하고 있다.

대의민주제의 제도적 장치인 지방자치가 시민의 참여와 통제를 외면한다면 시민을 공동체로 결속시킬 수 있는 공동의 활동영역을 박탈시키기 때문에 公共的 連帶感과 共同體的 友愛에 대한 시민의 능력을 점차로 감퇴시키게 된다. 그래서 지방자치가 住民自治로서의 의미를 크게 제고시키기 위해서는 무엇보다도 정당한 요구를 할 수 있는 주민의 의식과 역량, 그리고 그들의 요구를 정부에 효과적으로 전달해 줄 수 있는 제도적 장치의 확립이 필수불가결한 과제가 된다. 특히, 지역주민들의 자치의식 내지 납세자의식을 강화시켜주는 차원에서 直接參政制度를 적극적으로 추진하는 것이 가장 확실한 전략이 된다. 특히 정부와 시민단체가 협력하여 서비스를 제공하는 공동생산의 경우 정책이나 서비스의 비용에 대한 시민의 이해와 지식을 증대시키고, 시민의 공동체의식을 증대시키는 효과가 있다. 21세기의 지방자치는 지방자치

15 Barber, Benjamin R., Strong Democracy, California : Univ. of California Press, 1984. pp.217-229.

단체와 기업, 지역사회, 시민단체들과의 파트너쉽을 통하여 실시되어야 하며 자치행정은 공동결정 - 공동생산 - 공동책임(Co-determination - Co-production - Co-responsibility)하에서 수행되는 소위 '3각 공동행정(3-Co-administration)' 체제가 구축되어야 한다. 주민자치센터의 정착으로 지역주민과의 공동행정체제가 구축되면 지역사회참여를 통해 각종 지역사회문제에 협력 대응하는 방법을 배우고 주민들의 협력과정을 겪으면서 공동체의식과 자조의 정신을 함양해 감과 동시에 협동의 지혜를 통해 민주시민의식을 키워가게 된다.

5) 自願奉仕의 活性化

선진국들에서는 자원봉사를 통한 시민들의 자발적인 참여가 이루어져왔고 그러한 경험의 축적 위에서 지방자치의 정착이 가능했으며, 그 결과 주민복지에 대한 책임의 극대화를 도모할 수 있었다. 자원봉사가 지닌 사회 정치 경제적 가치에 대한 국가적 그리고 국제적 인식은 자원봉사활동이 사회복지서비스 전달, 지역사회의 사기앙양, 인력개발, 국가적 부의 증대, 그리고 민주주주의의 보존에 구체적인 공헌을 한다는 사실을 통해 명확히 알 수 있다.

지방자치가 시작된 1990년대부터는 지역의 환경, 생활, 복지의 문제가 최대의 관심사가 됨과 동시에 시민참여, 커뮤니티 형성, 지역문화의 육성, 고령화사회 대비 등 새롭고 다양한 과제가 추가되기 시작하였다. 지역사회의 자발적 주민조직들이 중심이 되어 견고한 지역사회를 건설해서 개개인의 자율적이고 책임감 있는 삶이 추구될 수 있는 좋은 사회를 이룩하기 위해서는 무엇보다도 주민들의 참여와 봉사가 그 원동력이 되어야 한다.

예를 들어 90년대 초반 미국의 경우 국민의 50%이상이 어떤 형태로든지 사회봉사활동에 참여하고 있고, 일본의 경우에도 실질적인 지방자치의 일대전기를 마련한 견인차가 바로 자원봉사자를 중심으로 하는 주민운동이다. 특히 1995년 1월 17일 발생한 고베 대지진은 130만명의 자원봉사자가 나서서 정치 사회구조에 커다란 변화를 초래했기 때문에 일본은 이 해를 '자원봉사의 원년' 으로 삼고 있다. 그 후 자원봉사활동이 질적 · 양적으로 크게 성장하여 오늘날 국가 및 지역사회문제 해결을 주체적으로 담당하는 굳건한 위치에 이르게 되었다. 반면에 우리사회에서 자원봉사의 경험이 있는 사람은 최근 16%에 불과한 것으로 조사되어[16] 여전히 자원봉사를 중심으로 하는 주민운동이 취약하다는 사실을 입증하고 있다. 자원봉사를 효과적으로 확보하기 위해서는 개인단위의 참여보다는 조직이나 집단 단위로의 참여가 바람직하다. 이를 위해서는 첫째, 주민자치센터의 프로그램 운영 및 시설관리에 자원봉사자로서 참여하는 자치조직에게는 주민자치센터의 시설 및 프로그램을 우선적으로 이용할 수 있게 하며, 둘째, 주민자치센터 업무와 관련해서 자원봉사에 참여한 자에게는 취업이나 승진시 가산점을 부여해 주고 자원봉사기간을 동일한 업종의 경력으로 공식 인정해주는 제도적인 장치가 필요하다.[17]

결국 가족, 이웃, 교회 등의 자발적인 단체들의 역할을 활성화시키고 있는 외국의 노력들은 바로 좋은 사회를 원하는 인간의 본능이자 희망을 반영하는 것이다. 정부대신 지역사회에서 제공하는 자원봉사는 지역의 문제를 효과적으로 해결하고 지역주민의 지지와 협조를 얻는데 성공적인 결과를 낼 수 있다. 우리도 이제 지역사회가 작용하는 영역을 존중하고 그 영역을 담당할 개인과 단체를 지원하고 그 능력을 개발시켜 나가는데 관심과 노력을 기울여야 주민자치의 실질화가 가능해진다. 피터 드러커도 "21세기에는 자원봉사가 가장 중요한 인류의 미래활동이 될 것이다" 라고 전망하고 있듯이 주민자치센터의 성공적 정착은 지역주민들의 자원봉사활동 활성화 여부에 달려 있다고 볼 수 있다. 지역주민들은 지금까지의 방관자나 관객의 입장에서 벗어나서 적극적인 참여자로, 아이디어의 제공자로, 그리고 주민자치 실천의 주체로 나서야 한다.

16 육동일, "대전사랑과 자원봉사 활성화 방안", 「사회과학연구」 제19집, 배제대 사회과학연구소, 2000.2, 239면.

17 주민자치센터 연구팀, 동 주민자치센터 이렇게 꾸려나갑니다, 한국지방행정연구원, 2000, 54면.

6) 풀뿌리 自治行政體制의 構築

21세기 지방행정은 세계화, 정보화, 지방화의 흐름 속에서 지역에 맞는 구체적이고 타당성이 있으며 책임있는 자치행정으로 구현될 때 비로소 주민의 삶의 질이 보장되고 지역의 균형있는 개발이 이루어져서 국가발전에 이바지할 것이다. 21세기에 지방정부가 추구해야 할 주민중심의 행정, 즉 자치행정은 주민의 정당한 의사와 요구가 행정목표로 설정되고 동시에 모든 행정과정을 지배하는 기준이 되며 주민의 관점을 통해서 주민에 의해 통제되는 자치행정이 지방행정의 본질이 될 때 비로소 주민자치가 실질적으로 실현될 것이다. 이런 점에서 지방정부는 IMF로 인해 크게 확대된 빈곤·소외계층에 대한 정책체제를 획기적으로 전환시켜야 한다. 기존의 소외계층 포용행정이 장애인, 노숙자, 무의탁노인, 소년소녀 가장들을 시혜적으로 관리해 나가는 연장선상으로 빈곤문제를 다루어서는 문제를 근본적으로 해결하지 못하고 또 지역주민들의 기대를 충족시켜줄 수 없다. 오랜 기간 사회문제로 남게 될 빈곤, 무주택, 결식 등과의 전쟁에서 이기려면 지방행정에 풀뿌리 정책체제가 구축되어야 한다.

외국의 성공적인 극복 사례들을 교훈으로 받아들인다면 다음과 같은 사안들이 검토될 필요가 있다. 첫째, 물고기를 주는 대신 물고기 잡는 법을 가르쳐 주듯 빈곤·소외계층이 자립할 수 있도록 그들이 가진 강점을 살려가는 방향으로 정책이 마련되어야 한다.

둘째, 빈곤구제 및 생활안정시책들을 모두 관주도적으로 관리해 나갈 것이 아니라 중앙정부, 지방자치단체, 지역기업, 비영리기관(교회, 자선단체, 시민단체 등)들이 파트너쉽을 통해 관리해 나가야 한다. 셋째, 구체적이고 가시적인 목표의 정립과 목표관리제(MBO)의 도입을 통해 정책의 실용성과 주민의 만족도를 높혀 간다. 넷째, 대상자들의 경험과 장점을 고려하여 그들의 자립능력을 배양시키는 것이 필요하다. 다섯째, 개개인의 문제를 해결하는데 필요한 종합적인 one-stop 서비스 체제가 정립되어야 한다. 여섯째, 대상자들을 획일적으로 관리할 것이 아니라 사랑과 온정이 담겨 있는 지원이 되도록 그들의 배경과 능력에 따라 개별적으로 (one-on-one) 관리해 나가야 한다. 일곱째, 지역사회가 필요로 하는 것을 정책내용으로 하고 타 지방자치단체 및 지역내 시민단체의 참여와 협조속에 정책을 관리해나가야 한다. 마지막으로 정책의 성공을 위해서는 유능하고, 탄력적이며 쇄신을 두려워하지 않는 지도자를 필요로 한다는 것이다.

7) 分權的, 開放的 構造를 통한 自治權의 擴充

분권과 자치는 지역주민의 행정참여 기회를 확대하여 정부활동에 대한 국민의 통제를 강화한다. 보통 분권이라 하면 지방자치와 권한위임을 생각하게 되는데 여기서의 분권은 그러한 것에 국한되지 않고 비관료제화를 시도하는 모든 형태의 구조를 뜻한다. 즉 관료제의 경직성을 완화하여 하층시민의 의사의 통로를 마련하기 위한 모든형태의 구조를 분권적 구조로 보는 것이다. 그 이유는 행정의 이념이 변하여 능률과 효과 이외에 사회적 형평이 중요한 가치로 인식되는 시대에서는 종래의 능률과 효과 위주로 짜여진 행정구조를 개편하여 사회적 형평도 실현될 수 있도록 해야 하고 그것은 행정기관의 구조를 통해 하층시민이 공공정책의 결정과 집행에 영향력을 행사할 수 있도록 함으로써 가능하며, 행정기관의 관료제적 경직성을 완화하는 일체의 수단은 직, 간접적으로 이러한 목적에 기여할 수 있기 때문이다.

지방자치도 물론 그 하나의 방법이 될 수 있으나 대개의 경우 지방자치는 지방유지의 지배무대가 되고 하층시민의 활동무대가 되지 못한다. 그러므로 지방자치는 고도의 중앙집권체제에 비해 그것이 최말단인 커뮤니티 수준에서 시행되지 않는 한, 사회적 형평을 위해 직접적으로 공헌하지 못함을 인식해야 한다(김병찬, 1968:6-7). 이와 같은 점을 생각할 때 분권을 통한 자치권의 확충이란 住民參與의 가장 선행적인 기본조건이라 할 수 있다.

8) 情報의 公開

住民參與가 활발해지려면 무엇보다 행정기관에 의한 정확하고 구체적인 행정정보의 공개가 이루어져야 한다. 참여의 기회가 아무리 광범위하게 주어졌다 하더라도 정보에 대한 접근이 불가능한 경우 참여는 무의미한 것이 되고 만다. '주민의 알 권리'와 '정부의 알릴 의무'가 동시에 확보되어야만이 住民參與는 당초에 의도한 목표를 달성할 수 있다. 따라서 정보의 양과 질은 참여의 성과를 측정하는 지표가 된다.

더욱이 오늘날에는 행정의 전문화, 기술화에 따른 주민의 무지, 무기력으로 인해 주민의 행정에 대한 무관심이 가중되고 있기 때문에 행정정보의 적극적 공개는 주민의 무지를 해소하고 무관심을 관심으로, 단편적인 관심을 지속적인 관심으로, 그리고 지속적인 관심을 실제의 참여행동으로 전환시키는 원동력이 될 수 있는 것이다.

따라서, 행정참여를 보장하여 국민의 신뢰를 회복하기 위한 행정측과 환경, 소비자 문제를 중심으로 알 권리의 확립에 대한 욕구를 적극 충족시켜준다는 면에서 정보공개는 자세하게 입법화, 제도화시켜야 한다(육동일, 1990:115-116).

9) 住民組織의 活性化

아무리 좋은 제도가 구비되어 있더라도 주민측에서 능동적인 자세로 참여에 임하지 않거나 자주적인 주민조직이 없으면 그 실효는 거둘 수 없게 된다. 그러므로 주민조직을 활성화시켜 住民參與의 참된 가치를 추구해야 할 것이며 주민조직의 효율화를 위해서는 다음과 같은 것들이 고려되어야 한다(남기헌, 1987: 23).

첫째로는 지역을 실질적으로 대표하고 주민의 의견을 수렴하여 자생조직을 운영할 수 있어야 한다. 그리고 주민의 필요와 욕구를 토대로 하는 상향식의 자발적인 주민조직으로 활성화시켜야 한다.

둘째로는 자생적 주민조직을 효율적으로 활용해야 한다. 우리나라의 각계각층의 조직사회에서는 여러 순수한 자생적 조직이 많이 존재하고 있으며 이들은 주민의 여론형성에 주도적 역할을 하며 지역사업을 추진하는데 필요하다. 따라서 자생조직을 조직화하고 대표자를 운영위원으로 선정하여 활용하는 것이 바람직하다.

셋째로는 유명무실한 각종 주민조직을 정비하고 주민에 의한 실질적인 조직체계를 갖추고 주민의 편에 서서 民官간의 교량적 역할을 수행할 수 있는 제도적 장치를 발전시켜야 할 것이다.

그리하여 住民參與는 수입, 사회적 지위, 교육, 직업, 종교를 불문하고 '전부문 전계층' 참가로서 전 시민의 에너지를 집결하지 않으면 안된다.

10) 住民간의 討議의 場으로의 擴大

자치의 주체인 주민의 창의성에 입각하여 정책결정과정에 능동적으로 참가, 비판하기 위하여는 우선 주민 상호간의 활발한 토론 가운데에서 시민적 이성을 발견해 나가는 것이 중요한 과제다. 주민은 다종다양한 집단의 혼성물이기 때문에 주민간의 합의를 확대해 나간다는 것은 쉬운 일이 아니다. 이러한 것을 감안하고 주민간의 합의를 용이하게 할 수 있는 길은 우선 다양한 주민간의 토론의 장을 확대하는 일이다. 여기에는 참여자들의 타협과 협상의 자세와 능력이 구비되고 토론과 합의에 대한 사회적인 문화가 정착되어야 한다.

제3절 주민참여와 주민자치회

오늘날의 국제사회가 개혁의 경쟁시대로 불리우고 있듯이 각 국가는 개혁을 통해 정부를 보다 반응적이고 쇄신적이고 기업가적 정부로 재창조하려는 노력들을 경쟁적으로 기울이고 있다. 정부를 기업화시키겠다는 열정은 정부를 변화시키는데 있어서 많은 성과를 가져왔지만 정부와 기업이 영원히 다를 수밖에 없다는 한가지 사실이 결코 외면되서는 안된다. 기업은 자기 자신들의 돈을 가지고 모험(risk)하지만 정부는 남의 돈(OPM), 즉 납세자의 돈을 가지고 모험을 한다는 점이다. 그렇기 때문에 정부와 기업은 아마도 영원히 같아질 수 없다는 사실을 인정해야 한다. 정부가 해야 할 일과 해서는 안될 일을 구분하는 이유도 여기에 있다.

정부는 하나의 과정이다. 그것도 민주적 과정을 요구한다. 그러므로 효율성을 저하시킬 수 밖에 없도록 정부속에 내재된 한계를 타파할 도리가 없다. 효율성만을 추구하려면 의사결정과정에 주민의 참여와 요구수용이라는 민주성이 희생되어야 한다. 이러한 상충관계는 우리가 효율적인 정부보다 좋은 정부(효율적이며 민주적인 정부)를 추구해야 하는 정당성을 설명해 준다. 효율적인 정부는 좋은 정부를 위한 수단이며, 좋은 정부는 좋은 사회를 위한 수단일 뿐이다. 때문에 정부개혁의 궁극적인 목적은 효율적인 정부에 둘 것이 아니라 좋은 정부, 나아가서 좋은 사회의 구현에 두어야 한다.

정부가 해야 할 일과 해서는 안될 일이 무엇인가를 진지하게 고려하지 않고 정부의 개혁을 시도하는 것은 위험한 일이며, 정부가 해야 할 일을 무조건 시장에 떠넘기는 것도 무책임한 일이다. 어떤 일들을 어느 수준에서 담당할 것인가에 대한 철학과 원리가 결여되어 있다면 정부는 그저 팽창될 뿐이고 시장은 이기주의와 인간소외, 불평등을 계속 창출해낼 뿐이어서 견고한 민주주의의 생명력은 枯死하게 되며 결국 좋은 사회에 이르지 못하고 만다.

가족, 이웃, 교회 그리고 자발적인 조직체 등 지역사회 조직을 재건하려는 외국의 노력들은 바로 좋은 사회를 원하는 인간의 본능이자 희망을 반영하는 것이다. 정부대신 지역사회에서 제공하는 奉仕와 慈悲는 지역의 문제를 효과적으로 해결하고 지역주민의 지지와 협조를 얻는데 성공적인 결과를 내고 있다. 모든 개혁은 뿌리로부터 상향적으로 추진될 때 성공될 수 있다. 한국도 이제 지역사회(community)의 영역, 곧 자조적 매카니즘이 작용하는 영역을 존중하고 그 영역을 구성할 개인과 단체를 건전하게 육성하고 그 능력을 개발시켜 나가야 하는 중대한 출발점에 놓여있다. 주민자치센터는 이런 점에서 그 의미가 크다. 주민자치센터가 주민의 커뮤니티 활동을 지원하여 주민자치의 실질화를 지향한다면 결국 주민자치를 정착하는데 밑거름이 될 것이다.

"우리가 직면한 중대한 문제들은 그 문제들을 발생시킨 그 당시의 사고방식을 가지고는 해결할 수 없다"고 아인슈타인이 지적했듯이 미래의 문제는 전에 없던 새로운 사고, 새로운 방법으로 해결해야 한다. 21세기 포스트 모던 시대에 지방행정환경은 총체적으로 달라진다. 그에 따라 지방행정에 대한 주민들의 요구와 기대수준은 높아지고, 해결해야 할 문제들은 심각하고 복잡해질 것이다. 때문에 지방행정이 부족한 자원을 가지고 주민들을 만족시키고 문제를 해결하기가 쉽지 않을 전망이다.

지방행정의 환경변화에 따른 지방행정의 지속적인 개혁이 성공을 거둘 뿐만 아니라 지방자치가 뿌리내릴 수 있는가는 주민자치센터의 성공여부에 달려 있다고 해도 과언이 아니다. 주민자치센터는 본격적인 지방자치 시대에 주민자치를 실현시키는 장을 마련하는 것이다. 자치센터가 단순히 읍 면 동 사무소의 사무와 인력을 조종하고 청사를 증 개축하여 주민의 문화복지공간으로 활용하고자 하는 계획만으로 추진된다면 성공할 수 없다. 주민자치센터는 주민이 실질적인 결정권의 주체가 되어 능동적으로 참여하고 자율적으로 운영해나가는 주민자치의 실질적인 장이 되어야 한다.

〈참고〉

읍면동 주민자치회 시범실시

□ 추진방향

○ (생활자치 구현) 읍면동 행정의 큰 틀은 유지하되, 일부 행정기능에 대해 주민자치회에서 사전 협의, 위탁 처리하여 실질적 생활자치 구현

○ (성공모델 창출 및 점진적 확산) 시범실시를 통한 성공모델 창출 및 개별 법률 제정으로 자발적이고 점진적인 전국적 확산 유도

> 지방분권 및 지방행정체제 개편에 관한 특별법 제29조(주민자치회의 구성 등) ④ 안전행정부는 주민자치회의 설치 및 운영에 참고하기 위하여 주민자치회를 시범적으로 설치 · 운영할 수 있으며, 이를 위한 행정적 · 재정적 지원을 할 수 있다.

□ 시범실시 방안

○ (실시기간) 2013. 7월 ~ 2014년말

○ (대상 선정) 민관합동 선정위원회를 구성하여 공모를 통해 시범실시 의지와 수행능력 등을 고려하여 대상지역을 선정

※ 해당 읍면동의 인구 · 면적 · 도시화 정도 등을 기준으로 유형화하여 유형별, 권역별로 균형 있게 선정

○ (행 · 재정적 지원) 특별법 제29조 제4항에 따라 마을기업 육성사업 등 우리부 유관사업 지원 및 지자체 사업계획서에 따른 재정 차등 지원

○ (결과평가) 중간평가(행자부 · 지자체) 및 최종평가(행자부 · 개편위)

□ 그간 추진상황

○ 읍면동 주민자치회 시범실시계획 수립('13.3.28)

○ 읍면동 주민자치회 시범실시 설명회('13.4.10) 및 공모('13.4월~5월,

166개)

○ 대상선정을 위한 민관합동선정위원회 구성 선정(5월, 31개)

○ 대상지역 관계자 워크숍 실시(6.13) 및 표준조례안 통보(6.20)

□ 향후 추진계획

○ 읍면동 주민자치회 시범실시 본격 추진('13.7~, 조례제정 등)

○ 시범실시 중간평가(설문조사, 성과지표) 및 최종평가('13.12~'14.12)

참 고	읍면동 주민자치회 시범실시 추진계획(3.28)

□ 그간 추진 경과

○ 주민자치회 모델(안) 마련 및 '지방행정체제 개편 기본계획' 반영('12.6월)

※ 주민자치회의 지위와 기능 등에 따라 '협력형', '통합형', '주민조직형'의 3가지 모델(안) 도출

○ '주민자치회 시범실시 기본방향' 의결(제21차 본위원회, '12.12월)

※ '통합형', '주민조직형'은 현행 법령에 위반되어 시범실시 불가 / '협력형' 모델에 따른 시범실시 추진

□ 시범실시 목적

지방행정체제 개편에 관한 특별법 부칙 제4조(읍면동 주민자치회의 시범실시) 행정안전부장관은 주민자치회의 설치 및 운영에 참고하기 위하여 주민자치회를 시범적으로 설치 · 운영할 수 있으며, 이를 위한 행정적 · 재정적 지원을 할 수 있다.

○ 주민자치회 시범실시(1년)를 통한 성공모델 창출 및 개별 법률 제정으로 자발적이고 점진적인 전국적 확산 유도

○ 읍면동 행정의 큰 틀은 유지하되, 일부 행정기능에 대해 주민자치회에서 사전 협의하거나 위탁 처리하여 실질적 생활자치 구현

시범실시 기본 원칙

생활자치 구현 및 정치적 중립 확보	① 위원 구성의 다양화(젊은층, 직능단체 종사자 등)로 생활자치 구현 ② 정치 중립적인 직무수행을 위한 제도적 장치 마련
주민자치를 통한 자생적 역량 강화	③ 근린자치 목적 달성을 위해 자율적인 주민자치회 운영 도모 ④ 시범실시 기간내 행·재정적 지원을 통해 성공 모델 창출
공동체 회복의 선도적 기능 수행	⑤ 지역 주도의 공동체 회복과 마을 공동체 활성화 ⑥ 복지재원 배분의 구심체 역할 수행을 통해 복지 공동체 활성화
기존 행정기능과 조화·균형	⑦ 읍면동 행정기능 중 위탁 업무, 순수주민자치 업무 등 추진 ⑧ 지역 여건 등을 고려하여 시범실시 기간 조정 및 점진적 확

□ 세부 추진계획

○ (시범실시 대상지역 선정) 지자체의 시범실시 의지와 수행능력 등을 고려하여 전국 3,400여 개 읍면동 중 총 31개 읍면동 선정

※ 공모를 통해 접수하고 민관합동선정위원회의 심사(1단계 : 서류심사 → 2단계 : 현장실사)를 통해 선정

○ (시범실시 기간) 2013. 7월 ~ 2014. 하반기

※ 조례 제정 등 사전 준비기간, 2014년 지방선거 일정을 감안하여 일정 조정

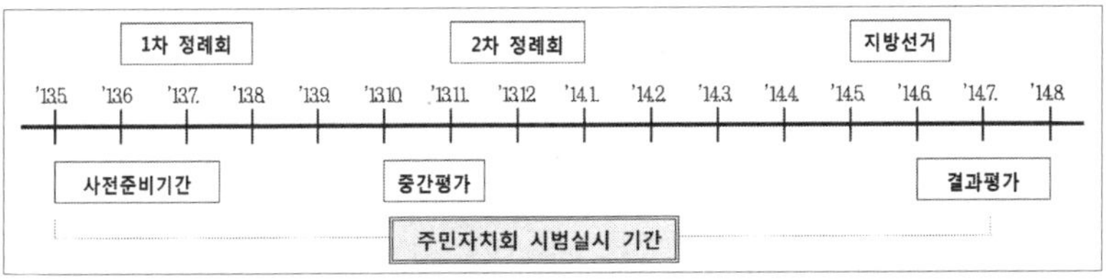

○ (구성 및 운영) 해당 읍면동 주민, 주소를 두고 있는 사업장 및 단체 근무자를 대상으로 20~30명의 무보수 명예직 위원으로 위촉

※ 지역 여건에 따라 기존 주민자치위원회를 활용 · 보강하여 제도 도입기의 혼란 최소화

○ (기능) 읍 · 면 · 동의 행정 기능 중 고유 행정업무를 제외하고 주민 자치회에 협의, 위탁업무, 주민자치업무 기능부여

주민자치회 수행 업무 예시

협의 업무	위탁 업무	주민자치 업무
■ 읍면동 지역개발 : 읍면동 단위 지역발전계획, 지역자원활용 마을 만들기 등 ■ 주민간 이해 조정 : 지역내 행정구역 변경계획, 혐오시설 주변 주민간 의견수렴, 초등학교 통 · 폐합 계획 등 ■ 시군구 추진사항에 대한 의견제출 : 지역내 투자유치 계획, 교통신호 개선 등	■ 주민자치센터 운영 ■ 작은 도서관 등 공공시설 운영 ■ 공원, 공중 화장실 등 공공 시설물 관리 ■ 마을 휴양지 관리 ■ 저소득노인 도시락 배달사업 ■ 문화의 집 운영 및 관리 ■ 여성회관 운영 및 관리 ■ 자원봉사활동 지원	■ 마을축제, 체육대회 등 읍면동 각종 행사 ■ 마을신문 · 소식지 발간 ■ 생활협동조합 운영 ■ 동호회 · 스포츠 활동 ■ 자율방범 및 안전 귀가활동 ■ 등하교길 안전관리 등

□ 주민자치회 성공모델 유형

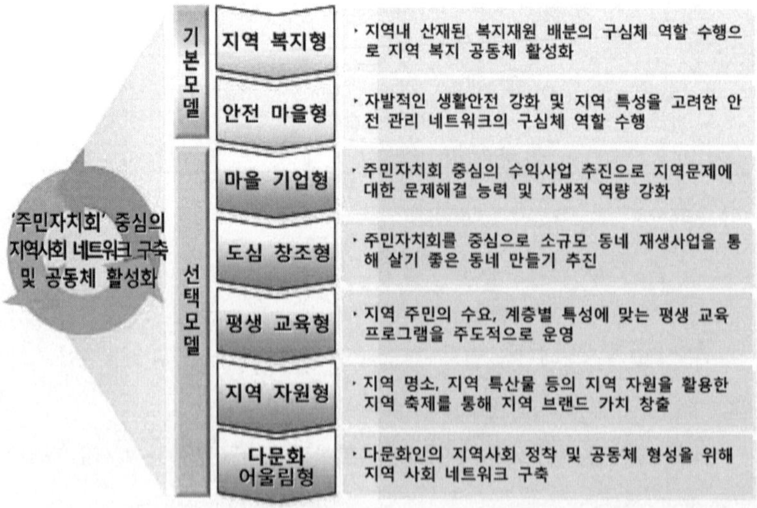

□ 시범실시에 대한 행 · 재정적 지원

ㅇ (행정적 지원) 행자부 유관사업* 지원 협조('13년~'14년), 시범실시 우수기관 선정 및 포상('14년) 등

* 마을기업 사업(지역희망일자리추진단), 희망 마을 만들기 사업(지역녹색성장과) 등

ㅇ (재정적 지원) 시범실시 대상으로 선정된 지방자치단체에 대해 재정지원 방안 검토

- 지자체 동기부여 및 주민들의 적극적인 참여 유도를 위해 초기단계에서의 재정적 인센티브 지원 필요

제4절 시민참여와 지방거버넌스

1. 시민참여와 로컬 거버넌스의 관계

1) 시민참여의 정의 및 중요성

시민참여의 가장 전형적이고 전통적인 방법은 투표참여이다. 그런데 투표참여가 정치참여의 가장 중요한 지표이기는 하지만 투표가 정치참여의 모든 것은 될 수 없다. 선거운동, 정치인과의 접촉, 시위 등과 관련된 다른 지표가 정책결정의 다양한 과정에서 시민들이 얼마나 활동적으로 참여했느냐를 보여주기도 한다. 한 사람이 투표하지 않을 수 있지만, 후보유세에 참여하고 선거자금을 내던가, 선출된 공직자와 접촉하고, 데모에 가담하며, 지역사회 활동위원회에 자발적으로 참여하고, 이익단체 활동에 참여한다면 그 사람은 매우 활발한 시민참여를 하는 사람으로 분류해야 할 것이다.

따라서, 시민참여는 정치참여 뿐만 아니라 정치적 · 사회적 결정에 영향을 미치는 각종 사회단체 참여 및 활동 등까지 포함하는 것이 논리적이다. 많은 학자들은 시민참여의 한 유형인 정치참여를 따로 분리하지 않고 사회참여의 한 형태로 조사하고 있다. 정치참여와 사회참여를 포함한 시민참여의 각 유형이 상호간 깊은 관련성이 있다는 것을 쉽게 예상할 수 있다. 사회참여가 높은 사람들이 높은 정치적 관심을 가질 것이고, 정치적 관심이 높은 사람들이 정치과정에 참여하는 것은 당연하다.

그런데 이 같이 다양한 시민참여 유형의 효과가 어떻게 나타날 것인지에 대해서 알아보기 위해서는 시민참여 유형을 분리해 볼 필요가 있다. 우선 단체의 유형을 따라 Putnam 등의 구분과 같이 수직적 단체와 수평적 단체 참여로 구분할 수 있다. 수직적 단체는 혈연, 지연, 학연을 중심으로 한 일차적 관계에 기초하여 단체가 형성된 것을 말한다. 수평적 단체는 사회의 이차적 관계에 기초하여 단체가 형성된 것을 가리킨다. 수직적 단체와 수평적 단체의 기능이 다르고, 그 효과도 다르게 나타난다고 한다. 즉 근대적 형태의 사회조직 형태와 전근대적 사회조적 형태에 참여하고 있는 사람들 사이에 정치적 행위에 있어서 차이가 예상된다.

정치참여 형태에 있어서는 합법적인 참여와 비합법적인 참여로 나눌 수도 있다. 장수찬의 연구에 따르면, 한국의 경우 비합법적인 정치참여비중이 선진 민주주의 국가에 비해 월등히 높은 편이며, 합법적인 참여형태와 비교하여 그 비중은 지속적으로 하락추세에 있다. 합법적 정치참여와 비합법적 정치참여는 그 효과에 있어서도 차이가 나타날 것이다. 민주주의란 모든 사회구성원들이 하나의 게임 룰을 가지고 경쟁하여야 한다는 원칙에서 출발하기 때문이다. 그리고 단순히 비합법적 · 합법적 정치참여 형태를 구분하는 것뿐만 아니라 정치참여형태가 거버넌스에 어떤 영향을 미칠 것인가도 파악할 필요가 있다. 기술과 생활양식 그리고 민주주의의 진전은 정치참여행태의 변화를 가져오기 때문이다.

2) 로컬 거버넌스

거버넌스는 1970년대 이후 서구의 경제적 재구조화 과정에서 나타난 정치적, 경제적, 사회적 변화를 다양한 각도에서 설명하기 위해 등장했다. 구체적으로 서구에서 거버넌스의 등장은 1970년대 이후 복지국가의 재정위기, 재정위기에 대한 시장주의적 대응, 경제와 정치의 세계화 현상, 행정조직내 신공공관리라고 부를 만한 관리혁명, 그리고 환경문제와 같은 새로운 도전의 출현 등이 원인이었다.

거버넌스라는 용어 그 자체는 어느시대나 있어온 사회를 통치하는 양식이다. 이러한 거버넌스의 의미는 여러 사람들에 의해 다양한 차원에서 사용되고 있다. Rhodes(1996)는 거버넌스의 의미가 일반적으로 통치의 활동 또는 과정, 정돈된 규칙의 상태, 통치의 의무가 부여된 사람, 혹은 어떤 사회가 통치되는 방법이나 시스템 등의 의미로 사용되고 있다고 지적한다. 그러나 거버넌스는 일반적으로 기존 통치의 주체인 정부와는 다른 의미로 사용되고 있음을 발견할 수 있다. 이것은 통치 또는 행정의 중심이 되었던 정부의 역할과 기능 그리고 구조가 변하고 있음을 표현하는 것이다.

따라서 거버넌스의 의미에는 국가 가능의 감축이라는 의미가 들어있다. 경제위기에 의해 복지정책의 재고가 필요하며 이에 따라 복지예산의 삭감과 정부의 많은 서비스 전달기능을 시장기구에 맡기게 되는 결과를 빚게 되었으며, 이에 따라 전통적인 정부 기능을 정부 아닌 민간부문에서 수행할 수 있다는 개념의 재정의가 필요했던 것이다. 신공공관리에서는 정부의 기능을 시장이 담당할 수 있음을 강조하는 것이다.

또한 정부환경의 변화에 따라 정부가 직면하고 있는 도전을 정부가 단독으로 수행할 수 없음이 포함된다. 거버넌스는 더 이상 공공부문만의 활동이 아니며 민간부문의 노력과 상호작용이 필요하게 된 것이다. 실제 정책결정과 수행과정이 국가활동의 결과물이라기보다는 정책결정에 참여하는 모든 부문의 자원과 협력을 요구하고 있다.

이러한 의미에서 정부와 거버넌스는 개념적으로 구분된다. 정부가 공식적 권위에 의한 활동이고, 거버넌스는 공유된 목표에 의해 수행되는 활동이라고 한다면, 거버넌스는 정부조직 뿐 아니라 비공식적, 비정부단체의 활동을 포함하는 보다 포괄적인 활동이라고 할 수 있다(Rhodes, 1996). 결국 국가 역할의 한계가 있으며, 국가행위만이 단일한 헌법적 활동의 정당성과 권위를 수여했다고 볼 수 없다. 이러한 경우 거버넌스는 사회적, 경제적, 정치적 행위자들의 상호의존성, 공공과 민간의 자발적 부문간 경계의 모호성이 발생한다.

민주적 거버넌스(democaratic governance)에 대한 정의 역시 학자들간에 다양한 관점이 존재한다(김석준 외, 2000). Peter & Pierre(1998 : 231)는 "거버넌스는 정부밖에 있는 행위자들과 전략적으로 조직간 협력을 통해 정부의 능력을 제고하는데 관심이 있는 과정" 이라고 주장한다. 반면, Wamsley와 Dudley(1995)는 계약(contract)에 기초한 거버넌스의 정의는 결코 행정부의 정치적 행위를 이해할 수 없다는 점에서 신공공주의(new public management)에 입각한 거버넌스의 개념에 반대하는 입장을 취하고 있다.

그들의 주된 요지는 거버넌스는 경영(management)으로 축소시킬 수 없는 개념이며 경제적 합리성보다는 구성적 합리성(constitutive rationality)에 기초해야 한다는 것이다. 즉 "사회가 모든 주체가 책임을 공유함으로써 공동의 목표를 향해 모든 주체가 노력" 할 때 훌륭한 거버넌스(good governance)가 성립할 수 있다고 주장한다. 따라서, 지역사회 거버넌스는 정부와 민간조직, 지역주민을 포함한 각 지역사회 주체가 공동목표를 달성하기 위한 제반 노력과 협력으로 정의할 수 있다.

Jun(1999)에 따르면 최근 지역사회에서 시민, 집단, 단체, 기관의 사회적 네트워이 민주적 거버넌스 확립에 미치는 영향에 대한 관심이 증대하여 왔다고 한다. 그의 논지는 지역사회의 거버넌스 능력을 확립하는 것이 경제의 국제화 시대에 사회적 힘의 균형을 유지하는데 특히 중요하다는 것이다. 이러한 맥락에서 지역사회야말로 진정한 민주적 거버넌스를 실현하여 지역주민의 문제해결 능력을 증진할 수 있는 곳으로 인정받게 된 것이다. Box(1999)가 지적했듯이 지역사회는 사회적으로 공유된 세계를 건설하는 통치과정에 참여하는 지역구성원을 장려하는 수단으로서 시민성을 강조하는 장소로 인식된다.

사회가 복잡해짐에 따라 지역사회가 직면하게 된 문제는 정부, 기업, 그리고 비영리조직간의 문제해결을 위한 상호간의 긴밀한 협조를 요구하고 있다. 따라서 지역사회의 능력을 증진하기 위해서는 지역사회 사회자본을 개발하고 가꿀 필요가 있으며, 협조하고 협력하는 지역 거버넌스를 형성해야 한다.

지역사회 거버넌스를 형성하는 것은 지역주의와 시민참여, 대응성과 조정에 대한 관심을 끄는데서 시작한다. 지역사회 거버넌스는 공공선을 성취하기 위해 정보 및 자원을 공유하고 의사결정 및 집행의 일상적 과정에서 일련의 협동을 증진하기 위한 지방정부 및 다른 공공기관, 비영리단체와 영리기관들이 연결된 네트워크이다. Svara(1999)는 지역사회 거버넌스를 “주요 지역관할 경계에 의해 구별된 주민들이 집단적 공공문제를 인식하고, 그것을 구체화하기 위해 노력하는 과정”으로 정의한다.

지역사회 거버넌스의 주요 목적은 시민참여를 통해 공동선을 개발하기 위한 과정을 제공하면서 동시에 지역사회 집단 및 이해관계자간의 협력적인 의사결정을 위한 메카니즘을 건설하는데 있다. 예를 들어, 사회서비스 프로그램을 계획하고 관리해야 하는 것에 관한 공유된 결정 등이다.

직접 대면하는 토론 및 공동행위 형태로서의 지역사회 거버넌스는 시민의 능력 - 시민들이 미래를 결정할 수 있는 자신들의 능력에 대해 가지는 느낌 - 을 증진시키는 방법이다. 이것은 다양한 집단, 협회, 기관 등을 토해 거버넌스 과정에서 시민참여를 증진시킴으로써 이루어지며, 이것은 시민들이 자신의 지역사회와 미래를 관리하는 방법을 익히게 한다. 이것은 “각 개인에게 정치, 사회, 경제적 결정에 대해 직접적이고 개인적인 통제를 행할 기회를 보다 많이 갖게 하고, 이슈에 대해 보다 향상된 이해와 접근을 할 수 있도록 정치 및 사회권력을 분권화” 하기 위한 약속이다.

정책과정에서의 시민참여는 지역사회 내에서의 정책의 타당성을 인정받고, 정책을 유지하기 위해 필요한 지원을 장려한다. 지역사회 거버넌스에 있어서 참여는 지역사회문제에 대한 지역사회 주민의 인식을 증진시켜 새로운 계획과 프로그램을 이끈다. 이것은 지역사회 구성원들이 협력체 형성 과정을 통해 다른 사람들과 함께 살아가는 방법을 배우는 기회이다. 또한 지역사회 거버넌스는 지역사회 내 다른 조직과 함께 의사결정력을 공유할 뿐 아니라 시민의 요구에 대한 대응력을 증가시킴으로써 정부로 하여금 행정의 민주화를 보장하도록 할 수 있다.

지역사회 거버넌스를 형성함에 있어서 정부의 역할과 관련하여 Box(1999)는 행정가들이 공공프로그램에 관한 결정을 함에 있어서 시민들에게 정보를 제공하는 역할을 행하여야 한다고 주장한다. 사실, 이러한 Box의 주장은 시민들에게 지역사회 이슈와 서비스를 이해시키는 정부의 변화된 역할을 반영하는 것이다. 이것은 시민들이 자신의 지역사회에 무엇이 필요한지를 가장 잘 알고 있다는 가정 하에 시민들이 원하는 지식 제공서비스를 창출하고 제공한다는 것이다. 이러한 측면에서 Box는 대표들에게 대중이 원하는 것이 무엇인지를 알려주고, 시민 및 대표들에게 현실에 대한 조직적이고 기술적인 전문지식을 제공하며, 시민들이 참여할 기회를 가지고 있다는 것을 보장하기 위해 의사결정을 감시하고 수행함으로써 조력자가 정책형성과 수행에 중요한 역할을 한다고 말하고 있다.

3) 시민참여와 로컬 거버넌스의 관계

Tocqueville(1984)은 민주주의에서 다수가 권력을 행하기 위해 집단형성을 필요로 하기 때문에 개인 상호간의 연결을 증진시키는 것이 대단히 중요하다고 하였다. 즉 개인을 연결하는 시민단체가 정치단체를 촉진시키고, 정치단체는 궁극적으로 시민을 위해 활동하게 된다는 점을 강조한다. Almond와 Verba(1963)도 각종 시민조직에 참여하게 되면 협동능력뿐만 아니라 집단적 행위를 위한 공유된 책임감을 터득하게 함으로써 사회단체 구성원들이 정치적 사고, 사회적 믿음, 정치참여, 그리고 "실제적 시민의 경쟁력" 등을 보다 잘 발휘하게 한다고 했다. Putnam등 (1993a) 역시 시민사회 (civic community)를 공공문제에 적극적으로 참여하는 사람들이 살고, 공공선의 추구가 사적 또는 개인적 목적을 대신하는 곳이라 정의한다.

이런 지역사회의 시민들은 반드시 이타주의자가 될 필요가 없으나, 광범위하게 공공욕구라는 범주에 넣을 수 있는 '적절하게 이해되는 이익' 을 추구하는 것이다. 시민사회는 권위와 의존이 수직적 관계에 의하기보다는 상호관계 및 협동적 수평적 관계에 의해 이루어진 것이다. 인내 그리고 특히 신뢰(개인간 및 상호간)는 기회주의를 극복하는 데 도움이 되는 미덕이다. 이 같은 지역사회는 다양한 시민단체를 형성하여 시민들에게 있어서 협동과 단결의 필요성을 알려주는 이차적 단체의 튼튼한 네트워크를 형성하게 하여, 효과적인 사회적 협동을 가능하게 하여 결국 거버넌스와 민주주의를 효율적으로 수행하게 한다는 것이다.

시민참여와 지역사회 거버넌스와의 관계에 대해 긍정적으로 파악하는 학자들이 다수 존재한다. Veenstra와 Lomas(1999)는 신뢰, 참여(committment) 및 주체성(identity), 시민결사체, 시민참여, 협동적 문제 해결 등의 요소와 효과적 거버넌스의 구성요소라고 할 수 있는 시민욕구의 반영, 정책수행, 재정적 책임, 행정효율성 등이 밀접한 관계가 있다는 점을 밝혀 지역사회의 시민참여와 효과적인 거버넌스간에 관계가 있음을 시사하였다. Berman(1997)도 시민사회단체 참여가 개인 간의 단절을 해소하고, 민주적 거버넌스에 필요한 역량을 기르며, 거버넌스 형성에 중요한 "공동이해라는 인식"을 형성하게 한다고 주장하였다. Dahl(1982), Almond와 Verba(1963), Putnam(1993)의 모델 역시 시민들의 자발적 의지에 의한 사회적 연결과 사회적 신뢰, 시민참여, 민주적 거버넌스가 모두 깊은 상호관계가 있다는 점을 전제로 한다. Booth와 Richard(1998)은 남미 6개국의 시민사회와 시민사회 활동성, 민주주의에 대해 각 요인별로 계량화하여 측정한 후 이들 요인과의 인과관계를 밝히고 있다.

4) 구도심의 재활성화를 위한 지역거버넌스 구축

거버넌스라는 새로운 행정체계는 새로운 정치적, 경제적, 사회적 혹은 행정적 환경변화에 대응하는 과정에서 등장하였다. 이는 기본적으로 정부의 행정구조를 보다 개방화, 전문화해가는 한편 대규모 참여를 활용하는 전략을 의미한다.

이러한 민관협력체제 구축은 특히 지역경제를 되살리고 도시의 생활환경을 향상시키는 데에 효과적인 전략임이 확인되고 있다. 뿐만 아니라 민관협력적 통치방식은 이제 민주적 통치에서 불가결한 요소로 인식되고 있다.

(1) 지방정부와 민관협력형 지역거버넌스체제

지방차원에서 민주주의의 이상을 실현하면서 정책적 효율성을 확보하기 위해서 지방정부는 다음의 네가지 질문에 의미있는 답변을 할 수 있어야 한다.

첫째, 지방의 문제는 지방적 해법을 통해서 해결해야 하는데, 지방정부는 지역성의 조건을 충족시키기 위해 어떠한 강점을 가지고 있는가?

둘째, 지방의 문제를 해결하기 위해서는 다양한 주체들과 이해집단을 묶어낼 수 있어야 할 것인데, 지방정부가 각 주체들간의 효과적인 네트워크를 형성할 수 있을 것인가?

셋째, 적절한 정책을 발전시키기 위해서는 전략적인 리더십과 비전이 필요한데, 지방정부는 상이한 이해집단간의 관심사를 조정하는데 리더십을 발휘할 수 있을 것인가?

넷째, 지방문제의 해결과정이 책임성 있고 합법적인 것이 되어야 하는데, 지방정부가 정책결정의 정당성을 보증하는 공개된 논의의 장을 제공할 수 있을 것인가?

① 지방적 해법과 지방적 지식(local knowledge)의 필요성

개개의 마을과 도시들은 그들 나름의 문제정의와 문제해결능력을 가져야 함을 의미하는 것이다. 이러한 의미에서 지방정부는 지방의 특수한 지방적 지식(local knowledge)을 제공할 수 있는 위치에 있다. 물론 지방정부만이 그러한 지식의 유일한 원천이라고 할 수 는 없을 것이다. 그러나 분명 지방정부가 이러한 지식의 원천을 묶어내고 조직화할 수 있는 최소한의 여건은 가지고 있어야 한다. 지방정부의 공식적인 관료조직, 지방의 주민조직, 기업조직들을 묶어낼 수 있는 민주적 정당성이 선거를 통해 확보되기 때문이다.

② 네트워킹을 통한 조정(coordination)

지방의 문제를 해결하는 과정에 참여하는 이해집단들이 증가하면서 조정의 필요성 문제가 대두된다. 조정은 단순하게 어느 주체가 싸움을 말리는 권력작용의 형태로 이루어지는 것이 아니라 네트워크를 통해 이루어지며, 조정을 위한 이해집단들의 협력은 위계가 아니라 연대와 호혜성의 원칙에 기초한 관계의 형성을 통해 실현되는 것이다.

③ 전략적 리더십과 비전

네트워크와 연대를 위해서는 전략적 리더십과 비전이 필요하다. 현대사회의 복잡성 · 역동성 · 다양성은 정부의 역량을 감소시키고 문제해결능력을 약화시켰다. 하지만 효과적인 행정은 보다 반응적(responsive)이어야 할 것을 요구하고 있다. 이러한 점에서 효과적인 정부 역할은 보다 많은 자원을 동원할 수 있느냐, 그리고 이 자원들을 효과적으로 결집할 수 있는 리더십과 비전이 있느냐에 달려있다.

④ 정책결정의 정당성과 합법성

지방정부의 통치능력과 문제해결능력은 목표의 효과적인 달성과 직접적인 관련을 가지고 있지만, 또한 민주주의 이념과 절차에도 부합해야 한다. 이러한 점에서 권력의 행사가 합법적이며 그에 대한 책임성을 확보할 수 있느냐는 지방거버넌스의 성공을 위한 중요한 관건이 된다. 합법성이 없는 정책은 지방주민들의 지지를 얻지 못하고 이들의 참여를 제한하게 될 것이며, 궁극적으로는 자원을 동원하고 협력과 파트너십을 촉진해야 하는 지방정치인의 능력에 심각한 위해를 끼치게 될 것이다. 새로운 거버넌스의 양식에서 문제가 되는 가장 중요한 것은 책임성 문제이다. 선거로 선출되지 않는 거버넌스 주체들의 등장과 사회가 분절화(fragmentation)됨에 따라 지방정책결정의 합법성과 정당성의 확보는 더욱 어려워질 수 있다.

다음의 사례들은 향후 근린재생을 통해 기존 도심을 재활성화 시키고 그 전략으로서 지역거버넌스 체제를 구축하는데 있어서 좋은 참고가 되고 있다.

(2) 지역 참여 가버넌스 사례 ①
: 브라질 포르토 알레그레 시의 참여적 예산정책 프로그램

① 지역적 개관

포르토 알레그레는 브라질 남부의 리오그란데 도 술(Rio Grande Do Sul)주에 위치한 인구 130만 명의 대도시로서, 주 내에서 가장 산업화된 도시이다. 이러한 대도시에서 참여적 예산정책에 대한 주민(시민) 참여를 성공적으로 유도하였는가는 많은 정치가와 행정가 그리고 계획가의 관심을 불러일으키고 있다.

② 참여적 예산위원회의 설립과 의사결정구조

포르토 알레그레 시는 예산정책을 통해 참여를 유도하기 위해 지역의 예산이 어떻게 쓰여질 것인가를 논의하는 「지역예산 포럼」과, 이를 최종적으로 검토하고 예산을 집행할 「도시예산위원회」를 구성하였다. 도시 전체가 행정적 경계에 따라 16개의 예산지역으로 나누어졌으며, 여기에 '지역예산 포럼'이 설치되었다. 이 포럼에서는 예산정책에 관한 회의가 1년에 두 차례씩 열렸는데, 여기에서 정부관리들은 도시예산에 관한 일반적인 정보를 공공에게 알려주었다. 1차 회의는 주민들이 사는 근린지구에서 열리고 이때 주민들은 도로포장에서부터 빗물 배수, 학교 건축에 이르는 7개의 범주에서 투자의 우선순위를 결정하였다. 그리고 2차 회의에서는 16개 지역예산 포럼의 대표자들이 선출되어 각 예산지역별로 조정과정을 거쳤다. 이 지역포럼 위에 존재하는 「도시예산위원회」는 어떤 지역에 예산을 먼저 쓸 것인가를 결정하였다. 그리고 나서 각 지역에 대한 예산의 할당은 지역의 우선순위에 따라 적용되었고, 지역예산 포럼에서 보다 높은 우선순위를 받은 근린지구가 우선적으로 다음해 예산에 반영되도록 하였다. 이 포럼은 1년 단위의 투자를 감시하고 유관사업 분야의 정부 공무원과 정기적인 토의를 가졌다. 이 포럼에서는 보다

상위기관인 도시예산위원회에 대표를 선발해 보내게 된다. 이 위원회에서 실질적으로 예산이 최종적으로 결정된다.

③ 참여적 예산정책의 성과

가. 협력적 네트워크 구축

참여적 예산정책은 투자유치를 위한 근린지구의 동원을 자극하면서 한편으로는 근린지구들간의 협력을 증진시켜왔다. 그것은 포럼 내에서의 의사결정의 역동적 관계가 주민들을 동원하도록 했을 뿐 아니라 다른 근린지구들간의 협력을 촉진시켰기 때문이다. 지역주민들은 특정지역의 이해가 아닌 여러 지역의 욕구를 충족시키기 위해서는 서로간의 협력이 중요함을 인식하게 되었다.

나. 참여자들의 시각 변화

예산이 집행된 지 몇 년이 안되어서 주민들은 다른 근린지구들과 협력하는 것이 보다 힘이 된다는 것을 알게 되었다. 예산집행이 진행되면서 여러 가지의 변화들이 있었는데, 그것은 이전에 집합적 행동의 경험이 전혀 없던 참가자들이 회의의 규칙을 배워왔다는 것이다.

이러한 일련의 과정은 다음과 같은 성과를 가져다주었다.

첫째, 지역운동가의 활동이 전혀 없던 지역의 참여가 증가하게 되었다. 공공정책에 대한 참여적 활동은 저항운동이 활발했던 지역에서 높았었지만, 참여적 정책으로 인해 저항운동이 없었던 근린지구에서도 참여가 급속도로 촉진되었다.

둘째, 시민 참여적 활동과 결사체의 조직화활동이 예산정책의 결과로 증가하였다. 지역주민의 67%가 시민조직의 구성원이었고, 83%의 조직 참여자가 이웃의 조직에도 참여하고 있는 것으로 나타났다.

셋째, 정치적 영역에서 소외되기 쉬운 가난한 근린지구의 주민들이 예산정책을 통해 최대의 수혜자가 되었다.

다. 지방 거버넌스에의 함의

포르토 아레그레의 참여적 예산정책 프로그램의 성과는 그것이 비록 좌파정당이라는 지방정부의 급진적 노력에 의한 것이지만, 지방 거버넌스의 성공적인 구축에 시사하는 바가 크다고 할 수 있다. 지방 거버넌스는 여러 주체들의 효과적인 참여와 이를 통한 효과를 담보할 수 있어야 한다. 이러한 점에서 참여적 예산 프로그램은 상당히 급진적인 정책수단을 선택하였음에도 불구하고 효과적인 참여를 통한 정책결정으로 주민들의 삶의 질 개선에 직접적인 영향을 미치게 되었다. 이러한 제도적 장치는 새로운 지방 거버넌스의 모델을 모색하는 사람들에게 상당한 함의를 제공해줄 수 있을 것이다.

(3) 대도시의 재활성화와 지방 거버넌스 사례 ②
: 뉴욕 실리콘앨리 사례

① 지역적 개관

실리콘앨리는 세계 최고의 뉴미디어 집적지로서 급성장한 뉴욕 맨해튼의 중남부지역 일대를 일컫는다. 실리콘앨리의 발상지로 불리고 있는 곳은 맨해튼의 미드타운에 위치한 가멘트(Gament)와 첼시(Chelsea) 지구이다. 그러나 시간이 지남에 따라 23번가 서쪽의 플래티로 지구(Flatiron Distrct)와 소호 일대로 확장되었고, 현재는 남쪽으로 더욱 확장됨에 따라 미드타운에서 로우어맨해튼에 이르고 있다.

이곳은 미국에서 한때 가장 번화한 거리인 월스트리트, 브로드웨이 등 화려한 도심 근처에 위치하고 있다. 하지만 과거에 이곳에는 도시형 경공업이 존재하였고, 일부 건물들은 창고 등으로 사용되고 있었다. 그리고 그 잔재는 지금도 남아 있다. 낡은 건물과 좁은 도로는 다소 음침하거나 으슥한 분위기를 느끼게 하고, 이곳의 카페, 사무실, 상점 등에는 과거 공장의 파이프 라인들이 드러나 보이기도 했다.

하지만 실리콘앨리 지역은 1960년대 이후 서서히 재개발되었고, 이제는 공동화되어가던 도심이 가장 성공적으로 재개발된 사례로 꼽히고 있다. 쇠락하던 도시공간이 대규모의 뉴미디어산업 집적지로 거듭난 것이다. 현재 이 지역에는 뉴욕 시 전체 뉴미디어산업 중 약 42.5%가 입지하고 있고, 세계적인 경쟁력을 가진 첨단문화산업들이 집적되어 있다.

이 도심재활성화 과정에서 무엇보다 주목해야 할 부분은 첨단영상산업의 기지로서 실리콘앨리의 형성이 지방정부와 민간의 긴밀한 협력하에서 이루어졌다는 점이다.

뉴욕 시의 실리콘앨리 개발은 쇠락하는 대도시 중심업무지구의 재활성화를 추진하는 한편, 새로운 산업기반을 강화하려는 지방정부의 프로젝트에 민간의 참여가 맞물리면서 불과 수년 만에 세계적인 뉴미디어산업지구를 형성한 사례라고 할 것이다.

가. 로우맨해튼 재활성화계획

'실리콘앨리' 지역의 재활성화 과정은 지방정부뿐만 아니라 민간의 적극적인 참여에 의해 가능하였다. 뉴미디어기업을 중심으로 한 로우어맨해튼의 재활성화 전략은 1992년 뉴욕 파트너십(New York Partnership: EDC.)이 공동으로, 뉴욕 시에서 어떤 산업이 발전할 수 있을까에 관해 조사한 데서 비롯되었다. 조사 결과 소프트웨어산업 육성안이 제시되었고, 이를 통해 지역을 활성화하기 위한 계획이 수립되었다. 그리고 이 계획을 위한 수단으로 정보기술센터(Information Technology Center)설립이 제안되었다. 하지만 이후 이 안은 다운타운 전체를 소프트웨어산업의 집적지역으로 한다는 정보기술지구(Information Technology District: ITD) 조성계획으로 발전하였다.

실리콘앨리 개발전략은 뉴욕 시 정부와 민간이 공동 참여하여 1994년 12월에 수립한 '로우어맨해튼 재활성화계획(Lower Manhattan Revitalization Plan)' 에 의해 본격화되었다. 이 계획은 당시 줄리어니 뉴욕시장의 지원 아래 맨해튼의 재활성화를 위한 비전으로 제시되었고 1995년 초에 다운타운 일대를 사업개선지구(Business Improvement District: BID)로 지정하였다. 그리고 그 관리 · 운영을 위하여 비영리 단체인 「뉴욕 다운타운연대(Alliance for Downtown New York)」가 설립되었다. 뉴욕 다운타운연대는 '사업개선지구(BID)' 를 조성하고 운영하는 주체가 외었다.

맨해튼 지역은 기업을 유치하고 투자유치와 개발을 촉진하는 데 목표를 두었다. 특히 오래 된 건물을 주거 및 혼합 용도로 변경할 경우 세제혜택을 주고, 기존 건물을 리모델링하여 기존 사용자의 편리를 도모하는 한편 새로운 사용자를 지원, 다운타운 지역을 부활시키는 것을 목표로 하였다. 뉴미디어기업들을 유지하기 위한 각종 지원제도를 도입하는 방법도 병행되었다. 이 계획에는 대중교통을 다운타운으로 끌어오거나, 랜드마크 보존위원회(Landmark Preservation Colmmission)가 선정한 건물을 랜드마크로 지정하는 일, 그리고 관광과 문화활동을 발전시키기 위한 사업개선지구(BID) 설치 권고 등이 포함되었다. 또한 상업빌딩의 주거 및 혼합용도 전환을 촉진시키기 위한 각종 부동산 및 에너지 세금 감면과 용도지역규제의 철폐를 제안했으며, 월스트리트 남쪽 브로드 스트리트(Broad Street)를 중심으로 '스마트 빌딩' 을 건설하는 데 토지이용상의 인센티브를 주자는 내용도 있었다.

나. 플러그앤고 프로그램

플러그앤고 프로그램은 정보기술지구(IDT)에 컨텐츠기업을 집적시키기 위하여, 뉴욕 경제개발연합(EDC), 뉴욕 다운타운연대 및 다운타운에 자산을 가지고 있는 다수의 부동산업자에 의해 고안된 민관 파트너십(public-private partnership) 형태의 부동산 프로그램이다. 이 프로그램은 이 지구의 인프라와 건물의 재개발과 뉴미디어기업 유치전략으로 구성되어 있다.

인프라 및 건물이 재개발은 이 지역의 10여 개의 건물을 뉴욕 정보기술센터(NYITC)와 같이 원격통신 및 인터넷 시설이 완비된 빌딩으로 리모델링하여 뉴미디어기업에 필요한 공간을 마련하는 것을 목표로 하고 있다. 이 프로그램에 나타난 실리콘앨리에 뉴미디어기업을 유치하기 위한 핵심적인 지원시책은 다음의 두 가지이다.

첫째는 세제지원이다. 뉴욕은 창의성있는 개인들이 모여 소호(Small Office Home Office: SOHO) 형태로 일하는 경우가 많기 때문에, 이들의 창업의욕을 북돋우기 위해 뉴욕 시는 소호 및 개인사업자에 대한 세금면제 또는 감면을 실시하고 있다. 뉴욕 시는 공동화되어가고 있는 맨해튼의 부흥을 위해 다운타운 건물에 입주한 뉴미디어 벤처기업들에게 5년간 재산세를 최고 50%까지 감면해왔다.

둘째는 임대료 지원이다. 뉴욕 시는 뉴미디어 벤처기업들에게 임대료를 30% 정도 감면하도록 지원하고 있다. 이러한 뉴욕 시의 지원정책은 창업자들이 기업유치에 효과적이라고 판단하는 정책 우선순위에 대해 조사한 결과를 반영한 것으로, 미국 벤처기업들은 세제 혜택과 입지보조금 지원 및 임대료 지원을 1, 2, 3위로 들고 있다.

(4) 사례 연구의 종합 : 지역거버넌스 구축에 주는 함의

이상의 두 가지의 사례 연구를 통해서 볼 때 사례들은 각각 상이한 지역적 여건을 가지고 있지만, 민관협력적 지역경영체제의 성공적 구축이라는 점에서는 공통점을 가지고 있다.

① 공통점

위의 사례들이 가지고 있는 핵심적인 공통점은 다음의 두 가지로 정리될 수 있을 것이다. 우선, 강조되어야 할 것은 지방적 시각을 가지고 지방의 문제

를 해결하기 위해 노력하였다는 점이다.

다음으로 지적되어야 할 점은 지방 행위자들의 협력이 지역발전에 대단히 유익한 결과를 가져온다는 사실이다.

포르토 알레그레의 사례에서는 주민 스스로가 일상적 삶이 이루어지고 있는 근린지구의 환경을 개선하기 위한 결정을 하도록 함으로써 지역주민의 정치 및 정책결정 참여를 증진시켰다. 이러한 경험이 쌓이게 되면서 근린지구들 상호간에도 신뢰와 협력을 증진시킬 수 있는 조건을 마련할 수 있었다. 실리콘앨리의 사례에서도 도심 재활성화를 위해 뉴욕 시와 뉴욕 뉴미디어협회를 위시한 다양한 주체들의 노력이 한데 모아졌으며, 전략적 사고와 실천을 통해 도심재개발의 성과를 거둔 것으로 평가할 수 있다.

이러한 성과는 협력적 지역경영체제를 구축하기 위해서 지방정부가 보다 지방적인 시각과 전략적 사고, 그리고 개방적 자세를 통해 민간의 참여를 촉진시키면서 지방문제에 접근해야 함을 보여준다.

②차이점

민관협력적 지방경영체제는 상이한 공간적 범위 내에서 발생했기 때문에 상이한 조건을 바탕으로 진행될 수밖에 없었다. 결국 위 사례들은 여러 면에서 각기 상이한 조건과 구조 속에서 나왔다는 점을 인식하는 것이 필요하다. 위 사례들이 가지고 있는 차이점을 살펴보면 다음과 같다.

첫째, 경제발전의 정도나 재구조화의 정도에 따라서 선택할 수 있는 지방적 문제의식과 해법이 다를 수 있다는 것이다.

둘째, 지방적 해법 수준에 차이가 있다. 앞에서 소개된 사례지역들은 경제적 개발정도와 경제규모가 다른데, 이러한 점에서 각 사례지역이 선택한 비전과 전략에는 차이가 있었다.

(5) 근린재생사업의 활성화를 위한 지역거버넌스체제의 구축방안

지역의 정치적 공동체들이 집합적으로 그들의 갈등을 다루고, 현대사회의 개방되고 분산된 관계 속에서 자신들의 지역과 미래를 실현할 기회를 극대화할 수 있도록 하는 거버넌스 문화를 만들어내는 것이 협력적 지역경영체제의 핵심이다.

① 정책협력

협력적 거버넌스를 구축하기 위해서는 공공적 제도를 재설계하려는 노력이 필요하다. 이를 위해 지역개발 혹은 경제적 재구조화를 위한 협력적 활동에서 지방정부와 정치부문이 이해집단, 시민단체, 지방기업, 환경단체들과 연계하는 작업이 필요하다.

② 광범한 이해당사자의 참여

사람들간의 갈등이 대부분 상대에 대한 오해에서 비롯된 것이며, 토론을 통해 다르게 사고하는 방법을 배울 수도 있다. 이해당사자들간의 그러한 '만남'은 상호학습과 더불어 합의(consensus building)를 창출할 수도 있다.

③ 참여자의 원만한 관계 구축

도시지역의 성장 잠재력과 협력적 지역경영체제가 성과를 나타내기 위해서는 지역 내 협력적 네트워크의 형성이 사회적 자본으로서 중요성을 가진다. 이러한 네트워크가 존재하는 곳에서 협력적 계획이 빠르게 성장할 수 있다. 요컨대 이러한 협력적 지역경영체제의 구축을 위해서는 지역 내 '제도적 자본' 을 풍부하게 해야 한다.

④ 경제, 환경, 사회 의제들을 통합하는 이미지 형성

지방정치와 행정이 역동적으로 변화하는 상황에서 지역경제와 삶의 장소를 연관시키고 일치시키며 상호결합시키는 전략은 지역의 통합된 이미지를 형성하고 지역사회의 참여와 협력을 증진시킬 수 있다.

⑤ '지역적 지식' 의 활용

어떤 도시나 지방에 있어서도, 다수의 문화적 공동체들과 지역적 지식의 특이한 형태들이 존재할 수 있는 것이다. 이러한 지역적 지식의 활용은 이해관계가 민감한 지역문제 해결에 있어 당사자들간의 상호작용과 의사소통을 가능하게 하는 장을 만들어 줄 수 있다.

⑥ 민관협력적 지역경영체제 구축을 위한 과제

지방적 차원의 협력적 거버넌스 구축은 상호 이해와 학습의 과정으로 요약된다. 어떤 정해진 길을 향해 나아가기만 하면 되는 것이 아니라, 부단한 상호조정(mutual-coordination)과 학습 그리고 시행착오를 통해 형성되는 것이다. 이러한 과정이 기존의 행정과정에 비해서 많은 노력이 드는 것임은 분명하다. 그러나 좋은 성과가 실현되기 위해서는 시간이 걸린다는 인식의 전환이 요구된다.

결론적으로, 브라질 포르토 알레그레 시의 참여적 예산정책 프로그램, 그리고 미국의 실리콘앨리 사례에서 각 지방이 처한 상황은 각각 달랐다. 그러나 지방의 문제를 지방적 차원에서 해결하기 위해 주민, 시민조직, 경제조직 그리고 사회조직을 협력적 네트워크의 자원으로 활용함으로써 경제적 성과와 정치적 성과를 모두 달성할 수 있었다. 이러한 사례들은 민관협력적 지역경영방식이 대단히 효과적이며 전략적으로 활용될 가치가 있음을 시사해준다.

이를 위하여 각 지방자치단체는 보다 진취적이고 전략적인 태도로 자세를 바꾸어야만 한다. 협력을 통해 성취하려는 목표가 무엇이고, 누구와 함께할 것인지, 그리고 어떠한 방식으로 그것을 수행할 것인지를 공익적 관점에서 숙고하고 개방적인 자세를 갖추도록 노력해야 할 것이다.

chapter 08

자치행정과 지방선거

제1절 지방선거 정당공천제의 의의

언론들은 지난 2014년 6 · 4지방선거의 결과를 놓고 여 · 야가 승자도 패자도 없는 무승부로 평가하는 분위기가 지배적이었다. 즉 유권자들은 여 · 야 어느 편도 기울지 않은 채 대통령과 여당에게는 자성의 기회를, 야당에게는 견제의 기회를 준 것이라는 것이다.

이런 해석은 지난 선거가 애초부터 정당개입을 전면 허용하는 가운데 정당의 대리전 같이 치러진 결과에서 비롯된 것으로 볼 수 있다. 그러나 지방선거 본래의 의미와 기능을 놓고 볼 때, 지난 선거의 결과는 한마디로 '중앙정치의 완승' 이자 '지방자치의 완패' 로 보는 것이 더 정확한 진단이다. 이로써 한국의 지방자치는 부활된 후 25년의 성년이 되어감에도 불구하고, 지방선거는 여전히 유아기에 머물고 있음을 여실히 보여주고 있다. 그 결과로 인해 향후 지방자치는 그 성공적 정착여부가 여전히 불투명하다고 볼 수 있다.

6 · 4 지방선거는 앞으로 지방선거가 어떻게 달라져야 하는지 또 법과 제도를 어떻게 바꿔야 하는지에 대해서 다시 한번 교훈을 주고 있다. 먼저 정당공천제의 폐해를 극복하고 지역별 일당독점 현상을 개선하기 위해서는 기초의원은 물론 기초단체장까지 정당공천을 배제하는 것이 바람직하다. 그리고

광역선거와 기초선거는 분리 실시되어야 한다. 동시선거의 부작용이 너무 크기 때문이다.

다음, 일당지배 구조하에 나타나는 지방자치의 폐해를 완화하기 위해서는 지방자치에 주민들의 직접참여를 활성화시키는 노력이 병행되어야 한다. 특히, 민선 6기에서 지방자치가 중앙정치에 종속된 채, 2016년 총선에서도 선거의 정략적 수단으로 전락된 바 있으며 2017년 대선에서도 되풀이 된다면 지방자치의 미래에 희망을 갖기는 더욱 어려워 질 것이다.

이제라도 2018년과 그 이후에 치러질 지방선거가 지금까지 실시된 지방선거들과는 달리 그 본연의 기능과 역할을 제대로 수행되기 위해서 현 시점에서 제일 먼저 해야 할 일은 지방선거의 변질로 인해 나타난 문제점과 그 원인을 정확하게 진단하는 것이다. 그리고 나서 한국의 지방자치가 바른길을 향해 나가도록 잘못된 지방선거와 자치제도를 지금부터 바로잡는 일이다. 그렇지 않으면, 또 다시 선거에 임박해서 정치권의 당리당략이나 정략적 판단에 따라 국민들의 기대와 요구에 벗어나는 졸속적 결정을 되풀이 할 가능성이 크기 때문이다.

지방자치의 주역들은 지난 민선 5기 동안에도 잘못된 선거법을 바로잡기 위해 국민적 공감대 속에 도출된 개혁방안들을 제19대 국회에서는 반드시 입법화될 수 있도록 강력한 목소리로 촉구해 왔다. 국회에서 바로잡지 않으면 지방선거도 지방자치도 정당발전도 오랜기간 또 다시 물건너 갈 수 있다고 보았기 때문이다. 그러나, 제19대 국회는 지방자치와 정당정치의 개혁을 염원하는 국민들에게 마지막 도리를 다하지 못한 채 막을 내리고 말았다.

따라서, 제19대 국회가 문을 닫고, 4 · 13 총선을 거쳐 20대 국회가 개원되면서 지방선거에서의 정당공천제 폐지문제가 다시금 핵심적인 국정이슈로 부각되는 것은 불가피하다.

제2절 지방선거와 정당공천제의 이론

민주주의 국가에서의 선거는 최소한 대표선출의 기능을 포함해서 민주적 정당성 부여, 불안과 갈등의 해소, 화합과 통합, 정치적 교육, 그리고 대표육성의 기능을 수행해야 한다. 이 기능의 수행에 있어서 정당이 중요한 역할을 한다[18]. 선거를 통한 대표자 선출은 단순히 선출로 그치는 것이 아니라 헌법과 법령이 부여하고 있는 권한을 국민으로부터 위임받음으로써 결국 그들이 행사하는 권한이 정당화 된다. 이것이 선거의 민주적 정당화 기능이다. 그러나 대표선출의 기능이 선거의 필수적 기능에는 틀림없지만 그 기능만으로는 고비용·저효율의 선거체제를 극복할 수 없다.

선거는 국민 자신이 주체가 되어 내리는 심판행위이다. 때문에 유권자는 주인의식을 가지고 사회에 쟁점이 되는 사항에 접근해서 토론하고 판단하는 기회가 주어진다. 국민은 선거에 평등하게 참여하여 그간 누적된 불만과 갈등을 정치적 의사로 표출함으로써 결국 화합과 국민통합에 기여한다. 그 결과 선거는 평화적으로 지배세력의 교체를 가능케 해준다. 나아가 국민은 선거를 통하여 정치에 직접 참여할 기회를 가진다. 선거기간동안 만큼은 국민들이 국정과 지역에 관한 다양한 정보와 정치적 토론에 노출된다. 선거과정에 노출된 주권자들은 정치교육의 장에 참여하는 효과로 인해서 민주적 정치의식을 고양시키는 계기가 된다. 이것이 선거의 정치교육기능이다.

그 외에 보다 중요한 기능인데도 불구하고 우리 사회가 크게 간과하고 있는 기능이 대표자의 육성 내지 자기발전의 기능이다. 국민과 주민의 대표가 되어 주어질 직책과 역할을 차질없이 완수해야 하는 후보들은 엄격하고 철저

---

18 정당이란 국민의 정치적 주장을 결집하고, 국가의 주요정책을 개발·표방하여 국민의 지지와 참여를 확보·증진함으로써 국가의 정치적 의사결정에 기여하고, 나아가서 정치적 권력의 획득·유지를 도모하는 결사체를 말한다. 정당이 이러한 기능과 목적을 수행·달성하는 데 있어서 중요한 수단이 되는 것은 선거이다. 민주국가에서 선거를 통해서 국민의 지지와 참여를 확인할 수 있고 또한 그것을 통해서 국가의 정치적 의사결정에 기여할 수 있는 것이다. 따라서 선거에 있어서 후보자를 추천하여 그에 대한 선거인의 지지를 호소하고 투표·개표 과정을 참관하며 선거쟁송을 전개하는 것 등이 정당의 중요한 활동이 되는 것이다(김광수, 2002;215~216).

한 선거과정을 통해 지도자로서 필요한 자질과 능력을 향상시킴으로써 국민과 주민의 대표가 되어서 임하는 그들의 활동에 시행착오가 없어야 한다.

대의민주제에 있어서 국회는 가장 중요한 역할을 하기 때문에 만약에 국민의 대표기관인 국회가 불공정한 선거방법을 마련해서 각종의 선거전에 임하게 한다면 그 국가의 정치와 사회에 엄청난 부패와 비리를 만연시킬 수밖에 없다는 사실은 민주주의 발전 역사에 깊게 새겨져 있다. 불완전한 선거법과 비현실적인 선거제도와 그 운영으로는 참다운 민의를 대변하는 대표자를 선출하지 못할 뿐만 아니라, 의회민주체제의 정통성과 신뢰성에 치명적인 타격을 주게 된다. 특히, 지방선거에서 정당공천은 이 문제와 직결되어 있기 때문에 현행 정당공천제가 과연 선거기능을 수행하는데 기여하고 있는지의 관점에서 검토해야 할 것이다.

정당이 지방선거에 참여함으로써 나타나게 되는 장·단점은 전문가의 입장에 따라 달리 나타나게 된다. 우선 이론적 측면에서 찬성입장을 보면 지방선거에서의 정당참여는 ①지역의 다양한 의견과 이해관계를 조직화시켜 문제해결의 실마리 제공(가상준, 2009:216~217), ②정당은 지방자치에 정치의식을 심어주고 시민의 정치참여의식을 고양시켜서 진정한 민주주의의 훈련장으로서의 여건 조성(강경태, 2009:229; 이동윤, 2010), ③후보의 난립을 방지하고(송광태외, 2010:19~22; 정세욱, 2001:325~33), 객관적인 공천심사로 후보자를 검증(이승종, 2009; 가상준, 2009; 황아란, 2010), ④정당참여는 권력의 개인화를 방지시켜서 책임정치와 책임행정의 실현(황아란, 2010:31; 하세헌, 2007:43; 가상준, 2009:217; 이종훈, 2013:26), ⑤군소정당과 여성 등 정치적 소수자의 대표성 제고하는(조재욱, 2009; 황아란, 2010) 외에도 정당의 경쟁적인 환경에서 유권자의 투표참여가 높아지고(Holbrook and Van Dunk, 1993:955~962), 정당경쟁이 대체로 지방정부의 정책유형을 합리적으로 결정짓는데 관련이 있다는 연구결과도 있다(Bibby and Holbrook, 1997:103~109). 또한, 헌법재판소의 판결에 따르면(2003), 기초의회의원선거에서 후보자의 정당표방을 금지한 공직선거 및 선거부정방지법 제83조는 위헌이라는 판결을 내린 바 있어서[19] 정당참여의 금지는 위헌요소의 문제점도 내포되어 있다.

그러나, 이와 같이 정당참여의 효과는 어디까지나 기존 정당이 제도화되어 있고 인물중심이 아닌 정책중심의 정당 그리고 당내민주주의가 확립되어 있을 때만 가능하다. 이러한 전제조건들을 기존정당이 충족하지 못할 때, 지방자치에의 정당참여는 ①당리당략적 중앙정치에 예속(성기중, 2010:280; 송광운, 2008:119), ②정당간의 극심한 대립으로 행정의 혼란과 마비초래, ③지역주의의 고착화와 집행부와 의회간 견제와 균형의 상실(이종훈, 2013:31), ④당파간 파벌대립은 지방정치를 과열시켜 결국 지방자치의 기능을 약화시키는 결과를 초래, ⑤ 정당공천과정의 비민주성과 불투명성으로 인한 공천비리의 양산(이상묵, 2007:53~70: 김성호 황아란, 2000) 등으로 이론상 정리하고 있다.

그런가 하면, 지방선거에서 정당공천제의 폐해가 발생하는 원인은 단순히 정당공천제 자체의 문제로만 볼 것이 아니라, 한국의 정당정치가 지니고 있는 구조적 관행과 지역주의, 비민주적 · 비합리적 정치문화, 제도적 요인들이 초래한 총체적인 결과이기 때문에 정당공천제의 유지나 폐지보다 정당의 개혁방안을 모색하는 것이 중요하다는 논리와 주장이 있다(강경태, 2009: 237, 김남철, 2007: 180-181, 육동일, 2009: 31). 정당공천제가 폐지된다 하여도 정치문화가 개선되지 않는 한, 정당의 실권자나 지역 국회의원에 의해 은밀히 내부적으로 추천이 이루어지고 정당조직이 가동되는 현상을 막기는 어렵다. 따라서, 정당공천의 민주화와 투명화, 정당의 대표성 강화, 그리고 이와 관련한 선거구제의 개혁 등을 모색하는 것이 정당공천제의 폐지를 논의하는 것보다 훨씬 중요하다는 것이다.

정부수립 이후 현재까지 우리나라에 설립된 정당이 280여개나 된다. 창당

19 헌법재판소는 후보자가 정당의 지지 추천을 받았는지 여부를 유권자가 알았다고 하여 이것이 곧 지방분권 및 지방의 자율성 저해를 가져올 것이라고 보기 어렵고... 기초의회의원선거를 광역의회의원선거, 광역자치단체장선거 및 기초자치단체장선거와 다르게 취급을 할만한 본질적인 차이점이 없다고 봄. 기초의원 정당공천제 금지는 합리적 이유없이 유독 기초의회의원 후보자만을 다른 지방선거의 후보자에 비해 불리하게 차별하고 있으므로 평등원칙에 위배된다고 판시하였음.

준비위원회는 400여개로 더 많다. 현재도 국민들은 잘 모르겠지만 18개나 되는 정당이 활동하고 있다. 정당 수가 많은 게 문제는 아니다. 문제는 정당이 존재하는 기간이다. 중앙선거관리위원회에 따르면, 1987년 민주화 당시부터 최근까지 선관위에 중앙당 등록이 됐던 정당은 총 113개다. 이들 중 선거 때 잠시 만들어졌다가 사라진 정당들을 제외하고 국회의원을 보유했던 원내정당은 40여개 불과하며, 이들의 평균 존속기간은 44.1개월이었다. 40개 정당 중 국회의원의 임기를 넘긴 정당은 13개(32.5%)에 불과했다. 원내정당 10개 중 7개 정당에서 국회의원의 임기 중 소속정당이 바뀌었다는 의미다. 잦은 이합집산속에 존속기간이 채 1년도 안되는 정당만도 6개(15.0%)나 됐다. 대통령 선거를 겨냥, 대선주자 중심으로 잠시 만들어졌다 사라진 정당들이 대부분이다. 존속기간 10년을 넘긴 정당은 1963에서 1980년까지 17년 5개월의 최장수 민주공화당, 14년 3개월의 한나라당, 그리고 민노당(142개월), 자민련(129개월)이 전부다. 현존하는 정당은 하나도 없다.

미국의 경우 민주당은 1792년부터, 공화당은 1854년부터, 그리고 영국의 경우 보수당은 1867년부터, 노동당은 1906년부터 현재까지 모두 100년, 200년 넘게까지 생명력을 이어오고 있다. 이렇게 한국의 정당들은 부침이 심한데다 정책이나 정강중심이 아닌 인물과 파벌중심의 급조 정당인데다, 이당저당 옮겨 다니는 철새 정치인들의 이합집산이 대수롭지 않은 현실에서 정당공천제를 통해 책임정치의 구현, 당내 민주주의의 확립, 상향식 국민경선제의 정착 등을 기대하는 것은 무리라는 것이 지금까지의 결론이다.

지방선거에서의 정당공천제에 관한 연구는 기초의원 선거까지 정당공천이 전면 허용된 2006년 제4회 전국지방동시선거에서부터 본격적으로 이루어지게 되었다. 기존 연구들은 대체로 지방선거에서의 정당공천제 도입에 따른 찬성과 반대의 이론적 논의를 다룬 서술적 연구와 정당공천제의 도입이 지방선거와 지방자치에 미치는 실제적 효과성과 문제점을 분석한 경험적 연구로 분류된다.

서술적 연구에서는 주로 법과 제도적 측면에서 정당공천제의 실태를 검토하고 문제점들을 도출한 후, 외국의 사례들을 소개하면서 향후의 개선대안을 제시하고 있다(하세헌, 2006; 강경태, 2009; 이동윤, 2010; 최근열, 2012; 이종훈, 2013; 박용성 최성구, 2011). 경험적 연구에서는 지역주민, 공무원, 지방의원들을 대상으로 비교분석을 통해 지방선거에서 정당공천제가 가져온 성과와 문제점 및 개선방안을 도출하는데 초점을 두고 있다(우성호 · 이환범, 2010; 안진한 · 김택, 2014).

이상의 기존 연구들은 지방선거에서의 정당공천이 가져온 실증적 분석보다는 규범적인 측면에서 접근하여 외국제도의 소개와 이론적 찬 · 반론을 객관적이고 제3자적 차원에서 정리하는 수준에 그치는 경우가 대부분이었다. 분석방법도 정당공천제의 전면도입 전후를 비교분석하거나 외국제도와의 단순 비교분석에 한정되었다. 연구분석 후 개선대안 제시면에서도 지극히 선언적이거나 양비론에 입각한 중립적, 소극적 수준에 머물고 있기 때문에 그동안 지방선거를 일곱 번이나 치르는 가운데 좀처럼 개선이 이루어지지 못하였다.

제3절 지방선거와 정당참여의 실태

1. 2014 지방선거와 정당참여

지방자치의 본질과 원칙에 위배된 지방선거의 과정과 결과는 2013년부터 여 · 야가 기초선거 정당공천제 문제를 놓고 대립할 때부터 이미 예견됐던 일이다. 여 · 야는 우여곡절 끝에 이런 저런 궁색한 이유를 달아서 지방선거에서 정당공천을 전면 유지토록 했다[20]. 특히 대통령과 대부분의 국회의원들이

20 새누리당은 위헌논란과 책임정치 실정 등을 이유로 상향식 공천을 대안으로 제시하며 정당공천제 폐지 약속을

태도를 바꿔 정당공천제를 억지로 지킨 것은 국민과의 약속위반이며, 지난 지방선거를 왜곡시킨 주 요인으로 작용했다.

〈표-1〉 2010년 제5회 지방선거와 2014년 제6회 지방선거 결과 비교

정당	지방선거	시 · 도지사	시 · 도의회	시 · 군 구청장
새누리당 (한나라당)	2010년	6(37.5)	288(37.8)	82(36.0)
	2014년	8(47.1)	416(52.7)	117(51.8)
새정치민주연합 (민주당)	2010년	7(43.8)	360(47.3)	92(40.4)
	2014년	9(52.9)	349(44.2)	80(35.4)
통합진보당 (민주노동당)	2010년	-	24(3.2)	3(1.3)
	2014년	-	3(0.4)	-
노동당 (진보신당+사회당)	2010년	-	3(0.4)	-
	2014년	-	1(0.1)	-
기타 정당	2010년	1(6.3)	50(6.6)	15(6.6)
	2014년	-	-	-
무소속	2010년	2(12.5)	36(4.7)	36(15.8)
	2014년	-	20(2.5)	29(12.8)
합 계	2010년	16(100.0)	761(100.0)	228(100.0)
	2014년	17(100.0)	789(100.0)	226(100.0)

자료 : 이동윤, 2014. p.11. 〈표 2〉를 재정리.

〈표-1〉에서 보는바와 같이, 6 · 4지방선거를 2010년 선거와 비교해 보면, 광역단체장의 경우 여 · 야간 비율의 격차는 달라지지 않았다. 기초단체장의 경우, 야당의 비율은 근소하게 감소하였으나, 여당은 31.0%에서 51.8%로 크게 증가했다. 광역의원과 기초의원도 여당의 당선자 비율이 크게 높아진 반면,

파기했다. 민주당은 당론으로 정당공천 폐지를 선언했지만, 당내반발을 놓고 고민하다 새정치연합과 합당하며 무공천을 다시 약속했다. 그러나, 지방선거 승리라는 실리와 국민의 신뢰라는 명분을 놓고 우왕좌왕 하다 결국 당원 여론조사를 통해 지난 4월 10일 정당공천을 확정한 바 있다.

야당은 소폭 감소한 것으로 나타났다. 한편, 제도권 정당의 가능성을 기대했던 민주노동당과 진보신당 등 진보계열의 정당들은 이번 선거에서 유권자들로부터 철저히 외면받음으로서 지방선거 정당참여의 효과를 전혀 보지 못했다. 이 결과는 지방선거임에도 불구하고 '세월호 침몰' 이라는 중앙이슈 경쟁에서 여당이 선전하고 공천과정에서의 잡음과 갈등이 야당에서 더욱 심각했음을 반영한 것으로 볼 수 있다.

이와 같이 지난 선거는 기본적으로 지방선거임에도 불구하고, 지방공약과 정책보다는 중앙정치의 이슈들을 중심으로 아젠다가 설정되었고, 아젠다 구조 역시, 여당의 '정권 안정론' 과 야당의 '정권 심판론' 이라는 구조가 첨예하게 대립한 선거였다. 중앙정치에의 예속으로 인한 지방정치 본연의 정책이슈 실종은 전국 동시선거, 지역주의에 기인한 정당간 당리당략과 네거티브 방식의 선거운동, 정당공천제 유지로 인한 파행적인 정당공천 방식까지 겹쳐서 정책 중심의 선거를 불가능하게 할 수 밖에 없었다.

지방선거 정당공천과정에서의 각종 비리와 잡음, 정치신인과 여성에 대한 진입장벽 등의 문제는 여 · 야를 막론하고 심각하게 나타났다. 새누리당 대부분의 지역에서는 상향식 공천을 한다며 공천관리위원장이 서류심사, 면접, 여론조사 등의 자격심사를 통해 컷오프를 하겠다고 했지만, 사실상 여론조사만으로 결정했다. 그 결과조차 공개되지 않은 경우가 많았다. 여론조사 자체도 부실하기 짝이 없었다. 조사의 타당성과 신뢰성이 확보되지도 않은데다 조사대상자가 누구인지도 모르고[21] 또 그 응답률도 10%가 안되는 타당성 없는 조사가 대부분이었다. 게다가 착신전화 조작으로 여론을 왜곡하는 사태까지 벌어졌으니 경선에 참여했던 후보들[22]은 물론 대대수 유권자들도 공천에

21 여론조사기관이 유선전화만 실시해서 표본의 대표성 문제가 발생했는가 하면, 조사대상지역 읍 · 면 · 동의 인구비례에 따라 응답될 수 있게 해야 하나 대부분 무시했거나 역선택의 문제도 고려하지도 않았다. 심지어, 특정 후보가 제출한 선거인부 명단을 중심으로 조사대상자를 선정하는 경우조차 있었다고 한다(시사충청, 2014. 06.17).

22 공천에서 탈락한 강원도의 모 예비후보는 "공천기준이 들쑥날쑥해 부당한 사례가 속출해서 상향식 공천이라고 하지만 당협위원장인 국회의원이 특정후보를 미리 낙점해 놓고 나머지 후보들은 들러리 세운 것과 다름없다" 고

대하여 크게 불신했다는 평가를 받고 있다.

〈표 2〉는 지방선거 정당공천제를 통한 지역주의 투표행태를 보여주고 있다. 물론 특정 지역에서 무조건 일자투표를 하는 식의 지역주의는 다소 사라졌다는 새로운 변화는 있었지만, 전 새정치민주연합은 부산 · 경남, 대구 · 경북 선거구에서 그리고 전 새누리당은 광주 · 전남 · 북 선거구에서 기초단체장과 광역의원을 한사람도 선출하지 못한 것으로 볼 때, 지역주의의 장벽은 여전히 건재하고 있음을 보여주고 있다. 이와 같이 많은 지역에서 중앙정치에 예속된 지방자치는 지역 현안에 대해 정통한 지역 인사들이 중심으로 지역환경에 맞는 정책을 구현하기 위해 실시되는 지방자치의 취지를 크게 훼손하는 것으로서 현행 정당공천제 폐해의 결과로 볼 수 있다.

폭로했다(강원도민일보, 2014. 06.12).

〈표-2〉 광역자치단체장 및 의회의원 선거결과

구분	당선인수		새누리		새정치 민주연합		노동당		무소속	
	단체장	의원	단체장	의원	단체장	의원	단체장	의원	단체장	의원
합계	17	705	8	375	9	309		1		20
서울특별시	1	24	1	24		72				
부산광역시	1	42	1	42		0				
대구광역시	1	27	1	27		0				
인천광역시	1	21	1	21		10				
광주광역시	1	0		0		19				
대전광역시	1	5		5	1	14				
울산광역시	1	19	1	19		0				
세종특별자치시	1	4		4	1	8				1
경기도	1	44	1	44		72				
강원도	1	34		34	1	4				2
충청북도	1	19		19	1	9				
충청남도	1	28		28	11	8				
전라북도	1	0		0	1	32				2
전라남도	1	0		0	1	48				4
경상북도	1	48	1	48		0				6
경상남도	1	47	1	47		0		1		2
제주특별자치도	1	13	1	13		13				3

자료 : 중앙선거관리위원회, 6 · 4 지방선거 결과를 재정리

종합적으로, 지난 선거결과에서 정당공천과 관련해거 나타난 심각한 문제점을 정리해 보면, 첫째, 지방선거에서 지역의 이슈는 실종되고 중앙정치의 쟁점만 부각된 채, 주로 정권의 중간평가적 의미로 치러졌기 때문에 지방선

거는 본연의 역할을 다하지 못했다[23]. 중앙정치의 과도한 개입으로 지방의제와 정책이 사라진 동시에 생활정치 영역에서의 정당공천 폐해를 다시금 확인하는 선거였다는 평가가 공감을 얻고 있다. 따라서, 많은 유권자들의 쌓여왔던 불만들이 선거를 통해 다소 해소되었는지 몰라도 고비용 · 저효율의 고질적인 선거관행은 되풀이 되고 만 것이다.

둘째, 지난 지방선거에서 정당이 과도하게 개입해서 들어난 부작용은 자못 심각하다. 정당공천제의 유지를 위한 명분으로 도입한 것이 상향식 공천이다. 그러나 공천을 둘러싼 비리와 부작용은 정도를 넘었다. 공천부탁을 하기 위해 동봉투를 건낸 예비후보들이 곳곳에서 적발되었으며 국회의원들의 경선개입 논란도 끊이질 않았다. 그 결과, 참신하고 유능한 정치신인들의 진출은 기대 밖이었다. 공무원의 줄서기 관행도 근절되지 않았다. 인물과 공약 중심의 정책선거는 또다시 자리잡지 못했다. 비례대표제는 정당과 국회의원들에 대한 후보자들의 충성심만 더욱 공고히 했을 뿐이다. 기초의원 중선거구제도 당내 내부갈등을 부축이고, 결국 지역주민들의 혼란과 무관심만 부채질하고 말았다.

셋째, 지방정치에서 일당 지배구조가 더욱 심화되었다. 즉 일부 지역을 제외하고 특정당이 광역단체장, 기초단체장, 그리고 각 지방의회의 과반수를 점유하여 일당 독점적인 양상을 계속 보인 점이다. 따라서, 중앙 정당정치의 지역분할구도는 지방자치를 중앙정치에 종속시킬 가능성을 보다 크게 열어놓고 있다. 더욱이 단체장과 의회간의 기관대립형 제도을 취하고 있는 현 상황에서 일당 독점구조는 견제와 균형이라는 자치제도의 취지를 상실케하고 있다.

넷째, 새롭게 도입한 상향식 경선방식의 공천은 여성이나 정치신인에게

23 6 · 4지방선거가 결국 박근혜 대통령의 신임여부를 묻는 선거로 흘러가고 있다. 당초에는 정권 출범 1년여만에 치러지고 박대통령의 지지율이 높기 때문에 중간평가 프레임에 소극적이었으나, 세월호 참사이후 정권에 대한 지원론과 심판론이 강하게 부딪치게 됐다(조선일보, 2014,06.03, 1면).

는 대단히 불리하게 작용했다. 여성의 경선 승률은 40%에 지나지 않는다. 반면, 국회의원과 단체장 출신 후보들[24]은 상향식 경선에서 남녀를 불문하고 매우 유리했다. 특히, 이들은 경선과정에서 선거인 명부에 접근하는데 있어서나 인지도 측면에서 유리한 점은 여론조사에서 그대로 반영되었다. 또한, 후보경선을 위한 선거인단 모집에 특정 후보에 대해 충성도가 높은 당원이나 지지자들이 편파적으로 많이 동원되는 심각한 문제점이 드러나기도 했다. 여론조사의 문제도 매우 심각해서 조사결과에 대한 낮은 신뢰도, 오차범위의 무시, 여론조사의 조작 가능성, 표본추출의 오류 등의 문제를 제기했으며, 여론조사 실시와 관련한 높은 비용은 모두 후보자가 부담하게 함으로서 돈많이 드는 선거를 다시 재현하고 말았다(전용주, 2014: 26-31). 따라서, 상향식 공천에 따른 진입장벽의 문제, 전 · 현직 국회의원과 단체장 중심의 재공천, 여론조사의 한계, 진성당원의 부재에 따른 편법 동원선거, 높은 경선비용 문제 등은 비정상적인 정당공천이 그 원인이 된 바 그 존폐 여부를 다시 결정해야 할 숙제로 남게 되었다.

2. 2010년 지방선거와 정당참여

2010년에 치러진 6 · 2지방선거는 중앙정당의 정당별 지지에 따른 소위 연계투표가 이루어짐에 따라 지방자치가 중앙정치에 철저하게 예속되는 결과를 보여주었다고 평가된다. 지역사회의 비전과 정책논점을 중심으로 유능한 지역일꾼을 뽑아야할 지방선거가 당초 취지와 달리 중앙정당의 대리전으로 왜곡되어 진행되어 온 것이다. 이에 따라 지방선거는 지역후보자의 정책과 공약에 따라 지역일꾼을 선택하는 것이 아니라 중앙정당을 보고 후보자를 선

24 6 · 4 지방선거에서 당선된 광역단체장 17명중 전 · 현직 국회의원은 현직 5명을 포함 무려 9명, 현직 단체장은 6명이나 되었으며, 본선과 경선과정에 참여한 전 · 현직 국회의원과 단체장까지 포함하면 훨씬 많아서 이들이 지방선거를 지배했다고 볼 수 있다. 여기에 여성과 정치신인의 등장과 도전은 불가능할 수 밖에 없었다.

택하는 결과를 역력히 보여주었던 것이다. 이러한 결과를 만들어 낸 데에는 무엇보다도 중앙정치권의 책임이 크다. 정치권은 지방선거를 두고 대선의 전초전이나 현 정권에 대한 중간평가의 의미를 부여하고 총력적으로 나서다보니 지방자치는 실종되고 철저히 중앙정치에 예속되게 된 것이다.

부패의 시작으로서 지방선거의 공천을 주목할 필요가 있다[25]. 특정 선거구의 뇌물사건 등 극소수만 표면으로 드러났지만, '꼬리를 자르기 쉽게,' '현금으로', '1:1 비밀주의,' '가시가 있는 생선인지 가려서' 자행되는 공천비리는 여전히 엄존하고 있었다.[26] 공천과정의 부패는 결국 지방정부의 사업상 비리와 부실, 인사의 부정 등으로 나타나도록 되어있다.

전 한나라당은 국민공천배심원제를 운영하고 전 민주당은 시민공천배심원제 운영하였으나 상향식 공천에는 모두 실패하였다. 진성당원이 미흡한 실정에서 한계가 뚜렷하고, 지방선거의 공천은 사실상 정당의 지구당위원장과 중앙당 최고위원회의 지배력을 그대로 수용하는 실태였다. 그 결과, '자기 사람' 심기와 '돈공천' 이 여실히 풍미할 수밖에 없는 현실이 되고 말았다.

이렇듯 지방선거에서 단체장 및 지방의원 후보들이 정당공천을 받기 위하여 저지르는 비리문제가 매우 심각하여 지방자치를 위협하는 수준에 이르렀다는 것이다. 공천과정에서의 비리는 드러난 것만 해도 그 유형이 매우 다양하여 유권자들의 정치혐오증까지 불러일으키고 있고, 이는 결국 낮은 투표율의 원인이 되었다. 물론 공천과정에서의 비리 중에서 밝혀진 것은 빙산의 일각에 불과하다.

6 · 2지방선거의 결과, 광역자치단체의 경우, 1당 지배지역은 부산, 대구, 경북, 울산, 광주, 인천, 대전, 충북, 전북, 전남 등 10개 지역이다. 이들 지역에

---

25 민선 4기 기초단체장 230명 가운데 113명이(49.1%)이 인허가와 공무원 인사 비리혐의로 기소되어 재판을 받았고, 이 가운데 45명(19.6%)이 물러났다. 6.2지방선거와 관련해 검찰의 수사를 받은 단체장은 광역 8명, 기초 54명인데 대부분 '돈선거' 와 관련된 사안이다.

26 ㅈ 구의원 당선자 인터뷰, 2010년 6월. ㅎ 행안부 공무원 인터뷰 2010년 7월.

서는 단체장 소속정당과 의회의 다수당이 동일할 뿐 아니라, 지방의회 내에서 다수당이 압도적인 점유율을 보여주고 있다. 뿐만 아니라 부산, 대구, 경북, 울산 지역과 광주, 전남, 전북 지역에서는 시간의 경과에도 불구하고 각 연도의 지방선거에서 1당의 지배체제가 변화하지 않고 있는 지역이다.

시장, 군수, 구청장의 경우 광주와 전남 · 전북 지역에서는 새누리당이 전무하고 부산과 대구 그리고 울산 · 경북 지역에서는 전 민주당이 전무한 실정이다. 기초의회 의원들의 경우에도 광주 · 전남 · 전북 지역에서는 새누리당이 전무하고, 울산지역에서는 민주통합당이 전무한 실정이다. 지역 내에서 정당과 정당 간의 경쟁, 집행부와 의회 사이의 견제가 바람직하다는 기본전제에 동의하는 사람들에게 이 같은 결과는 지방자치의 의미를 되돌아보게 하는 자료이다.

3. 2006 지방선거와 정당참여

2006 지방선거는 4번째로 실시된 전국동시지방선거이자 전 지방선거들과는 달리 아주 달라진 선거제도하에서 치러졌다. 지방자치단체장 3선 제한이 처음 적용되는 선거였고, 지방의회유급제가 도입된 이후 실시되는 첫번째 선거였기 때문에 역대 어느 선거보다 정치신인과 전문인력의 진출이 높아질 것으로 기대됐었다. 예비자 후보제도의 도입과 선거운동방법의 개선으로 입후보예정자가 유권자에게 자신을 알릴 수 있는 기회도 확대되었다. 선거권자 연령이 19세로 하향 조정되고 외국인에 대한 투표권 부여 등 전향적인 제도의 도입으로 이번 지방선거가 우리나라의 선거문화를 한차원 높여주는 계기가 될 것으로 내다보기도 했다(주용학, 2007:48).

그러나 5 · 31 지방선거 역시 달라진 제도에서 기대되었던 성과를 충족시키기 보다는 오히려 역대 지방선거의 한계를 극복하지 못한 채 정권에 대한 중간평가 내지 정당의 대리전으로 일관된 중앙선거로 평가할 수 밖에 없다. 지방자치의 본질과 원칙에 위배된 지방선거의 과정과 결과는 지난해 여 · 야가 공직선거법 개정을 전격적으로 처리할 때 이미 예견됐던 일로서 결국 중앙정치권이 자초한 결과였다. 선거 1년전인 2005년 6월, 여 · 야 국회의원들은 공직선거법 개정을 통해 지방의원 유급제와 함께 지방선거에서 정당공천을 전면 허용토록 했으며, 비례대표제를 기초의원까지 도입하는 한편 기초의원선거를 중선거구제로 바꾸는 등의 개정을 단행한 바 있다.

대부분의 국회의원들이 갑자기 태도를 바꿔 정당공천제를 전면 도입한 것은 국민들을 크게 실망시켰을 뿐만 아니라, 지난 지방선거를 왜곡시킨 주요인으로 작용하였다. 지방선거에서 정당공천의 전면 허용은 선거의 주역을 지방에서 중앙으로 그리고 주민에서 정당으로 바꾸어 놓고 말았다.

게다가 각 정당들은 지난 지방선거의 쟁점을 '지방권력교체론' 과 '중앙권력심판론' 으로 부각시켜 지방의 쟁점을 실종시키고 결국 많은 지역 유권자들이 지방선거를 외면하는 결과를 초래한 것이다. 선거에 참여한 유권자들 역시 후보자의 능력과 공약보다 정당을 기준으로 이른바 '일자투표' 를 함으로써 선거를 통해 유능한 지역의 일꾼이 대다수 선출되었다고 보기가 어려웠다는 평가다. 심지어 중선거구제 도입으로 정당이 후보를 복수공천하자 유권자들은 '가' 기호를 무조건 찍는 소위 '묻지마 투표' 현상까지 적잖게 나타났다고 하니 선거의 본래 기능도 작동하지 않은 결과였다.

4. 2002 지방선거와 정당참여

2002년 실시된 6 · 13 지방선거는 21세기가 시작된 이후 첫 번째로 실시되는 지방선거라는 점에서 중요한 의의를 지니고 있었다. 그러나 지방선거의 쟁점이 또 다시 왜곡되어 지역문제 중심이 아닌 중앙정치의 쟁점을 지방선거에 접목시킨 결과는 선거에 대한 유권자들의 불신과 무관심만 초래하였다. 더욱 심각한 문제는 앞으로 지방자치가 중앙정치에 철저하게 예속될 가능성을 한층 더 높여 놓았다는 사실이다. 또 대부분의 지역에서 같은 당이 광역과 기초단체장 심지어 광역의원의 의석비율의 2/3 이상을 독차지하는 것은 견제와 균형을 기본원리로 하는 지방자치에도 바람직하지 못한 결과였다(육동일, 2003;195~224).

그리고 4대 지방선거의 동시 실시는 각 지방자치단체의 수준별(광역과 기초단체), 기관별 (집행기관과 의결기관) 차별성과 중요성을 인지하고 이에 따라 후보자를 선택하게 하는데 심각한 문제가 있음을 재차 확인하였다. 동시선거의 가장 큰 문제는 누가 누구인지도 모르는 후보를 선택하는 데 있다. 이는 후보선택의 기준을 소속정당 내지 혈연·지연·학연으로 삼게함으로써 올바른 후보선택을 저해하고 있을 뿐만 아니라 지방선거를 중앙정당의 정치적 전략수단으로 전락시키는 결과를 초래하였다. 따라서, 동시선거가 선거관리에 따른 효율성이나 경제성이 높다고 하더라도 광역과 기초를 분리하여 실시한 필요성이 제기되었다.

6·13 지방선거가 과거와 다른 점 중에 하나가 바로 국민 경선제를 통한 후보선출방식의 도입이었다. 국민 경선제는 국민의 정치참여를 유도하여 만연된 정치불신의 풍토를 완화하고 정당운영의 비민주성과 폐쇄성을 효과적으로 혁신하는 것에 목적을 둔다. 그러나 실제적으로 경선제가 아닌 추대 내지 지명형식으로 선출된 후보자가 한나라당 65%, 민주당 45%, 자민련 85%를 상회하여 일반당원과 주민에 의한 경선제가 크게 후퇴한 바 있어서 제도적으로 정착된 것은 아니었다.

지난 네 번의 지방선거에서 나타난 문제점들을 도표로 정리하면 다음과 같다.

〈표-3〉 역대 지방선거의 문제점 비교 결과

문제점 \ 선거연도	2002	2006	2010	2014
① 중앙정치이슈가 선거 쟁점	○	○	○	○
② 중앙정치에 예속	○	○	○	○
③ 유권자들의 불신과 무관심 초래	○	○	○	○
④ 일당지역독점구조	○	○	○	○
⑤ 후보자에 대한 인식 부족	○	○	○	○
⑥ 공천과정의 폐쇄성과 비민주성	○	○	○	○
⑦ 공천과정의 비리와 부패	○	○	○	○
⑧ 국민경선제 공천	○	X	X	X
⑨ 국민공천배심원제	X	X	○	X
⑩ 상향식 경선방식	X	X	X	○

〈표-3〉에서 보는 바와 같이, 지난 지방선거들에 정당이 관여하고 개입해서 드러난 부작용과 문제점들은 심각하다. 그동안 각 정당들은 공천제의 근본문제를 개선하기보다는 국민경선제, 국민배심원제 등과 같은 공천방식을 새롭게 도입함으로써 해결한다고 야단법석을 떨었지만, 전혀 달라지지도 개선되지도 않았음을 알 수 있다. 지방자치의 중앙정치 종속으로 인한 지방자치의 의미와 기능 왜곡, 지역주의 심화와 일당독점 구도의 고착화, 단체장과 지방의원의 임기중 업적을 무시한 정당위주의 투표, 무리한 상향식 공천 등의 폐단이 계속해서 여지없이 노출되었다. 또한, 지방선거 때 마다 정당공천과 관련하여 공천권자에게 뇌물을 제공하고 공천을 받는 부패문제가 좀처럼 근절되지 않은 것으로 분석되고 있다. 게다가, 모든 지방선거들은 예외 없이 중앙정치의 대리전이자 당시 정권의 중간평가적 의미로 시행되었기 때문에 지방의 이슈 보다는 중앙정치의 이슈가 크게 부각됨으로써 지방선거 본래의 취지가 실종 내지 퇴색되고 말았다. 이는 결국 역대 지방선거가 본래의 기능

과 역할을 제대로 하고 있지 못한다는 사실을 여실히 보여주는 것이며, 지방선거에 대한 주민들의 불신과 외면 그리고 냉소주의를 초래하는 주 요인이 되고 있는 것이다. 따라서, 지방선거에서의 정당공천제 문제는 지방선거와 정당정치 그리고 지방자치의 정상화를 위해서 반드시 개선되어야 할 과제로 남아있다.

제4절 정당공천제의 개선과제

앞서 분석한 역대 지방선거들의 결과를 놓고 볼 때, 국민들은 물론 각 정당들 조차 이미 정당공천제의 폐해를 인정하고 있다. 그럼에도 불구하고, 제도의 유지가 불가피했다면 진작에 공천제도를 최소한의 정상 수준으로 바꾸었어야 했다. 이를테면, 부패 · 비리 등 후보자나 당선자 과실로 인해 재 · 보궐선거를 할 경우 선거관리비용을 원인자가 부담토록 해서 국민들의 쓸데없는 부담을 덜어주고, 공천을 잘못한 정당은 해당 선거구에서 공천을 못하도록 하는 엄격한「정당책임관리제」를 도입하는 것이다.

그러나, 지난 6 · 4 지방선거에서도 공천제를 혁명적으로 바꾸는 것은 고사하고, 잘못된 제도를 수정하는 것 조차 각 정당은 철저히 외면하고 말았다. 즉 기초지방선거에서 정당공천제를 한시적으로 배제하든지 아니면 정당공천 절차와 제도를 개혁하든지 최소한 양자택일 해서 국민들의 기대에 부응했어야 했는데 또 다시 기대를 저버리고 말았다.

그 결과, 정당참여로 인한 장점보다 폐해가 훨씬 더 심각하게 나타났다. 국회의원들은 부정할지 모르지만, 공천을 둘러싸고 벌어지는 검은 거래는 여전히 근절되지 않고 있다. 정당공천 유지의 명분으로 삼았던 상향식 공천은 더 큰 부작용으로 나타난 바 있다. 정당참여가 책임정치를 보장한다는 논리도 설득력이 없어 보인다. 정책이나 이념중심이 아닌 인물과 파벌중심의 정당들이 대부분이고, 이당 저당 옮겨 다니는 철새 정치인들의 이합집산이 대수롭지도 않은 현실에서 정당공천제를 통해 책임정치를 구현한다는 것은 애초부터 무리한 기대다.

정당공천제 문제는 지금부터 선거법 개정을 통해 반드시 풀어야 한다. 정당공천제로 나타난 심각한 폐해, 정당정치에 대한 불신, 그리고 국민들의 여론 등을 존중한다면, 정치권은 당리당략을 떠나서 다시금 그 해결책을 찾아서 다음 지방선거가 임박하기 전에 미리 선거법과 제도를 개선해 놓아야 한다.

1. 정당공천제 개선의 방향

지방선거에서의 정당공천제의 전면허용이 공천과정을 통해 후보자의 난립을 막고 유능한 인재를 발굴해서 지역수준에서의 정당정치를 활성화시킴으로써 책임행정의 정착과 함께 지방의 이익을 중앙정치과정에 반영하는 계기가 될 수 있을 가능성은 있다. 그러나 우리나라의 현 지방자치의 실태 그리고 정당정치의 제도화 수준과 선거관행 그리고 중앙정치인의 의지와 유권자의 의식수준을 종합적으로 판단할 때, 정당공천제에 의한 지방선거는 처음부터 6 · 4 선거를 치른 현재까지 성과보다는 그 폐해가 효과보다 더 큰 것으로 나타났다.

더군다나 2010년부터 지방선거에서부터 정당공천이 배제된 교육감 선거까지 동시에 치러짐으로서 더 큰 부작용과 폐해가 나타나고 있음을 부인하기 어렵다. 따라서, 현행 선거법에 규정된 기초의원의 정당공천제의 철회와 기초단체장의 정당공천제의 폐지를 다시 검토하는 것이 바람직하며, 중 · 장기적으로는 다음과 같은 대안들을 재차 제시하고자 한다.

2. 정당참여의 차등적용과 기초 · 광역선거의 분리

먼저 지역별 1당 독점현상과 지역갈등을 심화시키는 지역주의의 선거행태를 개선하기 위해서는 무엇보다도 지방선거에서의 정당참여를 차등적으로 허용 내지 제한시키는 것이다. 즉 정당이 지방자치에 참여하여도 그 부작용이나 나타날 수 있는 단점들을 극소화 시켜갈 수 있고, 또 장점들을 극대화시킬 수 있는 차원에서 여러 방안 중에서[27] 기초의회 의원선거뿐 아니라 기초단체장 선거에서의 정당참여를 전면 금지하고 광역자치단체는 정당참여를 완전히 허용하는 것이 바람직하다. 이는 동일한 수준의 자치단체 선거에서 동일한 법적용으로 일관성을 유지해서 엄격한 법적용이 가능해 지기 때문에 공명선거는 물론 그간 실추된 선거법과 제도의 권위와 신뢰성을 회복할 수 있는 목적도 달성할 수 있다.

그러기 위해서는 선거시기의 조정이 필요하다. 즉 광역단체장과 광역의회는 정당이 참여한 가운데 동시에 실시하는(국회의원 선거시기와 일치시키는 방안 검토) 한편, 일정기간을 두고 정당참여가 배제된 가운데 기초단체장과 기초의원 선거 및 교육감 선거를 동시에 실시하는 방안이 병행이 되면 정당참여의 효과를 극대화시킴과 함께 정당참여의 폐해도 극소화 될 뿐만 아니라 동시선거가 지방자치단체의 단위와도 일치함으로써 지방자치단체의 운영의 책임성 증진에도 기여할 수 있을 것이다.

동시선거가 선거의 횟수를 줄여서 막대한 선거비용과 노력을 줄인다는 장점이 있다. 그러나 선거인의 후보자 선택 곤란, 정당본위의 줄투표 현상, 그리고 지방선거 및 교육감 선거의 의미실종과 왜곡의 문제 등 그 단점과 한계도 분명히 들어난 만큼 정당공천제가 차등 적용되는 것을 전제로 광역과 기초지

27 지방선거의 분리실시 방안으로 자치단체장선거와 지방의회의원의 선거를 분리하여 실시하는 동시에 광역의원 후보자에 대한 정당공천제도를 폐지하는 제도적 개선방안이 이미 제시된 바 있다(최봉기 · 이동수, 2003:24-25).

방선거 및 교육감 선거의 분리 실시를 2018년 지방선거부터 도입할 필요성이 커졌다고 본다.

3. 지방정부 기관구성 형태의 자율화

기초지방선거에서의 정당공천제 폐지와 함께 광역지방선거에서의 공천제도를 혁명적 수준으로 바꾸는 것이 필요하다. 이를테면, 부패 · 비리 등 후보자나 당선자 과실로 인해 재 · 보궐선거를 할 경우 선거관리비용을 원인자가 부담토록 한다. 그리고, 공천을 잘못한 정당은 해당 선거구에서 공천을 못하도록 하는 엄격한 '정당책임관리제[28]' 를 도입하는 것이다. 또한 지방당의 자율성 강화도 적극 검토할 필요가 있다[29].

정당공천제를 한시적으로 제한한 이후에는 지방정부 기관구성 형태를 자율화함으로서, 지방자치에 탈정치화를 원하는 지역의 경우에 정당참여가 배

---

28 정당 공천 책임관리제 도입을 위해 다음과 같은 개선이 필요하다. - 특정 정당이 공천하여 당선된 지방선출직 공직자가 비리에 대한 공동 책임 - 부패 · 비리 등 후보자(당선자) 과실로 인한 재 · 보궐선거 시 선거비용원인자 부담(기탁금, 보전비용 등)) 재 · 보궐선거('06~' 09) 비용으로 총 816억원 소요(국회의원 167억 3천, 기초단체장 185억 8천, 광역의원 117억 5천, 기초의원 121억 8천, 교육감 223억 6천)채택
- 정당공천한 선거구의 당선자가 자격을 상실하여 재 · 보궐선거가 있는 경우 해당 정당은 공천 금지 권고) 경제정의실천시민연합(경실련), [지방자치 주요 정책 현안에 대한 16개 광역단체장 후보 의견 분석 결과](2010. 5. 26)- 2010년 지방선거에 출마한 16개 시 · 도 단체장 후보 49명에게서 받은 '지방자치 주요 현안에 대한 질의서' 답변에서는 기초단체장과 기초의원 후보에 대한 정당 공천을 없애는 것에 응답자의 46.9%인 23명이 반대- 정당 공천을 받은 후보가 당선 후 비리 등으로 구속되면 그 정당이 1회에 한해 후보자를 공천해서는 안된다는 '정당공천책임제' 를 도입하는 방안에는 응답 후보의 79.6%인 39명이 찬성했으며, 반대한 후보는 3명(6.1%)이었음. 예컨대, 특정정당 책임으로 재선거 및 보궐선거를 치른 지역이 일정 비율(예를 들어 전국적으로 공천하여 당선된 단체장 10명 중 2명이어서 20%인 경우)을 초과한 상태에서 새로운 임기를 시작하는 선거를 치르는 경우 당해 정당은 전국 자치단체장 선거구에서 후보를 공천할 수 있는 비율을 제한(예를 들어 전국적으로 공천할 수 있는 단체장 선거구가 100곳인 경우 2% 혹은 20%수준에서 후보공천 배제)할 수 있다. 이 경우 참정권박탈 문제에 따른 위헌문제 가능성에 대비한 조처가 필요
- 공천헌금, 단체장 부패 · 비리 등 사법판결이 정당에게 귀책되는 사유로 재 · 보궐선거 치르는 경우 선거비용의 일정 금액을 익년도 정당 국고보조금에서 감액 지급(정치자금법 제29조(보조금의 감액)에 정당귀책에 의한 재 · 보궐 선거비용 추가 개정)
- 공천을 시행한 정당의 이합집산에 따른 지속적인 책임을 연결하는 제도적 장치가 필요 (향후 선거에서 공천 규모나 자격에 대해 일정부분 불이익을 가하는 제도 도입)

29 지방당의 자율성 강화를 위해서는첫째, 정당이 공천취지에 맞는 후보자의 기준을 명확히 제시하여 비리를 차단하고 책임정치를 실현하는 순기능 역할의 증대 방안을 제시하면서 지방자치 취지에 맞는 당헌 당규를 전제로 지방당의 자율적인 후보 선출을 강화해야 한다. 둘째, 지방선거제도 개선을 위해서는 중앙정당의 독점적 지위를 막을 수 있도록 지방정당설립의 자유를 보장하는 방안을 강구해야 한다(정당법 개정 필요).

제된 지방선거를 택할 수 있도록 하는 것이 바람직할 것이다. 다시 말해서, 주민의 의식제고와 정당의 발전을 기다리고 독려하는 기간이 경과한 이후, 주민에게 지방정부 구성에 대한 선택의 권한을 돌려주는 것이다. 그렇게 되면, 지방자치의 다양한 실험이 가능해 진다. 뿐만 아니라 정권의 중간평가로 변질된 지방선거의 기능, 정당공천제의 폐해, 그리고 동시선거의 문제점들을 궁극적으로 해결할 수 있게 될 것이다.

제5절 정당공천제 개선 전략

1. 중 · 장기적 전략 : 시민사회의 인식강화, 공감대 형성을 위한 기반조성

중 · 장기적 전략으로는 정당공천제의 제한적 잠정적 폐지 및 정당공천제의 정상적 운영을 위한 시민사회의 인식강화와 공감대 형성을 위한 기반 조성이 전제되어야 할 것이다.

1) 시민사회 공감대 형성

중 · 장기적으로는 시민사회적 기반을 육성하는 것이 필요하다. 이를 위하여 우선적으로 시민들에 대한 교육과 홍보가 강화되어야 할 것이다. 시민교육을 위한 교재와 프로그램 개발은 지속적으로 추진될 필요가 있다. 시민교육을 위한 교재 등은 기존의 연구교육역량으로도 단기간에 제작될 수 있을 것이지만, 교육을 위한 주체와 교육담당자들은 중 · 장기적으로 육성되어야 할 것이다.

2) 지방자치와 지방분권, 정당공천제 반대를 위한 시민포럼 형성

시민사회의 동참을 독려하는 방안으로 지방분권과 지방자치의 가치를 강조하는 시민 포럼 형태의 활동을 생각해 볼 수 있다. 시민들의 상당부분은 아직까지는 특정 조직에 소속되어 적극적인 활동을 하기 꺼려한다. 따라서, 시민 포럼 형태의 다소 느슨한 모임 정도로 구성하여 지방분권, 지방자치, 정당공천제 폐지 등의 가치에 찬동하는 시민들을 모일 기회를 마련하는 것이 효율적인 방안이 될 것이다.

3) 관련 기관과의 연대 강화

우선, 학계와의 연대 강화가 중요하다. 학계와 연대하여 정당공천제 폐지운동의 동력원으로 활용한다. 학계인사를 정당공천제 폐지운동의 핵심인력으로 활용할 수 있다. 다음, 지방정부와 지방의회와의 연대를 강화해야 한다. 자치단체장과 지방의회의 경우, 정당공천제의 실질적 피해자일 수 있음으로 연대하여 조직화하고 동력원으로 활용하는 방안을 검토할 필요가 있다. 우선적으로 운동조직 지도부와 지방자치단체장과 지방의회 의장 및 지방의원 등과의 간담회와 좌담회 등을 지속적으로 추진하도록 한다.

그리고, 시민사회단체와의 연대 강화다. 즉 정당공천제 폐지운동을 위한 기존의 지역 시민사회단체와의 연대를 추진토록 한다. 이들 단체의 조직력과 인력 등 을 활용하게 된다면 폐지운동의 성과에 대한 시너지효과가 나타나게 될 것으로 판단된다. 예를 들어, 국민서명운동의 경우 특정 단체가 단독으로 추진하는 것보다 이들 단체들과 상호협력하여 추진하게 된다면 훨씬 많은 시민들의 동참을 유도할 수 있을 것이다.

4) 지방정치 활성화를 위한 정치개혁

기초지방선거에 있어서 정당공천제를 폐지한다고 하더라도 광역선거에서 정당의 참여가 허용되기 때문에 현행 정당운영제도를 지방정치 내지 지방자치에 맞게 개선할 필요성이 있다. 이를 위해서는 당내 민주화를 위하여 적극 노력해야 할 것이다. 특히 지방선거에 있어 정당후보자 공천과정에 당원의 의견이 적극 반영될 수 있도록 법제화하는 것이 바람직하다. 뿐만 아니라, 지역의 이익을 반영하고 지방자치와 지역정치를 강조하는 지역정당(현행지역주의 정당이 아닌)의 형성을 위한 제도적, 법제적 장치를 강화하는 방안을 도입해야 한다.

지방선거에 있어서 의무투표제, 비례대표비율의 증대[30], 중대선거구제 등 선거제도 개혁을 추진하여 기존 정당이외의 정치결사체의 출현과 정치신인들의 지방정치로의 입문을 원활히 하는 방향의 선거제도 개혁을 서두를 필요가 있다. 정당에 집중되어 있는 후보공천을 시민사회단체나 연대기구에 의해서 추천할수 있도록 정치개혁을 추진하는 것도 포함되어야 할 것이다.

2. 단기적 전략 : 대선을 이용한 전략

단기적 전략으로는 대선과 총선 등의 전국 단위의 선거에서 지방선거 정당공천제 문제를 이슈화하고 그 해결방안과 실천전략을 선거공약에 담는 것이다. 2017년 대선이 우선 전략의 대상이 될 것이다.

1) 정치인들과의 연대 강화

2017년 대통령 선거 과정에 있어 정당공천제 폐지가 핵심적인 이슈로 부각되도록 전략을 강화하는 것이 필요하다. 대통령 선거에서 정당공천제 폐지를 주장하는 후보들을 선별하여 지원할 수 있는 방안이 모색되어야 한다. 이를 주장하는 후보들을 대상으로 초청강연회나 신문, 방송의 좌담 프로그램을 기획하여 출연하게 함으로써 이들의 정치적 위상이 증가될 수 있도록 노력해야 한다. 결국, 국회에서 정당공천제 폐지를 골자로 하는 선거법률안이 통과되

30 2014년 3월 16일 실시된 독일 바이에른 지방선거의 결과를 보면, 누적투표와 배합투표가 특정정당의 의석독점을 완화하고, 비례의석 확대와 봉쇄조항의 완화조치가 풀뿌리민주주의를 구현하는 기초단위에서 다양한 정치세력이 대표성을 갖도록 하는데 긍정적 효과가 있는 것으로 나타나서 이에 대한 시사점이 크다.

어야 실현되는 것이기 때문에 이런 주장을 하는 후보들을 통해 선거공약 나아가 국정의 아젠다로 정립하도록 하는 것이 중요하다.

선거과정에서 지방자치나 지방분권, 정당공천제 폐지 등의 주제를 공약으로 내세우는 후보들을 사회단체나 사회단체연대가 추천 · 지지하는 행사를 추진하는 것도 필요하다. 선거과정상의 주요 토론회에서 정당공천제와 관련된 주제들이 채택되거나 이슈화 될 수 있도록 노력하는 것이다.

2) 언론 · 방송을 통한 인식확산

지역언론은 대통령 선거를 통해 올바른 국가의 지도자가 선출될 수 있도록 선거과정에서의 투명성과 공정성을 감시하는 파수견의 역할을 제대로 해야 한다. 나아가, 정당 및 후보들간의 정책과 공약에 대한 비교검증 및 실현가능성 여부 등을 분석, 제시해야 하며, 지역주민들이 선거라는 이슈 자체에 관심을 가지고 적극 참여할 수 있도록 여론을 환기시키는 역할을 보다 적극적으로 수행해야만 선거가 본연의 기능을 수행할 수 있을 것이다. 따라서, 지역언론과 연대하여 정당공천제 폐지를 주제로 하는 프로그램이 증가되도록 노력함과 동시에 언론방송사를 연계한 여론조사나 대담프로를 지속적으로 추진하여 정당공천제 관련 주제가 이슈화 되도록 노력한다. 그리고, 지속적인 여론조사나 세미나, 단체장과 지방의원 등과의 토론회, 좌담회, 간담회 등 언론에 부각될 수 있는 이벤트를 항시 제공하여 상시적인 협조체제를 구축할 필요가 있다. 언론사와 연계하여 선거 전후에 기획프로그램을 추진하는 것도 적극 모색할 필요가 있다.

제6절 소결론

지난 2014년 6 · 4 지방선거에서도 역대 지방선거와 마찬가지로 정당공천제를 유지했으면 그 제도와 방법을 혁명적 수준으로 바꿨어야 했다. 그러나 바꾸는 것은 고사하고, 잘못된 제도를 수정하는 것 조차 각 정당은 철저히 외면하고 말았다. 즉 기초선거에서 정당공천제를 한시적으로 배제하든지 아니면 정당공천 절차와 제도를 실질적으로 개혁하든지 최소한 양자택일해서 국민들의 기대에 부응했어야 했는데 또다시 기대를 저버리고 말았다. 그 결과, 정당참여로 인한 장점보다 폐해가 훨씬 더 심각하게 나타났다.

다시 2018년 지방선거를 앞둔 시점에서, 정당공천제 문제는 20대국회에서 선거법 개정을 통해 반드시 풀어야 한다. 상향식 정당공천제로 나타난 심각한 폐해, 지방자치의 성공적인 정착, 그리고 국민들의 지방선거에 대한 무관심과 불신을 해소하려 한다면, 정치권은 당리당략을 떠나서 다시금 그 해결책을 찾아서 지방선거를 실시하기 훨씬 전부터 미리 선거법과 제도를 개선해 놓아야 한다. 공정성과 객관성이 보장되지 않고 주민의 정치불신만 조장했던 지방선거 정당공천제는 지난 7번의 지방선거를 통해 그 한계와 폐해가 확실히 드러났기 때문에, 기초선거에서 만큼은 한시적으로 폐지되는 것이 바람직하다. 그것이 지금 위기에 놓인 정당정치와 지방자치를 살리는 유일한 길이다.

결론적으로, 지방자치가 성년기에 접어든 현 시점에서 볼 때, 지방선거 정당공천제 문제는 정상적인 지방선거를 통한 올바른 지방자치의 정착을 위해서 반드시 해결하고 넘어가야 할 최우선의 국정 과제가 되어야 할 것이다.

chapter 09

지방자치와 교육자치

제1절 지방자치와 교육자치의 관계

대한민국은 2010년 6.2지방선거를 통해 정치적 중립성과 시민에게 교육참정권을 부여해야 한다는 이유로 정당관여를 배제한 가운데 교육감, 교육의원 모두 주민직선으로 선출한 바 있다.[31] 1991년 지방의회를 재구성하고, 1995년 자치단체장을 주민직선으로 하는 본격적인 자치시대에 돌입하였음에도 불구하고, 교육분야에서는 여전히 교육의 전문성과 독립성 그리고 정치적 중립성을 강조하여 지방자치제의 일반행정과 분리된 상황에서 교육감과 교육위원에 대한 선거는 교육의 수요자, 주민으로부터 직접 선택받는 것에서 한동안 비켜 있었다. 즉, 1991년 이전에는 임명제, 1991년에는 교육위원회 간선제로, 1997년에는 선거인단에 의한 간선제로서의 교육감 선출 시기를 거쳐 2007년부터 비로서 교육감을 주민직선으로 선출하게 된 것이다.

그러나, 현재까지의 교육감선거는 광역시 · 도 교육감만을 선거한 것이고, 기초자치단체인 시 · 군 · 구의 교육장에 대한 선거는 실시되지 않았다. 이는 광역시 · 도의 교육감이 임명하도록 되어 있는 교육행정체제로서 기초지방자

31 정당관여를 허용한 자치단체장(시장, 도지사, 시장/군수/구청장), 지방의회의원 역시 주민직선으로 하여 1인 8표제의 통합선거를 전국적으로 시행하였다.

치단체에 대한 교육자치는 여전히 실시되고 있지 않고 있음을 의미한다. 또한, 교육감선거는 정치적으로 중립성을 가지고 선택을 하도록 제도적인 논리가 뒷받침되어 있지만, 지난 선거결과들을 보면, 정치적인 단일화[32]와 정책적인 대안이 정치적인 성향을 가진 내용들이 많았다고 볼 수 있다. 즉, 교육자치에서 정치적 중립성의 확보는 결과적으로 현재의 제도로서는 용이하지 않았다고 평가할 수 있다.

교육감 선거에 대한 이러한 제도상의 문제제기와 함께 선거관리상의 문제점도 심각하게 드러난 바 있다. 즉 선거비용이 지나치게 많이 소요되는 부작용은 물론, 지방선거를 실시함에 있어서 단체장 지방의원에 대한 선거와 교육감에 대한 선거를 동시에 실시함으로써 정당공천이 배제되어 있는 교육감 선거까지 정권의 중간평가 내지 정당의 대리전으로 치러진 지방선거에 함몰되어 버린 선거관리상의 문제제기를 피할 수 없게 되었다(육동일, 2011: 22-31).

또한, 국가백년대계로서 교육정책이 일관성을 가지고 전문성을 유지해야 함에도 교육선거가 계층간, 세대간 갈등을 유발할 수 있는 이념적 논쟁으로 사회분열을 야기한 면도 제기되었다. 일부 후보들이 정당단위로 단일화를 도모하고 정파별로 민심을 수렴함으로서 정치적으로 중립적이어야 할 교육선거가 정치적인 색채를 강하게 띤 선거가 되어 버렸다는 점을 부인할 수 없다. 또 하나는 교육의 정치중립성이란 헌법적 가치가 과연 이처럼 선거에서 정당이 참여하지 않는 것(정당배제)만이 유일한 방법인가라는 점에 대한 논란도 나타나게 되었다.

이러한 선거결과를 놓고, 2010년 10월「전국 시 · 도지사협의회」는 교육감 직선제 폐지를 골자로 한 '선진 지방분권국가 실현을 위한 공동 성명서' 를 채택한 바 있다. 전국의 모든 교육감을 주민이 직접 선출한 6 · 2지방선거가 끝나자 마자, 그리고 직선 교육감이 직무를 개시한지 얼마 안되서 교육감 직선

32 2010년 실시된 서울시 교육감 선거는 후보 단일화 문제의 불법성을 놓고 아직도 재판이 진행중에 있다.

제를 폐지하고 교육자치를 일반자치에 통합하자는 주장이 공식적으로 제기된 것이다.[33] 이에 대해「국회 교육과학기술위원회」는 국정감사에서 교육감 직선제 폐지에 대한 반대 입장을 분명히 했고, 교육계도 강력하게 반발하였다.「전국 시 · 도교육감협의회」는 "시 · 도지사협의회가 교육자치와 지방자치의 일원화를 위해 교육감 직선제 폐지를 주장한 것은 교육을 정치의 시녀로 전락시키려는 것으로 이 같은 주장 철회를 강력히 촉구한다"는 성명을 발표한 것이다.「한국교원단체총연합회」와「전국교직원노조」도 "교육감 직선제 폐지는 교육의 자주성, 전문성, 정치적 중립성을 규정한 헌법정신을 부정하는 위험한 발상"이라고 말했다.[34]

물론, 2006년에 처음으로 도입된 교육감 직선제를 폐지하자는 주장이 제기된 것은 이번이 처음은 아니다. 서울시를 비롯한 여러 시 도에서 교육감들이 각종 비리와 연루되어 낙마하는 사건이 생길 때마다 교육감 직선제를 폐지해야 한다는 주장이 언론을 통해 제기된 바 있다.[35] 교육감 직선제는 막대한 선거비용이 들어가며, 이로 인해 교육감들이 비리에 연루되는 일이 발생한다고 보기 때문이다. 그리고 일부에서는 시 · 도지사와 시 · 도교육감의 이념차이에 따른 갈등이 심각하기 때문에 교육감 직선제를 폐지하고 교육자치를 일반자치에 통합해야 한다고 주장한다.

교육감 직선제는 교육 수요자이며 주체인 학부모와 지역주민들이 지역의 교육정책을 입안하는 대표자를 직접 선출한다는 의미를 갖는 제도이다. 그럼에도 불구하고 교육감 직선제를 포함한 현행 지방교육자치제도는 집행기관의 장은 이원화되어 있고 그 의결기관은 지방의회로 일원화되어 있는 등 과도기의 기형적인 제도를 시행하고 있다고 볼 수 있다. 지방자치와 교육자치

33 조선일보.「교육감 직선제 대안을 찾을 때다」. 2010년 10월 8일

34 한국일보.「교육감 직선제 폐지 안된다」. 2010년 10월 8일

35 윤범기,「교육감 직선제 이대론 안된다」,『매일경제신문』, 2009년 3월 11일 서울신문,「잇단 교육감 비리 이참에 직선제 폐지해라」, 2012년 6월 20일

의 불완전한 연계는 지방교육에 대한 이념과 정책의 극한 대립은 물론, 학교부지의 확보, 교육에 대한 재정지원, 학교주변의 환경조성, 통학 등의 교육행정 문제해결에 있어서 난맥상을 보여주고 있는 실정이다.

그러므로, 교육감 직선제를 비롯한 교육자치의 개선에 관한 논의의 출발과 최종적인 목표는 교육자치의 취지를 달성하기 위한 효과적인 방안이 무엇인가로 모아져야 할 것이다. 특히, 지난 지방선거를 통하여 제기된 문제점들을 토대로 지방자치와 교육자치의 교육자치를 연계하는 방안에 대하여 다양한 논의들이 전개되어 왔다. 이에 따라, 이 장에서는 현행 교육자치 개혁의 연장선상에서, 그리고 지방자치와 교육자치의 연계를 강화하는데 있어서 가장 핵심적인 요소가 되는 교육감 선거제도가 그동안 어떤 문제점들을 제기했으며, 향후 어떻게 개선되어야 하는지를 논의해서 그 바람직한 방향과 대안을 제시하고자 한다.

제2절 교육자치의 개념과 논의

1. 교육자치의 개념

그동안 교육자치의 개념에 대해서는 매우 다양한 접근이 이루어지고 있음에도 불구하고, 교육사무라는 사무의 제한성을 제외하면, 지방자치의 개념과 다르지 않다. 원칙적으로는 교육자치의 개념도 지방자치의 개념에 근간을 두고 있으므로, 지방자치의 개념인 "일정한 지역의 주민들이 지방자치단체를 구성하여 그 지역 안의 공동문제를 자기부담에 의하여 스스로 처리하는 것(최창호, 2006: 43)"을 준용할 필요가 있다. 다시 말하면, 교육자치의 개념은 지방자치의 개념요소인 일정한 지역, 주체의 자주적 권한과 책임, 자주재원, 구성원 참여가 확보된 내용으로 규정되어야 한다. 이처럼 지방자치의 개념요소에 근거하여 교육자치의 개념을 규정하면, 다음과 같다. 즉, 교육자치는 "일정한 지역의 교육주체들이 당해지역의 교육사무를 자기부담에 의하여 스스로 처리하는 것"으로 규정할 수 있다.

다만, 교육자치의 개념규정에서 자치단위의 차이는 크게 세가지로 분화되고 있는데, 그 내용을 보면 다음과 같다(이승종, 2004: 19). 첫째, 교육주체의 자치로 교육행정기구와 교육주체간 기능분리를 통해서 교육현장의 자율성을 확보하는 것이다. 즉, 교육자치는 교육의 주체가 교육행정기관의 획일적인 규제와 간섭으로부터 독립하여 법규의 범위 내에서 자기책임 하에 교육을 하도록 보장함으로서 교육목적을 효과적으로 달성할 수 있다는 시각이다. 둘째, 교육행정기관의 자치로 일반행정기관과 교육행정기관간 기능분권을 통해서 지방자치와 교육자치의 분리를 확보하는 것이다. 이러한 시각은 교육자치의 목적이 교육의 자주성과 전문성 및 중립성의 보장에 있으며, 이와같은 목적 달성을 위해서는 교육행정기관의 분리 및 독립형이 유리한 제도라는 점에 초점을 두고 있다. 셋째, 지방교육의 자치로 지방자치와 교육자치를 통합하되, 교육분권을 통해 중앙정부로부터 지방교육의 자율성과 중립성을 확보하는 것이다. 이와 같은 시각은 전술한 교육주체의 자치는 교육행정기관의 간섭으로부터 교육활동의 독립성 보장에 그리고 교육행정기관의 자치는 일반행정기관으로부터의 분리 · 독립에 초점을 둠으로써 교육자치 역시 지방자치의 부분이라는 점을 간과한다.

따라서, 교육자치의 본질적 요소인 분권과 참여 및 중립성의 일부 또는 전부를 소홀히 하여 종국적으로는 교육자치의 바람직한 발전을 저해하는 한계를 극복하기 위한 것을 강조하고 있다. 이와 같이 교육자치의 개념을 어떻게 정립하느냐에 따라 지방자치와 교육자치의 관계 및 교육감 선거제도의 방향이 달라진다.

〈표-1〉 교육자치의 개념유형

구분	교육주체의 자치	교육행정기관의 자치	지방교육자치
강조측면	교육행정기구와 교육주체간 관계	일반행정기관과 교육행정기관간 관계	중앙-지방관계
지향방향	교육주체의 자율성	교육영역의 독자성	교육의 자율성 지방자치 발전
일반-교육관계	통합	분리독립	통합
교육 특수성	강조	매우 강조	강조
분권의 성격	기능분권	기능분권	지역분권 기능분권
주요 참여자	교육주체	교육자	교육주체 및 주민
처방	교육현장의 자율성 보장	일반-교육행정의 분리 · 독립	교육의 지방분권

자료 : "교육자치와 일반자치의 연계강화방안", 금창호(2010, 11-12), 에서 정리한 도표를 재정리

본 장에서는 교육자치의 개념을 지방교육자치에 기초하여 접근하는 것이 타당한 것으로 보고, 양자가 통합 내지 연계되기 위해서는 현행 교육감 선거제도의 개선이 선행되어야 한다는 것이 기본적인 논지다.

2. 지방자치와 교육자치의 연계논의

1) 행정계와 교육계의 기본적인 시각 차이

지방자치와 교육자치의 연계에 대한 행정계와 교육계의 시각은 시종일관 현저한 차이를 보이고 있다. 원칙적인 측면에서 보면, 지방자치와 교육자치에 대해 행정계의 다수가 조속한 통합을 요구하는 것에 비해 교육계의 다수

는 분리를 전제한 협력을 강조하고 있다. 우선, 지방자치와 교육자치의 통합에 대한 지방자치단체의 입장은 다음과 같다. 「전국시장군수구청장협의회」와, 「지방분권국민운동본부」 및 「서울시의정협의회」 등에서 다소의 내용에 차이가 있지만, 공통적으로 지방자치와 교육자치의 통합을 주장하고 있다. 이에 비하여 「전국교육위원협의회」는 지방자치와 교육자치의 통합을 반대하고, 단위학교의 자율성과 학교자치의 보장을 요구하고 있다.

〈표-2〉 교육자치에 대한 기존입장

구 분	내 용
자치단체 입장	· 전국 시장군수구청장협의회(2003.6.5.) - 기초단위 교육자치 실시 - 지방자치와 교육자치의 조속 통합 · 지방분권국민운동본부(2003.10.28) - 교육자치와 지방자치의 통합 · 서울시 의정협의회(2003.10.22.) - 의결기관의 일원화 - 집행기관의 연계강화(교육감 부단체장화)
교과기부 입장	· 전국 교육위원협의회(2003.11.20.) - 지방자치와 교육자치의 통합 반대 - 교육위원회의 독립형 의결기구화 - 단위학교의 자율성과 학교자치의 보장

최근에 제시되고 있는 교육자치에 대한 행정계의 입장을 봐도 변화가 없음을 알 수 있다. 원칙적으로 지방자치와 교육자치의 통합을 기본적인 기조로 하되, 연계와 관련하여 제도적 개선을 주장하고 있다. 즉, 지방자치와 교육자치의 연계를 강화하기 위해서는 의결기관에서 교육위원회의 본회의 의결을 대체하는 특례제도를 폐지하고, 집행기관에서 교육감의 런닝메이트 또는 부단체장화와 국가직 공무원 부교육감의 지방직화가 수반되어야 한다는 것이

다. 이처럼 행정계는 지방자치와 교육자치의 연계를 위해 현행 교육감 선거제도의 근본적인 개선에 초점을 두고 있다.

이에 비하여 교육계는 교육자치에 대해 다음과 같은 입장을 견지하고 있다. 기본적으로 지방자치단체와 달리 지방자치와 교육자치의 통합보다는 상호연계 및 협력에 초점을 두고 있다. 이에 따라 지방자치와 교육자치의 연계 및 협력을 강화하기 위한 조치로 지방교육행정협의회 법제화, 교육지원의 법적 근거마련, 평생교육추진체계 정비 등의 장치를 활성화해야 한다는 것이다. 물론 현행 교육감의 주민직선제는 기본적으로 유지되어야 한다는 입장이다. 결국, 교육과학기술부는 지방자치와 교육자치의 연계를 강화하기 위한 전략으로 선거제도같은 근본적인 제도적 개선보다는 다양한 소프트웨어를 활용하자는 것이 기본 입장이다.

〈표-3〉 연계에 대한 양자의 입장

구분	지방자치단체	교육과학기술부
주요내용	■ 교육위원회 특례제도 폐지 ■ 교육감 부단체장화 ■ 부교육감 지방직화	■ 지방교육행정협의회 법제화 ■ 교육지원의 법적 근거 마련 ■ 평생교육추진체계 정비
접근전략	■ 제도개선	■ 소프트웨어 적극 활용

이처럼 교육자치에 대해 행정계와 교육계가 상호 상이한 입장을 견지하는 주된 이유는 다음과 같은 논거에 기초하고 있다. 행정계는 지방자치와 교육자치를 통합하여 지방자치단체장에게 지방교육에 관한 최종 책임을 일원적으로 부여함으로써 행정의 신속성과 능률성을 확보하고, 자치단체가 교육업무에 직접 관여함으로써 독립된 조직보다 강한 추진력이 담보할 수 있다는 것이다. 뿐만 아니라 [지방자치법] 제9조에 따르면, 교육 · 체육 · 문화 · 예술의 진흥에 관한 사무를 지방자치단체의 사무로 규정하고 있으며, 집행기관의

분리 설치 규정([지방자치법] 제 112조)에도 불구하고, 교육사무는 원칙적으로 지방자치단체의 사무라는 것이다.

이에 비해 교육계는 지방자치와 교육자치를 분리해서 교육감을 지방교육의 수장으로 독립시킴으로서 교육에 대한 최종 책임을 부여하며, 지방교육의 정치적 중립성을 보장하고, 교육의 특수성과 전문성을 확보하기 위해 반드시 필요하다는 입장이다. [지방교육자치에관한법률] 제1조에도 "교육의 자주성 및 전문성과 지방교육의 특수성을 살리기 위하여 지방자치단체의 교육·과학·기술·체육 기타 학예에 관한 사무를 관장하는 기관의 설치와 그 조직 및 운영 등에 관한 사항을 규정함으로써 지방교육의 발전에 이바지한다" 고 하여 지방자치와 교육자치의 분리에 관한 법적 근거가 명확하다는 입장이다.

2) 정책적 지향의 차이

교육자치에 대한 행정계와 교육계의 상반된 시각과는 달리 정부의 정책적 목표는 원칙적으로 지방자치와 교육자치의 통합에 초점을 두고 있다. 다만, 지방자치와 교육자치의 통합에 대한 교육계의 강력한 저항을 고려하여 단계적 통합정책을 견지하여 왔다. 참여정부에서 추진한 교육자치에 관한 정책내용을 보면 다음과 같다(정부혁신지방분권위원회, 2004). 당시의 교육자치에 대해 지방행정과 교육행정의 분리에 따라서 지역교육의 역량이 분산될 뿐만 아니라 지방교육에 대한 종합적 접근이 부족하고, 학교부지 확보·유해환경 규제·급식 등에 대한 지방정부의 협력이 부재하며, 지방교육에 대한 책임이 분산되는 것으로 진단하였다. 이에 따라 교육자치의 개선정책으로 분리된 의결기능의 한계를 개선하기 위하여 지방의회에 교육특별위원회의 설치로 통합을 도모하고, 교육감 선임에서 시·도지사와 교육감의 연계를 강화하며, 기초단위의 교육자치를 실시하는 것으로 확정하였다. 특히, 교육자치의 실시단위를 기초로 하는 것을 제외하면, 의결기능의 통합과 집행기능의 연계강화 등 원칙적으로 지방자치와 교육자치의 통합에 높은 비중을 두었다. 그러나 현실화되지는 못하였다.

이명박 정부 역시 교육자치의 개선에서는 전술한 참여정부와 정책적 방향을 같이 하고 있다. 「지방분권촉진위원회」를 중심으로 교육자치의 개선을 위한 「교육자치제도개선 소위원회」를 설치하고, 교육자치에 대한 이명박 정부의 정책내용을 수립하였다(지방분권촉진위원회, 2010). 동 위원회에서 논의된 결과에 따르면, 현행의 교육자치는 참여정부에서 진단한 문제점을 그대로 갖고 있는 동시에 교육분권도 충분치 못하다는 것이었다. 이에 따라 교육자치의 개선을 위하여 원칙적으로 교육분권의 확대와 지방자치와 교육자치의 통합을 목표로 하되, 단기적으로는 양자간 연계를 강화하는 정책적 노력을 집중하는 것으로 결정하였다. 교육감 선거제도의 개선도 양자간의 연계 강화를 전제로 그 구체적인 대안이 검토된 바 있다.[36]

이처럼 참여정부와 이명박 정부 그리고 박근혜 정부의 교육자치에 대한 정책내용을 보면, 추진전략의 탄력성에도 불구하고 지방자치와 교육자치의 통합에 초점을 두는 공통성을 보이고 있다. 특히, 참여정부는 기초단위의 교육자치 실시를 그리고 이명박 정부는 교육분권의 확대를 추가적인 정책으로 포함하고 있으나 양 정부간에 일관되게 유지되는 정책내용은 지방자치와 교육자치의 통합을 달성하는 것이다. 그러나 이명박과 박근혜 정부 역시 목표를 달성하지는 못했다.

36 지방분권촉진위원회, 「지방분권촉진위원회 제56차 회의 안건」, 2012년 6월 27일, pp.28~30.

〈표-4〉 교육자치에 대한 정부정책 기조

구분	정책기조
참여정부	-의결기능의 통합 -교육감 임명의 시 · 도지사 연계강화 방법 마련 -기초단위의 교육자치 실시
이명박정부 박근혜정부	-교육분권의 확대 -지방자치와 교육자치의 통합 -단기적으로 일반자치와 교육자치의 연계 강화 -교육감 선거제도의 개선

3) 현행 교육자치제 운영에 대한 인식의 차이

현행 지방교육자치제에 대해 교육계 및 교육학계[37]와 정치권 및 행정학계는 서로 다른 인식을 갖고 있다. 교육계 및 교육학계는 교육위원회가 의결기구로 독립되지 못한 점, 지방교육재정이 독자적인 세원을 확보하지 못하고 있는 점, 그리고 지방자치단체가 법정 학교용지부담금을 미납하고 있는 점 등을 문제점으로 지적했다. 즉 지방교육자치가 중앙 또는 일반자치에 예속되어 있는 부분을 문제점으로 인식하고 있다.

그러나, 교육계 일부와 정치권 및 행정학계[38]에서는 지방교육에 상당한 예산을 지원하고 있는 자치단체장의 관여가 배재되어 있다는 점, 시 도지사의 지방교육에 대한 정치적 책임을 묻기 어렵다는 점, 자치단체와 교육청간의 연계협력이 어려워서 비효율적인 예산집행이 발생한다는 점, 그리고 교육지원청(옛 지역교육청)과 기초지자체의 관할 범위가 다르고 교육지원청이 제 기능을 못하고 있다는 점 등을 문제로 지적하였다(이덕난, 2010:2-3)

37 공은배 외, 『지방교육재정제도 발전방안 연구』,한국교육개발원, 2008, pp.155~169; 송기창, 「지방교육자치와 지방자치의통합 논리에 대한비판적 고찰, 『교육행정학연구』 제22권 제4호,2004, pp.231~262; 윤정일 외, 『교육행정학원론』,학지사, 2008, pp.259~264.

38 김태완, 「새 시대 지방교육자치의 방향과 과제,교육자치법 개정 어떻게 할 것인가」, 『교육자치 정착을 위한 국민대토론회 자료집』, 2009년11월 4일 이기우 외, 「지방자치단체의 교육지원 확대방안」, 『2007~2011년 국가재정운용계획교육 분야 보고서』, 한국교육개발원, 2007; 하연섭 외, 『지방자치단체의 효율적 교육투자체계 정립을 위한 연구』, 행정안전부, 2008.

궁극적으로 행정학계와 교육계의 교육자치에 대한 기본 시각, 정책, 그리고 운영방식의 차이점이 대립되어 있는 상황에서 교육분권과 자치의 확대·강화를 위해서는 지방자치와 교육자치는 통합되어야 한다고 본다. 그러나, 통합론과 분리론의 대립이 팽팽한 만큼 양측의 공감대 형성이 이루어져야 하는 동시에 실효성있는 제도의 개선을 위해서는 우선 양자간 연계와 협력을 강화해 나가는 방향에서 교육감 선거제도이 개선이 이루어지는 것이 바람직할 것이다.

3. 선행연구의 검토

일반행정과 교육행정의 갈등관계는 교육법 제정(1949년)시부터 교육위원회의 기관성격을 어떻게 할 것인가(의결기관, 자문기관)로 시작되어 중등교원봉급보조금, 교육세 운용을 어떻게 할 것인가, 교육세원을 어떻게 할 것인가, 지방교육재정부담을 어떻게 할 것인가 등 주로 교육위원회 성격과 지방교육재정 문제로 비롯되고 있다(송기창, 2003 : 2). 이런 배경에서 일반행정기관과 교육행정기관과의 관계설정을 어떻게 할 것인가를 놓고 (각각의 의결기관과 집행기관의 상호 조합형태에 따라) 다양한 교육자치모형을 제시하여 왔다(김태완, 1997 : 50 ; 정윤길, 2000 : 257-260). 그리고 교육자치의 연구경향은 교육자치의 바람직한 방향을 제시하기 위한 것이 주가 되었는데 일반적으로 지방교육자치에 관한 법률을 중심으로 그 논의의 중점을 교육자치기관 구성형태, 일반행정과 지방행정간의 연계[39], 교육

39 교육자치제 실시방안에 대해 대체적으로 정부출연연구기관을 위시하여 그동안 한국행정학회, 지방자치학회, 교육행정학회 등에서 많은 연구가 행해졌다. 처음에는 교육자치제 실시단위, 교육위원회 선출방식, 교육자치기구의 구성과 기능 등 중점을 두어 연구해 오다가 지방자치제 실시에 따라 교육자치와의 연계성 연구에 관심을 나타나기 시작하였다. 즉, 의결기관인 지방의회와 교육위원회와의 연계, 집행기관인 시/도 교육청의 기능·조직면에서의 연계, 재원확충면에서의 연계 등이 연구되었다(한국행정학회, 1991). 이와 관련하여 최근 한국교총의 지방교육자치제의 개선방안으로 제기되고 주요 사안은 다음과 같다. 즉, ①시/도교육위원회의 독립형의결기관화 : 시/도의회 특별 상임위원회로의 통합반대, ②교육감/교육위원의 주민직선제도입 및 선거공영제실시, ③부교육감제개선 : 행정담당과 학무담당으로 복수화, 교육전문직 보임확대, ④기초단위 교육자치제 실시, ⑤지방교육재정의 안정적 확보 및 투자확대가 그것이다(한국교원단체총연합회, 2005).

에 대한 이념과 정책, 교육자치의 실시구역, 지방교육행정의 조직 및 인사관리, 지방교육재정 등에 두었다(이일용, 1994: 17-36).

교육자치의 틀을 결정하는데 핵심적인 변수가 되는 교육감과 교육위원의 선출 등 선거제도 개선에 관한 기존 연구들은 의외로 많지 않다. 주요 연구결과들을 검토해 보면 다음과 같다. 강인수 · 김성기(2005)는 교육감 선출제도의 법제 및 실태를 분석하여 그 문제점을 지적하고 이를 개선하기 위한 방안을 제시하였다. 그 방안으로 교육감 입후보자의 자격요건 강화, 선거운동기간과 범위의 확대, 그리고 당시의 교육감 결선투표제를 폐기하고 다득표자에 의한 결정방식을 제안했다. 손희권(2005)은 교육감 선출방안 개선방안들을 헌법적으로 검토하면서 교육감 직선제가 교육감 선거인단 선출방법 개선시 헌법적 고려사항들을 가장 잘 반영하는 제도로서 교육감 직선제의 정당성을 주장했다. 이상철(2009)은 2008년 실시된 서울시 선거결과를 분석해서 교육감 주민직선제의 정착을 위해 주민대표성, 교육의 정치적 중립성과 전문성 확보를 위해 지방선거와 차별화된 홍보전략, 투표방법 개선, 후보자 자격강화와 기호결정방법 개선 등의 제도적 개선방안을 제시했다. 고전(2008)은 교육감 주민직선제 도입 이후의 선거결과를 분석해서 한시적 부교육감 권한대행, 학교운영위원회 선거인단제로의 환원, 시 · 도지사 러닝메이트 및 임명방식, 그리고 투표율 제고방안 등을 평가하고 선거제도에 대한 다양한 개선방안을 제시한 바 있다. 이준한(2009)은 2009년 시점에서 2010년 직선제의 과정에서 나타날 유권자의 투표행태를 예측하였으며, 송기창 · 박소영(2011)은 교육감 선거과정에서 투표용지 기재순서가 당락에 미친 영향력이 크다는 분석결과를 토대로 후보자의 기재순서를 투표구마다 바꿈으로서 기호효과를 줄이는 대안을 제시하였다. 이기우(2010)만이 현재와 같이 지방교육행정기관을 지방행정기관과 별도로 유지하는 경우에는 협력관계를 위해 교육감 선임방식 개선하는 것이 필요하다가 주장한다. 즉 현행 주민직선제는 단체장과 교육감 사이에 정책적인 성향을 일치시킬 수 없어서 오히려 양자간 협력관계를 헤치게 됨으로 시 · 도지사 임명제나 러닝메이트제가 바람직하다고 제안하고 있다.

이와 같이 기존의 연구는 대체로 교육감 주민직선제의 정당성과 타당성만을 강조하는 연구가 주류를 이루면서 직선제의 정착조건으로 교육감 후보자의 자격요건, 후보자 기호변경, 투표방법, 한시적 부교육감의 권한대행 등의 미시적 개선방안 연구에 주력해 온 한계가 있어 왔다.

이 장에서는 교육자치와 지방자치의 연계 · 협력의 바람직한 양자 관계정립을 목표로 양자관계를 결정하는 여러 변수 중에 가장 핵심적인 변수라 볼 수 있는 교육감 선거제도에 중점을 두고 있다. 이를 위해 그간의 교육감 선거제도의 변천과정과 외국의 사례, 그리고 지난 교육선거의 실태를 분석해서 문제점들을 도출하고 이를 토대로 적정한 대안을 제시함으로서 교육감 선거제도의 획기적인 개선을 통해 교육자치가 본래의 범위와 취지대로 정상적으로 활성화 되도록 하는데 그 목적을 두고 있다. 이에 따른 연구분석의 틀은 다음과 같이 정리할 수 있다.

〈그림-1〉 연구분석의 틀

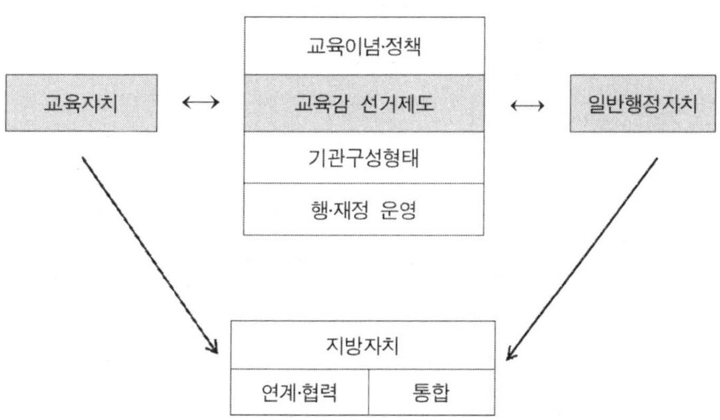

제3절 교육감의 주민직선제

교육감 선거제도의 판단 준거에 대하여는 주민자치와 전문적 관리, 선거의 공정성 · 투명성(강인수 · 김성기, 2005), 민주성 · 공정성 · 유능성(남경희, 2004) 등이 지적되고 있으나, 법제로서의 정당성 확보와 운영에 있어서 실효성 수준 측면에서 살펴본다.

첫째, 주민직선제가 교육자치제도에 대한 헌법정신과 지방교육자치법의 목적에 어느 정도 부합하며, 지방교육자치제도의 원리를 충족시키고 있는가의 문제이다. 즉, 법률적 측면에서는 지방교육자치제도가 추구하는 '민주주의 · 지방자치 · 교육자주' 라고 하는 세 가지의 헌법적 가치를 균형 있게 만족시키고 있는지 이며, 교육자치법 관련 쟁점의 분석은 규범적 정당성에 대한 논의라 할 수 있다. 제도적 측면에서는 현 제도가 지방교육자치제도의 원리(지방분권, 주민통제, 자주성 존중, 전문적 관리)에 부합하는가의 문제이다. 이를 위해 제반 교육감 선거방식의 법적 근거를 검토해 봐야 한다.

둘째, 실제 운영 면에서 주민 직선제가 실효성을 갖는가 하는 문제이다. 교육감 선거과정 및 당선 결과를 분석하고 이를 법률과 제도상의 정당성이 실제와 어떤 차이점을 나타내는 지를 검증하는 과정이다. 특히 개정된 제도인 만큼 학교운영위원회 간선방식과 비교하여 선거 결과는 주민통제의 원리에 보다 적합하였는지, 투표율과 선거비용은 적정하였는지, 위법 선거행위는 개선되어 선거의 공정성은 회복되었는지 등이 검토되어야 한다. 이를 위해서는 교육선거제도의 역사적 변천과정과 외국의 사례 및 지난 선거결과들을 분석해 볼 필요가 있다.

셋째, 새로운 제도 변화가 관계 당사자에게 어떻게 인식되고 있는가의 측면도 이 제도의 주된 판단 기준이다. 이는 곧 법제와 실제 간의 간극에 대한 확인작업이며 교육자치제도에 변화에 대한 체감도(體感度) 수준에 대한 논의이기도

하다. 관련 당사자를 대상으로 한 의견조사 결과 및 여론의 추이[40], 그리고 관련 전문가의 논의 등은 유용한 판단 자료를 제공할 것이며, 이는 쟁점에 대한 대안의 탐색 과정이기 때문에 앞으로 지속적인 조사가 필요할 것이다.

1. 법적 근거

교육행정학계에 따르면, 지방교육자치제도는 교육행정제도상 교육의 자주성을 보장하기 위하여 지방분권과 민중통제의 원리에 입각하고 전문성을 확립하기 위하여 일반행정으로부터의 분리독립과 전문적 관리에 입각한 제도로 일컬어져 왔다. 그러나 최근 지방교육자치에 관한 개정 논의는 민주성과 능률성의 도모를 양대 원리로 하는 지방자치와의 연계 강화가 강조되고 있다. 이러한 전통적 원리 및 수정 원리는 현행 교육감제도의 판단 준거로서 의미를 가지며, 교육감 선출 방법에 있어서 주민대표성 및 전문적 관리 원리간의 조화와 연결되기도 한다.

지방교육자치제도에 있어서 교육감직은 시 · 도의 교육 · 학예에 관한 사무의 집행기관으로 교육자치와 지방자치라는 헌법정신을 제도적으로 보장하는데 중핵적인 기관으로서 의미를 갖는다. 또한, 그 선출방법은 '민주주의 · 지방자치 · 교육자주'라는 헌법적 가치 간의 조화를 위해 입법정책적으로 다양하게 시도될 수 있으나 교육자, 시 · 도지사, 시 · 도의회 등 각자가 일방적으로 좌우할 수 없는 한계를 갖는다(고전, 2010:1-22).

교육감 제도의 법적 근거는 헌법(제117조)에 근거한 지방자치법에서 교육 · 체육 · 문화 · 예술의 진흥에 관한 사무를 지방자치단체의 사무범위로서 규

40 최영출(2010)은 교육감선거에 대해서 직, 간접으로 보다 많은 관심과 지식, 그리고 경험을 가지고 있을 것으로 생각되는 이해관계자 집단을 대상으로 계층분석적 의사결정 (AHP, Analytical Hierarchy Process) 방법에 의한 자료를 수집하여 분석한 바 있다. 이 방법은 주로 전문가 집단에게 적용한 것으로서 학교운영위원(학부모위원), 학교운영위원(지역사회위원), 교원, 시민단체, 교육행정학자, 일반행정학자 등 6개 집단을 대상으로 의견과 여론을 조사했다.

정(제9조 · 5)하고, 교육 · 과학 및 체육에 관한 사무를 분장하기 위하여 별도의 기관을 두도록 하는 데 있다(제121조). 지방교육자치법의 독임제 집행기구인 교육감 및 직속기관은 별도기관의 조직 및 운영에 관한 사항을 법률로 예정한 지방자치법 제121조 2항에 근거한 것이다.

헌법재판소는 지방교육자치는 '민주주의 · 지방자치 · 교육자주' 라고 하는 세가지의 헌법적 가치를 골고루 만족시켜야 한다는 관점에서, '민주주의'의 요규를 절대시하여 비정치기관인 교육위원이나 교육감을 정치기관(국회의원 · 대통령 등)의 선출과 완전히 동일한 방식으로 구성한다거나, '지방자치'의 요구를 절대시하여 지방자치단체장이나 지방의회가 교육위원 · 교육감의 선발을 무조건적으로 좌우한다거나, '교육자주'의 요구를 절대시하여 교육 · 문화분야 관계자들만이 전적으로 교육위원 · 교육감을 결정한다거나 하는 방식은 어느 것이나 헌법적으로 허용될 수 없다고 판시(99헌바113)한 바 있다. 따라서, 교육감 선거제도는 완전 주민직선제와 임명제 그리고 제한적인 주민직선제 방식들이 모두 완벽한 선거제도로서 법적 근거를 가지고 있다고 볼 수 없다. 동시에 어느 선거방식도 그 시행이 가능한 법적 근거를 가지고 있다고도 해석해 볼 수 있다.

2. 교육선거제도의 역사적 변천

우리나라의 교육자치제도는 교육감의 선출방식의 상당한 변화 속에서 이루어졌다. 즉, 임명제, 간선제, 직선제의 변화를 여러 번 가져왔다.(〈표 3-5〉 참조) 그 과정에서 법률과 제도상의 정당성이 실제와 어떤 차이점이 있는지 확인할 수 있다. 그 추세와 특징을 정리하면 다음과 같다(최진혁, 2010:89-93).

1) 1952.4-1961.12 / 임명교육감 시기

교육감은 특별시, 시에 두었고, 교육위원회의 추천(시의 경우 도지사 경유)과 문교부장관의 제청으로 대통령이 임명하였다(근거 : 1949년 교육법). 특별지방자치단체인 군교육구에 독임제 집행기관으로서 교육감[41]을 두었다. 당시 임명제 교육감은 일부 교육감이 역량부족으로 교육행정을 원활히 수행하는데 한계를 드러내어 교육자치 폐지론의 빌미를 제공하는 이유가 되기도 하였다.

2) 1961.5-1963.12 / 교육감 폐지시기

5 · 16 군사혁명으로 특별지방자치단체였던 군교육구가 폐지되고 그 기능이 군에 통합되었다. 그리고 시교육위원회도 폐지되어 그 기능이 시에 통합되었다. 따라서 교육감이 담당하던 업무는 교육국장, 교육과장이 담당하게 되었다.[42]

3) 1964.1-1991.2 /교육위원회 추천으로 문교부장관의 제청으로 대통령이 임명하던 시기(임명교육감 시기)

제3공화국 정부가 교육자치의 중요성을 인지하여 그 실행을 담보로 1963년 11월 교육법이 개정됨에 따라 지방자치단체의 교육 · 학예에 관한 사무의 집행기관으로서 시 · 도에는 합의제 집행기관인 교육위원회가, 시 · 군에는 독임제 집행기관인 교육장이 각각 구성되었다. 그리고 서울특별시와 부산시에는 교육위원회의 하급집행기관(교육청)을 둘 수 있도록 하였다(구교육법 제15조). 교육감은 '학식과 덕망이 높고 교육 또는 교육행정경력이 있는 자' 중에서 당해 교육위원회의 추천에 의하여 문교부장관의 제청으로 대통령이 임명하도록 하였다. 시 · 군의 독임제 집행기관으로서 교육장은 교육공무원법이 정하는 자격기준에 해당하는 자 중에서 교육감의 제청으로 문교부장관을 경유하

41 현 교육장에 해당. 교육공무원법 개정법률(법률 956호, 1962.1.6) 제6조 교육감을 교육장으로 변경하여 그 자격기준을 밝히고 있다.

42 '도와 서울특별시의 행정기구에 관한 건' (각령 제233호, 1961.10.6) 제2조, 제3조는 도와 서울특별시에 교육국을 두어 교육, 교육공무원의 인사, 교육비, 특별회계의 관리와 집행, 교육과 문화시설의 관리, 과학, 기술, 체육, 출판, 저작권과 기타 문화학예에 관한 사무를 분장하도록 하였다.

여 대통령이 임명하도록 하였다.

4) 1991.3-1997.12 /교육위원회가 교황식선출방법(무등록, 무추천, 비공개)에 의한 교육감 선출시기(교육위원회의 간선제)

1988년 4월 전면 개정된 지방자치법에 따라 교육부는 지방교육자치의 실시를 위한 법적 근거를 마련한다는 취지에서 교육법을 개정하였다. 이에 따라 교육·학예에 관한 제한적 의결기관인 교육위원회와 집행기관인 교육장을 두게 되었다. 그러나 기초단위 지역까지 교육자치제를 시행하는 것이 타당한가에 대하여 많은 비판이 있었고, 따라서 광역단위 교육자치만을 인정하는 '지방교육자치에 관한 법률' 을 제정 · 공포하게 된다(1991.3.8). 교육감은 당해 교육위원회에서 무기명투표로 선출하는 교육감 선출방식은 추천이나 출마의 과정이 없어서 후보자의 포부나 소신을 알 수 있는 기회가 없고, 적절한 후보자를 모색하는 과정에서 음성적인 거래나 부작용이 발생하는 문제가 있었다. 당시 교육감 후보 등록이나 후보추천제를 채택하는 경우 교육자 집단 내에 선거 열풍이 불어서 각종 선거비리가 발생할 것을 우려하여 이러한 교황선출제 모델(무등록, 무추천, 비공개의 선출방식)을 채택하였다고 하나, 실제적으로 금권타락선거로 이어져 이론과 실제의 괴리를 확인한 선거였다는 평가를 받았다.

5) 1998.1-2000.2 / 학교운영위원회 선거인과 교원단체 선거인으로 구성되는 선거인단에 의한 교육감 선출시기(선거인단에 의한 간선제)

교육위원회가 선출하던 교육감을 1998년부터 각급 학교에 설치된 학교운영위원회에서 선출한 선거인(학교당 1인)과 교육단체에서 추천한 선거인(학교운영위원회선거인 총수의 100분의 3)으로 구성된 교육감선거인단에서 무기명투표로 선출하는 방식으로 전환되었다. 교육위원도 동일한 방식으로 시·도교육위원선거인단을 구성하여 선출하였다. 교육감은 교육감선거인단에서 무기명투표로 전체 교육감선거인 과반수의 찬성을 얻은 자를 당선자로 하였다. 교육감의 자격은 교육경력 또는 교육행정경력이 5년 이상으로 대폭 줄어들었다. 이러한 교육감 선출방식은 교육위원회에 의한 간선제의 문제점을 보완했다는 점에서는 의미가 있었으나, 선거인 수가 적어(교원단체 선거인수가 학교운영위원회 선거인수 중 3/100으로 하여 교원들의 참여비중 매우 낮았다) 금품수수 등이 용이하여 공정선거에 어려움이 있고, 선거운동의 제한으로 후보자 검증 기회가 부족하며, 교육위원회 의사국의 전문성 부족과 인력제한으로 선거관리능력에 한계가 있다는 점이 문제로 지적되었다(고전 김이경, 2003). 이에 따라 선거인단의 확대가 제기되었고, 가장 유력한 대안으로 학교운영위원회 위원이 부상하였다.

6) 2000.3-2006.12 / 학교운영위원회 구성원 전원을 선거인단(간접선거)으로 하는 교육감 선출시기

종전의 학교별 각 1인의 학교운영위원회선거인 및 교원단체선거인을 선거인단으로 하였던 것을 교육위원, 교육감 선거인 증원을 위하여 학교운영위원회 구성원 전원을 선거인단으로 하였다. 학교운영위원회 구성의 일반적 비율은 학부모위원 40-50%, 교원위원 30-40%, 지역위원 10-30%로 하였다. 교원의 참여비율을 상향 조정하였다. 이러한 교육감 선출방식은 종래의 선출제도에 비하여 대표성이 확보되었고, 투표율이 높아졌다는 장점이 있으나, 선거인단의 구성 측면에서 선거인단이 여전히 규모가 작아 부정선거가 빈발하고, 학교운영위원의 구성과정에서 대표성을 확보하지 못하며, 학교운영위원회가 정치적 도구로 이용된다는 문제와 과반수득표 및 선거운동의 제한 등이 문제점으로 지적되었다(강인수 김성기, 2005).

7) 2007.1-현재 / 주민직선제에 의한 교육감, 교육의원 선출시기

그간 간선제 방식으로 선출되던 교육감과 교육의원을 모두 주민직선제로 선출하게 하였다.[43] 일반행정과 교육행정의 의결기관을 통합하기 위하여 교육위원회를 지방의회의 상임위원회로 전환하였다. 그리고 교육의원들이 교육상임위원회의 과반수 이상을 차지하도록 하였고, 교육의원과 교육감은 정치적 중립을 지키도록 하였다.[44] 이것은 교육계에서 간선제에 의한 교육감 선출방식의 대안으로 오랫동안 주장해왔던 방안이었다(강인수 김성기, 2005; 노종희, 2002; 윤정일 외, 1996). 교육계가 주민직선제를 선호한 이유는 다음 두 가지 입장으로 구분할 수 있다. 하나는 교육감 및 교육위원의 주민대표성이 부족하다는 비판에 대한 반작용으로, 이들을 주민들이 직접선거하면 교육감과 교육위원의 주민대표성이 확고해져 교육자치를 흔들지 못할 것이라고 생각하는 교육자치 강화론자의 입장이다. 다른 하나는 학교운영위원들이 교육감 및 교육위원을 선출하다보니 학교운영위원에 대한 교장의 영향력 때문에 진보세력들이 진출하는데 어려움이 있다는 인식 하에 주민직선제 도입을 통해 진보세력의 입지를 강화하자는 진보진영의 입장이다(송기창, 2009: 55-56). 당시 정부의 입장은 시 · 도지사와 교육감의 러닝메이트 또는 시 · 도지사 임명제였으나 법률 개정과정에서 교육위원회를 시 · 도의회와 통합한 것에 대하여 일종의 '대가' 로 주어진 측면도 없지 않다(송기창, 2009: 33).

3. 2010년 교육감 선거제도의 개편

2010년 교육감 선거를 위해 다양한 개편 노력이 있어 왔다. 제18대 국회에 발의된 개정안은 총 24건(제17대의 경우 19건 중 3건 의결됨)으로 이들 중 15건이

---

43 2006년 『지방교육자치에 관한 법률』의 개정으로 2007년부터 2009년까지 교육감 잔여임기가 1년 이상 남은 지역에서 부분적으로 주민직선제가 실시되었고, 2010년 6월 2일 전국적으로 동시에 16개 시 도교육감을 선출하는 주민직선제가 역사상 처음으로 실시되었다.

44 정당추천 안받는 교육감 후보들은 기호가 없어 투표용지 게재순위를 결정하는 추첨에 온갖 신경을 쓸 수 밖에 없다. 지역별로 정당이나 후보에 대한 선호도가 분명할 경우 교육감 후보들도 순서에 따라 '어부지리(漁父之利)' 할 수 있는 가능성이 커졌다. 따라서 '로또' 당첨으로 간주되었다.

2010년 2월 법 개정으로 대안폐기 된 바 있다. 선출방법과 관련하여서는 비례대표 교육의원제, 지방의원 대체제(일몰제) 등이, 정당 가입제한은 폐지안, 2년 제한 유지안, 1년 제한, 6개월 제한 방안 등이, 그리고 후보자의 교육경력은 폐지안, 5년 유지안, 학운위 위원 및 교육단체 상근경력의 포함 주장 등 각 단체의 이해관계에 따라 다양하게 제기된 바 있다. 이후 국회에서 통과(2010.2.10, 221명 재석 148명 찬성)된 개정안은 다음과 같다.

〈표-5〉 2010년 2월 지방교육자치법 개정안 개요

개정 사항	주요 내용
후보자 교육 및 정당 경력 제한의 완화	· 정당원 경력제한은 1년으로 완화하고, 교육경력은 5년으로 완화 · 시 · 도 교육위원 경력자와 재직 교육위원으로서 경력 인정
주민소환제 도입 신설	· 주민소환에 관한 법률의 도의회의원 및 도지사에 관련 규정 준용
퇴직사유 관련규정 신설	· 겸직금지 의무위반, 피선거권 상실, 정당의 당원이 된 때 등으로 규정
선거구 확정규정 명확화	· 교육의원은 인구, 행정구역, 교통 고려 소선거구, 교육감은 시도 단위
선거의 정치적 중립성	· 정당은 후보추천 불가, 후보자 역시 정당의 지지 추천 표방 금지
입후보 제한 관련 신설	· 현직 교육의원 및 교육감이 그 직을 가지고 입후보하는 경우 외에, 다른 선출직 공직자는 그 직을 가지고 입후보할 수 없음
투표용지 차별화 신설	· 후보자의 성명을 표시하고 기호는 표시하지 아니하도록 함
공직선거법 준용규정 신설	· 교육의원은 공직선거법 중 지역구시 · 도의회의원 선거규정 준용 · 교육감은 시 · 도지사에 관한 규정을 준용함(준용규정을 열거함)
정치자금법 준용규정 신설 (후원회 허용)	· 교육의원은 정치자금법 중 지역구시 도의회의원 선거규정 준용 · 교육감은 시 · 도지사 선거규정 준용하며, 음성적 선거비용 모금 제한 · 교육감후보자의 경우 후원회를 지정하여 후원금을 모금할 수 있음
교육의원 선거 일몰제	· 교육위원회 설치 및 교육의원 선거규정은 2014.6.30일까지만 효력

그동안 국회에서 이시종 의원 등은 확대된 선거인단제를, 김세연 의원은 아예 선출방법을 시 · 도에 맞기는 조례위임제를, 정희수 의원 등은 시 · 도의회 동의를 거친 시 · 도지사 임명제를, 이철우 의원은 시 · 도지사 공동출마(러닝메이트제)안을, 그리고 원유철 의원 등은 러닝메이트제 혹은 선거권자 추천방식 병행제를 제안하기도 했다. 그런가 하면 2011년 9월 2012년 4월에 치러지는 세종시 교육감 선거를 앞두고 국회행정안전위 이인기 위원장은 세종시장 후보와 교육감 후보의 공동등록제를 도입하는 내용의 '세종특별자치시 설치특별법 개정안'을 발의했으나 처리되지는 못했다.

개정안의 핵심사항은 세종시장 후보와 교육감 후보가 공동으로 후보자 등록을 할 수 있도록 하고, 교육감 후보의 기탁금과 선거비용 제한액, 선거운동원수를 현행의 50%로 하향조정한다는 내용이다. 또 교육감 후보와 시장후보가 공동등록한 경우 선거벽보, 선거공고, 선거공약서에 공동등록 사실을 기재하고, 교육감 후보의 투표용지에는 시장 후보와 동일한 기호를 기재하도록 하는 내용도 포함됐었다. 공동등록제는 교육감 후보와 시장후보가 공동으로 후보자등록을 하고 함께 선거운동을 하는 방식으로 시장 후보가 교육감 후보를 지명하는 러닝메이트제와는 다르다.

앞서 살펴본 바와 같이, 교육감 선출방법은 지난 60여년 동안 당시의 정치적 배경에 따라 다양하게 변천되고 제안되어 왔다. 그러나 교육감 임명제를 실시하던 지방자치 이전의 40여년과 1991년 지방자치 실시와 더불어서 교육감 간선제를 실시한 16년 동안에는 교육감 직선제의 도입이 지방교육자치제의 도입 및 개혁의 중심이었다. 그 결실이, 2007년 부산에서부터 시작된 교육감 주민직선제로 나타난 바 교육감선거 제도의 변천은 점차 주민대표성을 높여온 개정이었다. 2010년의 개정에서도 정당후보 제한 기간을 2년에서 1년으로 단축하거나 교육공무원으로서 경력조건을 삭제하고, 2014년부터는 경력자체를 요구하지 않거나 후원회제 및 주민소환제를 도입하였다. 모두 주민통제의 원리를 강화한 방향이며 아울러 전문직 관리의 원칙은 다소 후퇴한 법

개정이었다고 할 수 있다. 따라서, 앞으로 교육감 주민직선제를 정착시켜서 지방자치와 교육자치를 연계시키는 일, 아니면 지방자치의 큰 틀 속에 교육자치를 통합시키는 방향에서 교육감 직선제를 폐지하는 일이 교육자치와 교육선거에서 주민대표성과 주민통제를 강화하는 차원에서 서로 다른 해결 방안이라고 볼 수 있다.

4. 외국의 사례

국가마다 교육자치제의 내용과 환경, 전통이 다르고, 교육감의 명칭과 역할 또한 국가마다 차이가 있다. 여기에서는 '광역단위의 교육행정 최고 책임자' 에 해당하는 직위를 교육감으로 하고, 그 선출방식을 살펴보면 다음과 같다. 우리나라는 역사적으로 교육행정과 일반행정이 분리된 지방교육행정체제를 발전시켜 왔으나, 많은 외국에서는 일반행정과 교육행정이 통합되어 있고, 일반행정체제에서 교육감을 임명하고 있다. 주요국의 교육감 선출방식을 개괄하여 비교하면 〈표-6〉과 같다.

〈표-6〉 주요국의 교육감 선출방식

국가	교육감 선출방식	일반행정과 교육행정의 관계
일본	지방자치단체장 임명	통합
영국	지방의회 임명	통합
프랑스	대통령 임명	분리
독일	지방자치단체장 임명	통합
핀란드	지방자치단체장 임명	통합
미국	주마다 다름(임명 또는 선거)	주마다 다름(통합 또는 분리)

1) 일본

제2차 세계대전의 패전 이후, 우리나라와 같이 교육행정과 일반행정이 분리된 체제로 출발하였으나 1958년부터 양 기관을 통합한 일본에서는 광역 및 기초지방자치단체장이 임명한 교육위원회에서 위원장을 제외한 교육위원 중에서 교육장(教育長)을 임명한 양 교육위원회는 지방교육 관계사무의 집행기관으로, 교육장은 교육위원회 사무국장의 역할을 수행한다. 양 교육장의 임기는 교육위원의 재임기간 중으로 하며, 교육장의 자격은 교육위원의 일부로서 '인격이 고결하고 교육, 학술 및 문화에 관해 식견을 갖는 자' 로 폭넓게 규정하고 있으나, 실제의 경우 교육경력자의 비중이 높다. 2001년에는 교육장 임명에 대한 문부과학대신의 승인을 철폐하여 지방분권의 성격을 강화하였다(나민주 외, 2008: 27).

2) 영국

영국은 전통적으로 지방교육행정이 하나의 자치기능으로서 지방자치단체에 의하여 수행되어 왔고, 이를 광역적 기능으로 인식하여 기초자치단체가 아닌 광역자치단체에서 수행하도록 기능을 부여하였다. 지방교육행정은 우리나라의 도에 해당하는 카운티(농촌의 경우)와 도와 시 · 군의 기능을 같이 수행하는 단층자치단체에서 수행하고 있다. 지방자치단체가 교육기능을 담당하는 부서를 국(局)으로 설치하고 있고, 이 부서를 담당하는 국장(director of children's services)은 지방자치단체장이 임명한다(최영출 외, 2009: 77).

3) 프랑스

프랑스의 일반행정은 지역(région), 도(département)단위에서 국가의 대표자인 도지사(préfet)와 집행기관인 지방의회의장과 의결기관인 지역지방의회가 있어 3체제로 운영되고 있다. 수직적으로 볼 때 지역청, 도청, 군청, 시읍면청으로 계층화되고 있다. 교육행정은 교육부장관 아래 교육관리구역으로 교육구를 두어 각 지역에는 지역교육행정청이, 도에는 도교육감찰청이 교육행정을 수행하고 있다. 예를 들면, 스트라스부르그의 교육기관구성형태는 집행기관인자인 교육집행기관장(교육감)(recteur)과 의결기관(교육위원회 ; conseil académique)이 통합된 모델을 보이고 있다. 교육위원회에서 집행기관장을 선출하는 것은 아니지만 결국 집행기관장인 교육행정청장(교육감)이 교육위원회위원으로 활동함으로서 통합형 효과를 보게 된다. 요컨대, 국가와 지방간에 연계성이 강화된 교육행정기관 형태라 볼 수 있다. 이는 지역교육행정청장과, 교육관계자와 지방의회의원이 구성원이 되는 교육위원회[45]를 구성하고, 중앙정부(집행)가 임명한 교육집행기관장(교육감)(recteur, inspecteur d'académie)을 두고 있는 모형이라 할 것이다. 교육계층으로 볼 때 스트라스부르그 교육청이 알자스지역을 커버하는 광역단위 교육청으로서 교육행정청장(교육감 : le recteur)[46]을 두고, 그 하부에 도 단위에서 교육감찰청장(l'inspecteur d`académie)[47]을 조직한 것으로 교육자치 2계층제인 교육체제이다(교육행정청장+교육감찰청장체제)(최진혁, 2008). 교육행정청(acad mie)은 국가교육행정구역이다. 프랑스에는 30개의 교육행정구가 존재한다.

4) 독일

주단위 교육장 제도를 운영하며, 교육장은 주 교육부장관이 임명한다. 주의회는 의결기구이고, 주교육부는 집행기구로 주지사가 교육부장관을 임명

45 지역교육위원회는 교육행정구장, 장학관, 4명의 자격교사, 3명의 정교사, 2명의 지방의회의원, 대학의 대표 등으로 구성된다.

46 국무회의에 공화국대통령령으로 임명된다. 교육행정청장은 교육행정구 수준에서 문교부장관을 대신한다. 교육행정구 내에서 교육공공서비스의 총체(유치원에서 대학까지)를 책임진다. 교육행정구내 초, 중등 및 대학까지 모든 교육을 관장하는 교육부의 특별행정기관이다. 계약 하에서 사교육분야에서도 권한을 행사한다.

47 교육행정구감찰관(Inspecteur d'Académie)은 교육부장관이 제청 하에 대통령이 임명하며 도수준에서 교육행정청장(Recteur)을 대신한다. 교육행정구감찰관의 임무는 다음과 같다(홍준현 · 하혜수 · 최진혁, 2007) ① 학교개강과 폐강에 관한 결정, 학교 교수직과 강사직의 설치를 위한 결정 ② 학교의 인적자원관리 ③ 학교설립의 교육적 프로그램의 승인 ④ 교육적 수단(교육방법), 중학교의 행정적, 기술적, 노동자, 서비스, 보건의료인에 대한 책임 ⑤ 교육행정청장과의 연계 하에 중등학교 분야를 정의한다.

한다. 자치단체의 상 · 하급 교육청은 주교육부장관 산하의 하급행정기관이다. 독일은 주정부가 연방정부로부터 교육자치를 인정받고 있다. '문화고권(Kulturhoheit)'에 따라 초 · 중등교육 및 고등교육은 주정부의 고유사무로 주교육부장관이 교육정책을 집행한다(이덕난, 이정진, 2011:1-4).

〈표-7〉 교육감 선거제도

국가	행정구역	교육감(교육장)제도
미국	주	· 3가지 방식으로 교육감을 선출함 -주교육위원회 임명(25개 주) -주지사 임명(11개 주) -주민직선(14개 주)
일본	광역	· 교육위원회가 교육위원 중에서 교육장을 임명함 · 최근 교육장 공모제를 실시한 사례도 있음
독일	주	· 교육장은 주 교육부장관이 임명함 -주교육부장관은 주지사가 임명함
영국	광역	· 광역단위 지방교육행정기관은 없음
	기초	· 기초단위 교육감은 LEA(지방교육행정 집행 및 의결기구)가 선임함
프랑스	학구	· 학구의 교육감은 대통령이 임명함 -광역 일반행정구역인 지역(Region:레종, 총22개)과 해외에 교육행정구역인 학구(30개)를 별도로 설치함

5) 핀란드

최근 교육경쟁력이 높은 국가로 주목받고 있는 핀란드는 432개의 지방자치단체가 중앙정부와 협력하여 일선 교육행정을 책임지고 있다. 중앙정부는 정책결정, 학위수여, 재원 확보 및 배분 등을 책임지고, 교육의 실제 수행은 지방자치단체(municipality)가 책임지도록 하고 있다. 지방정부의 교육행정 담당자로는 교육국 국장(director of educational department), 교육문화서비스국 국장(directors of educational and cultural manager) 등이 있으며, 이들은 지방자치단체장에 의하여 임명된다. 작은 규모의 지방정부에서는 일반행정직이 교육 · 문화행정을 담당하기도하며, 이 경우 교장도 교육행정업무 외에 문화나 서비스행정을 겸직하는 경우도 있다(최영출 외, 2009: 210-211).

6) 미국

미국의 경우, 주마다 다양한 교육행정체제를 가지고 있고, 교육감 선출방식 또한 다양한 방식을 보이고 있다는 점에서 참조할만한 사례가 될 수 있다. 교육에 관한 법적 권한과 책임은 주정부에 있으며, 주정부에 따라 주지사로부터 주(州) 차원의 독립된 교육행정기관 혹은 통합된 교육행정기관이 있다. 주의 교육행정체계는 교육위원회(a state board of education), 교육감(chief state school officer), 교육부(state department of education)로 구성된다. 주의회는 교육위원회 위원과 교육감의 선출방식 및 그들의 직무를 결정하고, 교육세, 교육비 지원 수준, 교육과정 등을 결정한다. 주지사는 교육예산 편성안을 제출하고, 주 단위의 교육직원을 임명하거나 해고할 수 있다. 많은 주에서 주지사가 교육위원을 임명하고, 일부 주에서는 교육감을 임명하고 있다(Lunenburg & Ornstein, 2008: 250-260).

교육감은 각 주에 따라 chief state school officer, state superintendent, commissioner of education, superintendent of public instruction, chancellor 등 다양하게 호칭되고, 교육감의 역할과 위상 또한 주마다 차이가 있다. 교육감의 선출방식은 크게 임명과 선거로 구분되고, 임명 주체는 주교육위원회와 주지사로 구분된다. 주별로 교육감에 대한 선출방식의 역사적 추이를 살펴보면 〈표-8〉과 같다. 20세기 전반까지는 선거제가 우세하였으나 20세기 중반 이후 임명제가 우세하게 되었다. 또한, 주교육위원회 임명제가 전체의 절반 내외인 가운데, 선거제는 감소하고, 주지사 임명제는 증가하는 추세를 보이고 있다.

〈표-8〉 미국의 주별 교육감 선출방식 변화

(단위 : 주)

구분	1910	1930	1950	1973	1983	1992	2008
교육위원회 임명	4 (9%)	8 (17%)	13 (27%)	23 (46%)	27 (54%)	26 (52%)	24 (48%)
주지사 임명	7 (15%)	7 (14%)	6 (13%)	5 (10%)	5 (10%)	9 (10%)	12 (24%)
선거	33 (72%)	33 (69%)	29 (60%)	22 (44%)	18 (36%)	15 (36%)	14 (28%)
기타	2* (4%)	·	·	·	·	·	·
합계	46	48	48	50	50	50	50

자료 : McCarthy, M., Langdon, C., Olson, J. (1993: 21),
CCSSO: http://www.ccsso.org(2008년 검색결과)
* 주의회 임명 또는 전임 교육감 지명

외국의 사례를 통해 얻는 시사점은 다음과 같다. 첫째, 교육감 선출방식은 국가마다 다양하며, 심지어 한 국가 내에서도 지역에 따라 상이한 제도를 실시하고 있다는 사실이다. 하지만, 주요 선진국들은 각국의 교육 및 정치체계에 적합한 방식으로 정착시켜왔다는 교훈을 얻을 수 있다. 지방자치단체의 장이나 교육위원회 등이 임명하는 방안이나 일본에서 시범도입 중인 공모제 등이 그것이다. 둘째, 교육감 선출방식은 교육의 지방분권을 강화하는 방향으로 그리고 교육자치가 지방자치의 큰 틀 속에서 자리매김하는 방향으로 개선이 이루어져 왔다는 점도 우리나라가 참고할 필요가 있다. 또한, 일반 행정기구와 교육행정기구는 프랑스와 미국의 일부 주를 제외하고는 양 기구가 통합되어 있다. 그리고 주요 선진국 교육감 선거제도는 그 임명주체는 다양하지만 대체로 임명제를 채택이 증가하고 있는 공통점이 있다. 특히, 교육감 선거가 동시 지방선거와 함께 실시되는 국가는 거의 없다는 점도 우리에게는 큰 시사점이 되고 있다. 교육의 정치적 중립성이 강조되고 있는 상황에서 정당공천제가 전면 실시되고 있는 지방선거에서 유일하게 정당공천에 배제되어 있는 교육감 선거를 동시에 치르는 것은 외국의 사례에 비추어 볼 때 무리가 아닐 수 없다.

제4절 교육감 선거의 실태와 문제점

1. 교육감 선거의 특징과 실태분석

역대 교육감 선거에서의 공통적인 특징은 주민의 무관심이다. 주민직선 이전의 모든 교육감 선거는 대부분 10~20%대의 저조한 투표율을 보인 반면에 2007년 12월 19일 대통령 선거와 함께 실시되었던 울산광역시, 충청북도, 경상남도, 제주특별자치도 교육감 선거는 예외적으로 60%의 투표율을 보였다. 2010년 6월 2일에 실시된 교육감 선거 또한 지방선거와 함께 진행되기 때문에 최종적으로 54.5%의 투표율을 기록하였다. 하지만, 투표율이 높다고 주민들의 관심이 높아진 것은 아니다. 2007년 교육감 선거는 사상 첫 직선제로 실시돼 선거 자체에 대한 관심은 높지만 예비후보 등 입후보자에 대한 인지도는 시 · 도지사 등 단체장들에 비해 상당히 낮았다. 이에 따라 지역교육에 관심이 없는 일부 유권자들은 자신이 지지하는 정당 후보자의 번호와 같은 후보자에게 무작정 표를 던지는 이른바 '몰아찍기 식' 투표를 했을 가능성도 있다.[48]

비록 지방자치단체장 및 지방의회의원 선거와는 달리 정당이 후보자를 추천할 수 없는 교육관련 선거의 차별성을 높이기 위해 투표용지 게재순위를 추첨으로 결정하고 후보자 기호는 표시하지 아니하도록 하는 등 나름대로 교

48 강원도민일보, 2010.2.9

육의 정치적 중립성 확보를 위하여 노력하였지만, 이는 정당정치가 기본인 지방선거를 통하여 시 도지사, 시장 군수 구청장, 기초 광역의원 선거 등과 함께 교육감 · 교육의원 선거가 치러질 경우 이들 선거에 묻혀 교육감 · 교육의원 선거에 대한 관심도가 상대적으로 떨어질 수 있다는 문제점이 제기된 바 있다.

교육감 선거에 들어가는 엄청난 선거비용도 큰 특징이자 문제점이다. 이번 지방교육자치법 개정을 통하여 교육감은 시 · 도를 단위로, 교육의원은 선거구단위로 각 1명씩 주민이 직접 선출하도록 규정하였다. 그리고, 교육관련 선거에 관하여는 지방교육자치법에서 규정한 사항을 제외하고는「공직선거법」의 규정을 준용함에 따라 교육감선거에 있어서는 시 · 도지사에 관한 규정을, 교육의원선거에 있어서는 지역구 시 · 도의회의원에 관한 규정을 준용하도록 하였다. 특히 교육감선거에 관하여는「정치자금법」의 시 · 도지사선거에 관한 규정을 준용하도록 하여 교육감선거 후보자는 후원회를 두고 후원금을 모금할 수 있도록 함으로써 투명한 정치자금조성을 위한 제도적 기반을 마련하였다. 즉 후원금은 후원회를 통해 모금할 수 있고, 경비를 제외한 뒤 후보자에게 기부하면 후보자는 이 후원금으로 선거비용이나 보전대상이 아닌 부분에 합법적이면 자유롭게 지출할 수 있도록 하였다.

그러나, 선거에 드는 엄청난 비용에 대한 고려가 부족하였다. 무엇보다도 교육감 선거의 경우 지방의원 선거와 달리 정당의 지원이나 기부금을 받을 수 없고 대가성이 없는 개인적 채무에 의해서만 자금조달이 가능하다. 비록 교육감 출마후보는 법정선거비용의 50%까지 후원금을 모을 수 있지만, 모금기간이 후보 등록일부터 투표일 직전까지만 할 수 있어 상한액을 다 모금하는 것은 불가능에 가깝다. 또한, 후원회가 활성화되지 못한 까닭에 대부분 전체 선거비용의 10% 미만의 후원금을 거둬 선거비용 마련 등에 상당한 어려움을 겪은 것으로 알려졌다

따라서, 후보로 등록하기 위해 내야 하는 기탁금 5천만원과 선거기간 쓸 수

있는 법정 선거비용 수십 억 원은 고스란히 출마자의 몫이다. 물론 이 돈은 후보자의 득표율에 따라 전액 또는 일부를 보전 받을 수 있지만[49] 개인이 선뜻 출마를 결심하기에는 부담이 가는 벅찬 금액인 것만은 사실이다. 특히 교육감 선거의 경우 시 · 도 전역을 대상으로 해서 고비용이 들 수밖에 없는 구조인 만큼 다음 선거까지 이 문제를 해결하는 방법을 찾는 것도 주어진 과제 중 하나다. 무엇보다도 선거운동 기간에 합법적으로 지출해도 법정선거비용이 아닌 과목를 단순 '정치자금'으로 분류돼 국고지원을 못 받는 비용(유류비나 사무실임차비 등)이 상당하여 후보자 개인의 재력이 충분치 않으면 주변에 신세를 질 수밖에 없고, 이런 부분들이 자칫 비리로 이어질 수도 있는 만큼 개선책이 마련돼야 한다.

그런가 하면, 2010년 선거에서 정부의 교육정책과 대립각을 세워 왔던 이른바 진보적인 인사들이 일정지역(서울, 경기, 광주, 강원, 전북, 전남) 교육계 수장을 맡게 돼 향후 교육당국과 충돌을 우려하는 목소리가 높았던 사실도 새로운 특징이다. 무엇보다 '수도권 교육 벨트' 인 서울, 경기에서 두 진보 교육감이 탄생했다는 점이 엄청난 폭발력을 지닌 것으로 평가받은 바 있다. 6 · 2 선거 이전까지 전국 교육감 16명의 구성은 경기 교육감을 제외한 전원이 보수 성향으로 분류되는 사실상 보수 일색의 구도였다. 특히, 이들은 교원평가, 학업성취도평가, 자율고 등 정부의 핵심 정책에 반대하거나 수정하겠다는 내용을 주요 공약으로 채택하였으며, 이미 전교조 교사에 대한 징계 거부, 무상급식 실시, 학생인권조례 제정 등 정치 · 사회적으로 민감한 이슈들로 전국적인 논란을 불러일으키고 있다. 교육계와 언론계를 비롯한 사회 각계에서는 앞으로도 보수와 진보, 중앙정부와 시 · 도교육청, 지방자치단체장과 교육감 간 교육 권력을 두고 적지 않은 갈등이 노출될 것이라고 우려하고 있다.

49 15% 이상 득표자는 선거비용 전액보전을, 10 15%미만은 반액을 보전 받는다.

2. 문제점

. 지난 교육감 선거는 나름 정치적 중립성을 보장하기 위한 성과도 있었다고 본다(고전, 2010:7-8). 교육감 및 교육의원선거에서 정당이 후보를 낼 수도 없었고, 후보자 역시 선거전 1년간은 정당인이어서는 안 되는 정치적 중립성도 요청되었으며, 선거 당일 지방공직자들 선거와 차별화하여 교육감 및 교육의원 선거를 먼저 하도록 하였고, 정당기호와 혼돈하지 않도록 치렀다는 점을 성과로 꼽고 있다. 그러나 아직은 성과보다 문제점이 많은 선거로 평가할 수밖에 없을 것이다.

종합적으로 평가할 때, 교육선거제도는 표면적으로는 정치적 중립성을 지켜야 할 선거제도였지만, 결국은 정치적 색깔을 상당히 노출한 결과를 산출했다고 평가되어 진다. 유권자가 후보자들을 제대로 알 수 있는 정보를 갖지 못하고 있거나, 공약내용의 신뢰성을 확보할 수 있는 경로를 갖지 못하였다. 유권자들은 선거광고물과 거리에 걸린 플랜카드 등을 통하여 선택을 할 수밖에 없는 상황이었다.

더구나, 도시지역의 경우에는 유권자가 교육위원의 경우에는 약 100만이상의 인구규모에서 1명을 뽑는 것이었기에 2-3개의 자치구에 걸쳐서 1명을 선출하는 것이었고, 교육감의 경우는 1천만 명에 1명을 선출하는 선거였기 때문에 유권자와 후보자의 심리적, 공간적, 물리적 거리가 너무 멀어서 자치의 단위라고 할 수 없었다. 이 정도의 공간적, 인구규모는 정치의 단위로 작용할 수밖에 없었다. 정치의 단위공간에서 자치라는 이름으로 선거를 하다보니 이는 정치화되지 않을 수 없었던 것이다. 자치의 공간은 최소한 인구규모가 이상적인 것은 5천-2만, 좀 더 현실화시키더라도 10만 이내여야 가능할 것이다. 이러한 정치공간에 교육자치를 실시하다 보니 많은 문제점이 발생하였다. 유권자의 입장에서 정리해 보면 다음과 같다.

첫째, 후보자를 개별적으로 알 수 있는 기회를 갖기가 물리적으로 불가능하여 선거광고물속에 나타난 정보나 플랜카드에 제시된 정책공약을 보고 불완전한 정보를 바탕으로 객관식 선택을 해야만 하였다. 자치란 개인의 인격이나 품성, 성과를 말만이 아니라 삶과 경험을 통하여 알 수 있는 규모에서 가능한 것이다. 이는 선거구 문제에 관련되는 것으로 교육위원의 선거구는 시도의원 선거구보다 약 9배 정도 커서 유권자와 후보자와의 거리가 너무 멀어서 나타난 이유이기도 하였다.[50] 또한 일반, 교육선거를 통합하여 1인 8표제의 동시 선거를 하다 보니 후보자를 판단하는데 어려움이 있었다.

둘째, 교육선거는 정당공천이 배제되어 투표용지에 후보이름만 기호없이 기재되어 있어서 유권자입장에서 어려움이 있었다. 또한 추첨을 통해 순번을 정하기 때문에 1번이나 2번으로 투표용지 위쪽에 등재하는 후보가 유리한 선거가 되고 말았다. 16명의 교육감 당선자 중 첫 번째 기재된 경우는 6명(37.5%), 두 번째는 4명(25%), 세 번째는 5명(31.3%), 네 번째 이상은 1명(6.3%)으로 나타나고 있다. 교육감선거에서는 첫 번째 기재된 후보의 당선율과 나중에 기재된 후보의 당선율과는 유의한 차이를 보이지 않는 것으로 조사되었다(황아란, 2010 : 43). 그럼에도 불구하고 상대적으로 인지도가 떨어지는 교육의원 선거에서는 뚜렷한 차이를 확인할 수 있었다.[51]

셋째, 후보자의 공약을 보면, 교육정책의 이념적 선택이 보여 진다. 즉, A후보자의 공약은 보수의 교육정책이고 B후보의 공약은 진보의 정책공약이란 것이 보였다. 결국 유권자의 입장에서는 자신의 정치적 선호에 따라서 후보자를 선택하게 되고, 결과적으로 유권자는 정치적인 지지 혹은 정치적인 선택을 하지 않을 수 없도록 하였다. 교육선거는 정치적 중립이란 기준이 있었

50 여기에서 교육의원과 일반의원간의 '표의 등가성' 문제가 제기된다. 그리고 교육위원회가 일반 상임위원회와 달리 '지방교육자치에 관한 법률' 제11조 제2항에 따라 일부 사항에 대해서는 심의권과 함께 최종 의결권을 가지게 되므로 교육위원회의 위원이 되는 일반 지방의원을 선출하는 지역구 주민은 다른 지역구 주민에 비해서 실질적으로 지방자치단체의 교육관련 의사결정에 2배의 참여권을 가지게 되는 셈이 되어 보통선거의 원칙에 위배되는 문제가 발생하였다(충북대학교 지방교육연구센터, 2009).

51 즉, 무투표당선 1명을 제외한 총 81명의 교육의원 당선자 중 투표용지에 첫번째로 기재된 경우가 53명(65.4%)으로 두번째 22명(27.1%), 세번째 5명(6.2%), 그 이상 1명(1.2%)보다 훨씬 많았다는 사실이 그 증거가 되고 있다.

지만, 유권자 개인의 입장에서 보면, 이미 정치적 선택을 하게 되었던 것이다. 후보자의 선거공보도 어떤 후보는 파랑색 배경을 사용한다든지, 어떤 후보는 노란색 배경을 사용함으로써, 후보자도 어느 정도 자신의 정당선호를 표현하고 있었다. 즉 정치적 중립성이라고 하여 정당공천을 직접 받지 않고, 2년 동안 정당가입을 하지 않도록 하였지만, 간접적으로 정당의 영향을 받고 있는 선거였다고 보여 진다.

넷째, A교육이념을 지지하는 후보들은 후보단일화에 어려움이 있어서 각각 개인적인 행동을 한 반면에, B교육이념을 지지하는 후보들은 후보단일화를 통하여 유권자의 선택이 B후보로 집중됨으로써 분산된 투표를 한 A교육이념을 지지하는 유권자들의 표가 사표화되었다. 선거후에도 상이한 교육이념에 의한 대립이 선거에서 나타나서, 교육정책 집행과정에서 분열된 시민들의 교육에 대한 입장을 조정하고 방향을 잡아가는데 어려움이 예상된다. 특히 중앙정부의 교육정책방향이나 이념과 지방정부 교육감이나 교육위원들의 교육정책방향이나 이념이 대립될 경우에는 중앙정부-지방정부간의 갈등양상이 나타날 수도 있다.

그 밖에도 교육선거와 교육자치는 지방정부의 교육정책을 가장 잘 수행할 수 있는 대표자와 집행자를 뽑는 선거로서 중앙정치의 영향을 받지 않아야 하는데, 실제로는 선거제도가 중앙정치에 대한 중간평가로서의 성격으로 해석되었다. 따라서, 중앙정부에 대한 반대의 표시로서 교육선거를 행하게 되어 지방교육자치의 취지를 무색하게 만들었다.

제5절 교육감 선거제도의 개선방안

지금까지 교육감 선출제도는 여러 가지 방식을 경험하였고, 또한 새로운 방식들이 다양하게 논의되었다. 예컨대, 지난 참여정부의 「정부혁신지방분권위원회」에서 검토했던 교육감 선출방안은 첫째, 러닝메이트제, 임명제, 주민직선제, 선거인단 확대방안 중 시 · 도 조례로 선택하게 하는 방안, 둘째, 시 · 도지사와 러닝메이트로 주민직선하는 방안, 셋째, 시 · 도지사가 시 · 도의회의 동의를 얻어 임명하는 방안, 넷째, 주민직선으로 선출하는 방안, 다섯째, 선거인단을 유지하되 선거인단을 확대하는 방안 등이었다(이기우, 2004). 이러한 선행 논의와 연구, 외국 사례, 지방자치의 주역인 시 · 도의 인식[52] 등을 바탕으로 다양한 대안들을 모색할 수 있는 바, 본 장에서는 크게 현행 제도를 유지 · 보완하는 대안과 현행 제도를 개선하는 대안으로 구분하였다.

1. 현행 제도를 유지하는 대안

교육감에 대한 현재의 주민직선제는 앞서 살펴본 바와 같이 기본적으로 몇 가지 문제점이 여전히 내재하고 있다. 첫째, 넓은 의미의 주민대표성은 있다고 하더라도 4년 임기동안 직접 교육감의 교육정책과 관련되지 않는 유권자들이 참여함으로써 직접적으로 관계되는 학부모나 학생들의 이해가 반영될 수 있는 가능성을 상대적으로 낮추는 문제가 있다. 둘째, 교육행정에 불가피하게 관련될 수밖에 없는 일반자치단체와의 협력이나 연계관계가 형성되지 않을 수 있으며, 그 결과는 고스란히 교육정책의 수혜자들인 학생들에게 갈 수 밖에 없다. 두 단체장을 같이 주민직선으로 함으로써 이념적으로나 정책방향 면에서 두 단체장이 충돌하는 경우, 협력과 연계관계가 형성되지 않을 수 있다는 점이다. 셋째, 지금과 같은 동시선거하에서는 주민들의 선거관심이 모두 자치단체장에게 집중되는 현상을 가져오게 되어 상대적으로 교육

52 지방분권촉진위원회가 2011년 11월 7일부터 23일까지 전국 16개 시 도를 대상으로 교육감 선출제도 개선방안에 관해 조사한 「시 도 의견수렴 보고서」에 의하면, 교육감 임명제를 선호한 시도가 5곳(여론 수렴 등 심층적 검토 필요를 제시한 1곳, 세종시 시범시행 후 확대 1곳 포함), 러닝메이트를 선호한 시도 4곳, 기타 의견을 제시한 시도가 5곳으로 나타났다. 기타 교육수요자의 공감대 형성, 사회적 합의 등 신중한 검토가 필요하다는 의견 2곳, 각 선출 벙법별 징단점 제시의견 1곳 그리고 의견없음이 2곳으로 나타난 바 있다.

감후보자에 대한 관심도가 떨어지며, 이러한 현상은 여전히 교육감 후보자에 대한 정확한 정보나 지식이 없이 투표하는 경향으로 이어질 수 있다는 점이다. 넷째, 외국의 경우를 보더라도 미국의 일부 주를 제외하고는 지방자치 선진국의 경우 우리나라처럼 교육감에 대한 주민직선제를 유지하는 나라를 찾아보기 어렵다는 점이다. 그리고 미국의 경우도 주민직선제를 유지하는 주의 수는 계속 줄어들고 있다. 다섯째, 우리 나라의 제도변천과정에서 보더라도 제도를 통해서 국가나 지역사회의 분열보다는 통합을 지향해 나가는 방향에서 제도 설계를 고려해 볼 필요가 있다는 점이다. 현재처럼 일반자치단체의 직선제와 교육감의 직선제를 병행하는 경우는 지역사회 내에서 분열과 갈등의 소지를 더욱 양산하는 결과를 초래할 수 있다고 본다. 따라서 본 장에서는 다음과 같이 현행 제도를 개선하는 대안을 제시하고자 한다.

2. 현행 제도를 개선하는 대안

1) 시 · 도지사와의 러닝메이트제

광역교육행정에 대한 교육감선거를 위하여 단체장과 러닝메이트로 선거에 임하는 방법, 시 · 도지사와 교육부시장으로서 러닝메이트로 선거에 임하는 방법(이혜숙 김찬동 외, 2008)을 제안할 수 있다. 전자의 방법은 집행기관의 통합 없이 일반행정과 교육행정의 분리로 인한 연계 · 협력부재의 문제를 해소하는 방법이다. 즉 일반행정 단체장이 교육감과 지방교육정책에 대한 입후보단계에서 공동으로 정책을 만들고, 실천전략을 구상함으로써, 당선이후에 정책공조가 가능하게 하는 것이다. 후자의 방법은 지방교육행정과 일반행정을 통합하였다고 할 경우에 시 · 도지사 밑에 교육부시장 혹은 교육부지사를 두어서 러닝메이트로 선출하는 방안이다.

대부분의 경우, 주민직선제에서 정당과의 관련성에 대해서는 민감하게 반응할 수 있지만, 시 · 도지사와 교육감이 관련을 맺는 시 · 도지사 러닝메이트와 시 · 도지사 임명제 등에 대한 지지가 적지 않은 것으로 나타났다(최진혁, 2010:103-105). 이것은 정치적 중립성과 교육전문성 훼손 가능성에 대한 우려를 피할 수 있으면서 행정 효율성과 협력적 거버넌스를 용이하게 만드는 장점이 있다. 그러나 시 · 도지사와 교육감의 관계가 제도적으로 종속적일 수밖에 없고, 기관 분리형의 교육자치제라는 점에서 현실적인 어려움이 있다는 지적을 받을 수 있다.

어떤 제도도 완벽하게 법적 근거를 포함 모든 요건과 기준을 충족시키기에는 한계가 있다는 점을 감안하고, 또한 많은 경우 대안들은 일정한 기준을 두고 상쇄관계(trade-off)를 가지는 경우가 많음을 전제로 할 때 이 대안은 단점보다는 장점이 크다고 평가할 수 있다. 특히, 앞서 검토해 본 바와 같이, 교육감과 시 · 도지사와의 협력을 높이는 방안이 지방교육에 있어서 매우 중요해 진다고 볼 때, 교육전문성을 훼손하지 않으면서 협력적 거버넌스를 통한 교육서비스 제공에 상대적으로 용이한 대안을 찾는 것이 선택의 주요 기준이 되어야 한다고 생각한다. 이러한 관점에서 시 · 도지사와의 러닝메이트제는 향후 가치 있는 선거제로 활용할 수 있을 것으로 기대해 볼 수 있을 것이다.

2) 시 · 도지사 임명제

시 · 도의회에서 복수의 후보자를 추천하고 시 · 도지사가 최종적으로 교육수장을 선택할 수 있게 하는 방법을 제안할 수 있다. 이 방식은 시 · 도지사가 교육수장 임명의 최종 결정권자가 되어, 교육행정에 관한 유능한 전문가를 교육감으로 임명할 때에는 교육행정의 질을 높이고 교육행정의 능률을 향상시킬 수 있다. 또한, 교육감이 되려고 하는 자가 선거권자나 정당의 환심을 사려고 노력할 필요가 없으므로 교육감은 오로지 합리적인 교육행정처리에 전념할 수 있을 것으로 본다. 그리고 일반행정(시 · 도지사)과의 협조가 원활하게 될 것이기 때문에 교육행정의 통일성과 일관성을 확보하기가 용이할 것이다.

그러나 교육자치의 기본원칙인 기관의 자기선임원칙에 배치된다는 차원에서 교육자치가 아니라는 비판에 직면할 수 있으며, 지방교육행정이 관료주의적으로 운영될 가능성이 크다. 또한, 교육감의 신분이 시 · 도지사에 예속된 국가교육공무원이므로 민의의 충실한 반영보다는 시 · 도지사의 지시에 따르는데 급급하게 되는 비판에서 자유롭지 못할 것이다. 그 밖에도 시 · 도지사가 복수의 후보자를 추천하고 시 · 도의회에서 최종적으로 선택하는 시 · 도의회 임명제도 고려해 볼 수 있다. 교육행정의 전문가를 선임할 수 있는 장점이 있는 반면, 시장과 교육감 간에 갈등이 심화될 가능성도 높은 단점도 있다. 그러나 지방자치와 교육자치의 연계 · 협력을 강화시키는 차원에서는 가장 실효성 있는 대안이 될 것이다.

3) 제한적 주민직선제

시 · 도교육감을 주민직선제로 실시한 결과, 많은 문제점을 야기한 것으로 나타났다. 특히, 법정선거비용(720억 원 추산)의 과다로 인한 주민세금부담의 과중, 투표율의 극심한 저조로 인한 대표성 결여, 정당개입의 개연성 및 진정한 일꾼보다는 정치바람에 의한 부적격자의 당선 가능성, 교육정책의 질과 수준의 저하 등 많은 문제점들이 드러난 바 있다. 또한 후보예상자들이 교육현장을 찾기보다는 교육과 무관한 일반인들의 체육대회나 이벤트성 행사장에 참석해 얼굴 알리기에 전전함에 따라 자치의 본질이 심각하게 훼손되는 상황으로 경도되고 있다. 직선제 문제점이 종전 간선제의 문제점보다 훨씬 더 크고 심각하다고 판단됨으로 시 · 도교육감 및 교육위원의 선출방식을 현행직선제를 폐지하는 대신, 과거 간선제보다 확대하여 학부모, 교직원, 교육청 직원, 학교운영위원회 위원, 사립학교재단이사장 · 이사 등 교육관계자 전원에 의한 직선제로 전환하는 것도 바람직한 대안이 될 수 있다.

분석결과에서 보는 바와 같이(최진혁, 2010:103-105) 제한적 직선제, 단위학교 교육감선출위원단제, 공개모집초빙제와 같이 교육관련 인사들에 의한 선출 방식에 대한 요구도 높게 나타나고 있는 것으로 보인다. 제한적 주민직선제는 학부모, 교직원, 학교운영위원, 사립학교 관계자 등 교육계 관련 인사들만 참여하여 교육감을 선출하게 하는 방식으로 결국 교육을 잘 아는 교육수요자와 공급자에게 선택권을 부여함으로써 교육행정의 독립성을 확보하면서도 교육수요자인 일반주민과의 대표성도 확보하게 되어 교육행정의 민주성과 능률성을 도모할 수 있다. 또한 교육의 전문성과 중립성을 높이고, 교육의 질적 향상을 도모할 수 있다.

그러나, 제한적 직선제는 현실적인 운영방안을 강구하는 것이 간단치 않을 것으로 보이고 교육관련집단의 이기주의로 매도당할 수 있으며, 단위학교 교육감선출위원단제는 이미 실시했던 선거인단에 의한 간선제와 거의 동일한 방안이므로 과거로 회귀한다는 비판을 받을 수 있으며, 공개모집초빙제는 지역 교육행정기관의 수장을 결정하는 주체가 누가 되어야 하느냐를 결정하기 어렵다는 문제가 있다. 그러나 교육감 간선제의 경험을 제대로 살리고 주민직선제의 장점을 적절히 접목시킨다면 도입을 검토해 볼 필요가 있다고 판단한다.

제6절 소결론

세계화, 지방화, 정보화, 인구감소와 고령화 등으로 표현되는 미래 교육환경의 변화는 지방교육 전반에도 예외 없이 새로운 개혁을 요구하고 있다. 지역이 필요로 하는 다양한 인재를 차별 없이 양성하고 활용해서 지역발전의 주역이 되도록 하는 일은 지역민의 삶의 질을 증진시키고 삶의 기회를 확대하기 위한 전제 조건이다. 그러나 지금까지의 지방교육은 국내 · 외적 환경변화에 부합하지 못한 채, 집권화 된 교육의 틀, 그리고 획일적인 교육의 내용과 방법에서 크게 벗어나지 못하고 있는 것이 사실이다. 교육자치는 지방교육의 다양한 발전을 도모하고, 나아가 주민들에게 자신들의 교육문제를 스스로 결정하고 통제할 수 있는 권리를 보장하는 제도다. 따라서 '교육자 자치' 내지 '교육관료 자치' 로 잘못 이해 · 운영되고 있는 현 교육자치제를 과감히 청산해야 한다. 이제는 지방교육이 '학교자치' 의 기본 틀로 완전히 새로 태어나야 할 때다. 문제해결의 출발은 지방교육의 토대가 되는 현 지방교육자치의 제도를 근본적으로 개선하는 것이다. 그리고 그 중심에 교육감 선거제도의 개선이 있다.

교육행정의 의사결정기구는 지방의회로 통합되었지만, 집행기구는 시 · 도지사와 별도로 주민직선으로 선출된 교육감이 담당하는 현 제도로는 지방교육에 대한 주민의 책임성 확보도, 지방교육재정의 자주성 달성도, 그리고 일반행정과 교육행정간의 협력을 통한 교육서비스의 향상도 기대하기가 어렵다. 게다가, 중앙정치의 대리전으로 전락한 지방선거를 통해 선출하는 교육감 직선제는 정치의 개입, 막대한 선거비용, 유권자들의 낮은 관심도 등의 심각한 문제점들이 이미 드러난 바 있다.

따라서 교육선거에 관련하여 다음과 같은 논의가 이루어져야 할 것이다. 첫째, 지방선거 분석결과에 의하면, 현재 주민직선제의 가장 큰 문제점은 지역주민의 교육에 대한 무관심인 것으로 생각된다. 지방선거와 교육감, 교육의원 선거가 동시에 실시되고 1인 8표의 투표가 가장 큰 원인이었으나, 교육감 후보자에 대한 정보가 많지 않았다는 점도 지역주민들의 무관심을 높이는 요인이 되고 있다. 지방의회와 연계하지 않고 독립적으로 실시되었던 2010년 6월 2일 이전의 교육감 선거에서 투표율이 낮았던 경험에 비추어 볼 때, 교육감 선거제도의 개선방안을 모색할 때 가장 먼저 고려해야 할 점은 교육감 후보의 교육정책 공약에 대한 검증 기회를 확대하는 것이다. 즉 교육감 후보에 대한 정보를 제공하고 지역주민들의 관심을 높일 수 있는 방안이 필요하다.

둘째, 지금까지의 교육감 선거제도의 변천 과정 및 주요국의 사례를 통해 다양한 교육감 선거제도 대안을 제시하고 이에 대한 각각의 장 · 단점을 분석하였다. 현재 주민직선제를 유지, 보완하는 대안으로는 현재와 같이 전체 주민이 직선으로 교육감을 선출하되, 정당공천제나 정당표방제, 시 · 도지사와의 러닝메이트제 등 정당과 연계한 후보자를 선출할 수 있도록 하는 방안이 제시되었다. 현행 제도를 변경하여 간선제 형식을 취하는 대안은 시 · 도지사 임명제, 시 · 도의회 임명제, 제한적 주민직선제, 단위학교 교육감선출위원단제, 공개모집초빙제, 시 · 도별 결정제 등 다양하게 제시되었다.

결론적으로, 지방자치와 교육자치의 연계를 위해서는 교육감 선출방식의 새로운 개선대안에 대해서도 전향적으로는 검토할 필요성이 있다고 판단된다. 다만, 주민직선제를 제대로 시도해 본 경험이 일천한 상황에서 또 제도를 변경할 필요성이 있느냐는 지적이 있을 수 있을 것이다. 그러나, 앞에서 검토해 본 바와 같이 현행 교육감 직선제가 심각한 문제들을 제기한 상황을 감안하면 중 · 장기적으로는 제도개선의 필요성도 제기된다고 할 수 있다. 그런 배경에서 시 · 도지사 러닝메이트제, 시 · 도지사 임명제, 제한적 주민직선제 등 교육감 선출의 새로운 개선방식에 대해서 앞으로 검토할 가치가 클 것으로 보인다.

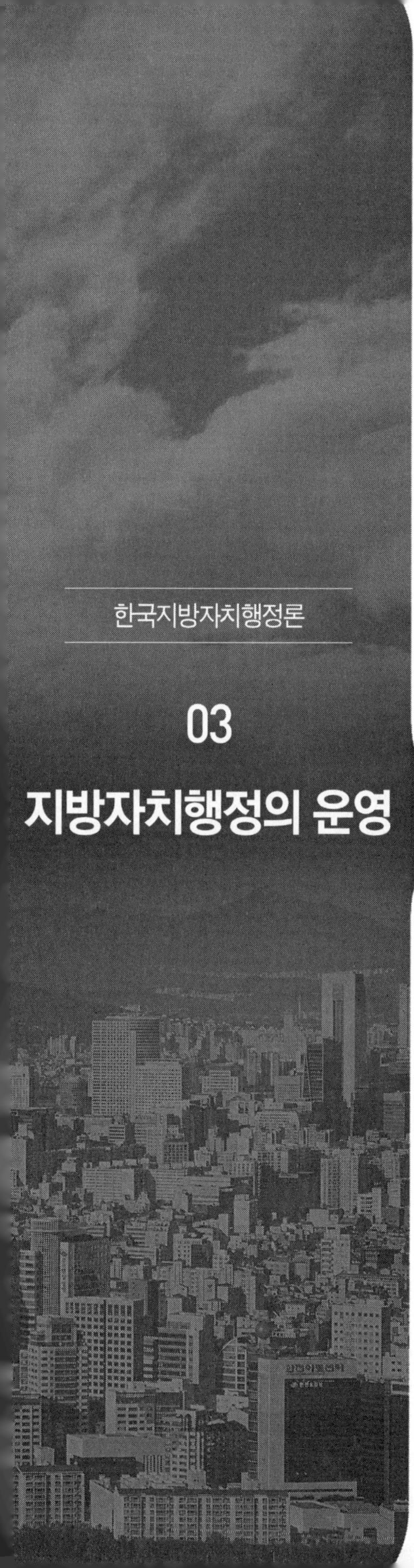

한국지방자치행정론

03 지방자치행정의 운영

chapter01 지방자치단체의 자치역량 강화
chapter02 지역 · 집단 간 갈등관리
chapter03 지방자치계층구조 및 구역개편
chapter04 대도시 광역행정의 관리전략
chapter05 자치행정의 성과관리 전략
chapter06 지방자치와 지역언론
chapter07 지방자치와 남북교류
chapter08 지방자치와 내향적 국제화
chapter09 지방자치와 자치행정의 평가

chapter 01

지방자치단체의 자치역량 강화

제1절 자치역량 강화의 의의

지방분권을 통하여 지방정부에 권한을 이양할 때 지방정부가 이를 제대로 행사할 수 있도록 수권기반을 형성하는 것은 매우 중요하다. 준비없이 분권화를 추진하는 경우에는 지금보다도 훨씬 더 무능하고 부패한 지방정부도 출현할 수 있다. 지방분권은 피할 수 없는 시대적 과제이지만 분권화의 효과가 지역사회에 극대화되고 그 부작용이 극소화되기 위해서는 지방정부의 자치역량 강화가 무엇보다 중요하다.

더욱이 지방분권이 착실히 진전되려면 분권화에 따른 부작용 내지 반작용을 극복할 수 있는 의지와 능력을 지방정부가 갖추어야 한다. 분권화는 반드시 지역사회에서의 제반 갈등의 증폭, 낭비와 비효율, 그리고 부패와 비리의 증대를 수반하는 것이 불가피하다. 따라서, 분권화에 따른 핑크빛 효과만을 기대하고 오직 속도만을 강조한 채 분권화를 서두르기보다는 분권화에 따라 파생되는 문제를 사전에 차단하고 또 최소화시킬 수 있는 제도적, 의식적 기반의 정비가 선행 내지 최소한 병행되어야 한다. 그리고 중앙정부의 간섭과 통제에서 점차 벗어나서 지방자치제가 자율적인 정책자치제로 발전해 나가기 위해서는 지방의회의 위상과 권한을 강화하고 주민의 참여와 통제를 대폭 확대해 나가는 것도 매우 중요하다.

이런 차원에서 분권 · 참여시대 지방정부가 보다 주도적 역할을 담당해야 하며 앞으로 정부가 구체적으로 추진할 분권과제들의 효율적 집행을 위해서는 지방정부 운영시스템을 전반적으로 재정비, 재구축하는 것이 선행되어야 한다. 이를 위해 현장 수요자 중심의 행정서비스 공급체계를 정비하고, 특히 지방정부간의 긴밀한 연계성 확보 및 합리적 협력관계를 구축해서 개발된 정책들을 효율적으로 추진해야 할 것이다.

제2절 외국의 사례

1. 지방분권의 세계적 경향과 성공요소

분권화가 진행되면 지방정부입장에서는 스스로 조직구조를 결정하고 인적자원을 관리할 수 있는 재량권을 가지게 된다. 아울러 재정적 입장에서 포괄보조금(block grant)의 도입이 확대되며 지출에 있어서도 지방정부의 수요와 우선순위에 따라 결정할 수 있는 권한이 확대된다.

지방분권을 시도했던 선진국들의 경우에는 전통적으로 유지되어 왔던 예산의 1/n에 의한 배분방식이 아니라 지방정부의 공모를 통해서 경쟁시킨다는 측면에서 지방정부의 역량강화는 필수적으로 수반되게 되는 과제이다. 지역주민과의 관계에 있어서는 주민들의 수요와 우선순위에 잘 반응할 수 있어야 하며 지역사회를 지역의사결정에 참여할 수 있도록 보장해 주어야 하는 등 많은 변화를 가져오게 된다(GTZ, 2002). 이러한 변화는 중앙정부로부터 권한을 부여받게 되는 지방정부의 자체역량강화를 요구하게 되며 이러한 자체역량의 유무는 지방분권의 성공과 실패를 좌우하게 된다(Ministry for the Environment, 2001)

2. 주요국의 사례

1) 뉴질랜드의 지방정부 역량강화

최근 뉴질랜드에서는 Local Government Newzealand와 The Ministry for the Environment(MfE) 두 기관에서 지방정부 역량강화를 위한 조치를 취해왔다. 그 조치는 크게 두 부분으로 나누어지는데 하나는 자원관리법(Resource Management Act, RMA)에서 규정하고 있는 각 지방정부들의 우수사례 발표이며, 나머지 하나는 다양한 역량강화 프로젝트 실시(예 : 교육훈연, 세미나, 연구 등)이다. 두 기관은 9개의 각종 지방정부 역량강화 조치들을 검토하고 피이드백을 받아서 계속 강화해 나가고 있다.

각 조치들은 한편에서 매뉴얼을 통하여 지방정부 역량강화를 위한 자료로 활용하게 하는 것과 세미나, 교육 등을 통하여 실질적으로 현장훈련을 강화시키는 것으로 구분된다. 뉴질랜드 정부는 이러한 조치들의 성과를 평가하여 계속 환류 및 보완시켜 가고 있는데 이들 성과에 대한 평가결과(MfE, 2001)를 보면 많은 시사점을 받을 수 있을 것이다. 이 평가 결과의 결론과 권고사항을 요약해 보면 첫째, 워크샵 및 훈련, 둘째, 우수 사례의 제시 및 공유, 셋째, 좋은 사례와 워크샵의 연계, 넷째, 개별 지역에 대한 맞춤형 교육 및 워크샵 등을 들 수 있다.

2) 스코틀랜드의 지방정부 역량강화방안

스코틀랜드에서는 지방정부가 역량강화를 위해서 전문 컨설턴트들에 의해 수립된 프레임워크를 실행하고 있으며 프레임워크를 구성하고 있는 각 요소들의 특성을 요약해 보면 다음 〈표-1〉과 같다.

〈표-1〉 지방정부 역량강화 프레임워크 구성요소

구분	구성요소
가치 및 비전설정	리더십(수직적, 수평적 리더십 개발)
	전략적 변화관리(관례적인 접근 및 가치관에 대한 도전)
	목표설정(공동의 목표설정)
	정책개발(정책 및 전략의 형성)
	전략적 자원획득(주요 정책을 위한 자원확보)
	시나리오 계획(개연성있는 미래 예측)
	브레인스토밍(쇄신적 아이디어 개발을 위한 기법 도출)
파트너십 형성	파트너쉽의 성격(파트너쉽의 성공요인 등)
	문화적, 제도적 인식(파트너쉽을 통한 의사결정 등)
	이해관계자 분석(이해관계자들에 영향을 미치는 요인 분석)
	교섭 기술(파트너들간 교섭능력 등)
	청취 및 의사소통 능력(다양한 파트너들의 수요 파악 등)
실무자 기술	프로젝트 및 선택대안 평가(조정된 접근방법의 개발)
	프로젝트 기획 및 관리(조정된 접근 방법의 개발)
	예산결정 및 관리
	정보 및 연구(공동연구, 데이터 고유프로토콜의 개발 등)
지역사회 관여	문화적, 제도적 인식 제고
	지역사회 다양성 이해
	청취 및 의사소통 능력개발
	지역사회 학습 및 개발

위의 〈표-1〉에서 제시하고 있는 지방정부역량강화를 위한 구성요소들은 상호 관련되어 있으며 특히 개인적, 조직적 차원에서 필요한 역량이라는 점

을 강조하고 있다. 이에 더하여 모든 지방정부들은 개별 지방정부들의 구성요소별 역량에 대한 평가를 한 뒤 향후 이를 어떻게 발전시켜야 될 것인가에 관한 역량강화계획(Capacity Building Plan)을 수립하고 이를 실천해야 할 것을 요구하고 있다. 실천수단으로서는 하나의 방법보다는 다양한 방법을 채택할 것을 권고하고 있으며 네트워킹, 공무원들의 파견(secondment), 학습 포럼(learning forum), 워크샵 및 전문가의 훈련이벤트, 전자 네트워크를 통한 공무원 능력발전, 민간부문과의 활발한 교류활동 등을 종합적으로 채택할 것을 강조한다.

3) 미국 지방정부의 교훈

지금까지 미국 지방정부가 전략기획을 도입하고 발전시킨 사례들을 통하여 시사점을 도출하고 이를 우리나라 지방정부에 도입할 때 참고할 필요가 있다.

우선, 공공조직에 전략기획을 도입해야 하는 궁극적인 목적은 타당한 전략계획의 수립에 있는 것이 아니라, 공공조직 자체의 '기획역량(organizational capability to plan)'을 제고시키는데 있다는 것이다. 현재 우리나라의 경우에도 많은 지방자치단체가 어느 정도의 여건분석이나 환경분석에 기초하여 전략계획의 성격을 가진 장기적 계획을 수립하고 있는 것이 사실이고, 서울시와 같은 일부 지방자치단체의 경우에는 통합성과주의 예산제도와 같은 전략기획의 요소들이 확립되고 있는 상황이다. 그러나 우리나라의 경우에는 Arizona주와 같이 지방자치단체 내부의 행정기관들이 자기 기관의 교유한 역량 및 환경에 맞추어 외부전문가가 아닌 스스로 전략기획을 추진하는 경우는 많지 않다. 즉 전략기획의 가장 중요한 목적은 조직의 기획능력을 제고시켜 변화하는 환경에 대해서도 조직이 능동적으로 대응할 수 있도록 함으로써 바람직한 비전을 실현할 수 있게 하는 것임에도 불구하고, 계획의 수립만을 중요시할 뿐 조직 자체적인 기획역량 제고에는 무관심한 것이 사실이다. 이런 측면에서, Arizona주가 제시하고 있는 전략기획의 수행방법과 기본적인 SWOT분석 방법 등은 우리의 지방자치단체가 전략기획을 스스로 수립함에 있어 참조할 수 있는 유용한 내용을 담고 있다 할 수 있다.

또한, 전략기획의 성공적 추진을 위해서는 자치단체장의 적극적 · 참여적 리더십은 필수적이라는 것이다. 자치단체장의 리더십은 우선적으로 제도의 도입 자체를 결정하는 중요한 요인으로, 전략기획이 발달한 Oregon주의 경우 지방정부가 전략기획을 도입하는데 있어 지방정부 관리자의 리더십이 결정적인 영향력을 행사한 것으로 밝혀진 바 있다. 이처럼 제도의 도입 자체에도 자치단체장의 영향력은 지대하지만, 전략기획의 성공을 위해서는 조직의 모든 수준에 있어서 효과적인 전략관리와 운영이 이루어져야 하기 때문에 조직 전체에 영향력을 발휘할 수 있는 자치단체장의 역할은 대단히 중요하다고 할 것이다. 이러한 측면에서 조직 구성원이 전략기획에 적극적으로 참여하도록 유도하면서 교육훈련과 포상제도를 통해 제도의 성공을 뒷받침해준 Phoenix 시장의 리더십은 귀감이 되는 사례라고 할 수 있다.

마지막으로, 조직의 커뮤니케이션 활성화가 전략적 기획의 성공에 있어 핵심적인 요인이라는 것이다. Phoenix시가 조직 외부 이해관계자들의 의견을 적극적으로 수렴한 것은 물론, 모든 조직 구성원이 적극적 내부 커뮤니케이션을 통해 전략기획의 전 과정에 참여하도록 함으로써 계획의 수립은 물론 집행에 있어서의 효과성까지도 확보한 것, 내부 커뮤니케이션이 활성화되어 있지 않은 우리 지방자치단체의 현실을 고려할 때 시사하는 바가 크다고 할 수 있다.

4) 지방정부에서의 전략기획

지방자치의 성공여부는 지역주민들의 자발적이고 적극적인 참여가 근본적인 바탕이지만, 동시에 지방자치단체가 어떻게 주도적으로 지역주민의 기대와 요구에 대응하면서 지속적인 지역사회발전이라는 목표를 달성해 가는가 하는 것 또한 중요한 관건이다. 따라서, 우리에게 지방자치를 위한 전략관리의 핵심인 전략기획은 그 어느 때 보다도 중요한 의미를 가지며 지방정부의 자치역량 강화라는 의미를 넘어, 지역사회의 경쟁력 강화에 필수적인 중요한 가치를 갖는다.

근래에 우리나라 지방자치단체에서도 전략관리를 위한 주요 수단으로서의 성과관리제도들이 심사평가제도, 성과주의예산제도, 목표관리제, 행정서비스헌장 등의 여러가지 형태로 도입되어 있거나 도입 중에 있는 상황이다. 그러나 이 같은 제도들은 중앙정부 주도로 도입된 것이 대부분으로 각 지역 실정에 맞는 성과관리시스템의 구축과는 다소 거리가 있으며, 여러 제도들이 통합적으로 운영되지 못하고 있어 효율성 측면에서 문제점을 야기할 소지를 안고 있다. 이러한 상황하에서 한국의 지방자치단체들이 지속적으로 행정운영의 성과를 이루어내기 위해서는 종합적인 성과관리체제의 구축이 선행되어야 할 것이다. 이를 위해서 성과평가제도를 도입하고, 그에 따른 성과지표의 개발을 서두를 필요가 있다.

제3절 행정환경변화와 자치행정의 과제

1. 지방행정환경의 변화

지방자치의 환경을 변화시키는 주 요인들인 사회적 환경, 경제적 환경, 정치 · 행정적 환경과 과학기술의 발달, 교통과 통신부문 등이 획기적으로 발달하면서 자치단체의 역할구조의 변화와 전문화 등을 많이 변화시키고 있다. 이처럼 지방자치단체가 변화된 역할과 기능을 효과적으로 수행할 수 있도록 자치단체의 관리체제 또한 변화되어야 한다는 필요성이 정당화되고 있다.

선진 외국의 경우와 마찬가지로, 우리 나라의 경우도 현재 지방행정을 둘러싸고 있는 불확실한 환경을 극복하고 자율적인 분권화의 확대, 지역주민의 요구에 적절하게 대응하는 고효율 저비용의 자치행정체제, 즉 주민의 참여의식 증대와 지방자치단체의 역량제고 및 책임성 증대 등으로 인한 끊임없는 지방자치 행정체제의 개혁 필요성이 대두되고 있다.

〈표-2〉 지방행정변화에 따른 지방행정수요

환경변화	지방행정수요
민주화 분권화	· 참여수용요구의 확대 · 반응성 제고요청 증대 · 지방자치단체행정의 민주적 집행요구 증폭 · 공익보호를 위한 갈등 및 집단이기주의의 조정기능 강화 요청
지방화	· 분권과 통합의 조화 필요성 · 지방의 창의적 · 자주적 행정능력 고양요구 확대 · 지방행정의 책임성 확보장치의 요청 · 지역할거주의 극복노력 요구 증폭 · 기업과 지역단위 지배집단에 대한 지방행정 중립성 확보요구 강화
세계화	· 도시중심의 국제교류능력의 확충 필요성 제고 · 전략적 국제교류추진의 요청 · 세계적 수준의 시민역량 강화의 필요성
정보화	· 정보관리능력의 고양 요청 · 정보관리의 민주화 필요성
도시광역화	· 도시행정수요에 대한 대응능력 강화 필요성 제고 · 광역적 행정수요의 효과적 처리요청 · 환경친화적 개발정책에 대한 요구 증대 · 문화 · 관광수요의 증폭
위기 · 불확실성 가속화	· 돈, 시간, 정보의 결핍 확대 · 대형사건, 사고, 재난의 위기요인 증폭 · 안전한 생활과 사회에 대한 요구 증대

2. 자치행정의 방향과 과제

1) 자치행정여건의 변화

앞서의 우리나라 자치행정이 직면한 일반적 환경변화에 따라 최근 자치단체가 처해있는 여건의 변화를 요약하면 다음과 같다.

첫째로 고비용 · 저효율 구조에서의 저비용 · 고효율 구조로의 전환을 요구받고 있다는 점이다. 즉 팽창일변도의 사고로부터 능률과 효율을 지향하는 사고로 전환될 것을 요구받고 있다. 그동안 자치단체들은 개발연대의 사고와 마인드에 의해 지배되어 왔다. 또한 민간역량의 성장으로 이제 지역민간 부문에서도 공공부문의 비능률과 낭비를 묵과하지 않고 있다.

둘째로 지방화 · 분권화시스템에 부응한 행정시스템의 구축이 필요하다. 우리의 행정문화는 오랫동안 중앙집권적 문화로부터의 하향적 문화가 지배적이었다. 비록 지방자치제가 실시되고 있지만 여러 가지 제도나 행정관행이 과거의 구습을 탈피하지 못하고 있는 것이 현실이다. 지방자치제도의 본질에 부합하는 제도적 틀을 구축함과 아울러 비록 여러 가지 제도적이고 현실적인 제약조건이 있지만 나름대로 분권화 시스템에 부합하는 노력을 더욱 강구하여야 한다.

셋째로 지난 기간동안의 민선자치는 아직도 제도의 미정착과 지방자치에 대한 경험이 일천한 관계로 적지 않은 시행착오가 있었지만 주민들 또한 무관심한 면이 없지 않았다. 그러나 지방자치에 대한 인식이 점차 높아지고 있으며 더 이상의 시행착오를 용납하지 않고 있다. 이제 주민을 진정으로 주인으로 섬기며 주민을 위해 봉사하는 성숙된 지방자치가 이루어지기를 바라고 있다.

넷째로 주민참여의 증대 및 강화이다. 성숙된 지방자치는 필수적으로 주민참여를 요구하고 있다. 더구나 지방자치에 대한 무관심과 불신이 공존하는 있는 현실에서는 주민참여욕구가 한층 증폭될 수 밖에 없다. 최근 지방자치단체의 각종 정책이나 개발행위 등에 대하여 시민단체들의 이의제기가 봇물처럼 나타나고 있다. 또한 무수한 NGO단체들의 등장은 이러한 욕구분출을 뒷받침하는 증거라고 할 수 있다.

다섯째로 행정서비스 공급형태의 다양화이다. 앞으로 지방자치단체는 유도적 역할주의, 중점시책주의 및 상호보완주의의 3가지 방향에 의한 행정을 펴 나가야 한다. 즉 지금까지와 같이 공공부문이 계획에서 집행까지 모든 영역을 직접 담당하기는 불가능하며 해서도 안된다. 다만 상호보완과 파트너쉽하에서 민간부문을 유도하는 역할을 수행하게 될 것이다. 정책 자체도 핵심적이고 중요한 사항에 집중하여야 한다. 따라서, 향후에는 지방자치단체가 직접 제공하는 서비스 형태로부터 제3섹터, 공단 · 공사형태, 계약, 민간위탁, 책임경영제, 바우쳐제도 등 다양한 형태의 공급체제가 도입될 것이다.

여섯째로 주민은 그동안 공급자 중심의 서비스공급에서 수요자중심의 서비스공급체제로 전환될 것을 요구하고 있다. 오랜 중앙집권체제하에서 구축되어온 행정문화로 인하여 그동안 공무원은 서비스공급의 시혜자이며 주민은 행정서비스의 수혜자로만 간주되어 왔다. 그러나 이제 민선자치를 거치면서 주민들의 행정서비스 요구가 봇물처럼 쏟아지고 있다. 또한 주민이나 시민단체들은 자치단체가 제공하고 있는 서비스나 정책들에 대하여 잘잘못을 따지고 이의를 제기하고 있다. 이것이 주민중심, 고객중심, 성과중심의 서비스공급체계를 요구하고 있는 현상이다.

2) 자치행정의 미래상과 목표의 재정립

자치단체의 미래상은 너무나 중요하기 때문에 지역주민의 의사와 아이디어를 토대로 새롭게 설정될 필요가 있으며 그 성과는 반드시 주민에 의해서 평가될 수 있도록 측정 및 평가지표와 연계되어야 한다. 자치단체의 미래상을 구현하기 위한 자치행정의 장기발전 비전이 정립되면 그 다음에 비전-목표-전략 순으로 연계되어야 한다.

〈그림-1〉 자치단체의 미래상

자치단체의 미래상(vision)
대한민국의 새로운 중심, OOOO

⇩

자치행정의 임무(mission)
우리의 주목표는 지역주민들에게 최상의 서비스를 제공하는 일이다 동시에 OOOO의 위치를 대한민국에서 가장 살고싶은 지역으로 만들고 최고의 삶의 질 수준이 되도록 쾌적한 환경을 만드는 것이다. 이러한 목표들을 달성함으로써 우리들이 보상받을 수 있는 것은 주민들로부터의 존경과 신뢰, 주민의 만족도 향상, 시 · 군 · 자치구행정의 창의성 확립과 역량강화, 그리고 품위있는 지역문화를 재창조하는 것이다.

⇩

자치행정의 전략(strategies)
① 전국연결 「교통 · 물류 · 정보」 네트워크 구축 ② 산업구조 고도화 및 제4차산업의 특화육성 ③ 친환경, 고품질의 교육 · 문화 · 정주여건 조성 ④ 신뢰받는 지역이미지 형성을 위한 브랜드 마케팅 ⑤ 사회통합에 기반을 둔 자치거버넌스 체제 도입

3) 체계적인 전략기획의 정립

지방자치단체는 추구하고자 하는 목표의 통합적 실천을 통하여 핵심역량을 확보하는 동시에, 급변하는 주위환경에 적절하게 적응 · 발전하는데 필요한 요소들을 획득하게 하여 지역사회의 발전을 위한 자치단체의 비전 및 전략과의 강력한 연계성을 가진 사업계획을 수립할 수 있는 기반 마련이 항시 중요하게 되었다. 앞서 살펴본 바와 같이, 자치단체를 둘러싼 국내 · 외 환경이 많이 바뀌고 있다. 자치단체는 이에 부응하여 새로운 패러다임의 변화를 선도하면서 새로운 비전을 가지고 새로운 자치행정의 틀을 구축해 나가야 한다. 자치단체가 직면하고 있는 그러한 불확실한 미래에 대하여 위험성을 줄이고자 하는 노력들을 체계화하기 위하여 자치행정에는 전략기획의 활용이 요구되고, 또 전략기획이 자치행정의 정책결정과 효과적인 정책집행을 위한 경영(및 관리)과정의 한 부분으로 이해될 때, 자치단체의 관리체계에 보다 체계화된 전략기획 기법의 도입 및 활용이 이루어지게 될 것이다.

3. 정책기관으로서의 자치단체

지방자치시대에는 종래와 같이 국가가 계획하고, 지방이 실시하며, 책임은 국가와 지방이 함께 져야 한다는 행정시스템으로부터, 지방이 스스로 계획하고, 실시하며 책임을 지는 행정시스템으로 전환하는 것이 중심과제가 된다. 즉, 지방자치단체가 정책의 주체가 되어 정치 · 행정을 어떻게 수행하는가의 체제형성이 지방자치의 핵심이 될 것이다.

새로운 지방자치시대의 자치단체 행정혁신은 행정의 투명성을 높이고 책임을 명시할 수 있는 체제를 형성하여 정책평가를 분명히 수행한다는 것과 함께 정책주체로서 활동할 수 있는 체제정립을 행한다는 데 있다. 즉 정책기관으로서 자치단체 형성은 정책을 스스로 입안하고 실시하며, 결과에 대해 자기책임을 명확히 할 수 있는 자치단체상의 실현에 있다. 이를 종래의 사업기관의 역할로 고수해 왔던 사업 자치제에 대해서, 정책기관의 역할을 부과시키는 「정책자치제」의 창조라고 부를 수 있다.

정책주체의 형성이 계속 화제가 되고 있는 이유는 분권화를 통한 지방자치의 정착으로 각 자치단체가 정책기관으로서의 역할을 수행할 정책형성능력을 갖추고 있는가, 그들이 행 · 재정 경영에 대한 경영책임을 명확히 밝힐 수 있는가, 공공서비스의 공급주체로서의 규모는 적당한가, 정보의 투명성이 확보된 신뢰감이 높은 자치단체인가, 주민의 자체 조절능력은 갖추고 있는가 등이 문제가 되기 때문이다.

이러한 커다란 변화에 적응하기 위해서, 자치단체에서 일하는 지방공무원들은 기본적으로 3가지 능력이 필요하게 된다. 첫 번째는 경영능력, 두 번째는 정책능력이며 세 번째는 평가능력이다. 국가가 결정한 정책을 기관위임사무로서 실시하고, 국가의 지시대로 보조금 사업을 우선적으로 수행하는 사업기관의 입장을 고수해오던 것이 현재의 지방자치라면, 이제 독자적인 정부로서 스스로 정책을 입안하고 실행하며 결과에 대한 책임을 지는 정책기관으로 전환해야 한다. 또한 자치단체는 경영주체로서 자기결정 · 자기책임의 원칙을 관철해야 한다.

그렇게 하려면, 첫째로 넓은 의미에서 「경영능력」이 필요하다. 그것은 정책과정 전반에 걸쳐 해당된다. 이 전(全)과정을 효과적으로 조직화하고, 운영하며, 양호한 결과를 낼 수 있는가가 여기서 문제시된다. 종래의 행정은 「지출을 갖고 수입을 통제한다」는 개념을 운영의 원리로 삼아왔지만, 이는 집행의 원리는 될 수 있어도 경영의 원리는 될 수 없다. 왜냐하면 주민의 수요를 요건으로 하여 그것을 충족시킬 재원이 부족하면, 국가에 진정하거나 공공요금을 인상하는 방법 등으로 필요한 재원을 충족시키는 「집행처리」의 개념에 근거하기 때문이다.

경영이란 독자적으로 결정한 경영마인드에 근거해 경영시스템을 구축하고, 그들만의 경영 노하우를 구사하여 조직 목적의 최대화를 도모하는 행위이다. 거기에는 필요한 자금은 언제라도 모을 수 있다는 발상법은 없다. 필요한 자금이 모아지지 않을지도 모르며, 차용을 해도 변제할 수 없을지도 모른다. 따라서 이로부터 저절로 「수입을 갖고 지출을 통제한다」는 경영원리가 지배한다.

두 번째로 정책능력, 즉 정책의 형성능력이 문제시된다. 과제의 설정에서 정책의 결정에 이르기까지가 여기서 문제시되는 능력으로 그것은 정책목적의 명시, 수단의 구상, 자원의 조달, 실시체제의 명시, 이해 관계자에 대한 대응으로부터 이루어진다. 이 업무는 종래에 결정된 사무를 집행하는 자 만의 발상으로는 제대로 이루어질 수없다. 목표자체를 스스로 설정하여 시작해야 한다. 그 의미에서 그들은 공무원이 아니라 건축가, 설계자, 디자이너의 감각을 지닌 정책맨이어야 한다. 그리고 정책과정은 투명하게 주민에게 공개되어야 한다.

세 번째로는 평가능력을 들 수 있다. 일반적으로 plan → do → see라는 정책과정 중에서 평가의 문제는 see라는 장면을 문제시한다. 이상과 같이 분권화시대를 맞이하는 지방자치체에게 있어서는 종래와 같이 집행능력의 향상(효율성 · 효과성의 추구)만이 아니라 정책형성 능력이나 정책평가, 더 나아가 경영주체로서의 종합적인 경영능력의 향상이 필요하다. 자치단체는 분명 정부이다. 그것도 민주적인 정부여야 한다. 지방분권을 자신의 것으로 만들기 위한 자기개조의 시대가 시작되는 것이다.

정책자치체의 개념을 다시 정리해 보면 이렇다. 즉 지방자치단체는 지역의 정치기능을 수행하는 「정치주체」와 사무사업의 집행기능을 수행하는 「사업주체」의 두 가지 측면의 역할을 제대로 수행해야 한다. 그러나 향후, 지방분권의 주역이자 지역의 정책형성의 주체가 되는 자치체단체상으로는 위의 두 가지 기능에 세 번째 기능으로서 지역의 정책형성기능을 지닌 「정책주체」라는 측면이 더해져야 할 것이다. 이러한 세 가지 기능을 겸비한 자치체를 정책기관으로서의 자치단체, 즉 「정책자치제」라 부른다. 이야말로 지방정부라 부르기에 알맞은 개념이라고 할 수 있다. 이 세 가지 기능을 잘 조화시켜 성장해 나가는 것이 바람직하며 그것을 자치단체의 삼면등가의 법칙이라고 할 수 있다.

앞으로의 자치단체형성은 정책자치단체의 창조에 있다. 그렇다면 자치단체 개혁이 단기적으로는 사업주체로서의 슬림화, 감량경영의 실현이라는 「사업주체」의 효율성 · 효과성이 문제가 되더라도, 동시에 중 · 장기적인 시점에서 정책기관의 측면으로서의 「정책주체」 구축과 「정치주체」의 개혁을 꾸준히 추진해 나가야 할 것이다.

〈그림-2〉 정책기관으로서의 자치단체 개혁

1. 양적 개혁의 면(「사업주체」의 개혁)
   ① 자치단체의 감량화
   ② 행정수요의 (발생) 억제
   ③ 행정수비범위의 재조정

→ 경영성

↕

2. 질적 개혁의 면(「정책주체」의 구축)
   ① 정책형성의 향상
   ② 정책맨의 육성
   ③ 정책평가의 공개

→ 책임성

↕

3. 주민자치의 면 (「정치주체」의 구축)
   ① 고객우선주의
   ② 청렴한 지방정부
   ③ 주민의 직접참여의 촉진

→ 봉사성

지금까지 묵시적 양해속에서 행 · 재정운영은「지출을 갖고 수입을 억제한다」는 원칙하에 이루어져왔다. 복지수요의 증대에 대해서 복지시설의 증설로 대응하고, 자동차 교통량의 증대에는 주차장건설과 도로정비로써 대응하며, 생활 잡폐수에 의한 하천오염에는 수도정비로 대응해 왔던 것이다. 결국 이는 행정조직을 팽창시키고 직원 수를 늘린 결과, 거대한 행정기관을 창출하고 만 것이다.

게다가 고령화의 흐름은 21세기의 한국도 피할 수 없는 현상이다. 이는 생산인구에 비해 상대적으로 비생산인구의 폭이 커지는 사회로서 곧, 돈이 없는 사회이다. 그러한 조류에 대해 어떻게 대응하기 위해서는 증세, 차관이 아닌 다른 길의 선택이 무엇보다 필요하다고 생각한다.「지출을 가지고」란 발상을 전환하는 게 무엇보다 우선이다. 즉 행 · 재정수요를 발생초기부터 삭감 · 억제하거나, 민간활력을 이용하여 행 · 재정수요를 막을 방책이 불가결하게 될 것이다.

4. 위기관리체제의 구축

최근 '위기' 상황이 일상화되고 있다. 경주 지진, 울산 폭우, 대구 지하철참사, 핵문제, 각종 노사분규, SARS발생, 패륜적인 범죄들이 최근의 우리사회의 위기요인으로 나타나고 있다. 사회구조가 복합적인 양상을 띄면서 대형사건, 사고나 자연재해 등 전통적인 위기와 더불어 21세기형 신종위기들이 나타나고 있어 위기대비를 더욱 더 어렵게 하고 있는 실정이다. 자치단체들도 2016년 예기치 못한 폭우로 인하여 큰 피해와 함께 위기관리체제의 구축 및 관리능력 제고의 중요성이 심각하게 부각된 바 있다. 효과적인 위기관리가 없으면 이젠 더 이상 살아남을 수 없다는 교훈을 얻은 것이다. 위기관리는 하나의 생존전략이다.

위기에 대한 사전대응적인 전략을 짜는데 가장 필수적인 것이 위기관리 매뉴얼(CMM:Crisis Management Manual)이다. 위기관리 매뉴얼은 기관이나 조직에서 일어날 수 있는 위기를 진단(crisis audit)하고 거기에서 가능한 범위까지 완화(mitigation)하고 그 다음 위기를 큰 카테고리로 나누어 각 위기별로 구체적인 전략을 수립하는 것이다.(그 안에서는 대국민 첫 성명, 사과광고문안, 누가 대변인이 되어 입장을 설명할 것인가, 위기관리팀의 구성과 팀장 등등이 자세히 기록되어 있음) 이런 과정을 거쳐 위기관리 매뉴얼을 만든 후 그것을 적어도 분기별로 1년에 4번 정도는 모의훈련(simulation)을 직접 실시해 각 구성원들이 위기시 각자의 역할은 무엇이라는 것을 확실하게 알 수 있게 하는 것이다.

위기관리의 구축과 관리능력의 향상을 추진하는데 있어서 중요한 원칙이 지켜져야 하는데 그 내용은 다음과 같다.

첫째, 모든 위기는 사전에 징후(prodrome)가 있다. 이 징후를 추적해서 사전에 위기를 차단해야 한다. 이 작업이 성공적으로 되기 위해서는 끊임없는 환경모니터링(Environmental monitoring)이 필요하다.

둘째, 위기시 당황하지 않고 체계적으로 위기를 관리하기 위해서는 위기관리 매뉴얼이 필수적이다. 각 중앙부처와 지방정부는 대형위기 발생이 가능한 곳에 우선순위를 선정해 위기관리 매뉴얼을 만들어 놓아야 한다. 그리고 각 시나리오에 따른 모의훈련을 주기적으로 실시해야 한다. 위기의 3P를 철저히 인식하게 해서 사전준비와 연습보다 더 중요한 위기대비는 없다는 것을 피부로 느끼게 해야한다.

위기관리의 3P는 Prepared(준비된), Proactive(사전대응적)과 Practice(모의훈련실시)이다. 이 내용들이 가장 잘 함축된 것이 위기관리 매뉴얼(crisis management manual : CMM)이며 이 매뉴얼을 가지고 정기적인 모의훈련(simulation)을 할 때 가장 완벽한 준비 상태를 갖추게 된다.

셋째, 위기시 역할이 위기관리의 중요한 역할을 공식적 대변인인 공보관이 당연히 해야 한다는 생각을 버릴 필요가 있다. 위기의 성격과 정도에 따라 관련 간부가 대변인으로 결정될 수 있어야 한다.

마지막으로 위기발생시에는 관련 조직구성원들의 적극적인 참여에 의한 의사소통의 활성화와 이를 토대로 한 민주적 정책결정과정이 필수적인 요소이다. 그리고 위기관리에 신속하고 탄력적으로 대응해 나갈 수 있는 임시적 조직 (adhocracy)의 설치도 바람직하다.

5. 도와 시 · 군간 신협력관계 구축

분권의 추진은 중앙과 지방간 그리고 지역간 및 기관의 제반 갈등을 더욱 심화시킬 소지가 크다. 도와 시 · 군의 갈등과 마찰도 비번해질 것이다. 지방분권화가 본격화되기 이전인 현재까지도 지방자치단체간의 분쟁과 갈등에 의해 정책이 표류하거나 지역의 발전에너지가 낭비되는 현상이 발생되고 있다. 향후 지방으로서의 권한이양이 추진되면 될수록 행정구역내에서의 정책추진이 강화될 것이고 이는 결국 자치단체간 정책연계의 부족을 초래하고 지방정부간 갈등으로 연결될 수밖에 없는 것이다. 따라서, 자치단체간 협력의 부재는 지역정책의 성공적 추진과 성과제고를 어렵게 할 것이 분명하다.

국민을 상대로 한 대부분의 행정은 실제로 지방정부 그것도 시 · 군 · 구 등의 기초자치단체를 거쳐서 지역주민들에게 주로 전달되기 때문에 시 · 군 · 구의 행정이 올바로 운영되지 않으면 분권화 노력들도 그 효과를 거둘 수 없고 주민들로부터의 동의와 지지를 받아낼 수 도 없다. 분권화의 성공이 바로 광역과 기초자치간의 협력관계 구축 및 기초자치의 활성화에 달려 있는 이유가 여기에 있다.

도와 시 · 군간의 갈등해소 나아가 원만한 협력관계의 정착은 지방분권의 실질적 추진에 있어서 그 성공여부를 결정하는 하나의 중요한 단초가 될 것이다. 따라서, 도의 사무와 시 · 군의 사무는 명확히 구분하여 각기 자신의 사무를 독자적으로 독립적으로 처리할 수 있게 해야 한다.

주민들의 일상생활이나 편익에 직결된 기능은 시 · 군에서 담당하고 도시계획이나 환경문제와 같이 여러 시 · 군이 관련된 광역적인 사무는 도가 담당하게 하여 양자간에 분업을 체계화해야 한다.

사무를 배분함에 있어서는 업무의 중복으로 인한 이중행정의 낭비와 책임의 전가를 방지하기 위해 동일한 사무가 도와 시 · 군에 동시에 귀속되어서는 안 된다. 그리하여, 시 · 군의 사무에 대해서는 계획에서부터 집행에 이르는 모든 권한을 시 · 군이 행사해야 한다.

일본은 분권법의 시행으로 영향을 가장 많이 받은 곳이 광역자치단체인 도도부현이다. 도도부현은 분권법 시행 전까지는 기관위임사무제도를 바탕으로 국가의 주무대신을 대신해서 시정촌을 실질적으로 지도 · 감독해 왔다. 이 체제에 큰 변화를 가져온 것이 기관위임사무제도의 전면 폐지이다.

도도부현과 시정촌간에는 새로운 관계를 모색하는 여러 가지 일들이 일어나고 있다. 예를 들어, 분권법 시행 후 가나키와현과 요토스카시 간에 갈등이 발생했는데 그것은 현의 사무로 되어 있는 조사업무를 종래와 같이 시에서 처리하도록 의뢰한데서 발단되었다. 분권법의 시행 이전 같으면 현은 조사

협력을 의뢰하는 통지 한 장으로 시로 하여금 업무를 대신하여 할 수 있었다. 그러나 분권법에 의해 그러한 권한이 모두 삭제되었기 때문에 현이 시정촌을 통해 조사를 하는 경우에도 양자간에 신탁계약을 체결하고 재원을 현이 부담하지 않으면 안 되게 된 것이다.

6. 지방공무원의 자치역량 강화방안

1) 정책입안능력의 제고

지방분권법의 시행으로 자치사무가 늘어나고 그에 따라 자치단체의 결정권이 확대됨에 따라 이를 뒷받침할 정책입안능력을 갖추어야 할 필요성이 높아졌다. 예를 들어, 일본의 미야키현 기센누마시에서는 시의 정책형성능력을 높이고 직원들에게 자극을 주기 위해 경제산업성 관료를 조역(부시장)으로 영입했다. 또 이와테현 미야코시에서는 개호보험의 도입 준비를 위해 후생성 직원을 스카우트하고, 후쿠시마현 미하루마치에서도 자치성의 젊은 관료를 기획재정부장으로 영입했다.

시즈오카현 하마마츠시에서는 아이디어가 풍부한 인재를 구하기 위해 민간기업에서 경험을 쌓은 전문가를 채용했다. 이와타시에서도 스포츠를 통한 지역진흥사업을 활성화하기 위해 보트 경기 선수와 코치 경험자를 채용하였다. 이런 움직임의 배경으로는 분권법의 시행으로 지방자치단체는 지역에 관한 일을 자신들이 직접 결정할 수 있는 반면, 독자적인 시책을 개발할 수 있는 정책입안능력이 요구되는데, 이를 위해서는 우수한 인재를 확보하여 스스로 변혁해가지 않으면 주민의 요구에 대응할 수 없기 때문이다.

또한, 기와자키시에서는 분권법 시행에 맞추어 지방분권에 조직적으로 대응하고 이를 추진해나가기 위해 도시계획과 내에 '분권추진담당'을 3년간의 한시기구로 설치했다. 이외에도 각 자치단체에서는 정책입안능력의 향상을 목적으로 조직을 재편하고 또한 일괄법의 시행으로 늘어나는 업무를 효율적으로 담당하기 위해 데스크포스팀을 설치하는 등 다양한 조직적 대응의 움직임이 나타난 바 있어서 우리에게 좋은 시사점을 주고 있다.

2) 지역실정에 맞는 인력관리의 정착

지방정부의 정원과 인력관리는 중앙이 획일적인 통제를 하기보다는 지방이 주체적으로 인력수급 계획을 세우고 이에 대한 견제와 감독을 당해 지방의회와 시민단체, 지역주민에게 맡기는 것이 필요하다. 그러한 의미에서 지방정부의 기구와 정원관리에 대한 성과공시제를 도입하는 것도 생각해 볼 수 있다. 성과공시제를 통해 지방정부의 기구와 정원에 대한 연도별 비교자료와 지방정부간 비교자료를 공개하도록 하여 지방의회와 주민들이 지방정치과정을 통해 견제하도록 하는 것이다(경기개발연구원, 2000: 158). 이와 관련하여 재정적인 통제방식에 의한 간접적 규제방식으로의 전환을 위해 인건비총액한도제의 도입도 고려할 수 있을 것이다. 지방정부의 재정력과 행정업무량, 도시화 수준에 따라 지방정부를 몇 그룹으로 나누어 일반총예산 대비 인건비 비율의 상한선을 책정함으로서 그 한도 내에서 각 지방정부의 실정에 맞는 인력관리를 하도록 할 수 있다.

3) 자율적 인사관리의 강화

인사관리의 기본방향은 자치조직과 인사권을 제약해야 하는 이유로 거론되고 있는 자치단체장의 인사전횡을 견제하면서 지역의 특성에 따른 자율성을 반영할 수 있도록 하는 것이 바람직하다. 이를 위해서는 다음가 같은 방안이 검토될 수 있다.

첫째, 인사위원회의 기능을 강화하여 형식적으로 운영되지 않도록 하여야 한다. 지방자치단체장의 인사권을 강화할 경우 인사권 행사의 공정성을 중립성을 확보하기 위해서 상대적으로 인사위원회의 기능을 강화할 필요가 있다.

둘째, 지방의회와 지역주민의 인사참여 방안을 강구하여야 한다. 새로운 기구설치나 정원확대, 부단체장의 임용과 의회사무처 직원임용 등에 대해서는 행정자치부 대신 지방의회의 동의를 받도록 할 수 있을 것이다.

셋째, 지방정부가 인적 자원으로서 유능한 공무원을 확보하고 활용할 수 있도록 임용제도의 자치권이 확대되어야 한다. 이를 위해서는 임용과 시험에 관한 기준과 원칙을 법령으로 정하더라도 구체적인 운용과 시행방법은 조례에 위임하여 지방정부가 관심을 갖고 스스로 노력할 수 있는 여건을 조성해 나가야 한다.

마지막으로 인사평정제도의 개선을 통해 성과지향적 인사제도를 확립해 나가야 한다. 근무평정방법을 획일적으로 규정하지 않고 근무평정에 필요한 큰 테두리의 기준을 제시하되, 이를 바탕으로 지방정부 스스로 적합한 평정방법을 구체화시켜 나가도록 조례위임을 확대할 필요가 있다.

4) 전문보직경로제와 경력개발제도의 실시

순환보직제의 폐단을 극복하고, 개인의 목표 및 적성, 능력, 희망에 대한 체계적인 분석과 조직의 목표 및 직무분석 등을 통해 공무원을 적재적소에 배치하여야 한다. 전문보직경로제를 도입하여 특정한 전문분야 및 관련 분야 내에서의 승진 및 보직이동을 실시함으로써 공무원의 전문성을 극대화하여야 한다. 조직내 역량과 인력자원 활용의 극대화를 위해서 개인적 차원에서뿐만 아니라 조직적 차원에서 공무원 개개인의 경력발전에 대한 인식의 제고가 필요하다. 공무원 개개인의 경력개발은 경력교육, 경력상담, 경력계획 워크숍 등의 차원에서 효율적으로 이루어져야 한다.

5) 지방공무원능력개발을 위한 교육훈련제도의 개선

교육훈련은 조직구성원의 직무수행능력을 향상시켜 조직의 운영과 활동에 적극적으로 활용함을 목적으로 한다[1]. 지방공무원 교육훈련의 효율성을 제고하기 위해서는 첫째, 단체장의 교육훈련에 대한 인식의 제고와 투자가 확대되어야 한다. 둘째, 직무 전문성의 제고와 교류협력체계의 구축이 필요하다. 공무원 교육훈련은 전문성의 제고를 통한 직무수행능력의 향상에 중점을 주어야 한다. 셋째, 교육훈련 이수 인력의 활용을 체계화하여야 한다.

6) 인사교류 활성화의 필요성과 개선방안

(1) 인사교류의 유용성

공무원 인사교류는 지방정부 자치역량강화 측면에서 큰 의미가 있다. 분권화사회에서는 지식창출 못지 않게 지식관리와 활용이 중요한 데, 인사교류는 정부기관들간에, 정부간에, 그리고 정부와 민간부문간에 상호 지식과 정보 및 아이디어를 공유하고 활용케 함으로써 서로의 생산성과 문제해결능력을 확대시킬 수 있고, 궁극적으로 인력의 균형 있는 배치활용을 통해 국가사회와 지역공동체의 전체 역량을 향상시킬 수 있기 때문이다.

중앙정부와 지방자치단체간 인사교류는 중앙-지방간 정책의 연계성 및 협조강화, 중앙과 지방간의 이해증진, 지방자치단체의 정책개발 및 기획능력의 제고, 지방자치단체 조직의 개방성과 유연성의 확장 등의 효과를 가져올 수 있을 것이다.

지방자치단체간의 인사교류에 있어서는 도와 도간, 시군과 시군, 그리고 시군과 읍면동간 인사교류는 상호협력 증진과 더불어 우수 행정사례를 전파 · 보급시키는 기여를 할 것이고, 도와 시군간 인사교류는 현장감각에 입각한 지방정책의 수립과 집행을 가능케 하는 효과를 가져 올 것이다.

---

1 영국의 지방공무원 1명당 교육지출비는 약 152 파운드(약 30만원)이며, 지방의원에 대한 교육비는 1인당 약 178 파운드(약 36만원)정도이다. 지방정부 예산대비 공무원 교육훈련비는 2000년도 기준 1% 정도이다. (ODPM, 2003) 우리나라의 경우에는 교육훈련비가 지방정부 예산의 평균 0.3%에도 미치지 못하고 있음을 볼 때 크게 대조가 된다고 할 수 있다.

(2) 인사교류의 실태와 개선방안

중앙정부와 지방자치단체간 인사교류는 민선단체장체제 출범 이후 자치단체장의 인사권이 강화되면서 크게 줄어들고 있다. 예컨대, 최소한의 국가공무원만이 광역자치단체에 배치되고 있고, 기초자치단체의 부단체장에 대한 지방직 임용이 확산되고 있어서 국가 및 상급자치단체로부터의 인력공급이 제한되고 있다. 또한 〔인사교류협의회〕의 심의를 거친 사안에 대해 지방자치단체가 실시를 거부하거나 지연할 경우에도 현실적인 이행수단이 미흡한 실정이다.

중앙정부와 지방자치단체간 인사교류의 장애요인으로는 조직의 배타성, 중앙정부중심의 인사관행, 자치단체장의 자율적 인사권 고수, 중앙-지방간 전출・입에 따른 국가공무원과 지방공무원간의 특별채용시험 규정적용의 불공평성에 대한 지방공무원들의 불만, 인사교류에 따른 긍정적 인센티브 미비 등이 있다. 이와 함께 구조조정의 시기에는 중앙부처의 잉여인력을 지방이 부담한다는 비판도 제기되었다.

중앙정부와 지방정부간 인사교류의 경우, 국가공무원은 지방자치단체로의 인사이동을 수직적인 승진의 기회로 삼을 수 있는 반면, 조직규모가 크지 않은 지방자치단체의 경우 지방공무원의 내부승진기회를 박탈함으로써 사기저하를 초래할 수 있는 것이 문제이다.

지방자치단체 상호간 인사교류 또한 지방자치의 실시로 자치단체가 중앙정부의 간섭에서 멀어지면서 줄어들고 있다. 광역-기초간과 교류에 있어서는 계획적인 교류보다는 특정한 교류를 선호하는 경향이 나타나고 있고, 기초자치단체장이 교류를 반대할 시에 교류가 불가능한 실정이다. 그리고 기초자치단체간 인사교류는 승진소요년수의 불균형 등으로 교류상대가 마땅치 않아 성립되지 못하는 경우가 적지 않다.

중앙정부와 지방자치단체간 인사교류와 광역자치단체와 기초자치단체간 인사 교류의 공통적 문제점은 인사교류가 조직간 관점보다는 상급기관과 하급기관 일정한 형태의 상 · 하관계를 형성하면서 이루어진다는 것이다.

중앙정부와 자치단체간 인사교류의 경우는 활성화되려면 양측의 의식전환이 선행되어야 할 것이다. 중앙정부는 지방자치단체를 하급기관으로 보는 시각에서 벗어나 중앙과 지방의 조화로운 발전을 위한 파트너로 간주하여야 할 것이고, 지방자치단체는 중앙정부와의 인사교류를 지역발전을 주도하는 유능한 인적자원을 확보함으로써 지방의 경쟁력을 향상시키는 기회로 인식하여야 할 것이다. 이와 더불어 인사교류 촉진을 위한 제도적 장치를 보완하고 인사교류운영을 합리화하여야 할 것이다. 제도의 경우 중앙-지방간 계획적 · 정기적 교류를 강화하는 인사교류할당제의 도입 등을 고려할 수 있을 것이다.

인사교류는 기본적으로 참여주체 모두에게 득이 되는 win-win 게임이 될 때 적극성을 띨 수 있다. 따라서 참여기관과 공무원에 대한 인센티브를 강화하는 것이 중요하다[2]. 예를 들면, 참여기관에 대해 예산이나 정원과 관련된 인센티브를 제공하고, 참여공무원에 대해서는 보직이나 경력상의 인센티브를 주거나 장려수당을 부여하는 것 등을 고려할 수 있을 것이다.

제4절 소결론

향후 지방분권 논의가 본격적으로 진행되면 지방분권 추진파와 지방분권 우려파 간에 적지않은 논란이 예상된다. 국가와 지방의 경쟁력 강화, 지역복지의 증대, 자원의 효율적 사용, 세계화에 대한 효과적 대응을 위하여 지방분권은 피할 수 없는 국정과제라고 믿는 집단과 지방정부의 자치역량 부족을

2 정부는 4월 1일부터 지자체에서 중앙정부로 발령받은 지방공무원이나 중앙정부에서 지자체로 옮긴 국가공무원은 4급의 경우 매달 60만원, 5급의 경우 50만원씩의 인사교류수당을 지급하기로 하는 「지방공무원수당 등에 관한 규정」을 개정하여 시행키로 했다.

근거로 급속한 지방분권을 경계하는 집단간에 갈등이 심화될 수 있다.

우리나라의 지방분권이 성공적으로 이루어지기 위해서 필요한 지방정부 역량강화방안 중 지방정부수준에서 해야할 가장 시급하다고 생각되는 몇가지를 정리해 보기로 한다.

첫째, 지방정부들은 지방정부차원의 분권로드맵을 작성할 필요가 있다. 중앙정부에서는 중앙정부차원에서 다양한 분권프로그램패키지를 제시하고 있고 시기별로 집행하기 위한 로드맵을 작성해 둔 상태이다. 그러나 이러한 분권화 노력이 성공하기 위해서는 여건이 서로 다른 지방정부 입장에서는 동일한 프로그램이라도 동일한 효과가 나타나기 어렵고 기반이 갖추어지지 않은 자치단체에서는 부작용이 나타날 가능성이 상당히 많다는 점을 인식하여야 할 것이다. 중앙정부의 지방분권이 본격적으로 시행되면 지방자치단체에서는 중앙정부의 권한이양이 가져올 파급효과를 각 부문별로 예측하고 이를 성공적으로 받아들이기 위해서 각 부문별로 필요한 성공조건들은 무엇이며 현재 자치단체가 그러한 조건을 갖추고 있는 가를 검토해야 할 것이다. 그 이후 이러한 조건이 갖추어져 있지 않다면 향후 어떤 방법으로 갖추어 나가야 될 것인가를 단계별로 기획해 나가는 과정이 필요하다.

둘째, 지방자치단체의 역량강화를 위해 맞춤형 자문(tailored consultancy)을 받을 수 있는 체제가 갖추어져야 할 것이다. 분권화의 추구는 개별 자치단체의 지역적 특성을 살리고 자율성을 강조하며 이를 통하여 지방자치단체의 자체 경쟁력을 강화시키는 것이 주요 목적일 것이다. 이와 부합하여 중앙정부에서는 전통적인 예산배분방식에서 벗어나 공모방식에 의한 경쟁위주의 사업 및 예산배분방식으로 바뀌어 갈 것이 예상된다. 이러한 환경 속에서 자치단체가 경쟁력을 가지려면 개별자치단체로서의 역량강화수요 도출 및 이를 강화시켜 나가기 위한 맞춤형 자문을 받는 것이 필요하다. 자치단체가 처한 특수한 사정이 다른 만큼 이러한 맞춤형 지원을 지속적으로 해주는 체제구축이 필요할 것이다.

셋째, 지역주민과 지방의회에 대한 다양한 측면에서의 교육이 필요하다. 지방자치단체의 역량강화는 공무원에게 국한된 것이 아니고 지역주민과 지방의원들에게도 공히 적용된다. 이들에 대한 교육과 다양한 훈련프로그램을 통하여 지역사회내의 사회자본을 강화하고 이를 통한 로컬가버넌스를 구축하는 것도 역량강화를 위한 장기적 토대가 될 것이다. 그러한 토대위에 집행기관과 지방의회, 집행기관과 지역사회와의 관계가 재정립될 필요가 있다.

넷째, 인사관리체계의 정비와 지역 재정관리의 강화다. 분명한 인사관리의 개념과 원칙을 갖춘 지역 인적자원관리시스템이 구비되어야 하며 그 제도적 장치는 자치단체에 의해 수행될 분권화 과제와 기능에 활용될 수 있어야 한다. 지역 재정관리역량의 강화를 위해서는 투명성과 책임성이 확보된 새로운 재정관리 및 성과관리시스템에 대한 이해도를 높힘과 동시에 예산과정의 투명성과 주민참여성도 더욱 강화해 나가야 할 것이다.

chapter 02

지역 · 집단 간 갈등관리

제1절 지방자치와 갈등관리

최근 들어 지방자치제의 실시와 함께 각 지역에서 소위 '지역이기주의 혹은 집단이기주의'로 불리우는 현상이 광범위하게 다양한 형태로 표출되고 있어서 지역간 · 집단간 갈등과 분규가 첨예화되고 있는 실정이다.[3] 언론을 통하여 널리 알려진 바 있는 안면도 핵폐기물 처분장 건설 반대운동을 대표로 하여 '92년 4월에 발생한 김포 수도권 쓰레기 매립장 건설 반대운동, 현대식 소각시설 설치와 관련하여 발생한 서울 상계동지역과 경기도 군포시 산본지역 쓰레기 소각장 건설 반대운동 등은 대표적인 지역이기주의의 사례로 손꼽힌 바 있다.[4] 그리고 '93년에 일어났던 약사와 한의사간의 한약 조제권 분쟁,

---

3 Inhaber는 자기지역에 불이익이 되는 시설의 설치를 무조건적으로 반대하는 NIMBY적 사고와 형태, 자기지역에 이익이 되는 시설의 그 지역내 설치를 요구하는 PIMFY적 사고와 형태를 의미하는 지역이기주의 현상으로 말미암아 사익과 공익의 충돌과 함께 지역과 지역간, 중앙정부와 지방정부간 갈등이 빈번해지고 있다고 주장한다. (Inhaber, Herbert, Of LULUs, and NIMTOOs the Public Interest, No. 107, 1992,pp.52~57.)

4 지역이기주의로 보고 있는 대부분의 살들은 환경과 관련된 도시혐오시설의 설치문제가 주총을 이루고 있다. 그동안 언론과 정부는 이러한 사례들이 주민들의 재산권 행사제약을 우려한 지역이기주의적 형태로서 사회안정과 행정의 신뢰성을 저해하는 범사회적 문제로 간주해 온 것이 기본입장이라고 볼 수 있다. 최근 정부도 문제의 심각성을 인식하고 쓰레기 매립장, 쓰레기 소각장, 발전소건설, 간척매립공사, 도로건설, 댐건설, 훈사 · 훈련시설을 7대 중점과제로 선정하고 이와 관련된 갈등문제에 체계적 · 적극적으로 대처할 것을 강조하고 있다.(국무총리실 국행감 07010-116 〈1994. 5.23 : 「집단이기주의 극복」 주관부처 지정〉 및 총무처지감 0706-31 〈1994. 2.28 : 다수인관련 민원 해소추진지침〉 참조.)

의대정원의 증원에 대한 의사들의 반대성명, 사법시험 합격자 확대조치에 대한 변호사들의 반발 등은 대표적인 집단이기주의 사례로 지적되기도 하였다.

이와같이 증폭되는 갈등의 대부분은 과거로부터 누적되어 온 갈등상황에서 비롯되었거나 정치 · 사회의 민주화, 자치화, 자율화 과정에서 새로운 이익대립과 갈등이 조성됨으로써 확대된 정치공간과 기회구조를 통하여 표출의 길을 찾은 결과로 볼 수 있다. 이러한 갈등은 농업사회에서 산업사회로 전환되는 산업화 과정에서 필연적으로 나타나는 현상으로서 이를 어떻게 해소 내지 관리하느냐에 따라서, 한편으로는 다원주의 사회를 지향하는 우리 사회의 큰 물결을 역류시켜 정치 · 사회의 안정을 크게 해칠 수도 있고, 다른 한편으로는 사회의 생존과 성장에 필요한 쇄신적 변동을 야기시키는 사회발전을 계기로 삼을 수도 있다.

갈등은 언제나 사회를 해롭게 하는 것만은 아니다. 건설적인 갈등의 부재는 오히려 정체된 사고방식, 부적절한 의사결정, 독재와 획일주의, 사회의 침체를 가져와서 사회발전의 기회를 상실케 하는 반면, 순기능적 갈등의 존재는 창조와 성장, 민주주의와 다양성, 자기실현의 기회를 확대시켜서 사회를 바람직하게 변동시키는 계기가 된다.[5] 그러나 지역 · 집단이기주의형 갈등은 그 근본적 해결이 불가능한 채 갈등이 끊임없이 반복되는 경향을 보이고 그런 과정에서 갈등의 당사자는 물론 전체사회는 상당한 진통과 혼란을 겪게 된다.

물론 그동안 억압되고 왜곡되었던 국민 개개인 또는 집단의 요구와 의사가 표출되는 것은 지극히 자연스럽고 오히려 바람직스러운 것이다. 권위주의 정치체제 그리고 관치행정시대에 자신의 이익을 국익이라는 명분 아래 표현조차 하지 못하고 포기해야 했고, 또 집단이 되기를 두려워 하였던 지역주민들의 최근 집단의사표시와 집단이익의 실현 움직임을 전부 단순하게 지역 또는

---

5 오석홍, "집단민원에 대한 정부의 시각 바뀌어야 한다", 「지방자치」, 1991. 9,34~35면.

집단이기주의로 매도하려는 또 다른 지역 · 집단이기주의적 태도는 갈등문제의 본질을 호도하는 것이다.

문제는 지방정치 · 행정체제가 복잡하고 다양한 지역주민들의 이익과 요구 등에 투입요소를 근본적으로 해소하고 관리하여 얼마만큼 제도화하느냐 하는 것이다. 왜냐하면 갈등의 관리를 제도화하는 것이 지역 · 집단이기주의 문제를 해결해 나가는 기초가 되기 때문이다. 즉 지방자치의 정착을 통하여 민주화 시대를 열어가는 시점에서는 지방자치시대에 증폭되고 있는 갈등을 지방자치이념 그리고 자치행정의 원리에 적합한 갈등관리전략으로 해결해 나가야지 모든 지역 · 집단이기주의로 간주하여 적대시하고 원천적으로 봉쇄하려 했던 과거의 갈등 방식으로는 자치시대의 갈등도 역기능적 갈등으로 발전할 가능성이 높아지는 반면, 갈등의 순기능적 역할로 얻어지는 건강하고 활력있는 사회의 도래는 불가능해 질 것이다.

앞으로 지방자치제도가 본격적으로 정확하게 되면 자치권의 신장 뿐만 아니라 주민의 자치의식과 권리의식이 크게 신장되어 주민복지구현의 극대화와 지역개발의 불균형 및 부정적 영향의 극소화를 위한 문제해결과정에서 갈등의 발생빈도는 더욱 늘어날 것이고 각종 특수이익을 추구하는 지역사회와 이익집단들의 활동들도 더욱 활발해 질 것으로 예상된다.

따라서, 주민들 사이의 이해관계 대립으로 갈등이 첨예화될 것이고 지방정부와 주민 및 이익집단들 사이의 마찰이 잦아질 것이다. 지역 · 집단간의 갈등은 우리사회에 지방자치를 뿌리내리고 궁극적으로는 정치적 민주화와 사회적 자율화를 정착시키는 일시적 동요로[6] 볼 수도 있고, 지방자치체하의 자연스럽고 바람직스러운 행위로 인정될 수도 있겠지만, 이와 같은 갈등현상이 우리사회에 확산 · 심화되면 사회발전은 물론 지역발전에 커다란 저해요인이 된다. 특히 지역 · 집단간 갈등이 제대로 관리되지 못할 때 지역 · 집단이기

6 김병준, "자치단체간의 갈등, 분권을 위한 일시적인 동요", 「지방자치」, 1991.9, 43면/

주의행동으로 표출될 수 밖에 없기 때문에 결국 사회구성원 모두가 직접 피해당사자가 되고만다. 따라서, 첨예화되고 있는 지역 · 집단간 갈등과 분규가 이기주의화 되지 않도록 하고 나아가 갈등을 사회발전의 계기로 삼기 위해서는 이를 적절히 관리할 수 있는 방안이 마련되어야 한다.

대개 갈등은 우선 제도적인 차원에서 집단민원의 형태로 표출되고 그것이 해결되지 못할 때 비제도적인 방법으로 집단행동화되어 서명운동, 집회, 시위, 농성, 데모 같은 주민운동을 수반하게 된다. 이러한 지역주민들의 집단의 사표시와 집단행동은 70년대 이후 그 발생빈도나 강도에 있어서 계속 증가하는 추세를 보여주고 있으며, 특히 지방자치 부활이후 사회의 민주화와 자치화가 촉진됨에 따라 집단민원과 주민운동 등 집단행동이 급격하게 증가한 것으로 기록되어[7] 지역 · 집단간 갈등은 현재 우리사회가 처한 심각한 사회문제의 하나임이 분명하게 되었다. 그럼에도 불구하고 우리사회는 아직 갈등을 해소하고 관리할 수 있는 제도와 전략이 구비되어 있지 못할 뿐만 아니라, 제도를 적용할 수 있는 자세와 능력이 결여되어 있기 때문에 갈등의 당사자들은 물론 전체사회가 상당한 혼란과 피해를 입고 있는 실정이다.

제2절 지역 · 집단이기주의 개념과 시각

1. 지역 · 집단이기주의의 개념

갈등현상이 보편적인 모습으로 우리 사회에 등장하면서 그 원인과 과정을 분석하고 그 극복을 위한 해결방안들의 제시가 지역 · 집단이기주의에 대한 개념이 명확히 정립되어 있지 않은 상태에서 이루어져 왔기 때문에 아직까지

7 총무처 정부합동민원실, "다수인 관련민원 해소추진상황", 1995.

도 심각한 사회문제로 남아 있다. 대체로 지역 · 집단이기주의에 대한 기존의 정의를 보며나 "어떤 사회의 개개 집단들이 공익보다는 그들 집단이나 지역의 이익을 최대의 가치로 보고 그들의 이익을 극대화하기 위하여 투쟁하는 것"[8]으로 받아들이는 것이 일반적인 분위기이다.

최근 들어 혐오시설 입지계획에 대한 주민반대운동이 빈번해지면서 소위 NIMBY현상[9]을 지역 · 집단이기주의와 일면 상통하는 개념으로 인식되고 있다. 그러나 이것은 잘못 연계된 개념으로서 NIMBY현상 속에는 부정적 의미의 지역 · 집단이기주의 현상만 내포되어있는 것이 아니라 일정한 지역이나 집단의 정당한 권리를 행사하려는 지역주의[10]내지 지역보호주의적 개념도 포함되어 있는 것이다. 따라서, NIMBY현상을 중립적인 개념으로 인식하고 정당한 지역 · 집단이기주의 (지역주의 또는 지역 · 집단보호주의는 존중되고 지역 · 집단이기주의는 해소되는 차원에서) 개념이 정립되어야 할 것이다.

그리고 지역 · 집단이기주의를 사회갈등의 한 단면으로 보고 단편적 · 정태적 개념으로 파악하려는 경향이 일반적이라 볼 수 있는데 이러한 접근도 지

8 이달곤, "집단이기주의의 원인과 합리적 해소방안", 「지방행정」, 1991. 6,10면. 그 외에도 거의 같은 의미로 지역」집단이기주의의 정의를 "지역·집단이기주의란 국가 또는 더 넓은 사회에 비해 상대적으로 협소한 지역과 집단의 복수를 주민이 적극적, 공격적, 수동적인 방법으로 자기이익을 최대가치로 보고 그의 획득 또는 유지를 위해 국가나 지역의 이익에 손상을 입히는 것" 이라고 내리는가 하면(이인용, "원전건립건설과정의 지역이기주의 해소방안", 「입법조사월보」, 1992.6월호, 23~24면), "지역 · 집단이기주의란 어떤 사회의 개개의 집단들이 공익보다는 그들의 집단이나 지역의 이익을 최대의 가치로 보고 그들의 사익을 극대화시키기 위해 이해당사자들이 정책집행기관에 대해 일련의 행위를 요구하는 구체적인 의사를 표시하는 것" 으로 정의내려 정책집행과정과 연계시키고 있으며(조국현, "지역이기주의의 정책대응에 관한 연구, 고려대 정책과학대학원 석사학위논문, 1992, 5면), "지역이기주의는 국가전체의 이익이나 사회전체의 이익을 위해 반드시 필요하지만 안된다는 배타적 사고와 행태를 가르치며 이와 아련하여 이해관계 당사자들간의 갈등이 표출되는 현상" 으로 보면서 갈등과 관련을 짓고 있다. (손희준, "지역이기주의 극복을 위한 혐오시설의 효율적 관리방안."

9 NIMBY란 "Not In My Back Yard" 의 약자로 우리 지역에는 공해시설을 설치할 수 없다는 혐오시설에 대한 입지기피 증후군을 나타내는 말이다. (O' Hare,MIchawl, "Not on my block don' t : Faciliy sit-ing strategic importance of compensation", Public Policy, 25, 1977, pp. 407~458). 이러한 현상은 LULUs(Locally Unwanted Land Uses로 정의되기도 하면서 혐오시설들은 항상 지역주민에게 공포와 고통을 주며 집값이 하락하는 등의 부정적인외부효과를 유발한다고 주장한다. (Armour, A.M., "The sitimg of locally unwantes land use : Towerds a coomeration", Progress in Planning, Vol. 35, part. 1, 1991, p.7.).

10 지역주의란 지역성에 근거를 둔 집단의식, 즉 특정지역을 중심으로 한 공동체간에 표출되어 나타나는 의식으로서 이들 특정지역의 고유문화 양상을 나타내보이는 이데올로기적 요소로서 지역이기주의와 구별하여 이성적이고 합리적인 주민의식으로 고양이되어야 한다.(최외출, "지역발전을 위한 지역이기주의적 증후의 극복방안" ; 「새마을 · 지역개발논총」, 영남대 지역개발연구소, 제13집, 1992, 155~156면.).

역 · 집단이기주의의 본질을 파악하는데 한계가 있다. 지역 · 집단이기주의는 특정한 지역이나 집단이 정당하지 못한 이익을 추구하려는 태도와 의식에서부터 출발하여 자기의 지역과 집단의 이익만을 실현하기 위하여 다른 집단과의 타협과 조정을 거부한 채 배타적 · 독선적 · 폐쇄적 행동양식도 불사하는 비민주적 집단의사 표출행위를 포함하는 것이며, 결국은 갈등의 새로운 결과를 가져와 다른 지역과 집단 그리고 사회전체에 막대한 손해와 희생을 초라한 일련의 동태적 현상이라 볼 수 있다.

2. 지역 · 집단이기주의를 보는 시각

지역 · 집단이기주의에 대해 부정과 긍정의 대조적인 시각이 대립되고 있다. 기존에 정리되고 있는 양 시각을 정리해 보면[11]부정론은 지역 · 집단이기주의를 공익을 저해하는 비합리적이고 이기적인 태도와 행위로 보고 있고, 긍정론은 그와 달리 지역 · 집단이기주의를 인간본능의 자연적 태도 내지 합리적인 표현행위로 보는 시각이다.

지역 · 집단이기주의는 NIMBY현상을 긍정론과 부정론으로 양분했을 때의 부정론적 입장에서의 평가라 할 수 있다. NIMBY에 대한 긍정론과 부정론은 서로 다른 철학적 전제와 경험적 근거를 가지고 대립되어 왔다.

긍정적 시각은 주로 발생 원인에 대한 이해적 접근에 기초하고 있고, 부정적 시각은 주로 NIMBY현상이 초래한 결과에 초점을 맞추고 있다.[12]

이상이 논의를 정리하면 〈표-1〉 과 같다.

11 김홍식, 「지역이기주의 극복을 위한 정책연구」, 한국지방행정연구원, 1993. 2.14~24면,

12 권태수, "지역이기주의의 극복을 위한 정책과제", 관악행정학회 1993년도 하계세미나 발표논문, 1993. 8.13 ; 김홍식, "전게논문", 21~24면.

〈표-1〉 지역 · 집단이기주의에 대한 시각

	부정론	긍정론	통합론(협박론)
철학적 기반	공리주의(최대다수의 최대 행복 원칙)	정의론(최소사람에게 최소불행 원칙)	공리주의와 정의론의 조화(다수와 수수의 협력원칙)
경험적 근거	지역 · 집단이기주의의 부정적 결과 -공공시설입지확보 곤란 -각종갈등이 증폭 -물리적 집단행동의 만연 정부의 권위 및 공신력 저하 -환경문화의 약화	지역 · 집단이기주의의 발생의 정당한 원인 -부당한 입지선정 방법 /주민 의견수렴 미흡 -정부의 불성실한 태도 / 행정에 대한 불신	지역 · 집단이기주의의 객관적 과정 -입지선정의 공정성 -주민의견수렴 · 조정 -희생과 부담의 형평 -제도적 집단행동의 활성화 -정부의 최소개입 -환경에 대한 관심증대 -정부는조언자 · 협력자로서의 신뢰회복
용 어	지역 · 집단이기주의	지역 · 집단보호주의	지역 · 집단협력주의

〈표-1〉에서 알 수 있는 바와같이 부정론과 긍정론은 서로 다른 평가기준을 적용함으로써 상반되게 나타나는 것이므로 님비현상은 그 결과를 보면 부정적으로, 그 원인을 보면 긍정적으로 이해될 수 있는 양면적인 것이다.

이와같은 점에서 부정론은 님비현상으로 초래되는 폐단의 성격 및 심각성, 그리고 그것의 극복 필요성 및 긴요성을 명확히 볼 수 있는 시각을 제공하고 긍정론은 님비현상의 발생원인을 정확히 판단하고 이해하는데 매우 유용한 시각을 제시하는 것이다.

그러나 지역 · 집단이기주의는 긍정 또는 부정의 이분법적 시작에서 이해될 것이 아니라 보다 종합적이고 객관적인 시각에서 파악되어야 한다. 즉 지역 · 집단이기주의는 발생원인과 결과로만 나뉘어 분석되어져야 하는 것이 아니라 전개되는 전 과정이 객관적으로 분석되어져야 하며 입지선정의 공정성, 주민의견수렴 및 조정, 희생과 부담의 형평, 제도적 집단행동의 보장과 활성화, 정부의 최소개입 원칙 및 개발과 환경의 조화, 정부의 조언자 · 협력자로서의 신뢰회복이라는 타당한 기준에 의해 지역 · 집단이기주의의 전개과정이 동태적으로 고찰되고 그 결과에 따른 경험적 근거가 논의되어야 한다.

이렇게 지역 · 집단이기주의에 대한 새로운 시각을 협력론 내지 통합론으로 하고 그에 따른 새로운 철학적 기반과 경험적 근거를 정립해야 지역 · 집단이기주의를 보는 올바른 시각이 된다. 그 내용을 정리한 것이 〈표-1〉에 있는 통합론적 시각이다.

그리고 지역 · 집단이기주의라는 용어도 정확하게 표현되도록 용어들도 세분화되어 사용되어야 한다. 즉 지역 · 집단의 이익을 지키고 추구하려는 태도나 행동이 부정론에 입각해 있으면 '지역 · 집단이기주의' 로 볼 수 있는 반면, 긍정론에 근거를 두면 '지역 · 집단보호주의' 로 그리고 양자를 통합하여 새롭게 추구해야 할 개념으로서의 '지역 · 집단협력주의' 로 개념화 하여 볼 수 있다.

3. 지역 · 집단이기주의의 개념적 틀

앞에서 살펴본 지역 · 집단이기주의와 관련된 제반이론을 토대로 논의를 전개함에 있어 지역 · 집단이기주의의 개념을 공익이나 다른 집단의 정당한 이익과의 공존을 거부하면서까지 오직 자기지역이나 집단의 이익만을 추구하려 하며, 자기지역 · 집단이익의 실현을 위해 불법적 · 배타적 집단행동도 불사함으로써, 결국은 갈등의 부정적 결과만 〈그림-1〉과 같이 나타난다. 여기에서는 지역 · 집단이기주의 현상을 사회갈등의 한 단면으로 보고 갈등이 전개됨에 따라 지역 · 집단이기주의가 어떻게 발현하여 진행하는지에 초점을 맞추어 틀을 구성하였다. 이의 주요 국면은 다음과 같다.

〈그림-1〉 지역 · 집단이기주의의 개념적 틀

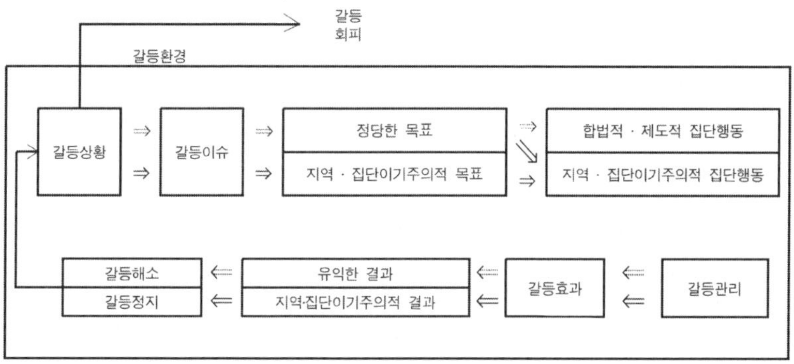

이와 같이 갈등의 과정은 순환적 · 동태적으로 이루어지게 되며 그 과정에서 지역 · 집단이기주의 현상이 연쇄적으로 나타나게 된다. 〈그림-1〉에 의하면 위에 점선으로 진행되는 것이 갈등의 과정 중 지역 · 집단협력주의의 과정이고 밑에 직선으로 진행되는 것이 지역 · 집단이기주의 과정이 된다. 그 과정을 더 세부적으로 개념화 시킨다면 수평적 직선으로만 진행되는 과정이 지역 · 집단이기주의의 동태적 개념이고, 점선으로 진행되다가 갈등목표와 갈등 표출사이에서 우 · 하향적 직선으로 변화하여 진행되는 직선이 지역 · 집단보호주의의 동태적 개념이며 수평적 점선으로만 진행되는 과정이 바로 지역 · 집단협력주의의 개념이다. 이와 같이 지역 · 집단갈등 현상을 분리하여 개념화 하는 것이 현상을 더 정확히 해석하고 이해하는 길이다. 결국, 지역 · 집단이기주의와 지역 · 집단보호주의는 지역 · 집단협력주의로 발전되어야만 지역 · 집단이기주의가 궁극적으로 해결될 수 있는 것이다.

제3절 지역 · 집단이기주의의 해결방안

정부는 그동안 지역 · 집단이기주의를 부정적으로 보는 시각이 지배적이었다고 볼 수 있으며 이에 대한 정부의 대응에 있어서도 지역 · 집단이기주의를 비능률적이며 역기능적인 측면에 주안점을 두고 이를 물리적인 방법으로 통제 · 관리해 왔다고 볼 수 있다. 따라서, 주민들이 욕구와 불만은 증대될 수 밖에 없었다고 할 수 있으며 집단행동의 과격화와 장기화를 유발시키는 원인을 제공하여 왔다.

그러나 최근에 정부도 지역 · 집단이기주의가 가져오는 정치 · 사회 · 행정적 영향을 고려하여 중앙정부뿐 아니라 지방자치단체까지 나름대로 현황을 파악하고 원인분석을 통한 주요조치와 해소방안 마련에 부심하고 있다. 즉 과거의 대응방식을 반성 비판하고 갈등발생을 미연에 예방하고 갈등발생시 이에 적극 대응한다는 차원에서 — 사업을 시행하기 전의 사업영향평가에서부터 공개행정의 추진, 주민의사의 반영, 민원사항해소를 위한 재원의 확보 및 관계 법령의 개선, 공무원의 전문성 확보, 관련주민에 대한 체계적인 홍보 · 설득, 집단민원별 해소대책 수립시행, 제도적 보완장치마련, 공익시설 설치의 일반적 지침 수립 적용, 집단민원해소의 지역별 · 기능별 책임제 실시, 민원의 합리적 해결 분위기 조성, 불법행동에 대한 강력 대응 등 — 해소방안으로 제시될 수 있는 모든 가능한 방안들이 제시되어 추진되고 있다.

지방자치가 실시되면서 정책결정 과정에서 주민참여를 배제시킨 채, 결정→공표→방어(DAD)방식의 전통적 정책결정에서 보다 진일보한 지역 · 집단이기주의 관리방안들이 제시되었다.

즉, 혐오시설입지 선정과 관련된 정책결정과정에서 주민참여의 기회를 확대하고 피해보상범위를 현실화하는 등 보상 및 지원대책을 강화하는 한편, 대민홍보를 강화해서 정부사업의 당위성, 필요성을 주민에게 적극 알릴 대책도 강구하고 있다.

그러나 이러한 대처방안의 다양성과 적극성에도 불구하고 정부가 마련하고 있는 대책들은 몇가지 점에서 문제점을 가지고 있다. 우선, 지역 · 집단이기주의의 발생과 관련된 정치 및 정부의 권위에 대한 신뢰를 포함한 거시적 문제에 대한 고찰이 부족하다는 점이다. 그동안 주민들의 집단행동에 대해서 정부는 그 시비를 가려서 수용여부를 결정하기보다는 치안유지의 확립 차원에서 일방적으로 억압하여 왔던 것이 사실이다. 이는 주민들의 다양한 욕구와 불만을 제도권내로 수렴하지 못하는데서 더 큰 문제를 야기시켜왔다.

1. 巨視的 次元의 問題點과 管理方案

한 · 약갈등이나 산본 지역갈등의 발생은 역사적, 정치 · 행정적, 사회 · 경제적, 기술 · 관리적, 심리 · 윤리적 상황이 그 공통적 요인이었음을 분석해 낸 바 있다(육동일, 1995).

갈등사례들을 분석해 보면, 정치 · 사회체제에 내재되어 있는 근본적 모순이 갈등을 유발하고 있는 것으로 볼 수 있을 뿐만 아니라 설문조사에서의 많은 응답자들도 우리 정치 · 사회체제가 소수의 정당한 요구나 의사를 정상적으로(제도적으로) 반영하고 있지 못하며, 선량하고 도덕적인 사람들이 오히려 손해를 보게 된다고 생각하는 등 우리 정치 · 사회체제의 비도덕성과 비합리성 및 불공정성을 크게 지적하고 있다.

나아가서, 지방자치가 활성화되어도 기득권과 영향력을 지닌 특정 지역이나 집단의 이익이 우선시 될 것이라는 태도는 지방자치의 이념과 목적에 크게 위배되는 것이어서 향후 지방자치의 정착과 관련해서 대단히 중요한 문제가 아닐 수 없다. 이와 같이 체제에 대한 높은 불신과 불만은 체제내에서 중요한 기능을 담당하고 있는 정당, 국회, 지방의회, 행정부 등의 공식적 정치제도들이 제대로의 역할을 다하고 있지 못한데서 비롯된다고 볼 수 있다.

이러한 체제적 비효능성 구조적 모순 속에서는 지역 · 집단갈등이 지역 · 집단이기주의로 그 출로를 찾게되어 갈등과정에서 악순환이 계속된다. 이러한 현상은 사회가 정의가 바로 서지 못하고 정치 · 사회체제와 구조가 개혁되지 못하면, 즉 사회윤리가 확립되지 못하면 더욱 심화된다. 따라서 이러한 문제점들은 거시적 차원에서 해결되어야 하는데 우리사회에서 무엇보다 시급한 과제는 견고한 민주주의적 공동체의 구축, 자치행정체제의 구축, 행정의 신뢰성 확보, 그리고 사회윤리의 확립이라 볼 수 있다.

2. 中範圍的 次元의 問題點과 管理方案

지역 · 집단갈등은 그것이 제도적으로 관리되고 있느냐의 여부에 따라 지역 · 집단이기주의화 되어 부정적 효과만을 가져올 수 있는가 하면, 지역 · 집단협력주의로 발전되어 사회에 긍정적 효과를 초래할 수도 있다. 문제는 지역 · 집단간의 제반 갈등을 얼마만큼 효율적으로 관리하느냐에 있다. 그러므로, 갈등을 관리하는 정부 또는 갈등당사자들은 갈등의 관리를 위한 제도와 정책을 구비하고 그것들을 활용할 수 있는 지식과 능력을 갖추어야 한다.

사례분석과 설문조사결과에 따르면(육동일, 1993), 갈등관리를 위한 정부의 제도와 정책은 극히 미흡한 것으로 나타났으며, 이를 활용하는 공무원들의 자세와 능력도 극히 소극적이고 비전문적인 것으로 나타나 갈등관리에 많은 문제점이 있음을 알 수 있다. 특히 갈등관리의 대표적 방법인 협상과 중재는 모든 갈등에서 제대로 활용되고 있지 못함에 따라 갈등의 해소에 크게 기여하고 있지 못한 미숙함을 드러냈다. 시민단체에 의한 분쟁의 중재도 당초의 평가만큼 성공적인 결과를 가져오지 못한 것으로 평가되기 때문에 제3자 개입에 의한 중재의 방법에 관해서 보다 구체적인 검토가 이론과 실제면에서 이루어져야 할 것이다.

또한 행정정보의 미공개, 주민참여의 배제, 보상체제의 미비, 위기 · 불확실성 · 감축관리전략의 미비, 의사소통이 단절과 왜곡, 효과적인 집단의사 표출의 비제도화, 생산중심의 개발전략, 행정PR의 비전문성 등은 갈등을 유발하고 나아가 지역 · 집단이기주의를 심화시킨 요인으로 밝혀졌기 때문에 이를 제도적 · 법률적 · 관리적으로 해결하는 방안들이 강구되어야 한다. 그중에서도 원칙협상의 정착, 중재제도의 활성화, 위기 · 불확실성 · 감축상황에서의 행정관리능력 향상, 생산중심에서 인간중심으로의 개발전략의 전환, 지방의회의 내실화, 보상체계의 정비, 주민참여의 제도화, 집단의사 표출의 제도화, 정보공개의 입법화, 행정PR의 전문화 등은 시급히 달성되어야 할 중범위적 차원의 관리전략 방안들이 된다.

3. 微視的 次元의 問題點과 管理方案

지역 · 집단이기주의는 결국 개인들의 이기심이 집약되어 나타난 것이다. 갈등 경험자들의 의식속에도 이기심과 NIMBY적 태도가 상당히 각인되어 있음을 다양한 조사결과에서도 확인 할 수 있다. 뿐만 아니라, 잘못된 지각, 지나친 피해의식, 성급한 성취의욕, 성숙되지 못한 자치의식, 공동체의식의 결여 등 민주의식으로서 갖추어야 할 개인의 도덕적 윤리와 민주적 의식도 확립되어 있지 못한 문제점도 나타나고 있다.

그리고 각 개인들이 인식하고 있는 갈등관, 공익과 사익관, 공리주의와 정의관, 지방자치에 대한 전망, 그리고 지역 · 집단이기주의에 대한 개념과 시각들이 올바르게 정립되어 있지 못하기 때문에 지역 · 집단갈등 현상을 정확히 진단 · 평가할 수 있는 안목이 결여되어 있다고 볼 수 있다. 이러한 문제점은 결국 성공적으로 관리하지 못하는 주요 요인이 되고 있는 것이다.

따라서, 개인윤리의식의 확립과 도덕성의 회복은 지역 · 집단이기주의를 극복하고 지역 · 집단협력주의를 추구하는 기초가 된다. 이를 위해서는 개인윤리와 사회윤리의 조화, 시민의식과 지역공동체 의식의 조화, 시민과 공무원 의식구조의 변화가 이루어져야 한다.

제4절 소결론

지방자치제의 실시와 함께 지역 · 집단이기주의 현상이 점점 확산되어 가고 있는 최근의 우리사회에서 그 본질을 정확하게 규명하고, 그 실태와 원인을 제대로 파악하여 그 해결의 실마리를 찾는다면, 우리사회에 내재되어 있는 많은 사회적 모순과 문제를 극복하고 궁극적으로는 사회변동과 발전에 크게 기여할 것이다.

그러한 목적을 달성하기 위해서는 우선 지역 · 집단이기주의에 대한 올바른 개념과 시각의 정립이 전제가 된다. 즉, 지역 · 집단이기주의의 개념을 "공익이나 다른 집단의 정당한 이익과의 공존을 거부하면서 오직 자기 지역이나 집단의 이익을 추구하려 하며, 자기지역 · 집단이익의 실현을 관철하기 위해 불법적 · 배타적 집단행동도 불사함에 따라 결국은 사회적으로 부정적 결과만을 초래하는 현상" 으로 새롭게 개념화할 필요가 있다. 그러려면 지역 · 집단이기주의를 갈등현상의 한 단면으로 보고 그 갈등이 전개됨에 따라 나타나는 동태적 과정으로 파악해야 한다.

종합적으로 볼 때, 대부분의 집단분쟁과 지역갈등들은 지역 · 집단이기주의로 평가되기 보다는 지역 · 집단보호주의로 평가되는 것이 보다 정확하며, 갈등의 근본적 해소를 위해서는 지역 · 집단보호주의에서 지역 · 집단협력주의를 "공익이나 다른 집단의 정당한 이익과의 공존을 전제로 하여 자기지역이나 집단의 이익을 추구하며, 자기지역 · 집단이익의 실현을 관철하기 위해 합법적 · 제도적 집단행동을 선택함에 따라 궁극적으로 사회에 바람직한 결과를 초래하는 현상" 으로 개념화 해야 한다.

이러한 지역 · 집단협력주의에 이르기 위해서는 갈등을 어떤 집단, 조직 및 정부내에서도 발생하는 자연적인 현상으로 보고, 갈등을 법적으로 금지하거나 제도적 · 물리적 힘에 의해 억압할 것이 아니라 갈등이 합법적인 틀안에서 일어나도록 유도하고, 사회집단들의 이해대립을 평가적으로 조정하고 해소해 나가는 방식을 정착화 함으로써 갈등을 제도화시켜 나가야 한다. 그러나 아직은 그 제도가 우리사회에 구비되어 있지 못하고 그 자세와 능력이 미흡한 것으로 분석되어 지역 · 집단협력주의의 정착이 시급한 과제가 된다.

특히, 지방자치의 활성화와 함께 심화될 지역 · 집단간의 갈등은 그 근본 원인이 민주주의의 과다에 기인하는 것이 아니라 민주주의의 결핍에 기인한다는 사실을 인식하고 모든 갈등은 지방자치가 활성화 된 그 체제 속에서 제도화되어 민주적인 절차로 합의에 도달함으로써 해결되어야 한다. 그렇지 않으면 모든 지역 · 집단간의 갈등은 결국 지역 · 집단이기주의로 전락하고 말 것이다.

사례조사 및 의식조사의 결과에 의하면, 우리사회에서의 지역 · 집단간 갈등은 주로 체제의 모순, 정부에 대한 불신, 정책의 비일관성, 행정의 소극성과 형식성, 행정정보의 미공개, 정당한 보상제도와 방법의 미비, 주민참여의 배제 등이 그 주요 발생요인이 되어 갈등 과정에서 지역 · 집단이기주의 현상으로 표출되고 있음을 알 수 있다.

그러므로 지역 · 집단간 갈등은 정치 · 사회체제의 개혁, 정부의 신뢰성 회복, 정책의 일관성과 융통성의 조화, 정보의 공개, 주민의 정책결정과정에의 참여, 정당한 보상체계의 정비, 타협과 협상을 통한 합의가 그 핵심이 되어 갈등당사자들 뿐만 아니라 전체 사회구성원들의 조화와 협력으로 풀어가야 한다. 이것이 바로 지역 · 집단협력주의가 지향하는 논리이자 본질이 된다.

권력의 분권화를 통한 지방자치의 정착은 지역 · 집단갈등의 심화를 의미하는 것으로 전망할 것이 아니라, 지역 · 집단갈등의 심화를 실질적으로 해소해 나가는 제도적 장치라는 차원에서 지역 · 집단협력주의를 내면화함으로써 갈등을 관리해 나가고 궁극적으로 사회의 안정과 발전을 도모해 나가야할 것이다.

chapter 03

지방자치계층구조 및 구역개편

제1절 개편의 의의

2005년 여야 정치권은 지방자치제도에 일대 지각변동을 초래할 자치계층 단층화 및 자치구역 광역화 구상을 발표한 바 있다. 당시 여당이었던 열린우리당은 도(道)를 없애고 234개 시 · 군 · 자치구를 통폐합해 전국에 1개 특별시와 50만~100만명 규모의 60여개 광역도시로 개편하는 안을 밝혔고, 한나라당은 도를 포함해 현행 광역자치단체를 단계적으로 폐지하고 전국을 30만~100만명 규모의 60~70개 광역도시로 재편하는 방안을 제시한 것이다.

당시 노영민 의원(열린우리당) 등에 따르면 정기국회 중 국회내에 '지방행정체제개편추진 특별위원회'를 구성해 여야 개편안을 마련한 뒤 2006년 지방선거 전까지 입법화를 마친다는 계획을 밝혔다. 또한 지방행정체제 개편 문제에 관한 여야가 정치적으로 대결할 만한 쟁점이 없기 때문에 특위가 구성되면 지방선거 전까지 입법화하고 2010년 지방선거부터 새로운 행정체계를 적용하자는데 어느 정도 합의를 이루기도 했다. 이에 따르면 도는 폐지되고, 시 · 도 - 시 · 군 · 구-읍 · 면 · 동 등 현행 3단계의 행정계층은 단순화된다.

한 걸음 더나가 2005년 9월 12일 열린우리당 지방행정체제개편 추진기획단이 마련한 시안에 따르면, 서울특별시는 수도로 존속시키되 현행 자치구를 인구 200만 기준으로 통합해 중 · 동 · 서 · 남 · 북 서울시 등 5개의 단층형 자치단체인 '시'로 구성 · 운영하며 이밖에 부산은 2개, 강원 5개, 경기 10개, 충북 5개, 전북 5개, 전남 6개, 경북 8개, 경남 8개의 광역시로 각각 분할된다. 그리고 광역자치단체 시 · 군 통합안에 따르면 충남 16개 시 · 군은 천안 · 아산, 공주 · 연기, 서산 · 태안 · 당진, 예산 · 홍성 · 청양, 보령 · 부여 · 서천, 논산 · 계룡 · 금산 등 6개 광역시로 재편된다는 구체적인 시안까지 논의중인 것으로 알려져서 지역주민 입장에서 초미의 관심사가 되었다.

이러한 정치권의 자치계층제 개편안에 대하여 이미 학계와 전문가들은 반박을 하고 나섰다. 먼저 이러한 전면적 개편안은 국민생활에 직결되어, 정치, 행정, 경제, 사회활동 전반을 흔들 수 있는 중대한 사안으로서, 과거에도 정치권에서 여러 차례 개편논의가 있었으나 여러 가지 이유로 실현되지는 못하였다. 여야 동일하게 도를 폐지해야 한다는 근거로서 교통, 통신의 발달로 인한 다른 행정환경이 조성되었다는 사실을 강조하고 있지만, 이는 도의 기능을 단순히 중앙정부의 지시를 시 · 군에 중계하고, 감독 · 통제하는 기관으로만 보는 오해에서 비롯된 것이라는 지적이 있다. 또한 자치계층제 개편에 관한 논의는 어렵사리 마련한 지방분권과제의 수행을 방해함으로써 지방분권과 자치의 발전을 저해하게 된다는 것이 또다른 반대 이유라고 할 수 있다.

자치계층구조와 자치구역의 개편은 일선행정체계의 혁명적 변화를 가져오는 중대한 국가문제이며, 향후 지방자치의 발전은 물론 지역사회의 재구조화에 결정적인 영향을 미치기 때문에 보다 신중하고 현명하게 접근해야 한다. 특히 자치계층과 자치구역의 변화는 지방자치단체의 기능과 규모, 지방의회의 구성과 역할, 지역개발과 균형발전, 주민참여의 기회와 수준, 심지어 도청이전 등 해당지역과 관련된 모든 문제를 포괄하는 종합적인 이슈이기 때문에 자치계층구조와 구역의 개편을 졸속적으로 다루면 해당지역 주민들의 이해득실에 따라 지역은 물론 전체 국가 사회에 커다란 진통과 혼돈을 초래하게 된다.

제2절 계층구조의 연혁과 현황

1. 연혁

1) 지방정부체계

갑오경장 이후 우리나라 지방정부체계의 개괄적 변천과정을 정리해 보면 다음과 같다. 박영효와 유길준 등이 중심이 된 갑오정권은 1885년 종전의 1부(한성부)·5유수부(개성부, 강화부, 광주부, 수원부, 춘천부)·8도를 23부로, 그리고 8도 관할 하의 5부 5대도호부·20목·75도호부·77군·148현을 337군으로 재구획하였다. 수도 한성부 특례를 비롯하여 구 왕조의 도읍 등에 인정되었던 유수부 특례를 폐지하고 8도 하의 여러 읍호를 군으로 통일하며, 부-군의 2층제 지방제도를 전국에 획일적으로 도입하였다. 일본의 명치유신에 따른 폐번치현의 영향을 크게 받은 지방제도 개혁이였다.

그러나 이 체제는 오래가지 못했다. 갑오정권이 무너진 1896년 23부는 1부(한성부)·13도로 재편되고, 337군은 1목·7부·331군으로 다시 태어났다. 우선 수도 특례가 부활되었다. 이때 지금의 제주도에는 제주목이 설치되어 제주목사는 전라남도 관찰사의 지휘감독을 받으면서 관할하의 2군을 감독하는 특수한 지위를 부여받았다. 이도 특례였던 것이다. 한편 이때 설치된 13도는 1946년 제주도의 신설을 예외로 하면 이후 110년에 이른 지금까지 그 체계와 경계를 기본적으로 유지하고 있다.

조선시대 이래 가장 중요한 정치·행정적 과제 중의 하나였으나 토착세력 등의 저항으로 끝내 실현하지 못한 부군분합은 조선총독부에 의해 단행되었다. 1910년 10월 한성부 특례를 폐지한 조선총독부는 1913년 12월, 13도 하의 12부·317군을 12부·220군으로 분합하였던 것이다.[13] 이때 부의 수에는 변

13 1915년 제주군과 울릉군은 각각 제주島, 울릉島로 바뀌고 이들 도에는 경찰서정을 겸하며 행정명령인 도령을 발

함이 없으나 부의 관할구역은 일본인 점령 거주지를 중심으로 이전에 비해 매우 좁게 재구획 되었다(강재호, 2005). 이것이 지금 시의 기초가 되었다.

이후 군청 소재지를 중심으로 새로이 형성된 시가지에 읍에 신설되며 이들 읍의 일부는 군으로부터 분리되어 부로 성장하게 된다. 이와 같은 경향은 부를 시로 개칭한 1949년 지방자치법 시행 이후에도 한동안 이어졌다. 그런데 1960년 12월 지방선거 이후 35년만의 민선 지방자치단체장 선거를 앞두고 40시 · 38군을 39시로 폐합한 1995년의 도농통합은 그 의도는 차치하고 결과적으로는 대개 1913년 당시의 군 관할구역을 회복하는 것이었다.

하지만 2003년 충청북도 증평군과 충청남도 계룡시의 설치는 도농통합의 이념과 이에 따른 기조를 무색하게 하는 것이었다. 그 결과 2005년 우리나라에는 1특별시 · 6광역시 · 9도, 77시 · 8군 · 69자치구가 설치되었다.

2) 도의 연혁

오늘날의 도에 해당하는 지방행정구역은 멀리 통일신라때의 9주제에서부터 연원하는 것으로 보고 있다. 물론 신라에 있어서의 주제는 통일이전인 505년 지증왕 6년부터 실시된 것이기에 보기에 따라서는 이때부터 비롯된 것으로 생각할 수도 있겠으나 이때의 주제는 신라가 영토의 확장도상에 있었던 까닭에 그 성격이 오히려 군사적인 것이었고, 그렇기 때문에 폐치이동이 잦았던 것이다. 그러던 것이 통일후에는 이를 완전히 재편성, 685년 신문왕 5년에는 9주의 완비를 보게 되었고 그 성격도 시간이 흐름에 따라 초기에 나타난 보다 강력한 군사적 성격에서 행정적인 것으로 변모되어 왔는데, 그 규모와 체계면에서 지금의 도와 어느 정도 유사했던 것으로 보인다.

이때에 삼국을 통일하는데 잠시 힘을 빌렸던 당의 세력을 몰아낸 신라는

할 수 있는 島司를 둔다. 離島 특례였던 것이다. 제주島는 1946년 전라남도로부터 분리되어 제주道로, 울릉도는 지방자치법 시행으로 울릉군으로 각각 바뀌었다.

대개 대동강과 원산만으로 이어지는 선을 경계로 그 이남의 영토를 되찾아 옛 고구려의 땅에 3주, 옛 백제의 땅에 3주, 그리고 신라와 가야의 땅에 3주를 설치하게 되었는 바 이 9주의 평균 규모가 이때의 국토 면적으로 보아 지금의 도의 그것과 거의 비슷했던 것임을 짐작할 수 있는 일이며 또한 그 지위에 있어서도 주 밑에 군, 군 밑에 현으로 구분되어 있어 최광역, 최상급의 지방행정 구역이었음을 알 수가 있다.

우리나라에서 도라고 하는 명칭이 처음 사용된 것은 995년 고려 성종때부터 였다. 성종은 재위 14년에 당의 10도제를 모방하여 전국에 10도제를 취하게 되었다. 그러나 이때의 도는 도장관이 없어 중앙의 안찰사 등이 수시로 순차하고 돌아오는 정도였기 때문에 오늘의 도와는 성격을 약간 달리하는 것이었다.

그 뒤 몇 차례의 행정구역 개편과정을 거쳐 11세기초 현종때에 이르러 5도 양계제로 정착되면서 대체로 오늘의 도와 유사한 체제를 갖추게 되었다. 고려때의 5도 양계제란 전국을 도와 계로 크게 나누고 그 안에 3경 4도호부 8목을 두고 그 밑에는 다시 군 · 현 · 진 등으로 구획되었던 것이다 특히 도와 계의 구별은 목적에 차이가 없었던 것으로, 계는 군사적 특수성에 입각하여 북방의 국경지대에 설치되고, 도는 순수한 일반 행정구역이었다.

이렇듯 이들 5도 양계제는 계가 지녔던 특수목적을 제외한다면 구역의 체계나 성격으로 보아 오늘의 도와 유를 같이하는 것이었다. 이와 같은 고려의 5도 양계제는 조선왕조에 돌아와서는 1413년 태종13년에 다시 8도제로 바뀌게 되었다. 따라서, 조선시대의 8도제는 고려대의 5도 양계제로부터 변천 발전된 것으로 그 경계와 명칭에는 약간의 변동이 있었으나 결국 경기, 충청, 경상, 전라, 황해, 강원, 함경, 평안도로 굳혀지면서 오늘날의 도제의 근간이 되는 구역체제를 확립하게 되었다.

근대에 이르러 개편된 1896년의 「13도제」는 이 8도제가 그 모체였던 것이다. 그런데 한 가지 주목되는 일은 8도제가 13도제로 개편되기에 앞서 잠시

동안 23부제를 거치게 되었다는 사실이다. 갑오경장이후 1895년의 23부제는 소지역주의에 입각했던 것으로 오늘날의 도와는 그 성격을 달리하고 있었을 뿐만 아니라 많은 모순을 내포하고 있어 다음해 1896년에 다시 13도세로 개편하게 되었으며 그 후 큰 개편 없이 일제시대를 거쳐 오늘날까지 전승되어 오고 있다. 다만 1946년에 미군정 법률 제 94호로서 제주도가 전라남도로부터 분리되어 도로 승격하게 됨으로써 오늘의 14도제(남한 9도)의 확립을 보게 되었다.

우리나라의 도는 그 발전과정에서 볼 때 위로 왕권이 확립되면서 지방통치를 위하여 그 통치단위로서 등장하게 되었고 이와 같이 국가행정상의 필요에 의하여 설치하게 됨으로서 여기에는 당연히 관치구역으로서의 성격을 갖게 되었다. 그런 1920년대에 도지방비제가 도입되으로서 자체사무를 처리하는 지방단위로서 인정되고 이 1933년부터는 도제가 시행되면서 법인격을 부여받게 되었으며 1949년 지방자치법에 의하여 광역지방자치단체로서의 지위와 성격을 갖추게 되었다. 그런데 오늘날의 도지사는 국가기관의 지위에서 광범위하게 국가의 사무를 담당하면서 시군을 감독하고 있기 때문에 도라고 하는 행정구역은 지방자치구역임과 동시에 국가의 상급 지방행정구획으로서의 성격도 공유하고 있는 것이다(한상우, 2005).

2. 현황

정치권은 자치계층과 행정계층을 구분하지 않고 시 · 도, 시 · 군 · 자치구, 읍 · 면 등을 모두 행정계층으로 통칭하고 있다. 그러나 시 · 도와 시 · 군 · 자치구는 자치계층, 읍 · 면 · 동은 행정계층으로 엄연히 구분된다. 자치계층과 행정계층은 법률적으로나 정치적으로 격(格)이 다르다. 자치계층은 독자적 법인격을 갖춘 지방자치단체로 구성되지만, 행정계층은 법률적으로 지방자치단체에 종속된 하급행정기관으로 구성된다. 또한 자치계층을 구성하는 지방자치단체는 주민의 직접선거로 선출된 지방자치단체장과 지방의회의원으로 기관을 구성하지만, 행정계층을 구성하는 읍 · 면 · 동의장은 지방자치단체장에 의해 임명된다. 따라서 지방자치단체장과 지방의회의원은 주권자인 주민에 대해서 책임을 지지만, 읍 · 면 · 동장은 일차적으로 임명권자인 지방자치단체장에게 책임을 진다(안성호, 2005).

이처럼 자치계층과 행정계층이 격이 다른 개념임에도 불구하고, 정치권이 양자를 구별하지 않고 행정계층으로 통칭하는 것은 지방자치와 지방분권에 대한 의미와 중요성을 간과하고 있다는 사실을 그대로 반영하는 것이다.

2005년 현재, 우리나라의 지방행정계층(구역)은 3계층제(특별시 · 광역시-자치구 · 군-읍 · 면 · 동, 도-시 · 군-읍 · 면 · 동)이고, 인구 50만명 이상 도시는 4계층제(도-시-행정구-동)이다. 자치계층은 2계층(특별시 · 광역시-자치구, 도-시 · 군)이며, 행정계층은 1~2계층(읍면동, 행정구-동)이다(표-1, 그림-1).

〈표-1〉 2005년 현재 우리나라의 지방행정구역(자치계층과 행정계층) 현황

<table>
<tr><td rowspan="5">자치
계층</td><td>광역자치
단체</td><td colspan="3">16개 시도</td></tr>
<tr><td rowspan="4">기초자치
단체</td><td rowspan="2">77개 일반시
평균 275,169명,495.01㎢
읍 82개,면 454개,동 942개</td><td>52개
도농복합형
태시</td><td>평균 226,245명, 674.26㎢
읍82개, 면454개, 동459개</td></tr>
<tr><td>25개 일반시</td><td>평균 376,932명,122.14㎢
동 483개</td></tr>
<tr><td>88개군</td><td></td><td>평균57,007명, 664.13㎢
읍 129개, 면 755개</td></tr>
<tr><td>69개 자치구</td><td></td><td>평균 324,335명, 48.74㎢
동 1,211개</td></tr>
<tr><td rowspan="4">행정
계층</td><td rowspan="4"></td><td>22개 일반구</td><td></td><td>평균308,836명,103.48㎢
읍4개, 면10개, 동303개</td></tr>
<tr><td rowspan="3"></td><td colspan="2">211개 읍 평균 20,459명, 68.12㎢</td></tr>
<tr><td colspan="2">1,209개 면 평균 4,477명, 62.5㎢</td></tr>
<tr><td colspan="2">2,153개 동 평균 18,046명, 4.66㎢</td></tr>
</table>

〈표-2〉 일반시(77개)의 인구 규모(단위 : 명)

<table>
<tr><th>10만
미만</th><th>10~20만
미만</th><th>20~30만
미만</th><th>30~40만
미만</th><th>40~50만
미만</th><th>50만
이상</th></tr>
<tr><td rowspan="2">10</td><td rowspan="2">28</td><td rowspan="2">15</td><td>8</td><td>3</td><td>12</td></tr>
<tr><td colspan="2">마산,남양주,김해,의정부,평택,시흥,구미,광명,진주,익산,여수</td><td>수원,성남,고양,부천,안산,전주,청주,안양,용인,창원,포항,천안</td></tr>
</table>

자료 : 2005년 1월 1일 기준 (행정자치부 자료에서 재정리)

〈그림-1〉 2005년 현재 우리나라의 전국 자치(행정)계층 현황

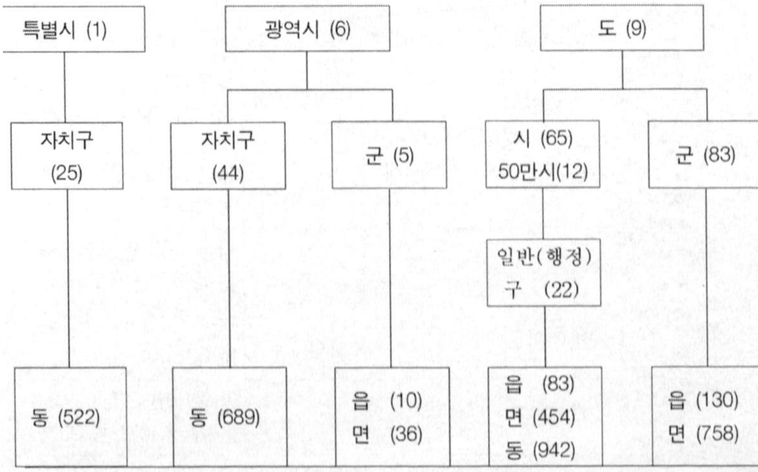

자료: 2005년 1월 1일 기준(행정자치부 자료에서 재정리)

제3절 자치계층의 개편론

1. 기존연구에서 지적하는 문제점

위 현황에서 보는 바와 같이 우리나라 지방자치단체 행정구역은 자치계층과 행정계층으로 이루어져 있는데, 이러한 중층화로 이한 행정적 낭비와 지역간 갈등 등이 심화되고 있다는 문제점들에 대한 지적이 계속되어 왔다. 기본적으로 우리나라의 이러한 자치계층 문제에 대해서 실증적인 증거를 제시하고 있지는 않지만 거의 유사한 견해로 문제점들을 지적하고 있다(홍준현, 1998 : 정재욱, 1998 : 강영훈, 2004). 이를 요약 정리하면 다음과 같다.

첫째, 거래비용의 과다문제다. 우리나라 행정구역은 행정기능상으로 보면 계층수가 많아, 문서의 전달과정에 필요단계가 늘고, 동시에 동일한 과정이

계속 반복됨으로써 소요되는 시간, 노력 및 비용이 커진다는 지적이다. 실제 우리나라 행정에서 문서를 처리하는데는 접수-분류-배분-사전공람-처리지시-기안-결재-시행문-발송의뢰-문서통제-발송-기안문회송-편철-보존의 13단계를 거쳐야 했다는 지적도 있었다(서울대학교 행정대학원 행정조사연구소, 1980).

둘째, 중간계층인 도의 단순 중계기관화 및 사무배분의 중복현상이다. 도의 고유 기능보다는 중앙부처와 시 · 군간 전달위주의 행정으로 인해 정부와 주민간의 의사소통이 원활치 못하고, 도 고유의 업무수행에 전념할 수 없는 등 행정처리의 소요시간 낭비, 왜곡 등의 부작용이 있어 왔다는 지적이다(서울대학교 행정조사연구소, 1980). 또한 도와 시 · 군간 법령상, 직무상, 운영상 기능 및 사무배분이 명확히 구분되어 있지 않아, 상위계층은 하위계층에 대해 권한은 이양하지 않고 책임만 부과하는 경향이 있고, 시군 기초자치단체는 중앙과 광역자치단체로부터 이중의 감독을 받고 있어서 행정수행의 자율성이 크게 제한받는다는 지적이었다. 따라서, 법령상 기능 및 사무배분의 중복, 조직과 직무상 기능 및 사무배분의 문제점, 운영상 광역자치단체의 업무가 기초자치단체가 행하는 단순집행업무에 대한 지도 · 감독의 행사와 관련된 사무가 많이 발생하는 등의 문제점들이 지속적으로 남아 있다(홍준현, 1998).

셋째, 생활권의 확대에 따른 하위 행정계층의 중심성 상실 등으로 국민생활의 편의가 간과되고 있으며, 현실적 측면에서는 자치권의 위축과 행정의 비능률 및 주민의 일상생활과 사회생활의 불편야기 등을 들고 있다.

2. 여 · 야정치권에서 주장하는 개편론

1) 여당의 개편론

우리 정치권의 지방정부체계 개편방안 중에서 가장 구체적인 것은 한나라당 국회의원 허태열의 제안이었다(허태열, 2005). 지방정부체계뿐만 아니라 자치행정 내지 지방행정의 여러 부문에 관한 개혁방안을 제시하고 있는 이 제안은 한나라당 맹형규 정책위원회 의장이 열린우리당 및 정부관계자들과 회동하여 현행 2층제 지방정부체계를 1층제로 전환하는 것에 원칙적으로 합의했을 때 대본으로 삼은 것으로 생각된다.

그는 지방정부체계에 관하여 무엇보다도 "계층구조의 중층화로 인한 낭비와 갈등 심화"를 문제점으로 지적하고 있는데 구체적으로는 기능의 중첩이 초래하는 '비용의 증가, 처리 시간의 과다 소요, 정보의 왜곡, 주민의 불편'을 비롯하여 '시도와 시군구 간의 갈등', 시도의 '정치화와 지역주의화'를 들고 있다.

이와 같은 현행 2층제 지방정부체계의 대안으로 특별시 · 광역시 · 도를 폐지하고 전국을 70여개의 시 · 군으로 개편할 것을 제안하고 있다. 현행 특별시와 200만 이상의 광역시는 둘 이상의 시로 분할하며, 이 밖의 도시지역은 100만 전후로 인근 시군과, 도농지역은 50만 전후로 인근 시군과, 그리고 순수 농촌지역은 30만 전후로 인근 군과 각각 폐합한다는 내용이다. 서울특별시와 경기도에 관해서는 분할의 예시까지 하고 있는데 이에 따르면 전자는 9개 시로 후자는 10개 시로 각각 분할되고 있다.

이에 수반하여 현행 시도의 자치사무는 새롭게 태어나는 시군으로 이양하되 시도 또는 그 기관에 위임하여 처리하고 있는 국가사무는 전국에 4개의 국가지방행정청을 신설하여 이들에 이관할 것을 제안하고 있다.

2) 행정자치부의 개편론

한나라당 맹형규 정책위원회 의장과의 회동에서 열린우리당 및 정부관계자들의 대본이 되었던 것은 행정자치부의 「지방행정체제 개편방안」이었다고 생각된다(행정자치부자료, 2005). 그리고 이 개편방안은 서울특별시와 6개의 광역시를 제외한 전국을 59개 광역시로 재편할 것을 주장한 연구들을 요약한 것으로 보인다.

이는 현행 2층제 지방정부체계의 문제점으로서 기능의 중첩에 따른 비효율

(거래비용 및 파생적 업무 증대 등), 행정의 책임성 확보 곤란 및 책임 회피, 중앙정부-시도-시군-주민간 의사전달의 왜곡, 사무의 자기완결성 및 일괄처리 미흡 등을 들고 있다. 이들 모두 표현은 조금 달라도 내용적으로는 허태열의 제안에서 적시하고 있는 문제점들이다.

우선 허태열과 마찬가지고 '기능의 중첩' 을 문제점으로 들고 있는데, 이는 2층제 지방정부체계 때문이 아니라 우리 지방자치법 제9조 및 지방자치법시행령 제8조가 비슷한 사무를 시도와 시군구 양자에 인정하고 있기 때문이다. 그 결과 시도 사무의 28%는 시군구 사무와 중복하며 시군구 사무의 25%는 시도 사무와 중복되어 있다. 위임사무까지 포함하면 이와 같은 중복 비율은 한층 높아지는데, 시군을 통하지 않거나 시군과 중복하지 않는 도의 사무는 도 사무 전체의 10%에도 미치지 않고 있다.

즉 이는 지방정부에 대한 수권방식이 제한적 열거주의가 아니라 개괄적 예시주의를 택하고 있기 때문에 생기는 문제점인 것이다. 허태열이 일컫는 시도의 '정치화와 지역주의화' 를 제외하면 허태열과 행정자치부가 문제점으로 들고 있는 모든 점은 기본적으로는 우리 중앙정부의 수권방식에서 유래한다고 할 수 있다.

행정자치부는 지금까지 제기되어 온 여러 개편방안의 장 · 단점을 적시하면서 도 및 시군을 폐합하여 교통과 문화 등의 생활여건과 인구를 고려하여 1개 특별시와 60개 전후의 광역시를 만들어내는 방안에 관해 논의할 것을 제안하고 있다. 허태열과는 달리 서울특별시와 광역시의 분할은 염두에 두고 있지 않는 것이다(안영훈, 2005).

3. 개편의 필요성

행정자치부는 자치계층과 관련하여 전문가, 실무공무원들이 지적하고 있는 문제점들을 해결하기 위하여 2000년 9월에 행정자치부 내부에 보고된 〈지방자치행정체제 발전모형 및 정책효과 분석〉에 관한 연구가 수행된 바 있다. 아마도 여·야 정치권에서는 이 보고서가 지방행정계층 개편에 대한 개편효과를 계량적으로 제사한 결과치들을 참조하고 이를 토대로 도 폐지 및 30~60개 광역시 설치안 등을 제시한 것으로 짐작된다. 이 보고서에서 제시하는 우리나라 지방행정계층의 문제점과 그에 따른 개편 필요성을 보면 다음과 같다(안영훈, 2005).

첫째, 세계화, 정보통신의 발달에 따른 대응력 제고의 필요성이다. 현재의 다중화된 행정구조로 전자정부의 구현, 직접 민주주의 방식인 전자민주주의의 실현 등이 곤란하고, 행정체제의 대응성이 떨어진다고 지적하고 지방경쟁력 확보를 위한 규모의 확대, 계층의 축소를 도모하는 세계적 추세에 대응할 필요가 있다고 지적하였다.

둘째, 고효율·저비용의 자치행정체제 구축이 필요하다는 것이다. 시군의 인구감소에 대비해서 자치 2계층제, 행정 1~2계층제를 단순화 하여 사무의 자기완결성과 반응성이 증대되는 단순한 계층구조로 개편해야 대도시 행정체제를 구축하기가 쉽고, 자치단체간 갈등해소, 도시행정의 통일성과 일체성 확보도 가능하다고 보았다. 또 중층구조로는 지역감정 해소 및 공동체의식 제고가 어렵다고 보고, 도시화의 가속화, 대도시의 과밀화, 농촌의 과소화라는 양극화 현상이 심화되어 생활권과 행정권이 일치되지 못하고 있기 때문에 이를 위한 공간적 효율성 확보가 필요하여 환경기초시설, 기반시설의 입지를 확보하고, 광역권 개발 촉진도 가능할 수 있기 때문이라는 이유 때문에 광역행정체제의 구축이 필요하다는 입장이었다.

셋째, 단순계층으로의 전환을 통한 자치단체의 경쟁력 제고가 필요하다. 자치단체의 전문인력, 기술, 사무처리 능력의 강화를 위해서는 행정권한의 책임을 명확히 행할 수 있는 단순계층으로의 전환이 필요하고, 도청과 시·군간 인사교류가 줄어들어 각종 업무에 소지역주의가 팽배해지고 일부 이권부서는 부정부패가 심해질 수 있다는 우려 때문에 지방의 인사행정제도 및 조직, 인력구조의 유연성을 강화시킬 수 있는 자치행정체제의 구축 및 이를 위한 개편필요성이 절실히 요구된다는 지적이 있었다.

4. 외국의 사례와 시사점

외국의 자치계층은 각국의 역사와 문화적 특수성이 반영된 방식으로 운영되고 있다. 인구가 3천만명을 넘는 국가인 경우, 자치계층은 아래의 표에 의하면, 대체로 2-3계층을 유지하고 있다. 이는 오랜 역사를 통하여 각국이 다양한 실험과 과정을 통하여 가장 합리적인 행정체계로 구조화되었음을 의미한다.

우리나라 뿐만 아니라 거의 모든 국가에서 나타나고 있는 국가의 지방행정구역과 자치행정구역 중복 현상은 오히려 행정의 효율성에 기인한 것이다. 즉, 국가의 지방행정구역 설정방식은 법인격체인 국가가 전국적으로 행정의 효율적인 집행을 위하여 기술적으로 자치행정구역을 지방행정구역의 하나로 활용하기 위하여 일치시킨 것이다. 이와 별도로 지방정부의 행정구역 설정방식은 법인격체를 갖고 있는 한 자치정부의 지역적 기반을 구성하도록 함으로써 자치정부로서 국가 및 다른 공법인체 상호간의 대등한 관계가 성립할 수 있도록 한 것이다.

외국 지방정부의 자치계층은 〈표-3〉과 같다.

단일 국가인 영국의 경우, 광역자치단체와 기초자치단체가 2계층으로 구성되어 있다. 프랑스는 3계층의 자치단체로 구성되어 운영되고 있다. 연방제국가인 독일은 주를 포함할 경우, 3계층이며, 미국도 또한 3계층으로 구성되어 운영되고 있다고 할 수 있다. 스위스는 단일계층으로 구성하여 운영되고 있다.

요컨대, 인구 3천만명 이상의 국가로서 단층제로 자치계층을 운영하고 있는 나라는 없는 것으로 보인다.

〈표-3〉 각국 자치단체 계층 및 수

국가명		기초자치단체	수	광역자치단체	수	주 또는 Region	수
영국	잉글랜드	Non-metropolitan Districts	296	Counties London boroughs & City of London Metropolitan Districts	45 32 36		
	웨일즈	Non-metropolitan Districts	37	Counties	8		
	스코틀랜드	Districts	53	Regions Islands	9 3		
독 일		Gemeinde(n)	8,846	Kreies kreisfreie Stadt (Stadle)	428 121	Land(Lander) (3city-states 포함)	16
미 국		Municipalitis Town/Townships	19,200 16,691	Counties(City-County 포함)	3,403	States	50
프랑스		Commune(S)	36,433	Deparment(s) (Vile de Paris 포함)	96	Region(s)	22
이탈리아		Commune (Comunl)	8,704	Provinda (Provinde)	94	Region(s) (Regionl)	
네덜란드		Gemeente(n)	714	Provinde(n)	12		
스웨덴		Kommne(r)	284	Landstinkommune(r)	23		
스위스		Commune(s)	3,021			cantons	26
핀란드		Municipalities(94) (Town/cities와 366개 기타 종류 자치단체 포함	464				

자료 : Norton, Alan. 1994. International Handbook of Local and Regional Government, London; "이달곤, 지방자치행정체제의 개편에 대한 발제 -계층과 구역을 중심으로", 세미나 발표논문에서 재인용, 2005. 5. 2.

선진국들의 기초정부 수는 우리나라의 기초자치단체 수보다 월등히 많다. 인구 730만명의 스위스가 2,848개, 인구 5,770만명의 프랑스는 무려 36,763개의 기초정부를 가지고 있다. 선진국 중 예외적으로 지방정부 수가 적은 인구 5,840만명의 영국도 우리나라보다 약 200개나 많다. 2004년 3월 지난 6년간의 기초자치단체 합병작업을 마무리 짓고 1999년 3,232개였던 시(市)·정(町)·촌(村)을 2,343개로 감축시킨 일본은 인구규모로는 우리나라의 2.7배지만 기초자치단체 수로는 우리나라의 10배에 달한다. 일본의 정·촌은 기원과 규모에 있어서 우리나라의 읍(邑)·면(面)에 해당되기 때문에, 일본의 정·촌 합병을 우리나라의 시·군 통합과 동일시할 수는 없다. 심지어, 기초자치단체의 하급행정기관에 불과한 우리나라의 읍·면·동의 수 3,516개조차 여느 선진국의 기초정부보다 크다는 것을 뜻한다. 일본과 영국을 제외한 선진국의 기초정부 규모가 수천 명 정도인데 비해, 우리나라 기초자치단체의 평균인구 규모는 무려 20만명이 넘는다. 우리나라 읍·면·동의 평균인구 13,168명은 일본과 영국을 제외한 다른 선진국들의 기초정부 인구보다 훨씬 많다. 우리나라는 인구밀도가 높아 비좁게 사는 나라이면서도 기초자치단체의 수가 워낙 적기 때문에 기초자치단체 당 평균 면적도 영국 다음으로 넓다. 읍·면·동의 평균면적 27㎢조차 미국·일본·영국을 제외한 선진국 기초정부의 평균 면적보다 넓은 형편이다(안성호, 2005).

1) 절차적 차원의 시사점

외국의 사례를 보면, 지방행정계층구조 개편에 있어서는 반드시 법적 근거를 가지고 행하되 정해진 절차를 준수하며 충분한 기간을 가지고 중·장기적으로 대처해가야 한다는 점을 배울 수 있다. 동시에 그것은 일시에 전국적인 개편을 단행하기 보다는 행정계층의 특성을 고려하여 동일한 계층단위로 단계적으로 추진하는 것이 효과적이라는 점이다.

영국의 경우 비대도시권역의 개편에 있어서 사전에 정부가 협의서를 발표하여 국민적 반응을 수렴한 뒤, 입법과정을 거쳐 근거법인 지방자치법을 제정하고 있다. 그리고 정부의 지침을 발표함과 동시에 독립성을 갖는 지방자치위원회를 구성하여 주민들의 의견을 수렴하고 관련 이해당사자들의 갈등을 조정하고 있다.

따라서, 우리나라도 향후 지방행정계층구조의 개편이 있을 경우, 사전준비단계에서 정부의 방침에 따른 근거법을 제정하거나 기존의 관련법을 정비한 후, 이를 추진할 독립성이 강한 위원회를 구성하여 정부방침에 대한 각계의 반응을 적극적으로 수렴·검토해서 개편작업의 구도를 올바르게 확립하는 것이 요구된다.

둘째, 개편안을 확정하는 과정에서 주민의견 및 관련단체의 견해를 다양하게 그리고 정확하게 수렴하는 노력은 물론 수렴된 의견의 반영률이 제고될 수 있도록 노력하는 것이 중요한 점이다.

영국의 경우 비대도시권역의 개편에 있어서 주민의견조사는 필수적인 것으로서 그 방법은 관련집단의 의견접수, 전세대를 대상으로 하는 설문조사 등의 다양한 방법을 택하였으며, 그 조사결과에 대한 보고서 작성시 반영률은 매우 높았다고 할 수 있다.

우리나라도 지방행정계층구조를 개편함에 있어서 반드시 주민의견수렴의 방법을 다양화 함은 물론 표본수의 적정화를 도모해야 하고, 특히 주민의견수렴은 한 번에 그치는 것이 아니라 개편과정에서 야기되는 정책변화가 있을 때마다 행하는 것이 필요하다. 특히 개편과 관련한 공청회 등을 지역별로 반드시 개최하여 지역주민의 알권리를 충족시켜 주는 등의 방법을 최대한 활용하는 것도 요구된다.

2) 갈등관리적 차원의 시사점

자치계층구조와 구역을 개편하는 과정에는 갈등이 불가피하다. 따라서 다음과 같은 갈등관리 전략이 필요하다. 첫째, 정부는 일관성을 가지고 이를 효과적으로 조정하여 정부의 신임도를 높이고 개편안 확정에 결정적인 역할을 하여야 한다는 점이다.

즉 행정계층구조 개편을 행할 시, 근거법을 제정하기 전에 정부방침을 발표하고 이에 대한 철저한 이행을 국민에게 약속하여야 할 것이다. 그리고 정부는 개편안을 확정하는 과정에서 위원회의 권고안이나 최종 보고안에 주민의견은 물로 관련단체의 의견을 충분히 고려하되 정부방침에 어긋난 것이 있는지를 확인하는 과정도 필요하다. 결국, 정부는 개편안을 둘러싼 갈등이 표출되면 될수록 개편의 성공률은 적어진다는 점을 고려하여 사전에 이러한 갈등이 야기될 소지를 제어함은 물론 갈등 야기의 경우 그 해소를 위한 적정한 장치를 다양하게 확보하고 이를 적극적으로 활용할 방안을 강구하는 것이 필요하다.

둘째, 지방행정계층구조 개편과 관련하여 위원회의 독립성을 보장하는 것은 개편성공의 지름길임은 물론 갈등관리적 측면에서 매우 효과적인 장치라는 점이다.

3) 정치적 차원의 시사점

개편과정에서의 정치권의 영향력은 정당적 이익이 아니라 국가적 효율성이라는 차원에서 발휘되어야 한다는 점이다. 따라서, 우리나라에 있어서 향후 지방행정계층구조의 개편은 단층제를 지향하든지 아니면 현행 2층제를 중심으로 조정하든지 간에 정치적 이해관계보다는 21세기의 선진지방자치제도를 구축하여야 한다는 국가적 차원의 과제로 인식되어 정치적 영향력으로부터 벗어나 실천되어야 할 것이다.

제4절 자치계층과 구역개편의 방향

1. 기본전제

앞서의 상황과 실태분석을 토대로 할 때, 자치계층 및 구역개편을 성공적으로 추진하려면 최소한 다음과 같은 과제들이 같이 논의되고 검토되어야 한다.

첫째, 중앙정부의 태도와 역할이 정립되어야 한다. 자치계층구조 및 구역개편과 관련해서 지금까지 중앙정부가 갖는 인식과 임하는 자세는 바람직하다고 볼 수 없다. 실제로 주관부서인 행자부는 지방정부체제 개편을 정부가 주도적으로 추진할 계획이 없다고 밝히면서 동시에 정치권의 개편주장에 동조적 내지 소극적 자세를 보이고 있다. 이러한 태도는 지방정부체제 개편을 주민의 의사대로 처리한다는 민주적 태도인 것처럼 보이지만 실상 중앙정부로서의 역할을 포기한 직무유기라고 보지 않을 수 없다. 오늘날 현대 국가와 정부는 보호, 원호, 규제, 봉사의 기본적인 역할 외에 사회에서 제기되는 제반 갈등을 해소하고 관리해야 하는 중요한 임무를 부여받고 있다. 그럼에도 불구하고 그간의 중앙정부는 행정계층구조 및 구역개편으로 인해서 빚어지고 있는 심각한 갈등을 방치 내지 조장하고 있다는 생각을 갖지 않을 수 없다. 행정계층구조 및 구역개편은 해당지역 주민의 의사를 존중해서 추진되는 것이 원칙이지만, 국가의 중요한 정책사안이므로 정부는 행정계층구조 및 구역개편의 기본방향과 원칙을 제시해 주어야 한다.

그리고, 그 범위와 대안 속에서 각 지역이 선택할 수 있는 자율권을 부여해 주는 것이 중앙정부의 바람직한 태도와 역할이라 할 수 있다. 최근 영국의 중앙정부가 취한 태도가 우리에게 좋은 교훈이 된다. 노동당 정부는 21세기 새로운 시대를 맞아 지역에서 강력한 정치적 리더십을 확보하기 위한 방안으로 영국 지방자치 역사상 최초로 기관분리형 지방정부를 구성하는 개혁안을 채택하였다. 이에 따라 2000년 5월 런던광역시가 이미 기관분리형 지방정부로 탄생하였고 여타의 지역은 현재 개혁이 진행중에 있다. 여기서 중앙정부는 기관분리형 지방정부 유형에 대한 세밀한 조사와 검토 끝에 시장 · 캐비넷형(Mayor-Cabinet), 지도자 · 캐비넷형(Leader-Cabinet), 그리고 시장 · 지배인형(Mayor-Council Manager)의 세가지 모형을 제시하고 각 지방정부는 자기지역 실정에 맞는 모형을 지역주민의 투표에 의하여 결정하도록 하였다(김순은, 2001). 즉 중앙정부는 바람직한 지방정부 개혁방안을 제시하고, 건전한 시민의식을 갖춘 지역주민들이 합리적인 대안 가운데 최종적인 개혁안을 채택하는 자율성을 부여함으로써 국가와 지역의 발전 및 민주성과 효율성의 조화를 이루고 있는 점이 우리와 다른 것이다.

둘째, 자치계층구조에 대한 논의는 비정치적 · 종합적 · 장기적으로 다룰 수 있는 제도적 장치가 마련되어야 한다. 계층과 구역의 개편을 선거에 즈음해서 정치쟁점화하고 이를 득표와 관련해서 정치인 개개인의 이해관계나 특정정당의 당리당략 혹은 지역이기주의로 활용하려는 정치인들의 의도를 철저히 차단시켜야 한다. 이를 위해 영국의 「지방자치위원회」나 일본의 「지방제도조사회」 같은 독립상설기관이 설치될 필요가 있다. 이러한 기구를 통해 행정수요자인 주민들의 의견을 상시적으로 수렴 · 반영하고 정치권의 이해관계에 따라 즉흥적이고 당략적으로 행정구역이 개편되는 것을 방지하며 나아가 보다 장기적 · 체계적 · 종합적으로 개편문제를 처리할 수 있어야 한다. 뿐만아니라, 주민들의 참여가 보장된 상태에서 구역개편에 관한 장기적인 일정이 제시됨으로써 해당지역의 주민과 공무원들이 예측가능성을 갖고 동요하지 않도록 하는 것도 중요하다.

셋째, 행정구역개편 문제는 통일과 관련해서 다루어져야 한다. 독일의 통일에서도 그랬듯이 앞으로 남 · 북한 양측의 지방행정기관 간의 공조나 협력이 점진적인 통일과정에서 매우 중요한 역할을 수행해야 할 것이다. 그래서 남 · 북한 지역에서 원칙적으로 통일된 형태의 지방행정체제가 구축되는 것이 바람직하다. 계층과 구역의 개편 역시 북한의 지방행정단위를 고려하면서 통일 후 통합지방행정체제가 구축될 수 있도록 표준시안적으로 통합모형이 마련되고 이에 의거해서 행정계층구조 및 구역개편이 추진되어야 한다. 다시 말해서 작금의 개편은 통일에도 대비하여 논의되어야지 그 때가서 이 진통이 또 되풀이 되어서는 안될 것이다.

넷째, 행정계층구조 및 구역개편에 앞서 지방행정계층을 구성하는 도와 시 · 군 그리고 주민자치센터로 전환되는 읍 · 면 · 동 간의 명확한 기능분담과 상호 간의 교류 및 협력관계가 정립된 상태에서 시도되어야 한다. 현재 다계층 구조로 되어있는 상태에서 중간계층인 도기능의 재조정과 시 · 군을 중심으로 하는 기초자치단체의 기능강화는 지방자치의 발전에 필수적인 요소이다. 과거처럼 중앙정부에서 위임받은 사무를 감독권을 유보한 채, 시 · 군에 위임하여 처리하는 비효율적 이중행정의 특성을 시정하지 않으면 도의 기능은 자칫 기초자치단체의 위상과 기능을 더욱 위축시켜 지방자치의 퇴보를 가져올 가능성이 크다. 뿐만 아니라, 지역갈등과 정치적 부담을 해소하고 동시에 지역의 균형발전을 도모할 수 있다는 차원에서 개편논의와 함께 대안이 모색되어야 한다.

다섯째, 광역행정을 활성화 한다는 차원에서 단순히 시 · 군통합과 같은 절차와 방법으로 행정계층구조 및 구역개편을 추진해서는 곤란하다. 1995년이래 40여개의 시 · 군이 통합하여 최근 그 성과를 놓고 평가가 진행중에 있다. 몇몇 연구의 결과에 의하면, 시 · 군통합 역시 충분한 준비와 검토없이 졸속적으로 이루어진 결과 행정조직의 간소화, 공무원의 감소 등으로 나타날 행정비용의 감소가 기대에 미치지 못하였다는 것이다. 또한 광역적 기피시설의 입지문제 해결에도 시 · 군통합이 아직은 크게 기여하지 못한 것으로 분석되었다. 분석 결과를 놓고 볼 때, 시 · 군통합이 되면 행정의 효율성과 민주성 및 광역행정의 문제가 저절로 해결되는 것이 아니라는 사실을 교훈으로 받아들이게 된다. 특히 광역행정의 처리는 통합시 또는 통합도 생성과 같은 공간적 측면에서 처리할 것이 아니라 기능적 측면에서 광역행정체제가 효과적으로 운영되는 법적 · 제도적 · 행정적 노력을 통해 접근해 나가는 것이 더욱 중요하다.

여섯째, 행정구역은 가능한 한 자치구역과 일치되는 방향에서 이루어지도록 하여야 한다. 특히 우리나라의 행정구역은 자치계층 밑에 비자치계층이 하나 또는 두 개의 계층이 존재하고 있다. 행정계층의 다층성은 의사사통의 왜곡 및 지연 등으로 행정의 효율성 제고에 지장을 초래하는 경향이 강하다. 따라서, 행정구역을 재편하고자 할 때에는 민주성과 능률성의 조화라는 대전제 위에 가능한 자치계층과 행정계층을 일치 시키는 방향에서의 재편이 요청된다고 할 것이다.

일곱째, 우리나라의 주요한 사회적 정치적 현안인 지역감정 문제를 해결할 하나의 수단으로서 행정구역 재편이 고려되어야 할 것이다. 남북간의 갈등 해결 이전에 동서간의 갈등 해결이 주요한 과제로 등장한 정치 현실에서 지역간 갈등의 구체적 표출이 광역자치단체 단위로 발생하고 있는 현실적 여건을 고려하여 행정구역을 재편하고자 할 때에는 주요 현안인 지역감정을 해소시킬 수 있는 방향으로 개편이 이루어지도록 하여야 할 것이다(오재일, 2005).

마지막으로 시 · 도통합시 광역시 폐지로 예상되는 문제점을 해결하기 위한 특례조치 대안에 대한 다양하고 심층적인 검토가 선행되어야 한다. 일본의 지정시 제도와 광역시내의 자치구를 시산하의 준자치구로 조정하는 대안은 신중을 기할 필요가 있다. 왜냐하면 일본의 지정시 제도는 대도시 행정의 일원화를 위해 정치적 산물로 출현했기 때문에 그 설치에 명확한 기준이 없을 뿐만 아니라 현재 일본에서도 부현과 지정시의 관계도 원활하지 못해서 그 폐지나 보완이 검토되고 있기 때문이다. 따라서, 지정시 제도의 도입은 중앙정부의 광역자치단체로의 기능배분과 광역에서 지정시로의 사무배분이 선결되었을 때 검토되어야 한다(육동일, 2003).

이상과 같이 행정계층구조 및 구역개편은 지역여론에만 의존해서 조급하게 정치적으로 처리될 사안이 결코 아니다. 행정계층구조 및 구역개편의 효과를 극대화시키기 위해서는 충분한 시간을 갖고 중앙정부, 해당 시 · 도, 그리고 상설 민간 전문기구 등이 머리를 맞대고 합리적이고 종합적으로 문제를 풀어가야 한다. 그리고 무엇보다 중요한 것은 지역주민들의 지속적인 관심과 현명한 판단이다.

2. 정부간 기능배분의 재정립

1) 중앙과 지방간의 합리적 협력관계 정립

지방자치제하에서의 중앙정부와 자치단체간의 관계는 기본적으로 상호의견을 조정해나가는 합의 내지 협상과정을 그 내용으로 한다는 점에서 상호 수평적인 상호 역할분담관계 내지 수평적 경쟁관계로 정립되어야 한다.

정부가 추진하는 개혁이 궁극적으로 성공하기 위해서 그리고 지방경영행정을 보다 활성화시키기 위해서는 지방정부가 중앙정부로부터 상당한 독립성과 자율성을 보장받는 분권형 협력시스템의 구축이 선행되어야 한다.

일본은 2000년 4월부터「지방분권일괄법」이 시행되었다. 1990년대에 추진된 일본의 지방분권은 1980년대까지와는 달리 다음과 같은 특성들을 보이고 있다.

첫째, 종래의 분권화에서 반드시 수반되던 도주제, 연방제 또는 전국을 30개의 지방자치단체로 재편하자는 등의 대합병론이 사라졌다는 점이다. 둘째, 현재의 부 · 현 및 시 · 정 · 촌의 체제를 유지하면서 부 · 현을 축으로 분권을 추진하자는 흐름이 주류를 이루고 있다는 점이다. 다시 말하면, 기존의 시 · 정 · 촌 우선의 원칙이 후퇴하고, 부 · 현을 중심으로 한 이양 후에 다음단계로 시 · 정 · 촌을 중심으로한 이양을 추진하자는 것이다. 셋째, 부 · 현을 종합적인 통치기구로 활용하기 위하여 기관위임사무제도의 폐지, 必置規制의 철폐, 지방세 재원의 충실 등 국가의 출연기관적 성격을 일소하려는 움직임이 대두되고 있다는 점이다. 넷째, 지방분권의 추진을 중앙정부의 힘에 의존하는 동시에 추진계획은 정부에서 수립하고, 이의 실시 및 감시를 위해 제3의 기관을 설립하는 방식을 활용하였다는 점이다.

이처럼 일본은 「지방분권일괄법」의 시행으로 1단계 분권화조치를 마무리함으로써 일정수준 분권형 시스템을 구축한 것으로 평가되고 있다. 즉, 국가와 지방의 관계가 상하 · 주종관계에서 대등 · 협력관계로 전환되고, 지방자치단체의 자기결정권의 확대와 자기책임성의 확보가 진전되어 가고 있다는 것이다. 그럼에도 불구하고, 해결해야 할 과제는 여전히 남아 있다. 예를 들면, 시 · 정 · 촌의 합병과 주민참여의 활성화 및 자주재원의 충실화 등이 향후 일본의 지방분권에서 해결해야 할 핵심적 과제로 남아 있다.

중앙정부로부터 광역자치단체로의 분권과 함께 광역자치단체에서 기초자치단체로의 분권화도 적극적으로 추진되어야 한다. 즉 지역실정에 부합토록 처리해야 할 기능과 권한은 주민과 가까운 기초자치단체로 이양되어야만 지역주민의 전폭적인 이해와 협조를 구할 수 있을 것이다. 그러나 분권화의 순서는 중앙정부에서 광역자치단체로 그리고 광역에서 기초자치단체로의 단계적 분권화가 전략적으로 검토될 필요가 있다.

2) 위임사무의 축소와 자치사무의 확대

지방정부가 수행하는 국가위임사무의 비중이 과도하게 높기 때문에 지방정부의 자율성을 저해하는 중앙정부의 통제와 간섭이 지나치게 높을 수 밖에 없다. 따라서 위임사무의 비중을 줄이고 자치사무의 비중을 확대하기 위해서는 현행 기관위임사무중 지방적 성격이 강한 지역경제, 지역개발, 도시계획, 지역교통, 생활환경, 사회복지 등의 사무와 인 · 허가 등 민원사무 및 단순집행적 성격의 사무들은 우선적으로 지방에 이양해야 한다.

3) 사무구분의 명확화와 사무배분의 원칙확립

기능배분의 문제에 대한 근본적인 대책은 무엇보다도「지방이양일괄법」 또는「지방분권법」을 제정하여 중앙, 시 · 도, 시 · 군 · 구간 사무구분을 명확하게 법률로 구분하는 일일 것이다. 프랑스, 독일, 일본의 경우는 재배분사무명을 법률에 명시하여 정부간 기능중복 또는 갈등의 소지를 방지하고 있다.

지방자치단체의 자치적 기능수행을 제약하는 또 하나의 원인은 사무를 위임하는데 있어서 사무수행에 관련된 기능을 총체적으로 위임하지 않고 단순집행권이나 조사 · 확인 등 경미하고 부수적인 사무만을 위임하기 때문이다. 물론 전국적으로 통일적 수준을 유지해야 할 사무에 대해서는 중앙정부가 계획이나 기준설정과 같은 권한을 계속 행사해야 하겠지만 사무의 영향이 지방자치단체의 영역에 국한되는 사무는 계획-조정-집행에 이르는 일련의 과정을 하나로 묶어서 1개의 행정주체에 배분하는 Package(일관이양), 또는 One-set방식에 따라 全사무를 이양해야 할 것이다.

3. 잠재적 추천대안

1) 점진적 개편 필요

정치권의 전면적 개편안이 주장하는 것처럼 도가 없어지게 되면 농촌의 문제는 더 큰 문제를 발생시킬 수 있다. 따라서, 보충적으로 낙후지역 육성 특별법, 조세제도의 개편 등이 필요하고, 거점도시를 육성하여 이웃된 농촌지역 등을 통합 흡수하고, 도계지역은 통합하여 지역갈등을 해소할 수 있도록 하는 조치도 필요할 것으로 보고 있다. 이것은 단계적으로 기초자치정부의 역량, 조직, 인력, 기술을 강화할 필요가 있다는 점도 지적하는 사항이다. 우리나라는 이미 세계에서 가장 넓게 설정된 자치구역을 갖고 있으므로 일본[14], 영

14 기초자치단체 평균 인구규모는 일본이 5만6000 명인데, 우리나라는 20만8000 명임. 인구로 우리나라의 2.7배인

국과 같은 단순한 개편은 맞지 않는다. 특히 일본과 영국은 주민들의 자발적인 유도를 장려해왔다는 점에서 이를 배울 필요가 있다.

2) 제안 내용

○ 추천대안

- 도와 시 · 군 기능의 분리 모형

○ 기능조정

- 도의 사무와 시 · 군의 사무를 명확히 구분하여 상호 중복이 없도록 조정함.
- 도와 시 · 군 지도 · 감독 기능을 폐지하고 도는 조정, 광역 지원기능만 수행하도록 함으로써 도와 시 · 군간 수직적 관계를 수평적 관계로 전환.
- 대민기능은 모두 시 · 군에 이양하도록 함으로써 시 · 군 자치사무를 대폭 확대.
- 조정, 광역, 지원기능을 효과적으로 수행할 수 있는 수단을 도에 부여함.
- 도의 기능을 실질화하기 위해 특별지방행정기관의 사무 중 도가 직접 처리할 수 있는 사무(국도 · 하천유지, 조달, 통계, 보훈, 노동, 환경, 징병검사 등)를 도로 이관.

○ 계층 조정

- 현행과 같은 광역과 기초의 2 계층제 유지.

3) 제안 이유

○ 도 폐지의 문제점

- 기초자치단체의 1층제 만으로는 광역, 조정기능의 수행에 어려움이 있음.

일본은 정 · 촌 합병 이후에도 기초자치단체 수로는 우리나라의 10배에 달하고, 기초자치단체 평균 인구규모로는 우리나라의 약 4분의 1에 불과.

- 도가 폐지될 경우 시 · 군에 대한 중앙집권화가 증대할 것으로 우려됨.
- 도 폐지에 따른 정치적 저항이 심할 것임.
- 도 폐지가 자동적으로 지역감정을 해소한다고 볼 수 없음.

○ 전면적 구역개편의 어려움

- 광역자치단체인 도를 분할할 경우 행정적 부담도 과중함.
- 재정력이 낮은 군과 군간의 통합은 행정효율의 증대라는 목적을 달성하는데 사실상 실효성이 없음.
- 군과 군 통합시 면적이 과대한 자치단체가 생기게 되고, 이 경우 주민들의 접근성 확보가 곤란함.
- 따라서, 자치단체간의 통합은 주민들간의 합의가 전제되어야 함.
- 따라서, 도와 시 · 군 기능의 분리 모형은 다른 대안에 비해 실현가능성이 가장 크면서 현행 지방행정체계의 문제점을 해소하는 효과도 상대적으로 큰 편임.
- 도의 존치를 전제로 하고 시 · 군의 기능을 강화해 나가야 함.
- 이를 위해서는 도에서 시 · 군으로의 과감한 기능이양이 필요하고, 도의 경우 국가로부터 특별지방행정기관의 관련기능을 이양받아 광역기능을 강화해 나가야 함.
- 도와 시 · 군간 기능의 분리는 2계층제가 내포하고 있는 중복행정의 폐해를 방지하고 주민들에게 One-Stop Service를 제공할 수 있음.
- 또한, 구역개편은 전면적이기보다는 생활권을 고려한 부분적 경계조정이 바람직함.

제5절 소결론

때마다 갑자기 추진하는 일부 국회의원들의 행정계층구조와 행정구역개편

문제는 정부혁신과 지방분권 차원에서 대단히 중요한 개혁과제다. 정부의 지방분권 추진 로드맵에서 당연히 포함되었어야 할 주요 국정과제임에도 불구하고 정치권에 의해 그 방안이 검토된다는 것은 큰 기대보다는 심도있는 분석과 연구 그리고 철저한 준비없이 추진될 경우 나타날 지역의 혼란과 갈등을 우려하지 않을 수 없다.

행정구역을 개편할 때 고려되어야 할 가장 중요한 사항은 구역개편이 과연 누구를 위한 것인가를 명확히 하여야 한다는 점이다. 현대 민주주의 국가에서는 모든 정치 · 행정행위는 주민을 위한 것이어야 한다. 따라서, 행정구역 개편이 정치적 이해관계나 관료들의 이익, 혹은 지역 유지들의 이해에 따라 좌우되어서는 안 되며, 오직 국가 경쟁력 제고와 남북통일, 그리고 주민편의와 지역활성화를 위한 행정구역개편이 되어야 할 것이다.

자치경험이 일천한 한반도에서 지방자치 실시의 실제적인 효과를 기대하기 위해서는 그 제도적인 장치로서 행정구역의 적정화 및 합리화가 무엇보다도 필요하다. 이 때 행정구역의 적정화 및 합리화는 행정의 민주성(주민편의성과 사회공동성)과 능률성(행정능력과 지역개발성)의 조화 속에서 현행 행정구역의 부분적인 개편의 아니라 주민의 실제적 편익과 국가의 발전전략과 합치될 수 있는 행정구역체계의 전면적인 재조정, 즉 구역의 재편이라는 차원에서 논의되고 접근되어야 할 것이다.

따라서, 행정구역 개편 논의가 정치적 이해관계를 넘어 국민적 합의에 바탕을 두고 국토의 효율적 관리와 이용, 그리고 자치능력 향상과 통일에 대비한다는 인식에서 출발함으로써 세계화, 정보화, 지방화라는 커다란 세계사적 흐름에 뒤지지 않도록 해야 할 것이다. 다만 행정구역 확정은 선거구역과 밀접한 관련이 있다고 하더라도 선거구제를 위해서 자치(행정)구역이 바뀌는 우를 범해서는 안된다.

chapter 04

대도시 광역행정의 관리전략

제1절 광역도시권의 의의와 중요성

광역도시권을 둘러싼 대내와 여건이 급격히 변화하고 있고, 이와 같은 변화는 광역도시권 발전의 새로운 기대요인과 제약요인으로 작용하게 될 것이다. 새계화 · 지방화 · 정보화 · 환경중시 가치관 등 거대한 변화추세는 지역발전 패러다임을 변화시키고 있다. 그 중에서 행정구역을 초월하여 진행되는 광역화 현상에 대응하여 한정된 자원을 효율적으로 이용 · 보전하고, 중심도시와 주변지역간의 균형발전을 도모하며, 지방자치단체간의 이해조정을 위해서 광역권 전역을 대상으로 하는 도시권 관리가 보편화되고 있다(신정철, 2001: 335).

기존의 지역균형 개발은 인구나 산업의 수도권 집중을 억제하고 지방에 상대적인 혜택을 부여하는 자원의 재분배 정책에 의존해 왔다. 그러나 국제간 상품과 자본의 자유로운 이동으로 특징지워지는 세계화의 전개로 인하여 국내의 한 지역에서 억제된 산업 및 경제활동이 국내의 다른 지역으로 이전된다는 보장이 곤란해지게 되었다. 개방경쟁체제 하에서 각 지역은 고유의 잠재력에 기초한 경쟁력을 갖추어 나가지 않으면 안된다. 그러나 수도권을 제외한 대부분의 지역은 국제사회에서 독자적인 경쟁력을 지닌 경제기반을 갖추는데 크게 미흡한 실정이다.

그 원인으로는 ① 지방은 수도권과 경쟁하면서 지역개발을 선도할 수 있는 규모의 경제성을 지닌 도시경제 기반을 갖추지 못하고 있다. ② 세계화시대의 지역의 발전은 지역경제를 얼마나 성공적으로 세계경제와 연계 및 통합시켜 나가느냐에 달려있다는데 있다. 그러나 대부분의 지역은 국제사회와 직교류 할 수 있는 기반을 갖추지 못하고 있다.

세계화에 대한 지방의 성패는 여하히 국제적 경쟁력을 갖추느냐에 달려있다. 따라서 지방자치단체의 행정구역의 합리적 재편성이 고려될 필요가 있다. 즉 자치단체의 행정구역은 자연적인 경제활동 단위로 재편성해야 할 것이다. 만약 행정구역 개편이 어렵다면 광역권 지방자치단체간의 공조를 통해 국제화를 공동 추진하는 협력체를 결성하는 방법도 잠정적으로 활용할 수 있을 것이다.

지방화의 추진에 따라 지역개발에 대한 지역의 자율적인 노력이 크게 증대되고 있으며, 이 과정에서 지역간 경합과 갈등, 분쟁이 증대되고 있다. 향후 지역개발에서는 지방자치단체의 자율권과 능력강화 및 지역간 갈등과 분쟁 조정이 주요한 정책과제가 될 것으로 전망된다. 모든 지역은 지역경쟁력 강화차원에서 다른 지역과 다양한 형태의 보완과 협력을 위한 노력이 증대될 것으로 전망된다. 이에 따라 지역간 협력과 제휴형태는 기능적인 네트워크 체계를 띠게 될 가능성이 크다.

정보화시대에서는 지방정부가 바라는대로 도로, 통신망의 발달에 따라 고부가가치를 창출하는 첨단산업들이 점차 지방으로 재배치되기보다는 오히려 국제적 거대도시로 집중되는 경향을 보이고 있다. 결국 지방화, 세계화, 정보화 추세는 지방자치권의 강화라는 긍정적인 측면과 아울러 국민국가로부터 몇몇 거대도시로의 자원 이동, 중앙정부에의 정치적 예속으로 대체되는 부정적인 측면이 공존하는 현상으로 이해하는 것이 보다 적절하다. 따라서 중소도시, 농어촌 지역의 국제화 전략은 독자적으로 추진하기보다는 인근 대도시 혹은 광역권과의 공조를 통한 접근이 보다 바람직할 것이다.

제2절 광역도시권의 유형과 방식

1. 행정구역 개편

1995년에 이루어진 행정구역 통폐합 조정은 지역적 특성을 살리지 못하고 중앙정부의 획일적 기준에 의해 중앙정부가 주도한 통·폐합으로 현지 지역민의 의사반영이 이루어지지 못했다는 평가를 받은 바 있다. 이로 인하여 지역성을 무시한 현행 다단계 구조 행정구역체계의 중복성, 지역행정 편의의 문제점이 잔존하게 되어 행정구역의 개편에 대한 요구가 끊임없이 제기되어 왔다.

오늘날 급속한 교통 ·통신수단의 발달과 경제 거래권의 확대, 그리고 각종 지역개발공사로 인하여 주민생활권이 변화되고 있어 행정구역과 주민편익이 불일치하는 폐해가 나타나고 있다. 즉, 교통통신과 과학기술의 발달, 그리고 지역개발, 국토개발사업 등이 이루어짐에 따라 하천이나 산맥 등 자연적 조건을 근간으로 책정되었던 지방자치단체의 경계는 사실상 그 의미를 상실하고 있다. 그 동안 급속하게 진행된 산업화, 도시화는 인간생활의 구조를 근본적으로 변화시키고 있으며, 비탄력적인 행정권과 탄력적인 생활권 사이에 괴리현상을 더욱 심화시켜 주고 있다. 따라서, 미래의 지역 개발성을 고려한 생활권과 행정권이 일치하는 측면에서 광역행정구역의 재편이 요구되고 있다.

광역지방행정구역의 적정규모를 확정하기 위해서 어떠한 조건들이 고려되어야 하는가에 대해서는 그 동안 국내 학자들에 의해 다양하게 논의되어 왔다. 물론 학자들이 제시한 조건들이 보편 타당성을 띠고 있거나 실제 각국의 지방행정구역 실정에 그대로 적용되는 것은 아니다.

그 동안 논의되어 온 기준들을 종합하여 보면, 민주성을 증진하기 위한 것으로 주민의 참여성 및 통제성, 주민편의성 등이, 행정의 효율성을 제고하기 위한 것으로 재정적 자주성, 통솔범위, 지역개발 등이, 그리고 공간지리적 시각을 반영한 것으로 사회공동체, 생활권 등이 제시되고 있다.

1) 행정구역 개편의 원칙과 기준

개편원칙으로는 기본적으로 행정의 효율성과 민주성의 동시 증진과 아울러 공간적 시각의 고려라는 2대 원칙을 적용할 수 있다. 행정의 효율성 증진을 위해서는 4가지 기준을 고려해야 한다.

- 규모의 경제
- 외부효과
- 행정비용
- 재정능력

행정의 민주성 중대를 위해서는 2가지 기준을 고려해야 한다.

- 주민참여
- 주민선호

공간적 시각으로서는 2가지 기준을 고려해야 한다.

- 생활권
- 공동체적 유대

〈표-1〉 행정구역개편의 원칙과 기준

원 칙	기 준
· 공간적 시각의 반영	생활권과 행정구역의 일치
	공동체적 유대감의 증대
· 행정 민주성의 증진	주민참여 및 주민통제의 증진
	주민선호의 충족
· 행정 효율성의 증진	규모의 경제 실현
	외부효과의 최소화
	행정비용의 최소화
	재정능력의 증대

2) 행정구역개편의 조화방안

행정구역개편의 문제는 분리냐, 통합이냐 하는 양자택일의 문제가 아니다. 통합구조는 대규모의 수평적 · 평면적 통합이나 상급계층의 수를 늘려 그것의 지위를 강화시킴으로써 소규모 지방정부의 정치적 자율성과 영역적 정체성을 약화시킨다. 나아가서는 지방정부간의 정치적 경제적 분리현상을 사전에 예방하려는 의도가 담겨 있음을 인식하는 것이 필요하다. 반면에 분리구조는 지나친 경쟁으로 인하여 국가나 중앙정부의 규모의 경제에 손상을 주기 쉽고 또한 지방정부간에도 경쟁의 토대가 마련되지 않는 상황에서 오히려 지역간 불균형 등의 비효율을 초래하기가 쉽다는 한계가 있다.

이렇게 볼 때, 분리 선호설과 통합 선호설은 상호배타적이기 보다는 상호 수용의 여지가 많음을 알 수 있다. 분리 선호설의 경우는 공동체 중심(community-oriented)의 특징이 장점으로 부각되는 반면, 통합 선호설은 효율성 중심(efficiency-oriented)이 보다 비교우위에 있다(김천영, 2001;315-317).

따라서, 구역개편의 보편적 기준인 민주성과 능률성의 균형을 충족시키기 위하여는 이들 두 가지의 입장을 절충적으로 받아들이는 것이 필요하다. 문제는 이러한 절충적 과제를 실천할 수 있는 구체적인 방법을 어떻게 모색하느냐에 있다.

구역개편은 제반 사회환경의 변화와 밀접한 연관을 맺고 있다는 점에서 중요하다. 구역개편에 관한 전통적이며 정태적인 인식으로는 지방자치, 환경보전 및 지역의 균형발전이라는 새로운 변수와 지역주민의 질적 수요로의 변화를 수용하는 데에 한계가 있다. 과거 중앙정부의 지시 · 감독하에 놓여있던 지방자치단체의 구역개편방식으로는 지방자치의 실시로 인하여 지방행정의 내용이 점차 '지방정부간 행정' 으로 변화는 시점에서 적실성이 떨어진다고 본다. 따라서, 이러한 변화를 적절히 수용할 수 있는 동태적이며 탄력적인 구역의 조정에 대한 절충적 방안이 요청된다. 이러한 방안은 특히 공동체와 효율성을 동시에 수용할 수 있어야 한다. 이를 위하여는 우선 '행정구역과 서비스구역을 분리' 시켜 생각해볼 필요가 있다. 행정구역은 구역개편의 공동체 기준과 연계시키는 한편, 서비스구역은 구역개편의 효율성기준과 연계시키는 방법이다.

행정구역을 서비스구역과 구분시켜야 하는 이유는 다음에서 찾아볼 수 있다(김천영, 2001: 40-41).

① 행정구역은 보수적이며 변화에 저항적인 반면에 서비스구역은 혁신적이며 변화지향적이라는 점이다.

② 행정구역은 구역을 개편할시 주민의 저항, 지방정부간의 이해관계 등으로 지불해야 할 비용이 많이 소요되는 반면에 서비스구역은 물리적인 구역개편을 하지 않고서도 구역개편의 효과를 볼 수 있으므로 비용이 적게 든다는 장점이 있다.

③ 행정구역은 공동체의식을 살리기에 적절한 반면에 서비스구역은 공동체의식은 다소 결여되나 효율성을 달성하기가 용이한 면이 있다.

④ 행정구역은 지방정부간에 나타나는 갈등의 조정이 어려운 반면에 서비스구역은 지방정부간의 이해관계를 조정하기가 쉽다는 장점이 있다. 행정구역의 개편을 통한 지방정부간의 갈등을 조정하는 데에는 시간과 비용면에서

제약조건이 많으나 서비스구역은 상황적으로 다양한 방법을 모색할 수 있다.

그러므로 기존의 행정구역단위에서 처리하기 곤란한 사항은 서비스구역의 개념을 도입하는 것이 필요하다. 서비스구역은 정부간에 계약을 통하여 설정·운용할 수 있다. 이러한 의미에서 '정부간 서비스구역 계약방식' 이라 칭할 수 있다. 즉 행정구역의 개편은 공동체의식을 저해하지 않는 범위에서 최소한에 그치고, 이러한 행정구역 단위정부를 정부간 계약의 당사자로 하여, 그들로 하여금 서비스구역의 범위, 서비스제공의 내용, 갈등조정의 방식 및 내용, 서비스구역운영에 관한 조직·인력·재정관계 및 계약기간 등에 관한 일체의 내용을 정부간 계약을 통하게 한다. 다만 지방정부간에 서비스 구역을 통하여 생길 수 있는 갈등에 여지에 관하여는 협력에 반드시 응해야하는 '당연적 의무사항' 과 가능한 협조에 응하는 '임의적 의무사항' 을 사전에 규정하여 놓는 것이 필요하다.

이러한 방식의 장점은 물리적인 구역개편을 하지 않고서도 이에 못지않는 구역개편의 효과를 볼 수 있다는 점이다. 이 방식을 활용할 경우 정부간 관계에 바탕을 둔 '정부간 행정' 이 촉진됨으로써 정부단위간의 불평등한 관계가 개선되며 나아가 지역간에 균형발전을 유도하는데 있어서도 유용할 것이다.

2. 광역행정체제의 유형

1) 광역권에서의 행정서비스의 제공유형

광역권 행정체제는 각국의 도시 및 지방행정체제, 도시화 경향, 도시행정의 체제, 지역의 성격, 지방자치의 여부, 그리고 행정서비스의 제공에 따라 상이하게 운영되고 있다 특히 광역행정체제는 대도시권을 중심으로 형성되어 오고 있기 때문에 접근되고 있는 체제방식도 대도시권 내에서 중심지역의 정부와 주변지역의 정부와의 관계로써 설명할 수 있다.

광역행정체계와 유형은 학자들에 따라 다양하게 제시된다. 여기에서는 협조, 단일정부, 이원제, 특별구 및 절충적 유형의 5가지로 정리한다.

첫째, 협조방식(cooperative approach)이란 기존 구역에 변경을 가하지 않으면서 광역적으로 연계된 업무나 기능의 조정으로 광역업무를 처리하는 방법으로 자치단체간에 자발적인 협력에 기초한 관리방식이다. 자치단체간 협정이나 광역행정협의회 등을 통한 광역권 관리 유형이 협조방식의 변형된 형태로, 1966년 이후 설치 · 운영되고 있는 도시권행정협의회가 변형된 협조방식의 하나이다. 협조방식은 기존 구역을 변경하지 않고도 광역적 서비스의 공급, 광역행정상 필요한 기술과 능률성의 확보, 기존 자치단체의 독립성과 자주성의 손상 없이 광역서비스에 대한 욕구를 충족시킬 수 있는 이점이 있다. 하지만 이 방식은 자치단체간 합의를 전제로 하기 때문에 상호 합의되지 않는 사안에 대해서는 효율적 광역행정이 어렵다는 문제가 있다. 따라서, 협조방식의 광역적 관리가 효과를 거두려면 각 자치단체와 주민이 지역이기주의를 초월해 광역적 관점에서 문제에 접근하려는 태도가 확립되어야 한다.

둘째, 단일정부형식(one-government approach)은 여러 자치단체를 하나의 강력한 단일정부로 통합해 복잡한 광역문제에 능률적 · 경제적으로 대처하는 형태로 합병과 통합의 방식이 있다. 합병은 유사한 규모의 도시지역끼리 묶는 것이며, 통합은 도시가 농촌지역을 흡수 · 합병하는 형태를 말한다. 합병이나 통합을 통한 광역권 관리는 19세기 미국과 캐나다에서 널리 사용한 것으로 도시발전에 기여해 왔다. 합병이나 통합과 같은 단일정부 형식은 광역권 내의 분할된 공간을 통합적 관리가 가능한 연속적 공간으로 대체시킴으로써 광역문제를 처리하는 방법으로 각종 사무와 기능의 중복을 제거함으로써 예산 · 인력 · 기구의 축소를 통한 낭비적 요인을 제거하고, 자치단체간의 책임전가와 갈등을 해소하며 합병지역의 종합적인 발전을 도모할 수 있다는 이점이 있다. 그러나 특색을 달리하는 자치단체들을 단일 시스템으로 통폐합 할 경우 부작용의 발생가능성이 높고, 지역 주민의 일체감 형성이 어렵다.

셋째, 이원제형식(two-level approach)은 기존 지방정부와 별도로 광역권을 관할

할 새로운 광역정부를 신설해 기초정부와 광역정부의 두 지방정부가 병존하면서 기능과 책임을 분담하는 시스템으로, 연합정부와 유사한 방식이다. 연합정부란 광역권 관리의 통합성과 유기성 확보를 위해 기존 자치단체가 각각의 법인격을 그대로 유지하면서 광역행정을 전담하는 지방정부를 신설하는 방안을 말한다. 이 이원제 방식은 협조방식과 단일정부 방식의 중간성격으로써 가장 합리적이며 주민반발 없이 기존 자치정부를 유지한 채 새로운 광역정부에 광역행정업무를 이양시킬 수 있다는 이점이 있으나, 새로운 정부를 하나 신설한다는 점에서 행정의 비대화나 낭비를 초래할 우려가 높다는 문제가 있다.

넷째, 특별구(special districts) 설정이나 부서간 협조방식이 있다. 특별구란 특정업무를 처리할 목적으로 행정구역을 초월해서 도시계획 · 교통 · 도로 · 쓰레기처리 · 주택 등 광역적 성격을 가진 특수한 공공서비스에 대한 수요를 광역적으로 처리하기 위해 설치하는 특별행정기관으로 종합적 행정서비스를 제공하는 자치단체와 구별된다. 미국은 교육구(school districts)로 시작해 현재는 교육 · 소방 · 급수 등 특수한 행정목적을 위해 설치 · 운영되고 있다. 특별구에는 단일기능 특별구와 다목적 기능특별구가 있는데, 교통이나 상 · 하수도 같은 특정 광역서비스에 대한 수요를 충족할 목적의 단일기능 특별구의 설치가 일반적이다. 특별구의 방식은 업무의 전문성과 융통성, 재원확보 및 기업경영방식의 채택이 가능하다는 장점이 있다. 하지만, 이 전문성과 영속성의 사업기관이라는 점이 정치적 통제를 벗어나 정책결정에 혼선을 빚게 하거나 행정업무를 더 복잡하게 할 수 있는 단점이 있다.

그리고, 부서간 협조방식이 있다. 정부기능의 양적 · 질적 확대와 복잡 · 다양한 변화에 부응하기 위해 부서 · 기관 · 정부간 수평적 협조의 필요성이 강조되고 있다. 미국의 경우 지방교부금 지급, 환경오염방지계획 수립시 광역개발계획 및 사업수행이나 대기오염방지계획을 수립할 때도 관련 지방정부간 또는 동일정부내 부서간 협조를 전제조건으로 하고 있다. 이처럼 광역행정권내의 자치단체나 부서간 협의 · 조정을 거칠 경우 각 지역 의사의 반영과 지역간 갈등의 사전조율을 통해 광역적인 행정업무에 효율적으로 대처할 뿐만 아니라, 중복행정을 피해 예산절감효과를 기할 수 있다는 이점이 있다

2) 외국 사례를 통해 본 시사점 도출

광역행정방식의 활용에 있어서도 선진외국의 경우는 다음과 같은 경향을 나타내고 있다(차미숙, 1999 : 57-58). 첫째, 대체로 정치 · 사회적 여건과 자치발달 수준에 따라 다양한 광역행정방식이 채택되고 있다. 일반적으로 협의의 전통이 강한 미국은 계약, 협정, 정부간 협의, 광역행정구(단일목적, 다목적), 광역계획기관, 특별구, 구역변경 · 분리 · 합병, 연합 등이 다양하게 활용되나 주로 자치단체간 협의에 기초한 협의방식이, 일본에서는 공공시설의 구역외 설치 및 지방공공단체의 공동시설 이용, 지방공공단체의 협의권, 지방공공단체의 기관 등 공동설치, 상호구제사업의 경영위탁, 사무위탁, 일부사무조합, 광역연합, 재산구, 지방개발사업단, 시정촌 합병 · 통합 등이 있으나 자치단체가 규약에 의거한 조합방식이 주로 활용되고 있다. 둘째, 기능적 구역의 중첩으로 행정구역의 유연성 증대뿐만 아니라 정보화 · 고속화에 따른 이동성 증대로 지역간 협력의 지리적 범위가 확대되고 있다. 이에 따라 지역간 협력의 지리적 범역에 있어서 국내 지역간의 협력단계를 너머 국경을 초월하여 광역행정체제간의 협력까지 나타나고 있다. 셋째, 자치단체간의 협력을 통하여 공동이용시설의 설치 등을 촉구하기 위하여 중앙정부의 재정지원 조치가 확보되어 있거나 증대되는 경향이다. 미국의 정부간 협의회는 연방정부의 대도시권계획에 대한 보조금 인센티브가 있기 전까지는 활동이 미미한 편이었으나, 공동개발사업에 대하여 연방정부의 보조금이 제공되면서 활성화되었다. 일본의 광역연합도 재정적으로 취약한 자치단체들이 중앙정부의 재정적 인센티브에 근거하여 통합이 활성화되는 추세를 보이고 있다.

이와 같이 지역간 협력 및 네트워크 구축은 시대적인 필요성과 각 국가가

지닌 제도적인 기반의 특성에 따라서 상이하게 전개되는 경향을 지니고 있으므로 제도 도입에 앞서 우리의 여건에 대한 면밀한 진단이 요구된다.

3) 우리 나라 광역행정의 방식과 실제

우리 나라에서의 광역행정은 지방행정구역의 변경방식을 통해 실질적으로 광역행정의 효과를 추구하는 것과 지방자치법상의 각종 제도적 장치를 통해 자치단체간의 수평적 협력방식에 의한 것, 그리고 국가가 기관의 설치나 각종 제도적 장치를 통해 결과적으로 광역단위의 행·재정적 조정·통제를 이루어 가는 것의 세가지 형태로 구분해 볼 수 있다(한국지방자치학회, 2000 ; 517-520).

(1) 행정구역변경에 의한 광역행정

도시권의 발달로 인해 도시기능권역과 도시행정구역이 불일치할 때, 기존의 행정구역을 변경함으로써 단일정부에 의한 광역기능의 처리가 이루어지도록 하는 방식이다. 이에는 지금까지 자주 사용되어온 새로운 광역자치단체를 창설하는 시-도분리방식(city-county separation)과 최근에 이루어지고 있는 복수의 자치단체를 생활권단위로 통·폐합(consolidate)하는 시-도 통합방식 그리고 기존 대도시정부가 그의 기능권역인 인접자치단체의 구역의 일부를 흡수하는 편입방식(annexation)의 세 가지가 있다. 이 중 시-도 분리와 편입의 방식은 동시에 적용되는 것이 일반적이다.

(2) 지방자치법상의 제도에 의한 광역행정

우리나라 지방자치법은 '지방자치단체 상호간의 관계'(지방자치법 제8장)에서 광역행정의 요청에 대처하는 방식으로 지방자치단체간의 협력과 분쟁조정, 사무위탁, 행정협의회, 그리고 지방자치단체조합 등에 관한 규정을 함으로써 광역행정의 중요성을 강조하는 한편 각각의 설립 및 운영의 법적 근거를 마련해 놓고 있다. 이 중에 지방자치단체간 협력과 분쟁조정은 광역행정의 구체적인 방식으로 볼 수는 없으나 각 지방자치단체의 배타성과 구역의 경계선이 갖는 장애를 극복하기 위한 기초적인 대처방안의 하나로 볼 수 있다.

(3) 시 · 도 통합의 교훈

시 · 도통합 같은 행정계층구조의 개혁은 국가경영의 기본단위와 일선행정체계의 혁명적 변화를 초래하는 중대한 국가문제이며, 향후 지방자치의 발전은 물론 지역사회의 재구조화에 결정적인 영향을 미치기 때문에 국가차원에서 그리고 지방차원에서 현명하고 신중하게 접근해야 한다.

특히, 시 · 도통합으로 나타날 행정계층과 자치구역의 변화는 지방자치단체의 규모와 기능, 지방의회의 구성과 역할, 지역의 균형발전, 주민참여의 기회와 수준 등 해당지역과 지역주민들과 관련된 모든 문제를 포괄하는 종합적인 이슈이기 때문에 시 · 도통합에는 해당지역 주민들의 이해득실에 따라 반드시 찬성과 반대로 나뉘어 극심한 진통을 겪게되는 것이 일반적인 현상이다.

시 · 도통합은 지역의 일체감을 회복시킴은 물론 지역발전의 토대를 구축할 수 있고 지역경쟁력 강화로 21세기 무한경쟁시대에 대비할 수 있다는 논리이다. 반면에 시 · 도통합 반대론은 통합론이 현실적으로 불가능하고 논리적으로도 타당치 않다는 입장이다.

이제 시 · 도통합의 문제를 찬성이냐 반대냐의 이분법적 논리에 매몰되어 양자택일의 문제로 몰고가서는 안된다. 설령 통합이 바람직하다 하더라도 통합을 하는데 필요한 방법, 시기, 절차 등에 철저한 검토와 선결조건이 충족되어야 하는 동시에, 분리를 유지한다면 도청이전 문제 등에 대한 진지한 고민과 현명한 준비가 있어야 한다. 무엇보다도 통합의 문제는 남북통일에 대비하고 국가와 지방의 경쟁력 강화, 지방자치의 발전 그리고 주민의 화합과 지지라는 분명한 비전과 목표를 설정하고 세밀하게 추진되어야 한다.

이상과 같이 시 · 도통합은 지역여론에만 의존해서 조급해서 정치적으로 처리될 사안이 결코 아니다. 통합의 효과를 극대화시키고 그 부작용은 극소화시키기 위해서는 충분한 시간을 갖고 중앙정부, 해당 시 · 도, 그리고 상설 민간전문기구 등이 장기적인 관점에서 합리적이고 종합적으로 문제를 풀어가야 한다. 그리고 무엇보다 중요한 것은 지역주민들의 지속적인 관심과 현명한 판단이다(육동일, 2001: 59-65).

(4) 도 · 농 통합의 교훈

1991년 지방자치시대를 맞이하여 지방행정구역의 적정성 등에 대한 논의가 일면서 인구 10만명 미만의 시와 인근 군의 통합을 바탕으로 1994년 지방자치법을 개정하여 법적 근거를 마련하였다. 이를 토대로 1차로 1995년 1월 경기 남양주시 등 35개시, 같은 해 5월 경기 평택시 등 5개가 2차 시 · 군 통합을 이루었고 3차로 1996년 3월 경기 이천시 등 5개시는 군지역이 시로 승격되어 전국적으로 45개 시 · 군 통합이 이루어졌으며 현재에도 여러 곳에서 시 · 군통합에 대한 논의가 진행되고 있다.

현재까지 시 · 군통합의 효과에 대한 분석적 연구들이 간헐적으로 이루어져 왔다(홍석균 · 김생수, 1998: 190-210; 최낙인, 2000: 170-186). 이들 연구에 따르면, 통합 후 출범 당시의 목적에서 기대했던 효과도 가시화되고 있다. 하지만, 도시지역민의 질적 수요와는 달리 농촌주민은 주택, 도로, 상하수도 등 물적 환경개선과 소득증대 등 양적 향상을 추구하고 있어 협력적 보완기능이 아닌 대립관계도 종종 나타나고 있다. 또한 기대와는 달리 공간의 접근성 증대가 도시지역의 소비문화와 편익문화를 수용하게 되어 지출상승을 가속화시킴으로써 농촌지역경제의 약화나 농민유출현상을 낳기도 하고, 상대적 박탈감의 증폭, 개발격차의 심화 등으로 농촌지역의 소외감이 깊어간다는 분석도 있다.

특히 통합여수시, 강원도내 4개(춘천, 원주, 강릉, 삼척) 통합시 사례분석에서 보면 ① 통합후 주민 화합도나 혐오시설 입지에는 큰 변화가 없고, ② 통합시에서 행정 조직의 간소화가 이루어지지 않아 오히려 행정비용 증가가 나타난바 있으며 ③ 재정부문에서 통합시의 경우 일반회계 세입액과 세출액이 전반적으로 증가했으나 경상적 경비의 감소로 예산 절감효과와 농업부문의 투자가 증가하고 있으며, ④ 지역개발부문에서 통합시의 지역개발속도는 보통이고 균형개발 정도는 다소 긍정적인 효과가 나타났다는 것이다.

이상과 같이 시 · 군 통합 그 자체만으로는 당초의 기대효과를 극대화할 수 없다는 사실을 확인할 수 있다. 따라서, 도시와 농촌간이 균형발전을 이룩함과 함께 지역균형발전에 기여하고 행정서비스의 질을 향상시키며 규모의 경제를 실현하는 건전한 통합도시가 되기 위해서는 정부의 정제된 후속적인 조치가 재구성되어야 할 것이다.

3. 지역협력방식의 유형

지방화, 고속 · 정보화 등 급격한 대내외적 여건변화에 따라 행정구역의 의미가 퇴색되어 가고 있는 반면, 점차 광역행정(metropolitan administration)이나 전략적 제휴, 네트워크의 중요성이 증대되고 있다. 이러한 맥락에서 지방자치의 본질을 훼손하지 않은 채 자원의 효율적인 이용을 도모하기 위하여 지역간 협력에 대한 다양한 방안들이 논의될 필요가 있다. 그러나 아직도 지역협력계획 등 지방의 자발적인 필요성과 기능충족을 위한 계획제도가 구비되지 않아 이를 촉진하기 위한 제도화 방안이 우선적으로 검토될 필요가 있다.

지역협력은 다양한 방식을 통하여 이루어진다. 첫째, 지역간 공동투자 및 사업추진, 둘째, 개발신탁 설치, 셋째, 공동협약의 체결, 넷째, 공동추진방식의 채택, 다섯째, 공동기구의 설립, 그리고 전략적인 협력체제의 구축이다. 지역협력의 기대효과로는 지역개발 투자의 시너지 효과 극대화, 막대한 투자재원의 공동조달, 지역자원의 효율적 이용과 주민서비스 개선, 그리고 지역간 갈등해소와 사전분쟁예방 효과 등을 들 수 있다.

1) 지역협력방식

(1) 지역간 공동투자 및 개발신탁 방식

지역간 공동투자(development partnership or joint venture)는 막대한 재원이 요구되는 광역시설 및 지역개발사업 등의 추진을 위하여 자치단체가 공동으로 사업을 추진하는 협력방식이다. 대규모 항만과 공항, 광역공급처리 시설사업 등이 이에 해당한다. 개발신탁(development trust)은 2개 이상의 지방자치단체가 구체적인 시책과 사업을 원활히 추진하기 위하여 설치하는 협력방식이다.

(2) 공동협약 및 제휴 추진

공동협약(joint agreements), 제휴(coalitions)는 지방자치단체의 시책과 사업추진을 독자적으로 수행하면서도 공동발전 차원에서 상호협력 · 조정을 하는 협력방식이다. 공동의 정책목표를 지니고 있을 때 상호부담이 없이 협력할 수 있는 방안이다.

(3) 공동추진협력

공동추진협력(promotional partnership)은 관광 및 산업진흥을 공동으로 추진함으로써 시너지 효과를 높이는 협력방식이다. 여기에는 문화 및 체육행사 등을 공동 또는 협력개최 등이 포함된다.

(4) 공동기구의 설치

공동기구(agency partnership)의 설치는 지역간에 공동의 조직이나 기구를 설치하고, 공동의 사업을 추진하게 하는 방식이다. 여러 시 · 군, 시 · 도를 포함하는 지역개발기구, 지역관광진흥기구 등이 이에 해당한다.

(5) 전략적 제휴 · 협력

전략적 동반자 관계(strategic partnership)는 특정목적을 위한 선택적인 협력관계의 형성을 의미한다. 전반적인 발전목표와 시책추진에 있어서 특정한 분야의 필요성이 공동으로 대두되는 경우에 한하여 협력관계를 유지한다.

2) 외국의 지역협력 계획 적용사례

지역협력 촉진이나 지역공동전략 수립을 위한 외국의 적용사례는 종합적인 지역협력계획 형태와 산업, 교통, 관광 등 부문별 지역협력계획 내지 지역공동개발사업의 추진에 의한 협력형태로 크게 나눌 수 있다.

종합적인 지역협력계획은 인접지역간의 지역협의체 및 연구기관의 설치를 통하여 광역적인 장기발전전략과 공동발전을 위한 방안을 강구하기 위하여 수립된다. 미국 뉴욕-뉴저지-코넷티컷 등 3개의 인접 주가 뉴욕-뉴저지 항만청(Port Authority of New York-New Jersey), 3개 지역의 인프라 공급은행(Tri-State Infrastructure Bank), 지역 교통기구(Regional Transportation Authority)의 운영 · 관리 등 지역공동의 현안문제 해결을 위해 수립하는 장기적인 지역공동계획(Tri-State Regional Plan)사례와 미국의 2개 광역협의체와 인접 캐나다 광역협의체간 대규모 협력형태인 Cascadia Forum에 의한 장기적 공동계획수립사례 등을 들 수 있다.

제3절 광역도시권의 정립과제

1. 광역적 공공서비스 공급체계의 구축

1) 통합공급에 의한 규모의 경제 달성

(1) 서비스 공급권역의 통합

폐기물수거와 같이 단일 행정구역내에서 수 개의 권역으로 나누어져 민간위탁이 가능한 공공서비스는 공급권역의 통합을 통해 효율성 제고가 가능하다. 특히 일정 수준이상의 수거장비 및 인력을 확보하여야 하는 폐기물수거는 수집운반량이 손익분기점을 상회하여야 영업이익이 발생하므로 통합이 필요하다.

(2) 동종시설의 통합위탁 강화

한 도시 내 또는 인접 도시의 문화예술시설, 사회복지시설 등은 통합하여 민간위탁을 함으로써 규모의 경제를 달성할 수 있다. 시민회관, 문예회관, 박물관, 미술관 등 행사준비시 전문성이 요하는 문화예술시설은 기획홍보업무를 전문 이벤트회사에 통합위탁하여 수익성과 활용성을 제고하도록 한다. 노인회관, 복지회관 등 사회복지시설도 교육기능 등에 대하여 인접 지자체간 통합위탁을 한다면, 우수강사의 확보가 용이하고, 프로그램을 다양화할 수 있을 것이다.

인접 지자체간 통합위탁이 활성화되기 위해서는 무엇보다도 담당공무원들이 도시정부가 제공하는 문화발전, 사회복지 환경서비스의 수준제고에 대한 적극적인 자세가 전제되어야 한다. 특히 문화예술 및 사회복지시설의 실질적인 활용율에 대한 평가가 이루어져서, 담당공무원들에게 시민이 원하는 서비스를 적극적으로 제공하도록 하여야 한다. 인접 지자체간 통합위탁은 행정협의회를 통해 최종적으로 결정하는 것이 지방자치의 이념에 적합하다.

한편, 좁은 서비스권역으로 인하여 한 도시 내에 여러 개의 시설이 입지하는 보육시설,도서관 등은 도시 내에서 통합 위탁함으로써 규모의 경제를 달성할 수 있다. 소규모로 인하여 다양한 서비스를 제공하지 못하는 보육시설은 교육프로그램을 5-6개 시설이 공동개발하여 순회교사를 채용하면 규모의 경제를 달성할 수 있다.

2) 정부간 협약공급

1990년대 민선자치 시대를 맞이하여 지역이기주의를 피하고자 1시 · 군 1소각장 정책 등과 같이 입지기피시설에 대한 분산적 입지정책을 수립하였으나, 소규모시설의 산발적 입지로 인한 경제적 · 환경적 비효율성과 적정입지 확보의 어려움이라는 문제점에 봉착하였다. 결과적으로 광역시설의 공동설치 및 이용의 효용성에 대한 공감대가 형성되는 계기가 되었다.

특히 하수 및 폐기물처리, 상수공급, 화장장 등 대규모 시설투자가 필요한 입지기피시설은 인접 지자체간 기능분담 내지 공동이용을 통한 입지확보의 어려움을 완화하는 동시에 규모의 경제 달성 등 협약공급의 순기능을 극대화하기 위하여 제도적 보완이 이루어져야 한다. 광역적 입지기피시설의 협약공급을 강화하기 위해서는 지역사회 합의와 지방정부간 상호협력관계가 전제되어야 하며, 공동으로 시설설치시 지자체간 비용분담기준, 서비스의 질적 수준, 유사시 우선공급 등 서비스공급원칙이 협약서에 명확하게 규정되어야 한다.

공공서비스의 협약공급을 활성화하기 위하여 도시정부간 협약에 의하여 광역적으로 설치되는 시설에 대하여 국고 및 도비의 보조비율을 단독설치에 비해 상향조정하는 방안이 적극 검토되어야 한다. 시설의 종류 및 시설입지 지역의 성격에 따라 국고보조비율이 일률적으로 규정된 지방 및 간이상수도, 하수종말처리장, 매립장 및 소각장의 경우는 공동으로 계획하고 시설을 설치하는 경우와 공동이용하는 경우로 구분하여 협약공급에 대하여 국고보조비율을 인상하여야 한다.

3) 광역행정의 활용

(1) 도시권행정협의회의 활성화

광역행정방식으로 가장 보편적으로 채택되고 있는 행정협의회는 2개 이상의 지자체에 관련된 사무의 일부를 공동으로 처리하기 위하여 관련 지자체간에 구성한다(지방자치법 제142조 제1항). 도시권 행정협의회는 광역적 공공서비스 공급의 출발점이며, 행정협의회를 통하여 협약공급, 지방자치단체조합 및 광역지방공사 설립 등이 광범위하게 논의될 수 있다. 행정협의회는 지자체가 본래의 지위를 유지하면서 공동으로 사무를 처리할 수 있으며, 절차가 간편하다는 장점이 있으나, 바로 이러한 행정협의회의 자발적이고 임의적인 성격으로 인하여 의결사항에 대한 구속력이 약하다는 문제점이 있다.

지방자치의 정착과 함께 활성화되고 있는 행정협의회의 실효성을 높이기 위해서 합의된 사항에 대한 예산의 우선배정권을 부여하는 등 합의사항 이행강제권과 위반시 제재조치권을 추가하여야 한다. 또한 도시권내 균형발전과 광역서비스의 효율적 공급을 위해서 명칭의 중립화 및 윤번제 회장제도가 바람직하며, 행정협의회를 통해 공급하기로 결정된 공공서비스에 대하여 사업시행의 우선권을 주고, 국고 및 도비의 보조비율을 상향 조정하여야한다.

(2) 지방자치단체조합의 설립

2개 이상의 지방자치단체가 하나 또는 둘 이상의 사무를 공동으로 처리할 필요가 있을 때나(지방자치법 제 149), 지방직영기업의 경영에 의한 사무를 광역적으로 처리하기 위해서(지방공기업법 제44조) 지방자치단체조합의 설립이 가능하다. 일반적으로 조합은 기존의 행정체계는 유지하면서 사무의 전부 또는 일부사무조합의 형태로 설립된다. 조합을 통해 광역적으로 공급될 수 있는 공공서비스로는 상·하수도, 폐기물, 특수학교, 사회복지 등이 있다.

(3) 광역지방공사·공단의 설립

지방자치단체는 상호규약에 의하여 지방공사·공단의 공동설립이 가능하다(지방공기업법 제50조). 지방공기업법에 의한 광역지방공사는 금강도선공사(군산시, 서천군)와 구리농수산물도매시장(구리시, 서울시)이 있으며, '수도권매립지관리공사의설립및운영등에관한법률' 에 의해 수도권매립지관리공사가 2000년 7월에 설립되었다. 광역지방공사에 적합한 서비스에는 일본의 공동하수도공사의 예에서 알 수 있듯이 유역의 광역적 관리를 위한 하수도공사와 상수도공사가 해당된다.

광역지방공사·공단의 설립이 활성화되기 위해서는 의결기관 대표자의 선임방법, 출자방법, 지자체간 이견상충시 조정방법 등에 대한 사항이 지자체간 상호 규약으로 정해져야 한다. 공사·공단의 설립 여부는 전문기관 타당성 검토결과를 기초로 하여 관련 지자체장 및 담당공무원, 지방의회 의원, 전문가 등으로 구성되는 심의위원회의 심의를 거쳐 결정되어야 한다.

2. 공공서비스 공급주체의 다원화 및 다중적 협력 강화

1) 다양한 시민참여 활성화

(1) 정보공개의 내실화 및 참여제도의 다양화

시민참여의 활성화를 위해서는 공무원의 인식전환, 정보공개 및 참여비용 절감 등이 전제되어야 하지만 가장 중요한 요소는 시민의 참여경험과 관심이다. 또한 시민의 조직적인 참여를 위해서 시민단체활동에 대한 지원체제가 구축되어야 하며, 지역언론, 비영리기구 등의 중간단체는 시민의견수렴과 정책결정과정에서 합리적인 조정자 역할을 수행하여야 한다.

(2) 공공서비스 요금결정과정에의 참여확대

공공서비스 요금결정과정에 소비자의 실질적 참여의 확대는 요금결정절차의 투명성과 객관성을 제고하여 공정한 요금결정을 가능하게 하고, 공공서비스 질의 개선을 위한 소비자의 감시 · 견제를 강화하는 효과가 있다. 따라서, 시민생활과 밀접한 관련이 있는 공공서비스 요금수준은 결정전에 반드시 소비자대표가 참여하여 사전공개된 자료를 근거하여 원가를 검증하고 서비스 개선에 관한 의견제시 절차를 의무화하는 것이 바람직하다.

(3) 시민공동생산의 제도화 및 영역확대

시민사회가 성숙함에 따라 시민의 능력과 관심을 최대한 활용하여 시민들이 공공서비스를 정부와 협력하여 생산하게 하는 시민공동생산(市民共同生産, citizen coproduction)의 중요도가 높아지고 있다. 공동생산을 활성화하기 위해서는 공공서비스 공급에 있어서 시민역할의 재평가, 정부와 공무원에 대한 신뢰보상을 통한 동기부여 등이 제도적으로 마련되어야 한다. 특히 도시지역의 경우 공동생산의 사회적 · 정신적 기반이라 할 수 있는 공동체의식이 약하므로 아파트단지를 중심으로 공동체운동을 전개하여 참여의식을 제고하여야 한다.

(4) 자원봉사활동의 체계적 지원

도시행정에서 자원봉사의 활성화는 공공서비스 공급을 확대할 뿐만 아니라, 공동체의 일원으로서 시민들이 권리와 의무를 인식하고 실천하는 계기를 제공한다. 따라서, 선진국에서는 자원봉사가 민간활력의 도입에 비해서 효율적이지는 않지만, 공동생산의 일종으로서 정책집행과정에서 자원봉사조직을 적극적으로 활용하고 있다.

2) 비영리기구 및 지역기업의 역할 강화

(1) 비영리기구의 공공서비스 공급기능 강화

복지국가가 발달함에 따라 비영리기구(NPO)의 기능은 확대되고 있으며, 비영리기구의 오랜 복지서비스 제공 역사, 유연성, 제공 서비스의 다양성, 기부금과 자원봉사활동 동원의 용이성 등의 장점으로 국가와 상호협력적인 관계를 형성하고 있다. 비영리기구와 정부간의 협력관계는 비영리기구가 시민과 도시정부를 매개하여 서비스공급의 주체로서 또는 자원봉사를 조직하여 서비스를 제공한다는 점에서 명확하게 정립된다. 특히 비영리기구의 서비스공급은 사회복지 및 유아교육 등의 서비스분야에서 도시정부의 직접공급 대신 민간공급이 활발해지면서 공공성에 대한 우려가 높아지는 것에 대한 대안이 될 수 있다 비영리기구의 공공서비스 공급기능을 강화하기 위하여 사회복지 및 문화발전서비스 관련시설의 위탁업체 선정시 우선 선정될 수 있도록 가산점을 부여하는 방안이 검토될 수 있다.

(2) 지역기업의 문화발전 · 사회복지서비스 공급 확대

지역기업은 공공서비스의 소비자이지만, 보유하고 있는 시설을 활용하여 지역주민에게 서비스를 제공함으로써 지역사회의 주체로서 자리매김할 수 있고, 기업활동에 대한 주민의 의식을 제고할 수 있다. 특히 문화발전서비스 관련 시설이 빈약한 소도시나 농촌도시에서 활동하는 기업은 회사의 운동장, 강당, 체육관, 회의실 등을 체육행사, 문화제, 영화상영, 연극공연, 주말학교 등으로 제공함으로써 지역문화수준 제도에 기여할 수 있다. 지역기업의 문화발전서비스 제공을 유인하기 위하여 정부는 기업이 납부하여야 하는 국세 또는 지방세의 감면 등 제도적 뒷받침을 마련하여야 한다.

3) 지역협력계획 제도 도입방안

지역간 협력촉진을 위한 지역협력계획의 제도화를 위한 기본방향은 다음과 같다. 첫째, 지역협력계획은 관련 지방자치단체의 자발적 욕구와 선도에 의하여 수립여부가 결정되고, 추진되는 자율적인 계획이 되도록 한다.

둘째, 지역협력계획은 다양한 공간범위와 목적을 지닌 계획으로 운영될 수 있는 유연적 체계와 제도를 갖추도록 한다. 여기는 시 · 도를 포함한 광역적 지역협력계획에서부터 시 · 군 협력계획까지, 그리고 종합발전계획에서부터 개별부문별 지역협력계획까지, 그리고 단순 전략계획에서부터 구체적인 사업추진을 위한 계획까지 필요에 따라 공간적 범위와 형태를 달리할 수 있어야 한다.

셋째, 지역협력계획제도는 기존의 공간계획제도를 연계시켜 중복계획의 수립을 방지하도록 한다. 종합발전계획 차원에서 지역협력계획이 수립되는 경우, 유사한 성격의 공간계획은 지역렵력계획으로 대체할 수 있도록 하여야 한다. 따라서 지역협력계획이 수립된 경우, 유사한 법정계획의 수립여부는 지방자치단체의 자율적인 판단에 따르도록 한다.

넷째, 지역협력계획제도의 정착과 활성화를 위하여 지역협력계획에 의한 사업에 대한 중앙정부의 재정지원 우선제를 채택하도록 한다. 여기에는 투자의 우선순위 뿐만 아니라 재정지원의 종류와 규모에 있어 지원폭 확대 등을 위한 제도적 수단의 확보가 필요하다.

마지막으로, 지역협력계획이 이해당사자간 협력과 제휴관계 속에서 효율적으로 집행될 수 있는 제도적 수단을 확보하도록 한다. 이를 위해서 중앙정부, 지방정부 및 민간부문간 투자협약제도 등이 검토될 수 있다.

제4절 광역권 형성을 위한 제도

1. 지역간 협력 및 제휴방식에 의한 추진제도의 도입

행정구역을 초월하여 다수의 지역이 대도시 광역권에 포함되므로 지역간 협력·제휴방식에 의한 광역권 발전의 공동노력이 계획측면, 투자측면 등에서 필수적이다. 기존의 행정구역을 넘어서 다양한 지역간 협력·제휴에 의한 프로젝트 유형은 여러 가지가 있을 수 있다. 예를 들면, 지역간 생태환경축의 공동형성사업, 지역간 관광문화벨트사업, 지역간 산업지대망 구축사업, 그리고 여러 지역이 공동으로 사용하는 광역시설사업(기간교통망, 물류시설 등)을 들 수 있다.

2. 국가와 지자체간의 투자협약제도의 도입

광역권 구축사업을 효율적이고도 안정적으로 추진하기 위해서는 중앙정부와 지자체간에 주요 프로젝트의 공동추진방식이 요구된다. 광역권 형성은 중앙정부 단독으로 하는 것이 아니라 중앙정부, 지자체, 민간이 공동으로 해나가는 것이다. 이 경우, 지자체의 메커니즘을 반영하여 국가와 지자체간의 공동추진방식으로서 프랑스에서 성공적으로 추진되고 있는「계획계약(Plan Contract)」방식을 도입할 수 있을 것이다. 즉 광역권 구축에 효율적인 프로젝트에 대하여 지자체와 중앙정부가 협의하여 계획기간, 사업계획, 투자분담, 연차별 투자규모 등에 대하여 중앙정부와 관련 지자체가 협약을 맺어 추진하는 방식이 실효를 거둘 수 있을 것이다. 중앙정부와 지자체는 협약에 의거하여 예산을 우선적으로 배정할 수 있도록 협약사업에 대한 예산의 안정적, 우선적 배정제도가 필요할 것이다.

3. 광역행정기반의 제도적 구축과 지방재정의 확충을 위한 제도개선

광역권 형성에는 여러 지방자치단체가 관련되므로 개별지역차원의 행정으로는 한계가 있다. 이를 극복하기 위해서 지역간 광역행정협의체 구성이 효과적일 것이다. 지역별 광역권 형성을 위한 광역행정협의체는 광역지자체와 시 · 군 기초자치단체가 함께 참여하여 구성할 수 있을 것이다. 이 경우 광역별 공간적 범역에 해당되는 지자체가 모두 참여하는 것이 바람직할 것이다.

특히 광역권의 취약지대를 집중 육성하기 위해서는 지자체의 재정능력이 확충되어야 한다. 이를 위해 법인세 등 국세의 일부를 공동자금화(공동세 형태)하여 광역권 형성과 관련된 재정취약 지자체에 차등적으로 지원할 수 있을 것이다. 즉, 국고보조금 지방양여금, 특별교부세의 일부를 광역권 형성을 위한 지자체 지원재원으로 활용해 나가야 한다. 이 경우 광역권 전체의 발전 정도를 고려하여 차등적으로 지원함이 바람직하다.

제5절 소결론

세계화, 정보화, 지방화 및 통일에 대비해서 장기적으로는 행정구역의 재조정과 같은 대국적 차원의 개선노력도 검토할 필요가 있다.

대부분의 장-단기적 계획이 시스템 구축, 산 · 학 · 연 · 관 네트워크 구축 등에 관한 사업들로 나열된 공간구축에 대한 계획만 있을 뿐 구체적 운영계획이 없었던 결과 정책효과가 매우 낮은 것으로 평가되기 있기 때문에 하드웨어와 함께 소프트웨어 중심의 운영계획이 수립되어야 한다.

향후 지방자치제도의 운영은 분권적 틀 속에서 수행되어야 한다. 2001년 5월 당선된 리빙스턴 런던시장도 "21세기 새로운 시대는 주민주권에 의한 지방분권과 민주주의가 강화되어야 한다"고 역설한 대로 지방자치단체가 광역행정을 추구하더라도 민주주의의 기본이념이 지켜져야 할 것이다. 그럼으로써 대도시 지역에 있어서 통합과 분리의 조화를 이루고, 행정효율의 제고, 참여와 자율의 주민자치제고, 행정적 합리성과 정치적 합리성의 조화를 이룰 수 있을 것이다.

영국은 17세기 LCC(London County Council)와 버러우 정부수립, 20세기초 다양한 특별행정기관의 수립, 1965년 GLC(Great London Council)수립, 1986년 GLC해체, 2000년 GLA(Great London Authority)수립 등 대도시 지역에 다양한 정치 · 행정체제를 실험하였다. 런던의 실험 결과로부터 얻은 교훈은 ① 개혁의 추진과정이 민주적 절차에 의해서 이루어 졌다. GLC해체시 예외는 있었지만 전문가집단에 의한 연구와 이해당사자간의 의견수렴, 지역주민의 선택권 확보 등 민주적 절차에 의하여 개혁이 단행되었다. ② 정치 · 행정체제의 개혁이 행정적 합리성과 정치적 합리성의 조화속에서 이루어짐으로써 통합과 분리의 주장이 조화를 갖게 되었다는 점이다(김순은, 2001: 16-18).

중요한 것은 지방자치제하의 지방자치단체의 역할과 기능이라고 할 수 있다. 지방자치제가 어느 정도 성숙된 선진국가에서 중앙정부는 국방, 외교 같은 국가적 통일성이 요구되거나, 지역간 · 계층간 형평성 그리고 국가적 일관성이 요구되는 사무를 제외하고는 대부분의 정부기능을 지방자치단체가 담당하고 있다. 특히 주민과의 접근성이 높고 지방자치단체의 정책결정이 지역주민의 생활에 큰 영향을 미치는 토지이용 및 지역개발에 관련된 대부분의 정부기능은 지방자치단체가 담당하고 있다. 따라서, 광역도시권의 정립을 위해서는 상당부문의 지역개발 업무(토지이용, 사회간접시설의 건설 · 관리, 산업 및 관광단지, 도시개발 등)가 지방으로 그 결정권이 집행권과 함께 이양되어야 할 것이다.

지역간의 협력과 제휴는 자원의 효율적 이용이라는 경제적인 혜택 외에 주민에 대한 서비스 공급의 질을 개선한다는 차원에서 매우 중요하다. 이를 위하여 인접지역간 공동의 토지이용 및 지역개발계획의 수립, 공동문제에 대한 연구와 대응방안의 마련, 광역서비스의 공급, 하천관리, 그리고 지역간 업무의 협의조정을 위한 공동연구·계획기관의 설립, 지방자치단체조합, 자치구 및 공동운영조직 결성 등 다양한 형태의 광역행정체제 구축이 필요하다.

chapter 05

자치행정의 성과관리 전략

제1절 성과평가의 의의와 배경

1990년대 후반부터 OECD국가를 중심으로 추진되고 있는 정부개혁 경향 중 하나는 성과중심의 관리체제를 구축하려는 것이다. 즉, 기존의 투입물 통제방식에서 벗어나 보다 명확한 업무목표를 세우고 이를 달성하기 위한 추진전략을 마련함으로써 정부활동의 성과에 초점을 맞춘 관리체제를 구축하고자 하는 것이다. 지방정부 역시 이러한 맥락에 입각하여 정부개혁을 추진하고 있으며, 기업가적 지방정부를 지향하면서 내부관리방식 역시 기존의 합법적인 절차와 정치적인 과정보다는 내부관리 및 대 고객관계에 있어 새로운 관리적 측면을 강조하게 되었다.

영국, 미국, 일본 등 선진국에서는 '납세자인 국민은 세금을 내고 행정서비스라는 상품을 구입하는 고객' 이라는 것을 새롭게 인식하고, '행정서비스의 성과와 주민의 만족도'를 향상시키며, 행정기관의 행정활동을 평가하여 지방행정을 개혁하려는 '행정평가' 가 활발히 진행되고 있다. 종래 행정이 행정서비스를 공급하는 행정기관과 공무원을 중심으로 이루어져왔으며, 주민은 단순한 행정서비스의 수요자에 불과하였다. 그런데 이러한 개념이 급속도로 바뀌고 있는 것이다.

OECD국가 대부분의 바람직한 행정개혁의 목표는 '보다 좋은 서비스를 보다 효율적으로' 제공할 수 있도록 행정의 효율성을 높이는 것이어야 한다는 점을 강조한다. 이제 더 이상 행정의 변화를 정치가와 공무원에게만 맡겨둘 수는 없으며, 시민이 참여하는 외부평가를 통해 압력을 가해야 한다고 주장한다.

이미 행정평가가 실시되고 있다 하더라도 행정기관이나 공무원 위주로 이루어지는 것은 내부평가로서, 진정한 의미의 행정평가로는 볼 수 없으며 별로 도움이 못 된다는 것이다.

행정평가에서는 우선 행정기관의 장(長)이, 해당 행정기관이 담당해야하는 행정서비스의 내용과 모습을 구체적인 항목과 수치지표로 설정하여 공약으로 제시한다. 그리고 매년 그 달성상황을 시민들에게 개방하여 공개하도록 하며, 행정기관의 성과를 평가하여 다음의 정책과 예산편성에 활용하도록 한다. 여기에서 중요한 것은 고객인 주민의 관점에서 평가항목을 선택하고 공개하는, 평가작업의 과정이다. 이것은 행정의 핵심업무인 업무수행을 정기적으로, 또 한편으로는 적극적으로 공개하는 방법이라고 말할 수 있다.

행정평가는 적어도 해외 선진국에서 행정경영에 있어 불가결의 제도가 되었다. 캘리포니아주 서니베일시에서는 노동생산성을 10년 동안에 44%나 향상시킨 결과, 세금을 5년만에 14%나 절감하는 효과를 내고 있다.

그러나 그동안 우리나라의 관련 학계, 연구기관, 언론기관 등에서 개발·설정하고 있는 지표체계들을 보면 그 개념과 작성목적은 물론 관심의 대상과 측정방법 등에 이르기까지 일반적인 합의에는 이르지 못한 실정이다. 또한 활용성의 결여로 실제 지방의 실정을 정확하게 측정하고 파악하는 데는 엄연한 한계가 있는 것이 현실이다. 이와 같은 유용성의 한계는 지표개념 및 지표체계의 구성에 있어서 객관성의 결여에 연유하고, 그 활용의 한계는 그나마 개발된 지표체계 조차도 현실적 적용을 위한 구체적 방안에 대하여는 비교적 소극적인 태도를 보이고 있는데 각각 연유한다고 볼 수 있다.

제2절 성과평가 이론과 실태

1. 성과평가의 의의

성과(performance)란 다의적이고 복합적인 의미를 내포하고 있기 때문에 정의가 쉽지 않다. Rogers는 성과를 "지방정부가 설정한 목표를 지방정부의 활동을 통하여 어느 정도 달성하였는가" 로 보고 있으며, Smith는 "기대나 목표가 달성된 정도"로 보고 있다. 반면 김영기는 성과를 "정부의 의도된 활동으로서 공공서비스를 통하여 주민들의 욕구충족이나 가치실현에 미친 결과나 영향의 정도" 라고 정의하고 있다. Rogers, Smith는 성과를 투입(input)과 과정(process)을 통하여 발생하는 1차 적인 산출물(output)로 그 개념을 한정하고 있으며, 김영기는 2차적인 산출물인 욕구충족이나 가치실현에 미친 결과(outcome)로 보고 있다. 여기에서는 객관적인 측정지표의 개발을 목적으로 하고 있는 바, 성과를 1차적인 산출물의 측정으로 한정하고 가능한 범위 내에서 2차적 산출물의 지표를 개발하고자 한다.

〈그림-1〉 업무수행과정

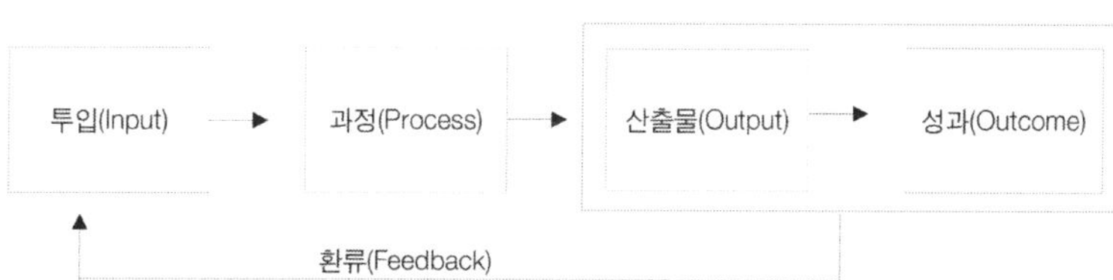

투입과 과정을 통하여 발생하는 산출물과 영향을 성과를 규정할 때 성과평가란 산출물을 일정한 기준과 절차에 따라 측정 · 비교함으로써 궁극적으로는 프로그램이나 서비스의 질을 향상시키는 작업을 의미한다고 볼 수 있다.

이러한 성과평가는 다음과 같은 몇 가지의 이유 때문에 그 유용성이 인정된다. 첫째, 공공서비스에 대한 성과를 분석한 후 그 결과를 환류하여 공공서비스의 질적 제고를 도모할 수 있으며, 둘째, 그 평가결과는 향후 지방정부관리자가 공공서비스의 배분을 위한 의사결정시 참고자료로 활용이 가능하다. 셋째, 성과평가 결과를 주민들에게 공개함으로써 공공서비스 공급자의 책임성을 확보할 수 있다. 넷째, 조직 목표를 달성하고 궁극적으로 기관의 존재목적을 달성할 수 있도록 하는 데 그 유용성이 있다.

결국, 성과평가는 의사결정자에게 공공서비스의 질에 대한 정보를 제공하여 의사결정자로 하여금 그들의 노력이 실제 어느 정도 이루어지고 있는지를 합리적으로 판단할 수 있도록 할 뿐만 아니라, 그로 인한 성과 자체의 향상과 공공서비스의 성과에 대한 지방자치단체의 책임성을 제고하는 데 그 유용성이 있다고 볼 수 있다.

2. 성과평가의 기준

성과평가의 기준은 〈표-1〉에서와 같이 성과평가를 어디에 초점을 맞출 것인가에 따라 Ammons 등 여러 학자들에 의하여 다양하게 주장되어져 왔는데 이 중 공통적인 것은 능률성, 효과성, 형평성, 대응성의 네 가지이다.

〈표-1〉 성과평가의 기준

학 자	평가기준
Ammons(1996)	업무량, 능률성, 효과성, 생산성
Yamada(1972)	생산성, 서비스, 질적인 것, 비용
Rogers(1990)	경제성, 능률성, 효과성, 서비스수준, 대응성
Epstein(1992)	소득, 능률성, 효과성
Fried & Ravinovitz(1980)	성실성과 인권, 대응성, 효과성
Usher & Cornia(1981)	노력, 능률성, 효과성, 형평성

Altman(1979)	능률성, 효과성, 형평성, 대응성
Brudney & England(1982)	능률성, 효과성, 형평성, 대응성
김영기(1982)	능률성, 효과성, 형평성, 대응성
김시영 · 김규덕(1996)	능률성, 효과성, 형평성, 대응성

성과의 차원이 단일하지 않다는 것은 공공서비스 성과를 판단하는 기준이 단일하지 않다는 것을 의미하는 동시에 서비스 양을 판단하는 기준으로 서비스의 질을 평가하는 식의 측정은 불가능하다는 것을 의미한다. 또한 객관적 측정 결과로 주관적 측정결과를 대신할 수도 없는 것이다. 따라서 다차원적인 서비스 성과는 다양한 측정 기준을 적용해야 하는데 다음으로 논의될 4가지 기준을 중심으로 간략하게 정리해 본다.

1) 능률성

능률성은 서비스의 비용이나 양을 결정하거나 판단하기 위하여 정부자체의 운용을 살피는 경우에 적용되는 기준으로서 서비스 생산에 필요한 비용(화폐나 노동)에 대해 지공된 서비스의 양 또는 목표로부터 수단을 단절한 상태에서 산출에 대한 투입의 비율(ration of input to output)을 말한다. 그러므로 능률성은 공공서비스 체계의 경제성을 판단한 기준이라고 할 수 있다.

2) 효과성

능률성이 내부적 과정을 살피는 기준이라면, 효과성은 서비스의 영향을 결정하기 위하여 외부적 결과를 중심으로 하는 기준이다. 이 기준은 목표와 수단을 연결시킨 상태에서 서비스 산출을 통하여 목표를 달성한 정도라고 할 수 있다. 그래서 효과성은 목표지향적인 개념이다. 그리고 이것은 능률성과는 달리 경제성보다는 목표의 성취수준을 중심으로 하는 기준이다. 예컨대 능률성이 서비스 기관에 의하여 단순히 다루어지는 고객의 수를 말한다면,

효과성은 그냥 다루어지기만 한 것이 아니라 실제로 그로 인하여 도움을 받은 고객의 수이다. 그러나 이 기준도 크게는 능률성과 함께 정부활동의 경제성을 판단하는 기준으로 분류되고 있다. 효과성을 나타내는 측정치들은 특정한 목적을 가진 사업에 유용하고 욕구에 따라 기존의 서비스를 재분배하는 기준이 되어 주며, 그에 응하여 미래의 배분을 결정할 수 있고, 또한 한정된 자원으로 서비스 개선에 이용할 수 있는 장점이 있다.

3) 대응성

대응성은 주민의 요구가 정책이나 서비스로 전환되는 정도, 정부의 의사가 주민의 이익을 고려하는 정도, 주민의 선호화 요구가 충족되는 정도라고 정의된다. 이러한 대응성은 소비자나 고객에 대한 관심이 효과성과는 다르다고 지적하기도 한다. 지방자치단체가 지역사회 입장에서 얼마나 일을 잘 추진하는가. 주민의 선호파악이 얼마나 적극적인가 등을 중심으로 측정할 수도 있다. 또한 정부가 대응적으로 되도록 하기 위한 공식적 절차나 범위, 종류, 그리고 관료충원과 서비스 배분유형, 끝으로 누가 가장 만족하며 효능감을 가지는가를 파악하는 것이다. 앞의 두기준이 서비스 체계의 경제적 기준이라면 이 기준은 정치적 기준에 해당한다.

4) 형평성

개인의 노력에 대한 보상의 비율(the ratio of their effort to reward)이 다른 사람의 그것과 동등한 상태가 형평이며 그렇지 못할 때 비형평을 인지하게 된다. 주민이 자신이 필요하다고 느끼는 것보다 적게 받고 다른 사람은 필요이상으로 받는다고 믿을 때 비형평이 인지되는 것이다. 형평을 바라보는 세 가지 방식으로는 첫째, 모든 주민이 동일한 수준의 서비스를 향유하는가 둘째, 일반적으로 주민이 세금을 낸 만큼의 서비스를 받는가 셋째, 서비스 기관으로부터 서비스가 배분되어지고 난 후에 주민들은 동등한 조건에 있는가 하는 것이다. 이러한 형평은 신행정론자들이 행정의 이념으로서 강조하는 가치이며, 서비스 만족 차원에서 커다란 영향을 미치므로 중요한 평가기준이 된다.

상기 네 가지의 평가기준 중에서 비교적 정확하게 측정이 가능한 것은 효과성과 관련된 부분이다. 먼저 능률성은 투입 대비 산출이 파악되어야 하나 현재와 같은 단식부기-현금주의 정부회계 하에서는 정확한 측정이 곤란하다. 형평성은 절대적 평등, 최소 수혜자에 대한 배려, 지불의사 등을 고려하는 복잡한 개념으로 이는 객관적인 자료에 의하여 측정하기 곤란하다는 문제점을 안고 있다. 마지막으로 대응성은 주민의 수요나 요구를 중심으로 평가가 되어야 하는 바, 이 역시 객관적인 자료에 의한 측정이 곤란하다. 그러나 효과성 측정은 지방자치단체의 투입비용이 동일하다는 가정하에 가능한데, 특히 현재 우리나라 지방자치단체는 인구 등에 의하여 공무원의 정원이 결정되며, 예산 역시 지방교부세와 같은 이전재원에 의하여 많은 부분이 충당되고 있어 동급 자치단체의 경우 투입비용이 유사하다고 볼 수 있기 때문에 효과성 측정이 성립될 수 있다고 판단된다.

5) 성과평가지표의 조건

성과평가를 위해 본질적으로 요구되는 평가지표의 조건은 타당성, 신뢰성, 적시성, 비용성, 통제가능성 등이다. 타당성은 측정하려고 하는 것을 정확하게 측정할 수 있도록 지표를 개발하여야 하며, 이 경우 사소한 내용의 겨우 생략될 수 있지만 핵심적인 내용은 반드시 포함되어야 한다는 것을 의미한다. 신뢰성은 각각 다른 사람이 동일한 측정도구를 가지고 측정하였을 경우 동일한 결과가 도출될 수 있도록 각 측정지표가 분명한 의미를 가져야 한다는 것이다. 적시성은 정책결정자와 관리자가 충분한 시간을 가지고 활용할 수 있도록 신속하게 자료를 수집할 수 있어야 한다는 것이며, 비용성은 측정결과를 활용함으로써 얻을 수 있는 이익이 측정비용을 상회하여야 한다는 것이다. 마지막으로 통제가능성은 성과측정을 한 결과 잘못된 점을 통제할 수 있어야 한다는 것이다.

3. 기존연구의 비교

일반적으로 평가는 뒤를 돌아본 후 앞으로는 잘해보자는 것이기 때문에 그 자체 당연히 결과지향성(results-oriented)을 함축하고 있다. 그리고 가치와 유의미한 정부활동의 결과는 가치기준의 성과 또는 성과(performance)로 표현되어야 한다. 이런 점에서 최근 선진 각국은 정부의 성과 또는 결과에 대한 관심의 전환과 함께 이에 근거한 평가를 행정개혁의 주요한 요소로 설정하고 있다.

물론 이러한 정부성과평가의 목적은 궁극적으로 정부의 활동과 성과의 내용을 분명히 보여줌으로써 정책결정 및 관리의 질을 향상시키고자 하는데 있으나, 그 핵심적 요소는 정부활동 전반에 걸친 책임성(accountability) 확보에 있다. 특히 윤리적 기준 등을 함축하는 성과에 기초하는 책임성은 주민에 대하여 직접적인 관계에 있다는 점에서 중앙정부보다는 지방정부의 성과평가가 중요한 의미를 지닌다고 볼 수 있다.

그런데 성과평가에 의한 정부활동의 책임성 확보 여하는 평가지표의 유용성에 달려있고, 그 유용성은 지표의 구조화 적용의 객관성 여하에 달려 있다고 볼 수 있다. 여기서 지표의 구조화 문제는 무엇으로 어떻게 지표를 구성할 것인가의 문제로서 개념화, 접근방법, 지표의 선택 등의 문제이다. 한편 구성된 지표체계의 적용에 관한 유용성 문제는 현실적 측정을 위한 수치화 여하와 측정과정에서의 통합화 여부 및 가치부여에 관한 문제라고 볼 수 있다.

그 동안 지방정부에 대한 평가의 의미를 시사하면서 수행된 선행연구들을 그 유용성의 측면에서 검토해보면 다음과 같다. 우선 대부분의 평가지표체계가 그 활용만을 제안하고 있는데 대하여 황명찬 · 이성복 · 권경득(1997), 오영석 · 김상묵(1998) 등의 연구는 주민의식조사를 통해 지방자치실시 결과에 대한 평가의 의미를 지니고 있다는 점에서 유용성 제고를 위한 선행적 의미를 부여할 수는 있을 것이다. 그러나 전체 지표에 대한 개념이 부재하고 평가분야나 변수 선정의 임의성이 개재되어 있으며, 그들간의 내재적 인과관계에 따른 체계성이 결여되어 평가결과가 지방정부 활동에 관한 정보맥락(informational context)으로서 특별한 의미는 부여하기 어렵게 되어 있다. 또한 시계열적 또는 지역별 비교평가를 시도하지 않아 정책적 활용에는 역시 한계가 있다.

이에 대하여 객관적 측정을 시도하고 있는 한국능률협회(1998)의 도시평가는 지표의 개념과 체계, 평가방법, 측정 등에 이르기까지 평가체계가 지녀야 할 내재적 논리의 맥락성을 유지하고 있다. 다만 지표항목들의 정부활동 관련성이 불명확하고, 종합평가를 위한 부문과 영역의 선정은 물론 가중치 산출에 이르기까지 전문가 의견에 따라 연역적 사고에만 기초하고 있어 임의성 문제는 남아있다고 볼 수 있다.

한편 적용이 가능할 것이라는 전제에서 평가를 위한 절차와 기법을 제시하고 있는 대표적인 연구로서 경기개발연구원(1998)과 양기용 · 김상묵(1998), 행정자치부(1998)와 강형기 · 허훈(1999) 등의 연구물들이 있다. 이들 연구는 평가영역, 평가요소, 평가지표에 이르는 지표체계의 설정에 전문가 집단을 대상으로 하는 중요도 조사의 결과를 가공한 숫치를 제안하고 있다. 특히 전자의 경우는 주민만족도를 평가의 방법으로 간주하는 것이 아니라 성과영역을 구성하는 지표체계의 요소로 간주하고 있어 평가체계와 평가방법의 구별을 혼란스럽게 하고 있다.

이상 몇 가지 연구사례 지방정부 평가와 관련된 기존연구를 모두 대표할 수 있는 것은 물론 아니다. 그러나 객관성과 유용성을 중심으로 이들 사례를 통해 기존연구의 특징적인 경향을 보면 다음과 같다. 첫째, 지방정부간 또는 시계열적 비교평가를 위해 실제로 평가를 실시한 연구물은 희소하다. 이처럼 측정에 소극적인 것은 측정할 수 없는 것을 지표로 삼았거나 측정을 위한 기술적 대안의 마련이 미흡한 경우, 측정결과의 악용을 우려하여 측정을 기피한 경우 등이 그 이유가 될 것이다. 특히 평가에 따른 순위매김이 자치단체장의 개인적 능력평가의 오류를 가져오고, 평가결과의 공개가 관료들에게 굴욕요인(cringe factor)으로 작용함으로써 결과를 왜곡하는 부작용을 배제할 수는 없을 것이다. 그러나 잣대로서의 지표는 수치에 의한 순위매김이 있어야 활용이 가능하다는 점에서 측정하지 않는 지표체계는 학문적 관심이 이상의 의미를 부여하기 곤란하다.

둘째, 주민의 만족도를 조사하여 주관적 평가를 실시하고 있는 일부 연구들은 지방정부를 평가한다는 의미에서는 편향적이다. 물론 대부분 조사설계의 일관성과 조사항목의 타당성 부족으로 인하여 체계적인 연구결과를 기대하기 힘들기는 하지만(김재홍 · 조경호, 1995: 137), 시민평가는 시민으로부터 정부가 통제를 받는 민주주의의 마지막 보루(Streib, 1990)라는 의미를 부정할 수 없으며, 결과(outcomes)에 대한 주관적 평가도 객관적 상태로부터의 주관성을 의미한다.

셋째, 평가지표체제의 개념, 구성, 체계 등이 객관적 일관성을 찾아보기 힘들다. 평가의 대상이 지방정부의 경쟁력, 관리 효율성, 생산성, 자치단체장의 리더십 등으로 각양하기 때문에 평가체계를 구성하는 영역은 물론 요소 또는 지표의 내용도 각색이다. 이는 근본적으로 지표체계의 구조화가 과학적 기법이나 평가효과의 최종 귀속자인 주민의 경험의 세계에 기초하지 않고 각기 다른 견해 가지고 있는 전문가의 판단에 의존하고 있는데 연유한다고 볼 수 있다.

제3절 성과평가의 방법과 절차

1. 성과평가의 방법

성과평가의 방법은 객관적인 평가방법과 주관적인 평가방법으로 구분할 수 있는데 전자는 기본적으로 자료가 사실적인 자료에 기반을 두고 있는 경우이며 후자는 주민들의 주관적인 판단을 기초로 하여 평가하는 경우이다.

객관적인 평가방법은 〈 표3-2 〉에서와 같이 통상 평가의 주체가 공급자인 지방정부에 있는 반면 주관적인 평가방법은 수혜자인 주민이 평가하는 것이다. 그리고 객관적인 평가방법은 계량화의 용이성에 그 장점이 있기 때문에 보다 객관적이나 수혜자의 의견을 반영시키지 못한다는 단점을 가지게 되며, 주관적인 평가방법은 설문 등과 같은 방법을 활용하여 주민의 만족정도를 측정하여야 하므로 측정결과의 객관성, 신뢰성 등의 문제가 제기될 여지가 존재하나 서비스의 수혜자인 주민들의 의견을 반영시킬 수 있다는 점에서 큰 의미를 가지고 있다.

1) 객관적 성과평가

객관적 성과평가(objective performance evaluation)란 행정기관의 서류 · 문서 등과 같이 객관적으로 실재하는 데이터를 사용하여 정책이나 공공서비스의 성과를 평가하는 방법을 의미한다. 즉, 공공서비스를 제공하는 공공기관의 공식적인 서비스의 산출(output)에 관련된 자료를 말한다. 공식적인 성취자료에 나타난 산출에 관한 자료 또는 측정치는 경성적 지표(hard indicator)라고도 하며, 대개 비용과 생산된 서비스 양과 관련된 요인을 중심으로 성과를 측정하는 경우에 사용된다. 따라서 객관적 성과평가는 평가의 대상이 서비스 공급자인 지방정부이며, 공공서비스의 능률성과 효과성을 기준으로 평가하는 데 초점을 두고 있어 결국 생산성을 측정하는 것과 같다.

2) 주관적 성과평가

주관적 성과평가(subjective performance evaluation)란 지방정부의 공공서비스에 대한 주민의 평가로서 주민들의 행정수요의 충족정도에 대한 태도를 평가하는 것이다. 따라서 객관적 성과평가는 서비스 전달에 의하여 산출물로서 주어져 있으나, 주관적 성과평가는 서비스 주체인 주민의 인지나 관찰과 평가와 같은 심리적 과정에 전달되어 욕구충족이나 불만, 좋아함과 싫어함 등의 감정상태가 태도로서 표현된 자료들이다. 결국 공공서비스 성과평가에서 주관적 측정치는 서비스를 받는 수혜자 스스로가 공공서비스를 경험하고 인지·판단한 다음 태도로 나타낸 통계적 수치라고 할 수 있다.

3) 객관적 평가와 주관적 평가의 차이점

이 두 평가방법은 다음과 같은 몇 가지 점에서 차이를 보이고 있다.

첫째, 평가주체면에서 객관적 방법은 현존하는 기록을 기초로 하여 행정기관 또는 행정전문가가 행하는 데 비해, 주관적 방법은 정책의 결과에 대한 시민의 태도·감정을 밝히기 위한 것이므로 수혜자로서 주민 자신이 평가한다.

둘째, 평가의 성격면에서 객관적 방법은 주어진 예산제약상에서 최대한의 효과를 얻었는가를 측정하는 데 반해, 주관적 방법은 정책집행의 결과가 시민의 욕구를 얼마나 충족시키고 있고, 또한 그 만족으로 인해 시민의 정치적 지지가 얼마나 인정받을 수 있는 지에 대한 여부를 평가한다. 따라서 전자가 경제적(economic)·특정적(particularisic)인 반면, 후자는 정치적(political)·총체적(holistic)인 성격을 지닌다.

셋째, 평가의 범위면에서 객관적 방법은 산출물(outputs)이나 성과(outcomes)와 같은 비교적 단기적인 정책산물에 초점을 두는 반면, 주관적 방법은 정책임팩트(policy impacts)와 같은 장기적 효과의 평가에 적합하다.

넷째, 평가기법에서 객관적 방법은 실험적 방법과 비참여적 조직적 관찰법, 표준화 면접법 등과 경제학자들이 이용하고 있는 비용·편익평가법 또는 비용 · 효과평가기법을 주로 사용한다. 반면, 주관적 방법은 시민여론조사(citizen survey)에 주로 의존하여 평가한다.

한편 객관적 평가는 기술적 표준에 기초하여 계량화가 쉽고, 해석이 용이한 반면 정보를 파악하는 데 편견이 개입되고, 시간변화에 따른 평가정의가 바뀔 수도 있으며, 행정기관의 목적을 우선적으로 강조한 경향이 있다.

주관적 평가는 크게 타당성과 방법론상의 문제로 나누어진다. 우선 주민들에 의한 주관적 평가는 공공서비스 공급에 따른 객관적 성과측정치와 일치하지 않을 뿐만 아니라, 주민은 지방정부의 기능에 대한 인지도가 낮아 평가의 타당성이 문제시된다. 또한 주관적인 지표의 선정과 분석작업의 복잡성으로 인해 주관적 지표와 성과측정치와의 관계를 경험적으로 입증하기 매우 어렵고, 공공서비스 제공정도와 수준만이 아니라 다른 제3의 변수들에 의해 영향을 받기 쉽다는 방법론상의 결함이 있다.

이와 같은 양 평가방법의 차이점과 장 · 단점을 요약해 보면 다음 〈표-2〉와 같다.

〈표-2〉 주관적 평가방법과 객관적 평가방법의 차이점

구분	주관적 평가방법	객관적 평가방법
평가주체	주민	지방정부 · 전문가
평가의 성격	정치적 · 총체론적	경제적 · 특정적
평가의 기준	능률성과 효과성	대응성과 형평성, 만족도
평가대상	정책의 영향에 초점	산출, 성과에 초점
평가방식	해석 및 판단	계량화
평가지표	연성적 지표	경성적 지표
평가기법	사회실험적 기법	시민여론조사
장 점	· 주민의 의견반영 · 공공부문에 시민참여 유도 · 서비스 배분에 대한 주민의 성과측정	· 계량화의 용이성 · 자료수집의 용이성 · 객관성 확보 가능

단 점	· 정책결정시 평가결과의 활용미흡 · 주민인지 측정을 위한 지표개발 곤란	· 시간경과에 따른 지표수정 필요 · 공급자의 시각만을 반영

2. 성과평가의 절차

지금까지 평가의 절차에 대해 명확히 정형화된 것은 없다. 일반적으로 평가의 절차는 평가계획의 설계, 평가주체의 선정, 자료수집, 수집된 자료의 분석, 평가결과의 도출 등의 과정을 거치게 되나, 여기서는 평가를 실시할 경우를 전제로 하여 그에 따른 주요 단계 및 다루어져야 할 핵심사항을 중심으로 살펴보고자 한다.

1) 제 1단계 : 평가의 공감대 형성

평가는 평가자(기관)가 있는 반면, 반드시 평가를 받는 피평가자(기관)가 존재한다. 따라서 우선 평가자(기관)와 피평가자(기관)간에 성과평가의 의미와 필요성을 공감하여야 한다. 성과평가가 당해 지방정부의 행정활동과 현 경영상태를 객관적으로 측정하여 지방정부간의 선의의 경쟁을 가져올 수 있고, 향후 지방정부가 합리적이며 과학적인 경영을 할 수 있도록 해준다는 점을 모두 공감할 수 있는 기반을 조성해야 한다. 또한 피평가자인 공무원들에게는 행정혁신을 통한 직무만족을 향상시킬 수 있다는 기대감과 함께 지역주민이 실제 누리고 있는 행정서비스의 질을 객관적으로 파악하여 정책적 계획으로 활용할 수 있다는 점을 인식할 수 있도록 해야 한다.

2) 제 2단계 : 평가의 성격 규명과 평가목적의 명확화

지방정부의 성과평가는 지방정부가 수행하고 있는 행정활동의 효과를 수치화하는 평가시스템이라 할 수 있다. 여기서 평가의 성격이 명확해야 올바른 측정이 가능하다. 우선 평가가 종합적인 평가인지 부문별 평가인지 판단해야 한다. 전자는 지방정부의 주요 기능들인 행 · 재정, 조직, 인사, 복지, 문화 등을 포괄하는 종합적인 개념이라고 할 수 있는 데 비해, 후자는 종합평가 내에 포함되어 있는 각 분야를 중심으로 평가하는 것을 말한다.

다음으로 평가의 목적의 명확화를 들 수 있는 데, 지방정부간의 비교인지 아니면 지방정부의 정책의 노력을 유도하고자 하는 목적인지 구분되어야 한다. 특히 성과평가가 당해 지방정부의 정책개선의 목적인지, 시책개선의 목적인지, 사업개선의 목적인지에 따라 적절한 지표선정이 이루어질 수 있는 방안을 강구해야 한다. 이를 위해서는 성과평가의 목적설정부터, 측정지표의 개발 및 기준의 설정을 비롯하여 평가정보의 교류 및 확산에 이르기까지 다양한 이해당사자들(stakeholder)의 참여를 보장하여야 할 것이다.

3) 제3단계 : 평가지표의 개발 및 선정

평가의 가장 중요한 핵심은 평가의 성격에 적합한 평가지표를 개발하고 선정하는 과정이라고 할 수 있다. 여기서는 지방정부의 성과에 대한 객관적인 평가방법에 기초를 두고 지표를 구성하는 방법과 절차를 소개하기로 한다.

(1) 성과지표개발의 접근방법

일반적으로 지표를 개발하는 방법은 크게 연역적 방법과 귀납적 방법으로 나뉜다.

첫째, 연역적 방법은 연역적 사고에 의해 지표가 추구하는 목표나 가치를 설정하고, 이들의 측정지표를 개발하기 위해 측정부문을 구체화할 수 있는 순차적 기준을 설정하여 실측가능한 요소를 최종적으로 추출하여 지표로 선정하는 방법을 말한다.

둘째, 귀납적 방법은 연역적 방법에서와 같이 관심영역을 사전에 선정해놓고 개별측정 부문과 관련성이 높은 요소를 가능한 많이 추출하여 요인분석

(factor analysis) 등과 같은 통계적 방법을 이용하여 선정지표를 최종적으로 확정하는 방법이다. 또한 이 두 방법이 가지고 있는 결점을 보완하고 보다 합리적인 지표를 개발하기 위해 연역적 · 귀납적 혼합접근방법을 이용할 수도 있다.

(2) 평가지표의 구비조건

평가지표는 평가대상에 대한 정확한 측정 및 평가의 여러 측면을 충족시킬 수 있도록 일정한 조건이 요구된다. 즉, 평가지표는 평가의 실효성을 높이기 위해 대체로 다음 〈표-3〉과 같은 속성을 구비해야 한다. 이와 같은 여러 구비조건 중에서도 가장 핵심적인 기준은 지표는 단순하고 해석하기 쉬워야 한다는 것이다. 또한 지표는 각 자치단체의 특성을 보여줄 수 있어야 하므로, 지표들은 상호 비교 · 평가가 가능하도록 인당, 가구당과 같이 지역 특성간의 형평성을 고려하여야 할 필요성이 있다.

〈표-3〉 지표의 요건

· 측정가능성	: 평가지표는 평가대상을 객관적으로 측정할 수 있어야 함.
· 충 분 성	: 평가지표는 평가대상을 충분히 평가할 수 있도록 지표의 내용이나 지표항목간 구분이 설정되어야 함.
· 개선가능성	: 평가대상의 개선을 위한 환류 및 연계라는 점에서 평가지표는 평가대상의 개선가능성을 고려해야 함.
· 관리가능성	: 평가지표는 평가대상이 통제할 수 있는 부문을 중심으로 설정되어야 함.

(3) 평가지표의 선정 및 내용의 구체화

지표를 선정하는 과정에서 연역적 방법과 귀납적 방법은 각기 장 · 단점을 가지고 있어 어느 것이 보다 합리적인 방법이라고 할 수 없다. 어떤 방법을 취하든 지표선정에 있어서 연구자의 임의적 판단을 최소화 할 수 있도록 접근해야 할 필요성이 있다. 여기서는 연역적 방법에 의해 평가지표를 구성하는 것에 국한하여 살펴보고자 한다.

평가지표는 각 영역에 있어서 각기 평가항목의 특성을 반영할 수 있는 것을 지표로 선정해야 한다. 평가지표를 선정하는 과정을 크게 3단계로 구분하여 볼 수 있을 것이다.

첫째, 대분류에 해당되는 것으로 평가를 위한 평가영역이나 요인(factor)을 파악하는 것이다. 이때 보다 효율적인 평가가 되기 위해서는 각 영역이나 요인에 대한 조작적 정의를 통해 개념의 명확화를 꾀하여야 한다.

둘째, 중분류에 해당되는 것이므로 평가항목이나 평가변수(variables)를 선정하는 것이다. 이 때 평가항목은 앞의 평가영역을 충분히 반영하여야 하고, 주로 평가의 목적과 방향을 가늠할 수 있는 기준을 설정하여 이에 부합될 수 있도록 선정되어야 한다.

셋째, 소분류에 해당되는 것으로 평가지표를 선정하는 과정이다. 이 평가지표는 앞의 평가항목의 범주에서 구체적이고 실질적이며, 대표할 수 있는 척도로 구성되어야 한다. 또한 이러한 평가지표는 실제 측정할 수 있도록 구체적인 수치나 자료로 뒷받침될 수 있는 것이어야 한다. 특히 최종지표의 선정시에는 관련 전문가와의 Workshop, 평가기관의 실무자에 대한 의견조사를 통해 지표의 타당성을 높여야 할 필요성이 있다.

위와 같은 단계를 거쳐 구체적인 평가지표를 선정하는 평가구성체계를 예시해 보면 다음 〈표-4〉과 같다.

〈표-4〉 지방정부 성과평가 구성체계

평가영역(대분류)	평가항목(중분류)	평가지표(소분류)
행정관리	평가항목 1	평가지표 1-1
		평가지표 1-2
	평가항목 2	평가지표 2-1
		평가지표 2-2
주민복지	평가항목 1	평가지표 1-1
		평가지표 1-2
	평가항목 2	평가지표 2-1
		평가지표 2-2

4) 제 4 단계 : 기초자료(raw data)의 작성

평가지표가 확정되면 각 평가지표에 대한 구체적인 데이터를 수집하여야 한다. 여기에 필요한 자료는 각 지방정부의 통계자료나 실적자료를 활용할 수 있을 것이다. 그러나 공식적인 통계자료의 수집이 용이하지 않을 때에는 실태조사나 설문조사 등을 통해 필요한 자료를 수집하여 작성하도록 한다.

기초자료를 작성하는 데 있어 다음과 같은 3가지 방법이 주로 이용되는 데, 기록조사, 실태조사, 설문조사가 그것이다.

첫째, 기록조사는 당해 지방정부가 제공하는 기존의 자료 또는 평가를 위하여 작성한 자료에 근거하여 이루어진다. 여기에는 주로 행정활동에 대한 기록과 통계자료가 이용된다.

둘째, 실태조사는 조사자가 현장을 직접 방문하여 관찰, 면담, 조사한 내용을 토대로 이루어지는 데, 평가의 공정성확보를 위해 외부전문인력을 활용하는 것이 바람직하다.

셋째, 설문조사는 기록조사나 실태조사로 파악할 수 없는 내용이나 다수의 의견을 집약하고자 하는 경우에 이용되며, 조사시에는 익명성을 보장하여 진솔한 응답이 될 수 있도록 노력해야 한다.

5) 제 5 단계 : 기초자료의 표준화(normalization)

평가를 위해 선정된 지표들은 모두 그 속성이 동일한 것은 아니다. 이는 실제 측정을 위한 단위의 문제로서 지표들 사이의 단위가 다르다는 것이다. 예컨대, 지표의 단위가 금액, 사람수, 시설수, 면적 등 다양하여 각 지표의 점수가 표준화되어 있지 않으면 각 지표의 값을 합할 수 없게 된다.

결국 서로 다른 성질을 갖고 있는 지표값들을 합하여 비교가 가능할 수 있도록 하려면 각 지표들의 값을 동일한 단위로 전환해야 한다. 이를 위해서는 각 지표값을 상대적인 값으로 표준화하여야 하는 데 이것이 바로 기초자료(raw data)를 표준화하는 과정이다.

기초자료를 표준화하는 과정에는 주로 두 가지 방법이 이용된다.

첫 번째 방법은 Z점수를 구하여 표준화값을 사용하는 것인데, Z점수란 지표별 평가결과치와 평가결과치의 평균값간의 차이를 표준편차로 나눈 값을 말한다. 즉, Z점수는 분포가 정규분포라는 가정 하에서 각 평가지표에 있어서 평가결과치의 평균을 영(零)으로 하고 표준편차를 1로 하는 변화점수를 말한다. Z점수를 구하는 공식은 다음과 같다.

$$Z\text{점수} = \frac{\text{각 지표별 평가결과치} - \text{평가결과치의 평균값}}{\text{평가결과치의 표준편차}} = \frac{X_j - \mu}{\sigma}$$

두 번째의 표준화 방법은 평가결과로 나타나는 수치를 평균치로 활용하여 표준화값을 구하는 것이다. 평균치를 활용하여 표준화하는 과정은 먼저 개별 지표에 대한 평균치를 구하여 이 값으로 개별 평가결과치를 나눈 값으로 이용한다.

$$표준화\ 값 = \frac{각\ 평가지표에\ 대한\ 개별\ 평가결과치}{각\ 평가지표에\ 대한\ 평가결과의\ 평균값}$$

6) 제 6 단계 : 지표에 대한 가중치(weights) 부여

선정된 개별지표는 반드시 모두 동일한 중요도(equal weights)를 가진다고는 볼 수 없기 때문에 개별지표가 갖는 속성에 따라 가중치를 차등있게 반영해야 할 필요성이 있다.

첫째, 피평가기관이나 피평가자의 의견을 수렴하는 방법이다. 이 방법은 평가를 받는 대상기관이나 개별 대상자들에 대하여 설문조사를 통해 도출하는 것으로, 그들의 공통된 의사를 집약할 수 있어 지표에 대한 상대적 중요도를 부여하는 데 따른 불만을 최소화 할 수 있다.

둘째, 평가주체의 가치판단에 따라 가중치를 부여하는 방법이다. 이 방법은 평가주체가 평가의 목적이나 성격을 누구보다 잘 파악하고 있다는 전제하에서 그 특성을 살릴 수 있다는 장점이 있으나 공감대를 형성하는 데 용이하지 않다는 단점이 있다.

셋째, 제3자인 전문가 집단의 의견, 즉 델파이 조사를 통해 지표간의 상대적 중요도를 반영하는 방법이다. 이 방법은 제3자의 비교적 객관적인 시각을 수렴하여 반영할 수 있다는 장점이 있다.

이와 같은 3가지 방법이 가중치 부여의 문제를 해결하는 방법을 모두 포괄한다고는 볼 수 없고, 가장 이상적 방법이라고 단정할 수는 없을 것이다. 결국 가중치의 부여문제는 가능한 모두가 공감할 수 있는 합리적인 방안을 강구해야 할 필요성이 있다.

7) 제 7 단계 : 최종 평가점수 도출

이 단계는 최종적으로 평가를 내리는 평가점수를 산정하는 단계라고 할 수 있다. 즉, 최종평가점수는 각 평가지표별로 표준화한 점수(Z점수 또는 표준화값)를 각 평가지표에 대해 제시된 가중치를 곱한 후 이를 모두 더한 값을 의미한다.

최종 평가점수의 산정시 주의할 점으로 측정을 위한 효과의 처리의 문제를 들 수 있다. 성과를 측정 · 분석하기 위한 개별지표는 그 지표가 내포하고 있는 효과가 플러스(+)적 영향을 가질 수도 있고, 마이너스(-)적 영향을 가질 수도 있다. 즉, 선정된 지표들은 정(正)의 효과와 부(負)의 효과를 갖는 것들로 구성될 수 있으므로 부호조건을 적절히 보정할 필요가 있다. 예컨대, 보건소 진료환자의 평균대기시간, 창구민원처리시간, 화재발생률, 주택부족률 등과 같이 그 값이 크면 주민복지에 마이너스가 되는 경우가 있게 되는 데, 이 경우 부호조건을 거꾸로 하여 방향성을 일치시켜야 할 필요성이 있다.

제4절 성과평가의 유형과 외국 사례

1. 행정평가의 유형

행정평가에는 두 가지 유형이 있는데, 하나는 정책평가이고 다른 하나는 집행평가이다. 역사적으로 볼 때는 후자가 오래되었으나, 현재는 전자를 주축으로 하여 후자를 병용하는 경우가 많다.

정책평가는 우선 주민을 고객으로 하는 입장에서, 행정에 대한 고객의 기대성과를 중심항목으로 하여 구체적인 리스트를 작성한다. 그리고 각각의 항목에 대해 현상분석을 실시하여 향후 달성하고자 하는 목표수치를 설정한다. 그 다음은 목표의 달성도를 매분기마다 점검하여 그 결과를 공개하고 민 · 관 쌍방이 진척상황을 감시하도록 한다.

정책평가의 전형적인 예는 미국의 오리건주에서도 볼 수 있다. 92개 항목에 걸쳐서 주의 장래모습을 제시하고, 그것의 달성을 위해 노력할 것을 선언하고 있다. 그 내용을 보면, 우선 크게는 주 전체의 비전과 정책목표가 제시되고, 이에 따라 정책평가체계가 정해진다. 구체적으로는 경제실적, 교육 등의 대항목별로 총 92개의 지표화 대상항목이 열거되고 있다. 예를 들면, 사회보장의 카테고리에는 '건강', '보호', '빈곤', '장애자 대책' 의 항목이 있다.

미국의 오리건주에서는 매년 이 수치의 모니터링 결과를 주민들에게 공개하고 있다. 이것은 말하자면 행정과 주민과의 커뮤니케이션 도구이다. 결국 주민의 입장에서 보면 주 행정의 성적표이고, 행정측에서 본다면 행정이 목표로 하고 있는 모습을 전해주는 홍보 도구인 것이다.

집행평가는 쓰레기 수집, 상수도, 도로유지 등의 서비스행정에 대해 활동단위에 맞는 효율을 측정하고, 개선활동에 동기를 부여하는 방법이다. 이것은 민간기업이 도입하고 있는 방법과 같은 것이다. 민간기업에서는 품질관리(TQC : Total Quality Control)로 1950년대부터 상당히 일반적으로 사용하고 있는 방법이다.

미국 캘리포니아주 서니베일 시에서는 1970년대부터 독자적인 연구로 집행평가의 방법을 개발하여, 1988년에서 1997년까지 10년동안 노동생산성을 44%나 개선하는 성과를 올렸다. 또 시정서비스도 코스트(cost)도 33%나 낮추었다.

또, 집행평가에서 중요한 것은 개선에의 인센티브를 확보하는 것인데, 서니베일 시에서는 효율적인 개선의 결과를 간부직원의 보너스에 마이너스 5%에서 플러스 10%까지 반영하고 있다. 이와 같은 서니베일 시의 행정평가는 미국에서 행정기관의 운영효율 개선의 선구적인 성공사례로 곧잘 인용된다.

그러나 성과평가가 실제로 기능을 하게되면 행정기관에서도 수치에 의한 체크와 시장경쟁원리가 들어가게 되고, 그것이 자극이 되어 행정운영의 실질을 개혁하려고 하는 움직임이 나오게 된다. 성과평가의 최대 성과는 외부로의 정보공개를 통해 개혁기운을 만드는 것이다. 특히 정책평가의 경우에는,

정치체제가 무엇을 하고 있는가에 대해 시민들이 구체적으로 알 수 있는 형태로 투명한 정보공개가 이루어진다. 다른 시와 비교하여 무엇이 좋은지, 또 무엇이 나쁜지 상대 비교가 가능하다.

성과평가의 두 번째 성과는, 단체장과 의회가 행정을 감시하도록 재료를 제공한다는 점이다. 예를 들면, 실적이 나쁜 시책이나 일에 인원과 예산을 배정하는 것에 대해 단체장이나 의회가 의문을 나타내게 되고, 그에 따라 각 부 · 국은 스스로의 조직과 예산을 존속시키기 위해 실적향상을 위한 노력을 하게되는 것이다.

세 번째 성과는 행정공무원에게 개선을 위한 자구노력의 인센티브를 주게 된다는 점이다. 특히 집행평가의 경우는 효율 개선분만큼 보너스를 주고, 통상적인 예산 이외의 보너스 예산을 그 부문에 주어, 하고싶은 시책을 자유로이 행하도록 할 수 있다. 이것은 '지적된 것만을 한다' 고 인식되어 있는 행정의 업무에 창의적 연구를 촉구하는 계기가 된다.

성과평가는 영국, 뉴질랜드, 오스트레일리아를 중심으로 선진국에서 급속히 일반화되고 있다. 미국에서는 1990년대 들어 보급되기 시작해 인구 100만 이상의 자치단체 중 약 90%가 도입하고 있고, 전체 평균으로도 61%가 도입하고 있다. 또 연방수준에서도 클린턴 정부는 1993년에 GPRA(Government Performance and Results Act)라는 법률을 제정하고 모든 연방정부에 정책평가와 집행평가를 의무화하였다.

영국에서는 자치단체 수준에서 자치단체 감사위원회라는 기관이 설립되었다. 1992년 이후, 이 위원회에서는 모든 자치단체의 성과평가결과를 전국적으로 일률적인 포맷으로 조사하여, 순위를 매기고 그 보고서를 투명하게 공개하고 있다.

성과평가는 효율개선을 촉구할 뿐만 아니라, 행정과 정치의 과정에도 영향을 미친다. 즉, '시민과의 커뮤니케이션 회로' 로서의 역할이다. 성과평가 도입과정(목표설정), 평가과정, 그리고 결과의 해석과정은 대부분 공개된다. 이에 따라 종래 직업공무원과 일부 정치가만이 알던 행정의 흐름, 특히 예산편성과 정책결정의 틀이 공개된다. 그 결과 정치와 행정, 쌍방의 투명도가 올라간다. 또 투명도가 높아지면 기득권이나 장애울타리도 자르기 쉬워진다.

서니베일 시의 행정평가의 도입은 크게 2단계로 나눌 수 있다. 첫단계는 1970년대 중반부터 1990년대에 이르는 시기로, 이때에는 계획관리시스템(PAMS : Planning And Management System)이라 불리는 제도의 설정과 그 철저한 실현이 시도되었다. 둘째 단계는 1990년에 들어서부터이고, 계획관리시스템에 성과관리시스템(OM : Outcome Management)이라는 제도를 추가해 노력하는 단계이다.

오리건주는 92개의 아웃컴 지표를 사용해서 '주전체의 현상은 어떤 모습이며, 장래에는 어떠한 모습을 목표로 하는가' 라는 것을 전략적으로 알기쉽게 표현하고 있다. 이것은 우선 '오리건 사인 2' 라는 타이틀인 주의 비전에서 출발하고 있다. 이 비전은 1997년 1월 21일에 주지사의 자문기관인 작업팀에 의해 '오리건 주민에게 드리는 제언' 이라는 형태로 발표되었다.

오리건 주는 1987년에 설정된 비전인 '오리건 사인 1' 에서부터 수치의 측정을 계속해, 주행정의 실적을 이와 같이 알기 쉬운 지표형태로 시민에게 공개적으로 제시하고 있다. 주 행정의 실적은, 그 후로 10년 동안 실업보험의 코스트가 미국내에서 4위였던 것이 최하위로 낮아지는 등 산업면에서는 현저한 개선을 보여주었다.

이상의 사례들을 볼 때, 정책평가는 이제까지 수치로는 쉽사리 측정하기 어렵다고 여겨온 행정행위나 정책을 누구나 알 수 있는 구체적인 수치의 형태로 나타내는 데에 그 파워의 원천이 있다. 전문가만이 이해할 수 있는 예산내용, 알 수 없는 정책내용이 나열되어 있는 백서 종류는 아무리 읽어보아도 시민은 물론이고, 의원, 경우에 따라서는 단체장까지도 행정의 실태를 이해하기 어렵다. 그러나 이제 그 실태를 설명할 책임을 관료측에 지움으로서 종래에 임시변통으로 실시하던 정보공개나 주민참가 등에 대한 구체적인 돌파구를 열었다고 할 수 있다.

2. 외국의 행정평가 사례

1) 미국의 피닉스시

피닉스시는 1970년대부터 실적측정을 통한 생산성향상에 깊은 관심을 보여, 작업계획통제프로그램(Work Planning and Control Program)과 프로그램 분석검토(Program Analysis and Review Program)를 실시하였다. 이러한 노력은 부분적으로 효율성을 제고하는데 기여하였다는 평가를 받기도 했지만, 시공무원들에게는 부담을 주는 수단으로 인식되어 여러 부작용이 초래되었다. 실적이 부진할 때 책임을 전가시키기도 하고, 실적 데이터를 왜곡하기도 하는 등의 부작용이 발생됨으로써 직장의 분위기는 악화되고 공무원들의 사기는 크게 저하되었다. 따라서, 1977년 시정부는 성과평가의 방법을 전환하여 조직개발에 역점을 두도록 하였다. 즉, 각 부서는 업무의 실적이 부진할 경우 책임을 추궁하기보다는 문제의 원인을 찾기 위해 관리자, 감독자, 근로자들이 함께 노력하는 한편, 실적이 좋은 경우 보상을 제공하도록 하였다. 이를 통해 자연히 직원들의 만족도는 크게 향상하였다.

이러한 평가방법상의 변화과정을 겪으면서 피닉스의 성과평가체제는 정착되었으며, 평가결과는 실적급과 연결되어 있다. 따라서 피닉스는 실적급이 가장 잘 시행되고 있는 도시로 알려져 있다. 피닉스의 실적급은 처음에는 고위관리자만을 대상으로 하였으나, 점차 범위가 확대되어 중위관리자까지 적용되어, 실적성취프로그램(Performance Achievement Program)에 따라 실적급이 지급된다. 피닉스시의 성과평가와 실적급의 결정은 다음과 같은 과정에 의해 이루어진다.

① 실적계획서 작성 : 매년 초 중·상위관리자들은 실적계획서를 작성한다. 실적계획서는 산출(output), 생산성, 성과(outcome), 그리고 시공무원으로서의

임무 등의 평가항목으로 나누어지고, 각 항목은 구체적인 소항목들로 세분된다. 각 평가항목별 연간 실적목표가 실적계획서에 나타나 있다.

② 월별 보고서 제출 : 소항목별로 달성된 실적은 보고서로 작성되어 시행정관에게 매월 제출된다.

③ 성과평가 : 연말에 실적계획서에 명기되어 있는 목표치와 월별 보고서에 나타나 있는 실제 실적치를 비교 · 평가한다.

④ 실적급 결정 : 성과평가 자료를 기초로 차년도 봉급액을 결정한다.

피닉스 공무원 개인의 업무에 대한 실적을 평가할 뿐만 아니라 각 부서에 대해서도 실적을 평가하는데, 부서별 평가결과는 부서의 예산과 연결되어 있다. 피닉스시의 예산서는 시 전체의 항목별 예산을 포함하는 한편, 각 부서별 예산내역과 목적 및 서비스 목표치를 구체화하고 있다. 서비스목표 항목은 성과지표 중심으로 구성되어 있다. 또한, 매월 각 부서는 서비스목표치의 달성여부를 시 행정관에게 보고한다. 이러한 과정을 통해 예산이 어느 곳에, 어떠한 방법으로 사용되었으며, 예산을 이용한 성과는 어느 정도 달성되었는지를 명확하게 알 수 있도록 하고 있다.

2) 영국의 브레인트리시

아래로부터의 자발적인 개혁을 성공시킨 대표적인 지방도시로 알려진 브레인트리시는 개혁을 초첨을 효과적인 인력관리에 두었다. 즉, 개혁의 성공여부는 공무원 개개인에게 있다고 판단하여, 이들에게 업무에 대한 동기부여를 하고 최대한으로 권한을 위임하는 동시에 책임성을 향상시키고 능력을 높이고자 하였다. 브레인트리시 개혁의 궁극적인 목표는 고객이 만족하는 서비스를 실질적으로 제공하는 것인데, 이를 위해 공무원의 책임성을 확보하고자 하였다.

브레인트리시는 중앙정부의 지침에 따라 '품질보증(Year Guarantee of Quality)'이라 불리우는 시민헌장을 제정 · 공포하였다. 이는 시정부가 주민에게 제공하는 행정서비스의 질적 수준을 명시적으로, 구체적으로 명문화한 일종의 계약문서로서, 시정부가 이 계약을 지키지 못했을 경우 주민들이 이의를 제기할 수 있는 법적 근거이다.

시 정부는 이 약속을 효과적으로 지키기 위한 방법의 일환으로 1989년 행정조직구조를 국장급, 팀장급, 전문 · 기술직 직원, 행정직 직원으로 4분류하여 재편하였다. 이는 행정조직을 단순화시키고 권한을 하부로 이양할 때 조직의 적응력과 활력이 신장된다고 보았기 때문이다. 이러한 조직개편과 더불어 기업경영방식을 정착하기 위해 하의상달이 잘 이루어지도록 하는 한편, 공무원 개개인에게 새로운 아이디어를 개발할 수 있는 기회와 권한을 부여하였다.

이와 같이 시정부조직에 활력을 불어넣기 위해 하부로 권한을 위임하였는데, 이 경우 반드시 책임성을 확보하고 점검을 위해 성과평가제도를 실시하여 왔는데, 성과평가제도는 공무원 개개인의 구체적인 업무내용과 목표를 명확히 하고 실적정도를 평가함으로써 책임을 묻는 제도이다. 브레인트리시는 성과평가제도를 강화하는 수단으로 1986년 성과급제도를 도입하였다. 성과급제도를 운영하는 목적은 더 열심히 일하도록 인센티브를 제공하고 좋은 인력을 확보 · 유지하는데 있다. 성과평가과정은 3단계로 나누어볼 수 있다.

① 개개인의 업무내용과 목표를 구체적인 협의과정을 거치면서 설정한다.

② 설정된 목표의 달성정도를 평가한다.

③ 성과평가를 급여수준과 연결시킨다.

성과평가의 과정을 좀더 구체적으로 열거하면 다음과 같다. 매년 4월경에 전직원은 자신의 실무관리자와 면담을 하면서 다음해의 업무내용 및 목표를 협의 · 설정하는 동시에 전년도의 실적을 점검한다. 평가과정에서 평가자가 일방적으로 평가결과를 정하기 않고 쌍방간의 충분한 협의를 거쳐 합의점을 찾는다. 면담 후 평가자가 평가소견서를 작성하여 상부에 제출하면 국 단위의 성과평가위원회에서 최종 판정을 내린다. 성과평가는 최우수, 우수, 양호,

부족, 불량 등 5등급으로 나누어지며, 이에 따라 급여를 조종하여 5, 6월경에 당사자에게 통보한다. 시행정관과 국장들로 구성된 기준에 의해 이루어지고 있는지를 감독한다. 또한, 성과평가의 최종단계에는 노조가 참여하도록 하고 있다. '부족' 혹은 '불량' 판정을 받은 사람은 정당한 절차에 의해 이의를 제기할 수 있다. 브레인트리시는 시행정의 최고인 시행정관도 성과평가와 성과급제도의 적용을 받게 하고 있다.

이러한 노력과 결과 브레인트리시는 산출, 비용, 이용자 만족도의 측면에서 좋은 성과평가를 받고 있다. 감사위원회가 1996년 지방자치단체를 대상으로 성과평가를 한 결과를 보면, 모든 평가 항목에서 평균 이상의 점수를 받고 있을 뿐만 아니라 일부 항목에서 매우 뛰어난 실적을 보이고 있다. 즉, 산출측면에서 비(非)대도시 지역평균과 비교할 때 브레인트리시는 보다 신속하고 많은 사람에게 공공서비스 혜택을 제공하고 있음을 알 수 있다. 비용측면에서도 브레인트리시는 행정서비스 가격을 낮추기 위해 상당한 노력을 기울여 왔다. 〈표-5〉의 1인당 총지방지출이 비대도시 지역평균보다 매우 낮은 사실이 비용절감의 노력을 반증하는 것이다. 또한 이용자 만족도 측면에서도 브레인트리시 주민의 대다수는 시의 행정서비스에 만족하고 있으며, 공무원의 업무태도와 능력에 대해서도 높게 평가하고 있다.

〈표-5〉 브레인트리시의 성과평가: 비(非)대도시 지역 평균과의 비교

서비스	브레인트리시	대도시가 아닌 지역 지방정평균
공여주택 재임대 소요되는 기간(주)	0.03	4.6
공영주택 임대료 13주 이상 체납자 비율(%)	0.9	3
재활용비율(%)	4.95	4.9
건축허가 8주 이내 처리비율(%)	86	79
지방세 상황신청 14일 이내 처리비율(%)	90	81

지방세 징수율(%)	96.5	96
식품검사 처리비율(%)	100	82
불만처리제도의 수준(10점 만점)	10	8
1인당 총지방정부지출(파운드)	89	96

3) 호주의 뉴 사우스 웨일즈주의 성과평가

호주의 뉴 사우스 웨일즈주의 경우 1993년의 지방정부법에 따라서 각 지방정부의 운영에 많은 자율성과 함께 책임성을 부여하는 제도적 장치를 마련하게 되었다. 이러한 제도적 장치의 핵심사항은 각 지방정부가 각 지역의 수요와 필요에 부응하여 행정서비스를 효과적, 효율적 그리고 형평적으로 공급하는 것을 최상의 목표로 삼고 있다. 이러한 목표는 매년 각 지방정부의 주요 활동와 업적을 분기별 그리고 연간으로 작성하여 추진된다. 그리고 분기별로 각 지방정부의 목표대비 실적을 비교한 보고서를 작성하여 발표하게 하고 있다. 이와 같은 평가과정에 대한 종합적인 검토 결과에 따르면 이러한 평가과정은 전반적이고 지속적인 서비스공급과정의 질적 향상을 가져왔다고 분석하고 있다. 이와 같은 지방정부에 대한 평가는 재정상황, 도서관 서비스, 쓰레기 및 재활용 서비스, 하수도 서비스, 상수도 서비스. 지역계획 및 규제서비스, 환경관리 서비스, 레이크레이션 및 레져 서비스, 커뮤니티 서비스 등 총 9개 부문에 걸쳐 이루어진다.

뉴사우스 웨일즈 주의 각 지방정부에(the councils) 대한 필요한 자료수집은 9개 공공 서비스에 대한 특정한 양식에 의하여 전자우편을 통한 파일형태로 수집된다. 자료의 정확성을 확보하기 위해서는 담당 책임자의 서명이 기명된 자료를 수집하고 담당기관인 성과관리부서(Performance Management and Assessment)는 해당 지방정부와의 자문을 자료를 확인하고 연락하고 주된 자료의 출처는 각 지방정부의 재정보고서가 된다. 각 지방정부의 특수한 사정을 설명할 수 있는 설명요소들이 포함된다. 총 177개 지방정부를 각 지방정부의 규모와 특성에 따라 11개 그룹으로 재조정한 다음, 9개 서비스 제공분야에 각 실적을 뉴사우스 웨일즈 평균, 각 그룹별 평균 등을 조사하여 개별 지방정부의 실적과 비교하여 연도별 보고서를 발간한다.

4) 뉴질랜드의 크라이스트처치시

크라이스트처치시도 뉴질랜드 국가 전체의 개혁작업에 동참하여 일련의 시정부개혁을 시도하였다. 우선 경쟁입찰제도를 도입 · 시행하면서 시정부의 부서를 사업부서와 행정부서로 나누었다. 특히 사업부서의 경우 민간부문과 경쟁할 수 있는 능력을 제고시키기 위해 노력하였다. 이러한 노력의 일환으로 실적을 계량적으로 측정할 수 있는 업무는 물론이고 그 이외의 업무도 가능한 한 업무내용을 구체적으로 분석하고 평가하는 작업이 추진되었다.

크라이스트처치시는 성과평가를 시행하는 과정에서 시민들과의 협의과정을 중요시하고 있다. 즉, 「지방정부법」(Local Government Act)을 통하여 업무계획과 시행에 있어서 시민들의 의견 반영과 시민들과의 협의과정을 강화하고 있다. 크라이스트처치시의 성과평가는 다음과 같은 과정을 거치면서 시행되고 있다.

(1) 연간계획서 작성

6개의 지역위원회는 해당 지역주민과 이해당사자들로부터 시정부의 업무와 관련된 의견을 청취하여 이를 바탕으로 연간계획에 대한 건의사항을 시정부에 전달한다. 시정부는 해당 부서에서부터 점차 상층부로 올라가면서 연간계획을 작성하고 시의회 상임위원회가 연간계획서를 심의한다. 시의회 전체회의에서 연간계획서의 초안이 승인되면 여러 매체를 통해 시민에게 공개되고, 공청회 등을 통해 시민들의 의견을 적극적으로 수렴한다. 이러한 과정을 거친 후 시의회가 최종적으로 연간계획서를 확정한다. 연간계획서에는 각 부서의 업무활동에 대해 항목별로 구체화된 성과목표(Performance target) 가

명시된다.

(2) 분기별 실적보고

시정부는 매분기마다 연간계획서를 기초로 업무추진실적을 작성하여 시의회에 보고한다.

(3) 연간보고서 발간

분기별로 보고된 실적보고는 회계연도 종료 후에 시의회에서 전반적으로 평가된 후 중앙정부 감사원의 감사를 받는다. 이러한 과정을 거쳐 시정부의 업무실적에 대한 연간보고서를 발간하여 시민들에게 공개한다. 연간보고서에는 연간계획서에 명기되어 있는 성과목표치와 실제로 달성된 실적치가 대비되어 명시된다.

(4) 주민만족도 조사

크라이스트처치시는 개혁의 궁극적인 목표를 시민을 위한 행정과 시민들로부터 인정받는 행정을 구현하는데 두고 있다. 따라서, 시정 전반에 대한 주민의 만족도를 조사하고, 그 결과를 시정부의 행정서비스 개선을 위한 주요자료로 이용하고 있다.

제5절 성과평가의 활용

성과평가는 지방정부가 그 동안 수행한 활동이나 경영성과를 모두가 공감할 수 있도록 평가하고, 이 결과를 공표함으로써 보다 발전적인 정책계획을 수립할 수 있도록 해준다. 또한 성과평가는 지방정부 조직내부 개선뿐 아니라 지방정부간 선의의 경쟁을 유발할 수 있고, 지방정부로 하여금 합리적이고도 과학적인 경영체제를 유지할 수 있도록 하는 자극제가 될 수 있다.

1. 평가결과의 공개

성과평가결과는 공개되어 평가자(기관)나 피평가자(기관)가 그 결과를 서로 공유하고 유익한 자료로 활용해야 한다. 특히 피평가자(공무원)이나 담당부서의 업무로 다시 환류되어 차기 계획이나 정책방향의 설정에 도움이 될 수 있도록 해야 한다. 평가결과의 공개는 지역주민의 입장에서 볼 때 지방정부가 제공하는 행정서비스의 규모와 질에 대한 정보를 얻게될 뿐 아니라 지방정부의 현 경영상태에 대한 이해를 증진시키고 요구와 관심을 제고시킬 수 있다는 점에서 바람직하다. 또한 지방의회는 중점적으로 자원배분이 요구되는 부분을 파악하여 그에 적합한 정책결정을 내릴 수 있고, 행정통제에 필요한 많은 자료를 획득함으로써 통제기능을 보다 활성화 할 수 있다. 그러나 평가결과를 외부(지역주민이나 언론)에 완전히 공개하는 것은 신중을 기할 필요가 있다.

평가결과의 공개는 지방정부별 또는 각 부서별로 평가결과치의 차등을 보여주는 데, 본래 의도한 평가목적이나 기대효과 보다 정치적 파급효과가 더 커질 우려가 있다. 따라서, 단순한 지방정부별 순위나 부서별 순위 매김의 평가결과는 긍정적인 기능보다는 평가결과에 대한 불신과 저항을 유발할 수 있다는 점에서 신중하게 접근할 필요가 있다. 특히 동급 지방정부라 하더라도 지역적 편차가 심하고, 서로 다른 기능을 수행하고 추진하는 사업의 난이도가 서로 다른 점에서 평가결과에 따른 획일적인 순위 매김은 많은 문제점을 내포하게 된다.

평가결과의 완전한 공개는 평가결과의 객관성과 신뢰성 그리고 평가지표의 면밀한 검증을 거친 후 점진적으로 이루어지도록 해야 한다. 아울러 영국이나 미국과 같이 지방정부의 평가를 법제화하고 공신력있는 기관이 담당하여 객관적인 평가가 될 수 있도록 법・제도적 장치를 마련할 필요성이 있겠다.

2. 종합적인 정보제공

성과평가의 결과는 지방정부의 정책의 방향이나 시책 추진상황 그리고 행정서비스의 질을 가늠하는 데 종합적인 정보를 제공해 준다. 이와 같은 결과의 정보는 평가자(기관)나 피평가자(기관) 그리고 지역주민이 서로 공감할 수 있으며 유익한 자료로 활용되어야 한다.

첫째, 평가기관은 당해 자치단체의 상급자치단체가 되겠는데, 동급 자치단체간의 여건과 특수성을 충분히 고려한 객관적인 평가결과가 나올 수 있도록 하여 유익한 정보로 활용될 수 있도록 해야 한다. 예컨대, 행 · 재정력의 편차가 큰 시 · 구간의 단순비교는 제한적이므로 주어진 여건을 고려한 상호비교가 필요하다. 또한 광역시의 입장에서는 각 시 · 구의 객관적인 비교평가를 통해 재원 등의 효율적인 배분을 위한 기초자료로 활용할 수 있고, 시가 추진하고 있는 중점시책이 일선 각 자치구에서 어떻게 진행되고 있는 지 상황에 대한 종합적인 정보를 얻을 수 있도록 해야 한다.

둘째, 피평가기관인 각 구청은 평가결과를 통해 자치구정의 현황 및 문제점을 정확히 파악함으로써 향후 개선해야 할 기초자료로 활용해야 한다. 특히 일선 자치구의 담당자는 업무추진 실적을 점검해 볼 수 있는 자기 학습효과를 갖도록 해야 한다. 또한, 평가결과는 각 자치구를 서로 비교할 수 있도록 해주기 때문에 상대적으로 취약한 부문을 발견하고 이를 개선할 수 있는 정보제공의 기초자료로 활용되어야 한다.

셋째, 지역주민의 입장에서 볼 때, 지방정부는 지역주민에게 각 구가 추진하고 있는 각종 시책의 진행상황과 결과에 대한 정보를 제공해 주어야 한다. 특히 지역시민들이 누리고 있는 행정서비스가 다른 구와 비교하여 어느 정도 수준인가에 대한 상대적 비교를 할 수 있는 정보를 제공해 줄 필요성이 있다.

3. 정책기획과 예산에의 반영

평가의 가장 중요한 목적은 전체사업을 추진하는 과정, 즉 사업에 관련된 정책결정과 집행과정을 연계시켜 주는 통합적인 기능을 수행한다는 점이다. 지방정부의 시책이나 활동의 성과에 대한 평가결과는 차기 해당 시책이나 사업에 관련된 의사결정을 하는 데 유익한 정보를 제공한다. 즉, 평가결과상에 나타난 각 문제점이나 개선사항을 확인한 후 다음해의 시책이나 사업을 추진하기 위한 새로운 기획이나 아이디어를 제공할 수 있도록 활용되어야 한다.

성과평가의 결과로 얻어진 정보는 다양한 용도로 사용할 수 있지만, 그 중 가장 중요한 것은 예산과 연계하여 활용하는 것이다. 성과에 관한 정보와 예산을 연계시키려는 노력은 지난 50여 년간 미국을 위시한 여러 국가의 예산개혁에서 시도되었으며 성과주의예산의 핵심적 사항이다. 따라서, 평가결과에 관한 중요한 정보를 예산운영에 반영하여 지방정부의 재정적 건전성이나 효율성을 도모할 수 있도록 해야 한다. 이를 위해 지방정부의 투입(inputs)에 관한 정보와 지방정부로부터의 산출(outputs)에 관한 정보를 함께 연결지어 예산운영에 반영함으로써 지방정부의 사업과 활동에 대한 목적과 수단간의 인과관계를 확보해야 할 필요성이 있다. 즉, 지방정부의 성과를 효율적으로 향상시키기 위한 목적은 행정에 투입되는 자원의 의미를 갖는 예산이라는 수단과 반드시 연계될 필요가 있다는 것이다. 따라서, 평가결과는 지방정부가 필요한 경우 예산의 감축이나 증액, 새로운 조직의 신설, 인력의 추가적인 배치 등을 위한 하나의 근거자료나 기초자료로 활용되어야 할 것이다.

4. 인센티브(incentive)의 부여

인센티브는 일반적으로 페널티(penality)에 대칭되는 개념으로 조직 또는 조직구성원의 목표달성을 위한 노력을 유인하기 위하여 그들에게 차별적으로 제공하는 다양한 종류의 보상을 뜻한다. 이러한 인센티브는 공·사부분을 막론하고 조직의 관리 및 발전과 목표달성을 위하여 유용하게 사용되어 온 수단의 하나이다.

인센티브는 적극적 보상개념의 수단으로 우수한 평가결과를 획득한 지방정부나 담당부서 및 담당자에게 평가결과에 합당한 보상을 제공해야 한다는 차원에서 중요한 의미를 갖는다. 즉, 인센티브는 평가의 결과를 활용하기 위한 다양한 활용수단 가운데 평가결과를 지방정부의 개선 또는 향상과 연계시키기 위한 상당한 유인력을 지닌 수단이라고 할 수 있다. 이러한 차원에서 인센티브의 적절한 부여는 지방정부의 성과향상이라는 목표 하에 모두가 공감할 수 있는 객관적인 평가지표에 의해 각 지방정부나 담당부서를 평가한 후 능력과 실적의 정도에 따라 재원배분 행·재정적 지원을 차등화함으로써 자치단체간 또는 부서간 선의의 경쟁을 유도하여 궁극적으로 지방정부의 발전과 경쟁력을 확보할 수 있을 것이다.

인센티브 부여의 방법은 재정적인 인센티브와 행정적 인센티브로 크게 구분할 수 있다.

첫째, 재정적 인센티브는 평가결과를 토대로 우수 지방정부에 재정적 보조를 강화하는 것을 의미하는 바, 현실적으로 대부분 지방정부의 재정확보가 어려워 유인력의 효과가 클 것으로 보여진다. 여기에는 주로 예산상 보상이 해당된다고 볼 수 있는 데, 중앙정부가 각 지방정부 그리고 상급 지방정부가 하위 지방정부의 재정적 지원 및 조정을 위해 보유하고 있는 다양한 수단을 평가결과에 연계·활용하는 방법이 있다. 예컨대 광역시 단위의 지방정부가 구 단위의 지방정부를 평가하였을 경우, 해당시책과 관련한 예산액(시비보조)을 우선적으로 해당 구에 배정하거나 평가결과치를 차별적인 예산배정의 근거로 활용할 수 있을 것이다.

둘째, 행정적 인센티브는 주로 지방정부의 행정기관이나 공무원 개인에게 보상하는 것으로 재정적 인센티브처럼 직접적인 유인효과는 기대하기 어렵지만, 장기적인 측면에서 적지 않은 유인효과를 기대할 수 있을 것이다. 여기에는 주로 인사상 보상이 해당된다고 할 수 있는 데, 우수 지방정부의 담당부서에 대한 표창 및 여러 행정적 특전을 부여해 줄 수 있다. 또한 개인적인 차원에서 우수 담당부서로 선정된 공무원들에게는 금전적 보상은 물론 인사상 특혜를 부여하는 등의 방식을 통해 적극적인 동기유발책을 사용할 필요가 있다. 예컨대, 공무원의 인사 보상차원에서 근무평정시 가산점 부여, 특별승진 및 승급, 주요직위 보직, 희망부서의 우선 배치 등의 방식을 고려해 볼 필요가 있다. 여기서 주의할 점은 평가에 대한 이러한 보상들이 형평적이지 못할 때는 공무원의 사기저하를 가져와 업무의 생산성이 떨어질 수 있으므로 신중을 기해야 할 것이다.

평가결과의 활용문제에서 검토해야 할 또 하나의 사항은 평가에 대한 공무원들의 저항을 들 수 있다. 앞서 언급한 것처럼 오늘날 성과평가는 행정개혁의 중심가치로 인정되고 있다. 그러므로 성과평가와 같은 새로운 관리방식의 도입은 조직내부에서의 적지 않은 저항이나 갈등을 유발할 수 있다. 특히 공무원들의 관료적 속성은 새로운 관리개선을 통한 개혁을 도모하기보다는 기존의 방식을 유지하려는 보수적 속성이 내재되어 있는 점을 감안할 때, 평가결과를 환류시켜 지방정부의 정책이나 시책을 개선시키는 데는 그 만큼 한계가 따른다.

성과평가와 관련하여 저항을 유발하는 원인은 평가과정상의 추가적인 업무부담을 야기할 수 있다는 점과 자칫 평가과정이 단위부서의 업무에 대한 간섭으로 이해될 수 있다는 점, 그리고 평가결과에 대한 신뢰성의 문제에 기인한다. 따라서, 이러한 저항을 극복하여 새로운 관리방식에 대한 동조나 지지로 유도하는 노력이 요구된다. 여기에는 무엇보다 단체장의 개혁적인 소신은 물론 고위관리층의 적극적 지지 및 관심이 필요하다. 즉, 성과평가가 당해 지방정부의 생산성은 물론 새로운 행정조직의 문화를 창출할 수 있다는 점을 공무원들에게 충분히 인식시켜주고, 평가결과를 통해 개별 공무원들의 실적과 능력에 따라 차등있게 보상할 수 있는 제도를 구축하여 점진적으로 실천한다는 강력한 의지표명이 요구된다. 또한 평가과정에서 담당공무원들의 적극적 참여가 중요시되는 바, 평가대상의 선정, 평가지표의 선정, 평가지표간 가중치 부여 등에 대해 다양한 의견을 수렴하고 이를 반영하는 작업이 요구된다.

chapter 06

지방자치와 지역언론

제1절 지방자치와 지역언론

지방자치의 성패 여부는 지역주민들이 지역사회 문제에 대하여 스스로 판단하여 결정을 내리는 과정에 얼마나 어떻게 참여할 것인가에 달려 있다고 할 수 있다. 여기에 필요한 전제조건이 자치의식이다. 자치의식이란 이해관계를 함께하는 지역공동체 주민들에 의해서 자연발생적으로 생겨나는 의식이라고 할 수 있는데 그러기 위해서는 이 자치의식을 배양시키고 고취시킬 수 있는 어떤 매개체를 필요로 한다. 현대와 같은 매스커뮤니케이션 시대에 있어서 이 매개체는 다름 아닌 언론매체일 수밖에 없다. 더욱이 정치의 민주화 언로(言路)의 개방화, 사회의 정보화라는 시대적 추세와 함께 중앙과 지방의 관계가 획일적인 중앙집권적 관계에서 지방분권적 관계로 발전해 나가는 것이 지방화 시대의 명제다. 지방자치제가 정착되면 한 지역사회는 단순한 생활공간에서 한 걸음 더 나아가 정치공간, 경제공간, 문화공간으로서 독자성을 갖추고 그 역할이 중대될 것이기 때문에 지방자치와 언론활동은 어느 것 하나 따로 떼어놓고 생각할 수 없을 만큼 상호 영향적 관계에 놓여 있다고 할 수 있다.

따라서, 지역언론은 지방자치단체나 지방의회는 지역주민 공통의 관심사가 무엇인지를 파악해야 하는 한편 그들의 활동상황을 널리 알려 지역주민들의 합의를 도출해내는데 기여해야 한다. 지역 내의 이해를 달리하는 집단들 간의 갈등을 주민 여론을 바탕으로 조정해야 하기 때문에 이를 원활히 수행하자면 언론의 보다 큰 역할이 기대되는 것이다. 또한, 지방자치 시대의 언론은 정치권력에 대한 감시와 비판자로서의 역할 뿐만 아니라, 지역간 또는 지역 내의 여러 집단간 갈등의 조정자이자 통합자의 역할까지도 수행해야 하는 만큼, 어떻게 보면 그동안 중앙정부가 쥐고 있던 권한의 상당 부분이 언론에 위임된 것이나 다름없다고도 할 수 있을 것이다. 다시 말해, 지방자치제의 정착과 성패 여부는 언론이 그 역할을 얼마나 충실하게 수행할 수 있느냐에 달려 있다고 해도 과언이 아닌 것이다.

지방언론은 언론환경의 심각한 구조적 변화라는 그 어려운 현실에도 불구하고 올바른 지역사회의 발전과 지방자치의 정착을 위해서는 무엇보다 지방언론이 본연의 역할에 충실해야 한다. 그러려면 지역언론은 무엇보다 지역민들의 취향에 맞게 지역사회의 문제나 관심사를 심층 보도하고, 애향심의 고취를 통해서 지역민들의 여론을 대변하고 합의를 도출해 내야 할 것이다. 또한, 지역사회의 개발에 주민의 참여를 유도하고 지역문화를 발굴 · 보존 · 전승시키며, 지방의 정치나 행정을 감시 · 비판하는 역할을 충실히 수행하고, 나아가 주민들의 자치의식을 함양시키는 일에도 게을리하지 말아야 한다.

결국, 지역언론은 지역민들과 밀착될 수 있도록 지역내는 물론 국내 · 외적으로 일어나는 사건과 문제에 대해 중앙의 시각이 아닌 지방의 시각으로 파악하고 해석해서 전달함으로써 지역민들의 참된 대변인이 되고 신뢰받는 언론으로 거듭나야 할 것이다.

제2절 지방선거와 지역언론

지방자치가 중앙정치에 종속된 채, 다음의 총선이나 대선을 위한 정략적 수단으로 전락한다면 지방자치의 미래에 희망을 갖기는 더욱 어려워 질 것이다. 따라서, 지역언론이 가장 먼저 해야 할 일은 지방선거의 변질로 인한 지방자치의 왜곡 실상을 심각하게 인식하는 것이다. 그리고 나서 한국의 지방자치가 바른길을 향해 나가도록 잘못된 지방선거와 자치제도를 지금부터 바로잡도록 촉구하는 동시에 올바른 개선대안에 대한 국민적 공감대를 형성하는 일이다.

특히, 지난 선거는 기본적으로 지방선거임에도 불구하고, 지방공약과 정책보다는 중앙정치의 이슈들을 중심으로 아젠다가 설정되었다. 아젠다 구조 역시, 여당의 '정권 안정론' 과 야당의 '정권 심판론' 이라는 구조가 첨예하게 대립한 선거였다. 중앙정치에의 예속으로 인한 지방정치 본연의 정책이슈는 실종되었다. 여기에 중앙언론의 편집과 보도의 영향력이 크게 작용한 것으로 보인다.

공천을 위한 여론조사 자체도 부실하기 짝이 없었다. 조사의 타당성과 신뢰성이 확보되지도 않은데다 조사 대상자가 누구인지도 모르고, 또 그 응답률도 2%가 안되는 타당성 없는 조사가 대부분이었다. 심지어 착신전화 조작으로 여론을 왜곡하는 사태까지 벌어졌으니 경선에 참여했던 후보들은 물론 대대수 유권자들도 공천에 대하여 크게 불신했다는 평가를 받고 있다. 각 언론사들이 선거를 앞두고 직 · 간접적으로 주관한 여론조사의 문제도 매우 심각해서 조사결과에 대한 낮은 신뢰도, 오차범위의 무시, 여론조사의 왜곡과 조작 가능성, 표본추출의 오류 등의 문제를 제기했다. 경영 문제를 구실로 일부 언론사들은 여론조사 실시와 관련한 높은 비용은 모두 출마예상자나 후보자가 부담하게 함으로서 여론조사와 관련된 문제점들을 조장하기도 했다.

더욱이 언론의 보도경향만 놓고 본다면, 지방선거가 대통령선거나 총선으로 착각될 정도로 그간의 선거 보도관행을 그래도 답습하고 있어 지방선거의 의미를 퇴색시키고 있을 뿐 아니라, 중앙언론들이 심지어 각 지역의 기초단체장이나 지방의원 후보경합 상황까지 상세히 보도함으로써 정작 해당지역 언론들의 보도 및 여론조사의 결과를 지역 유권자들이 신뢰하지 않는 기현상 마저 나타났다. 그 결과, 일부 후보들은 지역언론은 제쳐두고 중앙언론이나 종편방송에 노출되는데 심혈을 기울이기도 했다. 심지어, 일반적으로 선거보도에 있어서 지역언론이 지역의 이슈나 후보자의 공약과 정책에 초점을 맞추기 보다는 후보자간의 인지도 순위에만 흥미위주로 경마식 보도로 일관함으로써 이른바 '경마저널리즘' 에서 벗어나지 못하고 있다. 선거보도의 관행처럼 되어버린 이런 보도태도는 독자들의 호기심을 자극하고 흥미를 이끌 수 있을지는 몰라도 유권자들이 올바른 판단을 할 수 있도록 정보를 제공하고 선거 과정에서 초래될 수 있는 각종 불법과 비리를 감시하고 고발해야 하는 언론 본연의 사명과는 동떨어진 것이라고 할 수 있다.

선거는 바람직한 후보를 선출하는 본연의 기능 외에 우리 사회가 크게 간과하고 있는 기능이 '대표자의 육성 내지 자기발전의 기능' 이다. 주민의 대표로서 주어질 직책과 역할을 차질없이 완수해야 하는 후보들은 엄격하고 철저한 선거과정을 통해 지도자로서 필요한 자질과 능력을 향상시킴으로써 단체장이나 지방의원이 되어서 임하는 그들의 활동에 시행착오가 없어야 한다. 그 대표적인 과정이 공약과 정책을 놓고 후보간 경쟁하는 토론회다. 우리사회가 필요로 하는 지도자는 웅변이나 연설로 대중을 사로잡는 것보다 차분한 토론을 통해 치밀하게 국가와 지역의 이익을 실현해 나갈 수 있어야 한다.

이런 점에서 기대를 걸었던 것이 TV토론을 통하여 후보와 정당들 간의 정책대결을 유도하는 것이었다. 그러나, TV토론 자체가 가지고 있는 본질적인 문제점은 제쳐놓고라도 운영상의 미숙함, 차별성 없는 토론회의 반복개최로 인한 유권자들의 외면, 수준 이하의 질문과 원론적이고 추상적인 답변, 방송시간대의 문제 등 여러 요인들에 의해 시청률 10%대 이하의 저조한 반응으로 나타나서 선거에서의 TV토론은 여전히 제 기능을 못하고 있다. 이의 개선을 위해서는 단발성 토론으로 그칠 것이 아니라 지역이 안고 있는 현안문제나 지역적 과제에 대해 각 후보나 정당들이 어떤 정책과 비전을 갖고 있는지 하는 쟁점에 대해 TV 토론을 하고, 그 내용들을 일목요연하게 비교할 수 있도록 다시 신문지상에 분석을 통해 제시하는 것이 필요하다. 그러면 유권자들에게는 합리적인 판단을 내릴 수 있는 정보의 제공이라는 일석이조의 효과를 거둘 수 있을 것이다.

요약컨대, 지역언론은 지방선거를 통해 올바른 지역의 지도자가 선출될 수 있도록 선거과정에서의 투명성과 공정성을 감시하는 파수견의 역할을 제대로 해야 한다. 나아가, 정당 및 후보들간의 정책과 공약에 대한 비교검증 및 실현가능성 여부 등을 분석, 제시해야 하며, 지역주민들이 선거라는 이슈 자체에 관심을 가지고 적극 참여할 수 있도록 여론을 환기시키는 역할을 보다 적극적으로 수행해야만 지방선거가 본연의 기능을 수행할 수 있을 것이다.

제3절 지방자치와 종편방송

2011년 종편방송이 개국되었다. 그동안 종편방송은 방송구조환경에도 엄청난 변화를 가져왔을 뿐만 아니라 지역사회에도 적지않은 영향을 미쳤다. 그러나, 지방자치와 분권에는 긍정적인 영향을 주지 못한 것으로 평가된다. 세상에 '종편' 이 생기기 전, 우리에게 시사프로그램이라 하면 탐사보도 프로그램이 주류를 이루었다. 하지만 종편은 시사프로그램의 새 장을 열었다. 진행자와 초대손님(패널) 몇 명이 스튜디오에 모여 시사를 논하는 '시사토크쇼'가 등장한 것이다. 시사토크쇼는 완성도가 높아야 하는 다큐멘터리에 비해 제작비가 적게 든다. 이런 프로그램이 우후죽순처럼 늘어나면서 종편은 종합편성채널이 아니라 시사토크채널로 시청자에게 다가갔다. 그래도 일단 볼 만한 프로그램이라면 시청자 입장에서는 열광한다. 지역의 주민들 그중에도 50대 이상 장 · 노년층은 종편 사시프로그램을 많이 본다. 그 이유는 이해하기 쉽다는 것이다. "지상파 시사프로그램은 20분, 30분 봐야 내용을 파악할 수 있다. 출연자들이 말을 돌려서 하니까 그 얘기를 곱씹어봐야 한다. 하지만 종편은 5분만 보면 딱 안다" 는 것이다.

"지상파만큼 신뢰하지 않고", "정부와 여당 편만 든다" 고 생각하면서도 이들은 종편 시사토크 프로그램을 애청하고 그 소감과 논평이 그들 일상대화의 대부분을 차지한다. "막장 드라마처럼 욕하면서도 그 시간이 되면 텔레비전 앞에 앉아 있다" 고 고백한다. 〈한겨레21〉과 〈민언련〉이 종편 시사토크 프로그램을 전수조사한 결과를 보면, 패널 한 명이 종편 3사에 52회나 출연하는 등 겹치기 출연자가 눈에 띄게 많았다. 전문성 없는 전문가들이 닥치는 대로 백화점식 토론을 한다는 점도 드러났다. 1위부터 20위를 차지한 다수 출연자들의 대화 주제를 전수조사해 직업적 전문성과 일일이 대조한 결과다. 패널이 비전문 분야 주제를 다루는 비율은 평균 47.6%, 최고 90.7%였다. 종편 최다 출연자인 K변호사(52회)는 MBN 〈뉴스파이터〉, TV조선 〈장성민의 시사탱크〉 〈황금편지〉, 채널A 〈직언직설〉에 나와 주제 89건을 다뤘다. 법률가로서 논평할 수 있는 판결 · 사건 분석 등은 34건(38.2%)에 그쳤고 나머지 55건(61.8%)은 정치 · 문화 등 비전문 분야였다. 〈D신문〉 S대표(20회)는 TV조선 〈돌아온 저격수다〉에서 전문 분야인 언론 · 북한(25건 · 27.1%)뿐 아니라, 정치 · 사회 · 문화(67건 · 72.9%)에 대해서도 토론했다.

문제는 이렇게 종편방송이 시사토크 프로그램에 치중해서 시청률을 높이면서 지역에 깊숙이 영향력을 행사하고 있는데도 불구하고, 그 주제선정에 있어서 지역의 이슈, 특히 지방자치와 분권 및 지역균형발전에 관계된 이슈는 전무하다는 사실이다. 그에 따라 지방자치 관련 전문가가 종편방송 패널로 출연하는 경우도 아직까지 유례가 없다. 오직 중앙과 수도권 관련 이슈들만을 선정해서 중앙의 논리와 수도권 시각에서 중앙에서 활동하는 특정분야

전문가들이 비전문 분야까지 독점하고 있는 셈이다. 결국, 지역주민들은 유익하고 공정하며, 지역성에 충실한 방송 프로그램을 향유할 권리를 크게 위협받고 있는 것이다. 뿐만 아니라, 지방자치 활성화에 종편방송이 현재 제일 큰 걸림돌이 되고 있음을 부인할 수 없게 되었다. 이러한 문제를 극복하기 위해서는 지역언론의 언론전문 지식인과 직업언론인 그리고 시청자들이 하루속히 협업체제를 구축해서 종편방송의 역할을 재점검하고 그 개선방안을 강력히 촉구해야 한다. 특히, 지역언론인들의 과감한 노력과 지역주민들의 활발한 참여, 지역정치 · 경제 · 사회의 폭넓은 연대, 그리고 중앙정부 차원에서 지역을 중시하는 인식을 바탕으로 종편방송의 강력한 개선요구를 촉구하고 그 개선방안을 적극 모색해야 할 때다.

제4절 지방정부와 지역언론

지방정부 단체장들에 의한 지역언론의 비공식적 통제방식들은 다음과 같은 있는 것으로 벌써 조사된 바 있다. 첫째, 자신들을 문제삼는 기사를 축소, 제거하고자 언론사를 포함한 다양한 인맥을 통해 전방위적으로 압력을 행사한다. 둘째, 자신들에게 우호적인 인사들이 포진되도록 지역언론사의 인사에 개입한다. 셋째, 지역언론을 영향력 행사가 가능한 언론과 영향력 행사가 어려운 언론으로 구분하여 전자에는 다양한 지원을 하고, 후자에는 무관심 · 무대응 함으로써 이들의 영향력을 차단한다. 넷째, 지역발전 이데올로기를 내세워 비판적 기사의 생산을 억제한다. 다섯째, 자체 홍보기능을 대폭 강화하여 지역언론의 자발적 동의를 창출함으로써 정보통제를 행사한다. 지방정부의 언론인 포섭 전략은 지역언론사 기자들에게 산하 공기업 등에의 취업 기회를 제공하고 촌지, 골프 모임, 간담회 등을 통한 물질적 향응을 제공하는 방식으로 행해졌다고 조사된 바 있다. 여기서 주목해야 할 것은 지방정부와 자치단체장이 지역언론에 대해 행하는 통제방식들 자체뿐만 아니라, 이러한 통제방식들이 언론의 자율성을 훼손하는 것이 명백함에도 불구하고 큰 논란 없이 통용되어지는 현실이라고 하겠다.

또한 지방정부의 언론통제방식들이 큰 논란없이 수용되는 것은 지역언론사들의 생존전략에 기인하는 측면도 크다고 하겠다. 지역언론사들은 정치권력이 일방적인 피해자라기보다는 공모자라고 할 수 있다. 사실 지역언론사들은 현재의 상황을 최대한 활용하여 수익을 극대화하는 전략을 취하고 있다. 수익 극대화를 위해 지역언론사들이 취하는 방식들은 다음과 같다. 첫째, 지방정부와 자치단체장과 갈등 또는 긴장 관계를 불러올 수 있는 비판 기능을 가능한 회피한다. 한 일간신문은 편집 방향을 비판 대신 밝고 긍정적인 뉴스로 전환하기까지 하였다. 둘째, 수동적으로 비판 기능을 축소 또는 외면하는 것에서 더 나아가 자치단체와 적극적 거래를 시도한다. 자치단체장 또는 지방정부의 시각으로 기사를 보도한 뒤 광고나 협찬을 지원받는 방식을 거래한다는 것이다. 셋째, 수익 극대화에 필요할 경우 비판 · 감시 기능을 오히려 적극적으로 활용한다. 즉 비판 기사를 적극적으로 보도해 지방정부와 긴장관계를 형성하고, 이를 이용하여 지방정부로부터 협찬과 광고 또는 모기업 경영에의 도움 등을 얻어낸다는 것이다.

최근 몇 년간 대전광역시와 지역언론은 다른 광역자치단체나 기초자치단체 등에서 진행돼 온 양상을 대체로 재현해 왔다. 그런데 두 가지 점에서 타 지역 사례와 구별된다. 하나는 '국장 홍보 책임제' 를 운영해 왔다는 점이다. 실 · 국별로 부정확한 보도나 오보의 확산을 책임지고 막겠다는 취지다. 그런데 홍보책임제는 단순히 보도 자료를 제공하거나 부정확한 보도에 대해 정정 · 해명자료를 제시하는데 그치지 않고, 그러한 내용에 대해 기자실을 방문하거나 대응 브리핑을 할 경우 평가점수를 대폭으로 올린 특징을 갖고 있다. 대전광역시의 홍보 대응 계획에 따르면 이른바 지역 언론의 문제보도 대응은 2가지인데 정정 · 해명 보도와 지적 · 비판 보도가 그것이다. 시장이나 시정에 대한 지적과 비판을 아예 봉쇄하겠다는 취지로 이해될 수 있다. 타 지역 지자체와 구별되는 다른 하나의 특성은, 지역 언론사에 대한 언론소송 제기 방식이다.

언론의 감시 비판 기능은 가장 기본적인 저널리즘 원칙임에도 불구하고 최근까지 대전 · 충남지역 언론에서는 지역권력과 현안에 대한 감시 비판보도를 찾아보기 매우 어려운 상황이 되었다. 지역 여론형성과 공론자로서의 기능을 상실한 채, 지역의 현안문제를 언론은 적극적으로 보도하지 않고 지역권력의 남용과 잘못을 비판하기 보다는 적당히 타협하고 자사 이익을 위해 자치단체의 홍보수단으로 전락했다고 비판받고 있다. 문제는 언론매체가 제 본연의 저널리즘 역할을 망각할 채, 지자체의 홍보도구화 돼 가고 있다는 점이다. 따라서, 지방자치의 활성화를 위해서는 공직자의 정책수행에 대한 언론의 감시와 비판은 성역없이 이뤄져야 하고 공직자는 이러한 언론의 비판과 감시를 겸허하게 수용하는 자세를 가져야 한다. 선출직 공직자는 더더욱 언론의 비판을 경청하고 이를 정책의 수립과 시행에 반영할 필요가 있다. 지방자치단체나 단체장이 정책정보와 홍보광고비의 집행, 지역언론의 구독 등을 이유로 비판적인 지역언론의 보도에 재갈을 물리려한다거나, 비판적 언론인의 활동에 제약을 가하려는 유혹에 빠져서는 결코 안 된다. 또 하나 중요한 것은 지역언론과 지역 언론인들의 자세다. 전국단위 언론이든 지역언론이든 제일차적인 존재의 의의는 시민의 알 권리 실현에 있음을 잊어서는 안될 것이다.

지역언론이 중요하다는 이유로 모든 것의 면죄부를 주지는 않는다. 지역언론이 지역의 문제를 제대로 짚어내고, 지역주민들의 목소리를 충실히 대변할 때만이 그 가치를 인정받을 수 있을 것이다. 시청자 또는 독자들에게 사실의 왜곡없이 정확한 정보를 전달하는 일, 잘못된 일에 대한 감시와 비판 기능, 사회적 약자들의 목소리를 대변하고 대안을 제시하는 일, 지방정부의 이해관계가 상충할 때 지역의 목소리가 반영될 수 있도록 지역주민들을 대변해 목소리를 높이는 일이 지역언론의 기본적인 역할이다. 언론의 가장 중요한 역할인 감시견제 기능이 절실할 때다.

제5절 지역언론의 역할과 과제

지방자치와 분권화 시대에 있어서 지역언론이 지향해야할 바를 요약하면, 지역언론이 보다 더 지역언론다워지는 것이다. 그러려면 지역언론은 신문과 방송을 막론하고 지역주민들에게 보다 철저하게 밀착하여, 지역사회내의 사소한 일에 이르기까지 관심을 기울여야 한다. 한편, 국익이라는 명분 때문에 희생을 감수해야 했던 지역주민의 이익을 대변하고, 지역사회의 제반 문제점을 발굴해서 개선책을 제시함으로서 진정한 지역여론의 수렴자이자, 지역발전의 견인차, 지역문화 전승자로서의 역할을 해 나가야 할 것이다. 지역언론의 미래는 지역언론 스스로가 지역사회 발전이라든가 지역주민의 이익 대변과 같은 본연의 목적을 이탈하지 않은 채 자생력을 가지고 그 역할을 얼마나 충실히 수행하느냐에 달려 있다고 할 수 있다. 그것이 바로 지방자치와 분권을 활성화시키는 지름길이기도 한 것이다.

실로 혁명적인 언론환경의 변화가 오고 있음을 지역언론은 주목해야 한다. 그러나, 이 변화가 지역언론들에게 확 달라질 언론시장에서 주역으로 재탄생하는 축복이 될지, 아니면 경쟁에서 도태되는 재앙이 될지는 이제 전적으로 지역언론사와 지역언론인들의 깨어있는 의식과 과감한 변신 그리고 치밀한 대비전략 마련 여부에 달려 있다.

흔히, 예로 들고 있듯이, 전 세계적으로 권위를 인정받고 있는 「워싱턴 포스트」는 미국의 행정수도인 워싱톤에서 발행되는 지역일간지, 즉 지역신문일 뿐이었다. 지역언론이 변모할 수 있는 가장 최선의 시나리오는 지금까지는 지역의 신문과 방송에 불과했던 지역의 언론이 단기간에 전국언론으로 성장하는 것이다. 지역언론들은 「워싱턴 포스트」처럼 세계적 신문과 방송으로 발돋음할 수 있는 가능성은 크게 열려있다. 그럼에도 불구하고, 지역의 언론들이 중앙언론과 경쟁해서 이겨낼 수 있는 외적 조건과 내부역량을 갖추어 가고 있느냐는 점에서는 여전히 회의를 갖지않을 수 없다. 전국 신문시장의 70%를 점유하고 있는 3대 중앙일간지가 언론시장을 지역언론에게 양보한다는 것은 전혀 기대할 수 없는 외적 환경이다. 방송의 경우 문제는 더 심각하다. 현 중앙방송에서 지방은 오직 먹거리, 고기잡이, 축제, 미담, 사고 등을 보여주기 위한 서울시민의 위로용 방송에 머물러 있는 한, 지방방송사는 중앙방송사로의 송출을 위한 스튜디오 수준에 머물 가능성은 여전히 남아있다.

이 위기적 환경조건을 극복해서 새로운 희망을 찾는 길은 지역언론들이 과감한 변신을 통해 내부역량을 키우고 치밀한 생존전략을 구비하는 것 밖에 달리 방법이 없다. 먼저, 지역언론사들은 기존 사업의 정리와 신사업 투자가 조화를 이룰 수 있도록 과감한 기업변신을 시도해야 한다. 프랑스「르몽드」의 경우처럼 사원지주제 도입도 수용해 보고, 언론사간 M&A도 검토할 필요가 있다. 먼저 버리지 않으면 버림받기 때문이다.

다음으로 중요한 과제는 지역기자들의 안목과 실력을 높이는 일이다. 지방자치의 활성화와 함께 지역기자들이 작성하는 뉴스와 해설은 전국으로 세계로 발신됨을 인식해야 한다. 지역이 지향하는 목적이 지방분권과 지역균형발전에 있는 만큼, 이제 지역기자들은 국제적인 안목과 전문성으로 전국적 수준의 뉴스를 지역과 지역민의 관점에서 소신있게 소화해 낼 수 있어야 한다. 그러려면, 기자 재교육을 위한 투자를 확대하고, 지금부터라도 밀도높은 학습을 시작해야 한다. 또한 지역언론은 지금까지의 언론관이나 편집태도도 크게 달라져야 할 것이다. 지역언론인들이 아직도 버리지 못하고 있는 중앙집권적 내지 중앙의존적 의식과 태도는 과감히 청산하고, 지방자치시대를 주도해야 할 지역언론의 새로운 역할과 과제들을 진지하게 모색하고 과감하게 행동에 나서야 한다. Think Strategically, Act Democratically!

제6절 소결론

지난 기간 지방자치를 종합적으로 평가해 볼 때, 그 성과는 문제점과 부작용을 메우고 남을 정도로 종합적 이해득실에서 플러스의 결과를 가져왔다고 해도 무리가 없을 것이다. 따라서, 지방자치의 부활은 대한민국을 재도약시킨 국민들의 탁월한 선택이자, 역사적 진보임이 분명하다. 또한 지방분권과 자치의 당위성과 그 내용에 대해서도 이제 어느 정도 국민적 합의를 이루어 가고 있다. 문제는 그것을 실천해 내는 우리의 의지와 전략이다. 분권과 자치를 거부하는 세력을 극복하고, 또 분권과 자치를 두려워하는 집단을 설득해서 국민과 함께 분권화 · 자치화의 길로 나서야 한다. 대한민국이 진정한 선진국이 되기 위해서 지방자치와 분권은 어렵지만 반드시 가야할 길이 때문이다. 지역언론이 이 길에 앞장서서 동참해야 한다.

요약컨대, 성년이 되기 위한 한국 지방자치와 분권은 험난하고 고단한 여정을 보냈다. 하지만, 대한민국 선진화의 토대를 만든 만큼, 앞으로 보다 성숙하고 행복한 미래 사회를 향해 새로운 여정을 준비해야 할 것이다. 여기에 지역언론의 새로운 역할과 노력이 절실하다. 지방자치시대 지역언론은 주민들에게 공정하고 정확한 지역정보를 제공하여 지방자치를 활성화시키는 역할, 지방행정과 지방의회에 대해 감시 · 비판하는 역할, 그리고 지역사회에 자치문화를 배양하고 확산하는 중요한 역할을 수행해줘야 만 지방자치와 분권이 지역민들의 품속에 자리잡을 수 있기 때문이다.

chapter 07

지방자치와 남북교류

제1절 지방자치단체 남북교류의 중요성

남과 북의 교류와 협력은 남북관계를 안정적으로 유지시켜주면서 북한에 대한 우리의 영향력을 높여주는 수단이 된다. 교류와 협력이 분단 상태를 평화적으로 관리할 수 있게 만들며 국제사회에서 한반도 문제에 대한 남한의 영향력을 증대시켜주는 것이다. 남북교류협력사업의 가운데 대북지원사업의 경우에는 중앙정부, 지방자치단체, 민간단체가 주요 행위자이며, 그 가운데 중앙정부의 역할은 매우 크고 결정적이다. 즉, 중앙정부가 남북교류협력사업의 주체자로서 적극적으로 나설 경우, 지방자치단체의 남북교류협력사업 역시 활기를 띄게 된다. 그러나 대북강경정책 등으로 남북한간 교류협력사업을 중단시킬 경우, 지방자치단체의 남북교류협력사업 역시 위축될 수밖에 없다.

지방자치단체의 남북교류는 매우 중요한 의의를 함축하고 있는 것이다. 민간의 비공식적 교류에 비하여 다소 제도화에 기여할 수 있고, 또한 중앙정부의 공식적 교류에 비하여 상대적 유연성을 발휘할 수 있는 지방자치단체의 남북교류는 통일한국을 위한 교두보적 역할을 수행할 수 있다. 독일의 사례에서 보듯이 지방자치단체간 교류의 활성화는 상호 체제의 경직성을 완화하여 통일의 시기를 앞당길 뿐만 아니라 체제간 동질성 회복을 통해 통일이후의 문제발생을 최소화하는데 기여할 수도 있다.

지방자치단체의 남북교류는 분단한국의 통일달성이라는 기본목적을 그 근저에 깔고 있어 일반적인 지방자치단체 교류와는 몇가지 차별성을 가지고 있다는 것이다. 첫째, 지방자치단체 남북교류의 목적이 교류주체들의 상호 이익도모보다는 동질성 확보에 있다는 점이다. 일반적인 교류는 대체적으로 교류주체의 이익도모에 그 목적을 둠에 비하여 분단국의 통합전략의 일환에서 활용되는 상호교류는 경제적 이득에 우선하여 동질성의 확보에 일차적 목적을 두게 된다는 점이다. 둘째, 지방자치단체의 남북교류는 남북관계라는 큰 틀에 구속적이라는 점이다. 이러한 특성은 그동안 전개되어 온 남북한의 교류에서도 뚜렷이 나타나고 있는데, 전체적인 남북관계가 긴장되거나 주요 사안이 발생될 경우 이를 계기로 상호교류가 연기되거나 취소되는 사례가 빈발하였다. 분단국의 상호교류는 분단국의 거시적 상호관계구조와 밀접히 연관되어 있을 뿐 아니라, 이러한 거시적 구조에 의하여 직접적으로 영향을 받게 되는 종속변수에 불과하다는 것은 정치적 통합론에서 지적하는 기능주의적 통합론의 한계이기도 하다. 셋째, 지방자치단체의 남북교류는 교류분야의 제약이 수반된다는 점이다. 일반적 교류와 달리 분단국의 상호교류는 통합을 전제한 전략적 수단으로 활용되는 까닭에 통합을 저해하는 분야의 교류는 가급적 억제되거나 제외되는 경향이 많다. 이러한 분야의 대표적인 것이 정치분야이다. 분단국의 상호교류에서 정치분야를 제외하는 현실적 논리는 정치적 사안이란 매우 민감한 동시에 명분의 확보가 필요한 것으로 지속적 교류가 용이하지 않다는 것이다.

지방자치단체의 남북교류협력사업은 지난 1999년, 제주도가 북한에 감귤 4천여 톤을 보내면서 시작되었다. 곧이어 2000년 6 · 15 남북정상회담 이후 본격적으로 지방자치단체들이 대북지원사업에 나서면서 지방자치단체 주도의 남북교류협력사업이 본격적으로 시행되기 시작했다. 그러나 지난 2009년 천안함 및 연평도 피격 후 단행된 5 · 24조치로 인해 사실상 전면 중단된 상태이다. 그러나, 지방자치단체장의 의지에 따라 중앙정부의 정책과는 상관없이 남북교류협력사업의 추진이 활발하게 진행된 바 있다. 인천광역시, 광주광역시, 강원도 및 경상남도는 2010년 민선 5기부터 다양한 측면에서 남북교류협력사업을 추진하고 있다. 이는 일부 지자체인 대구광역시와 경기도가 인도적 대북지원사업 위주의 남북교류협력사업을 추진했던 것과 확실히 구별된다. 특히, 지방자치제도가 공고화되면서 각 단체장의 정치이념에 따라 지방자치단체의 정책결정이 달라지고 있다는 점을 시사한다.

지방자치단체의 남북교류협력사업의 참여는 중 · 장기적으로 북한의 행정현대화에 기여할 것으로 보여 완전한 통일국가 형성과정에서 비용을 크게 줄여들 것으로 보인다. 또한 통일 이후 지방자치의 실시와 지역통합을 위한 중요한 경험이 될 수도 있다. 통일 이후 남북한 간 지역 갈등이 존재할 수 있음을 고려할 때 사전적인 교류작업의 추진은 통일 이후 지역간 초래될 많은 갈등해소 비용을 사전에 줄일 수 있다는 점에서 매우 의미 있는 작업이라 할 수 있다.

제2절 남북교류의 실태와 특징

지금까지는 소수 지방자치단체의 사업만이 직접 북한측과 접촉을 갖는 성과를 거두었다. 그럼에도 불구하고 지방자치단체의 남북교류는 추진사례에 비하여 행정자치부의 사업승인 허가나 북한측과 직접접촉 성사가 전반적으로 저조하다. 이는 지방자치단체의 남북교류 추진절차의 각 단계에 내재하고 있는 여러 가지 문제점들에 기인하는 것으로 간주된다. 남북교류를 추진하였거나 또는 계획하고 있는 지방자치단체들이 직면하고 있는 문제점들 중 대표적인 것들은 정보부족, 예산부족, 절차의 복잡성, 중앙정부의 지원 미흡, 대북

접촉창구의 부재 및 북한의 신뢰성 부족 등으로 나타나고 있다. 이 외에도 시민의 공감대 부족, 신변안전 불확실, 사전심사의 엄격, 전문가의 부재, 접촉비용의 과다, 상호왕래의 부자유, 북한의 개방의지 부족 및 남북교류사업의 성공 불투명 등이 문제점으로 지적되고 있다. 결국, 지난 기간 지방자치단체에서 추진한 남북간 교류는 소기의 성과를 달성하지 못하였다. 지방자치단체가 직접 남북교류를 추진한 그동안의 경험이 없었고, 이에 따라 정보부족을 비롯한 여러 가지 문제점들이 저해요인으로 작용하면서 추진사례나 기대에 부응하는 성과를 보이지 못했기 때문이다. 따라서, 지방자치단체의 남북교류가 남북통일에 유용한 전략적 수단으로 활용되기 위해서는 몇 가지 측면에서 개선노력이 수반되어야 한다.

지금까지 일부 자치단체들이 일회적 · 이벤트적 · 민간단체 의존적 사업을 추진해왔다면, 이제는 전략적이고 목표지향적이며, 자기 주도성 목적성 주도 아래 사업을 펼쳐야 한다. 그러기 위해선 첫째, 어떤 상황에서도 북한이 받아들일 수밖에 없고, 둘째, 시민 또한 광범위하게 동의할 수 있으며, 셋째, 각 지자체의 장점과 특징을 나타내는 전략적 아이템의 개발이 무엇보다 요구된다. 성공적인 남북교류협력사업을 이끌어 낼만한 교류아이템 개발이 요구된다는 것이다. 해당 지방자치단체는 모든 남북교류협력사업의 추진여부를 결정함에 있어 고려해야 할 점은 다음과 같다. 첫째, 사업의 지속적인 확장가능성 및 사업추진의 안정성을 최우선적으로 고려하여야 한다. 둘째, 남북교류협력사업의 최종 소비자 혹은 이득자는 해당 지방자치단체의 주민이 되어야 할 것이다. 셋째, 투명성의 확보이다. 넷째, 중앙정부와 지방자치단체간 긴밀한 협력체계를 구축하는 것이다. 다섯째, 공식적인 대북접촉창구를 만드는 것이다.

현재까지의 대북 인도적지원사업 위주로 진행되어왔던 남북교류협력사업을 북한에 대한 개발지원 형태로 바꾸어 진행해야 한다는 주장도 참고해야 한다. 남북교류협력사업의 미래를 생각한다면 단순한 구호적, 일회성 사업의 시행으로는 한계가 있으며, 북한 개발지원으로 남북교류협력사업을 재편해야 한다는 것이다. 이는 현재의 남북교류협력사업을 규정하고 있는 법·제도의 틀 안에서 충분히 가능하며, 실질적 통일 준비 과정이라는 점에서 주민들의 동의를 얻는 과정도 훨씬 수월할 것이다.

제3절 남북교류의 활성화 전략

현재 지방자치단체들이 직면하고 있는 문제점들을 개선하기 위해서는 두 가지 측면에서 접근할 필요가 있다. 하나는 지방자치단체의 내부적 운영을 효율화하는 것이고, 다른 하나는 외부적 지원체계를 강화하는 것이다. 이는 지방자치단체 남북교류의 추진과정이 해당 지방자치단체뿐만 아니라 행정자치부 및 통일부의 관련절차를 거쳐야 하는 까닭에 지방자치단체 내부 또는 외부의 어느 부분의 개선만으로는 효율화를 도모하기 어렵기 때문이다. 지방자치단체의 내부적 운영의 효율화를 제고하기 위해서는 다음의 세 가지 요인들에 대한 검토가 필요할 것이다. 우선 남북교류전략을 체계화할 필요가 있다. 이를 위해서는 교류분야에 있어서 단계적이고 점진적인 확대가 이루어져야 하고, 교류목적에 있어서 각 단계별 차별화가 도모되어야 하며, 교류방법에 있어서 다양화가 강구되어야 할 것이다. 다음으로는 교류대상사업 및 대상기관의 적정화가 도모되어야 한다. 교류대상사업은 교류주체나 대북지원의 정도 및 지역의 특성 등을 고려하여 해당 지방자치단체가 효과적 추진할 수 있는가를 판단하여 선정하는 것이 필요하다. 그리고 교류대상기관은 행정계층단위나 도시기능, 문화예술, 경제기술의 관련요인 등의 유사성을 고려하여 적정 대상단체를 선정하는 노력이 수반되어야 한다. 그리고, 남북교류를 위한 추진체계 역시 확고히 구축될 필요가 있다. 즉, 지역내의 합의를 도출할 수 있는 법제적 근거를 마련하고, 계획수립의 체계화를 도모하며, 남북교류사업을 전담추진할 수 있는 기구를 확충하고, 관련재원의 충분한 확보가 이루어져야 할 것이다. 한편, 효과적인 남북교류협력사업의 시행을 위해 법·제도적 변화가 필요하다. 먼저 「남북교류협력에 관한 법률」의 개정이 필요하다. 현재 지방자치단체의 남북교류협력사업은 「남북교류협력에 관한 법률」에 바탕을 두고 있으나, 현행 법체계는 사업 추진과정과 현실적으로 많은 괴리가 있다. 아울러 국가보안법에 대한 손질도 필요하다. 남북교류협력사업을 규제하고 있는 제반 법령들이 국가보안법과 상충되는 부분들이 상당수 존재하고 있다. 또한 지방자치단체가 독자적으로 북한과 접촉하고 개발지원을 추진할 수 있도록 법률이 개정될 필요가 있다. 또한 지방자치단체에 대한 남북교류협력기금의 지원이 필요하다. 지방자치단체의 자치법규 역시 많은 보완·발전이 필요하다. 현재 각 지방자치단체들이 제정한 남북교류협력사업 관련 자치법규는 대북 인도적 지원 사업 등 단순한 교류협력의 범주를 벗어나지 못하고 있다. 특히, 북한에 대한 개발지원 조례를 별도로 제정하는 작업의 필요성도 검토해 보아야 한다. 아니면 현재의 조례 등을 개정하여 개발지원에 맞도록 세부적인 내용들을 대폭 수정할 필요도 있다. 그리고 현재 유명무실화 되어 있는 '지자체남북교류실무협의회'의 활성화가 시급하다. 남북교류협력사업을 위한 전담 기구 및 인원의 설치 역시 시급한 과제이다. 지방자치단체의 특성과 능력에 맞는 사업을 발굴하고, 북한에 대한 정확한 정보에 입각하여 일회성 사업보다는 지속성 있는 사업 계획을 수립하고 추진하는 것은 지방자치단체 내의 조직정비 및 인력확충과도 밀접한 연관이 있다. 마지막으로, 남북교류에서 지방자치단체가 가장 애로를 많이 겪고 있는 정보 및 재정에 관한 중앙정부의 적극적 지원이 이루어져야 한다. 이를 위해서는 행정자치부가 북한에 관련된 정보를 총괄관리 및 공급하는 전담기구를 설치하여 지방자치단체의 정보요구에 탄력적으로 대응하는 한편, 현행의 남북협력기금과 별도의 재정지원프로그램을 설치 운영함으로써 재정지원을 강화하는 노력을 기울여야 할 것으로 판단된다.

요약컨대, 앞으로 지방자치단체는 중앙정부 및 민간단체와의 협력체계를 공고히 구축하고, 주민의 참여를 보장하면서 남북교류협력사업을 주도적으로 추진해야 할 것이다. 지방자치단체는 남북교류협력사업의 추진을 통해 남북관계 발전 및 통일기반 조성에 크게 기여할 것이 틀림없다.

chapter 08

지방자치와 내향적 국제화

제1절 지방자치와 내향적 국제화

21세기 세계는 국제화라는 시대적 흐름속에서 자원, 경제, 예술, 문화 등 거의 모든 분야에서 국경의 의미가 상실되어가고 있다. 즉 세계 각국은 자국의 이익을 위해 눈에 보이지 않는 경쟁과 협력관계를 형성해 나가야 할 시대적 요청을 받고 있는 것이다.

특히 국제화의 성격이 지금까지 국가대 국가와의 관계, 즉 중앙정부 상호간의 국제관계가 외교, 안보, 금융 등 특수한 분야를 제외하고는 점차 지방자치단체간, 기업간, 개인 등으로 세분화되어 긴밀하게 협력하는 새로운 국제관계 형태로 변화되어 가고 있다. 이로 인해 최근 지방자치단체가 국제화의 주역으로 등장하고 있으며, 이른바 지방의 역할과 기능이 더욱 커져가는 '지방의 국제화' 시대가 되고 있다. 이제 지방의 국제화 전략은 생존전략일 뿐만 아니라 한 지역 더 나아가 한 국가의 경쟁력을 강화시키는 발전전략이라 할 수 있다.

국제화는 크게 내향적(內向的) 국제화와 외향적(外向的) 국제화로 나뉜다. 이 중에서 국제교류와 국제통상은 외향적 국제화의 전형이며 지금까지 우리 사회는 주로 외향적인 국제화에 관심을 기울여 왔다. 그럼에도 불구하고 지방자치단체의 외향적 국제화는 세방화 및 국제화의 개념과 범위, 정책과 사업체계, 예산과 조직, 민간교류 지원분야 등에서 여전히 개선이 필요한 것으로 평가된다.

이와 같이 외향적 국제화 성과가 부족한 현실속에서 내향적 국제화에 관심을 기울일 여유가 부족하기 때문에 내향적 국제화 역시 한계를 가질 수 밖에 없었다. 게다가 자치단체의 외향적, 내향적 국제교류를 공통적으로 제약하는 요인으로 심각하게 나타난 예산, 전문 인력, 정보의 부족을 계속 극복하지 못해왔다. 그 외에도 광역과 기초자치단체간, 그리고 각 단체간 국제화의 조직과 재원, 성과면에 있어서 그 격차도 크게 나타났다. 이러한 현상이 국제통상과 교류중심의 외향적 국제화는 물론, 외국인대책을 포함한 내향적 국제화를 더디게 하는 장애요인으로 작용하고 있는 것이다.

결국, 자치단체의 외국인을 위한 정책은 기본적인 외국인대책을 비롯하여 다문화 공생이라는 신개념을 포함하는 내향적 국제화로 체계화되어야 한다는 것이 지금까지의 교훈이다. 이를 위해 앞으로 지방자치단체는 외향적 국제화 중심에서 외향적 국제화와 내향적 국제화를 아우르는 포괄적 국제화로 패러다임을 근본적으로 전환해야 한다. 현재는 통상협력에 초점을 두고 있지만 향후에는 통상협력과 더불어 주한외국인 생활편의 등 내향적 국제화가 보다 진전돼야 함을 의미한다.

제2절 내향적 국제화의 실태

1. 다문화사회의 급진전

국내 체류 외국인 수가 통계 집계 이후 처음으로 200만명을 넘어섰다. 법무부에 따르면, 2016년 6월 기준 국내 체류 외국인 수는 200만 1,828명으로 집계됐다. 이는 우리나라 전체인구의 3.9%에 해당하는 수치다. 2001년 50만명, 2007년 100만명을 돌파한 이래 9년만에 두배 이상 증가한 것이다. 이러한 추세가 지속될 경우 2021년 체류 외국인 수는 300만명을 넘어설 것으로 보고 있다. 2021년 우리나라 인구(통계청 추계 5,156만 6,389명) 대비 외국인 비중이 5.8%로 OECD 평균 5.7%를 웃돌 것으로 전망함으로써 우리 사회는 다문화사회로 급속히 진전되고 있음을 알 수 있다.

체류 외국인을 국적별로 보면, 중국인이 50.6%로 가장 많은 비중을 차지했고, 그 뒤를 미국(7.8%), 베트남(7.2%), 태국(4.6%), 필리핀(2.7%) 순으로 잇고 있다. 체류 외국인 중 91일 이상 국내에 거주하는 장기체류 외국인은 148만 1,603명으로 집계됐다. 그 증가의 원인으로는 중국인의 체류자 증가, 취업외국인 증가, 결혼이민자 증가, 외국인 유학생 증가 등으로 분석되고 있다.

실제로 국내 취업 외국인은 2000년 2만 538명에서 2016년 현재 60만 8,867명으로 약 30배 가까이 늘어난 것으로 조사됐다. 고용허가제, 방문취업 도입 등으로 단순기능 인력이 늘어난 것이 그 요인이다. 결혼이민자 수는 2001년 2만 5,182명에서 2016년 15만 1,820명으로 늘어나서 우리나라에서 결혼하는 10쌍 가운데 1쌍은 외국인과 결혼하는 것으로 보인다. 국가별로는 중국(37.9%), 베트남(27.2%), 일본(8.5%) 순으로 많았다. 체류 외국인 중 불법체류자 비중은 2000년 41.8%에서 2015년 13.4%로 감소한 것으로 나타났다.

2. 지방자치단체 내향적 국제화 사업의 현황

행정자치부에서는 업무지침('06.8)과 표준조례안('06.10) 시달, 업무편람('07.2) 발간 및 담당자 순회교육('07.5) 등으로 지자체의 외국인주민 업무추진 체제구축과 지원 프로그램 개발 · 보급에 나름대로 노력하였다. 즉 외국인주민의 지역사회 참여 확대를 위하여 기존에 부여된 선거권, 주민투표권, 주민소환권 등과 함께 이들에게 인정되지 않고 있는 주민소송권, 주민감사청구권 등의 지방참정권을 부여한 바 있다. 아울러, 지자체 공무원 및 지역주민을 대상으로 다문화교육을 강화하고, 자매결연, 문화 · 체육행사 등 지역주민과의 공동활동을 유도해 나감으로써 지역사회의 다문화 커뮤니티 조기 구축을 지속하고 있다.

국내 지방자치단체의 내향적 국제화 사업으로는 다음과 같은 대표적 사업들이 있다. 첫째 국내 상주하는 외국인이나 방문 외국인의 한국생활을 돕는 안내자의 역할이다. 각족 표지판을 영문화 하거나 외국인을 위한 안내 책자나 안내 유인물을 만들어 외국인들에게 편의를 돕는 일이다.

둘째는 다문화시대에 대한 대응으로 외국인 근로자나 국제이주자(결혼이민자나 그 가족)들을 위한 복지지원사업이다. 서울시 성동구, 경기도 남양주시, 경기도 안산시 등이 외국인근로자지원센터를 설립하고 종합적인 지원사업을 하고 있다.

셋째는 주민들의 국제화 역량과 교양수준을 높여가는 일이다. 대표적으로 경기도의 영어마을 사업과 같은 청소년 영어교육과 국제 이해 교육활동이 그 사례가 된다.

넷째는 서울, 인천, 대전, 대구, 광주와 같이 외국인 종합지원센터나 국제교류센터 설립하는 일이다. 이런 기관을 재단형식으로 설립해서 거주, 교통, 교육, 의료 등의 한국생활에 필요한 각종 정보를 제공하고 한국어, 한국문화 학습과정을 열고, 외국인들의 각종 모임의 장을 제공하고 있다.

다섯째는 지역 내 자연환경 문화 유적지를 국제화시키는 일이다. 자연 문화 유적지를 국제적 수준으로 정리하고 다듬어 세계문화유산으로 등록하거나 외국관광객을 유치하는 사업이다. 서울시, 경주시, 수원시, 전주시 등이 고궁이나 성곽 그리고 전통 한옥마을을 문화유산으로 등록하고 국제적인 관광지화 하고 있다.

이상의 내향적 국제화 사업들의 그간 성과를 평가해 볼 때, 지방자치단체의 국제화는 지난 20여년간 급속한 발전에도 불구하고, 국제화의 개념과 범위, 추진주체, 정책과 사업체계, 예산과 조직, 민간교류 지원분야에서 모두 전폭적인 개선이 필요한 실정이다.

지방자치단체가 외향적, 내향적 국제화를 내실있게 추진하기 위해서는 국제화추진시책의 종합적인 기획과 조정, 국제화에 대응한 지역만들기, 상호이해와 문화교류를 심화하기 위한 시책추진, 지역의 국제화에 관한 조사연구를 실시해야 한다. 현재 중앙과 지방을 불문하고 지자체의 국제화는 외국인투자유치, 지역경제 활성화, 국제교류의 확대에 중점을 두고 있으며, 외국인대책 수준에 머물러있는 내향적 국제화정책 역시 크게 미흡한 수준이다.

특히 외국인과 외국인 자녀를 위한 교육정책과 복지정책, 주민으로서 외국인, 외국인 참정권 도입은 중앙정부의 적극적인 의지가 필수적이나 아직 정착되지 않고 있다.

지방자치단체의 대표적인 외국인대책조차도 적지않은 문제점을 안고 있다. 서울시의 경우, 아직까지 통상진흥과 투자유치 위주로 진정한 내향적 국제화를 지향하는 외국인대책이라 말하기 어렵다. 대전광역시, 경기도 안산시와 서울시 성동구는 별도기구를 설치하여 비교적 체계적인 외국인대책을 실시하고 있는 것으로 보이지만, 예산이나 인력, 시설면에서 역부족인 현실이다. 앞으로 지역주민의 국제화의식 제고, 제도와 관행의 국제화를 지향하는 다문화공생사회로 나아가기 위하여 더 많은 노력이 요구된다고 볼 수 있다.

또한, 현재 17개시도 광역단체는 대부분 국제통상 위주로 조직이 짜여있어서 외국인대책과 내향적 국제화가 그리 중요한 관심사가 아니다. 또한 기초단체에서는 대부분 인식부족이거나 예산과 인력부족으로 기본적인 외국인대책조차 엄두도 못내고 있는 형편이다. 그나마 몇군데 광역과 기초단체를 중심으로 서울시 성동구의 외국인종합대책, 서울외국인종합지원센터 개소, 경기도 안산시 외국인센터 조례제정과 전담부서설치는 최근들어 지방자치단체의 관심이 높아지고 있다는 것을 말해준다. 이런 상황에서 전국적으로 지방도시에서 외국어 안내책자, 한글교실 개설, 외국인을 위한 프로그램을 만들기 시작한 것은 다행이라고 하지 않을 수 없다.

제3절 내향적 국제화 대책과 역할

1. 내향적 국제화의 전개

돌이켜 보면, 1995년 김영삼정부의 세계화선언은 신자유주의하 무한경쟁 속에서 한국경제의 자생력을 키우기 위한 전략이었다. 당시 개발도상국에 머물러 있던 국민국가가 선진국으로 진입하는 것이 가장 중요한 국책상의 목표이었지만, 외국인대책과 다문화현상은 정책범위내에 들어오지 못했다. 이에 따라 지자체에서는 국제통상과 국제교류라는 외향적인 국제화에 치중한 나머지, 다문화수용과 외국인과의 공존을 지향하면서 지역주민의 국제화의식을 심화할 내향적 국제화정책은 전무한 것이 현실이었다.

실제로 지방자치단체의 외국인대책 부재와 내향적 국제화에 대한 낮은 인지도는 학술적인 연구성과의 부족과 맞물려 이론과 현실면에서 열악한 상태에 머물러 왔다. 말하자면, 외국인의 급격한 증가에도 불구하고 지자체들의 정책적 대응은 부족했고, 내향적 국제화의 개념과 의미, 정책안과 시책프로그램이 제대로 인식되고 있지 못한 현실이다. 외국인대책이 관내 외국인을 위한 소프트, 하드시설의 정비라고 한다면, 내향적 국제화는 국제화의 이념체계를 기본으로 제도와 관행의 범지구적인 보편성, 지역주민의 국제화의식 제고, 다문화 공생사회의 실현을 포함하고 있다.

세계화 선언은 궁극적으로 지방정부의 경쟁력강화를 목표로 해야 했다. 국가나 중앙이 모든 것을 결정하고 지방은 단순히 사무를 집행하는 상호 수직통제의 개념에 묶여 있는 한, 지방의 활력은 기대할 수 없고 지방간의 경쟁이 일어날 리 만무하다. 유명무실화 된 지방자치는 지방에서 숨쉬고 자라는 역동적인 잠재력을 불러 일으켜 세계화시대에서 살아 남을 수 있는 강한 지방정부를 육성하지 못한다. 이를 극복하기 위해서는 지방정부에 자율성이 주어지고 선의의 경쟁을 통하여 국가의 하부구조를 튼튼히 할 것이 요구된다.

그러나, 그동안 한국 정부의 세계화, 지방화 인식이 주로 단편적인 국가경쟁력강화의 측면에 기반하고 있었다는 점을 부인할 수 없다. 따라서, 내향적 국제화는 최근까지 중요한 시책으로 인식되지 못했다. 일본의 경우 내향적 국제화는 국제화의 양대 축가운데 하나로서 등장한 반면, 한국지자체의 내향적 국제화는 거의 주목을 끌지 못하였으며, 외향적 국제화의 성과에 비하여 뒤처질 수 밖에 없었다.

2. 외국인 대책과 내향적 국제화

외국인대책은 기본적으로 지역주민으로서 시민권 보장, 인권과 평화개념에서 출발해야 할 것임은 두말할 나위가 없다. 다문화정책은 시민권보호에 기반한 외국인대책이 만들어져 정착된 후 다음 단계라 할 수 있다. 내향적 국제화는 두가지 정책을 포함하여 지역주민의 의식과 생활양식, 제도관행이 보다 지구적이고 보편성을 지닌 단계로 진입하는 것을 뜻한다. 마이클 슈만(Michael Shuman)에 따르면 내향적 국제화란 "지역사회내부에 있어서 국제사회에의 대응을 의미하며, 지방정부 국제활동의 전제가 되는 열린 지역사회의 형성" 을 의미한다.

외국인대책의 기본은 외국인을 주민으로 인식하는 것이며 여기서 비로소 내향적 국제화가 시작될 수 있다. 한국의 지자체는 지금까지 국민과 주민을 동일시하는 의제를 철폐하지 못하고 정주외국인과 외국인노동자를 불문하고 주로 관리대상으로 다루어 왔다. 지방자치법 12조는 주민(住民)을 '시군구의 구역내에 주소를 두고 있는자' 로 정의하고 있으며, 13조 1항에서 주민은 '지방자치단체의 재산과 공공시설을 이용할 권리와 행정서비스를 받을 권리를 지닌다' 고 규정하고 있다. 따라서 지역주민으로서 외국인은 지역내에서 생활하는 한 안전과 건강, 복지를 향유할 권리를 지니고 있다. 늦게나마 2006년들어 행정자치부도 거주외국인을 주민으로 인정할 것을 발표한 바 있다.

한국의 외국인대책과 다문화공존은 최근들어 많은 주목을 끌고 있다. 행정자치부와 법무부를 비롯한 중앙정부, 매스컴과 시민단체가 외국인노동자와 결혼이민자가 겪는 어려움에 대한 관심이 높아지고 있는 점, 교육인적자원부와 여성가족부에서 결혼이주나자 그 자녀들에 대한 관심이 높아지고 있는 점, 문화관광부에서 약 6백만 명에 이르는 외국관광객을 유치하여 지방홍보와 수입증가를 모색하고 있으며, 산업자원부와 건설교통부에서 자유무역지대 구상에서 투자유치를 위한 외국인학교 설립 등을 추진하고 있는 점 등은 외국인대책과 다문화정책에 우호적인 국내 정책환경을 의미한다. 광역단체, 시군구별로 거주외국인에 대한 관심이 높아진 점 또한 매우 바람직한 현상으로 보인다.

모범적인 사례로서 제주시는 결혼이민자의 출산, 육아문제를 해결해주기 위한 체계적인 교육프로그램을 제공하고 있다. 경기도의 경우 외국인근로자 자녀 특별학급을 설치하거나 전북도교육청은 국제결혼가정에 도움을 주는 교육전담팀을 구성하는 등, 광역시도마다 다문화가정 지원사업을 전개하고 있다.

현재 수준에서는 외국인노동자나 다문화가정에 대한 편견과 차별폐지가 가장 중요하며, 다문화교육은 통일이후 다양한 민족, 인종, 문화가 더불어 살아가는 밑그림이 되어야 함은 두말할 나위가 없다. 한국문화와 언어강요는 적응과 정착에 도움 될 것은 분명하나 동시에 새로운 인종차별이라는 부정적 측면을 생산해 낼 우려가 있으므로 순문화, 혼문화, 다문화의 중첩적인 공존 가능성을 모색해 나가야 한다.

따라서, 한국의 내향적 국제화 모델로는 다문화정책으로 발전과정을 참조하면서 단계별로, 정책방침과 기조, 정책내용과 대상을 정리하고 이에 따라 중앙정부가 선도하는 외국인대책을 입안, 정착시켜 나가고 이를 각 지자체에 파급시켜나가는 방향이 바람직하다. 먼저 외국인수용과 실태파악, 다음에 외국인대책과 기본권보장 마지막으로 다문화정책과 다문화공존으로 발전시켜 나갈 필요가 있다. 전체적인 개념상 국민국가에서 외국인의 시민권 보장에로, 더 나아가 이주, 정주민의 사회융합과 다양성을 보장하는 단계로 나아가야 할 것이다.

제4절 외국의 정책사례

1. 미국 뉴욕의 다문화 정책

뉴욕시의 통계에 의하면 뉴욕시의 인구는 855만(2015.12)명 이고, 이중 외국에서 출생한 사람이 36%인 2백92만8천명을 차지하고 있다. 이렇게 다양한 민족이 공존하는 뉴욕, 즉 뉴욕주와 뉴욕시는 이들 외국인의 생활에 불편함을 없애주기 위해 노력을 경주하고 있다.

주요 내용을 보면 첫째, 의료시설 통 · 번역 서비스 의무화이다. 누구에게나 몸이 아픈 것은 큰 고통이다. 특히나 이국 생활에서 아파도 언어의 벽을 넘지 못해 적절한 치료를 못 받는 다면 이는 더한 고통일 것이다. 이러한 고통을 들어주기 위해 뉴욕주에서는 영어를 못하는 환자가 병원을 방문할 경우, 환자를 위한 통역은 물론 처방전 등에 대한 번역서비스를 의무화 했다.

둘째, 민원 다국어 서비스를 제공하고 있다. 뉴욕시에 거주하는 외국인이 많은 만큼 뉴욕시는 이들에게 뉴욕의 생활이 보다 많은 정보를 주기 위해 다국어 서비스를 아끼지 않고 있다. 물론 전 언어로는 아니지만 뉴욕시에 거주하는 외국인의 분포를 감안하여 실시하고 있다. 또한, 뉴욕시 정부는 연방정부 및 주정부, 시정부 사회보장 프로그램을 간편하게 신청할 수 있는 온라인

서비스 '엑세스 뉴욕시(Access NYC)'를 운용 중에 있다.

셋째, 인종차별 입주자 선정 금지를 지키고 있다. 뉴욕주 웨스트 세네카 소재 로얄 로크 갈든스 아파트 회사는 임대사업을 하면서 백인들의 입주를 선호했다는 이유로 연방법원으로부터 2만 5천달러의 벌금형을 판결했다. 뉴욕주 검찰은 뉴욕주는 연방법, 주법, 시법에 의해 주택 임대시 인종, 피부색, 종교, 성별, 장애, 가정상태, 출신국가, 연령 등에 따라 차별할 수 없으며, 뉴욕시의 경우 뉴욕시 인권법에 의해 임대시 합법적인 직업 여부, 시민권 소지 여부 등을 묻지 못하도록 하고 있다.

2. 캐나다의 다문화주의 정책

캐나다는 국가차원에서 인권존중의 다문화주의 정책을 적극적으로 펼쳐 시너지 효과를 거둔 모자이크 국가의 대표적 성공 사례로 뽑힌다. 이 나라는 1971년에 다문화주의를 국가로 표방했다. 2001년 유엔 세계인종차별철폐회의 이후에는 한해 1천억 원 이상의 예산을 투입하면서 '인정'과 '차별철폐'를 위한 캠페인 전개해서 소수민족 문화유산의 달 제정, 청소년교육, 민족통계 수시 업데이트 프로그램 구축 등 다양한 정책을 펴고 있다.

물론 캐나다의 에스닉 집단은 30여개가 넘고, 영국계와 프랑스계가 갈등과 경쟁관계를 유지해왔다는 점에서 우리와 사정이 다르기는 하다. 그러나 다문화주의 전담부서가 지속적으로 사회통합을 유도하는 것, 피부색과 언어 등의 피상적 차이가 차별로 이어지지 않도록 미래를 고려한 정책적 투자를 적극적으로 실시하는 것은 벤치마킹할만 한 사례다. 시간과 공간을 넘나들며 갈수록 좁아지는 세계화시대에 '차이의 평화로운 공존'과 '사회적 창조성의 극대화'를 통한 다문화주의를 정립하는 것은 모든 국가의 치열한 생존전략이 될 수 밖에 없을 것이기 때문이다.

3. 일본의 '다문화 공생' 추진 계획

일본의 외국인 등록자수는 2015년 말 현재 220여만명으로 전체 인구의 5%를 넘어섰다. 노동력으로서 외국인을 받아들일 것인가, 억제할 것인가를 고민하는 것도 우리와 비슷하다. 그동안 일본 정부 역시 이에 대한 언급을 피해왔다. 하지만 총무성에서는 전국 지자체에 '다문화 공생 추진 계획' 을 전달하고 이를 시행하도록 했다.

국가 차원에서 다문화 공생의 추진을 중요 정책과제로 채택한 것은 처음있는 일이다. 우리처럼 비이민국인 일본에서도 획기적인 일로 받아들여지고 있다. 이는 그간의 소극적인 지자체 단위의 외국인 '지원'에서 한발 더 나아가 외국인을 지역의 주민으로 '인정' 하자는 취지를 담고 있다. 국제교류 차원이 아니라 지역사회 구성원으로 받아들이고 그에 따른 종합적인 생활지원을 통해 사회참여를 적극 유도하는 방안이다. 다시 말해 다문화 공생의 시책은 외국인들의 인권과 고유한 문화, 가치관 등을 존중하고 이해하겠다는 적극적인 노력인 셈이다. 이를 통해 안심하고 풍요로운 지역사회를 함께 만들어가자는 뜻으로 이해할 수 있다.

오츠시 등 일본 지자체의 프로그램을 보면 국내 지자체에서 진행되고 있는 외국인 지원 프로그램과 별반 다르지 않다. 하지만 단순히 겉으로 드러나는 사항의 비교 우위로 접근해서는 곤란하다. 일본은 외국인 근로자 문제를 비롯한 외국인 문제에 대해 우리보다 앞서 갈등하고 고민해 왔다. 때문에 일본의 내향적 국제화의 큰 흐름을 주목할 필요가 있다. 외국인을 지원하고, 외국인이 적응하도록 돕는 것은 초창기의 내향적 국제화다. 한국 교실로 우리의 글을 가르치고 문화 탐방으로 우리의 문화에 적응하도록 하는 사업이다.

오츠시나 일본 지자체들이 시도하는 다문화 공생 추진 계획은 그 다음 단계에 해당한다. 지역사회가 그들이 가진 문화를 이해하고자 노력하겠다는 의미다. 이는 이제 막 외국인 근로자나 이주 여성에 대한 지원이 본격화되고 있는 우리에게도 많은 교훈을 남긴다.

4. 호주의 다문화 정책

호주는 1978년 다문화주의를 공식적인 정부정책으로 채택한 뒤 이민자나 난민을 체계적으로 지원하고 있다. 호주의 인구는 약 2천만 명, 이 중 43%가 외국에서 태어났거나 부모 중 1명이 외국 출신이다. 또 2백여 개의 소수민족이 백여 개의 언어를 사용한다.

막 이민 온 사람들을 위한 정착지원 서비스 예산은 연방정부가 제공한다. 주정부는 호주 사회에 뿌리를 내린 사람의 훈련과 교육을 지원한다. 예산은 3개월마다 지급하고 매년 감사받은 자료를 정부에 제출해야 한다. 이주민지원센터(Migration Resource Center)는 이민자가 처음 호주에 와서 겪는 여러 문제에 대한 상담 및 서비스를 맡는다. 다양한 소수인종 커뮤니티는 이곳에 모여 호주 생활에 필요한 정보를 공유하고 친목을 다진다.

다문화가정 청소년을 위한 지원프로그램에서 눈길을 끈 것은 멘터링의 활성화다. 멜버른에 위치한 다문화가정 청소년 지원센터인 CMYI는 2년 프로젝트로 멘터링 서비스를 한다. 이곳에서는 많은 청소년들이 멘터와의 만남을 통해 영어능력을 향상시키고 다양한 친교활동을 한다. 학교와 지역 센터는 영어에 익숙지 않은 이민자 자녀를 대상으로 집중영어프로그램을 운용한다. 외국인학생은 6개월이나 1년 수업을 받은뒤 학교에 정식 입학한다. 과학이나 수학 등 다른 과목도 영어로 들을 수 있어서 학교수업에 적응하는데 많은 도움이 된다.

5. 주요국의 다인종 · 다문화 정책모형

유입국 사회가 이민자를 통합하는 유형은 매우 다양하다. 선진 외국에서는 생산기능직 이주 노동자에 대해서는 차별배제모형을, 전문기술직 이민자에 대해서는 동화모형 또는 다문화모형을 적용하고있다. 선진 외국의 이민자 통합정책이 주는 교훈은 각 나라마다 처한 역사적 · 사회적 · 경제적 · 정치적 환경에 따라 제 각기 다른 이민자 통합정책을 펴고 있다는 점이다.

캐나다 · 오스트레일리아 · 스웨덴 · 미국은 이민자들의 문화적 정체성을 인정하고 그것을 제도적으로 보장하는 다문화모형을 추구하고 있으나, 프랑스 · 영국 · 독일 · 일본 · 대만은 이민자들이 자국사회에 조화롭게 동화될 수 있도록 언어 교육과 적응서비스 프로그램을 제공하고 있다. 이렇게 보면 선진 외국의 이민자 정책은 다문화모형과 동화모형으로 구분될 수 있는 것처럼 여겨진다. 그렇지만 그 차이만큼 유사성도 확연함을 강조할 필요가 있다. 그것은 유입국 사회에서 이민자들이 순조롭게 적응할 수 있도록 배려한다는 점인데, 문화적으로는 모든 나라가 다문화 정책을 견지한다고 할 수 있다.

문화는 높은 곳에서 낮은 곳으로 흐르는 것이 아니라, 서로에게 도움이 되는 방식으로 주고 받는 도구다. 즉, 문화는 쌍방향으로 소통되어야 한다. 주류사회의 성원들이 이민자를 받아들이려는 성의를 보여야 하고, 이민자도 그만큼의 성의와 노력을 보여야 한다. 다시 말해 쌍방적 적응이 필수불가결한 것이다. 결국 우리 사회도 주류사회와 이민자가 서로 상대방을 이해하고 배려하며 노력함으로써 보다 나은 선진 사회를 건설할 수 있을 것이다.

제5절 내향적 국제화의 방향과 과제

1. 내향적 국제화의 방향

앞으로 지방자치단체는 외향적 국제화와 내향적 국제화를 두개 축으로 하여 국제화정책을 수립해갈 필요가 있다. 외향적 국제화를 보다 강화시켜나가기 위해서도 반드시 내향적 국제화가 균형잡힌 상태에서 추진되어야 한다. 국제통상교류의 성과는 가시적인 세방화의 달성을 의미하기는 하지만, 지구적이고 보편적으로 통용될 수 있는 국제표준과 도덕, 인권과 민주주의, 그리고 열린 지방정부와 병행하면서 추진되어야 한다. 유럽도시에서 보여지는 다문화공생은 "외국인대책에서 다문화정책에로"(From minority to diversity) 전환되고 있으며, 더 나아가 후기 다문화주의(Post-multiculturalism)논의로까지 확산되고 있다.

국제화와 다문화공생의 확산은 이제 국가단위가 아닌 지방과 도시에서 일어나고 있다. 이에 대비하려면 자자체들은 외국인대책과 내향적 국제화의 정책목표를 외국인이 살기 좋은 지역환경의 정비, 지역주민의 국제화의식 제고, 다문화공생사회 실현으로 설정하고 구체적인 시책안을 단계별로 작성해 갈 필요가 있다. 외국인대책 가운데 행정서비스의 충실과 외국인 친화적인 지역만들기, 내향적 국제화의 정책체계내에 지역주민의 의식제고, 외국인주민의 참정권, 교육과 역사의 공유를 포함한 다문화공생사회의 모색 등이 포함되어야 한다. 외국인대책과 내향적 국제화의 체계적인 계획수립과 시책안의 착실한 실천을 위하여 한국 지자체들의 적극적인 의지와 노력이 요청되고 있다.

지방자치단체의 내향적 국제화 사업의 방향을 정리하여 제시하면 다음과 같다. 첫째, 우선은 외국인을 주민으로 받아 드리고 외국인이 살기 좋은 환경을 만드는 일이다. 외국인이 살기 좋은 환경을 만드는 일이 곧 외국인이 일하기 좋은 나라를 만드는 일이고 우리의 수준을 세계적인 수준(Global Standard)으로 높여 가는 일이 될 것이다. 지방자치단체는 관광, 비자, 교육, 취업, 주택, 의료, 방제, 복지, 투자지원, 직업교육, 한국어교육 등 우리가 한국인에게 제공하는 모든 행정 서비스를 거주 외국인에게도 똑같이 지원하고 외국인으로서 특별히 불편한 사항들에 대한 추가서비스도 해야 할 것이다.

둘째, 다문화시대에 대한 이해를 바탕으로 문화의 다양성(Diversity)을 인정하고 서로 다른 문화와 서로 다른 삶의 형태를 이해하고 인정해 주는 일이다. 특히 피부색이나 종교가 다른 저개발국에서 온 외국인들의 다른 문화를 이해하고 도와주어야 한다. 그들에게 우리 문화를 보여주고 가르쳐 주려고만 하지 말고 그들의 문화를 받아들이고 나누려는 자세를 가짐으로서 그들과 우리가 서로 다른 문화를 향유하면서도 더불어 살아가는 사회통합을 이루어 갈 수 있을 것이다.

셋째, 주민들 특히 청소년들의 국제 이해교육이 필요하다. 강좌를 통해 교육 할 수도 있겠지만 함께하는 문화행사나 축제를 통해 자연스럽게 서로 다른 문화를 이해 할 수 있으면 좋을 것이다. 각 지차제가 하는 각종 축제나 행사에 아예 외국인들의 코너를 만들어 그들의 음식문화나 자기나라 홍보박스를 운영하게 하는 것도 좋을 것이다.

넷째, 지자체별로 국제교류 전담부서를 만들거나 별도로 국제교류센터를 설립하는 일이다. 이 센터에 지자체의 국제화 사업을 전담시키고 이 센터는 각 부서와 협력관계를 가지며 지역의 국제화사업을 지원하게 하면 좋을 것이다. 그리고 거주 외국인은 이 센터를 통해 원-스톱 서비스(One-stop Service)를 받을 수 있다.

다섯째, 지역의 관련단체나 기관대표 그리고 거주 외국인이 함께 참여하는 「지역국제교류 위원회」를 구성하여 지자체 국제화 사업을 협의하여 사업을 전개하면 좋을 것이다. 즉 지역 국제화를 위한 거버넌스 체제를 갖추어 가는 일이다. 일본, 독일의 일부 지자체는 거주 외국인들로만 구성된 「외국인의 회」를 구성하여 운영기도 한다.

2. 지방자치단체의 외국인 대책

최근 우리나라 각 지방자치단체도 경쟁적으로 지역 내에 거주하는 외국인들을 위한 다양한 서비스를 제공하고 있다. 외국인도 내국인과 같이 아무런

불편이 없이 살 수 있는 열린 지역사회를 건설하기 위해서는 외국인도 국적에 관계없이 '지구동포'로서 같이 공존하는 지역을 만들어야 하기 때문이다.

이를 위한 대책을 몇 개의 범주로 나누어 살펴보면 첫째, 통과형 외국인에 대한 대책으로써 잠시 체류하거나 방문하는 외국인을 위한 대책이 마련되어야 한다. 주요 공공시설, 교통기관, 도로 등에는 외국어로 안내판을 설치해야 하고 도시계획 등 각종의 개발계획을 수립할 때에는 외국인에 대한 배려를 함으로써 국제적으로 열린 지역사회를 건설해야 한다.

둘째, 장기 체류형 외국인에 대한 대책이다. 지방자치단체에 외국어능력을 겸비한 직원의 배치 등으로 창구서비스를 충실히 하고, 외국인 상담코너를 개설하여 일상생활상의 습관 등과 관련된 생활상담서비스를 제공하여야 한다. 외국인을 위한 홍보자료의 작성, 외국어로 표시된 지도의 배부 및 기타의 행정정보 제공체제도 정비할 필요가 있다. 즉, 외국인 등록에서 시작되는 창구의 대응방법, 외국인의 취업노동기준, 도로표지의 외국어 표시, 외국인용 정보센터 설치, 외국인용 한국어 학습 등이 지방자치단체의 시책으로 추진되어야 한다.

셋째, 민관의 협력시스템을 통한 공존의 실천이다. 지역차원에서 국제교류를 추진함에 있어서 처음에는 정보, 조직, 인재, 자금 등의 제약상 지방자치단체가 선도적 기능을 담당할 수 밖에 없다. 그러나 장기적으로 볼 때 국제교류사업 등은 민간부문 주도형으로 전환되지 않으면 안된다. 따라서, 우선 당장에 지방자치단체가 국제교류사업을 추진해 나가면서도 국제교류활동을 수행할 각종 단체를 조직화, 육성해 나가는 것이 긴요한 과제라 할 수 있다. 넷째, 국제화 기반의 확충이다. 지방자치단체는 지역주민과 외국인들이 자유롭게 왕래하고, 지역 내·외국인들이 아무 불편 없이 생활할 수 있도록 국제화와 관련된 기반시설과 제도를 확충해야 한다. 우선, 국제화를 위해 가장 중요한 것이 자녀들을 교육할 수 있는 외국인교육시설 및 국제표준에 맞는 각종 공공시설의 정비 확충 등이 지방자치단체 주도로 추진되어야 한다.

이러한 지역사회를 만들기 위해서 지방은 개방적 국제화를 도모해야 한다. 개방적 국제화는 지방의 개별 주체들(공무원과 주민), 그리고 그들을 둘러싼 지역자원(정치, 경제, 사회, 문화 및 교육)의 개방을 의미한다. 먼저 개별 주체들의 개방적 국제화는 의식과 활동부문으로 구분할 수 있다. 공무원의 경우, 급변하는 환경변화를 파악할 수 있는 안목을 갖추고, 행정서비스 대상을 외국인까지 확대하여 요구를 파악해야 한다. 주민의 경우, 국내외에 있는 외국인과의 만남을 두려워하지 않고, 개방적 의식을 갖춰야 하며, 다양한 정보원을 통하여 국제적 정보와 지식을 습득할 수 있어야 한다.

3. 거주외국인과 지역주민의 일체화

지역에서도 충남도가 외국인 조례제정을 추진하는 등 매년 증가세인 외국인에 대한 지원대책이 다각도로 이뤄지고 있다. 글로벌 시대에 외국인을 포용하는 수준도 국가경쟁력의 기준이라는 점에서 전향적인 자세를 갖출 필요가 있기 때문이다.

행정자치부의 방침은 지자체 구역 안에 주소를 가지면 지자체의 주민으로 본다는 지방자치법 규정을 보다 적극적으로 해석하고 있다. 물론 상호주의 차원에서 개별 법률에 따라야 하고 일정 요건을 충족해야만 영주권 등을 제한적으로 인정하게 한 제도 아래서 그 실익이 크지 않을 수도 있다. 그래서 법령이나 조례로 제한받지 않는 각종 행정혜택이라도 잘 누리도록 하는게 더 급한 일일지 모른다.

거주 외국인은 소속 자치단체의 공공시설을 이용할 권리와 상응하는 의무를 준것은 사실이지만 지원시책은 여전히 부족했다. 적어도 지자체의 충분한 행정서비스를 받고 지역사회에 완전히 포용됐다고 말하기는 더더욱 어렵다. 일단 입국한 외국인에 대한 지역사회 정착과 관련된 행정서비스 제공은 지자체의 몫이 크다. 그들이 살기 좋은 환경을 만드는 것은 사회통합과 지역발전에도 기여할 수 있다는 사실을 주목해야 한다.

현재까지의 정부 조치만으로 거주외국인과 지역주민의 일체화 체감도는 별로 나아지지 않고 있다. 지방자치법상 주민 지위를 인정한다는 상징성을 넘어 취업, 교육, 복지 등 생활 기본권에 있어 차별하지 않으면서 실질적인 정착을 돕고 삶의 질을 높이려는 시책들을 활발히 전개해야 할 것이다. 외국인 처우의 실질적 개선을 위해서는 무엇보다 외국인의 법적 신분과 체류유형에 따른 적절한 보호와 지원이 제공되고 합당한 권리가 보장되어야 한다. 그리고, 종합적이고 장기적인 차원에서 외국인 정책을 수립하고 추진할 수 있는 법적 · 제도적 체계가 마련되어야 한다. 또한, 다문화사회에서 외국인과 더불어 살아갈 수 있도록 우리 국민의 의식을 선진화하는 과제가 더 크게 남아있다.

4. 지방자치단체 내향적 국제화의 과제

그렇다면 지방자치단체에서 내향적 국제화 추진체계의 재구축을 위해서는 무엇이 필요할까. 바로 업무 프로세스 리엔지니어링이다. 우선 추진주체 간 협력과 조율 그리고 통합이 무엇보다 중요하다. 집행기관 기관장의 결연한 의지와 지원적 리더십도 빼놓을 수 없다. 이를 위해서는 지방여론과 지방의회 의원들의 지원이 전제되어야 한다. 중앙부처나 광역자치단체, 인접 기초자치단체 간의 상호협력 관계도 필수적이다. 반면 시민사회단체는 국제화에 대한 시민의식과 이해를 제고하여 폭넓은 참여와 지지를 유도해야 한다. 즉 거버넌스(Governance) 체제의 활용이다. 목표설정에 따른 전담조직과 전담직원활용, 협력체제, 공동상생, 전문가 네트워크의 활용은 필수다. 이 과정에서는 중앙정부나 지방자치단체는 물론 주민과 기업, 전문가집단, 유학생 등 내 · 외국인을 초월한 협력체제가 중요하다.

단기적으로는 지자체 내부 직원 · 간부, 시민들의 이해와 지원이 있어야 한다. 비전을 공유하고 공감대를 구축함은 물론 의식개혁에도 앞장서야 할 것이다. 업무추진 방향과 정책의 우선순위 확보에 있어서는 국제교류협력 중심 모델에 대한 반성이 시급하다. 추진조직의 재설계와 내부 전담인력의 활성화도 선행돼야 한다.

중 · 장기적인 안목에서는 단계적 추진사업들을 더욱 구체화해서, 지방의 국제화 수준을 세계적 수준으로 업그레이드해야 한다. 해당 지자체의 종합발전계획 속에 국제화에 대한 구상과 비전을 충분히 반영해야 한다. 먼저 국제화의 제반 현황과 기반에 대한 조직, 인력, 기반시설, 법과 제도 등에 관한 현황 분석이 바탕이 돼야 할 것이다.

이런 차원에서 중앙정부와 지방자치단체 그리고 NGO의 내향적 국제화 사업의 과제를 구체적으로 정리하면 다음과 같다. 첫째, 정부와 지자체, 전문가 그리고 NGO간에 거버넌스체계를 구축한다. 외국인정책위원회의 구성, 각 부처의 외국인정책위원회. 지자체의 외국인 자문위원회 등에 NGO와 전문가, 거주외국인, 주민 등이 함께 참여하여 정책입안 단계부터 폭넓은 주체들의 참여가 필요하다.

둘째, 정책의 실행단계에서는 중앙정부는 정책과 예산의 지원, 지방자치단체는 사업의 주체와 관리감독, NGO는 사업의 운영주체가 되는 차원에서 상호 역할분담을 한다. 모든 관련주체들이 실행단계에 함께 참여함으로서 사업의 목적, 사명감, 책임성, 헌신성, 지속성, 투명성 등이 담보되고 모든 주체들의 자원 즉 전문인력, 재원, 정보 등이 하나로 뭉쳐 시너지 효과를 발휘 할 수 있을 것이다.

셋째, 모든 사업은 수요자 중심(지역별 외국인위원회 구성을 통한)의 사업이 되어야 한다. 일회성 행사위주의 전시행사, 화려한 인쇄물이나 가이드북 발행 등은 겉으론 그럴듯해 보이지만 실상 수요자들에게는 별 도움이 안 된다.

넷째, 원-스톱 서비스체제(지역별 센터 설립)를 갖추어야 한다. 각 부처나 지방자치단체 내의 각 실 · 과가 서로 다른 사업들을 떨어져 있는 개별 장소나 시설에서 할 경우 결국 수요자 입장에서는 통합적인 서비스를 받기가 어렵다. 수요자 한 사람 한 사람은 외국인이고, 근로자이고, 어머니이고, 환자이고, 한국어학습 대상이고, 주민이기에 그들이 필요로 하는 서비스를 한곳에서 받을 수 있거나 최소한 한곳에서 종합적인 안내라도 받아야 할 것이기 때문이다.

제6절 소결론

내향적 국제화란 외국인이든 내국인이든 간에 범지구 시민으로서의 존엄성을 인식한 가운데 공존, 공유할 수 있는 지역사회를 건설하는 것을 뜻한다. 다시말해 외국인도 내국인과 동등한 사회적 대우와 각종 공공서비스를 제공받으며 생업을 영위할 수 있는 사회를 말한다. 그러기 위해서는 인종과 문화에 대한 편견이 없어야 하고, 항상 열린 마음과 열린 사회를 만들어 가야한다.

내향적 국제화는 우리 사회 내부의 국제화다. 의식과 제도, 관행 등을 지구적이고 보편적인 수준으로 전환하는 것이라 하겠다. 우리 사회 내부의 수용능력과 대응태도 등을 국제적인 수준에 맞게 제고하는 일상속의 국제화다. 국제화의 진전은 이 같은 내향적 국제화와 외향적 국제화를 동시에 병행할 때 가능하다. 내향적 국제화 기반이 없는 외향적 국제화 추진은 사상누각 같다.

외국인대책과 다문화정책은 우선적으로 중앙정부와 지자체 등, 공공기관이 주도할 수 밖에 없다. 한국을 바라보는 아시아인의 기대에 부응하면서 아시아국가의 모범상을 지향해가야 한다. 희망의 땅 한국은 외국인과 이주민들이 장 · 단기 거주하는 동안 자유민주주의와 시장경제, 인권과 평화가 숨쉬는 이상향으로 그 비젼을 실천해가야 한다. 우리 내부의 폐쇄적인 민족국가 의식을 떨쳐버리고 보편적이고 상대적인 가치관과 관용, 다른 문화와의 공존을 수용할 수 있는 제도와 의식을 갖추어가야 한다.

국제화된 세상에서는 더 이상 한국인끼리만 모여 사는 것이 불가능하다는 것이 분명해졌다. 우리의 미래세대들이 다민족, 다문화 시대에 평화롭게 살아가길 바란다면 '더불어 이뤄 가는 삶'에 대한 귀중한 가치를 가장 먼저 일깨워 줘야 할 책임이 우리 사회구성원 모두에게 있는 것이다.

그 일환으로 외국 노동자, 국제결혼 이주여성, 그리고 그 자녀들이 우리 사회에 잘 적응할 수 있도록 법과 제도 마련에 최선을 다할 필요가 있다. 나아가 우리 생활에서도 내·외국인 모두에 대해 포용과 배려를 아끼지 않는 마음을 갖는 것은 이제 국제화 시대 그리고 지방자치시대에 '다민족국가 대한민국' 국민으로서 살아가야 할 우리 모두가 세계를 향해 선언해야 할 의무이고 약속이 되어야 한다. 그래야 대한민국이 명실상부한 선진국이 되고 동시에 대한민국 국민은 진정한 선진국민으로서 인정받을 것이다.

chapter 09

지방자치와 자치행정의 평가

제1절 조사연구의 배경

우리나라의 지방자치가 부활된지 25년을 보내면서 그동안 지방자치와 분권을 활성화시키기 위한 다양한 정책을 추진해 왔다. 그 결과, 지역사회의 지방자치를 위한 제도적 장치는 최소한 마련된 것으로 보인다. 하지만, 자치제도가 자율적으로 운영되는데 필수적인 지방자치권의 강화를 위한 중앙권한의 대폭적인 지방이양과 주민자치의 실질화를 위한 노력들은 여전히 미흡하다고 할 수 있다. 특히, 국정운영의 기본틀과 방식을 중앙집권적 통제체제에서 지방분권적 협력체제로 전환하지 못한 결과는 급기야 비선실세들의 국정농단 같은 전대미문의 사건으로 불거져서 국정은 물론 국가전체를 혼란과 위기로 내몰고 말았다.

민선 지방자치의 시작과 끝이라고 할 수 있는 지방선거는 일곱 번을 치르는 동안 그 본연의 기능과 역할을 못한 가운데 정당공천을 매개로 중앙정당정치에 종속에서 풀려나지 못하고 있다. 더욱이, 전국 자치단체가 광역이든 기초단체든, 인구가 많든 적든, 도시든 농촌이든 모두 똑같이 획일적으로 시행하고 있는 자치와 분권 제도들도 지역의 자율성과 창조성을 살리지 못하고 있어서 주민들에게 그 필요성과 중요성을 보여주는데 실패하고 있다. 그런가

하면, 중앙정부와 지방자치단체간, 지방자치단체 상호간 그리고 집행기관과 의결기관간 경쟁과 협력을 제대로 못하고 있는 지금까지의 상황은 자치단체간 통합이라는 결과만을 냈을뿐, 지방자치 실시로 인한 낭비와 비효율의 문제를 해소하지 못하고 있다.

그 밖에도 오래 전부터 여러 정부를 거치면서 시행하고자 하였던 지방일괄이양법의 제정, 지방재정의 확충, 특별지방행정기관의 정비 등 중앙권한의 지방이양을 비롯한 지방자치권의 보장은 기대에 훨씬 미치지 못하였다. 특히, 자치경찰제의 실시와 교육자치제의 개선이 이루어지지 않은 채, 지역민들의 가장 큰 관심사인 지역의 교육과 치안문제가 지방자치의 큰 틀 속에 들어와서 주민참여와 통제를 받고 있지 못한 현실은 주민들이 지방자치를 외면하는 결과를 초래하고 있다.

앞으로도 우리 사회에서 자치와 분권을 추진하는 환경과 여건은 급변할 것으로 전망된다. 준비없이 급속히 진행되고 있는 인구감소와 고령화, 다민족 · 다문화 시대로의 전환, 글로벌화와 정보화 및 광역화의 진전, 수도권과 비수도권 및 도시와 농촌간의 불균형의 심화, 그리고 지역경제의 침체도 더욱 본격화될 것이다. 게다가 지역개발, 주민복지, 경기활성화를 위한 재정수요가 계속 증가하고 있으나 경기침체로 세수는 감소할 것으로 예상되어 사무이양에 따른 재정보전과 지방재정 확충 노력은 자치단체의 큰 부담으로 작용할 것이다.

따라서, 지방의회가 부활된 1991년부터 지난 25년의 지방자치와 지방분권을 지역주민들이 어떻게 평가하느냐에 따라 지방자치와 분권을 보는 시각이 달라지고, 향후 지방자치와 지방분권의 향방과 내용을 좌우하게 될 것이다. 동시에, 지방자치 운영의 성과와 문제점들은 객관적으로 평가되어 지역주민들에게 주기적으로 전달되어 관련 정보와 자료가 공유되어야 한다. 이런 차원에서 본 조사연구의 목적은 1991년 4월부터 2016년 9월까지 운영된 지방자치의 주요쟁점들과 지방분권의 성과를 평가하고 그 과정에서 제기된 문제점을 토대로 향후 지방자치와 지방분권의 성공적 도약을 위한 개선방안들을 모색해 보는 것이다.

제2절 조사연구의 범위와 방법 및 결과

1. 분석의 틀

지방자치의 주체라 할 수 있는 지역주민들이 지난 기간동안의 지방자치 운영결과에 대해 어떠한 태도를 가지며 어느 수준의 만족도를 느끼고 있는지를 지속적으로 점검해가는 것은 지방자치 정착의 필수 과제가 된다. 하지만, 최근 주민의식조사를 통한 지방자치의 성과평가와 분석에 대한 경험적 연구들은 거의 이루어지고 있지 않고 있다[15]. 대부분, 부분적인 자치제도와 특정 지역정책을 대상으로 하는 연구들이 주류를 이루고 있을 뿐이다.

다만, 2005년 민선자치 10주년에 실시된 육동일의 연구를 비롯한 몇몇 주민대상의 경험적연구들[16]은 본 조사의 결과와 비교해서 그 특징과 추이를 살펴보는데 도움이 될 것이다. 이를 위한 본 조사연구의 분석 틀은 다음의 그림과 같다. 즉 본 연구에서는 지방자치를 활성화시키는 요인 (독립변수)들을 국정관리시스템, 자율성, 지방선거, 경쟁과 협력, 분권, 능률성과 형평성, 자치의식 교육으로 보고(육동일, 2015), 이 변수들을 지난 25년의 지방자치경험을 통해 주민들이 어떻게 인식하고 있느냐에 따라 지방자치 활성화 여부가 좌우된다

15 다만, 정재명 최상현 (2016), 김경대 이규환 (2015), 정준금 김도희 김도엽 (2014), 류태건 (2014) 논문들이 주민들을 대상으로 의식조사를 연구한 것으로 내용은 다르지만 본 연구의 표본추출과 통계분석시 참고하였다.

16 육동일, "지방자치와 지방분권의 평가와 향후 과제 (대전 · 충남지역 주민들의 태도를 중심으로)" 「공공행정연구」 7(1), 한국공공행정학회, 2005.9. 별쇄본. 그 밖에도 육동일 (1996. 1999, 2000, 2002), 육동일 · 원구환 (1999) 연구들이 주민들의 의시조사를 통해 지방자치와 분권에 대한 만족도 및 성과와 문제점들을 고찰해서 발전과제들을 제시한 논문들이다.

고 가정한다.

〈그림-1〉 분석의 틀

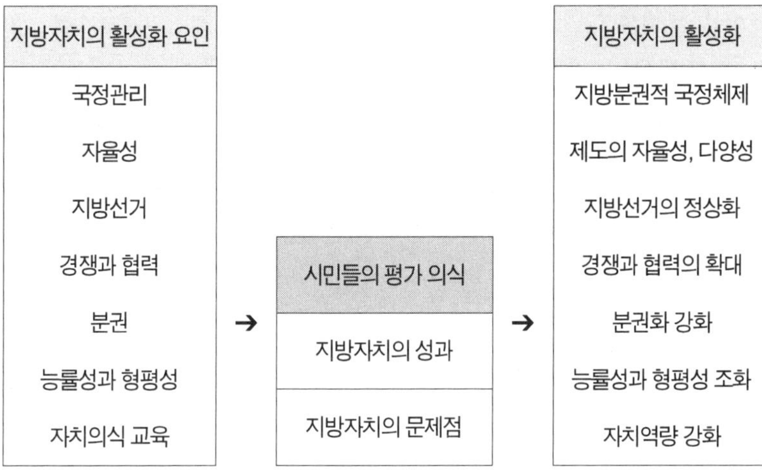

2. 조사연구의 범위와 방법

본 조사는 대전시민들의 의식과 태도를 중심으로 지난 지방자치 25년의 운영실태와 민선6기 전반부 대전시정부의 지난 2년간의 시정의 성과와 문제점을 평가하고 앞으로의 발전적 개선과제를 모색하기 위한 목적으로 실시되었다.

본 조사 연구는 대전지역에 거주하는 600명 응답자 중 거주지를 대전이외 지역으로 응답한 2명과 거주지를 응답하지 않은 5명을 제외하여 총 분석대상자는 593명이다. 조사기간은 2016년 10월 4일부터 10월 26일까지로 일대일 표준화된 설문조사를 통해 이루어졌다. 대전시 인구는 2016년 11월 현재 1,518,775명으로 설문조사된 표본 593사례에 대한 95% 신뢰수준에서의 표본오차는 ±4.02% 포인트이다. 본 조사에 표본추출은 비비례층화 표집의 방법을 원칙으로 무작위 추출하였다.

설문지 문항에 대한 분석은 SPSS/PC+를 이용하여 빈도에 따른 백분율을 구하고 필요한 경우 교차분석(Cross tabulation)에 의해 변수 간의 상관관계를 분석하였다. 통계분석은 데이터 코딩과정을 거쳐 SPSS 통계패키지프로그램 22.0을 통하여 빈도분석과 변수간 내적일관성을 검증하기 위하여 Cronbach's α검증을 실시한 신뢰도 분석을 실시하였다. 총 36개의 설문 문항(조사대상자의 기초 통계학적 특성을 질문하는 응답을 제외) 중 다중 응답을 해야 하는 문항 6개를 뺀 30문항의 신뢰도는 다음과 같다. Cronbach's 값이 0.8 이상 나온 것은 신뢰도가 상당히 있은 것으로 볼 수 있다.

Cronbach의 알파	항목수
.802	30

최종 응답자의 사회적 배경은 〈표-1〉과 같다. 대전시민 응답자를 대상으로 했으며, 성별, 연령별, 학력별 분포에서 무작위성과 대표성을 유지하도록 노력하였으나 성별 분포에서 여성이 남성보다 다소 과소대표된 불균형이 나타났으며, 학력은 대재 또는 대졸 이상이 전체의 과반수를 넘게 차지하여 고학력자가 다소 과잉대표 되었다고 볼 수 있다. 직업별 분포에서 학생들 그리고 연령별 분포에서 2~30대가 절반을 차지한 것은 일반 주민과 인식 태도를 비교 분석하기 위한 것인 동시에 자치와 분권의 미래가 학생들과 젊은층의 주된 관심사이기 때문에 응답에 대한 높은 타당성과 신뢰도를 유지할 수 있었다고 보았기 때문이다. 거주지역별 분포는 지역인구를 고려하였으나 대덕구와 동구 주민들의 표본이 과소하게 표집된 한계가 있다. 따라서, 통계분석 결과의 해석에서는 신중을 기하였다.

〈표-1〉 응답자의 사회적 배경

변 수		빈도(명)	백분율(%)	계
성별	여	268	45.2	593(100.0)
	남	325	54.8	
연령대	18세 이하	10	1.7	593(100.0)
	19~30세	187	31.5	
	31~40세	103	17.4	
	41~50세	164	27.7	
	51~60세	96	16.2	
	61세 이상	33	5.6	
학력	중졸이하	9	1.5	593(100.0)
	중졸	20	3.4	
	고졸	105	17.7	
	대졸 또는 재학중	358	60.4	
	대학원졸 또는 재학중	98	16.5	
	기타	3	0.5	
직업	자영업	54	9.1	593(100.0)
	서비스업	70	11.8	
	전문직	32	5.4	
	공무원	98	16.5	
	농업	7	1.2	
	회사원	96	16.2	
	학생	136	22.9	
	주부	40	6.7	
	무직	30	5.1	
	기타	30	5.1	
거주지역	대덕구	25	4.2	593(100.0)
	동구	61	10.3	
	서구	196	33.1	
	유성구	203	34.2	
	중구	108	18.2	

3. 지방자치의 성과와 문제점 평가 결과

1) 지방자치 25년의 종합적 평가

지난 25년의 지방자치에 대한 전반적인 평가에 대해 응답자이 절반이 (50.1%) '그저 그렇다'는 중립적이고 유보적인 태도를 보이는 가운데 '만족한다'는 응답률이 31.5%로 불만족의 응답률 18.4%보다 훨씬 높게 나타났다 (〈표-2〉). 이와 같은 조사결과는 불만족의 응답률이 만족의 응답률 보다 두 배 가까이 높았던 1999년민선 2기 출범초기 때 보다(육동일, 1999) 상당히 달라진 태도의 변화로서 지방자치제가 우리 사회에 정착해 가면서 주민들의 지지와 만족을 조금씩 제고시켜 가고 있다고 평가할 수 있다. 그러나, 2005년의 인식조사 결과 (만족도 31.3%, 불만족도 17.8%)와는 큰 차이가 없는 것으로 나타나서 지난 10년간의 지방자치에 대한 주민들의 체감적 평가는 크게 달라지지 않았음을 알 수 있다.

〈표-2〉 지방자치에 대한 종합적인 평가

문1. 지난 25년 동안의 지방자치 성과 평가		
	빈도(명)	백분율(%)
매우 만족스럽다	32	5.4
만족스러운 편이다	155	26.1
그저 그렇다	297	50.1
불만스러운 편이다	80	13.5
매우 불만스럽다	29	4.9

대전시의 경우, 지방자치에 대한 만족도는 전체적인 만족도 보다 미세하게

높게 나타났지만 (36.3%), 자치구에 대한 만족도가 낮고 (28.2%), 불만족도는 높게 평가되고 있다 (14.0% vs 21.3%). 즉 광역자치보다는 기초자치의 만족도가 지난 기간 계속해서 낮은 결과로 나타난 것은 현재의 지방자치가 기초보다는 광역중심으로 시행되고 있는 상황에서 기초자치단체의 기능과 역할이 축소될 수 밖에 없기 때문에 주민들의 참여와 통제가 보장되는 주민자치로 자리잡지 못한 것이 그 주된 요인으로 볼 수 있을 것이다.

〈표-3〉 대전시 지방자치에 대한 종합적 평가

문4. 거주하는 지역 지방자치단체(광역과 기초자치단체)의 자치행정활동에 대한 평가				
	대전시		자치구	
	빈도(명)	백분율(%)	빈도(명)	백분율(%)
매우 만족스럽다	33	5.6	17	2.9
만족스러운 편이다	182	30.7	150	25.3
그저 그렇다	287	48.4	294	49.6
불만스러운 편이다	60	10.1	83	14.0
매우 불만스럽다	23	3.9	43	7.3
무응답	8	1.3	6	1.0

2) 지방자치 운영의 성과

〈표-4〉에 의하면, 지난 25년 지방자치의 실시가 가져온 성과 중 가장 크게 인식하고 있는 것은 '행정서비스의 향상' (24.6%)을 꼽았으며, 그 다음이 '주민의 주인의식 함양' (22.9%), '주민복지의 향상' (18.2%), '지방정국의 안정' (9.6%) 등의 순으로 이어지고 있다. 성별, 연령별, 직업별 간의 인식 태도도 비슷하게 나타났다.

지난 지방자치 25년은 선거제도와 문화의 점진적 개선, 지방권력구조의 변화, 지방행정의 개혁, 다양하고 창의적인 지역개발의 추진, 그리고 자율과 경쟁을 중시하는 주민생활양식의 탈바꿈 등 우리사회는 물론 주민생활 전반에 근본적인 변화를 초래하고 있다. 그러나 지방자치가 민주주의의 기틀을 다지고 중앙에 종속되었던 제도와 관행을 서서히 변모시키는 거시적 성과는 주민들의 피부에 체감되지 못한 반면, 친절 · 봉사를 위주로 한 대민행정서비스의 개선과 민원해결 같은 미시적 성과들만이 응답자들에 의해서 인식되고 있음을 알 수 있다.

더욱이, 최근 최순실 사건으로 촉발된 중앙정국의 혼란과 위기속에서도 그나마 우리 사회가 안정을 유지하면서 해결방안을 찾을 수 있는 분위기가 형성되어 있는 것은 지방자치라는 토대가 있기 때문이다. 만일 지방자치를 하지않은 채 대통령으로부터 임명된 지방행정기관의 장으로 국정이 운영되었다면 아마도 국가전체가 마비되었을 것이다. 그것이 바로 지방자치를 실시하는 이유다. 중앙정국의 혼란과 불안 발생시 이를 최소화해서 민주주의의 틀을 지킬 수 있는 것이 바로 지방자치이기 때문이다. 물론 지방자치는 많은 비용과 에너지를 소요하지만 이를 외면하거나 축소할 때 나중에 치러야 할 위기관리 비용은 천문학적 수치가 될 것이라는 사실을 이번 기회에 인식하는 계기가 되었다.

〈표-4〉 지방자치의 성과

문2. 지방자치 실시 성과 (1순위만)		
	빈도(명)	백분율(%)
지방정국의 안정	57	9.6
주민의 주인의식 함양	136	22.9
행정서비스의 향상	146	24.6
주민복지의 향상	108	18.2
지역경제의 활성화	40	6.7
지방행정의 부패 · 비리감소	22	3.7
지방행정의 일관성과 안정성 확보	32	5.4

지역의 정체성 정립	44	7.4
기타	5	0.8
무응답	3	0.5

3) 지방자치 운영의 문제점

〈표-5〉에서 보는 바와 같이, 지난 기간 지방자치의 실시가 제기한 문제점 중 가장 심각한 것으로 '단체장의 인기위주의 전시행정과 정실인사'를(24.17%) 꼽아서 지방자치 정착의 큰 걸림돌이 되고 있다. 이 문제에 대해서는 공무원 응답자들이 주민 응답자들 보다 상대적으로 높게 지적하고 있어서 그 심각성을 부인하기 어렵다. 2005년의 조사결과에서도 같은 문제가 제일 높게 지적된바 있어서(33.7%) 여전히 풀지못한 지방자치의 고질적인 문제점으로 남아있다.

지난 기간, 주민 직선으로 법정임기를 보장받은 일부 단체장들은 독단적으로 정책을 결정하거나 인사전횡, 그리고 다음 선거를 의식한 인기 위주의 선심성 전시행정의 폐단을 드러낸 바 있다. 선심행정의 유형은 도시계획 남발, 공해공장 설립 및 환경파괴 행위 허가, 대규모 이벤트성 행사, 과다한 행사보조비 지급 등 다양했다. 또한 지나치게 민원을 의식해서 기초생활 질서를 세우는 데는 소홀했던 점도 여기에 해당된다. 그러다 보니 지방자치단체들의 정책들은 대체로 다음 선거만을 의식한 단기적이고 졸속적인 행정의 한계를 예외없이 드러내고 있다.

두 번째 문제점으로 꼽힌 것이 중앙정부와 지방자치단체간의 갈등 심화 문제이다(23.3%). 민선자치 출범이후 간헐적인 분권운동으로 중앙과 지방간의 전통적인 통제구도에 많은 변화가 초래된 것은 사실이지만, 아직까지 자치단체의 권한의 범위가 협소하고 재원조달능력이 취약한 현 제도아래서는 반쪽자치의 모습을 면하기 어렵다. 진정한 지방자치를 위해서는 정부단위간의 바람직한 협력 관계를 설정하는 대 전제하에 중앙과 지방간, 광역과 기초자치단체간의 권한과 기능을 재배분하는 획기적인 조치를 강구해야 한다. 정부간 사무배분이 명확하고 합리적으로 이루어질 때 비로소 자치권의 범위, 상급기관에 의한 지도, 감독 및 지방의회의 관여 범위 등의 합리화가 가능해 진다.

지방선거의 과열 · 혼탁은 세 번째 순위로 지적된 문제점이다 (19.9%). 역대 일곱번의 지방선거는 선거쟁점이 왜곡되어 지역문제 중심이 아닌 중앙정치의 쟁점을 부각시킴으로써 선거는 과열 · 혼탁해진 반면, 유권자들의 불신과 냉소주의는 더욱 심각히 초래되었다. 전면 정당공천제하에 치러지고 있는 전국동시 지방선거로 말미암아 지방선거 본래의 기능과 의미가 왜곡된 채 지방자치는 중앙정치에 예속되는 부작용을 지속적으로 나타내고 있다(육동일, 2014).

〈표-5〉 지방자치가 제기한 문제점

문3. 지방자치 실시 문제점 (1순위만)		
	빈도(명)	백분율(%)
중앙정부와 지방자치단체간의 갈등 심화	138	23.3
집행기관과 지방의회간의 갈등 심화	74	12.5
지방선거의 과열 · 혼탁	118	19.9
단체장의 인기 위주의 전시행정과 정실인사	143	24.1
단체장 및 지방의원의 비리와 부조리	64	10.8
지역주민들의 이기주의 심화	43	7.3
기초생활질서의 문란	7	1.2
기타	5	0.8
무응답	1	0.2

4) 지방의회 운영 평가

각급 지방의회는 지난 25년간 주민의 대표기관, 자치단체의 의결기관, 그리고 집행기관에 대한 감시기관으로서의 역할을 나름대로 수행해왔지만, 그

활동결과에 대한 평가는 크게 엇갈리고 있다. 〈표-6〉에서는 시의회의 의정활동에 대해 절반 이상인 51.3%가 '그저 그렇다'라는 중립적인 견해인 가운데 만족과 불만이 각각 27.0%와 20.3%로 만족도가 다소 높은 것으로 나타났다. 반면에, 구의회의 평가는 만족도와 불만족도가 각각 20.4%와 27.8%로 부정적 평가가 높아서 시의회 평가와 상반되게 나타났다. 이 조사결과는 지방의회 부활 이후 지금까지 지방의회에 대한 만족도가 크게 나아지지 않고 있는 동시에 지방자치에 대한 불만족의 주 요인이 되고 있음을 보여주고 있다. 주민들보다 공무원들의 만족도가 상대적으로 낮았다. 연령이 높을수록 그리고 학력수준이 높을수록 불만이 큰 것으로 나타났다. 특히 구의회에 대한 만족도가 시의회에 비해서 크게 낮아서 향후 해결해야 할 중요한 과제가 되고 있다.

〈표-6〉 지방의회 의정활동에 대한 평가

문5. 거주하는 지역 지방의회(광역과 기초의회)의 의정활동에 대한 평가				
	시의회		자치구의회	
	빈도(명)	백분율(%)	빈도(명)	백분율(%)
매우 만족스럽다	45	7.6	16	2.7
만족스러운 편이다	115	19.4	105	17.7
그저 그렇다	304	51.3	295	49.7
불만스러운 편이다	77	13.0	111	18.7
매우 불만스럽다	43	7.3	54	9.1
무응답	9	1.5	12	2.0

지방의회의 의정활동이 지역 주민을 만족시키지 못하고 있는 주요 요인으로는 응답자의 38.4%가 '지방의원의 성의와 전문성 부족'을 들고 있어서 주민과 지방의원 간에는 아직도 신뢰감이 조성되어 있지 못한 것으로 평가된

다. 공무원의 지방의원에 대한 성의와 전문성 평가가 더욱 부정적이다. 따라서, 지방의회의 의정활동에 대한 주민 만족도를 제고시키기 위해서는 지방의원들의 적극적이 자세와 전문성 향상을 위한 각고의 노력이 요구된다고 하겠다(육동일, 2015). 그 다음 응답률이 높은 문제점이 '지방의원의 비리와 부조리(18.4%)' 이다. 지방자치를 활성화 시키는 주체이자 분권을 주도해야 할 지방의회가 아직까지 주민이나 공무원의 기대에 부응하고 있지 못하고 있는 것이다. 향후 지방자치가 정착하기 위해서는 지방의회의 위상과 역할은 물론 지방의회의 제도와 운영에 근본적인 개혁이 요구되고 있다. 만일 지방의회의 개혁을 뒤로 미루면 지방의회는 물론 지방자치에 대한 지역주민들의 불신과 불만은 확대될 수 밖에 없다.

또한, 지방의회의 활동이 미약할 수박에 없는 원인으로 '지역주민의 무관심과 비협조' 가 세 번째 높은 응답률로 나타나서(16.4%) 지역주민의 의식과 자세에 대해서도 문제점을 스스로 인정하고 있다고 하겠다. 반면에, 현재 지방의회 의정활동이 미흡할 수박에 없는 실질적 요인이 되고 있는 현행 법규와 제도상의 제약에 대해서는 응답자들이 거의 인식하지 않는 것으로 미루어(5.6%) 지방의회로의 주민참여 확대 방안의 강구를 통한 인식의 변화가 지방의회의 위상과 권한 강화의 차원에서 중요한 과제가 되고 있음을 알 수 있다. 2005년 조사에서도 순위에는 큰 변동이 없으나 제1순위 지방의원의 성의와 전문성 부족이 58.0%로 압도적으로 높았으나, 그 응답률이 38.4%로 크게 떨어진 결과는 지방의원의 역량과 자세면에서 다소 향상이 있는 것으로 시민들이 보고 있다고 해석할 수 있다.

〈표-7〉 지방의회 의정활동 미흡 요인

문6. 지방의회 활동이 미흡한 요인		
	빈도(명)	백분율(%)
지방의원의 성의와 전문성 부족	228	38.4
지방의원의 비리와 부조리	109	18.4
단체장 및 집행기관의 비협조	49	8.3
지역주민들의 무관심과 비협조	97	16.4
자치법규의 제도상의 제약	33	5.6
파행적인 의회운영	40	6.7
중앙정당의 개입과 간섭	28	4.7
기타	3	0.5
무응답	6	1.0

지방의회가 활성화되기 위해서 제일 시급하게 개선해야 할 과제는 〈표-8〉에서 '지방의원의 전문성 강화'(34.6%)와 '지역주민의 관심과 참여 확대'(27.7%)로 나타났다. 연령이 낮을수록 주민참여 확대를, 그리고 높아질수록 지방의원의 전문성 강화를 더 강조하고 있다. 지방자치의 실시가 지역의 균형적인 발전과 주민복지에 기여하기 위해서는 지방의회의 의정활동이 얼마만큼 효과적으로 수행되느냐에 달려있다. 특히, 지방자치제도의 개선을 통한 지방의회의 권한확대라는 과제도 시급한 것이지만, 지방의원의 전문성 확보와 주민과의 협의제를 통해서 주민이 원하고 요구하는 방향으로 의정활동이 이루어지는 것이 더욱 중요하다. 아울러서 지방의회에 대한 주민들의 무관심 내지 부정적인 태도를 전환시키기 위해서는 주민들이 지방의회에 적극 참여할 수 있는 획기적인 방안들이 적극 도입되어야 한다.

지방의원들의 전문성 강화를 위해서는 지방의회 보좌제도가 마련되어야 하는데 주민들의 반응은 적극적이지 않다. 전체 응답자의 2.0%만이 지방의원

보좌기능의 강화를 들고 있을 뿐이다. 결국 지방의회가 활성화되기 위해서는 주민들에게 지방의회의 중요성과 필요성을 주민들이 직접 체감할 수 있게 보여주는 방법 외에는 대안이 없다. 지방의회의 권한이 강화되어야 한다는 응답률도 10.6% 밖에 되지 않은 결과도 이를 뒷받침하고 있다.

〈표-8〉 지방의회의 활성화 과제

문7. 지방의회 활성화를 위한 개선 사안		
	빈도(명)	백분율(%)
지방의회의 권한 강화	63	10.6
지방의원의 전문성 강화	205	34.6
지방선거에서의 정당참여 배제	84	14.2
지역주민들의 관심과 참여 확대	164	27.7
지방의원보좌기능의 강화	12	2.0
집행기관과의 협조와 조화	38	6.4
의장단 선거 개선 등 의회 운영의 내실화	22	3.7
기타	5	0.8

5) 구자치제에 대한 평가

구자치제는 도입될 당시부터 찬 · 반론이 팽팽하게 대립되어 논란이 많았다. 이제 구 자치제 시행 20년 만에 다시한번 그 운영의 성과를 놓고 존폐를 다시 결정해야 할 시점에 놓인 것이다. 그간 구자치제의 운영성과는 적지않게 나타나기도 했다. 그러나, 구자치제 시행에 따른 부작용과 폐해 또한 적지 않다. 특히, 의장단 구성, 의정비 책정, 의원 해외연수 때마다 파행을 거듭해 온 구의회에 대해 시민들이 갖는 불만과 불신은 여전히 해소되지 않고 있다. 일부 구의원들의 빗나간 권위주의와 수준낮은 의정활동은 구자치제에 대한 무용론을 자초하는데 한몫을 했다. 아무리 민주적인 제도라고 하더라도 국민의 신뢰를 얻지 못하면 절대로 정착할 수 없다.

여기에다, 자치구들마다 공공건물의 공동이용을 외면하고 구 청사 및 문화 · 복지 · 체육시설의 과다 설치가 재정의 낭비를 가져왔다. 자치구마다 추진하고 있는 축제를 비롯한 선심성, 전시성 사업과 행사들은 구 살림을 더욱 어렵게 만들었다. 전국 74개 자치구 · 군의 75.4%인 52개가 지방세 수입으로 인건비를 해결하지 못하고 있는 상황에서 자치구의 재정은 날로 심각해지고 있다. 특히, 구청장과 구의회의원을 뽑는 기초선거에 까지 정당공천제가 실시되면서 정당배경이 다른 특 · 광역시와 자치구간 또는 구청장과 구의회간의 협력 관계는 실종되고 말았다. 협력없는 지방자치는 낭비와 비효율만 초래할 뿐이다. 그 부담은 고스란히 주민들에게 돌아간다.

구의회가 저평가되고 있다고 해서 획일적으로 폐지하는 것은 해결책이 될 수 없다. 이제는 대도시가 처해있는 여건 즉 도시경쟁력, 분권의 수준과 역량 그리고 시민들의 자치의지와 선택에 따라 구자치제를 유지하든 준자치화하든 아니면 행정구로 전환하든 그 도시민들이 자율적으로 결정하도록 할 필요가 있으며 한국의 지방자치는 그 단계에 와있다고 본다. 외국의 사례들도 이 사실을 뒷받침하고 있다. 영국 런던과 일본의 동경을 제외하곤 대부분의 대도시들이 완전한 구자치제보다 준자치제 내지 행정구로 도시행정을 관리하고 있다. 그리고 한 국가내에서도 대도시의 구자치제는 다양하다. 런던을 제외한 영국의 36개 대도시들은 구 자체가 존재하지 않는다. 인구 270만의 오사카는 자치권이 없는 24개 행정구로 구의회 없이 구청장을 시장이 임명한다. 물론, 구의회 폐지되면 주민참여와 통제가 위축되어 민주주의가 훼손될 위험성이 있다. 따라서, 이를 보완하는 전제조건이 충족되어야 한다. 즉 비대해질 수 있는 특 · 광역시장의 권한을 견제하는 장치는 충분히 마련해 놓아야 한다. 광역시의회의 의원정수와 기능을 확대하고 독립적인 지방행정감사기구나 선출직 회계검사관을 두는 방안도 필요하다.

조사결과에서도, 지난 기간 구자치제는 다양한 지역수요에 부응한 행정서비스의 제공(29.2%), 도시민들의 행정접근과 참여기회의 확대(28.3%), 지역민주주의의 구현(16.7%) 등의 성과가 있었던 반면 (〈표-9〉), 문제점으로는 재정여건의 어려움과 자치구간 서비스 불균형(31.0%), 공공시설과 서비스 중복으로 재정낭비 초래(25.3%), 대도시 종합행정의 저해(13.3%) 순 (〈표-10〉)으로 나타났다. 따라서, 응답자의 59.2%가 구자치제는 개선되어야 한다고 주장한다. 그 구체적 개선방안으로는 〈표-12〉와 같다. 구자치제의 현행유지는 12.1%에 그치고, 34.4%의 응답자가 행정구로 전환하든지 구의회를 폐지하고 구청장을 임명제로 바꾸는 다시 말해서 구 자치제를 폐지하자는 의견이 제일 높게 나왔다. 구자치제가 활성화되어야 한다는 응답률 역시 25.8%로 집계되어 구자치제에 대해서는 다양한 견해가 있음을 알 수 있다.

따라서, 현 구자치제가 다양성과 정상적인 운영을 통해 주민의 신뢰를 회복하지 못하는 한 그 정착에 어려움을 겪을 수 밖에 없어서 개선책이 필요하다고 본다. 구자치제의 개선방향에 대해서는 잘 모른다는 응답율이 20%이상 나타나고 있어서 구자치제에 대한 시민들의 충분한 인식이 확립되어 있지는 못하지만, 특 광역시 시장의 권한이 비대해지거나 풀뿌리민주주의의 후퇴를 초래할 수 있기 때문에 이를 보완하기 위해 독립적 감사위원회(23.6%)나 구정협의회(16.2%)를 설치하거나 시의회의 권한강화와 의원정수를 확대해야(15.0%) 한다는 의견을 내놓고 있다 (〈표-13〉).

〈표-9〉 구자치제 운영 성과

문31. 특별시와 광역시내 설치된 구자치제 운영 성과		
	빈도(명)	백분율(%)
도시민들의 행정접근 및 참여기회 확대	168	28.3
다양한 지역수요에 부응한 행정서비스의 제공	173	29.2
지역민주주의의 구현	99	16.7
지역경제 활성화에 기여	81	13.7

지역마다의 정체성과 자율성 확보에 기여	56	9.4
기타	9	1.5
무응답	7	1.2

〈표-10〉 구자치제 운영의 문제점

문32. 특별시와 광역시내 설치된 구자치제 문제점		
	빈도(명)	백분율(%)
대도시 종합행정의 저해	79	13.3
공공시설과 사업의 중복으로 재정낭비 초래	150	25.3
대도시 지역경쟁력 약화	67	11.3
재정여건의 어려움과 자치구간 서비스 불균형	184	31.0
생활권과 행정권의 괴리로 인한 주민불편 가중	68	11.5
구민의식과 공동체 의식 미흡	34	5.7
기타	8	1.3
무응답	3	0.5

〈표-11〉 구자치제 개선의견

문33. 특별시와 광역시내의 구자치제 개선		
	빈도(명)	백분율(%)
매우 찬성	132	22.3
대체로 찬성	219	36.9
그저 그렇다	203	34.2
대체로 반대	25	4.2
매우 반대	13	2.2
무응답	1	0.2

〈표-12〉 구자치제 개선방향

문34. 구자치제 개선 방향		
	빈도(명)	백분율(%)
더욱 활성화	153	25.8
구의회는 존속하되, 구청장은 임명제로 바꿔야	52	8.8
구의회를 폐지하고, 구청장을 임명제로 바꿔야	143	24.1
현행대로 유지	72	12.1
행정구로 전환	61	10.3
잘 모르겠다	112	18.9

〈표-13〉 구자치제 개선시 보완과제

문36. 구자치제가 준자치제로 전환하거나 폐지되는 경우 보완되어야 할 과제		
	빈도(명)	백분율(%)
시의회의 권한 강화와 시의원 정수의 확대	89	15.0
구정협의회 설치	96	16.2
독립적 감사위원회 설치	140	23.6
읍면동 자치회 설치 및 권한 강화	82	13.8
감사관과 공보관의 위상과 권한 강화	40	6.7
잘 모르겠다	137	23.1
무응답	9	1.5

6) 지방자치 정착의 전망과 과제

지방자치에 대한 전망에서 지방자치가 향후 우리나라에 잘 정착될 것으로 생각하는 응답자는 15.2%에 그친 반면 '많은 시행착오 뒤에 정착할 것이다'는 응답자가 49.4%에 이르고 있어 지방자치의 정착에는 많은 시련이 있을 것으로 내다보고 있으나 결국은 정착될 수 있다는 가능성과 희망을 가지고 있다. 지방자치 정착이 어려운 이유로는 '중앙정부 위주의 행 재정 운영'(30.7%), '주민들의 무관심과 참여부족'(20.4%)을 제일 높게 지적했다.

지난 25년의 지방자치 경험을 토대로 향후 지방자치가 정착해서 지역주민들로부터 만족과 지지를 끌어내기 위해서는 무엇보다도 '지역주민들의 관심과 참여 확대'가 제일 시급한 과제이며(25.1%), 그 다음이 '단체장과 공무원의 자치역량 향상'(22.9%), 그리고 '중앙정부의 과감한 권한이양과 지원'(18.4%), '지방의회의 권한 강화'(12.1%) 등의 순으로 제시되었다. 주민들의 관심과 참여 확대를 위해서 한국의 지방자치는 지금부터 주민자치가 실질화되어서 지역사회의 원동력이 되어야 한다. 견고한 지역사회를 건설해서 개개인이 자율적이고 책임감 있는 삶을 추구하는 좋은 사회를 이룩해야 하기 때문이다. 이를 위해서 특히, 지역의 현안문제들은 지역사회가 자조적(self-help)으로 해결하도록 정부가 지원하는 것이 가장 효과적이다. 그래서 지방자치 선진국 정부들은 공공서비스에 대한 소유권이나 통제권을 관료나 전문가의 손에서 지역사회로 그 이양을 확대해 나가고 있는 것이다[17]. 지방자치의 궁극적인 목표는 주민자치에 있고 주민자치는 생활자치를 핵심으로 한다.

최근, 지방자치발전위원회가 마련한 「지방자치발전종합계획」 내용에는 '읍 · 면 · 동 주민자치회 도입'이 핵심과제 중의 하나로 포함되어 있다. 현재 협력형 모델의 시범실시와 그 성과분석 등을 통해 주민자치회 세부 실시방안을 확정해서 법제화시키려는 작업을 진행하고 있다. 이제부터 지방자치의 궁극적인 목표는 주민자치에 있다. 따라서, 행정이 추구하는 목표도 주민들을 규제하고 가르치는 것이 아니라, 보다 편안하고 안전한 삶을 영위할 수 있도록 지원하는 방향으로 새 출발해야 할 것이다.

---

17 영국의 지역주권법(Localism Act of 2011)은 기초자치단체 혹은 그보다 더 작은 지역공동체에게 더 많은 권한을 부여하고 지방자치 및 지역정책의 체계를 지역공동체 수준으로 더 낮추자는 내용을 담고 있다. 즉 네가지 개편방안을 담고 있다. ①지방정부와 지방의회에 대한 새로운 권한과 유연성 부여, ②지역공동체에 대한 새로운 권한과 권리 부여, ③지역계획 수립과 추진체계의 투명성, 민주성 및 효과성 제고, ④주택공급에 있어서 지역적인 의사결정권 보장이 그 주요 내용이다.

아울러 분권과 자치에 따른 성과를 극대화하고 부작용 내지 반작용을 최소화하기 위해서는 지방정부의 의지와 능력을 꾸준히 제고시켜 나가야 한다(육동일, 2015). 분권과 자치는 지역사회에서의 제반 갈등의 증폭, 낭비와 비효율, 그리고 부패와 비리의 증대를 수반하는 것이 불가피하다. 따라서, 지방정부는 분권과 자치에 파생되는 문제를 사전에 차단하고 또 최소화시킬 수 있는 제도적, 의식적 기반의 정비가 선행 내지 병행되어야 한다. 그리고 중앙정부의 간섭과 통제에서 점차 벗어나서 지방정부가 자율적인 정책자치체로 발전해 나가기 위해서는 지방의회의 위상과 역할을 강화하고 주민의 직접참여와 통제를 대폭 확대해 나가는 것도 매우 중요한 과제이다.

〈표-14〉 지방자치 정착 전망

문8. 지방자치가 우리 사회에 잘 정착하리라고 생각하는가?		
	빈도(명)	백분율(%)
잘 정착할 것이다	90	15.2
더 많은 시행착오 뒤에 정착할 것이다	293	49.4
정착하기는 요원하다	73	12.3
지방자치는 축소 내지 중단되어야 한다	80	13.5
잘 모르겠다	56	9.4
무응답	1	0.2

〈표-15〉 지방자치 정착의 어려움

문9. 지방자치 정착의 어려움 이유		
	빈도(명)	백분율(%)
중앙정부 위주의 행 · 재정 운영	182	30.7
자치단체 공무원의 역량 부족	80	13.5
주민들의 무관심과 참여 부족	121	20.4
중앙정당 및 정치의 과도한 개입	59	9.9
지방의회 위원들의 성의와 전문성 부족	109	18.4
국회의원들의 무관심과 지원 부족	37	6.2
기타	5	0.8

〈표-16〉 지방자치 정착의 과제

문10. 지방자치 정착을 위해 해결해야 할 과제 (1순위만)		
	빈도(명)	백분율(%)
지방의회의 권한 강화	72	12.1
지방단체장과 공무원의 자치능력 향상	136	22.9
지역주민들의 관심과 참여 확대	149	25.1
중앙정부의 과감한 권한 이양과 지원	109	18.4
지방재정의 획기적 확충	56	9.4
중앙정치와 정당의 개입과 간섭 배제	34	5.7
지방선거제도의 개선	28	4.7
교육자치의 개선과 자치경찰제의 도입	5	0.8
기타	3	0.5
무응답	1	0.2

7) 지방자치와 분권의 추진주체

분권과 지방자치의 성공적 정착을 위해 보다 더 적극적으로 노력해야 할 집단은 국회의원들(26.6%), 단체장과 공무원들(25.1%), 중앙정부(12.5%), 지역주민들(12.0%) 순으로 나타났다. 지방자치 발전을 위한 정책과 과제를 총괄하고 있는 「대통령소속 지방자치발전위원회」에 대해서는 대체로 모르는 편이다(28.2%)와 전혀 모른다(29.7%)를 합한 응답자가 과반수를 넘는 전체의 57.9%여서 위원회에 대한 시민들의 정보부재를 확인할 수 있다. 결국 지방자치발전의 콘트롤 타워의 역할을 수행하고 있는 지방자치발전위원회가 지방분권 및 지방행정체제개편에 관한 특별법에 의거 지방자치와 분권 20개 과제에 대해 「지방자치발전종합계획」을 정부수립 후 최초로 수립된 지방자치발전 마스터플랜이고, 국무회의의 의결로 확정된 실천계획이며, 다양한 이해관계자와 함께 마련한 협업의 성과물이라고 강조하고 있지만, 그 계획이 국회의 입법과정을 통해 현실화되지 못하고 있는 현실에서는 응답자들로부터 많은 관심과 긍정적 평가 (14.3%)를 받고 있지 못한 것으로 평가된다.

위원회의 활동이 미흡한 이유로는 대통령의 지방자치와 분권에 대한 의지부족 (26.6%), 위원회 위원들의 적극성과 전문성 부족(18.8%), 대통령소속 자문위원회가 갖는 위상과 역할의 한계(16.9%) 순으로 꼽고 있다. 따라서, 시민들은 지방자치의 성공적 정착을 위해 보다 적극적으로 노력해야 할 주체를 국회의원 (26.6%)과 단체장 및 지방공무원(25.1%)으로 생각하는 경향이 높게 나타났다.

결국, 분권과 지방자치의 성공적 추진을 위해서는 지방자치발전위원회의 위상과 역할에 대한 근본적인 재정립이 필요하며, 국회의원들과 단체장 및 지방공무원들의 지방자치와 분권에 대한 보다 적극적이고 전향적인 의식과 자치역량 제고가 요구된다고 하겠다. 그리고 지방자치발전종합계획이 20대 국회에서 입법화되어야 최소한의 지방자치 토대가 마련될 수 있을 것이다.

〈표-17〉 지방분권과 자치의 추진주체

문14. 지방분권과 지방자치의 성공적 정착을 위하여 보다 적극적으로 노력해야 할 기관이나 집단		
	빈도(명)	백분율(%)
국회의원	158	26.6
지방자치발전위원회	73	12.3
중앙정부와 중앙공무원	74	12.5
단체장과 지방공무원	149	25.1
지방의원	45	7.6
시민단체와 지역주민	71	12.0
중앙과 지방언론	17	2.9
기타	5	0.8
무응답	1	0.2

〈표-18〉 지방자치발전위원회에 대한 인지도

문15. 대통령소속 지방자치발전위원회에 대해서 잘 아는가?		
	빈도(명)	백분율(%)
매우 잘 안다	29	4.9
대체로 알고 있는 편이다	95	16.0
그저 그렇다	126	21.2
대체로 모르는 편이다	167	28.2
전혀 모른다	176	29.7

〈표-19〉 지방자치발전위원회의 활동 평가

문16. 대통령소속 지방자치발전위원회 활동에 대한 평가		
	빈도(명)	백분율(%)
매우 만족스럽다	25	4.2
만족스러운 편이다	60	10.1
그저 그렇다	267	45.0
불만족스러운 편이다	87	14.7
매우 불만이다	39	6.6
무응답	115	19.4

〈표-20〉 지방자치발전위원회의 활동 미흡 이유

문17. 지방자치발전위원회의 미흡한 활동의 원인			
	빈도(명)	백분율(%)	유효퍼센트
대통령소속 자문위원회가 갖는 위상과 역할의 한계	91	15.3	16.9
대통령의 지방자치와 분권에 대한 의지 부족	143	24.1	26.6
위원회 위원들의 적극성과 전문성 부족	101	17.0	18.8
지방자치단체의 무관심과 비협조	79	13.3	14.7
중앙정부의 무관심과 비협조	65	11.0	12.1
국회의 무관심과 비협조	52	8.8	9.7
기타	6	1.0	1.1
무응답	56	9.4	

8) 교육자치제도의 개선과 자치경찰제의 도입

현 지방교육행정에 대한 의사결정기구는 지방의회로 통합되어 있다. 하지만, 집행기구는 시 · 도지사와 별도로 주민직선으로 선출된 교육감이 담당한다. 이 제도로는 지방교육에 대한 주민의 책임성 확보가 어렵다. 또한, 지방교육재정의 자주성 달성도 요원하다. 나아가 일반행정과 교육행정간의 협력을 통한 교육서비스의 향상도 기대하기가 어렵다. 지난번 누리과정 예산지원 문제에서 촉발한 보육대란에서도 입증된 바 있다. 게다가, 중앙정치의 대리전으로 전락한 지방선거를 통해 함께 선출하는 교육감 직선제는 정치의 개입, 막대한 선거비용, 유권자들의 낮은 관심도 등의 심각한 문제점들을 이미 드러낸 바 있다.

지난 선거들은 앞으로 교육감 선거가 왜 달라져야 하는지를 충분히 보여줬다. 어떻게 제도를 바꿔야 하는지에 대해서도 다시한번 경종을 울려주고도 남았다. 계속 되풀이되고 있는 있는 선거법 위반 등 선거 부정행위와 연이은 중도탈락, 그리고 좀처럼 근절되지 않고 있는 교육계의 부정과 비리는 현 교육감 선거제도를 그대로 지킬 명분을 약화시키고 있다. 현 교육감 직선제는 이미 심각한 문제제기와 함께 그 개선방안이 구체적으로 논의되고 있다. 교육감 선거는 교육적이어야 한다. 일반행정과 교육행정간 정책과 재정이 실질적으로 연계됨으로서 지방교육자치에 충실해야 한다. 그러려면 교육감 선출방식이 달라져야 한다(육동일, 2012).

교육 선진국의 경우, 나라마다 제도가 다르지만 교육감 선출방식 만큼은 교육의 지방분권을 강화하는 방향으로 바뀌고 있다. 특히, 교육자치가 지방자치의 큰 틀속에 자리잡는 방향으로 그 개선이 이루어져 왔음을 직시해야 한다. 이제 교육감 선출제도를 재정비하는 일은 선거부정과 교육비리 때문에 실추된 지방교육에 대한 지역민들의 신뢰를 회복하는 차원에서 대단히 중요하고 시급한 과제가 되었다. 물론 교육감 직선제를 개선해서 유지할 수 있다. 그러려면, 향후의 교육감 선출제도에 대한 논의와 개선에 앞서서 기형적인 현행 교육자치제도를 바로 잡는 일이 우선이다. 올바른 지방교육자치제가 먼저 정립되어야만, 직선제든 아니든 바람직한 교육자치에 걸맞는 교육감 선출방법이 마련될 수 있기 때문이다.

조사결과, 응답자들의 3/1은 현 교육감 직선제를 유지하자고 응답했지만,

단체장과의 런닝메이트(21.4%), 임명제(12.8%), 간선제(12.0%), 공동등록제(8.4%) 등 54.6%의 응답자들이 현행직선제와는 다른 대안들을 선호하는 것으로 나타났다. 교육자치제와 지방자치제의 연계 협력을 위한 제도개선 방안으로는 현 제도가 유지되어야 한다는 응답은 9.6%에 그치고, 양 제도의 통합이 33.7%로 제일 높게 나타났으며, 현 제도를 중심으로 연계 협력이 강화되어야 한다는 응답이 25.0%로 그 뒤를 잇고 있다. 양 제도의 분리를 주장하는 응답은 19.4%에 그쳐있어서 그간 양 기관간에 대립되어 온 갈등사례들에 대한 비판이 반영된 것으로 해석된다.

〈표-21〉 교육감 직선제에 대한 견해

문12. 현재 시행되고 있는 교육감 직선제에 대한 생각		
	빈도(명)	백분율(%)
현 직선제는 그대로 유지	197	33.2
단체장과 런닝메이트 제도로 개선되어야	127	21.4
교육관련자들에 의한 간선제로 전환되어야	71	12.0
단체장과 교육감 후보의 공동등록제로 전환되어야	50	8.4
임명제로 전환되어야	76	12.8
잘 모르겠다	71	12.0
무응답	1	0.2

〈표-22〉 교육자치제의 개선방안

문11. 교육자치제와 지방자치제의 연계 · 협력을 위한 개선방안		
	빈도(명)	백분율(%)
양 제도는 통합되어야	200	33.7
양 제도는 분리되어야	115	19.4
현 제도가 그대로 유지되어야	57	9.6
현 제도를 중심으로 연계 · 협력이 강화되어야	148	25.0
잘 모르겠다	73	12.3

자치경찰제의 도입에 대해서는 매우찬성과 대체로 찬성을 합한 찬성의 의견이 66.6%로 많은 시민들이 제도의 도입을 기대하고 있는 것으로 볼 수 있다. 현재의 국가경찰제도는 지역치안수요에 효율적으로 대응하지 못하고 있으며 치안행정에의 주민참여 부족, 지방행정의 종합적 처리 미흡, 지역밀착형 치안서비스에 대한 자기 책임성 부족 등의 문제점을 제기해 왔다. 정부는 주민생활 중심의 자치경찰제 도입방안을 발표하고 전면실시에 앞서 시범실시를 선행한다는 계획아래 그 시행을 위한 준비를 해왔다. 그러나 구체적인 법률안이 국회를 통과하지 못한채 자동 폐기되는 등 현실화되지 못하고 있는 실정이다. 하루속히 지방교육과 자치경찰이 지방자치의 큰 틀속에 들어와서 주민들의 참여와 통제를 받을 때 진정한 지방자치가 주민들의 관심과 신뢰를 받을 수 있을 것이다.

〈표-23〉 자치경찰제에 대한 견해

문13. 자치경찰제 도입		
	빈도(명)	백분율(%)
매우 찬성한다	147	24.8
대체로 찬성한다	248	41.8
그저 그렇다	136	22.9
대체로 반대한다	49	8.3
매우 반대한다	13	2.2

제3절 조사연구의 시사점과 향후 과제

본 연구조사의 결과를 놓고 볼 때, 앞으로 지방자치와 분권이 보다 지역사회에 뿌리내리기위해서는 다음과 같은 준비와 노력이 필요할 것이다. 무엇보다 지난 25년간 지방자치 운영에 있어서의 변치않는 큰 문제점은 지방자치에 대한 주민들의 무관심과 불신이다. 주민들의 지방자치에 대한 관심과 참여, 협조와 비판없이는 지방분권과 지방자치의 활성화가 불가능하며 단체장과 지방의회의 위상도 바로 설 수가 없다. 시정과 의정에 지역주민들의 관심과 참여를 제고시키기 위해서는 지역주민들이 정책결정과정에 직접 참여할 수 있는 제도와 기회를 온라인과 오프라인상에 상시적으로 대폭 열어놓음으로써 자치의 보람과 책임을 느끼게 해주는 일이 필요하다. 집단지성의 힘을 장착한 시민들을 정책의 전 과정에 끌어들이는 정부의 가버넌스체제의 정립이 전제되어야 할 것이다.

둘째, 지방자치가 지역사회에 미친 긍정적 변화와 한계 그리고 개선점들을 지역주민들이 정확하게 인식하고 지지할 때 비로소 지방자치가 지역사회에 정착할 수 있다. 그럼에도 불구하고, 지방자치 실시에 따른 제반의 변화가 언론을 통해 아직도 주민들에 의해 제대로 전달 · 체감되지 못하고 있는 것이 사실이다. 여기에 무엇보다 지역언론의 지방자치에 대한 인식과 그 활성화를 위한 역할과 관련해서 많은 문제점들이 깊숙이 연결되어 있다(육동일b, 2016). 지방언론은 언론환경의 심각한 구조적 변화라는 그 어려운 현실에도 불구하고, 올바른 지역사회의 발전과 지방자치의 정착을 위해서는 무엇보다 지방언론이 본연의 역할에 충실해야 한다. 지역언론은 무엇보다 지역민들의 취향에 맞게 지역사회의 문제나 관심사를 심층 보도하고, 애향심의 고취를 통해서 지역민들의 여론을 대변하고 합의를 도출해 내야 할 것이다. 또한, 지역사회의 개발에 주민의 참여를 유도하고, 지역문화를 발굴 · 보존 · 전승시키며, 지방의 정치나 행정을 감시 · 비판하는 역할을 충실히 수행해야 한다. 나아가 주민들의 자치의식을 함양시키는 일에도 게을리하지 말아야 한다. 지역언론의 미래는 지역언론 스스로가 지역사회 발전이라든가 지역주민의 이익 대변과 같은 본연의 목적을 이탈하지 않은 채, 자생력을 가지고 그 역할을 얼마나 충실히 수행하느냐에 달려 있다고 할 수 있다 (육동일b, 2016). 그것이 바로 지방자치와 분권을 활성화시키는 지름길이기도 한 것이다 .

셋째, 지금까지 국정운영의 기본틀은 중앙집권 그것도 청와대 중심에서 크게 변하지 않고 있다. 그동안 청와대가 중심이 되어 추진하고 있는 국가안보, 국민안전, 경제 행정혁신 등은 모두 중앙집권을 더욱 공고히 하고 말았다. 관료주의의 반대는 민주주의다. 최순실 게이트라느 전대미문의 사건을 계기로 대통령과 관료가 주인이 아니라 국민이 진정한 대한민국의 주인이 되는 민주주의를 회복해야만 국민들의 실망과 분노가 가라앉을 것이고, 국가는 정상을 찾을 것이다. 무엇보다 중요한 일은 현 국정운영의 틀과 방식을 과감하게 바꾸는 일이다. 국정운영의 틀은 청와대 중심의 중앙집권적 통제체제에서 지방분권형 협력체제로 바꿔야 한다. 그리고 그 운영방식은 투명과 공개, 소통과 참여중심이 되어야 할 것이다.

넷째, 기로에 선 한국지방자치와 분권이 바른길을 가기 위해서 헌법적 길잡이를 요구하고 있다. 우리 사회가 자유민주주의를 확고히 하고 지방자치가 주민들의 품 속에 자리잡기 위해서는 획일적 지방자치제도가 아닌 지역특색에 맞는 다양한 지방자치가 필요하다. 이를 보장하기 위해서는 헌법을 개정할 때 자치권의 보장을 비롯해서 지방자치단체의 종류와 기관구성, 기능과 지방재정 그리고 주민의 위상과 참여 등이 헌법에 명시되어야 한다. 그래야만 주민들에게 가장 가까운 곳에서 자신들에게 관련된 사안에 대한 정책결정권과 자율선택권이 보장된다. 종국에 가서는 주민의 자주관리가 존중되는 풀뿌리 지방민주주의가 확실하게 정착할 수 있을 것이다.

다섯째, 일반자치와 교육자치의 연계 및 자치경찰제의 실시를 위해서는 체계적이고 단계적인 접근이 필요하다. 현실적으로 자치단체장의 교육권한이 없는 상황에서 일반자치와 교육자치의 연계는 쉬운 일이 아니다. 따라서, 지방자치단체와 교육청간의 인사교류를 확대하고 교육사업의 운영 및 지원과 관련하여 양 기관간에 사전협의가 필요하다. 특히 지방자치단체의 교육청에 대한 재정지원과 관련된 사무와 권한은 자치단체장에게 이양하는 방안을 우선적으로 고려해야 할 것이다. 근본적으로는 교육자치의 틀을 재정비하고 주민직선제의 교육감 선거도 재검토 내지 획기적인 보완이 필요하다 (육동일, 2012). 또한, 참여정부 초기부터 시군구 주민생활서비스 중심의 자치경찰제는 법안 마련 등 실무 준비를 완료하였으나, 국회에서 법안심의 지연으로 그 실시가 이루어지지 못하고 있다. 늦었지만, 정부는 자치경찰제의 도입을 통해 지역밀착형 치안서비스가 제공되도록 해야 한다.

여섯째, 지방선거 정당공천제 문제는 반드시 개혁되어야 한다. 특히, 기초지방선거에서의 정당공천제의 폐지는 지방자치와 분권의 핵심이자 출발점이 될 것이다. 이제 기초자치단체의 선거에서 정당공천제의 폐지는 더 이상 미룰 수 없는 불가피한 선택이 되었기 때문에 정당공천을 허용하는 광역선거와 공천이 배제된 기초선거가 분리되어 실시되는 것이 선거관리상 바람직 할 것이다 (육동일a, 2016). 나아가, 지방선거 정당공천제 문제의 궁극적인 해결책은 현재 전국이 획일적으로 시행하고 있는 지방정부 구성형태를 지역의 여건과 지역민의 요구에 따라 다양화시켜 나갈 필요가 있다.

일곱째, 구자치제는 도입될 당시, 자치경험이 전혀 없었던 관계로 제도상 찬 · 반론이 팽팽하게 대립되어 논란이 많았다. 그러나 구자치제는 그간 20년의 경험을 쌓았기 때문에 그동안의 성과와 문제점을 냉정하게 짚어보아야 한다. 구자치제 운영에 대한 성과평가 결과에 따라 구자치제의 올바른 개선의 길을 모색하는 것이 앞으로의 지방자치의 발전 및 대도시 경쟁력 강화를 위해 당연한 일이다. 또한, 지역주민들이 원하는 바다. 대도시가 갖는 여건과 능력에 따라 그리고 주민들의 요구와 선택에 따라 대도시마다 몇 개 유형의 구자치제도를 얼마든지 실시할 수 있다. 그것이 지방자치의 본질이고 순기능이다.

여덟째, 향후 지방이양추진 방향을 제시하면 우선, 경제위기 등 새로운 환경변화에 부응하기 위하여 지역 주민들의 체감도가 높은 실효성 있는 사무를 발굴하고, 이양당사자를 비롯한 각계의 의견수렴을 통해 공급자 중심이 아닌 수요자 중심의 지방이양을 추진해 나가야 한다. 특히, 현재까지의 지방이양은 소관부처의 관심부족으로 지방분권의 조기 가시화 및 분권 체감화에 한계가 있기 때문에 행정권한의 배분이 확정된 사무를 일괄 법제화 할 이른바「지방이양일괄법」을 조속히 제정해야 한다.

아홉째, 정부는 획기적인 세원이양이 전제된 세입자치를 통해 실질적인 지방자치가 이루어지도록 해야 할 것이다. 지난 기간, 재정적 분권 노력은 오히려 지방의 중앙에 대한 의존성만을 키우고 말았다. 지방소비세를 도입하고 교부세율을 인상하였다고는 하지만 양여금 등의 폐지로부터 생긴 교부세율의 인상에 불과하고 실질적인 세원이양은 이루어지지 않았다. 취약한 지방재정의 자율성을 강화해 나가기 위해서는 국세의 과감한 지방세로의 이양과 지방교부세의 전면 개편이 이루어져야 한다.

열째, 위기에 놓여있는 지방의회를 바로 세우고 그 위상과 역할을 재정립해야 한다. 민주주의체제에서 가장 중요한 역할을 하는 지방의회가 지금 실망스럽다고 해서 지방의회를 이대로 방치할 수는 없다. 어떻게든 침체와 불신에 빠진 지방의회를 살려야 한다. 그러기 위해서는 사무처 공무원의 인사권 독립, 지방의원 인턴보좌관제도의 도입, 그리고 교육 · 훈련 · 연구 중심의 「지방의정연수원」 설립을 적극 검토할 필요가 있다.

열한번째, 지난 정부는 물론 현 정부와 같이 지방분권과 지역균형발전을 분리해서 병렬적으로 추진하는 것은 한계가 있는 것으로 보인다. 앞으로는 양 정책이 선 순환적 관계를 유지할 수 있도록 중앙정부의 추진체계를 일원화해야 한다. 이를 위한 콘트롤 타워로 대통령 직속 가칭「지방분권균형발전추진위원회」의 설치가 바람직하다 (육동일, 2013). 지역발전정책은 중앙부처 중심의 집권적 · 시혜적 정책에서 지역중심의 자율적 · 분권적 · 종합적 정책으로 전환되어야 한다. 특히, 정부의 지역균형발전정책의 목표이자 수단은 지역인재 육성과 다양한 인적 자원의 개발에 무게를 두어야 한다. 지금은 국토의 균형발전을 위해 수도권과 비수도권이 어떻게든 공생의 해법을 찾아야 할 때다. 그것이 바로 국민화합과 통합의 길이요, 정부의 지역발전정책에 대한 지역민들의 기대와 신뢰를 회복하는 지름길이기 때문이다. 끝으로, 그동안 그렇게 많은 국민적 에너지와 건설비용을 들여 여기까지 온 세종시을 더 이상 이대로 방치해서는 안될 것이다. 지금은 세종시가 가야할 올바른 길을 찾아야 할 때다.

열두번째, 지금부터 각 자치단체들은 지역을 보다 활성화시키고 지역민들의 삶의 질을 향상시키기 위해서 자치역량을 더욱 강화시켜 나가야 할 것이다. 특히 지역이 필요한 정책들을 쇄신시켜 나갈 필요가 있다. 지방자치 부활 이후의 지방정책들은 대부분 근시안적이고 졸속적이다. 기껏해야 다음 선거를 의식한 공약실현 중심의 단기적 정책들이 주류를 이루고 있다. 지역의 미래발전과 지역민들의 행복을 위해 정립되어야 할 미래비전과 전략들은 실종되었거나 주민들의 공감대를 얻지 못하고 있다. 지역발전의 비전과 목표, 실행계획과 성과지표도 체계적으로 연결되어 있지 않기 때문에 그저 장밋빛 구호에 불과한 실정이다. 그것도 단체장이 바뀌면 사라지고 새로운 구호가 등장한다. 그리고, 현대 지방행정에서는 정책디자인보다 중요한 것이 정책소통이다. 정책을 새로 디자인하거나 리디자인 할 때는 정책에 영향을 미치는 지역민들의 동의를 반드시 얻어야 한다. 주민들에게 동의를 얻으려면 올바른 판단력을 갖게 해줘야 한다. 올바른 판단력을 키우려면 충분하고 정확, 신속한 정보를 제공해서 공유해야 한다. 아무리 결정이 급해도 이 과정을 생략해서는 절대 안된다. 정책의 디자인이 아무리 잘되어도 정책의 소통이 안 이루어지면 정책의 지연이나 지역사회의 갈등 등으로 막대한 비용이 소요되거나 정책집행 자체가 무산될 수 있기 때문이다.

제4절 소결론

지방자치와 분권은 이제 피할 수 없는 시대적 소명이자, 어렵지만 반드시 가야할 길이다 (육동일a, 2015). 분권화를 지향하는 선진국의 추세, 한국의 국가발전 단계, 그리고 우리 국민들의 민주시민의식의 수준을 놓고 볼 때, 아직도 극복하지 못하고 있는 '중앙집권형 국가관리체제' 를 과감히 타파해야 한다. 그래야만이 지역의 경쟁력을 강화시켜서 소외와 격차가 환화된 사회를 바라는 국민 모두의 기대가 실현가능해질 단서를 찾게될 것이다. 지금까지 지방분권의 촉진으로 인해서 제기된 부작용과 문제들은 어디까지나 지방자치가 활성화 되어가는 방향에서 그 제도적 개선이 이루어져야지 과거의 통제적 중앙집권시대로 돌아가려해서는 안될 것이다.

지난 25년의 지방자치와 분권은 험난하고 고단한 여정이었지만 앞으로 또 다른 25년을 향해 반드시 우리가 가야 할 길이다. 강조컨대, 민주주의와 지방분권과 자치에 기초한 국정개조가 이번에 만큼은 반드시 이루어 질 때, 비로소 제2의 세월호와 메르스 사건도, 그리고 청와대 속에서의 비선 실세의 국정농단도 사라지게 될 것이다.

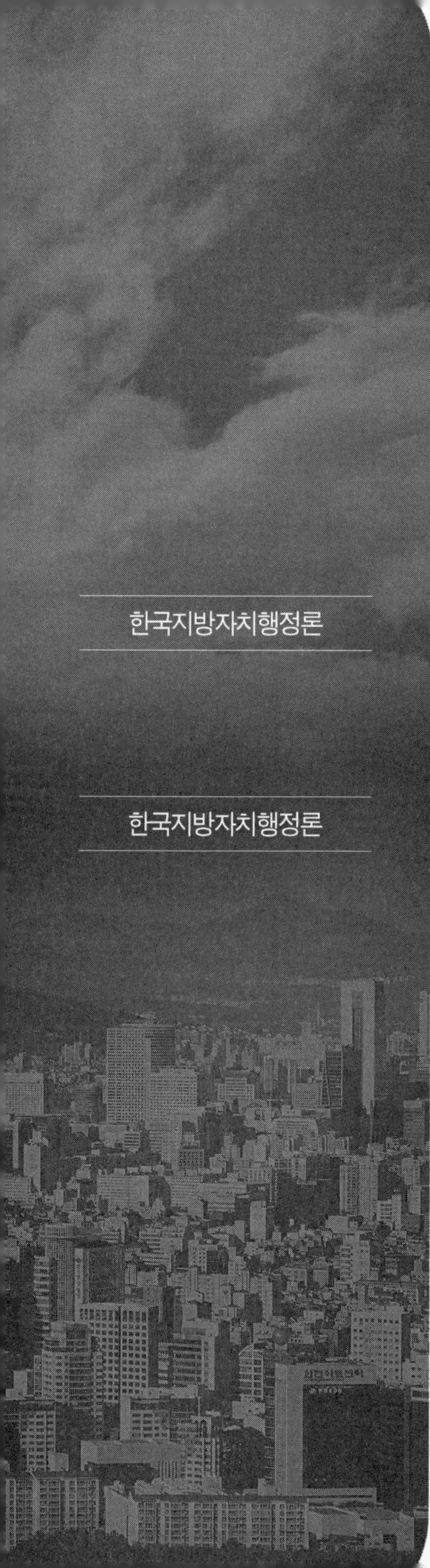

참고문헌

찾아보기

| 참고문헌 |

| 편

강재호(2005), 지방정부체계 개편론에 대한 비판적 고찰, 지방정부연구 제9권 제3호, p. 179~200.

김병국, "2015년도 지방자치의 쟁점과 방향", 「지방자치Focus」제91호, 한국지방행정연구원, 2015. 1, pp. 4-19.

김번웅 · 김동현 · 김판석, 한국행정개혁론(서울:법문사, 1997).

김상겸(2003), 지방자치의 기본법적 보장, p. 39~60 in 박응격 외, 독일지방정부론, 서울 : 엠-애드, 2003.

김성호, "지방분권 개헌 필요성과 과제", 민선지방자치 20주년 기념 국제학술대회 주제발표논문, 한국지방자치학회, 2015. 2.

김순은(2006), 일본과 영국의 자치계층 (행정계층) 개편 논의의 실태와 지향점, 한국지방자치학회 2005년 동계학술대회 발표논문.

김필두 외(2004), 일본 시정촌 합병사례연구, 연구자료집 2004-05, 한국지방행정연구원.

김학노(1994), 지방행정의 이론과 실제, 서울, 박영사

김홍환, "역대정부 지방분권 추진 평가", 2014년도 한국지방자치학회 하계학술대회 주제발표논문, 한국지방자치학회, 2014. 8, pp. 373-396.

박기찬 역,「미셀 크로지에」의 국가경영 혁신전략(서울:서울경제 경영,1998).

박승주 외(1999), 마지막 남은 개혁@2001 : 21세기 국가경영비전, 지방재편의 구상과 발전전략, 서울, 교보문고.

성경륭, "21세기의 변화 전망과 국가경영의 신패러다임",국가혁신의 비젼과 전략(서울:삼성경제연구소,1998)

소순창, "지방자치 20년 , 분권과제추진 평가와 과제", 제21차 지방분권정책포럼, 주제발표논문, 전국시도지사협의회, 2011. 6, pp. 1-40

소영진, "지방분권의 현황과 과제: 성찰적 분권을 위하여",「입법과 정책」제8호, 서울특별시의회, 2014. 12, pp. 45-68.

안영훈(2005), 중앙-지방정부간 관계에서 보충성 원칙의 의미와 그 적용에 관한 연구 : 지방자치 활성화를 위한 헌법 개정방향 (한국행정학회, 2005. 4)

_____, 유럽형 자치경찰제도 모델분석 : 프랑스, 스페인, 이탈리아 자치경찰제도를 중심으로, 치안정책연구소, 2004. 6~2004. 12 (발간 2005. 8)

_____, 정치권의 자치계층제 개편에 관한 허와 실 (서울행정학회, 2005. 5)

_____, 지방정부 2단계 계층구조와 광역자치단체의 기능 : 광역자치단체의 존재 의미와 앞으로의 지위, 역할 및 기능에 관한 연구 (한국지방자치학회, 전국시도지사협의회, 2005. 6.)

오재일, “이명박 정부의 지방분권 개혁전략”,「자치의정」2009 / 3 · 4, 지방의회발전연구원, pp. 8-20.
육동일. (2016).「자치편치」, 대영문화사.
_____, (2015).「지방자치와 국가 · 지역발전론」, 충남대 출판문화원.
_____,「국민행복시대 지방분권과 자치행정」충남대 출판문화원, 2013 .09.
_____,「육동일 교수와 함께 지방자치의 길을 찾다」비주얼스톰, 2009. 11.
_____,「행정도시가 희망이다」충남대 출판문화원, 2005
_____, “다시 짚고 가야 할 지방선거 정당공천제 문제”,「자치의정」2014 / 9 · 10, 지방의회발전연구원, 2014. 10, pp. 8-22.
_____, “성년맞은 지방자치 발달장애 벗어나려면”, 중앙일보 시론, 33면, 2014. 12. 11.
_____, “지방자치와 교육자치의 연계를 위한 교육감 선거제도 개선에 관한 연구”,「한국지방자치연구」제14권 제2호, 대한지방자치학회, 2012.8. pp. 129-159.
_____, “지방분권의 성과와 2010과제”,「공공정책21」한국공공자치연구원, 2010. 02, pp. 14-15.
_____, “우리나라의 지방자치와 분권의 현황과 문제점 및 개선방안”, 남양주시 지방자치발전세미나 주제발표논문, 2015. 01.
_____, “지방자치 10년의 평가와 과제에 관한 연구”,「지방자치정보」152, 한양대 지방자치연구소, 2005. 06, pp. 44-61.
_____, “주민자치의 역량제고”,자치공론 제2권 12호,한국지방자치연구원,1996.12.
유재원, 소순창(2005), 정부인가?거버넌스인가?계층제인가 네트워크인가?, 한국행정학보, 제39권 제1호, 2005. 3., p. 41~63.
이계석, 고영선 편, 아래로부터의 정부개혁(서울:박영사,1997).
이달곤(2004), 지방정부론, 서울, 박영사,
이승종, “지방자치발전종합계획의 의미와 실천방안”, 민선지방자치 20주년 기념 국제학술대회 주제발표논문, 한국지방자치학회, 2015. 2.
_____, “민선지방자치단체장 출범 20년의 의의와 과제”,「자치의정」2014 / 1 · 2, 지방의회발전연구원, pp. 8-16.
전국시장군수 · 구청장협의회,「지방자치에 대한 국민의식 조사 보고서」2015. 2.
정재욱(1998), 한국지방계층구조 및 행정구역의 개편방향에 관한 고찰, 중앙행정논집, 중앙대학교 국가정책연구소, p.275~296.
지방자치발전위원회,「지방자치발전종합계획」2014. 12.
_______________,「지방자치발전종합계획 보도자료」2014. 12.
지방분권촉진위원회,「2009년 지방분권백서」2010. 3.
지방분권국민운동,『자치계층 단층화와 구역조정 논의 자료』. 2005. 8. 31.
차미숙, “행정구역 개편 논의와 특별지방행정기관의 향방.”『지방행정』2005. 9월호. 대한지방행정공제회. 2005.
총무처 직무분석 기획단 편, 신정부 혁신론(서울: 동명사,1997).

최종만, 일본의 자치체 개혁(서울:나남, 1998).
최영출(2005 b), 외국의 단층자치단체 비교분석 : 영국, 캐나다, 뉴질랜드를 중심으로, 한국사회와 행정연구, 제16권 제3호, 2005. 11., p. 251-276.
최창현 역, 정부개혁의 5가지 전략(서울:삼성경제 연구소, 1998).
하승수, "20년이 지난 지방자치, 제도를 어떻게 혁신할 것인가?", 지방자치혁신2차토론회 주제발표논문, 참여자치지역운동연대, 2010. 4.
한국지방자치학회(1995), 한국지방자치론, 서울, 삼영사
한국지방행정연구원(2000), 지방자치제도 개선을 위한 국민대토론회.
한나라당 지방행정개혁 국민대토론회(2005), 다가올 100년, 새로운 지방의 틀 어떻게 짤 것인가, 기조발제 이달곤 서울대 행정대학원장, 2005년 5월 2일.
한부영(2003), 지방정부체계 : 정부간관계, p. 61~102, in 박응격 외, 독일지방정부론, 서울 : 엠-애드, 2003.
한부영, 신현기(2002), 독일 행정론, 서울: 백산자료원.
홍준현(1998), 새 정부 출범에 따른 지방정치 개편방안 ; 지방행정 계층구조 개편방안, 한국행정연구, 한국행정연구원, p.25~50.

A. Norton (1994), International handbook of local and regional government: a comparative analysis of advanced democracies. Edward Elgar.
Alain Delcamp(2003), «A la recherche d'un modèle européen: L'expérience des Etats-membres de l'Union européenne, in Lavroff Dmitri Georges(dir.), La République décentralisée, Paris, L'Harmattan, 2003, p.25~56.
Arnaud Martin, «Le principe de solidarité dans l'Etat autonomique espagnol», in Lavroff Dmitri Georges(dir.), La République décentralisée, Paris, L'Harmattan, 2003, p.
Barter Wendy Russell(2000), Regional Government in England: A Preliminary Review of Literature and Research Findings, London, DETR.
Batley Richard, Stoker Gerry (Ed.), Local government in Europe: Trends and developments, London, Macmillan, 1991, 239 p.
Boyne, G.A.(1996b), Scale, Performance and the New Public Management: An Empirical Analysis of Local Authority Services, Journal of Management Studies, 33(6)
Byrnes J and Dollery B.(2002), Do Economies of Scale Exist in Australian Local Government? A Review of the Research Evidence, Urban Policy and Research, 20(4)
Chapus René, Droit administratif général, Tome 1, Paris, Montchrestien, 1996, 1299 p.
Chevallier Jacques(1994), Science Administrative, Paris, Puf
Chondroleou, G. et al.(2003), Reorganisation: Panacea or Delusion? Local

Government Reform in England and Greece, Paper for Annual EGPA Conference.

Cornevin-Pfeiffer K., R. Jéquier, «La Suisse et ses institutions »in L. Weber, Les finances publiques dun Etat fédératif, la Suisse, Genève, Economica, 1992

Coulson A. 1997. Business partnerships and regional government, Policy & Politics, 25(1): 31–38.

Council of Europe (1998), Regionalisation and its effects on local self-government. Local and regional authorities in Europe series No. 64. Strasbourg: Council of Europe.

Council of European, European Charter of Local Self-Government

De Forges Jean-Michel, Droit administratif, Paris, Puf, 1991, 405 p.

De la Malène Christian(1997), L'application du principe de subsidiarité, Délégation du Sénat pour l'Union européenne, Rapport 46 - 1996 / 1997

De Laubadère A. et al., Traite de droit administratif, Tome 1, 1996.

Democratic Regions (2002), The Campaign for the English Regions' proposals for inclusion in the Government's forthcoming White Paper, Campaign for the English Regions: Newcastle.

Durand Emmanuel Vital, Les collectivités territoriales en France, Paris, Hachette, 1994, 158 p.

Emmanuel Arcobelli, L'Etat régionale en Italie, in Lavroff Dmitri Georges(dir.), La République décentralisée, Paris, L'Harmattan, 2003, p.

Emmanuel Sur, «Une autonomie nouvelle en Irlande du Nord», in Lavroff Dmitri Georges(dir.), La République décentralisée, Paris, L'Harmattan, 2003, p.

Fabrice Hourquebie, Fédéralisme et régionalisme en Allemagne, in Lavroff Dmitri Georges(dir.), La République décentralisée, Paris, L'Harmattan, 2003, p.

F-L. Knemeyer, «Subsidirität – Föderalismus, Dezentralisation», Deutsches Verwaltungsblatt, Vol. N° 9, 1990 5월 1일, p.449~454

Francis Delpérée(2003), Le fédéralisme belge, in Lavroff Dmitri Georges(dir.), La République décentralisée, Paris, L'Harmattan, 2003, p.

G. Stoker (1996), Governance as theory: five propositions. Enjeux des debates sur la governance. Universite de Lausanne.

Gaillard Maurice (ed.), Institution et Territoire, Lyon, PUL, 1993.

Gerstenlauer H-G. 1995. German Länder and the European Community, in The EuropeanUnion and the regions, edited by B. Jones & M. Keating. Oxford: Clarendon Press.

Gleizal Jean-Jacques, Le retour des préfets?, Grenoble, Pug, 1995, 253 p.

Gurutz Jauregui, L'autonomie du Pays Basque: Bilan et perspectives, in Lavroff

Dmitri Georges(dir.), La République décentralisée, Paris, L'Harmattan, 2003, p.
Gore,Al, *The Best Kept Secrets in Government*, New York; Random House, 1996.
____, *The Gore Report on Reinventing Government* (Report of the NPR), Washington; Times Books,1993.
Harding A., Evans R., Parkinson M. & Garside P. 1996. Regional government in Britain:An economic solution? Bristol: The Policy Press.
Herrschel T. & Newman P. 2000. New regions in England and Germany: An examination of the interaction of constitutional structures, formal regions and informal institutions, Regional Studies, 37(7): 1185–1202.
Howard,Philip K., *Common Sense Government*, New York; Random House,1995.
Jean-François Auby, La Nouvelle organisation territoriale de l'Etat en France, in Lavroff Dmitri Georges(dir.), La République décentralisée, Paris, L'Harmattan, 2003, p.
Joseph Rowntree Foundation. 1994. A positive role for local government – lessons for Britain from other countries, Local and Central Government Relations Research 29. York: JRF.
Katia Blairon, Les Représentations des collectivités territoriales en Italie, in Lavroff Dmitri Georges(dir.), La République décentralisée, Paris, L'Harmattan, 2003, p.
Lavroff Dmitri Georges(dir.)(2003), La République décentralisée, Paris, L'Harmattan, 2003.
Leemans, A.F.(1970), Changing patterns of Local government, Hague, The International Union of Local Authorities.
Merley Nathalie, Conception et Administration du Territoire en France Métropolitaine, Aix-Marseille, PUA-M, 1998.
Michael Chisholm(2000), Structural reform of British local govenrment : Rhetoric and reality, Manchester, Manchester University Press
Millon-Delsol C., Le principe de subsidiarités, Paris, Puf Que-Sais-Je ?, 1993
OECD(1999), Managing Accountability in Intergovernmentatl Parterships, OECD
Ohnet Jean-Marc, Histoire de la décentralisation française, Paris, Livre de Poche, 1996.
Olivier Gohin, Institutions administratives, Paris, LGDJ, 1995 (2e éd.), 608 p.
Osborne, David & Plastrik, Peter, *Banishing Bureaucracy*, Addision-wesley Publishing Company, Inc., 1997.
Pereira A. 1995. Regionalism in Portugal, in B. Jones & M. Keating (eds.) The European Union and the regions. Oxford: Clarendon.
Philippe Belin, Fonctionnaires ou Ponctionnaires, Paris, Jacques Grancher, 1996.
Pini Robert, Institutions administratives, Aix-en-Provence, Librairie de l'université

d'Aix-en-Provence, 1995.

Peters, Guy, *The Future of Governing: Four Emerging Models*, University Press of Kansas,1996.

Robert J. Bennett(ed.)(1990), Decentralization, Local Governments, and Markets: Towards a Post-Welfare Agenda, Oxford, Clarendon Press.

Shah Anwar(2005), Fiscal Decentralization and Fiscal Performance, World Bank Policy Research Working Paper 3786, December 2005

Sonia Dubourg-Lavroff, Le Royaume Uni après l'application des lois de dévolution, in Lavroff Dmitri Georges(dir.), La République décentralisée, Paris, L'Harmattan, 2003, p.

Standard and Poor's DRI division of the McGraw-Hill Companies(2000), U.S. Metro Economies: U.S.Metro Economies: The Engines of America's Growth ; 1999 Gross Metropolitan Product(GMP) for the Nation's 319 Metropolitan Areas, in The United States Conference of Mayors and the National Association of Counties.

W. Berg, «Bayern im Europa des Regionen, Bayerische Verwaltungsblätter, n° 9, 2001, p.257~262

II편

가상준. (2009). 지방선거에서 정당공천제: 새로운 변화를 위한 올바른 선택.「OUGHTOPIA」 24(1). 207-232.

강경태. (2009). 정당공천제 개선방안: 기초의회의원선거를 중심으로.「한국정당학회보」 8(1). 225-253.

강문희 · 최창수. (2013). 지방의회 의장단 및 위원회구성의 문제점과 개선방안: 서울특별시의회를 중심으로.「한국지방자치연구」14(4), 대한지방자치학회, pp. 209-234.

강상원 · 이승모. (2008). 광역의회 의정활동의 특성분석: 서울시의회(1991-2006)를 중심으로.「행정문제논집(한양대)」, 23(2): 67-98.

강상원 · 최병대. (2010). 지방의회 의정활동 활성화방안에 대한 인식비교: 지방의원과 공무원집단의 차이를 중심으로.「한국지방자치학회보」, 22(1): 5-27.

강인호 · 백형배 · 이계만 · 김창남. (2010). 광주광역시의회의 의정활동평가: 제4 · 5대를 중심으로.「한국지방자치학회보」, 22(3): 202-218.

강인호 · 오재일 · 박혜자 · 민현정. (2002). 광역의회의 의정활동평가: 광주광역시의회를 중심으로(1991-2001).「한국지방자치학회보」, 14(3): 5-19.

강인호 · 최병대 · 문병기. (2004). 지방의회 지원기능의 강화방안에 대한 분석.「한국행정연구」, 13(1); 203-234.

경상북도의회(2002).「의정백서 제6대: 1998.7.1-2002.6.30」. 대구: 경상북도의회.
_____, (2006).「의정백서 제76대: 2002.7.1-2006.6.30」. 대구: 경상북도의회.
_____, (2010).「의정백서 제8대: 2006.7.1-2010.6.30」. 대구: 경상북도의회.
_____, (2010).「제 8대 경상북도의회의 의정활동의 성과」.
고전. (2010). 지방교육자치제도 개정에 관한 논의.「지방자치법연구」, 10(2)
_____, (2008). 2007 교육감 주민직선 결과 및 쟁점 분석.「교육행정학연구」, 26(2)
구우회. (2013). 지방의회 제도개선에 관한 연구: 대전광역시 서구의회를 중심으로. 배재대 석사학위논문.
국회입법조사처. (2014). 독일 지방의회의원 선거제도의 특징 및 2014 바이에른 지방선거.
김광수. (2002).「선거와 정당」박영사.
김광주 · 최근열 · 김상묵 · 김영종 · 오영석. (1998). 지방의회의 의정활동평가: 경상북도의회 를 중심으로.「한국행정논집」, 10(1): 167-186.
김남철. (2007). 다양한 정치세력의 지방선거 참여를 위한 법적 과제.「공법연구」35(3).
김병국 · 금창호 · 권오철,「지방자치체제의 개편방안 : 지방행정계층과 행정구역의 개편대안을 중심으로」 한국지방행정연구원, 1998.
김병준, "사무배분현황과 재배분체제의 문제점",「자치행정」, 지방행정연구소, 제102호, 1996.9., pp. 12-17.
_____, "민선체제 출범 이후의 정부간 관계 변화",「자치공론」, 한국지방자치연구원, 제2권 10호, 1996.10., pp. 62-76.
_____, (2002).「지방자치론」. 서울: 법문사.
김성호 · 황아란. (2000). 지방자치의 부패구조 개선방안, 한국지방행정연구원.
김순은, "제5대 지방의회와 지방정부의 장과의 관계",「자치의정」9(5), 지방의회발전연구원, 2006, 9 · 10, pp. 21-46.
_____, (1997). 지방의회의 정책결정 보좌기능 개선에 관한 연구: 지방의회 사무국의 기능에 관한 실증분석을 중심으로.「한국정책학회보」, 491): 111-127.
육동일, (1999). 지방의회와 단체장과의 관계분석: 부산광역시의 사례를 중심으로.「지방정부연구」, 5(2): 31-51.
_____, (1999). 지방의회의 집행기관에 대한 견제감시기능.「지방의회연구」, 9: 107-126.
_____, (2001). 지방의회 의정활동(1991-2001)의 평가와 과제.「한국행정학회 하계학술대회 발표논문」.
김영기. (1999).「지방자치행정론」.서울: 대영문화사.
김영수. (2007). 지방의회의 의정활동 성과평가에 관한 연구.「지방정부연구」, 11(1): 185-207.
_____, "중앙과 지방정부간 사무배분에 관한 비판적 분석 · 평가",「지방자치연구」, 한국지방자치학회, 제7권 제2호, 1995.12., pp. 151-181.
김영훈, "지방분권의 논리,"「지방자치」, 1996.7.
김재훈, "중앙-지방간 사무재배분 성과",「지방자치」, 현대사회연구소, 1997.2. pp. 87-93.

김철용, "한국에 있어서 지방분권의 현황과 과제", 「자치공론」, 한국지방자치연구원, 제2권 12호, 1996.12., pp. 75-81.

김현소, "중앙정부와 지방자치단체간의 발전적 관계정립방안" 「자치공론」, 한국지방자치연구원, 제3권 4호, 1997.4., pp. 52-66.

권순복, "지방분권의 목표는 주민자치 활성화", 「자치행정」 No. 180. 지방행정연구소, 2003. p. 11.

권영주. (2009). 지방의회 의정활동의 시계열적 평가: 서울시의회(제3대-6대)를 중심으로. 「한국지방자치학회보」, 21(3): 5-32.

남경희. (2004). 교육감 선거의 민주성 · 공정성 · 유능성 확보방안. 「선거관리」 50. 중앙선거관리위원회

내무부, "지방이양사무목록", 97.4.

노융희, "동서문명사적 지방분권의 당위성" 「자치공론」, 한국지방자치연구원, 제2권 6호, 1996.6., pp. 238-248.

_____, "국가발전과 지방자치발전전략," 「자치공론」, 제2권 5호, 1996.5.

노종희. (2002). 지방교육자치제의 개선방안. 「교육행정학연구」, 20(2)

대전 · 충남 지방자치학회, 「지방자치제도 개선 및 지방자치역량 제고방안」 2002.

박경원, "도시 공공서비스 공급의 민간화에 관한 연구," 연세대학교 박사학위논문, 1989.

박용성, "지방분권촉진 내실화 방안", 한국지방자치학회 하계학술대회 주제발표논문, 2009. 8. 29.

박용성 · 최성구. (2011). 기초의회의원 정당공천제도 정책변동에 대한 연구. 「한국지방자치법연구」 12(4). 77-105.

박종관 · 유준석. (2005). 지방의회 의정활동의 평가: 천안시의회를 중심으로. 「한국지방자치학회보」, 17(4): 37-88.

배응환. (2009). 자치단체장과 지방의회의 역할과 권한 및 영향력; 지방정책과정을 중심으로. 「한국행정연구」, 18(4): 171-194.

배준구 · 안영훈, "지방자치단체간 협력방식: 프랑스의 조합제도를 중심으로", 2002년도 동계학술발표회 자료집, 2003, pp. 302-303.

성기중. (2010). 지방선거에서의 정당공천제 문제의 개선방안. 「대한정치학회보」 18(1). 273-292.

송기창 · 박소영. (2011). 2010년 교육감 및 교육의원 선거의 기호효과에 관한 연구. 「교육행정학연구」, 29(2)

송기창. (2009a). 「현행 교육감 직선제에 대한 평가와 개선과제」. 한국교육개발원

_____, (2009b). 지방교육자치제도 개선방안 심포지움 자료집. 경남교육위원회

송광운. (2008). 한국지방선거 정당공천제의 한계와 과제. 「동북아연구」 23(2). 119-137.

송광태 외. (2010). 6.2 지방선거 평가와 정당공천제의 실태와 개선방안. 「한국지방자치학회 제1차토론회 논문집」. 13-28.

송광태. (2001). 지방의회 의정활동평가의 사례분석을 통한 교훈. 「한국지방자치학회보」,

13(2): 45-66.

_____, (2003). 지방의회운용의 경험적 고찰을 통해 본 지방의회의 기능강화방안 연구: 지방의회의 조직을 중심으로. 「한국지방자치학회보」, 15(3): 23-54.

심익섭 · 홍준현, "지방행정체계의 합리적 개편", 「지방자치제도 개선을 위한 국민대토론회」 한국지방자치학회 · 한국지방행정연구원, 2001, pp. 129-133.

심익섭, 「지방행정체제 개편과 지방의회의 역할」, 「자치의정」 2009 / 1 · 2, 지방의회발전연구원, pp. 8-21.

안성호, "광역시와 자치구간 관계의 실태 · 문제점 · 개선방안-대전광역시 사례를 중심으로-" 제10회 지방자치학술대토론회 발표논문, 한국지방자치학회 대전충남지회, 1997.4., pp. 83-110.

_____, (1998). 지방의회 의장단 선출을 둘러싼 갈등의 원인과 해결방안: 대전광역시 의회의 사례를 중심으로.「사회과학논집」17(2), 대전대 사회과학연구소, pp. 117-130.

안진한 · 김택. (2014). 기초지방선거에 있어서 정당공천제에 관한 인식을 통한 법 · 정책적 연구. 「법과 정책연구」14(1). 43-62.

양현모, 「지방자치단체 행정협의회」 한국행정연구원, 2002.

오세윤 · 박희서, "도와 시 · 군간의 관계 재정립", 「지역균형발전과 지방분권화의 정책과제」, 한국지방정부학회, 2001, pp.243-245

오을임. (2001). 지방의원의 정책활동 활성화방안; 광역의회의원들의 인식을 중심으로. 「한국지방자치학회보」, 1394: 117-131.

오재일, "이명박 정부의 지방분권 개혁전략"「자치의정」 2009 / 3 · 4, 지방의회발전연구원, pp. 8-20.

오환인. (2001). 기초의회 10년의 회고와 성과: 지방의회의 의정활동을 중심으로. 「지방자치정보」, 121: 5-8.

오희환, "중앙,지방간 사무재배분 -1996년도 지방이양합동심의회의 결과를 중심으로-", 「지방자치」, 현대사회연구소, 1997.2., pp. 19-25.

우동기, "자치권한 확대를 위한 지방정부의 대응전략", 「자치공론」, 한국지방자치연구원, 제3권 2호, 1997.2., pp. 141-165.

우리나라, 지방자치법, 2006(개정안).

우성호 · 이환범. (2010). 기초의원 정당공천제 실태분석 및 개선방안에 관한 연구 -기초의원 및 지방의회 관련 공무원의 인식조사를 중심으로-. 「한국지방자치학회보」22(3). 57-82.

유광호 · 박기관. (2005). 지방의회 의정활동의 성과평가에 관한 연구. 「한국지방자치학회보」, 17(2):

육동일. (2010). 지방분권 촉진을 위한 지방의회의 역할과 과제. 「자치의정」, 13(3): 8-22.

_____, (2007). 지방의회 활성화: 자치입법권 보장, 의정평가제 도입. 「공공정책 21」, 23: 24-25.

_____, (1999). 지방자치 운영성과의 과제에 관한 연구. 민선자치 1기를 중심으로, 「한국

지방자치학회보」, 11(4): 75-102.
_____, "세계화 · 지방화 시대의 지방행정 발전방향에 대한 연구",「사회과학논총」, 충남대 사회과학연구소, 제6권, 1995.12., pp. 261-272.
_____, "민선지방자치 1년의 평가와 과제에 관한 연구",「21세기 한국행정론」, (서울:박영사, 1996), pp. 559-583.
_____, "대전광역도시권의 과제와 발전방안",「사회과학연구」 제12권, 충남대 사회과학연구소, 2001. 12. pp.196-197.
_____, "분권화를 통한 지방살리기",「강원광장」 Vol.46, 2002. 5. 16. 강원발전연구원, pp. 52-56.
_____, "제 3기 민선자치정부의 과제", 대전광역시 공무원 워크샵 주제발표, 2002. 8. 30.
_____, "민선5기 지방자치의 과제와 전망", 지방행정연수원 고위정책과정 정책세미나 주제발표논문, 행정안전부 지방행정연수원, 2010. 06, pp. 17-52.
_____, "지방자치와 지방분권 20년의 성과와 발전방향", 공명선거 2010 국민토론회 주제발표논문, 한국지방자치학회, 2010. 04, pp. 3-31.
_____, "우리나라의 지방분권 추진성과와 과제"「자치행정」 No.251, 2009. 2, 지방행정연구소, pp. 38-42.
_____, "제주특별자치도의회의 활성화 방향과 과제", 한국지방자치학회 정책세미나 주제발표논문, 2008. 9. 26, pp. 187-233
_____, "지방선거 정당공천제의 평가와 과제", 한국지방자치학회 정책세미나 주제발표논문, 2009. 4. 27.
_____, "지방의회 활성화를 필요성과 개선과제" 「자치발전」 2008. 10. 한국자치발전연구원, pp. 14-15.
_____, "민선지방자치의 과제와 전망", 고위정책과정 정책세미나 주제발표논문, 지방행정연수원, 2010. 6, pp. 30-36.
_____, "지방행정체제개편과 향후과제", 「지방자치」244호, 미래한국재단 2009.1, pp. 98-99.
_____, "지방의회의 필요성을 보여줘야 한다", 「자치발전」162호, 한국자치발전연구원, 2008.10, pp. 14-15.
_____, "한국과 외국의 지방분권추진정책 비교연구", 「현대사회와 행정」제18권 제1호, 한국국정관리학회, 2008.04, pp. 121-139.
_____, "지방선거 정당공천제의 한계와 과제", 「한국지방자치학회보」53호, 한국지방자치학회, 2006.03, pp. 5-26.
_____, "지방자치와 지방분권의 평가와 향후과제", 「공공행정연구」제7권제1호, 한국공공행정학회, 2005.09, pp. 1-26.
_____, (2013a). 지방선거 정당공천제 폐지를 위한 개선방안. 2014 지방선거 정당공천제 토론회 주제발표논문, 한국여성유권자연맹.
_____, (2013b). 지방선거 정당공천제 폐지 논거와 그 대안. 지방선거 정당공천제 개선에

관한 토론회 주제발표논문, 국회정치쇄신특별위원회.
_____, (2006a). 5 · 31 지방선거의 평가와 과제. 「자치행정」NO. 220. 24-31.
_____, (2006b). 지방선거 정당공천제의 한계와 과제(지방의회의 활성화는 중심으로). 「한국지방자치학회보」 18(1), 한국지방자치학회. 5-26.
_____, (2003). 6 · 13 지방선거의 평가와 과제에 관한 연구. 「사회과학연구」14, 충남대 사회과학연구소.
_____, (2013). 지방분권과 자치행정. 충남대 출판문화원
_____, (2012). 지방자치와 교육자치 연계를 위한 교육감 선거제도 개선에 관한 연구. 「한국지방자치연구」, 14(2). 대한지방자치학회
이기우. (2004). 지방교육자치제도 개선방안. 지방교육자치제도개선토론회 발표자료.
_____, "지방의회와 단체장의 갈등과 조정", 「자치의정」9(5), 지방의회발전연구원, 2006, 9 · 10, pp. 8-20.
_____, "지방자치발전을 위한 사무배분의 과제", 「자치공론」, 한국지방자치연구원, 제2권 9호, 1996.9., pp. 67-96.
—, "중앙정부와 지방정부의 관계 재정립", 「한국형 지방자치의 청사진」, (서울:길벗, 1995), pp. 475-497.
이계식, 문형표 편, 「정부혁신(선진국의 전략과 교훈)」, 서울 : 한국개발연구원, 1995.
이달곤. (2004). 「지방정부론」. 서울: 박영사.
이동윤. (2014). 제6회 전국동시지방선거의 평가와 향후 과제. 「자치의정」17(4), 지방의회발전연구원. 8-17.
이덕난. (2010). 교육감 직선제 폐지 및 교육 · 일반자치 통합 논의에 대한 검토. 「이슈와 논점」, 137.
이덕난 · 이정진. (2011). 주요국의 교육감 선출제도 및 시사점. 「이슈와 논점」, 291호
이병환, "일본의 지방분권일괄법 시행과 자치단체의 대응전략", 「자치발전」통권 95호, 한국자치발전연구원, 2003. 4. pp. 60-61
이상묵. (2007). 지방선거제도 변화의 정치적 효과분석: 경기도를 중심으로. 「한국지방자치학회보」19(1). 53-70.
이승종. (2009). 지방자치발전을 위한 정당참여의 방향. 「한국지방자치학회 정책토론회 논문집」. 3-18.
이상수, "지방자치단체간 사무의 공동처리를 위한 협력방안 연구", 「지방정부연구」 제7권 제1호, 2003. pp. 158-159.
이상천, "지방의회제도 개혁에 대한 전국시 · 도의회의장협의회의 견해", 「자치의정」 2009 / 7 · 8, 지방의회발전연구원 pp. 36~52.
이상철. (2009). 교육감 주민직선제 쟁점 및 과제 분석. 「아시아교육연구」, 10(2)
이영희 · 이영균. (2010). 지방의회의 의정활동평가: 성남시, 광주시, 하남시를 중심으로. 「한국정책과학학회보」, 14(2): 179-209.
이용우. (2015). 지방의회 의장단 선출방식의 개선방안.「자치발전」 21(1,2,3), 한국자치발

전연구원.
이의근, "현행 지방자치 기능배분제도의 문제점과 개선방향",「자치공론」, 한국지방자치연구원, 특별호, 1996.8., pp. 87-106.
이정진. (2014). 지방선거의 여성당선자 현황과 개선과제.「이슈와 논점」제887호. 국회입법조사처.
이종훈. (2013). 지방자치와 정당공천제 -기초의회의원을 중심으로-.「세계헌법연구」19(3). 21-51.
이주석, "「지방분권촉진 위원회」의 출범과 과제",「자치의정」2009 / 3 · 4, 지방의회발전연구원, pp. 21-30.
이주희,「지방자치법 해설과 사례」기문당, 2003.
이준한. (2009). 2010년 지방선거와 교육감 및 교육의원선거의 동시실시에 따른 효과 예측.「한국지방자치학회보」, 21(3)
이종원. (1998).「서울시의회 입법활동의 활성화방안」. 서울: 서울시정개발연구원.
이종수, "정부기능의 지방이양 문제점과 개선방안",「자치행정」, 지방행정연구소, 제103호, 1996.10., pp. 87-94.
이진무, "지방화시대의 중앙정부와 지방정부의 기능배분에 대한 고찰",「자치정보」, 연진전문대학 지방자치연구소, 제6호, 1997., pp. 103-115.
임성일,「영국의 지방정부」, (서울:법경사, 1996), pp. 112-141.
정세욱, "중앙정부와 지방자치단체간의 갈등조정과 정책과제",「지방자치와 행정」, (서울: 삼영사, 1995), pp. 55-85.
_____,「정부간 관계」법문사, 1997.
전국시 · 도지사협의회,「지방분권 촉진을 위한 건의」2003. 6. 27.
전국시장 · 군수 · 구청장협의회,「지방이 살아야 나라가 산다」2003. 2. 14.
전용주. (2014). 2014년 지방선거의 제도적 쟁점과 개선방안: 공천문제를 중심으로.「6 · 4 지방선거와 한국정치의 발전」내나라연구소. 21-33.
주선미. (2014). 6 · 4 전국동시지방선거의 특징과 문제점.「자치의정」17(4), 지방의회발전연구원. 18-34.
주용학. (2007). 민선4기 지방선거 결과분석 및 정책적함의 (기초단체장의 정당공천제를 중심으로.「한국지방자치학회보」19(1). 29-51.
정부혁신지방분권위원회,「참여정부 지방분권 추진 로드맵」, 2003. 7. 4.
주민자치센터 연구팀, 동 주민자치센터 이렇게 꾸려나갑니다, 한국지방행정연구원, 2000.
지방분권촉진위원회,「2009년 지방분권백서」2010. 3
_______________,「지방분권과제 추진실적 점검결과」2009. 7
_______________,「지방분권의 방향 및 과제」2009. 6
지방교육자치에 관한 법률 일부개정 2002.1.26 법률 제 6626호
지방교육자치에 관한 전부 개정 법률안 2005.4.19
지방자치발전위원회, (2014).「지방자치발전종합계획」

________________, (2013).「교육자치와 지방자치 통합 소위원회 회의자료」
________________, (2011).「교육자치제도 개선」
________________, (2011).「교육자치제도 개선방안 시 · 도 의견수렴보고서」
중앙선거관리위원회, (2010).「교육감 · 교육위원선거 결과」
총무처,「중앙-지방 사무총람(I), (II)」, 1994.1.
______,「'94 지방이양 확정사무 목록」, 1994.12.
최근열 · 장영두. (2009). 지방의회 의정활동의 성과평가: 경상북도의회를 중심으로.「한국행정논집」, 21(3): 863-892.
최근열, (2012). 기초지방선거에서 정당공천제의 개선방향.「한국지방자치연구」14(2). 181-209.
최봉기, "지방분권개혁을 위한 지방의회의 역할",「자치의정」2009 /3 · 4, 지방의회발전연구원, pp.31~45.
최유성,「정부간 관여」한국행정연구원, 2000.
최창호,「지방자치학」, (서울:삼영사, 1995), pp. 742-744.
______,「지방정부기능론」삼영사, 2001.
______,「지방자치학」, 서울 : 삼영사, 2006.
최영출 · 정영수 · 윤유진 · 이인회 · 김민희. (2009). 해외 지방교육행정체제에 관한 연구. 한국지방교육연구센터
최진혁. (2008). 외국의 교육자치제도 : 미국, 프랑스, 일본을 중심으로.「공공정책21」
최진혁 · 육동일. (2010).「사회통합과 지방자치 활성화를 위한 지방선거제도 개선방안 도출」. 사회통합위원회
최항순, "시급한 광역과 기초단체간 관계정립",「지방자치」, 현대사회연구소, 1997. 2., pp. 14-18.
하세헌. (2006). 기초지방선거에서 정당공천제의 문제점과 개선방안.「한국지방자치연구」8(1). 37-52.
하재룡, "중앙-지방간 행정사무의 배분방안",「지방행정연구」, 한국지방행정연구원, 제11권 제12호, 1996.8., pp. 65-92.
하혜수, "지방정부의 기능배분은 이렇게 잘못되어 있다",「지방자치」, 현대사회연구소, 1997.2., pp. 59-63.
______, "지방분권화 추진을 위한 전략과 준비",「지방자치」통권 176호, 현대사회연구소, 2003. 5. pp. 51-52.
한국지방행정연구원,「외국의 지방분권제도」, 1996.
________________, (2002).「지방행정의 의정활동 성과평가모형 개발과 적용방안」. 서울: 한국지방행정연구원.
한국행정학회,「지방자치시대의 정부간 인사교류 실태분석 및 활성화 방안」한국행정연구원, 2001.
___________,「지방행정기능분석에 관한 연구(II)」, 1992.2.

황하란. (2010). 지방선거의 정당공천제와 중앙정치의 영향.「21세기정치학회보」20(2). 31-53.

Abeny, Glenn. & Lauth, Thomas P. (1986). *The Politics of State and City Administration.* Albany; State University of New York Press.

Barber, Benjamin R., *Strong Democracy*, California : Univ. of California Press, 1984.

Bille, L. (2001). Democratizing a Democratic Procedure: Myth or Reality? Candidate Selection in Western European Parties, (1960-1990). Party Politics, 7(3): 363-381.

Chevallier Jacques(1994), Science Administrative, Paris, Puf.

Cornevin-Pfeiffer K., R. Jéquier, «La Suisse et ses institutions » in L. Weber, Les finances publiques dun Etat fédératif, la Suisse, Genève, Economica, 1992

Council of European, European Charter of Local Self-Government De la Malène Christian(1997), L'application du principe de subsidiarité, Délégation du Sénat pour l'Union européenne, Rapport 46 - 1996 / 1997

David Osborne and Peter Plastrik, *Banishing Bureaucracy*, New York : Addison-Wesley Publishing Company, Inc., 1997.

David Osborne and Ted Gaebler, *Reinventing Government*, New York : The Penguin Group, 1993. pp. 59-65.

DELEVOYE Jean-Paul(1998), Polices municipales, RAPPORT 455 (97-98), COMMISSION DES LOIS (상원 법사위원회)

Eggers, William D., and John O'Leary, *Revolution at the Roots*, New York : The Free Press, 1995.

Faure Alain (dir.)(1997), Territoires et Subsidiarité: L'Action publique locale à la lumière d'un principe controversé, Paris, L'Harmattan

Hill, Kim Quaile. & Maladenk, Kennth R. (1992). *Democratic Governance in American States and Cities.* Pacific Grove; Brooks/Cole.

Hill, Dilys M. *Democratic Theory and Local Government,* London : George & Unwin.

Holbrook, T and E. Van Dunk(1993), Electoral Competition in the American States, *American Political Science Review*, 87.

Lunenburg, F., & Ornstein, A. (2008). *Educational Administration* (5th ed.). Belmont, CA : The Thomson Cor.

Norton Alan(1994), International Handbook of Local and Regional Government:A Comparative Analysis of Advanced Democracies, Edward Elgar

OECD(1999), Managing Accountability in Intergovernmentatl Parterships, OECD

Osborne, David and Ted Gaebler, *Reinventing Government*, New York : The Penguin

Group, 1993.
Philip Howard, *Common Sense Government*, New York : Random House, 1995.
WORLD ASSOCIATIONS OF CITIES AND LOCAL AUTHORITIES COORDINATION (WACLAC)(1998), "Towards a World Charter of Local Self-Government", FORUM "LOGOV", 1998년 10월 30일
William Eggers and John O'Leary, *Revolution at the Roots*, New York : The Free Press, 1995. p.14., p.63.

(미국)
미국 통계청(census bureau), 미국 2003년 지방정부 통계자료
미국 뉴욕주, 2002 handbook, 제4장 지방정부편(Local government), 2002판.
미국 뉴욕주 자치정부통치법(Municipal Home Rule Law Statute of Local Governments), 지방자치기본법(General Municipal Law), 시정부법(General City Law), 지방재정법(Local Finance Law)
미국 뉴욕주 헌법(State Constitution)
뉴욕시정부(City of New York), 자치기본조례(City Charter), 2002년 11월 개정.
미국, 워싱톤 D.C. 시정부 챠터(City Charter, 2006), 뉴욕주 헌법(2006), 뉴욕시정부 챠터(City Charter, 2006), 켈리포니아 헌법(2006), 로스엔젤레스 시정부 챠터(City Charter, 2006)

(프랑스)
1982년 신지방분권법, "꼬뮨 기초자치단체, 데빠르뜨망 도자치단체, 레지용 광역도자치단체의 권리와 자유에 관한 법"(loi relative aux droits et liberts des communes, des départements et des régions), 1982년.
1983년 권한배분기본법(Loi n° 83-8 du 7 janvier 1983 relative à la répartition des compétences entre les communes, les départements, les régions et l'Etat) 등 1983년.
1992년 프랑스 전국 행정조직 기본법 (loi d'orientation relative à l'adminsitration territoriale de la République, 1992년.
프랑스 지방자치통합법전(Code général des collectivités territoriales, CGCT), 2005년.
프랑스 헌법개정 보고서, 하원의회, 상원의회 각종 2000~2003년
프랑스, 지방자치통합법전, 2006.

(영국)
1988년 지방정부법(Local Government Act 1988)
1988년 지방재정법(Local Government Finance Act 1988)
1999년 지방정부법(Local Government Act 1999)
2000년 지방정부법(Local Government Act 2000) 등 관련자료

영국, 지방정부법 1972, 1985, 2000(Chapter 22), 2002, 2006. 레이체스터 시정부 자치기본조례(Leicester City Council Act 2006, 2006 Chapter ii for the better control of street trading in the City of Leicester), 리버풀 시정부 자치기본조례(Local constitution)

(일본)

일본, 신일본 지방자치법, 2006.

(독일)

독일, 통합헌법, 2006. 웨스트팔리아 주헌법(2006), 지방자치법(2006).

III편

강형기, "내향적 국제화와 지방자치단체의 역할" 「지방의 국제화」 2006.1.

강형기 · 허훈(1999), "지방자치단체 경영혁신을 위한 표준평가모델의 정립에 관한 연구", 한국지방자치학회보 제11권 제1호, 서울 : 한국지방자치학회.

강영훈, 「지방행정 계층구조의 적정성: 제주도 행정계층 및 구역개편을 중심으로」, 「정부학연구」, 고려대학교 정부학연구소, 2004, pp.185~212.

경제정의실천시민연합, "한약분쟁의 조정", 「경실련 출범 4주년 기념자료집」, 1994. 2.

경기개발연구원(1996), 경기도정 평가지표 개발과 적용에 관한 연구.

국회지방행정체제개편특별위원회, 「지방행정체제 개편 특별위원회 활동결과 보고서」 2006.2

군포시 쓰레기 소각장 범시민대책위원회, 「군포시 산본 쓰레기 소각장 문제와 관련된 조사자료」, 1984. 12.15.

군포시민의 모임 환경분과, 「산본지구 쓰레기 소각장 건설을 둘러싼 대책활동일지」, 1995.

김경대 · 이규환, "지방의회 의원의 의정활동에 대한 만족도 조사연구(주민과 공무원의 인식조사를 바탕으로)", 「한국지방자치학회보」, 한국지방자치학회, 27(4): 155-177, 2015. 12.

김미라. (2012). 종합편성채널의 초기 편성에 관한 연구. 「언론과학연구」 12(2), 한국지역언론학회, 2012. 6.

김명환(1997), 시 · 군 행정지표의 개발과 적용방안, 춘천 : 강원개발연구원.

______ 외(2000), "지방정부의 성과지표 개발과 적용: 강원도 시 · 군의 예", 지방자치학회보 제12권 제1호, 서울 : 한국지방자치학회.

김병국. (2015). 2015년도 지방자치의 쟁점과 방향. 「지방자치Focus」 제91호, 한국지방행정연구원, 2015. 1.

김병준, "자치단체간의 갈등, 분권을 위한 일시적인 동요", 「지방자치」, 1991. 9.

김세철. (2000). 지역사회의 발전과 언론의 역할. 「사회과학논총」 계명대 사회과학연구소,

Vol 19, 2000.
김성준 · 김용운, "지방자치단체의 전략기획-선택인가 필수인가 : 미국 지방정부의 교훈," 「한국행정연구」제12권 제4호, 한국행정연구원, 2003 겨울호, p9. 180-218
김순은, "지방분권정책에 대한 평가", 「지방행정연구」 제17권 제3호, 지방행정연구원, 2003. 12. pp. 41-72
김상문(1996), "지방자치단체의 실적평가: 필요성과 방법", 대구 · 경북행정학회 봄학술대회 발표논문.
김시영 · 김규덕(1996), "지방정부 공공서비스의 성과평가모형에 관한 소고", 지방자치학회보 제8권 제3호, 서울 : 한국지방자치학회.
김신 · 박재완(20002), "지방자치단체 성과평가", 지방행정연구 제14권 제2호, 서울 : 한국지방행정연구원.
김여라. (2015). 사이비언론의 쟁점과 과제. 「이슈와 논점」 제1064호, 국회입법조사처, 2015. 9.
김영기(1991), "공공서비스 성과에 대한 수혜자평가의 결정요인", 부산대학교 대학원 박사학위논문.
김영호. (2003). 「지방화 구현을 위한 지역언론의 활성화 방안」 지방자차학회 발제원고, 2003. 9.
김준식, "정부 및 NGO의 내향적 국제화 지원방안" 「21세기 다문화시대를 향한 바람직한 내향적 국제화발전전략」 워크 발제논문, 한국지방자치단체국제화재단, 2007.4.2
김필두, " 외국(영국 · 일본)의 지방행정구역 개편", 「지방자치」 미래한국재단, 2008.10, pp.40~43.
김홍식, 「지역이기주의 극복을 위한 정책연구」, 한국지방행정연구원, 1993. 2.
금창호(1996), 지방행정 비교평가를 통한 인센티브 도입방안, 서울 : 한국지방행정연구원.
권경득, "지방분권시대의 지방공무원능력개발", 「자치행정」No.184, 지방행정연구소 2003. 7.
권태수, "지역이기주의의 극복을 위한 정책과제", 관악행정학회 1993년도 하계 세미나 발표논문, 1993. 8. 13.
남궁근, "자율개혁과 공직의 전문성 제고방안",「자치발전」제107호, 한국자치발전연구원, 2004. 3.
뉴시스, "민선6기 대전광역시 전반기 시정평가 여론조사", 2016. 06. 22.
대전광역시연구단,「지방분권화에 대응한 지방정부의 수권능력강화방안, 제40회 지방행정연수대회, 2003. 11.
류태건, "사회자본론의 시각에서 본 시민참여와 호혜성의 관계: 부산시민 대상 설문조사 결과 분석을 중심으로",「지방정부연구」, 18(1): 465-495, 2014(봄).
박기관, "지방정부 국제교류의 실태분석 및 거버넌스 활용방안," 「공공행정연구」7(2), 한국공공행정학회, 2006.
_____(2001), "지방정부의 행정성과평가 및 적용모형에 간한 연구", 지방자치학회보, 서울

: 한국지방자치학회.
_____(1999), "자치단체장의 리더십과 공무원의 직무만족 및 행정성과에 관한 연구", 건국대학교 대학원 박사학위논문.
박승주, "지방행정체제 개편논의 과정과 앞으로의 절차"「지방자치」 미래한국재단 2008.10, pp.36~39.
박용길, "국제화와 지방정부의 대응"「한국행정연구」12(2), 한국행정연구원, 2003.
박천오, "인사교류 활성화의 필요성과 방안",「자치발전」제107호, 한국자치발전연구원 2004. 3.
박혜자, "지방정부의 자치조직 · 인사권의 제약요인과 그 개선방안",「한국지방자치학회보」제15권 제4호, 한국지방자치학회, 2003. 12.
보건사회부,「보건사회 통계연보」, 제 39호, 1993. 10.
_________,「약사법개정안 확정」, 1993. 10. 8.
_________,「약사법시행령 시행규칙 개정(안)」관련자료, 1994. 5.
서울대학교 행정조사연구소,「지방행정체제의 계층구조 및 관할구역에 관한 연구」, 서울대 행정조사연구소. 1980.
소진광, "참여정부의 지방분권 정책기조",「지방행정연구」제17권 제3호, 지방행정연구원, 1003. 12. pp. 3-40
손희준, "지역이기주의 극복을 위한 혐오시설의 효율적 관리방안",「지방행정」, 1994. 10.
송대희 외 3인(1987), "공기업 경영평가의 이론적 배경과 기법", 서울 : 한국개발연구원.
안성호, "자치계층 및 구역의 개편을 우려한다",「정책&지식」, 제197호, 한국정책지식센터, 2005. 6.
안영훈, "정치권의 자치계층 개편안의 허와 실", 서울행정학회 춘계학술대회 발표논문, 2005. 5.
양기용 외(1998), "광역자치단체 평가시스템 개발에 관한 연구", 경기 : 경기개발연구원.
양기호, "내향적 국제화의 현주소 및 발전방안"「21세기 다문화시대를 향한 바람직한 내향적 국제화발전전략」 워크발제논문, 한국지방자치단체국제화재단, 2007.4.2
_____, "지방정부의 외국인 대책과 내향적 국제화"「한국지방자치학회보」18(2), 한국지방자치학회, 2006.
오석홍(1993), "정책학의 주요이론", 서울 : 경세원.
_____, "집단민원에 대한 정부의 시각 바뀌어야 한다.",「지방자치」, 1991. 9.
_____, "집단민원의 추세와 예방대책",「지방행정」, 1988. 7.
윤정길 · 우무정, "전략기획을 통한 지방정부 발전전략 수립에 관한 연구",「한국행정연구」 제12권 제3호, 한국행정연구원, 2003 가을호, pp. 63-96
육동일, "자치행정의 본질과 과제에 관한 연구",「지역사회개발논총」, 연세대 지역사회개발연구소, 1990.
_____, "집단민원과 주민운동의 실태와 관리방안",「논문집」, 제4권, 충남대 사회과학 연구소, 1993. 12.

_____, “지역-집단 이기주의에 관한 실증적 연구”, 연세대 박사학위논문, 1995. 6.
육동일 · 박대식, “지방정부에 대한 주민들의 태도와 참여에 관한 연구 : 대전광역시를 중심으로”, 「한국행정학보」, 제28권 제4호, 한국행정학회, 1994.
육동일 외, 「21세기형 중앙-지방정부간 관계 재정립 모델 연구 (행정계층구조 개편을 중심으로)」 한국지방자치학회 최종보고서, 2006.7.
육동일, “독립상설기관 설치와 심층분석 필요”, 「공공정책21」 한국공공자치연구원, 2008.10, pp.20~21.
_____, “ 지방자치계층구조 및 구역개편의 방향과 과제”, 「지역개발논총」 제 7집, 충남대 지역개발연구소, 2005, pp.43~72.
_____, “ 지방행정체제 개편의 쟁점과 향후 추진방향”, 「경기논단」 제8권 제1호, 경기개발연구원, 2006.4, pp.51~74.
_____, “6 · 4 지방선거의 평가와 과제에 관한 연구(정당공천제를 중심으로) ”, 「현대사회와 행정」, 26(3), 한국국정관리학회, 2016. 09.
_____, “지방자치의 활성화를 위한 지역언론의 방향과 과제 ”, 「현대사회와 행정」, 26(1), 한국국정관리학회, 2016. 03.
_____, “지방자치와 지방분권 20년의 성과평가와 발전과제”, 지방자치 20주년 토론회 주제발표논문, 전국시도지사협의회 등, 2015. 03, pp. 31-67.
_____, 「대전교육의 목표체계와 혁신전략 수립에 관한 연구」, 대전광역시교육청, 2015. 01.
_____, “박근혜정부 지역균형발전정책의 방향과 과제 ”, 전국균형발전지방의회협의회 세미나 주제발표자료, 전국균형발전지방의회협의회, 2013. 03. 25.
_____, “지방자치와 지방분권의 평가와 향후 과제(대전 · 충남지역 주민들의 태도를 중심으로)” 「공공행정연구」 7(1), 한국공공행정학회, 2005.9.
_____, “민선2기의 평가와 지방선거의 과제”, 「사회과학연구」, 충남대 사회과학연구소, 14: 195-224, 2002.
_____, “지방자치 운영성과와 과제에 관한 연구”, 「한국지방자치학회보」, 한국지방자치학회, 11(4): 75-100, 2000.
_____, “민선자치 2기 1년의 평가와 과제에 관한 연구”, 「사회과학논총」 충남대 사회과학연구소, 10: 149-170, 1999.
육동일 · 원구환, “광역자치단체의 주민만족모형 정립을 위한 변수추정에 관한 연구”, 「한국행정학보」 한국행정학회, 32(3): 127-144, 1999.
육동일, “민선 지방자치제 출범 1년의 평가와 과제”, 「민선지자체 1년: 평가와 전망」 대전발전연구소, 21-57, 1996.
_____, “대전과 세종시 이대로 가서는 안된다”, 디트뉴스24, 2015. 12. 07.
_____, “쇠퇴하는 대전, 발상의 대전환이 필요”, 디트뉴스24, 2014. 11. 04.
_____, “쇠퇴하는 대전 이대로 포기할 것인가”, 디트뉴스24, 2014. 10. 23.
_____, (2014). 다시 짚고 가야 할 지방선거 정당공천제 문제. 「자치의정」 2014 / 9 · 10, 지

방의회발전연구원, 2014. 10, pp. 8-22.
윤주성 · 이호연. (2011). 지방정부의 지역언론 통제 방식에 관한 연구: 광주 · 전남 지역을 중심으로.「한국언론학보」55(4), 한국언론학회, 2011. 8.
이계식 · 문형표(1995), "정부혁신: 선진국의 전략과 교훈", 서울 : 한국개발연구원.
이기종(1998), 지방자치단체의 성과평가 운영방안", 제주발전연구, 제주 : 제주발전연구원.
이달곤, "집단이기주의의 원인과 합리적 해소방안",「지방행정」, 1991. 6.
이승선. (2014). 지방자치단체의 언론대응 방식 특성과 함의: 대전광역시 2012-2013 사례를 중심으로.「사회과학연구」, 25(2). 충남대 사회과학연구소, 2014. 4.
이승종, " 지방역량강화를 위한 광역자치구역의 개편방안",「행정논총」 제 46권 3호, 서울대 행정대학원, 2008, pp.61 ~ 389.
이인용, "언전건설과정의 지역이기주의 해소방안",「입법조사월보」, 1992. 6.
이명환, "일본의 지방분권일괄법 시행과 자치단체의 대응전략",「자치발전」제96호, 한국자치발전연구원, 2003. 4.
이재성(1998), "지방행정의 성과수준지표에 관한 연구", 중앙대학교 대학원 박사학위논문.
이지헌(2000), "영국의 지방정부의 혁신", 국제교류 제45호, 서울 : 한국지방자치단체 국제화재단.
이진로. (2011).「종합편성채널 시대와 지역신문」 한국언론학회 2011 봄철정기학술대회 발제논문, 2011.
이창균(1997), "지방재정인센티브제도의 합리적 발전방안", 서울 : 한국지방행정연구원.
이창원 외(1998), "지방자치단체의 조직효과성 평가에 관한 연구", 한국행정학보 제32권 제1호, 서울 : 한국행정학회.
이진원역,「도시의 승리」, 2011.
장호순. (2010). 지방자치와 지역언론: 지방자치의 필수조건으로서 지역언론에 관한 시론적 연구.「사회과학연구」, 16(1), 순천향대 사회과학연구소, 2010.
정은주. (2015)「종편이 낳은 괴물들 막장 배틀」,「한겨레21」2015. 3.
전국시도지사협의회. (2014).「지방분권추진방향」 2014. 12.
________________. (2014).「지방자치발전종합계획 보도자료」2014. 12.
전영평, "참여정부 지방정책평가와 시민사회의 과제",「지방행정연구」제17권 제2호, 지방행정연구원, 2003. 8. pp. 3-28
정재욱,「한국지방계층구조 및 행정구역의 개편방향에 관한 고찰」,「중앙행정논집」, 중앙대학교 국가정책연구소, 1998, pp.275~296.
정재명 · 최상현, "지방의회 의정활동에 대한 효율성 및 만족도 평가",「지방정부연구」, 20(2): 203-229, 2016(여름).
정준금, "주민참여정책에 대한 실태분석 및 평가",「지방정부연구」, 17(4): 239-267, 2014(겨울).
지방자치발전위원회,「한국지방자치 발전과제와 미래」, 2016. 06.
________________,「2016년 지방자치발전 시행계획」, 2016. 02.

_______________, 「지방자치발전 종합계획」, 2014. 12.
조국현, "지역이기주의의 정책대응에 관한 연구", 고려대 석사학위논문, 1992.
총무처 정부합동민원실, 「다수인 관련민원 해소추진 상황」, 1995.
———, 「집단이기주의 극복과제 및 집단민원 관리체제 조정」, 1994. 6.
최병대 외(2000), "지방자치단체 시민평가체제의 효과적인 도입방안에 관한 연구", 지방자치학회보 제12권 제1호, 서울 : 한국지방자치학회.
_____(1995), "지방자치단체의 행정(내부)진단", 도시행정연구 제10집, 서울시립대
최영춘, "지방분권화에 따른 지방정부의 역량강화", 「지방행정연구」제17권 제2호, 한국지방행정연구원. 2003. 8. p8. 27-50
최외출, "지역발전을 위한 지역이기주의 증후의 극복방안", 「새마을 · 지역개발논총」, 영남대 지역개발연구소, 제13집, 1992.
최창호(2001), "지방자치학", 서울 : 삼영사.
한국지방행정연구원, 「대한민국 지방자치 발전방안을 이야기 하다」, 2016. 10.
한국지방자치단체국제화재단, "기획특집 : 내향적 국제화와 지방자치단체의 역할", 「지방의 국제화」2006.1.
______________________, "기획특집 : 2006 대한민국 내향적 국제화의 현주소", 「지방의 국제화」 2006.12.
한국능률협회(1998), "한국도시경쟁력 평가에 관한 연구.
한표환 · 권오혁(1995), "도시지표의 개발 및 적용에 관한 연구", 서울 : 한국지방행정연구원.
한표환 외(1999), "지방자치단체의 성과평가를 위한 지표개발", 한국정책학회보 제8권 제2호, 서울 : 한국정책학회.
허태열, 「지방행정체제 개편과 관련된 제논의 (17대 국회지방행정체제개편특위 보고서를 중심으로)」 2008.9.
홍준현, 「지방행정 계층구조 개편방안」, 한국행정연구, 7(1), 한국행정연구원. 1998
행정자치부, 「신뢰받는 정부를 위한 변화와 혁신」2004년 주요업무계획, 2004. 3. 25
________, (1998), 지방자치단체 평가 표준모델 정립에 관한 연구.

高寄昇三(1999), 自治體の行政評價システム, 東京 : 學陽書房.
Armour, A. M., The siting of locally unwanted use : Towards a cooperative approach, Progress in Planning, Vol. 35, Part. 1, 1991.
Bercovitch, Jacob, Social Conflicts and Third Parties : Strategies of Conflict Resolution, Boulder, Colorado : Westview Press, 1984.
Brown, K. and P.B. Coulter(1983), "Subjective and Objective Measures of Pulbic Service Delivery", *PAR*. Vol. 43, No.1.
Brudney, Jeffrey L. and Robert E. England(1982), "Urban Policy Making and Subjective Service evaluation: Are They Compatible?", *Public Administration*

Review, Vol. 42, No.2.

Ducsik, Dennis W., Electricity Planning and Third Partis : Strateies of Conflict Resolution, Boulder, Colorado : Westview Press, 1984.

GTZ(2002)., *National Framework for Capacity Building to Support Decentralisation.,* Indonesia: The Minister of Home Affairs.

Hatry, Harry P. et al(1992), "Get Ready : the Time for Performance Measurement is Finally Coming", *Public Administration Review*, Vol. 52, No.5.

Inhaber, Herbert, Of LULUs, NIMBYs, and NIMTOOs, The Public Interest, No.107, 1992.

Jefferson, Michael, Are NIMBYs Really So Bad : Viewpoint 1, Toum & Country Planning, September, 1990.

London Research Centre(1995), *Performance Indicatiors in London Borough*, January.

Ministry for the Environment(2001)., *Report on the Results of A Survey Seeking Feedback on Local Government Newzealand's and the Ministry for the Environment's Capacity Building Projects and Good Practice Publications.,* Newzealand: MfE.

Miller, Donald(1980), "Project Location Analysis Using the Goals Achievement Method of Evaluation", *Journal of the American Planning Association*, Vol.46, No.2.

O'Hare, Michael, Not on my block you don't : Faclity strategic importance of compen-sation, Public Policy, 25, 1977.

O'Hare, Michael, Lawrence Bacaw, and Debra Sanderson, Facility Siting and Public Opposition, New York : Van Nostand Reinhold, 1983.

OECD(1998), *In Search of Result-Performance Management Practices*, Paris : OECD.

Stephenson, Max O., & Gerald M. Pops, Conflict Resolution Methods and the Policy Process, PAR, Sep/Oct, Vol. 49, No.5, 1989.

Wholey, Joseph S. and Harry P. Hatry(1992), "The Case for Performance Monitoring", *Public Administration Review*, Vol.52, No.5.

찾아보기

ㄱ

가위상 131
갈등관리 383
개발신탁 163, 440
개별적 참여 238
객관적 성과평가 464
견고한 지역사회 242
견제와 균형 71, 141
경마저널리즘 493
경선제 220, 221
경성적 지표 463
경영성 21
경쟁과 협력 37
경험과 교육 37
계약 165, 435
계획계약 175, 449
계획관리시스템 476
고객 40
고령화 73
공개성 20
공공선택이론 24
공동결정 79
공동기구 164, 440
공동생산 79
공동책임 79
공동체 의식 78
공동추진협력 163, 440
공동투자 163
공동협약 163, 440
공리주의 19, 389
공시제도 224
과학적 · 법칙적 합리성 235
관료제이론 24
관료주의 57
관치행정 17
광역경제권구축 44
광역계획기관 165
광역도시권 426
광역연합 165
광역연합제도 97
광역자치정부 102
광역행정 162
광역행정구 165, 435
광역행정협의회 433
교육개혁 73
교육구 434
교육선거 76
교육자치 74
교육행정 75
교황식 선출방식 217
구역변경 165
구자치제 64
국가균형발전위원회 90
국가균형발전특별법 90
국가재구조화 118
국고보조금 92
국민공천배심원제 298
국민의 정부 42
국정참여 113
국회입법권 참여 116
굴욕요인 462
권한이양 37
규모의 경제 162
근린재생사업 283
기관구성형태 87
기관대립형 72, 109
기관분립형 72
기관위임사무 97
기관통합형 72, 109
기업가적 정부 259
기업형 정부 122
기준인건비제 50
기초자치단체 우선의 원칙 145
기회역량 361

ㄴ

나눔 79
남북교류협력 502
남북교류협력기금 507
남북교류협력에 관한 법률 507
납세자의식 78
너그메이어상 131

ㄷ

다문화공생 522
다문화정책 516
다양성 66
담론 33

대의민주주의 116
도 · 농 통합 438

ㅁ

목표관리제 363
무보수 명예직제도 109
문민정부 42
문제제기자 132
문제해결자 132
문화성 22
민주적 거버넌스 269
민주주의 57

ㅂ

발전행정 17
보충성의 원칙 145
보통교부세 95
분권 36
분권교부세 92
분권화 26
분리 · 합병 165, 435
불완전한 시장 248
불완전한 정부 248
브리태니커 81
비제도적 참여 189, 237
비판의식 78

ㅅ

3-Co-administration 79, 254
3각 공동행정 79, 254
10월 학살 132
사무위탁 165, 436
사원지주제 500
사회적 신뢰 273
사회적 형평성 19
삼면등가의 법칙 370
상식적 정부 125
상향식 경선방식 62
상향적 개발 27
생산중심의 개발 30
선거 37
성과감사제도 224
성과관리시스템 363, 476
성과주의예산제도 363
세종특별자치시 49
소수 위원회형 유급직제도 109
소통 79
소통의 리더십 80
소호 281
수평적 참여 238
순환보직제 377
승자독식의 방식 215
시 · 군통합 418
시-도분리방식 436
시 · 도통합 437
시 매니저형 109
시민공동생산 446
시민공천배심원제 298
시민교육 78
시민헌장제도 122
시장의 실패 186
시장 · 지배인형 143, 417
시장 · 캐비넷형 142, 417
신공공관리 125
신공공주의 270
신관리주의 125
신행정수도건설을 위한 특별조치법 90
실리콘앨리 279
실질적 합리성 235
실천적 합리성 33
심사평가제도 363

ㅇ

알 권리 80
여론조사 492
연합 165, 435
열린 행정 79
예산절감 129
외국인대책 528
원칙협상 395
위기관리 매뉴얼 372
위기관리의 3P 373
위기관리체제 372
위키피디아 81
유권자 40
유리창 행정 21
의사소통 33
의사 정리권 216

의정평가제도 183, 224
인간중심의 개발 30
인구감소 73
인력감축 129
인본성 20
인사교류할당제 380
인사평정제도 377
인적자원관리시스템 382
일당지배 구조 61
일반행정 75
일부사무조합 165
입법권 분점 117

ㅈ

자원봉사 78, 255, 446
자율성 37
자치경찰제 93
자치경찰제 도입 44
자치계층구조 399
자치계층제 399
자치구역 399
자치단체간 협정 433
자치단체조합 170
자치역량 41
자치의식 77
자치입법권 59
자치재정권 106
자치조직권 50, 87, 92
자치행정 17
자치행정권 106
자치행정체제 112
재산구 165
재정분권 43
전국동시지방선거 299
전략기획 361
전략적 동반자 관계 441
전략적 리더십 275
전략적 제휴 · 협력 164
전문보직경로제 377
정견발표제 220
정당공천제 50
정당책임관리제 306
정보화 73
정부간 협의 165, 435
정부개혁 122
정부실패 186
정부재창조 125
정부혁신 86
정부혁신지방분권위원회 43, 90
정의 19
정의론 389
정책공동입안제 192
정책입안능력 375
정책자치제 368
정책평가 473
정치분권 101
정치분권형 단일국가 103
제 2의 물결 24
제3의 정부 186
제도적 자본 283
제도적 참여 188, 237
제주특별자치도 49
제휴 163
조세저항 248
종편방송 494
종합부동산세 92
종합행정 64
좋은 사회 126, 135
좋은 시민 135
좋은 정부 125, 135
주관적 성과평가 464
주민감사청구제 204
주민발안제 203
주민소송제 182, 204
주민소송제도 92
주민소청제 204
주민소환제 182, 203
주민자치 250
주민조례제정 · 개폐청구제 204
주민조직 258
주민주도형 참여 238
주민참여 41
주민참여예산제도 93
주민청원제 204
주민투표제 182, 203
주인 40
중앙집권적 단일국가 103
중앙집권형 국가관리체제 57
지도자 · 캐비넷형 142, 417
지방개발사업단 165
지방거버넌스 267
지방교부세 92
지방교육재정 75
지방분권 41

지방분권일괄법 97
지방분권 추진로드맵 91
지방분권특별법 90
지방분권형 국가경영체제 57, 67
지방분권형 단일국가 103
지방선거 60
지방소득소비세 45
지방의원 유급제 183
지방이양 49
지방이양추진위원회 43
지방자치 36, 41
지방자치권 105
지방자치단체 159
지방자치단체의 기관구성 72
지방자치단체조합 436
지방자치발전위원가 59
지방자치발전 종합계획 59, 84
지방자치법 87
지방자치위원회 417
지방자치의 본질 37
지방자치제도의 다양화 102
지방자치제도의 자율성 70
지방재정 59
지방적 지식 274
지방정부간 협력체제 87
지방제도조사회 417
지방행정체제 개편 398
지방행정체제의 개편 44
지방화 73
지역간 공동투자 440
지역간 협력법 160, 176
지역균형발전 49
지역사회 77
지역의회 100
지역이기주의 383
지역정부 97
지역주권법 58
지역협력계획 174, 448
지역 · 집단보호주의 391
지역 · 집단협력주의 391
지원파견제도 172
직접민주주의 117
직접참정제도 79
집권화 26
집단이기주의 383
집단적 참여 238
집단지성 81
집행평가 473

ㅊ

참여의식 78
참여정부 43
책임성 20
책임의식 78
총액인건비제 50
총정원제 50

ㅌ

타협과 협상 33
텔레데모크레시 244
투명 79
투자협약제도 448
특별구 165, 434
특별지방행정기관 43, 45

ㅍ

평가지표 460
포르토 알레그레 시 276
표준정원제 50
풀뿌리 혁명 123
품질관리 474
품질보증 478
플러그앤고 280

ㅎ

하향적 개발 27
해머상 131
행정계층 398
행정구역체계 112
행정서비스헌장 363
행정입법 108
행정적 분권 99
행정주도형 참여 238
행정중심복합도시 157
행정평가 454, 473
행정협의회 170, 436
헌법 87
헌법개정 144
헌법적 보장 58
협력 79

협력자 40
협정 165, 435
효율적인 정부 126
효율적 정부 241

A

adhocracy 373
agency partnership 164, 440
Alford 230
Almond 232
Ammons 456
Arnstein 230, 238
associational democracy 187
Autonomy 37

B

Ballot 37
Bargaining Model 27
Berelson 234
Berman 273
Berry 198
Best Value 99
Booth 273
Box 270
B.R. Berelson 25

C

Capacity Building Plan 361
Cascadia Forum 164
CCT제도 122
checks & balances 71, 141
C. Huntsman 245
citizen choice 27
CMM:Crisis Management Manual 372
coalitions 163, 440
Co-determination 79, 254
Common Sense Government 125
community 242
Community Planning 99
Competition & Cooperation 37
Co-production 79, 254
Co-responsibility 79, 254
Coston 199
Cunningham 230
customer 40

D

DAD 392
Dahl 232, 273
development partnership or joint venture 440
development trust 163, 440
devolution 152
Devolution 37
Dudley 269

E

electronic government 244
equal access 27
Experience & Education 37

F

Federated Model 27

G

Gandi 29
GLA 451
GLC 451
Goldsmith 249
good governance 270
Good Government 125
goverment failure 186
GPRA 475
G. Smith 245

H

H. Schachter 245
Huntington 230

I

initiative 203
Interregional Cooperation Act 176
Irland 230

J

joint agreements 163, 440
J.Schumpeter 25
Jun 270

L

Large is better 24
LCC 451
Leader-Cabinet 417
Leader · Cabinet 142
Linking Pin Model 27
Local autonomy 105
Localism Act 2010 58
Lomas 273

M

Madison 21
Market Based Government 125
market failure 186
Mayor-Cabinet 417
Mayor · Cabinet 142
Mayor-Council Manager 417
Mayor · Council Manager 143
metropolitan administration 162, 439
Michels 25, 234
modernization 87
Mosca 25, 234

N

neighborhood government 152
Neighbourhood Control Model 27
Nellson 230
new public management 270
New Public Management 85
New Public Managment 125
NGO 195
NIMBY 387
NIMBY현상 387
No,We won't pay it anymore 123
NPO 195
NPR 125

O

outcome 455
Outcome Management 476
output 455
Overlapping Work Group 27
owner 40

P

Participa-tion explosion 232
participatory democracy 232
partner 40
performance 455
Peter & Pierre 269
Plan Contract 175, 449
Planning And Management System 476
Polyar-chy 232
post-madernism 122
Post-multiculturalism 522
promotional partnership 163, 440
Propdsition13 122
Public Service Agreements 99
Putnam 267

R

recall 203
referendum 203
reform race 122
Richard 273
Rousseau 26, 234

S

Schumpeter 28, 234

self-governance capacity 241
Small is beautiful 24
Stenberg 230
strategic partnership 164, 441
Strategic Planning 99
Svara 271

T

tele-democracy 244
The NEXT STEP 122
The Third Wave 29
Think Strategically, Act Democratically 500
Third Party Government 186
Tocqueville 26
Toffler 29
Toqueville 234
Total Quality Control 474
Tri-State Regional Plan 164

V

Veenstra 273
Verva 230
Vigoda 201
voter 40

W

Wamsley 269
Weber 24
Wilson 24
winner-take-all-system 215

Y

Young 200